日本古代の軍事武装と系譜

津野　仁著

吉川弘文館　刊行

目次

序章　本書の視点と目的……一
はじめに……一
第一節　武器・馬具の基礎的な研究……一
第二節　武装の地域性……二
第三節　武装の系譜……四
第四節　武器の生産と使用・修繕……七

第一部　武装各論

第一章　弓……三
はじめに……三
第一節　奈良・平安時代弓の製作技法の分類と傾向……三
第二節　弓長・製作技法と機能……一五
第三節　絵画からみた弓長……二七

第二章　馬具（一）——木心金属張三角錐形壺鐙系吊金具——……三四
はじめに……三四
第一節　木心金属張三角錐形壺鐙系吊金具の分類と変遷……三四
第二節　兵庫鎖の様相……四一

第三節　木心金属張三角錐形壺鐙系吊金具変遷の意義……四三

第三章　馬　具（二）――金属製鐙・木製鐙――……四八

はじめに……四八

第一節　金属製鐙の変遷……四九

1　鉄製壺鐙の変遷……四九

2　金銅・青銅・銅製壺鐙の変遷……五一

第二節　木製鐙等の分類・変遷と金属製鐙との関連……五二

1　木製鐙の分類と変遷……五二

2　木心金属張三角錐形壺鐙系吊金具の変遷……五六

3　木製鐙と金属製鐙との比較……五七

第三節　古代鐙と古墳時代・中世鐙との関連……五九

1　古代鐙の再分類と古墳時代鐙との関連……五九

2　中世鐙との関連……六〇

第四節　鐙の出土傾向と遺跡……六一

1　鐙の出土傾向……六一

2　鐙の出土遺跡……六二

3　鐙中世化の推進者……六四

第五節　古代鐙の変遷の意義……六五

1　律令国家の武装整備と鐙の関連……六五

2　騎馬の所有……六五

第六節　中世鐙への画期……六六
1　鐙変遷の画期……六六
2　画期の意義……六六
おわりに……六七
第四章　馬　具（三）——轡——……七三
はじめに……七三
第一節　轡の変遷……七四
1　鏡板の変遷……七四
2　銜・立聞・引手の分類と変遷……八六
3　鏡板・銜・立聞・引手の連結法……八八
4　従来の編年の再検討……八九
第二節　馬装の復元と意義——古代馬具の様式復元——……九〇
1　儀仗馬装の復元……九〇
2　律令国家の儀仗馬装政策……九二
3　兵仗等の馬装……九六
おわりに……九七
第五章　平安時代後期大鎧の構造復元……一〇三
はじめに……一〇三
第一節　大山祇神社蔵沢瀉威大鎧……一〇三
第二節　甘南備寺蔵黄櫨匂威大鎧……一一〇

第二部　武装の地域性
第一章　西日本の鉄鏃……二四
はじめに……二四
第一節　西日本出土鉄鏃の変遷……二四
第二節　西日本における鉄鏃の地域性……二九
第三節　西日本出土の鉄鏃と中央様式との比較……三一
第四節　東日本出土鉄鏃との比較……三四
第五節　古墳時代後期の鉄鏃との関連……三七
第六節　鉄鏃からみた畿内と東西日本の武器政策……三八
第二章　蝦夷の武装……一四八
はじめに……一四八
第一節　武装の系譜……一四九
第二節　蝦夷武装の系譜諸段階と意義……一五七
第三節　蝦夷の生業との関連……一六二
第四節　蝦夷の戦闘能力の背景……一六四
第三部　武装の系譜
第一章　鉄鏃の系譜……一七二
はじめに……一七二

第一節　奈良時代の鉄鏃の系譜……一七二
第二節　平安時代の鉄鏃と中世鉄鏃の系譜……一八四
第三節　大陸・朝鮮半島の鉄鏃……一八七
第二章　弓の系譜……二〇三
はじめに……二〇三
第一節　古墳時代の弓との関連……二〇三
第二節　唐の弓との比較……二〇五
第三節　中世弓への変化……二〇九
第四節　古代・中世弓の系譜と評価……二一〇
第三章　方頭大刀の系譜……二一六
はじめに……二一六
第一節　日本の方頭大刀出現をめぐる諸説……二一六
第二節　唐とその前後における方頭の刀……二一七
第三節　日唐の方頭大刀の比較検討……二二三
第四節　唐の方頭の横刀を導入する背景……二二五
第四章　甲冑の系譜……二二九
はじめに……二二九
第一節　小札甲……二二九
1　小札の形態……二二九

2　外重式・内重式と綴じ・縅し……二三四
3　甲冑の構造……二三六
第二節　小札甲の付属具と冑の系譜……二三七
第三節　日本古代甲冑の特徴——東アジアの甲冑との比較から——……二四五
1　日本古代の小札の特徴……二四五
2　甲冑の構造と付属具の特徴……二四九
第五章　馬具の系譜……二五三
はじめに……二五三
第一節　古代轡の系譜……二五三
1　轡の諸系譜……二五三
2　中世へ繋がる型式……二五六
第二節　古代鐙の系譜……二五七
1　唐と周辺諸国の鐙……二五七
2　日本の鐙との関連……二六〇
3　馬具変化の画期と系譜……二六一
第六章　古代の武装と軍備系譜の諸段階……二六七
はじめに……二六七
第一節　武器・武具・馬具の様相……二六七
第二節　国外系譜の武器・武具の諸段階……二七三
第三節　武装・軍備の系譜と交流ルート……二七八

第四部　武器の生産と使用
第一章　古代武器生産の特徴……二八四
はじめに……二八四
第一節　武器生産の管理……二八四
第二節　武器生産の規制と対応……二八六
第三節　武器からみた前代器仗の継承関係……二八九
第四節　武器生産分業の展開……二九一
おわりに……二九三
第二章　武具・馬具の使用と補修……二九六
はじめに……二九六
第一節　宮の小札甲の継承……二九六
1　小札の時期と部位……二九六
2　甲の特徴と製作地……二九八
3　長岡宮跡第二次内裏出土小札の意義……二九九
第二節　大鎧使用の実態……三〇二
第三節　馬具の使用――補修痕から――……三〇四
第四節　古代の武器類の使用と補修……三〇八
あとがき……三一三
初出一覧……三一五

図表目次

図1 弓の製作技法……一三
図2 弓集成図（1）……一四
図3 弓集成図（2）……一五
図4 弓集成図（3）……一六
図5 弓集成図（4）……一七
図6 弓集成図（5）……一八
図7 弓の製作技法消長図……一九
図8 骨製弭……二一
図9 弓長と祭祀遺物の共伴頻度図……二五
図10 絵画の弓……二八
図11 鐙吊金具集成図（1）……三五
図12 鐙吊金具集成図（2）……三六
図13 鐙吊金具集成図（3）……三七
図14 木心金属張三角錐形壺鐙系吊金具の変遷……四〇
図15 兵庫鎖と壺鐙……四二
図16 鐙の変遷……四四
図17 鉄製壺鐙の変遷……五〇
図18 金銅・青銅・銅製壺鐙……五二
図19 木製鐙集成図（1）……五三
図20 木製鐙集成図（2）……五四
図21 木製鐙集成図（3）……五五
図22 八〜一〇世紀の主要鐙の形態比較……五八
図23 馬上台遺跡の鐙舌裏面……五八
図24 吊金具・木製鐙時期別出土数……六一
図25 鐙と出土遺跡……六三
図26 轡集成図（1）……七八
図27 轡集成図（2）……七九
図28 轡集成図（3）……八〇
図29 轡集成図（4）……八一
図30 轡集成図（5）……八二
図31 轡集成図（6）……八三
図32 轡集成図（7）……八四
図33 古代轡の変遷……八五
図34 轡部分の分類……八七
図35 銜・立聞・引手・連結法の分類と消長……八八
図36 馬装の復元……九一
図37 大山祇神社沢瀉威大鎧下緘分類図・小札実測図……一〇四
図38 大山祇神社沢瀉威大鎧下緘分類位置図……一〇五

図39 秋田城跡出土甲綴じ方模式図……一〇八
図40 小札板実測図（1）……一一一
図41 小札板実測図（2）……一一三
図42 甘南備寺黄櫨匂威大鎧古写真……一一四
図43 甘南備寺黄櫨匂威大鎧小札配置復元図・明珍宗恭コレクション小札実測図……一一六
図44 鞆札の変遷……一二〇
図45 西日本の鉄鏃変遷・消長図……一二六〜一二七
図46 西日本の古代鉄鏃の地域性と変化……一三〇
図47 東日本の方頭斧箭式と共伴土器……一三三
図48 西日本・関東地方出土鑿箭式の鏃身・箆被長比較と東日本の雁又式……一三五
図49 中部・関東・東北南部の出土鉄鏃組成変遷図……一三六
図50 西日本の古代鉄鏃（1）……一四四
図51 西日本の古代鉄鏃（2）……一四五
図52 西日本の古代鉄鏃（3）……一四六
図53 大刀・鐙・轡・弓……一五〇
図54 方頭共鉄柄刀の変遷・分布と北の方頭（北日本型横刀）……一五二
図55 切先斜め棟刀・曲手茎刀と鉄製十字鐔・海鼠透鐔の分布……一五四
図56 二条線引手・北方系の小札・鑿根Ⅰ式鉄鏃……一五六
図57 農具に対する武器の比率図……一六三
図58 鉄鏃の分類……一七三
図59 関東地方の古代鉄鏃（1）……一七四
図60 関東地方の古代鉄鏃（2）……一七五
図61 関東地方の古代鉄鏃（3）……一七六
図62 関東地方の古代鉄鏃（4）……一七七
図63 関東地方の古代鉄鏃（5）……一七八
図64 関東地方の古代鉄鏃（6）……一七九
図65 関東地方の古代鉄鏃（7）……一八〇
図66 平安時代中・後期の各地の鉄鏃の様相……一八五
図67 鑿根Ⅰ式出土遺跡と伴出鉄鏃……一八七
図68 唐・渤海の鉄鏃……一八八
図69 渤海・遼の鉄鏃……一九一
図70 渤海・遼代遺跡の鉄鏃組成……一九二
図71 遼・金の鉄鏃……一九三
図72 金・女真・新羅の鉄鏃……一九四
図73 遼・金代の鐎斗・鍋と秋田城跡出土鍋……一九七
図74 古墳時代の弓……二〇四
図75 大陸の弓（1）……二〇六
図76 大陸の弓（2）……二〇七
図77 合せ弓の形成過程……二〇九
図78 合せ弓・中世弓矢の系譜概念図……二一一
図79 刀集成（1）……二一八
図80 刀集成（2）……二一九
図81 刀集成（3）……二二〇
図82 刀装具分類・消長図……二二一
図83 小札分類図……二三〇
図84 唐・渤海・遼・金の小札……二三三

図表目次

図85　金・新羅の小札……二三三
図86　西域の小札……二三三
図87　内重式と外重式の甲……二三五
図88　小札形態・重ね方消長図……二三六
図89　襟甲……二三九
図90　唐代護臂の分類……二三九
図91　唐代吊腿の分類……二四一
図92　護臂・吊腿消長図……二四二
図93　胴部に革（布）を張る事例……二四三
図94　根岸（二）遺跡の小札……二四七
図95　三類小札の分布……二四七
図96　各段の重ね方……二四八
図97　複環式轡と渦巻文杏葉……二五四
図98　唐と周辺の鑣轡……二五五
図99　唐・渤海・新羅の輪鐙……二五八
図100　日本の輪鐙……二六〇
図101　儀衛・祭会と兵仗の壺鐙……二六三
図102　甲・冑（兜）の様相……二六八
図103　甲・刀・鉄鏃・杏葉・弩の様相……二七一
図104　長岡宮跡第二次内裏出土小札……二九七
図105　修理した轡……三〇五
図106　修理した鐙……三〇七
表1　弓幹削り技法と出土共伴遺物・時期……二二～二五
表2　弓長と祭祀具の共伴関係表……二六
表3　木心金属張三角錐形壺鐙系吊金具一覧表……三九
表4　木製鐙一覧表……五六～五七
表5　轡一覧表……七五～七六
表6　引手の連結法による点数……八九
表7　弓の長さ（完形品）……一五一
表8　切先斜め棟・曲手茎刀一覧表……一五三
表9　蝦夷武装系譜の諸段階……一五八
表10　関東地方の七世紀後半から八世紀の箆被比率……一八三

序章　本書の視点と目的

はじめに

　日本古代における武器・武具や馬具などの研究は、江戸時代以降、昭和四〇年代まで、正倉院や寺社などに伝わった物と文献史料を照合することによって行われてきた。昭和四〇年代以降、列島の大規模開発に伴う発掘調査の増加によって、古代の武器などの出土数も増してきた。今後その集成作業も更新していく体制作りも必要になってくるであろう。当該期の武器などは、完全な形で出土する事例は少ないが、破片資料と伝世品を組み合わせることによって、研究を行うことが可能になってきた。しかし、当該期武器類の研究が体系化され、奈良・平安時代の考古学研究のなかで、学問的要請と位置付けがなされているとは考え難いのが、この分野の研究の現状であろう。むしろ、長い研究歴を有する大鎧などの甲冑界、刀剣界などの研究者に学問的要請がなされる所以である。その要因は、ひとえに集成などの基礎的な作業と編年などの基礎的な研究が体系化されていないことによると考えられる。

　以前、この点に留意して編年などを述べてきたが、(1) 論じ及んでいない武器・武具や馬具もある。このため、日本古代の武器・武具・馬具などの武装について、これまで比較的数少ない遺品と等閑視されていた発掘による出土品などから、その基礎的な分析―編年―などを基にして、関連する諸課題を提起し、考古学的な方法によって、古代の武装と社会的な意義について明らかにしようとするものである。以下、その視点に従い、研究史を概観し、目的と問題提起を行っていきたい。

第一節　武器・馬具の基礎的な研究

　筆者は以前、古代の小札甲や初期中世の大鎧、鉄鏃、大刀・太刀の変遷を検討した。いずれも奈良・平安時代を中心にして、古墳時代からの関連や中世への継続関係などを視野に入れた編年を提示した。しかし、そこでは、日本古代において最も主要な攻撃用武器であった弓の集成・変遷、古墳時代・中世との関連について言及できなかった。弓は、文献史料によれば、古代における攻撃用武器の主体であり、その性能の開発と展開に関する解明が最も大きな課題である。筆者は、主に鉄刀・鉄鏃などの鉄製武器を調査してきたが、弓を含めた奈良・平安時代の木製武器類の考古学的な調査方法については、全く未開拓な分野である。木製武器類は、正倉院や一部の寺社を除いてはほとんど遺存していない。また、これまで出土品の木製武器類については、まとまった研究は極めて少ないのが実情である。このため、木製武器類を考古学的に分析する方法・方向性を提示していくことが、最初の課題であろう。これに基づいた編年や、この後に問題とする武器の地域性や系譜を検討する素材になると考える。

次に、馬具について検討していきたい。これまで奈良・平安時代を中心とした馬具については、伝世品を中心に検討されてきた経緯がある[2]。出土品については、資料紹介などを除けば轡や鞍・鐙について数篇の論考も提示されてきた。しかし、昭和四〇年代から平成以降の馬具類の出土数も格段に増加し、今日的な再検討が必要とされるであろう。

馬具は様々な部位の集合体で構成される特徴を持つ。このため、各部位の編年を組み合わせた馬具様式を明らかにする必要がある。そして、その変遷と画期を見出す必要がある。この古代馬具様式の変遷・画期をほかの武器類の画期と対照していくことも今後の課題である。

第二節　武装の地域性

昭和四〇年代までは正倉院蔵品を中心に古代の武器の検討が行われてきた。このため、当該期の武装に関する列島内での地域性の検討は、この頃まで行われることはなかったといえる。数少ないが、各種武器の先行研究を挙げると、古代の馬具について複環式轡の出土地が東日本に偏在することを指摘した鈴木一有氏の見解[3]があり、鉄鏃では内山敏行氏が東北地方北部における鉄鏃の形態の地域的差異を指摘している[4]。刀では八木光則氏が東北北部から北海道地方で出土する短寸の刀について「北の方頭」と呼称し[5]、同様の刀について森秀之氏は北日本型横刀と呼ぶ[6]。

古墳時代の武器研究では、鉄鏃・刀装具・馬具などでも地域性の解明が進んでおり、枚挙にいとまがない。その主な目的は、地域的な分布を示す型式を把握して、武器の地方生産を証明することである。近畿地方の政権（倭政権・ヤマト政権など）からの独自性を明らかにする方法としての地域性の把握であると理解される。しかし、七世紀後半以降、武器の地方生産が考古資料からも裏付けられている令制国では、地域的なまとまりを表す型式＝地域性は、必ずしも地方生産を把握する手段にはならない。多様な武器政策を理解する方法となるのである。適否は別にして、典型的な事例が八木光則氏の蝦夷の武器をめぐる解釈である[7]。

このため、列島における武装の地域性を考察する際には、大きく二つの観点が必要であろう。第一には令制国における武装の地域性の有無である。第二は、令制国の外に位置付けられた蝦夷や隼人と称された地域の武装の地域性である。

（一）令制国の地域性

日本古代の武器類のうち、令制下においては、特に奈良時代から平安時代前期の武器について、様に基づいて生産するという律令期独自のシステムがある。これは、日本における当該期のみの特徴であるが、伝世品のみならず、出土品でもこれまであまり実態の解明が進んでいなかった。

ここで、様に関する研究史を概観すると、文献史の浅香年木氏が様について、形制法式と請負契約内容に分類したのが初期の研究であろう。[8]その後、櫛木謙周氏によって器仗に関する様について、（a）外国の新技術の吸収、（b）地方への技術伝播、（c）地方の生産（技術）の掌握・管理の三つの機能に分類された。いずれも様を介しており、（c）はサンプルとしている。[9]その後、軍事制度を論究する松本政春氏は様を見本と解する。[10]

考古学から最初に言及したのは末永雅雄氏であろう。[11]氏は武器の様について、性能に堪える見本・サンプル・様式と解釈した。端的には『令集解』営繕令に載る「様者。形制法式也。」に示される。しかし、その後奈良・平安時代前期の武器研究から様に関する言及は低調である。

筆者は以前、その一端について言及した。これまで令制国においては全国一律の様、規格であったと考えていたが、出土武器で最も数が多い鉄鏃について、列島各地の様相を瞥見していくと、少なくとも列島の東西で大きな差異がある見通しが立ってきた。この様＝武器の規格の探求は、考古学が最も得意とする型式の把握であり、その時系列的な変化は様の変遷を示し、文献にも「新様」と記載されている。空間的な地域性が実在するか明らかにすることは、様による政府の武器政策を型式の時空間の広がりから読み取ることが可能になってくる。これによって、櫛木氏の分類された（c）が、法制史料と別な考古資料によって、実態が解明されていくものと考える。そして、氏の分類した（a）・（b）は武器の系譜論で有効性を発揮するであろう。

文献史では、櫛木謙周氏や松本政春氏・下向井龍彦氏などが検討しているが、[12]下向井氏が指摘するように、軍団兵士は様により統一規格された武器を配給されていたという。[13]文献史料の法令文から読み取れる武器政策は画一的な武装によって、兵力の把握が可能になるが、この前提が考古学的な事実によって変更される可能性があれば、武器の地域性から律令政府による武器政策、軍事政策を再検討することが必要になる。今日的理解で示せば、法制的な建前と各地の実態の乖離が浮かび上がることにより、律令政府の本質に迫ることも可能になる。文献史での国家論においても、律令制の理念と古代社会のずれを正しく認識し、国家論を再構築する方向が提示されている。[14]武器研究においても、国家の基本要素である軍事及び軍事制度、さらにその基礎になる武装の実態から国家運営の実態の一端に触れていく必要があるだろう。

（二）令制国外の武装

令制国外における武器・武装に関する研究は、東北地方で最も発見数が多い蕨手刀の研究に代表されるであろう。蕨手刀は明治時代から注目され、喜田貞吉氏が蕨手刀や毛抜形刀が奥羽地方の所産と指摘し[15]て以来、多くの研究が積まれてきた。最も新しい見解では、八木光則氏によって全国的に分布する蕨手刀も地域性の存在することが指摘されるに及んだ[16]。

さらに、先述のように東北北部から北海道で集中的に分布する刀について、北の方頭や北日本型横刀という呼称も提起されている。また、鉄鏃についてもその特定型式の分布から地域生産を示す研究が内山敏行氏によって提示されている。

一方、文献史では、熊谷公男氏が蝦夷の戦闘能力に関して研究されているが[17]、比較的等閑視されていた分野である。

概観してみると、これらの諸研究は、武器類の種類ごとに検討されたものであり、全体的な検討には及んでいないことが特徴である。武器類各種の地域性を詳論することと、総合化＝様式化することにより、令制国外の武器の特徴と政府との関連を明らかにすることが可能になる。

令制国の外に位置付けられた蝦夷や隼人と称された地域独自の武装—武器・武具—により政府と対峙していたのか、武装に令制国と共通性があるのか、両者間で激化する戦争の基盤を解明する一助になると考える。

法制的には、蝦夷と接する地域では鍛冶は禁止され、蕃国と認識されていた新羅との武器の交易は規制されていた。このような法制上の規制によって本来は、武器の交易や武装の情報・製作技法などの交流は基本的に行われない建前であった。この点を実態として考古資料をもとに、令制下の国と蝦夷や蕃国と認識された地域・国と比較することによって、政府の規制の意図や規制の有効性の実態と乖離の有無が明らかになってくる。この点が令制国外の武装を研究する大きな意義である。

そして、武装の地域性は、蝦夷独自の戦闘方法を含めた自立的な武装の創造・開発が行われていたのか、ひいては蝦夷の自立的発展の指標の一端になるのか、蝦夷の武装は政府と対峙が激化する以前と以後で相違が起きるのか、解明すべき点は多い。蝦夷の列島内における軍事的な自立性があったのか、蝦夷独自の武装の有無を明らかにすることによって、解決するであろう。この点も武装の地域性を研究する大きな目的である。しかし、この場合、令制国内においても武装の地域性が確認できることも予想されることから、考古学的な対等な事実関係に対して、内外で大きな評価の相違は控えなければならない前提を有する。

第三節　武装の系譜

地域性が面としての地域的特質であるのに対して、系譜は線としての特質である。日本古代の武器類については、正倉院のようなまとまった伝世品は限られている。昭和四〇年代以降の開発に伴う発掘調査の増加によって、資料が蓄積されてきた。しかし、古墳への埋納のような一括品は少なく、古墳時代の武器類の出土数に比較すれば、奈良・平安時代の出土武器類の数は格段に少ない。当該期の出土武器類は、墓への埋納品は限定されており、多くは官衙や集落遺跡における廃棄品や鍛冶作業に伴う回収品＝故鉄という性格のものである。特に、平安時代後半は官衙や集落遺跡の盛衰と密接に関連して、出土数が極端に少なくなる。当該期のこの資料のもつ特性からみて、資料数に制約され、列島のなかで武器類の面的な括りを行うことが有効でない場合には、線的な把握である武器の系譜論が有効な方法と考える。これによって、列島内での政府と地域間、地域と地域間の関係・交流、主に飛鳥・奈良・平安時代を検討対象として扱うが、その前代である古墳時代武装との関連について、線的な関係を把握するのに有効な方法である。

　そこで、古代武器類の系譜論の従前における研究を概観してみる。その際、大きく古代の武器の系譜をその前代である古墳時代からのものとみる視点と国外、特に唐との関連を説く視点に分類できたことから、以下概観していく。

（一）古墳時代からの系譜をみる諸説

　奈良時代の武器の系譜について、その前代からの流れで理解する見解は多くみられる。

　甲冑では冑について、古墳時代の衝角付冑鉢から厳星兜鉢への変遷を説くことが通説化している。例えば、笹間良彦氏は、古墳時代後期の衝角付冑から星兜への変化について、底面が円形になり、天辺に穴が設けられ、留鋲が大形になった点を挙げ、大鎧発生と伴い、厳星兜が衝角付冑から成立したことを説く[18]。

　攻撃用武器では、後藤守一氏が、奈良時代鉄鏃の著例として挙げた正倉院の矢について、古墳時代後期の影響であることを説いている[19]。

　刀剣では、奈良時代以降の大刀外装について唐風化を説くが、伊勢皇大神宮の玉纏大刀については、古墳時代以来の刀剣装飾からの流れとする説[20]が有力である。

　馬具では瀧瀬芳之氏[21]・風間春芳氏[22]・鈴木一有氏[23]によって、奈良・平安時代の出土品である複環式轡や素環の轡の系譜について、古墳時代からの展開の中で位置付ける見解が提出されている。

　これらは、代表的な見解を挙げたのにすぎないが、いずれにしても、社会変革のなかで、前代からの武器類の変容は社会的要請によってなされるものである。武器類のいかなる点に機能的要請があって継承されたのか、また、継承されながらも機能的に改変されたのか、武器研究の根幹的な課題である。また、古代の武器は、革甲のように堅固さや生産の効率性から変容する場合もあった。

　これまでの研究は、武器類ごとに述べられる場合が多く、総合的な研究は後藤氏[24]を挙げうる程であろう。このため、各種武器類のいかなる部分が古墳時代以来の系譜か、機能的側面も考慮して考察していくことが要請されるであろう。

（二）国外、特に唐との関連をみる諸説

この観点から古代の武装を捉えたのは、高橋健自氏が初期の研究者であろう。[25]その後、後藤守一氏は主に弥生時代から奈良時代の弓矢・槍・刀剣・馬具など武装を全般的に扱うなかで、朝鮮・中国のみならず、東南アジアなどの諸例と比較検討を行っている。[26]

本書と関わるところでは、奈良時代の刀剣装飾や鐔が唐の影響を大きく受けている点や上古時代の倒卵形鐔が消えるとしている。また、蕨手刀についても、高橋健自説を受けて、インドや東南アジアの諸例と比較している。

弓矢に関して斎藤直芳氏は、後藤氏と同様に、東南アジア諸国の民俗事例を参照して、日本の弓矢は直接南方や大陸からの源流は認められないが、アイヌ・台湾・ジャワ系の弓で、矢は大陸系とする見解を提示されている。[27]

甲冑では、大鎧の諸要素を検討した鈴木敬三氏が、隋や唐時代の武人俑にみられる両当式甲の胸板に、大鎧の胸板との関連を指摘する。さらに鈴木氏は、中世に一般化する合せ弓についても、唐との関連を説いている。[28]

鈴木敬三氏等の研究の後にも、刀装具については、双脚足金物や山形金に関して大陸との関連を説く穴沢咊光氏・馬目順一氏、[29]瀧瀬芳之氏などの見解がある。[30]また、近年では、持田大輔氏によって山形金の付いた刀装具について、日唐間の資料での比較検討も行われている。[31]

この他に、馬具に関して、鑣轡について中国内での出土事例を集成し、日本のものと比較する研究が大谷猛氏によってなされた。[32]

このように、日本古代の武器類については、これまでも各種武器の要素について、唐との類似と関連について言及されてきた。中国の資料が限られていた時代であるが、これらは高橋健自氏・後藤守一氏の視点を継承したものといえるであろう。

中国との関連を探る視点の他に、小札甲や中世の大鎧については、樺太アイヌの使用していた甲から、関連を見出そうとする末永雅雄・伊東信夫氏の研究もある。[33]しかし、この研究はその後に継承されていないのも事実である。

以上概観したように、各説ともに後藤守一氏が提示したような武器類各種にわたっての総合的な比較検討は、その後の研究で提起されたことはないといっても過言でない。後藤氏及びその後の時代には古代の武器類は正倉院などの伝世品を中心に比較検討されており、[34]その前後の時期や時期的な階梯を視野に入れた検討は、資料数の少なさからも限界であったといえるであろう。

今日、遺跡の発掘が増加して、破片資料が大半であるが、ほぼ完存する伝世品などから部位の特定が可能であり、土器編年の整備によって武器類の破片でも時期が少なくとも半世紀単位程度に把握できるようになった。このため、列島以外の資料とも時期的な階梯を視野にいれた検討が可能になってきた。後藤氏によって提示された前代からの継承関係や東アジアにおける相互比較研究は、列島における各時代の歴史的背景と政権の要請に基づく武装という観点から改めて実践されていく必要がある。

第四節　武器の生産と使用・修繕

古代における武器研究で、使用の実態及び使用と密接に関連する修繕に関する研究は最も遅れた分野であろう。しかし、古代の武器類は修繕することが詳細に規定されていた。法制的には営繕令集解貯庫器仗条に、

凡貯レ庫器仗。有二生レ渋綻断一者。三年一度修理。

とあり、刀剣の錆や甲の縅紐が切れた場合など、三年に一度京外にあっては兵士・防人を使役して当国の官物を使って修理するように規定している。特に甲冑は最も損耗の激しい縅紐を替えて長く使用することを企図している。しかし、甲や刀剣以外の武器については規定されていない。この理由は生産・使用の多寡と関連があるのか、現状の研究では不明である。

この規定が実際に行われていたことは、天平五年の申送公文に『新造兵器帳』と共に『修理古兵帳』が提出されていることからも明らかである。しかし、古兵器の修理の実態は未解明である。兵器を修理し、再利用していた実態は、兵器の新造量と大きく係わることである。このため、武器類各種について、修理の実態を解明することが第一の課題である。

甲冑には修理記事が散見され、『続日本紀』宝亀十一年（七八〇）八月庚戌条に、

悉皆渋綻。多不レ中レ用。三年一度立レ例修理。随修随破。極費二功役一。今革之為レ甲。

とあって令条文の規定通りの三年に一度甲を修理していた。そこで痛んでいたのは、令規定と同じく渋綻、つまり錆や縅紐の切断であろう。しかし、修理に功役を費やすために革甲にしたという。さらに延暦十年（七九一）六月已亥条には、

鉄甲三千領。仰二下諸国一。依二新様一修理。

として鉄製甲冑を新しい様に修理している。しかし、管見の限り箭の修理記事などはみられない。

弩では『続日本後紀』承和五年（八三八）五月丁卯条に、

古様弓弩。不レ可レ中レ用。徒加二修理一。何用之有。今須下棄二古様廿脚一。更造中新様四脚上。許之。

とあり、修理して使っていたが、古様は使用に耐えず、新様に造り直している。

新造とは別に、甲冑は回収することも重要視されている。元慶の乱の際に、賊夷が掠奪した甲冑を返上しないので、国司を遣わして奥地に入り勘取したという（『日本三代実録』元慶四年二月十七日辛丑条）記事からも明らかである。

しかし、考古学的な甲冑の修理や長期使用の実例は少なく、岩手県徳丹城井戸跡出土の木製冑鉢が長期間伝世していたことが確認されているのにすぎない。綿密な資料観察によって武器類各種で、使用・修繕の実態を解明していく必要がある。修繕・補修に差異が確認されれ

ば、武器類ごとの生産量の多寡が推定でき、武装の実態把握に迫れるであろう。

註

（1）津野　仁『日本古代の武器・武具と軍事』（吉川弘文館、二〇一一年）。

（2）山田良三「寺社伝世の壺鐙について」（『橿原考古学研究所論集第七』吉川弘文館、一九八四年）・同「下鴨神社収蔵の馬具について」（『橿原考古学研究所論集　第十三』吉川弘文館、一九九八年）。

（3）鈴木一有「律令時代における轡の系譜」（『下滝遺跡群二』（財）浜松市文化協会、一九九九年）。

（4）内山敏行「鏃から見た七世紀の北日本」（『北方の境界世界』七世紀研究会、二〇〇五年）。

（5）八木光則「七・八世紀鉄刀の画期と地域性」（『七世紀研究会シンポジウム　武器生産と流通の諸画期』七世紀研究会、二〇〇三年、『ものが語る歴史二一　古代蝦夷社会の成立』同成社、二〇一〇年に再録）。

（6）森　秀之「擦文・オホーツク文化期の出土刀剣に関する覚書（三）―恵庭市西島松五遺跡出土資料の考察―」（『紋別市立博物館報告』第一二号、二〇〇五年）。

（7）前掲註（5）八木論文・書。

（8）浅香年木「様工とその長に関する一考察」（『史元』五号、一九六七年、『日本古代手工業史の研究』法政大学出版局、一九七一年に再録）。

（9）櫛木謙周「律令制下における技術の伝播と変容に関する試論」（『歴史学研究』第五一八号、一九八三年）。

（10）松本政春「延喜兵部省式諸国器仗条をめぐる諸問題」（『畿内地域史論集』一九八一年、『奈良時代軍事制度の研究』塙書房、二〇〇三年に所収）。

（11）末永雅雄「古代軍行抄」（『橿原考古学研究所論集　第五』吉川弘文館、一九七九年）。

（12）前掲註（10）松本論文。

（13）下向井龍彦「日本律令軍制の基本構造」（『史学研究』第一七五号、広島史学研究会、一九八七年）。

（14）大隅清陽「古代国家論の展望」（『歴史評論』第六九三号、二〇〇八年）。

（15）喜田貞吉「奈良時代前後に於ける北海道の経営」（『歴史地理』第六二巻第四・五・六号、一九三三年）。

（16）八木光則「蕨手刀の変遷と性格」（『坂詰秀一先生還暦記念論文集考古学の諸相』一九九六年、前掲註（5）書に再録）。

（17）熊谷公男『古代の蝦夷と城柵』（吉川弘文館、二〇〇四年）。

（18）笹間良彦『日本甲冑大図鑑』（柏書房、一九八八年）。

（19）後藤守一「上古時代鉄鏃の年代研究」（『人類学雑誌』第五四巻第四号、一九三九年）。

（20）後藤守一「奈良朝以前の外装」（『新版日本刀講座　第八巻　外装編』雄山閣出版、一九六八年）。

（21）瀧瀬芳之「轡について」（『光山遺跡群』（財）埼玉県埋蔵文化財調査事業団、一九九四年）。

（22）風間春芳「長野県内の杏葉轡三例について」（『長野県考古学会誌』九〇号、一九九九年）。

（23）前掲註（3）鈴木論文。

（24）後藤守一『考古学講座第六巻　原史時代武器と武装』（雄山閣、一九二八年）。

（25）高橋健自『鏡と剣と玉』（冨山房、一九一一年）。
（26）前掲註（24）後藤書。
（27）斎藤直芳「弓具の歴史」（『現代弓道講座四　弓具施設編』雄山閣、一九八二年）。
（28）鈴木敬三「木弓と伏竹の弓」（『古典の新研究（第三集）』國學院大學編、明治書院、一九五七年）・同「式正の鎧の形成について」（『國學院雑誌』第六三巻第四号、一九六二年）。
（29）穴沢咊光・馬目順一「郡山市牛庭出土の銀作大刀」（『福島考古』第二〇号、一九七九年）。
（30）瀧瀬芳之「大刀の佩用について」（『埼玉考古学論集　設立一〇周年記念論文集』、（財）埼玉県埋蔵文化財調査事業団、一九九一年）。
（31）持田大輔「律令制儀刀の成立に関する一考察」（『技術と交流の考古学』同成社、二〇一三年）。
（32）大谷　猛「日本出土の「鑣轡」について」（『論集　日本原史』吉川弘文館、一九八五年）。
（33）末永雅雄・伊東信夫『挂甲の系譜』（雄山閣出版、一九七九年）。
（34）末永雅雄『日本上代の武器』（一九四一年、『増補日本上代の武器』木耳社、一九八一年）。

第一部　武装各論

第一章　弓

はじめに

古代（奈良・平安時代）の弓に関する研究は、古く江戸時代の『本朝軍器考』や『本朝軍器考図説』を除けば、大正末から昭和初期の後藤守一氏の研究などが初期の研究に位置付けられる(1)。後藤氏は弓の名称や変遷について述べ、上古時代の弓は長弓で、直弓・彎弓があり、北アジアや南アジアの特徴を併せ持つとした。その後、古代の弓の研究は、考古学の末永雅雄氏と有職故実の鈴木敬三氏によって展開する。末永氏の研究は『日本上代の武器』(2)、鈴木氏の古代の弓に関する研究は「木弓と伏竹の弓」に代表される(3)。鈴木氏の研究は、特に丸木弓に関して文献を基に多方面にわたって検討しており、その論点は弓の材料、長さ、弓の構成、弓の製作、及び弓の儀仗化について論及する。それぞれの論点は、小稿においても検討しなければならず、弓の研究を飛躍的に進めた点で評価される。末永氏の研究は、文献史料をもとに出土品に対して考察を加える。斎藤直芳氏は文献史料を詳細に提示し、正倉院や春日大社の弓のデータなどを加え、変遷の画期についても言及している(4)。弓の材質に関しては嶋倉巳三郎氏が出土品を中心に傾向を論じて、従来指摘されている弓材と異なり、カヤが多く確認できた点を述べている(5)。その後、講座本でも弓が触れられ、弓の用途差と製作技法の関連などを指摘し、遺跡出土品の性格を考える参考になる(6)。遺跡出土の古代の弓に関する論考は少なくて、楠正勝氏が平城宮・平城京の弓や平安時代の合せ弓への画期について言及しているの(7)にすぎない。

一方、近年文献史や有職の側でも研究がなされ、文献史で髙橋昌明氏は中国の文献も引用して伏竹弓の源流や弓の長短と用途差など、中世の弓の製作に関しても言及している(8)。有職では、近藤好和氏が伏竹弓の出現、弓射の諸相に関して述べている(9)。また、弓矢の通時的な復元実験でも本稿で対象とする時期が扱われ、その性能に関する研究がされており(10)、正倉院の弓の弓力を理解することができるようになった。

以上のように弓に関するこれまでの主な研究は、正倉院や法隆寺などの伝世品と『東大寺献物帳』や『延喜式』などの文献史料との対比が行われてきた。また、中世の研究者からは、古代の武器から中世の武器への転換を解明し、中世武士の発生を論じる素材にしてきた。しかし、弓は正倉院などの伝世品が対象となり、遺跡出土品は検討対象の外に置かれていたのが実態である。まず、弓の製作技法の解明がなされていないことから、技法の通時的な流れについて課題とし、前後する古墳時代や中世との関連を第一の問題点とする。また、日本は長弓といわれるが、それが出土品でも適合するのかを第二の問題点とし、伝世品と文献史料・絵画資料などから窺える古代の弓の様相を比較検討する。

第一節　奈良・平安時代弓の製作技法の分類と傾向

丸木弓と木弓

弓(11)の成形技法によって丸木弓と木弓に分類でき、総称して木製弓という(12)。

丸木弓　自然木の樹皮を剥ぎ取り、削り調整を加えたものやそのままのもの。弓幹には芯がある。当該期の遺跡出土の大半は丸木弓である。

木弓　大木を割り削ったものをいい、芯はない。類例は比較的少なくて、主に八世紀以降を挙げれば、元総社寺田遺跡（八世紀前半～九世紀前半主体）・蔵ノ坪遺跡（八世紀後葉～九世紀前葉）・山王遺跡（九世紀前半）・市川橋遺跡（九世紀後半～一〇世紀初頭）・神門遺跡・指江B遺跡（古墳時代後期～古代）・平安京右京八条二坊二町（平安前期）などに限られる。

削り・樋・磨き

丸木弓・木弓の弓幹の製作技法のうち、表皮を剥いだのちの削り技法は出土品でみると多様であった。以下、各技法を提示するが、弭(13)・弣などでこれらの技法を組み合わせて行っている場合が多い。集成図には実見できたものについて、技法の範囲を記号で示した(14)。

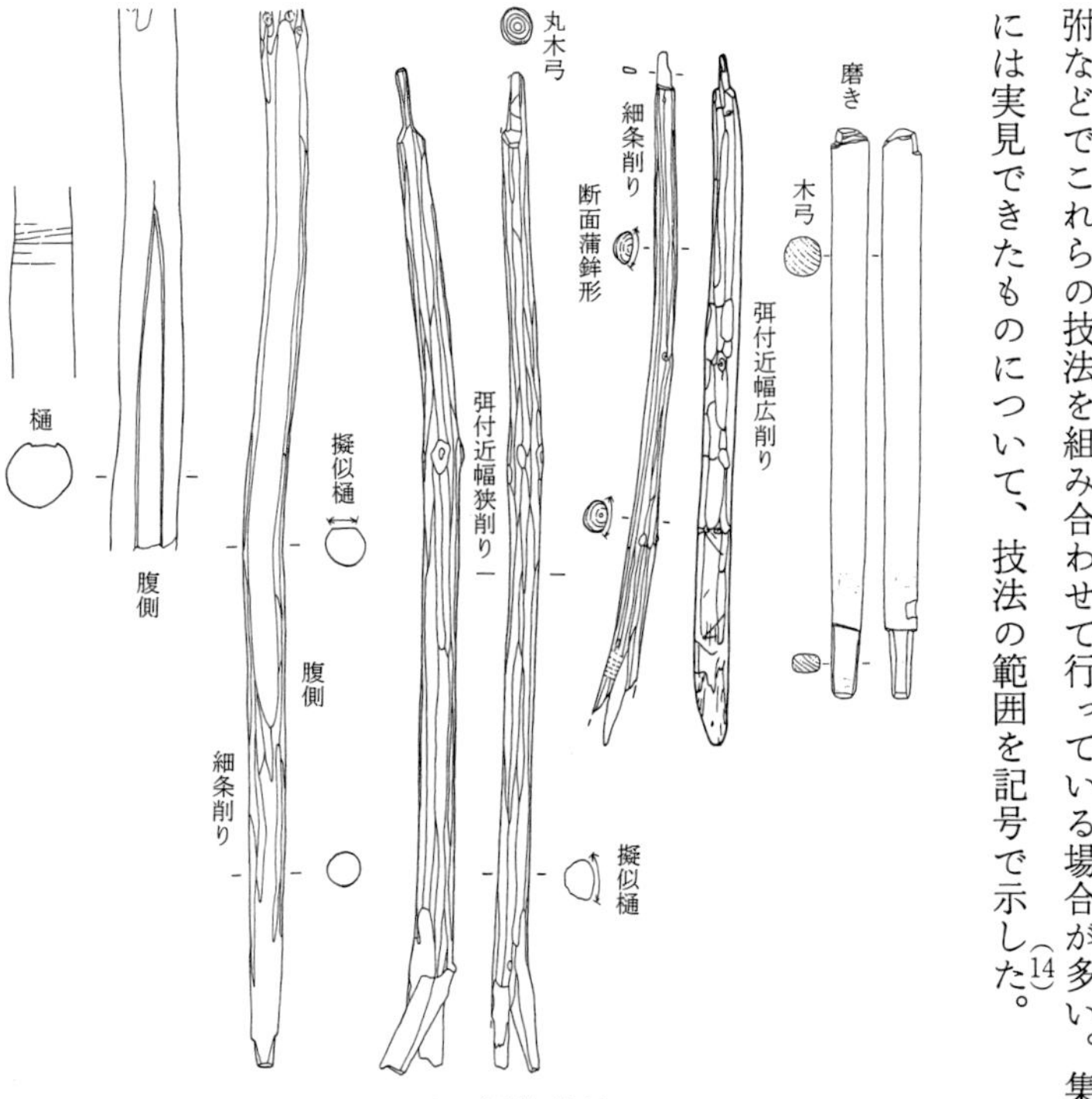

図1　弓の製作技法

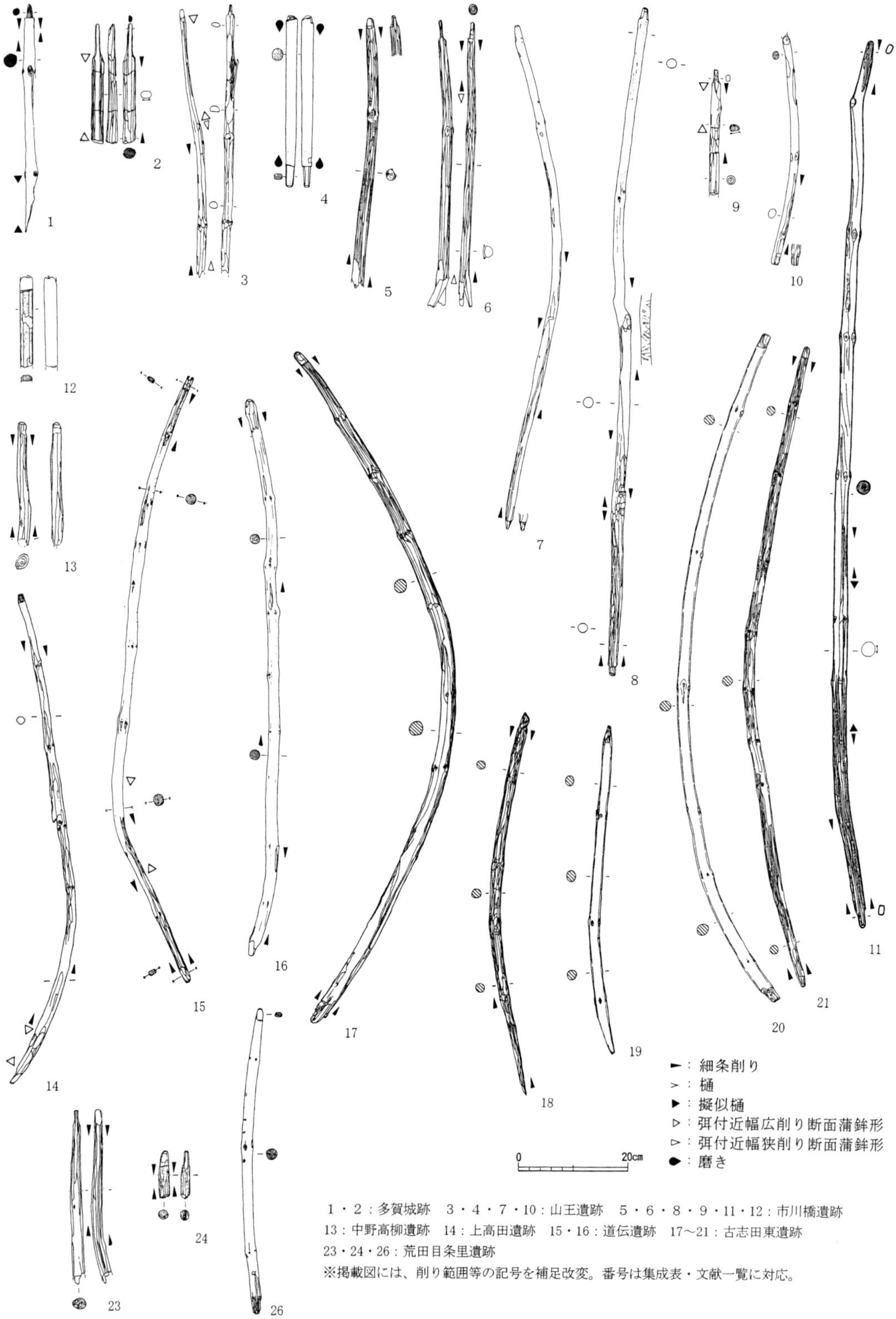

1・2：多賀城跡　3・4・7・10：山王遺跡　5・6・8・9・11・12：市川橋遺跡
13：中野高柳遺跡　14：上高田遺跡　15・16：道伝遺跡　17～21：古志田東遺跡
23・24・26：荒田目条里遺跡
※掲載図には、削り範囲等の記号を補足改変。番号は集成表・文献一覧に対応。

図2　弓集成図（1）

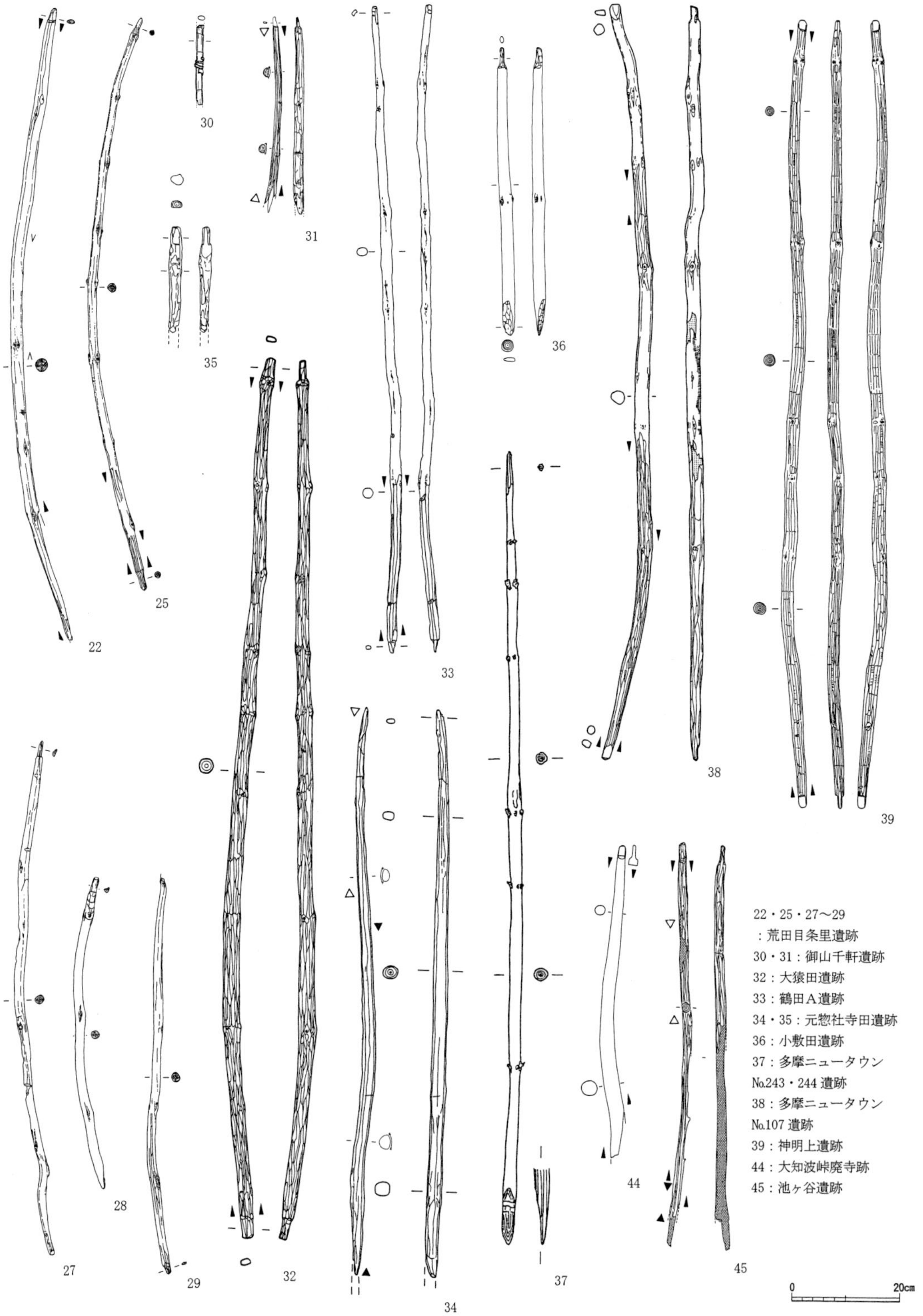
22
25
30
31
35
33
36
38
39
27
28
29
32
34
37
44
45
22・25・27〜29
：荒田目条里遺跡
30・31：御山千軒遺跡
32：大猿田遺跡
33：鶴田A遺跡
34・35：元惣社寺田遺跡
36：小敷田遺跡
37：多摩ニュータウン
No.243・244 遺跡
38：多摩ニュータウン
No.107 遺跡
39：神明上遺跡
44：大知波峠廃寺跡
45：池ヶ谷遺跡
0
20cm

図3　弓集成図（2）

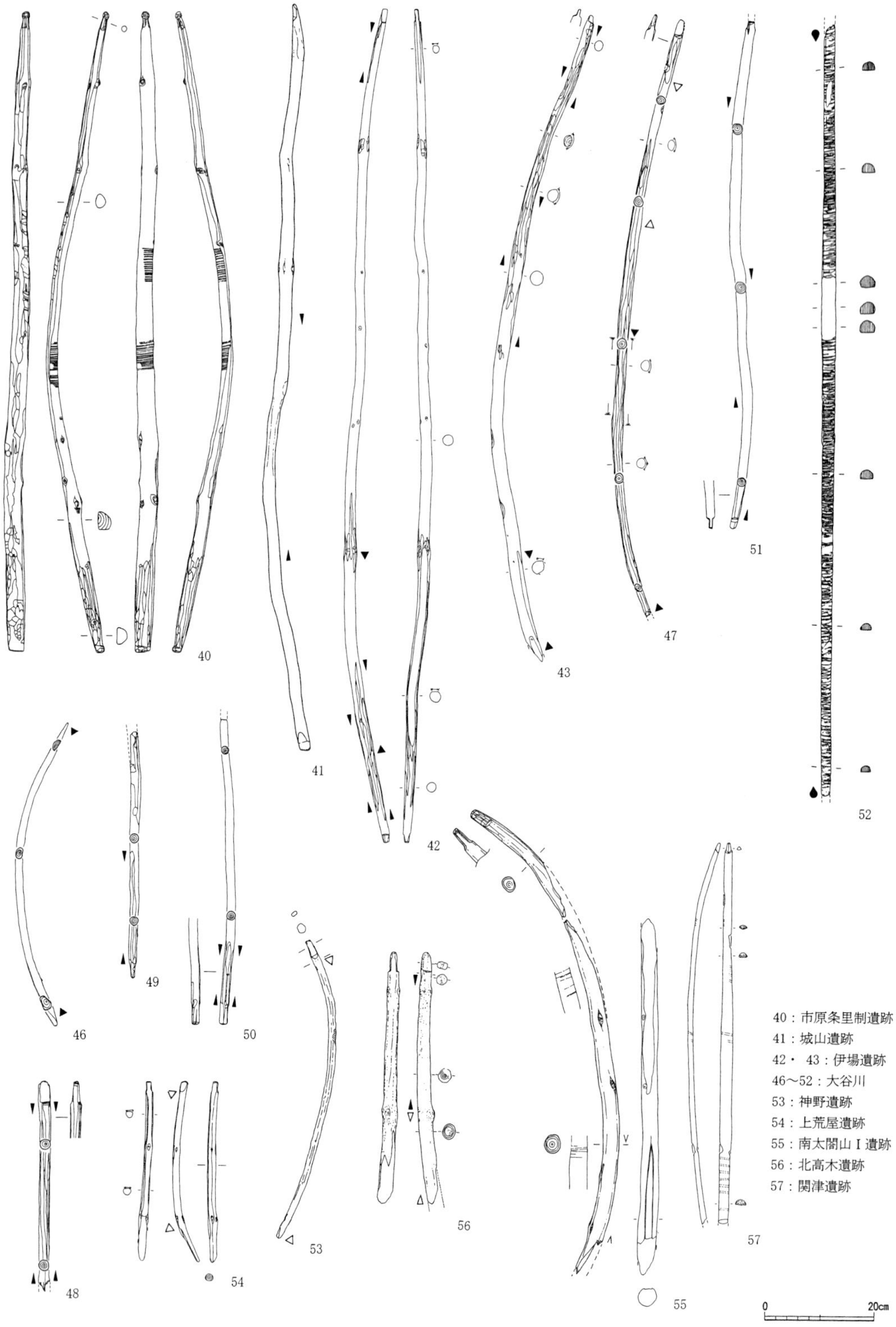
40
41
42
43
47
51
52
46
49
50
53
56
55
57
48
54
40：市原条里制遺跡
41：城山遺跡
42・ 43：伊場遺跡
46～52：大谷川
53：神野遺跡
54：上荒屋遺跡
55：南太閤山Ｉ遺跡
56：北高木遺跡
57：関津遺跡
0
20cm

図４　弓集成図（3）

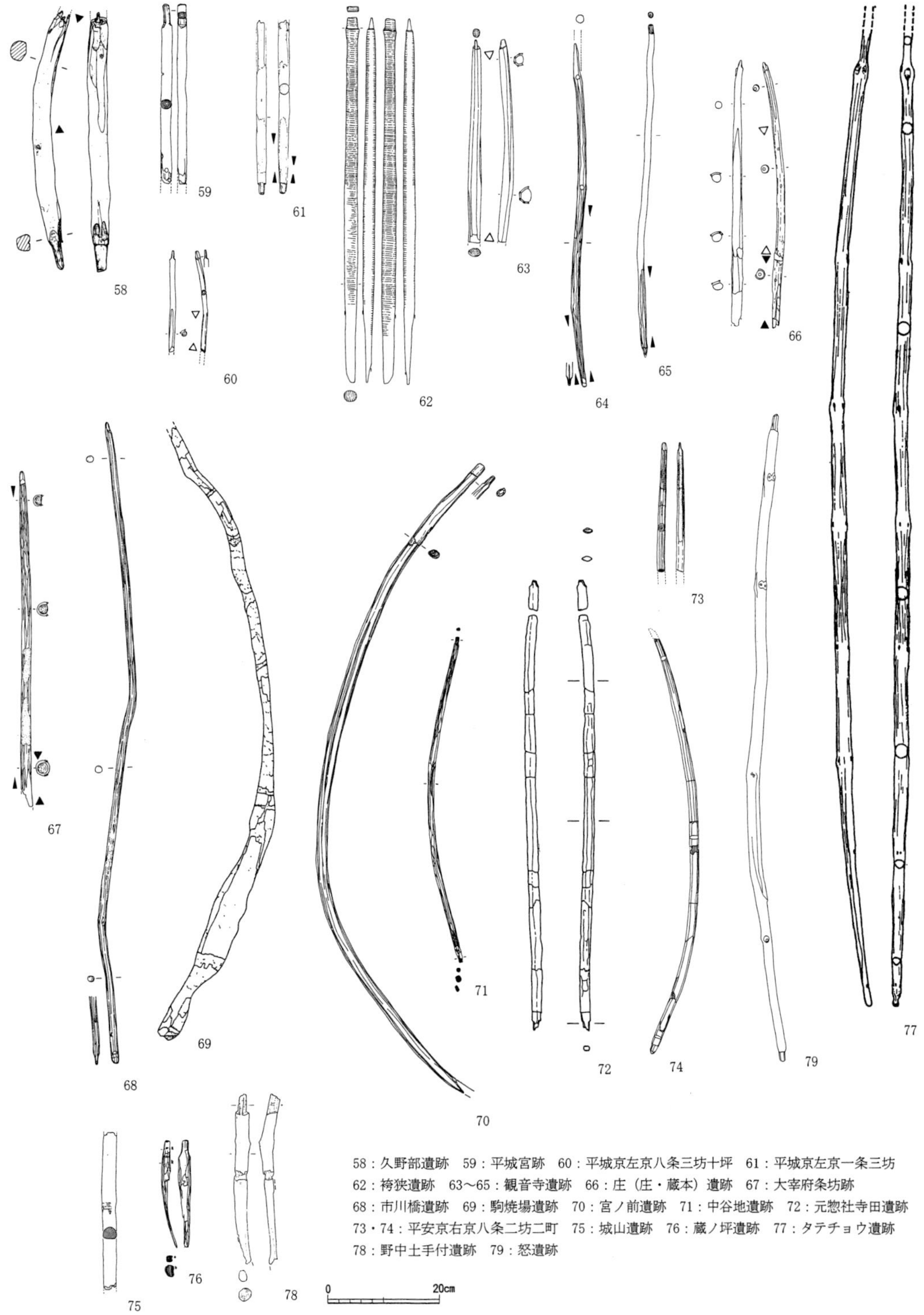

58：久野部遺跡　59：平城宮跡　60：平城京左京八条三坊十坪　61：平城京左京一条三坊
62：袴狭遺跡　63〜65：観音寺遺跡　66：庄（庄・蔵本）遺跡　67：大宰府条坊跡
68：市川橋遺跡　69：駒焼場遺跡　70：宮ノ前遺跡　71：中谷地遺跡　72：元惣社寺田遺跡
73・74：平安京右京八条二坊二町　75：城山遺跡　76：蔵ノ坪遺跡　77：タテチョウ遺跡
78：野中土手付遺跡　79：怒遺跡

図５　弓集成図（4）

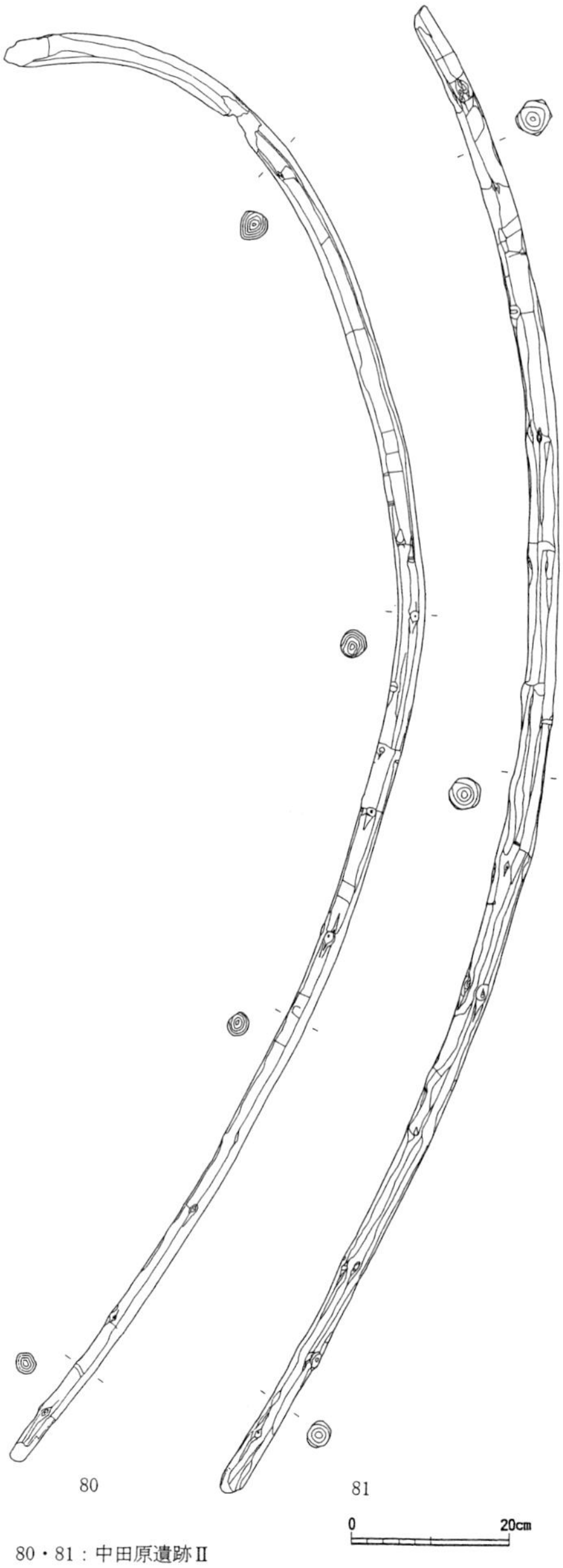

80・81：中田原遺跡Ⅱ
図6　弓集成図（5）

細条削り　弓幹の表面を幅五ミリ前後以下の細長い条線状に削りを行うもの。

弭付近幅広（狭）削り　弭付近に幅七〜一〇ミリ前後以上の削りを行うもの。弓幹の断面は蒲鉾形を呈する。弓幹を薄くしていることから弓力の増加を意図した削りと考えられる。削りの単位によって幅広・幅狭に分類できる。

弭付近細条削り　弭付近に幅五ミリ前後以下で細長い条線状に削りを行うもの。断面は円形である。

樋　腹側の弣から弭付近までに溝を彫るもの。当該期の樋は幅一〇〜一五ミリ前後で、底面が平坦である。樋を彫る理由について、後藤守一氏は弓幹の歪曲を防ぐため[15]、鈴木敬三氏は本の強さを軽減し、末との力の平均を保つため[16]、斎藤直芳氏は弓の歪曲を防ぎ、多少の弓力増加のため[17]としており、歪曲防止説、本弭・末弭の力均等説、弓力増強説に分けられるであろう。正倉院や市川橋遺跡の樋の位置は弣から弭付近にあることから、樋を彫る理由については、本弭・末弭の力均等説が最も妥当であると考える。

擬似樋　樋と同じく弣から弭付近の腹側を幅広に削り、弓幹が断面蒲鉾形を呈している。窪みはないが、弓幹の太さを細くしており、本弭・末弭付近の力を均等にする効果があることから、擬似樋と呼んでおく。

磨き　弓幹の表面を削りのちに磨きを施し、表面を平滑に仕上げたもの。

削りなし　削り痕が確認できないもの。表皮を剥いだのみの場合が多いと判断される。

弓幹・樋の削り技法

丸木弓・木弓の弓幹の調整について、多様な削り技法が存在したことが観察された。各弓における削り技法の組み合わせについて、類型的にまとめておきたい。破片資料の場合に技法の組み合わせが不明である。全てが包括できたわけではなくて、組み合わせの事例が少ないものについては、今後の出土資料・観察資料の増加などによって技法の類型が増加することを含みおきたい。

第一技法　樋があり、全面細条削り。一部削りの観察されないものがある。

第二技法　全面細条削り。弭・弣付近は断面円形で、弓幹全体を細い削りで調整する。

第三技法　本弭付近細条削り。弓幹の太い本弭付近のみを細条削りして、弓力を均等にしている。

第四技法　擬似樋本弭付近細条削り。弓幹の太い本弭付近のみを細条削りして、腹側を幅広に削って擬似樋として、弓力を均等にしている。

第五技法　擬似樋弭付近同面幅広削り。腹側を幅広に削って擬似樋として、弭付近で擬似樋と同じ腹側の面を幅広く削り断面蒲鉾形にする。一部幅の狭い削りを密にして、幅広削りと同じ断面蒲鉾形にするものがある。弣から弭付近の弓幹を薄くして撓りを増して、全体的に弓力の増加を図った技法と評価される。

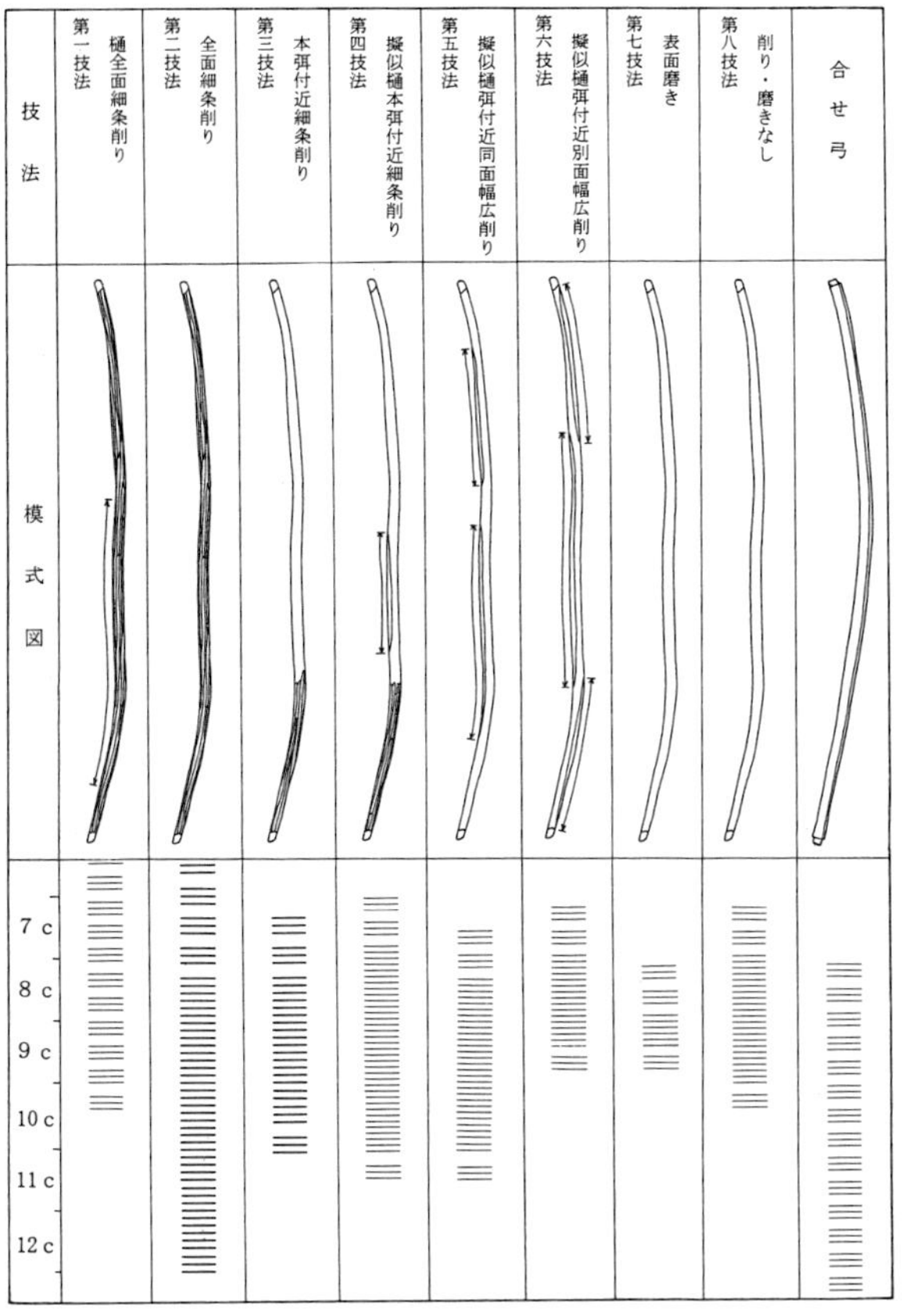

図7　弓の製作技法消長図

第六技法　擬似樋弭付近別面幅広削り。腹側を幅広に削って擬似樋として、弭付近で擬似樋と違う背側の面を幅広く削る。一部幅の狭い削りを密にして、幅広削りと同じ断面蒲鉾形にするものがある。弓幹全体を薄くするが、腹・背と別面を削る点で区分される。全体的に弓力の増加を図った技法と評価できる。

第七技法　表面磨き。

第八技法　削り・磨きなし。

　次に、各技法の時期的な消長をみていく。各技法ともに上限・下限などの代表的な事例を提示し、消長図には資料の多いものは太い線で、少ないが存在するものは細い線で表記し、前後に存在する可能性があることからそれを破線で示した。

第一技法　六世紀後半から七世紀中葉（市川橋遺跡）～九世紀後半（荒田目条里遺跡）にあるが、出土数は少ない。伝世の正倉院・法隆寺・鶴岡八幡宮蔵の長弓には樋があることから、出土品の弓と伝世の長弓では樋の有用性が異なることが推測される。(18)

第二技法　八世紀中葉から九世紀後半（大猿田遺跡）～九世紀・一〇世紀前半（神明上遺跡）～一〇世紀後半・一一世紀前半（大知波峠廃寺跡）・一二世紀後半（中野高柳遺跡）まで連綿と続く。破片資料を含めれば、当該期の主体的な弓製作技法といえる。

第三技法　八世紀後半・九世紀前半（多摩ニュータウン№一〇七遺跡）～九世紀中葉・後半（鶴田A遺跡）まであり、当該期の主体的な技法である。

第四技法　六世紀後半・七世紀中葉（市川橋遺跡）～八世紀（伊場遺跡・市川橋遺跡）・九世紀後半（多賀城跡）に確認できる。

第五技法　八世紀末（伊場遺跡）～一〇世紀後葉（山王遺跡・庄（庄・蔵本）遺跡）までである。

第六技法　八世紀前半～九世紀前半（元総社寺田遺跡）まで確認できる。

第七技法　九世紀前半（山王遺跡）で確認できるが、数は極めて少ない。

第八技法　八世紀初頭（小敷田遺跡）～九世紀後半（荒田目条里遺跡）までである。

このように、弓幹の削り技法の消長が確認できる。擬似樋と弭付近を薄くする第四～六技法は、それぞれの数は少ないが、類似した各技法であり、これらをまとめると、古代の丸木弓の主体的な削り技法であることが確認できる。さらに、弭付近のみの破片で断面蒲鉾形の弓を含めると、第五・六技法はさらに多くなる。

焦げ

弓幹の表面に焦げが点在しており、加熱して弓幹を曲げたもので、背側にみられる場合が多い。多摩ニュータウン№一〇七遺跡・市川橋遺跡・神野遺跡・大宰府条坊跡で確認できた。

弭

弭金物　正倉院中倉一梓弓第一号・春日大社に金銅製の弭金物があるが、出土品には確認できなかった。

骨製弭　一一世紀中葉から一二世紀（松原遺跡・柳之御所跡・百間川米田遺跡）と一三世紀の博多遺跡群に骨製弭が出ている。凸字形・側縁抉りの二型式がある。

凸字形削り出し弭　弓幹の両側面を削り、弭を作り出す。正倉院・法隆寺献納宝物や出土品の大半がこの弭であり、当該期の主体的な弭である。

背側切り込み弭　弓幹の背から両側面にU字形に切り込みを入れる弭。一二世紀後半（中野高柳遺跡）にあるが、少数である。

周縁段弭　弭の縁に段が全周する。八世紀後半～九世紀（多賀城跡第二〇次調査包含層第六層出土・観音寺遺跡）にあるが、数は少ない。

円頭形弭　団子形を呈しており平安末（市原条里制遺跡）の合せ弓の弭にあるが、数は少ない。

断面三角形弭　一二世紀後半から一三世紀前半（関津遺跡）の合せ弓の弭は断面三角形になっている。後述のように八世紀下限の三枚打弓（袴狭遺跡）では断面長方形であり、合せ弓の弭が一二世紀後半以降に中世の形態になったことが確認できた。

古代の弓は大半が凸字形削り出し弭であり、背側切り込み・周縁段・円頭形の弭は極めて少なく、例外的なものと位置付けるべきであろう。骨製弭は骨を抉り、弓幹を挿入する構造である。管見では、一一世紀中葉の長野県松原遺跡を初現とする。

弣

籐　出土品では幅五ミリ前後の籐を巻いたと判断でき、六世紀後半・七世紀前半（市川橋遺跡）～八世紀後半・一〇世紀（市川橋遺跡）まで確認できる。合せ弓でも関津遺跡・袴狭遺跡・大谷川でみられる。

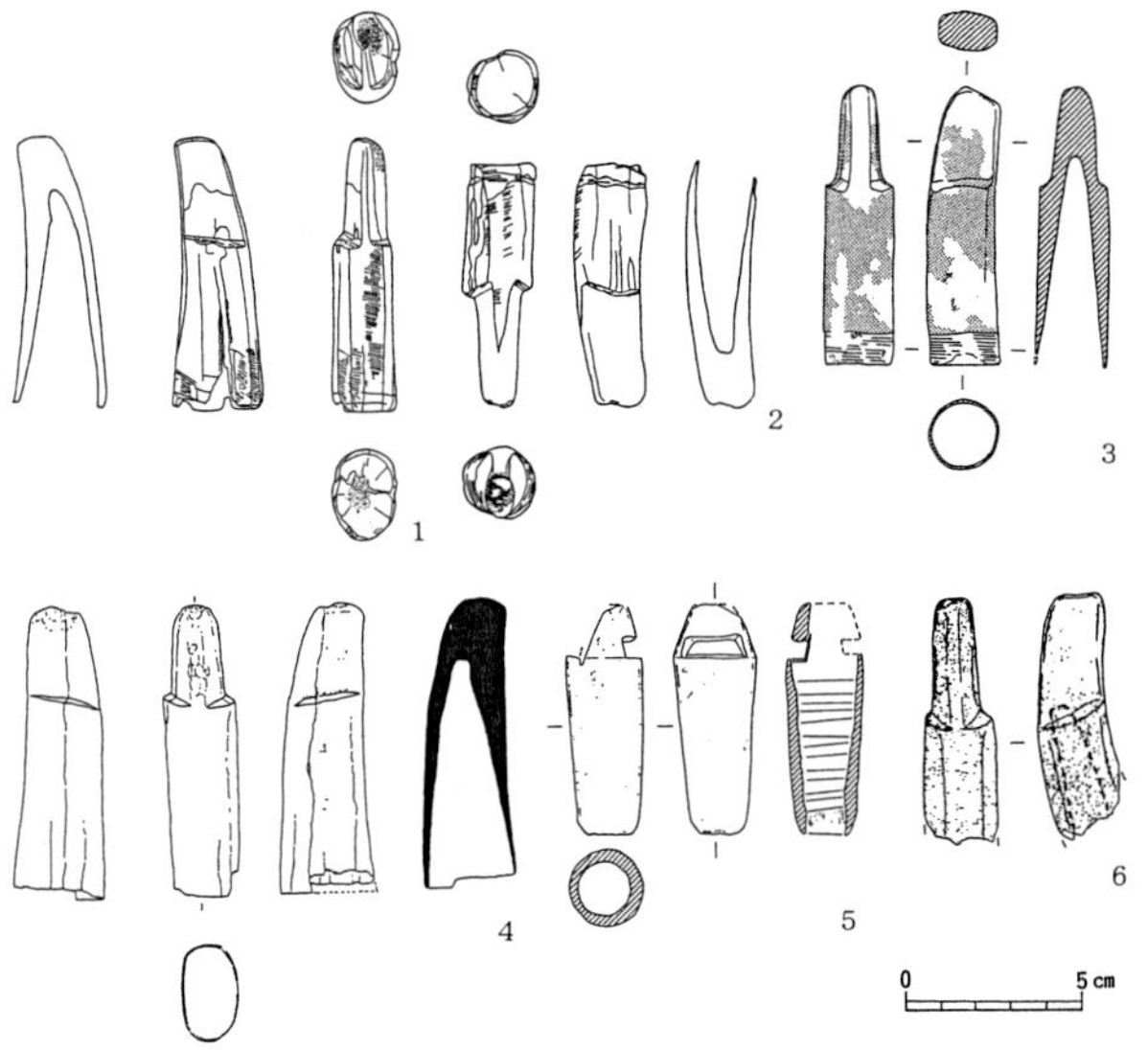

1・2：松原遺跡　3・5：百間川米田遺跡
4：博多遺跡群　6：柳之御所跡

図8　骨製弭

韋　大谷川の合成弓では、幅一二センチの糸纏のない部分があり、弣に韋を張った可能性がある。

糸　丸木弓では糸を纏うものはほとんどない。

出土品では弣の纏を確認できない場合が多いが、籐を巻くことがあったと推定される。[19] 弣の位置のわかる事例は少ないが、長さ一一二・六センチの市川橋遺跡の弓は長軸中位に弣の跡があった。長さ一一六センチの市原条里制遺跡の弓は纏が二ヵ所あり、その間が一二センチであることから握りの幅で弣と推定され、やはり長軸中位である。長弓では春日大社の蒔絵弓（一八七・一センチ）では、本弭側に寄っている。長弓と非長弓では弣の位置も異なっていたと判断される。

塗り

全面漆塗り　法隆寺献納宝物（透き漆）・伊場遺跡（黒漆・両端焼損）のほかに、市川橋遺跡（六世紀後半～七世紀前半）などあるが、当該期の丸木弓には全面漆塗りはなくて、七世紀前半までに漆塗りは減っている。

弭黒漆塗り　正倉院梓弓・槻弓、法隆寺献納宝物・平安京右京八条二坊二町（弭付近のみ遺存）・元総社寺田遺跡・山王遺跡（八世紀前半～九世紀前半）などあるが、数は少ない。

弣漆塗り　城山遺跡にある。

白木　正倉院槻弓や出土品の大半は漆を塗っていない。

出土品でみる限り、八世紀以降の漆塗りは極めて限られており、元総社寺田遺跡・山王遺跡という国府関連遺跡と郡家に関連する城山遺跡で漆塗り弓が確認できた。しかし、山王遺跡・市川橋遺跡でも白木弓が多く出ていることから、官衙でも漆塗りの弓は稀少であったことが指摘できる。正倉院や春日大社の背黒腹赤塗りなどは地方官衙でも使用されていたとは考えられない。

合せ弓

袴狭遺跡では、古墳から奈良時代の層の上層から弓が出土した。弓は心のない割木で、弓幹の断面が楕円形である。平坦幅の広い両面には幅二〜四ミリ籐とみられる圧痕があり、螺旋状に巻かれている。弭の切り込み方から判断して、背と腹とみられる幅の狭い面には九ミリ前後の幅で圧痕が確認できない。このため、圧痕が確認できない部分には、別な板状のものがあったと判断せざるをえない。背・腹には断面丸味があり、割竹の内面の形態になっている。弭の側面にも籐状の圧痕があるが、背・腹側には圧痕がなくて、弭まで竹を合せていたと考えられる。背と腹に板状のものを合わせて籐状のもので巻くとすると、最も類するものは三枚打ちの合せ弓である。

市川橋遺跡では九世紀前葉から中葉にスギのような材で、木質を面取りして暗褐色の漆を塗布するが、平坦面には漆が確認されない。平坦面は材が剥離した状況ではなくて平坦に削っており、ほかの材と合せた後に厚く漆を塗っているようである。厳密には弓と断定はできないが、木目の向きや漆面などから合せ弓の可能性があり、今後の類例増加のために提示する。

古代末の所産という市原条里制遺跡の弓はイヌガヤで長さ一一六センチと短い。側面観がくの字形の曲がっており、断面蒲鉾形で、丸味のあ

鉄製武器	時　期	遺跡の性格
—	9世紀後半	城柵
—	8世紀後半	城柵
—	9世紀後半～10世紀中葉	城柵関連遺跡
—	9世紀前半	城柵関連遺跡
—	8世紀末～9世紀初頭	城柵関連遺跡
—	10世紀中葉～後半	城柵関連遺跡
—	奈良・平安	城柵関連遺跡
鉄鏃	9世紀	城柵関連遺跡
—	9世紀後半	城柵関連遺跡
—	7世紀	城柵関連遺跡
—	8世紀後半～9世紀前半	城柵関連遺跡
—	9世紀前葉～中葉	城柵関連遺跡
象嵌轡	12世紀後半	有力者屋敷
—	9・10世紀	祭祀場か
—	9世紀前半	郡家か
—	9世紀前半	郡家か
—	9世紀前半～末	有力者の居宅
—	9世紀前半～末	有力者の居宅
—	9世紀前半～末	有力者の居宅
—	9世紀前半～末	有力者の居宅
—	9世紀前半～末	有力者の居宅
轡等	9世紀後半	郡家関連運河
轡等	9世紀後半	郡家関連運河
轡等	9世紀後半	郡家関連運河
轡等	9世紀後半	郡家関連運河
轡等	9世紀後半	郡家関連運河
轡等	9世紀後半	郡家関連運河
轡等	9世紀後半	郡家関連運河
轡等	9世紀後半	郡家関連運河
—	9世紀	集落
—	9世紀	集落
—	8世紀中葉～9世紀後半	木器生産遺跡
帯金具等	9世紀中葉～後半	集落
—	8世紀前半～9世紀前半中心	国府関連遺跡
—	8世紀前半～9世紀前半中心	国府関連遺跡
—	8世紀初頭	集落
—	9世紀後半	木器生産遺跡
—	8世紀後半～9世紀前半	木器生産遺跡
—	9世紀～10世紀前半	集落
—	古代末	水田・水路
銅製鐙	8世紀	郡家関連遺跡
鏃	8世紀	郡家関連遺跡
	8世紀末	郡家関連遺跡
—	10世紀後半～11世紀前半	山岳寺院跡
—	9世紀初頭	水田
	奈良・平安	河川・祭祀遺跡
	奈良・平安	河川・祭祀遺跡
	奈良・平安	河川・祭祀遺跡
	奈良・平安(10世紀)	河川・祭祀遺跡
	奈良・平安	河川・祭祀遺跡
	奈良・平安	河川・祭祀遺跡
	奈良・平安	河川・祭祀遺跡
—	8世紀末～10世紀初頭	古墳か
轡	8世紀中葉～10世紀主体	荘園　運河
—	7世紀～10世紀	河川祭祀場
鏃・鋤	8世紀後半～10世紀第1四半期	祭祀場
—	12世紀後半～13世紀前半	集落
—	7世紀前葉	集落
—	9世紀前葉	都城

表１　弓幹削り技法と出土共伴遺物・時期（表中の番号は集成図中の番号に対応する）

番号	遺跡名	遺構名	削り技法	祭祀具	木製雑器
1	多賀城跡(宮城)	20次調査第6層	擬似樋本弭付近細条削り	—	鐙・木簡
2	多賀城跡(宮城)	24次調査SB224整地層	弭付近幅広・細条削り	—	木槌・鋤柄など
3	山王遺跡(宮城・県)	SX390道路跡南側溝	弭付近幅広・幅狭削り	—	曲物(北側溝)
4	山王遺跡(宮城・県)	北1西3区SE659	磨き	斎串	曲物
5	市川橋遺跡(宮城・県)	A-F区SD5161A(2層)	全面細条削り	—	鋤・鍬・杵等
6	市川橋遺跡(宮城・県)	A-F区SD5164	弭付近幅狭・細条削り	—	鐙・椀・槽
7	山王遺跡(宮城・市)	10次調査SE5021	本弭付近細条削り	—	曲物
8	市川橋遺跡(宮城・市)	SD07第2層	本弭付近細条削り	—	—
9	市川橋遺跡(宮城・市)	SD2342d	弭付近幅広・細条削り	—	曲物
10	山王遺跡(宮城・市)	SD100	本弭付近細条削り	斎串	—
11	市川橋遺跡(宮城・市)	SD2386b	擬似樋本弭付近細条削り	人形・斎串	矢柄・火鑽
12	市川橋遺跡(宮城・市)	SD1522　1層	合せ弓	人形・斎串	絵馬
13	中野高柳遺跡(宮城)	SX1200	全面細条削り	—	鍬・櫂
14	上高田遺跡(山形)	SG2　F6層	概全面細条削り本弭付近幅広削り	斎串	皿・柄杓・曲物
15	道伝遺跡(山形)	SD1	擬似樋弭付近細条削り	—	鐙・椀・木簡
16	道伝遺跡(山形)	SD35	弭付近細条削り	—	漆器・定規状木製品
17	古志田東遺跡(山形)	河川(KY1)D区3層	全面細条削り	呪術絵土器	鍬・修羅
18	古志田東遺跡(山形)	河川(KY1)G区3層	全面細条削り	—	皿・曲物・鐙等
19	古志田東遺跡(山形)	河川(KY1)G区3層	削り・磨きなし	—	皿・曲物・鐙等
20	古志田東遺跡(山形)	河川(KY1)C区4層	削り・磨きなし	呪術絵土器	皿・櫛・独楽・鐙等
21	古志田東遺跡(山形)	河川(KY1)C区4層	全面細条削り	呪術絵土器	皿・櫛・独楽・鐙等
22	荒田目条里遺跡(福島)	第3号溝	樋全面細条削り	人形・斎串等	服飾品・紡績具等
23	荒田目条里遺跡(福島)	第3号溝	弭付近細条削り	人形・斎串等	服飾品・紡績具等
24	荒田目条里遺跡(福島)	第3号溝	弭付近細条削り	人形・斎串等	服飾品・紡績具等
25	荒田目条里遺跡(福島)	第3号溝	本弭付近細条削り	人形・斎串等	服飾品・紡績具等
26	荒田目条里遺跡(福島)	第3号溝	削り・磨きなし	人形・斎串等	服飾品・紡績具等
27	荒田目条里遺跡(福島)	第3号溝	削り・磨きなし	人形・斎串等	服飾品・紡績具等
28	荒田目条里遺跡(福島)	第3号溝	削り・磨きなし	人形・斎串等	服飾品・紡績具等
29	荒田目条里遺跡(福島)	第3号溝	削り・磨きなし	人形・斎串等	服飾品・紡績具等
30	御山千軒遺跡(福島)	湿地性包含層	削り不明、漆塗り巻きあり	馬形・刀形	木錘・機織具・槌等
31	御山千軒遺跡(福島)	湿地性包含層	弭付近幅広削り	馬形・刀形	木錘・機織具・槌等
32	大猿田遺跡(福島)	7号特殊遺構付近	全面細条削り	—	下駄・槽等
33	鶴田A遺跡(栃木)	SD-15	本弭付近細条削り	—	櫛・曲物等
34	元総社寺田遺跡(群馬)	Ⅵ区Ⅲ層	擬似樋弭付近別面幅広削り	人形・斎串	漆椀・鍬等
35	元総社寺田遺跡(群馬)	Ⅵ区Ⅲ層	不明・漆塗り	人形・斎串	杭等
36	小敷田遺跡(埼玉)	第105号土壙	削り・磨きなし(杭転用)	鳥形	木簡・櫛・木錘等
37	多摩ニュータウン№243・244遺跡(東京)	古代河道	未製品(削りなし)	—	皿・鋤・漆器等
38	多摩ニュータウン№107遺跡(東京)	水場遺構	本弭付近細条削り	—	槌・皿・鋤等
39	神明上遺跡(東京)	河川	全面細条削り	鳥形	櫛・曲物・掛矢・扉等
40	市原条里制遺跡(千葉)	菊間地区STA31-04	合せ弓	(—)	田下駄
41	城山遺跡(静岡)	整地層	弭付近細条削り	斎串・馬形	農具・機織具等
42	伊場遺跡(静岡)	大溝(Y15e)Ⅴ層	擬似樋本弭付近細条削り	人形・馬形	機織具・曲物等
43	伊場遺跡(静岡)		擬似樋弭付近同面幅広削り		
44	大知波峠廃寺跡(静岡)	池(閼伽池跡)	全面細条削り	—	砧・皿等
45	池ヶ谷遺跡(静岡)	F11NグリッドDⅢ層	擬似樋弭付近同面幅広削り	—	曲物
46	大谷川(静岡)		擬似樋		
47	大谷川(静岡)	西大谷1区砂礫層	擬似樋弭付近同面幅広削り	人形・斎串	木錘
48	大谷川(静岡)		全面細条削り		
49	大谷川(静岡)		本弭付近細条削り		
50	大谷川(静岡)		本弭付近細条削り		
51	大谷川(静岡)		本弭付近他細条削り		
52	大谷川(静岡)	大谷1区Ⅴ16グリッド	合せ弓		
53	神野遺跡(石川)	SD303a	弭付近幅広削り	—	—
54	上荒屋遺跡(石川)	SD40	弭付近幅広削り	人形・斎串等	漆器・木簡・鞍等
55	南太閤山Ⅰ遺跡(富山)	SD03	樋	斎串・刀形	紡績具・皿等
56	北高木遺跡(富山)	SD100	弭付近幅狭削り	人形・斎串等	櫛・版木状製品等
57	関津遺跡(滋賀)	D区遺物包含層	合せ弓	—	田下駄・糸巻き等
58	久野部遺跡(滋賀)	SD10	擬似樋	斎串	田下駄・機織具等
59	平城宮跡(奈良)	6AB0区SE311B	細条削りか不明瞭	陽物形	櫛・曲物等

る面の中央には幅八～九センチの間隔を置いて緊縛した痕跡があるが、平坦な面には縛った跡がみられないことから、この部分に板状のものがあり、巻いたとみられる。材質が弓に一般的なイヌガヤであること、端部に削り出した弭があることからも合せ弓と判断できる。

大谷川ではスギ材の木質部があり、古代の所産になる。断面蒲鉾形で、その面には糸の可能性のある痕跡が残っているが、弣と推定される幅一一センチの範囲と平坦な面には糸の痕跡がない。このために平坦な面に板状の材を合せてから糸を巻いたと判断できる。材は長軸中央付近の糸のない部分が最も厚く幅があり、両端に向かいやや細くなる。糸が片面に確認できる点や両端が細くなっている[20]点などから、合せ弓であると考えられる。

—	8世紀中葉	都城
鈿(銅製)	9世紀前半	都城
—	8世紀	国府関連か郡家
不明	7世紀中葉	国府関連か郡家
鉄鏃	8世紀後半～9世紀前半	国府関連か郡家
鉄鏃	8世紀後半～9世紀前半	国府関連か郡家
—	10世紀後葉	集落(官衙付近)
—	8世紀前半	大宰府関連遺跡

一二世紀後半から一三世紀前半の関津遺跡の弓は、芯はないが丸木を概ね半截したままで、断面蒲鉾形になっている。平坦な面には削りを施さず、割った状態である。丸味のある面は表皮を剝いだのみで削りを加えない。弭は短軸断面三角形で、末弭付近の腹側には幅三ミリほどの巻きの痕跡が螺旋状になっているが、平坦面には確認できず、板状のものを合せてから巻いたと判断できる。これらの点から、この弓は合せ弓と考えられる。弣付近の背側にも巻きの痕跡が観察され、図では破線で表記した。様々な解釈が可能であるが、合せ材腐朽後に残った籐の圧痕と理解したい。

このように芯のない割木のスギ材や丸木を半截してできた合せ弓は奈良時代から数は少ないが確認でき、巻には糸や籐を用いた外竹弓や三枚打弓であると判断できる。

弓の材質

奈良・平安時代の出土品では、イヌガヤが圧倒的に多い。次いでカヤ・ケヤキで正倉院などの伝世品とは材質が異なる。静岡県域ではイヌマキが多くて、材質による地域性がある。嶋倉巳三郎氏の強度によると[21]、曲げ破壊係数は、ケヤキ一〇〇〇、イヌマキ八五〇、カヤ八〇〇、イヌガヤ四六〇で、イヌガヤなどの針葉樹は、正倉院の槻弓（ケヤキ）や梓弓（ミズメ）のような広葉樹よりも軟質である。

弓の削り技法と材質の関連をみると、技法の確認できた資料で最も多い材質はイヌガヤで、この材の技法は全面細条削り（集成図番号17・21・32・39、以下同様）、削り・磨きなし（36）、合せ弓（40）となり、製作技法は一致しなかった。技法と材が一致する事例は、イヌマキ（45・47）であるが、この材は静岡県域に多いものである。カヤ（23・24・60）は、削り幅の違いはあるが、弭付近を削る点で共通する事例が確認できた。しかし、広葉樹（59）は細条削りの可能性もあるが、細条削りはイヌガヤなどの針葉樹にも一般的にみられる。現段階では、材と技法の明確な一致はみられないが、共通する場合もあるというのが実態である。今後の技法観察・樹種同定資料の増加によって、その関連が明らかになるであろう。

60	平城京左京八条三坊十坪(奈良)	SD1155	弭付近幅広削り	人形・斎串	匙・箸・曲物等
61	平城京左京一条三坊(奈良)	SD650	本弭付近細条削り	人形・斎串等	皿・櫛等
62	袴狭遺跡(兵庫)	大坪2区第4遺構面	三枚打弓	人形・斎串等	下駄・曲物・農具等
63	観音寺遺跡(徳島)	SR1001 Ⅷ層	弭付近幅広削り	矛形・斎串	鐙・農具等
64	観音寺遺跡(徳島)	南区 SR3001 Ⅴ層	本弭付近細条削り	人形・斎串等	鎌柄・糸巻き等
65	観音寺遺跡(徳島)	南区 SR3001 Ⅴ層	本弭付近細条削り	人形・斎串等	柄杓・鎌柄・木錘等
66	庄(庄・蔵本)遺跡(徳島)	水路201	擬似樋弭付近同面幅広削り	斎串・刀形等	曲物・櫛・槌等
67	大宰府条坊跡(福岡)	SD001	擬似樋弭付近細条削り	舟形	錐柄・斧・鏑

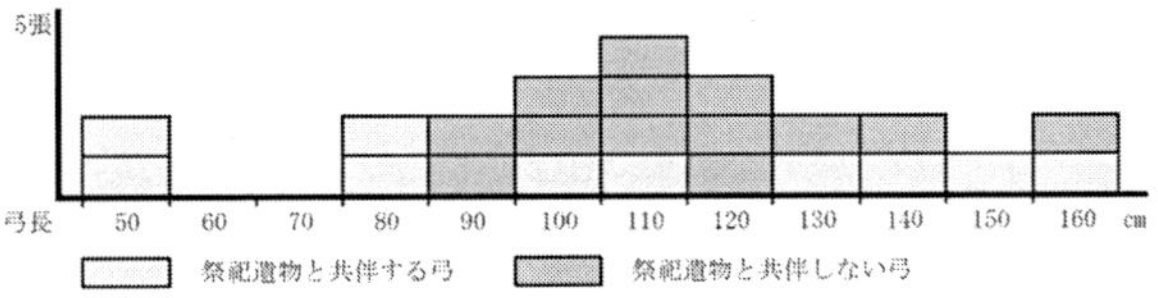

図9　弓長と祭祀遺物の共伴頻度図

第二節　弓長・製作技法と機能

弓　長

出土弓で全長のわかるものは、主に五〇〜一六〇センチ台までである。[22] 正倉院には一六六・五センチの梓弓があるが、ほかは二一〇センチ前後が大半である。遺跡出土の弓は、これらや春日大社・鶴岡八幡宮蔵などの伝世品よりも短いことが指摘できる。蝦夷の岩手県駒焼場遺跡でも一〇九センチよりやや長い程度である。

共伴遺物と弓長による機能の関連

弓は武器としての機能のほかに、祭祀具や狩猟具・遊具としての機能がある。祭祀具としては、延喜兵庫寮式にあるように大祓の用具として太刀・弓箭が用いられている。地方でも祓に関わる物品を列記した木簡によって、弓も使用していたことが明らかになった。[23] 遺跡において弓は人形や斎串などの祓に係る用具とともに出土する場合が多い。このため、本来祭祀具であったのか、兵仗であったものを祭祀用に転用したのか判断できない場合があり、遺跡において祭祀具（斎串・人形など）と弓と同じ遺構で共伴した事例をみてみる。共伴する弓は長さ五〇センチから一六〇センチ台まであり、弓の長さに係わらず、祭祀具が伴う傾向が窺えた。また、祭祀具が伴わない場合も九〇センチから一六〇センチ台までである。ただ、祭祀具を伴わない場合は弓長一〇〇センチ前後以上が多い傾向があった。祭祀具を伴わない遺跡は、集落・官衙及び関連遺

表２　弓長と祭祀具の共伴関係表

遺跡名	遺構名	弓長(㎝)	祭祀具
駒焼場遺跡(岩手)	Ⅲ A—6 住居址	109 以上	—
中谷地遺跡(秋田)	SL17-3	57.9	○
道伝遺跡(山形)	SD1	110	—
道伝遺跡(山形)	SD35	101.5	—
古志田東遺跡(山形)	河川(KY1)C 区 4 層	121.4	—
古志田東遺跡(山形)	河川(KY1)C 区 4 層	123.5	—
上高田遺跡(山形)	SG2	88.2	○
上浅川遺跡(山形)	KY81 第 6 層	91	—
市川橋遺跡(宮城)	SD2386b	160.9	○
市川橋遺跡(宮城)	SD5161B	113.7	○
市川橋遺跡(宮城)	SD07	122.6	—
山王遺跡(宮城)	SE5021	93	—
大猿田遺跡(福島)	7 号特殊遺構付近	160	—
荒田目条里遺跡(福島)	3 号溝(11 区-56 区)	104	○
鶴田 A 遺跡(栃木)	SD-15	118	—
元総社寺田遺跡(群馬)	Ⅵ区Ⅲ層	約 80	○
多摩ニュータウンNo.243・244(東京)	古代河道	147	—
多摩ニュータウンNo.107(東京)	水場遺構	137.8	—
神明上遺跡(東京)	河川	142.6	○
市原条里制遺跡(千葉)	菊間地区 STA31-04	116.1	(—)
城山遺跡(静岡)	整地層	135	○
伊場遺跡(静岡)	大溝(Y15e)Ⅴ層	152.6	○
観音寺遺跡(徳島)	SR3001 Ⅴ層	58.1	○

注　表中の○はあり、—はなしを示す。

跡・有力者の居宅・官衙の木器生産遺跡などである。

次に、出土弓と比較するために、文献に記載された弓の長さとその使用目的のわかる事例を挙げていく。奈良時代では『東大寺献物帳』に記載された弓は梓弓・槻弓・檀弓などで最長七尺五寸七分、最短六尺三寸である。この献物帳の弓をめぐっては、人名の記された弓をもとに、東大寺に献納された武器類が天皇を護衛する授刀舎人の勤務場所に常備され、使用したものという説(24)がある。下って延喜兵庫寮式には践祚大嘗祭に際して新造する梓弓が七尺六寸と規定されている。また、延喜神祇式の伊勢太神宮神宝には、梓弓が七尺以上八尺以下とされており、これらの弓は遺跡出土弓に比較して長弓である。天皇に係わる国家祭祀や天皇護衛の弓との性格の違いに起因して、官衙・民衆・蝦夷との弓長の違いがあると推定される。つまり、古代の弓は国家的な祭祀用では長弓、祓など祭祀用や官衙・民衆・蝦夷の武器・狩猟具は比較的短い弓であったのである。

共伴遺物と弓の製作技法による機能の関連

出土弓は、製作技法が多様であったことから、前述の製作技法と祭祀具の共伴関係をみてみる。

第一技法　荒田目条里遺跡で祭祀具と共伴事例があるが、数が少なくて不明瞭である。

第二技法　市川橋遺跡・大猿田遺跡・大知波峠廃寺跡で祭祀具と共伴していない。神明上遺跡ではわずかに鳥形が一点出ているが、数からみて明確な祭祀場ではない。

第三技法　祭祀具を伴う場合と伴わない場合が半ばしている。

第四技法　数が少ないが、祭祀具と共伴・非共伴事例がある。

第五技法　伊場遺跡で共伴事例があるが、数少ない。

第六技法　池ヶ谷遺跡で祭祀具と共伴しない事例があるが、数は少ない。

第七技法　山王遺跡で祭祀具と共伴する事例があるが、数少ない。

第八技法　荒田目条里遺跡などで祭祀具と共伴する事例がある。

以上のような、数少ない観察結果からの判断であるが、第二技法（全面細条削り）が祭祀具と共伴しない事例が多くて、第三技法（本弭付近細条削り）で祭祀具との共伴事例・非共伴事例が半ばして、第八技法（削り・磨きなし）で祭祀具と共伴事例が多い傾向のあることが指摘できる。このため、全面細条削りの弓は祭祀具でなくて、武器や狩猟具の可能性があり、郡家や国衙の出先の木器生産遺跡で出ている点からも武器の可能性が高い。一方、削り・磨きのない粗製の弓は祓の祭祀用と判断される。

第三節　絵画からみた弓長

遺跡から出土した弓は正倉院や春日大社などに伝世する遺品、大嘗祭などの祭祀の弓と比べて、短い弓が使用されていたことが明らかになった。そこで、このような弓が一般的に用いられていたのか、絵画資料をもとに比較検討してみたい。

秋田城跡

「天平六年」から「勝寶五年」の木簡を出した井戸から人物と弓矢を墨書した塼が出土した。秋田城遷置直後の井戸で、下限が天平勝宝五年（七五三）とみられる。絵画は人物に向けた弓矢と射抜いた矢が描かれている。弓幹は本弭近くが曲がっているものもあるが、矢は弓幹の中位に番えられている。このことから、描かれた弓の弣は中位にあったと推定される。(25)

正倉院

中倉の麻布に描かれた図はその一部に庶民の生活を表現している。(26)騎馬人物は二人おり、一人は動物を追っている。弓と胡禄に入れた矢が描かれている。弓は人物の大きさからみて、二㍍を超す長弓ではないであろう。狩猟の際の弓長を伝える資料である。この図は、正倉院蔵銀壺の狩猟図のような彎弓ではなくて、日本的な図像であることから、日本の狩猟弓を反映するとみられる。

伊興遺跡

騎馬人物像を描いた木片が「延暦十七年」銘の木簡などと出ている。(27)疾走する馬に乗った人物は弓を持ち、四本以上の矢を携えているようである。弓は馬の足元に出ていないことから、人物の身長よりも短いと判断される。弦が末弭よりも鳥打付近から出ている点が特徴であり、騎射で用いる弓を反映する。(28)

平安時代末の絵巻

平安時代に製作された絵巻物はごく限られており、ここでは、精緻に武器・武具を表現する「伴大納言絵詞」に描かれた(29)弓と大きさが対比できるものとして、甲冑のうち大袖の長さが最も対照できることから、弓と大袖の長さの比を求める。平安時代の大鎧は威毛が補修されており、遺品のうち緘紐が遺存し、当時の大袖の長さを伝えるものは、厳島神社蔵黒糸威大鎧が射向側の小札板六段で四〇・五㌢で、(30)岡山県立博物館蔵赤韋威大鎧では大袖の冠板を含み四八・〇㌢であり、冠板の縦の長さが六・〇㌢であることから、(31)小札板六段の長さは四二・〇㌢となる。大袖の長さは平均すれば、四一・二五㌢になる。この長さに描かれた弓と大袖の比率から弓長を算出してみる。

①炎上する応天門に朱雀大路を急ぐ検非違使一行のうち、五騎の随兵。

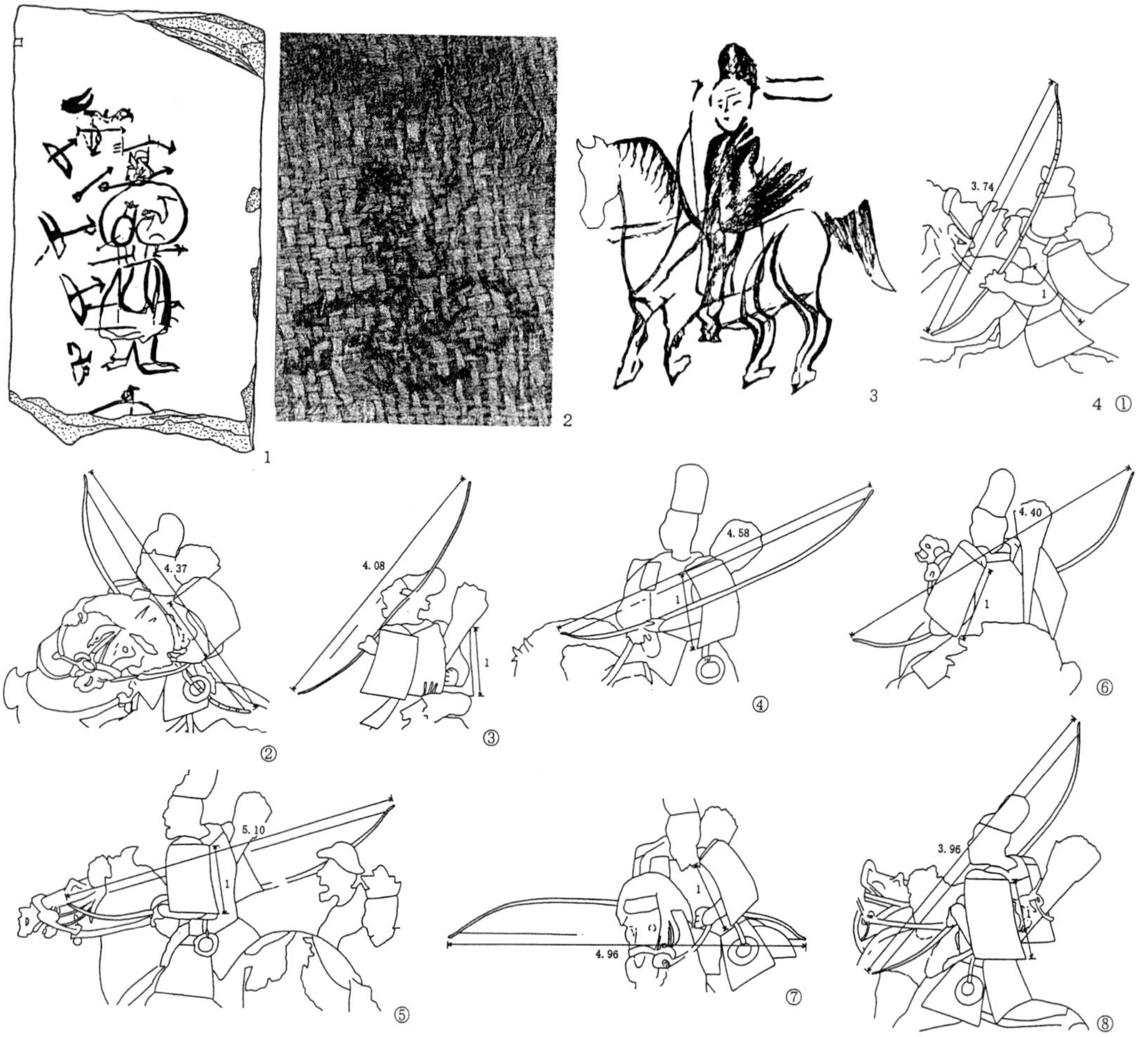

1：秋田城跡　2：正倉院　3：武蔵伊興遺跡　4：伴大納言絵詞（丸囲み数字は本文場面の数字）　（トレース加筆）

図10　絵画の弓

重藤弓を右手で持つ随兵最後尾の兵は大袖対弓＝一対三・七四で、これに遺品の袖の長さ（四一・二五㌢）を掛けると、約一五四㌢の弓と算出される（以下、同じ）。

②同じく検非違使の随兵五騎のうち先頭の兵。重藤弓を身の前に持つ。大袖対弓＝一対四・三七で、約一八〇㌢の弓と算出される。

③炎上する応天門に駆け付ける群集で、朱雀門の北側で煙をみる群集のうち黒威の鎧を着けた歩兵の武者。右手で黒漆の丸木弓を肩に持つ。大袖対弓＝一対四・〇八で、約一六八㌢の弓と算出される。

④伴大納言邸に向かう検非違使一行のうち後陣の随兵三騎で、最後尾の騎兵。黒漆の丸木弓を抱える。大袖対弓＝一対四・五八で、約一八九㌢の弓と算出される。

⑤同じく伴大納言邸に向かう検非違使一行のうち後陣の随兵三騎で、石畳式の紋柄威の騎兵。重藤弓の可能性がある。大袖対弓＝一対五・一〇で、約二一〇㌢の弓と算出される。

⑥同じく検非違使一行のうち前陣の随兵三騎で、黒威の鎧を着け、背面を描いた騎兵。大袖対弓＝一対四・四〇で、約一八二㌢の弓と算出される。

⑦同じく検非違使一行のうち前陣の随兵三騎で、黒

威の鎧を着け、前を向いた騎兵。大袖対弓＝一対四・九六で、約二〇五センチの弓と算出される。

⑧伴善男を護送する一行のうち随兵五騎の中の石畳式の紋柄威の騎兵。大袖対弓＝一対三・九六で、約一六三センチの弓と算出される。

弓の正面に近い絵から推定されたその長さは一五四〜二一〇センチまであり、平均一八一・三センチである。伝世品では正倉院蔵弓で平均約二四一センチ、春日大社で約二〇七センチ(32)、法隆寺一八三・三センチ、鶴岡八幡宮一九五・五センチであることから、絵画から推定された歩兵・騎乗する者の持つ実戦用の弓は伝世する神宝などよりも短いことがわかる。中世の定寸七尺五寸（約二三〇センチ）になる前の武器弓はやや短かったことが指摘できる。

これらの奈良時代から平安時代の絵画にある弓は、正倉院の弓のように二〜二・五メートルにも及ぶ長弓ではなく、伊興遺跡のように人の身長前後ほどであろう。これが狩猟や騎射に用いる弓の長さであった。この長さは、先に遺跡出土の弓長（主に七世紀から一〇世紀代）が主に五〇〜一六〇センチ台までであった事実と符合する。また、弣は弓の中位にあって、長弓のような上長下短ではない。このような事例は、市川橋遺跡の丸木弓の弣（弓長一二〇センチほど）にあり、兵器や狩猟用としての使い方の実態を示すことが、少ないながら絵画資料から指摘できた。

註

（1）後藤守一『日本歴史考古学』（四海書房、一九三七年）。

（2）末永雅雄『日本上代の武器』（一九四一年、『増補日本上代の武器』木耳社、一九八一年）。

（3）鈴木敬三「木弓と伏竹の弓」（國學院大學編『古典の新研究（第三集）』、明治書院、一九五七年）。

（4）斎藤直芳「弓具の歴史」（『現代弓道講座四　弓具施設編』雄山閣、一九八二年）。

（5）嶋倉巳三郎「古代日本の武器武具に使われた木」（『末永先生米壽記念献呈論文集　坤』一九八五年）。

（6）秋山進午「武器・武具」（『日本の考古学Ⅵ　歴史時代（上）』河出書房新社、一九六七年）。

（7）楠　正勝「弓について」（『金沢市新保本町チカモリ遺跡―第四次発掘調査兼土器編―』金沢市教育委員会、一九八六年）。

（8）髙橋昌明『武士の成立　武士像の創出』（東京大学出版会、一九九九年）。

（9）近藤好和「武具の中世化と武士の成立」（元木泰雄編『日本の時代史七　院政の展開と内乱』吉川弘文館、二〇〇二年）。

（10）石井紫郎・宇野隆夫・赤澤　威編『日文研叢書二七　武器の進化と退化の学際的研究―弓矢編―〈国際日本文化研究センター共同研究報告〉』（二〇〇二年）。

（11）出土木製品のうち弓としての器種の認定は、以下の製作技法で述べるような諸要素の総合で判断したものである。このうち最も判断しやすいのは弭や弣であり、樋や擬似樋などの形態・製作技法である。

（12）近藤好和『弓矢と刀剣―中世合戦の実像―』（吉川弘文館、一九九七年）。

（13）弓の部位の名称は、後藤守一氏の記載による名所に基本的に従い、射る時の弓の上方を末弭、下方を本弭、握る所を弣、弓の面については『東大寺献物帳』により背・腹と呼称していることから、一般的に呼ぶように弦を張った時の内側を腹、外側を背とする。なお、後藤氏の名所は後藤守一「日本上古時代の弓矢」(『弓道講座　第四巻　歴史編一』雄山閣、一九四一年)による。

(14) 出土弓の実測図を集成すると、多様な表現方法が採られ、その実測方法が確立していないと感じる。これは、冒頭に述べたように当該期の出土弓について歴史資料としての検討がほとんど行われてこなかったという点に起因すると思う。弓は太さからみて太い方を本弭、細い方を末弭とする。一例を挙げれば、伊場遺跡出土の完形品は弓幹の太い方が下、細い方が上のように判断した。次に、弓幹の調整や構造のための削りなどを念頭に図化するべきである。実測図には背の面・腹の面・側面の樋・削り技法と弣の痕跡の図化、本弭と末弭とその付近・弣付近の断面、断面には丸木か割木であるか、漆や撓りをつけるための加熱による焦げの範囲などの表記が必要である。出土弓は反曲弓か判別しがたいが、樋・擬似樋の確認によって背と腹を判別し、直弓か反曲弓か区分するべきである。小稿が弓の実測図化の標準化に寄与できれば幸いである。

(15) 前掲註(13)後藤論文。

(16) 前掲註(3)鈴木論文。

(17) 前掲註(4)斎藤論文。

(18) 長弓・短弓の分類については、研究史的にも厳格な規定はない。後藤守一氏は前掲註(13)において、『東大寺献物帳』記載の弓について長弓と呼び、三尺以下について短弓と呼んでいる。研究史的には短弓と彎弓が重なって理解されている感があり、中国などの合成弓が代表的であろう。ここでは、日本であまり認識されていなかった、二メートルを超す長弓よりも短いという意味で非長弓と呼んでおき、中国などの短い彎弓と混同しないようにする。

(19) 延喜兵庫寮式には梓弓に長さ一尺の鹿角の弣を用いていたことを記載する。また、践祚大嘗祭の弓では弣に角を用い、韋を纏っていた。しかし、出土弓の実態と比較しても実用品とは考えがたい。

(20) 大山祇神社蔵の合せ弓は弣が弭付近よりも太く、この点も合せ弓の構成要素である。大谷川の資料はこの要素を満たしている。

(21) 前掲註(5)嶋倉論文。

(22) 弓長は現在の撓る状況で計測値が異なるが、ここでは垂直方向の長さで示した。図6の弓は報文では未成品とされ一七〇センチ以上になる。時期が不確定であるが古代の可能性はある。

(23) 福岡県元岡・桑原遺跡群では、解除に進奉する物を列した木簡が出ており、地方の祓に弓箭が用いられていたことがわかる(福岡市教育委員会『元岡・桑原遺跡群四　第一二・一五・二四次調査の報告』二〇〇五年)。

凡人言事解徐法　進奉物者　人方七十七隻　馬方六十隻　須加

×　水船四隻　弓廿張　矢卌隻　五色物十柄　(以下略)

(24) 後藤四郎「国家珍宝帳に関する若干の考察」(『日本歴史』第三九八号、一九八一年)。

(25) この塼に描かれた人物に弓矢で射撃する目的を解明することにより、用いた弓矢の性格が明らかになる。人物は襖を着て幞頭を付けているが、甲冑は纏っておらず、大刀も佩用していない。このために武装した戦闘の人物ではない。塼は割れており、人物の下方にも絵画が続き、この絵画は本来この井戸のなかで機能したとは考えられない。疫病などの進入を阻止することと関連する可能性があるが、断定できない(秋田市教委委員会・秋田城跡発掘調査事務所『昭和五三年度秋田城跡発掘調査概報　秋田城跡』一九七九年)。ここでは、表現された弓矢の弣の位置を確認し、遺跡出土の弓と対比する資料として扱う。

(26) 正倉院事務所編『正倉院宝物四　中倉I』(毎日新聞社、一九九四年）。

（27）足立区伊興遺跡調査会『伊興遺跡Ⅱ』（一九九九年）。

（28）この人物は、秋田城跡の人物のように甲冑や大刀などの武装の様子がない。馬の足や頭の紐の靡き方からも疾走する騎馬の様子がわかる。断定はできないが、狩猟の騎射に用いる弓を反映すると考えられる。しかし、狩猟民を兵士に優先的に抜擢する事実（『類聚三代格』天長三年十一月三日官符）のように、狩猟民は騎射を得手とする点から兵士材料に転換されている。ここでは、騎射の弓の実態が長弓でない点を確認しておく。

（29）小松茂美編『伴大納言絵詞』（中央公論社、一九八七年）。

（30）山岸素夫『日本甲冑の実証的研究』（つくばね舎、一九九四年）。

（31）臼井洋輔「赤韋威大鎧の研究」（『岡山県立博物館研究報告』第九号、一九八八年）。

（32）前掲註（4）。

参考文献（表1の番号に対応する）

1 宮城県多賀城跡調査研究所『多賀城跡―昭和四八年度発掘調査概報―』（一九七四年）。
2 宮城県多賀城跡調査研究所『多賀城跡―昭和四九年度発掘調査概報―』（一九七五年）。
3 宮城県教育委員会『山王遺跡Ⅴ―第一分冊（八幡地区）―』（一九九七年）。
4 宮城県教育委員会『山王遺跡Ⅲ　多賀前地区遺物編』（一九九六年）。
5・6 宮城県教育委員会『市川橋遺跡の調査―県道『泉―塩釜線』関連調査報告書Ⅲ』（二〇〇一年）。
7 多賀城市埋蔵文化財調査センター『山王遺跡　第一〇次発掘調査概報（仙塩道路建設に伴う八幡地区調査）』（一九九一年）。
8 多賀城市教育委員会『市川橋遺跡調査報告書―昭和五八年度発掘調査報告書―』（一九八四年）。
9・11 多賀城市教育委員会『市川橋遺跡―城南土地区画整理事業に係る発掘調査報告書Ⅲ―』（二〇〇四年）。
10 多賀城市教育委員会『山王遺跡Ⅰ』（一九九七年）。
12 多賀城市教育委員会『市川橋遺跡―城南土地区画整理事業に係る発掘調査報告書Ⅱ―』（二〇〇三年）。
13 宮城県教育委員会『中野高柳遺跡Ⅲ』（二〇〇五年）。
14 （財）山形県埋蔵文化財センター『上高田遺跡第二・三次発掘調査報告書』（一九九八年）。
15 川西町教育委員会『道伝遺跡』（一九八一年）。
16 川西町教育委員会『道伝遺跡発掘調査報告書―置賜郡衙推定地―』（一九八四年）。
17～21 米沢市教育委員会『古志田東遺跡』（二〇〇一年）。
22～29 いわき市教育委員会他『荒田目条里遺跡』（二〇〇一年）。
30・31 福島県教育委員会『東北新幹線関連遺跡発掘調査報告Ⅵ　御山千軒遺跡』（一九八三年）。
32 （財）福島県文化センター『常磐自動車道遺跡調査報告一一　大猿田遺跡（二次調査）』（一九九八年）。
33 栃木県教育委員会他『鶴田A遺跡』（二〇〇一年）。
34・35 （財）群馬県埋蔵文化財調査事業団『元総社寺田遺跡Ⅲ《木器編》』（一九九六年）。
36 （財）埼玉県埋蔵文化財調査事業団『小敷田遺跡〈遺構遺物編・第Ⅰ分冊〉』（一九九一年）。
37 （財）東京都生涯学習文化財団　東京都埋蔵文化財センター『多摩ニュータウン遺跡　―№二四三・二四四遺跡―（古墳時代以降）』（二〇〇四年）。
38 （財）東京都教育文化財団　東京都埋蔵文化財センター『多摩ニュータウン遺跡―№一〇七遺跡―古代編』（一九九九年）。
39 （財）東京都スポーツ文化事業団　東京都埋蔵文化財センター『日野市№一六遺跡・神明上遺跡』（二〇〇七年）。

40 (財)千葉県文化財センター『市原市市原条里制遺跡』(一九九九年)。
41 可美村教育委員会『城山遺跡調査報告書』(一九八一年)。
42 浜松市教育委員会『伊場遺跡遺物編一』(一九七八年)。
浜松市教育委員会『伊場遺跡遺物編八(木製品Ⅱ・金属器・骨角器)』(二〇〇二年)。
43 浜松市教育委員会『伊場遺跡遺物編一』(一九七八年)。
44 湖西市教育委員会『大知波峠廃寺跡確認調査報告書　平成八年度』(一九九七年)。
45 (財)静岡県埋蔵文化財調査研究所『池ヶ谷遺跡Ⅲ』(一九九五年)。
46〜52 (財)静岡県埋蔵文化財調査研究所『大谷川Ⅱ(遺構編)』(一九八七年)。同『大谷川Ⅳ(遺物・考察編)』(一九八九年)。
53 金沢市教育委員会『神野遺跡Ⅱ』(二〇〇一年)。
54 金沢市教育委員会『上荒屋遺跡Ⅳ』(二〇〇〇年)。
55 富山県教育委員会『都市計画道路七美・太閤山・高岡線内遺跡群発掘調査概要(三)　南太閤山Ⅰ遺跡』(一九八五年)。
56 大島町教育委員会『北高木遺跡発掘調査報告書』(一九九五年)。
57 滋賀県教育委員会他『関津遺跡　大津市関津一丁目』(二〇〇八年)。
58 滋賀県教育委員会・野洲町教育委員会・(財)滋賀県文化財保護協会『久野部遺跡発掘調査報告書―七ノ坪地区―』(一九七七年)。
59・60 奈良国立文化財研究所『木器集成図録　近畿古代編』(一九八五年)。
61 奈良国立文化財研究所『平城宮発掘調査報告Ⅵ―平城京左京一条三坊の調査―』(一九七五年)。
62 兵庫県教育委員会『袴狭遺跡〔本文篇〕』(二〇〇〇年)。
63 徳島県教育委員会他『観音寺遺跡Ⅱ(観音寺遺跡木器篇)』(二〇〇六年)。
64・65 徳島県教育委員会他『観音寺遺跡(Ⅳ)』(二〇〇七年)。
66 徳島県教育委員会・徳島大学埋蔵文化財調査室『庄(庄・蔵本)遺跡』(二〇〇五年)。
67 太宰府町教育委員会『大宰府条坊跡　観世音寺土地区画整理に伴う発掘調査(一)』(一九八二年)。

68 宮城県教育委員会『市川橋遺跡の調査―県道『泉ー塩釜線』関連調査報告書Ⅲ』(二〇〇一年)。
69 (財)岩手県文化振興事業団埋蔵文化財センター『駒焼場遺跡発掘調査報告書』(一九八九年)。
70 韮崎市遺跡調査会他『宮ノ前遺跡』(一九九二年)。
71 秋田県教育委員会『中谷地遺跡』(二〇〇一年)。
72 (財)群馬県埋蔵文化財調査事業団『元総社寺田遺跡Ⅲ《木器編》』(一九九六年)。
73・74 辻　裕司「弓の用途」(『生活・文化⑥』(財)京都市埋蔵文化財研究所・京都市考古資料館、一九九四年)。
75 可美村教育委員会『城山遺跡調査報告書』(一九八一年)。
76 (財)新潟県埋蔵文化財調査事業団『一般国道七号中条黒川バイパス関係発掘調査報告書　蔵ノ坪遺跡』(二〇〇二年)。
77 島根県教育委員会『タテチョウ遺跡発掘調査報告書―Ⅰ―』(一九七九年)。
78 (財)新潟県埋蔵文化財調査事業団『日本海沿岸東北自動車道関係発掘調査報告書ⅩⅦ　野中土手付遺跡・砂山中道下遺跡』(新潟県教育委員会、二〇〇六年)。
79 秋田県教育委員会「大仙市怒遺跡出土遺物」(『秋田県重要遺跡調査報告書』二〇一〇年)。
80・81 (財)新潟県埋蔵文化財調査事業団『北陸新幹線関係発掘調査報告書ⅩⅦ　北前田遺跡Ⅱ・野畔遺跡・諏訪前遺跡・北新田遺跡Ⅱ・中田原遺跡Ⅱ・岩ノ原遺跡Ⅱ』(新潟県教育委員会、二〇一〇年)。

弓の材質表関連遺跡文献(註引用文献以外)

石川県教育委員会他『指江遺跡・指江B遺跡』(二〇〇二年)。
石川県教育委員会他『畝田西遺跡群Ⅱ』(二〇〇五年)
(財)かながわ考古学財団『池子遺跡群Ⅹ　№一―A地点』(一九九九年)。
(財)君津郡市文化財センター『西原遺跡Ⅱ』(一九九九年)。
東京都埋蔵文化財センター『多摩ニュータウン遺跡　平成二年度(第四分冊)』

（一九九二年）。

長野県教育委員会他『上信越自動車道埋蔵文化財発掘調査報告書二六　更埴条里遺跡・屋代遺跡群（含む大境遺跡・窪河原遺跡）』（一九九九年）。

長野県教育委員会他『上信越自動車道埋蔵文化財発掘調査報告書六―長野市内その四―松原遺跡　古代・中世』（二〇〇〇年）。

日本古文化研究所『日本古文化研究所報告第二　藤原宮阯伝説地高殿の調査一』（一九三六年）。

日野市落川遺跡調査会『落川遺跡Ⅱ』（一九九七年）。

骨製弭出土遺跡文献（図8）

1・2　長野県教育委員会他『上信越自動車道埋蔵文化財発掘調査報告書六―長野市内　その四―松原遺跡　古代・中世』（二〇〇〇年）。
3・5　岡山県教育委員会『百間川米田遺跡四』（二〇〇二年）。
4　福岡市教育委員会『博多八二』（二〇〇二年）。
6　（財）岩手県文化振興事業団埋蔵文化財センター『柳之御所跡』（一九九五年）。

第二章　馬　具（一）

――木心金属張三角錐形壺鐙系吊金具――

はじめに

日本の武器・馬具などの戦征具について、奈良・平安時代の様相は、古墳時代のような埋納品や中世のような伝世品が極めて少なく、不分明であった。ここでは、古代の戦征具の実態を明らかにする一環として、馬具の鐙について検討してみる。古墳時代について、本章と係わる後期のものは、鉄製輪鐙・金属製壺鐙・木製壺鐙（木心金属張三角錐形壺鐙など）が存在することが既に諸氏によって指摘されている。(1)奈良・平安時代の様相については、伝世壺鐙について山田良三氏が特に杓子形壺鐙を唐草文様の変化から年代を考定された点(2)と永井宏幸氏が木製壺鐙を研究された点(3)が特筆される。また、『日本馬具大鑑』(4)の刊行も意義あるものであった。ここでは近年出土数の多い木製壺鐙の吊金具を中心に、その変遷を検討し、併せて奈良・平安時代の鐙の諸型式の変遷を考古学的な方法で年代を位置付けていきたい。

第一節　木心金属張三角錐形壺鐙系吊金具の分類と変遷

古代の三角錐形壺鐙系吊金具について、主に関東地方の出土品をもとに検討してみる。時期的な併行関係から捉えると三つの系列を設定することができる。

（一）吊金具の分類

A系列は、吊金具を鐙頂部の左右に釘留めするもの。吊金具の釘留め部分は長方板を呈している。縦長の長方板で縦に釘留めする場合が多いが、横に釘を並べ留める場合もある。

B系列は、吊金具の両端が平坦な細長い長方板を呈しており、縦に釘を並べる場合と、一方（踏込み側）は長方板で、一方（鳩胸側）は柳葉状で、断面が鳩胸のように丸味をもったものも含める。この場合、縦に釘を並べ留める。

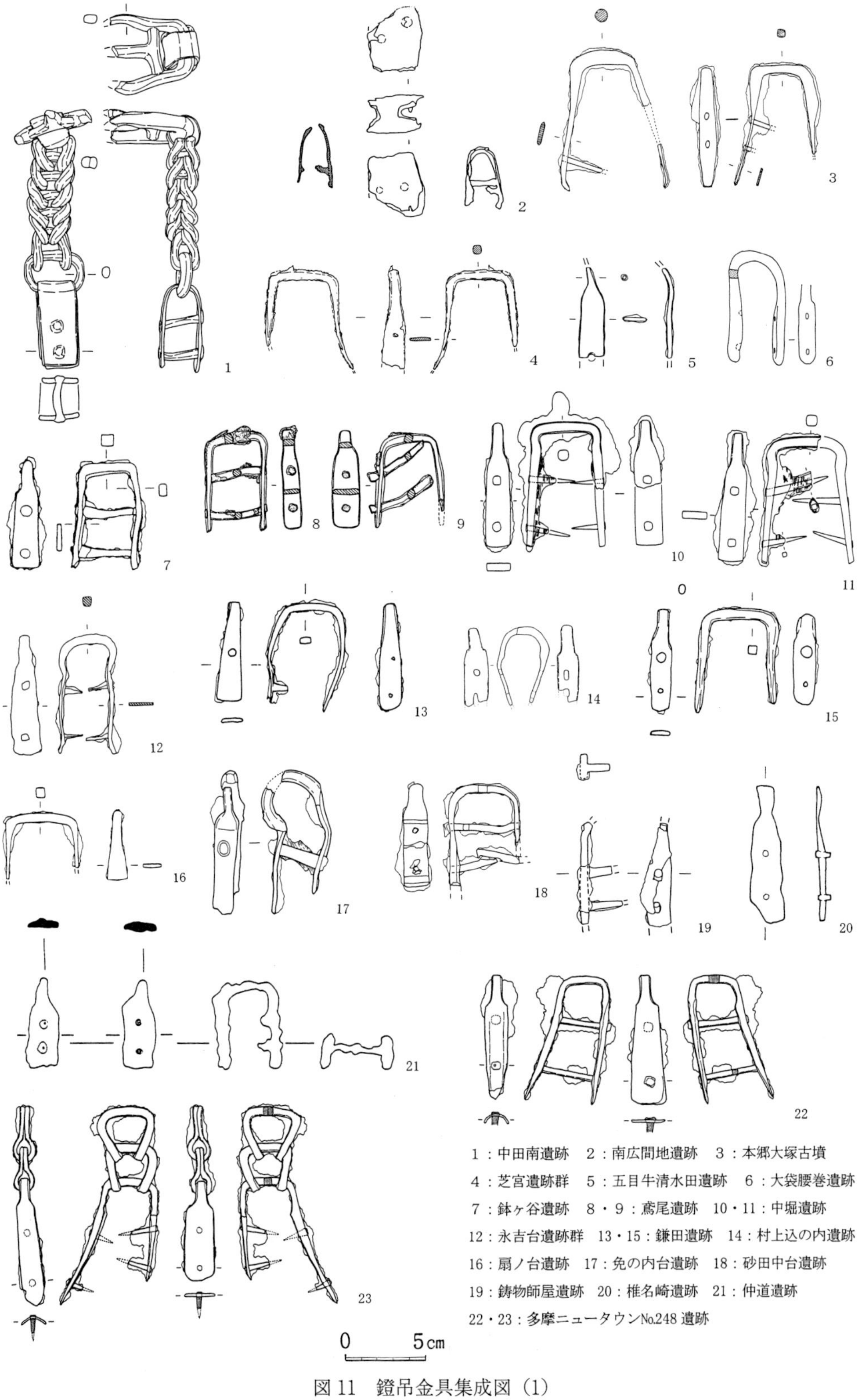

1：中田南遺跡　2：南広間地遺跡　3：本郷大塚古墳
4：芝宮遺跡群　5：五目牛清水田遺跡　6：大袋腰巻遺跡
7：鉢ヶ谷遺跡　8・9：鳶尾遺跡　10・11：中堀遺跡
12：永吉台遺跡群　13・15：鎌田遺跡　14：村上込の内遺跡
16：扇ノ台遺跡　17：免の内台遺跡　18：砂田中台遺跡
19：鋳物師屋遺跡　20：椎名崎遺跡　21：仲道遺跡
22・23：多摩ニュータウンNo.248 遺跡

図 11　鐙吊金具集成図（1）

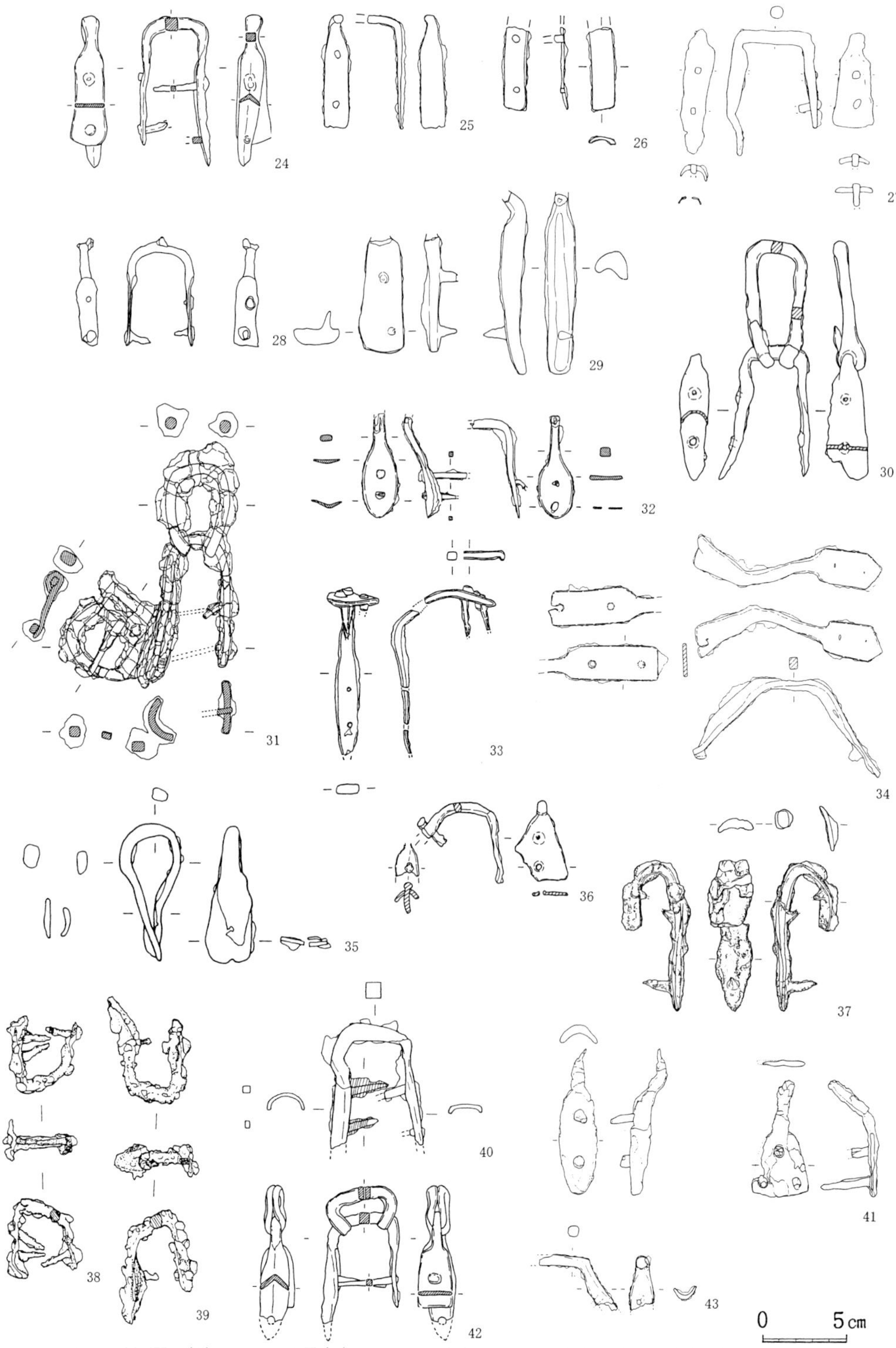

24・42：川西開田遺跡　25・26：石墨遺跡　27：田子山遺跡　28：神明久保遺跡　29：有馬条里遺跡　30・36：吉田川西遺跡　31：田中沖遺跡　32：多功南原遺跡　33：郷楽遺跡　34：釜神遺跡　35：由森遺跡　37：宮地遺跡　38・39：浅瀬石遺跡　40：中鹿子第２遺跡　41：宮下遺跡　43：古橋Ⅰ遺跡

図 12　鐙吊金具集成図（2）

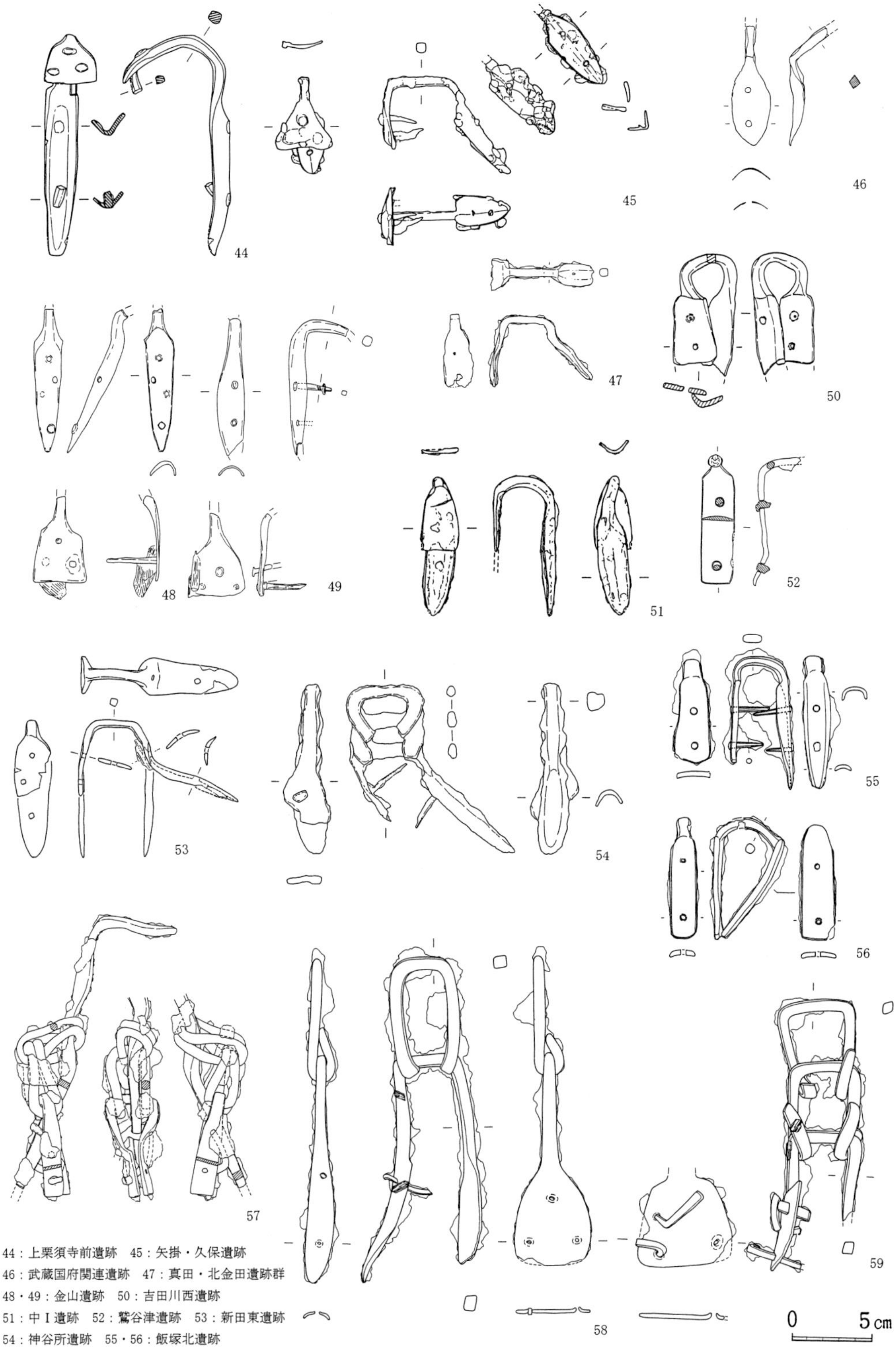

44：上栗須寺前遺跡　45：矢掛・久保遺跡
46：武蔵国府関連遺跡　47：真田・北金田遺跡群
48・49：金山遺跡　50：吉田川西遺跡
51：中Ⅰ遺跡　52：鷺谷津遺跡　53：新田東遺跡
54：神谷所遺跡　55・56：飯塚北遺跡
57：名木不光寺遺跡　58・59：古館遺跡

図13　鐙吊金具集成図（3）

　C系列は、吊金具の一方（踏込み側）は、三角形や五角形をしており、二箇所か三箇所を釘で鐙頂部に留める。この場合、縦に釘を並べ留める。

（二）吊金具の変遷

　A系列は、時期は不明であるが、中田南遺跡第五四号土坑出土例によって、吊金具・兵庫鎖・鉸具が残り、側面の釘留めする技法がわかり、吊金具の板は縦長の長方板である（A一類）。

　次いで、両側縁釘留め式は、一〇世紀後半頃の南広間地遺跡四五三号住居出土の吊金具になり、ほぼ方形板で釘を並列して留めている（A二類）。しかし、A系列の出土事例は少なく、当該期の主体的な鐙の吊金具ではない。

　B系列は、A系列の長方板に比べ細長く縦二本の釘を留めるB一類の事例が古墳時代後期・終末期に多く、七世紀前・中葉のものに多い（B一類）。次いで、吊る部分よりも側板が広くなり、側縁に稜が出現する（B二類）。しかし、この類は両側の長方板の形状が変わらず、長方板は平坦である。古墳出土品が鐙の頂部の左右に吊金具を釘留めしており、その流れからすれば、古墳時代後期と同様の留め方を行っていた可能性がある。時期的には、七世紀後半の芝宮遺跡群SB一三出土例から九世紀前半の鉢ヶ谷遺跡第一三二号住居跡例や鳶尾遺跡一四九竪穴住居址例、九世紀後半の永吉台遺跡群九四号住居址例・仲道遺跡三〇号住居址例などを経て、一〇世紀中葉から後葉の神明久保遺跡一五号竪穴例のように平安中期まで確認できるが、出土例で最も多い時期は九世紀代である。

　B三類は、釘留めする一方の板が舟底状に丸味や尖りが現れ、平面形も先端が尖った柳葉状になる。一方の板はB二類の板と同じく平坦な長方板で、上端に稜をもち二ヵ所に釘留めする。このような形態の相違は付ける木製壺鐙の位置に起因すると思われる。後述するC系列の装着法から判断すると、断面舟底状で平面柳葉状になるのは、壺鐙の鳩胸側の形状に合い、平坦な長方板は踏込み側の鐙頂部の形状に合う。これは鐙頂部の左右への釘留めから鳩胸側と踏込み側に釘留めされるように変化したことを示すと考えられる。

　事例としては、一〇世紀も多摩ニュータウン№二四八遺跡一号住居跡例（報告№三〇）・川西開田遺跡溝九出土例（報告№九）・吉田川西遺跡SB四八出土例などがあって、一〇世紀を通じての出土例が比較的多く確認できる。

　B四類は、基本的な形態はB三類と同じであるが、踏込み側の長方板や鳩胸側の部分がより長い点で分類できる。事例としては、一〇世紀の多摩ニュータウン№二四八遺跡一号住居跡例（報告№三一）・有馬条里遺跡HH‐七号住居跡例などがあり、一〇世紀を通じての出土例が確認できる。一一世紀になる田中沖遺跡五四号住居址もB四類になる可能性がある。

　B系列は、各類の出土事例に重複期間があって、その重複期間を経て型式変化をしたと判断できる。木製鐙の頂部左右に吊金具を釘留めするB一・二類が古墳時代後期以降、一〇世紀代まで確認でき、一〇世紀になって鳩胸側と踏込み側で鉄板の形態を変えたB三類に変化し、ほぼ同じ時期に木製壺鐙の頂部への留め付け部を長くしたB四類が現れ、一一世紀になってもB四類が継続する。

C系列では、C一類は八世紀後半頃の多功南原遺跡SB—六八一出土例を初現とし、これは鳩胸側と想定されるものは平面匙状で、断面形もわずかに窪み、一方の踏込み側も平坦な板であるが、平面匙状になっている。断面形の相違が現れ、壺鐙の頂部の前後に釘留めされたと判断できる。釘は鳩胸側・踏込み側ともに縦に二カ所打つ。この類は出土例が少なく、一〇世紀前半の武蔵国府関連遺跡三好町一丁目第五AP地区SI—三二などが確認できたのみである。

C二類は、鳩胸側が長くなって平面柳葉状になり、踏込み側は平面三角形になる。鳩胸側は断面舟底状で、縦に釘を並べて打ち、踏込み側は縦に二カ所か三カ所打つ事例が確認できる。

表3　木心金属張三角錐形壺鐙系吊金具一覧表

（表中の番号は集成図の番号に対応する）

番号	遺跡名	遺構名	分類	時期	文献
1	中田南遺跡	第54号土坑	A1	—	1
2	南広間地遺跡	453住居	A2	10c後半	2
3	本郷大塚古墳		B1	7c前葉～中葉	3
4	芝宮遺跡群	SB13	B2	7c後半	4
5	五目牛清水田遺跡	47号住居	（B2）	7c後半	5
6	大袋腰巻遺跡	119号住居跡	B2	8c中葉～後葉	6
7	鉢ヶ谷遺跡	第132号住居跡	B2	9c前半	7
8	鳶尾遺跡	149竪穴住居址	B2	9c前半	8
9	鳶尾遺跡	149竪穴住居址	B2	9c前半	8
10	中堀遺跡	第217号住居跡	B2	9c後半	9
11	中堀遺跡	第217号住居跡	B2	9c後半	9
12	永吉台遺跡群	94号住居址	B2	9c後半	10
13	鎌田遺跡	第6号住居跡	B1	9c前葉～中葉	11
14	村上込の内遺跡	156遺構	B2	9c後半	12
15	鎌田遺跡	第65号住居跡	B2	9c中葉～後葉	11
16	扇ノ台遺跡	44号住居跡	B1	9c後半	13
17	免の内台遺跡	SI-103	B2	9c後半	14
18	砂田中台遺跡	019号住居跡	B2	10c前半	15
19	鋳物師屋遺跡	64号住居址	（B2）	9c後半	16
20	椎名崎遺跡	39号址	（B2）	9c後半	17
21	仲道遺跡	30号住居址	B2	9c後半	18
22	多摩ニュータウンNo.248遺跡	1号住居跡	B3	10c前半	19
23	多摩ニュータウンNo.248遺跡	1号住居跡	B4	10c前半	19
24	川西開田遺跡	溝9	B3	10c前半	20
25	石墨遺跡	16号住居	（B2）	10c前半	21
26	石墨遺跡	16号住居	（B2）	10c前半	21
27	田子山遺跡	第5地点12号住居跡	B3	10c前半	22
28	神明久保遺跡	15号竪穴	B2	10c中葉～後葉	23
29	有馬条里遺跡	HH-7号住居跡	B4	10c後半	24
30	吉田川西遺跡	SB48	B3	10c後半	25
31	田中沖遺跡	54号住居址	B3かB4	11c前半	26
32	多功南原遺跡	SB-681	C1	8c後半	27
33	郷楽遺跡	第107号住居跡	C2	8c中葉～後葉	28
34	釜神遺跡	87号住居跡	（C1）	9c前半	29
35	由森遺跡	3号住居跡	—	9c後半	30
36	吉田川西遺跡	SK203	C2	9c後半	25
37	宮地遺跡	第14号住居跡	—	（9c後半）	31
38	浅瀬石遺跡	第34号竪穴住居跡	—	（9c後半）	32
39	浅瀬石遺跡	第34号竪穴住居跡	—	（9c後半）	32
40	中鹿子第2遺跡	第582号土壙	—	9c後半	33
41	宮下遺跡	第1住居跡	C2	（9c後半）	34
42	川西開田遺跡	溝9	C3	10c前半	20
43	古橋Ⅰ遺跡	SI-15	—	9c後半	35
44	上栗須寺前遺跡	7区03号溝	C3	10c前半	36
45	矢掛・久保遺跡	18区25号住居址	C2	10c前半	37
46	武蔵国府関連遺跡	M34-SI32	C1	10c前半	38
47	真田・北金目遺跡群	6区SI002	（C3）	10c中葉～後葉	39
48	金山遺跡	Ⅳ区SI-014A	C3	10c後半	40
49	金山遺跡	Ⅳ区SI-014A	C3	10c後半	40
50	吉田川西遺跡	SB66	C3	11c中葉	25
51	中Ⅰ遺跡	第2号住居址	C3	11c後半	41
52	鷲谷津遺跡	SI-120B	B2	8c	42
53	新田東遺跡	SI-34D竪穴住居跡	（C2）	8世紀第3四半期	43
54	神谷所遺跡	第5号住居址	C2	9c後葉	44
55	飯塚北遺跡	第111号住居跡	B4	10c前半	45
56	飯塚北遺跡	第101号住居跡	B2	9c後半	45
57	名木不光寺遺跡	SI-28	（B2）	—	46
58	古館遺跡	グリッド5G	C3	10c後半～11c	47
59	古館遺跡	グリッド5G	C3	10c後半～11c	47

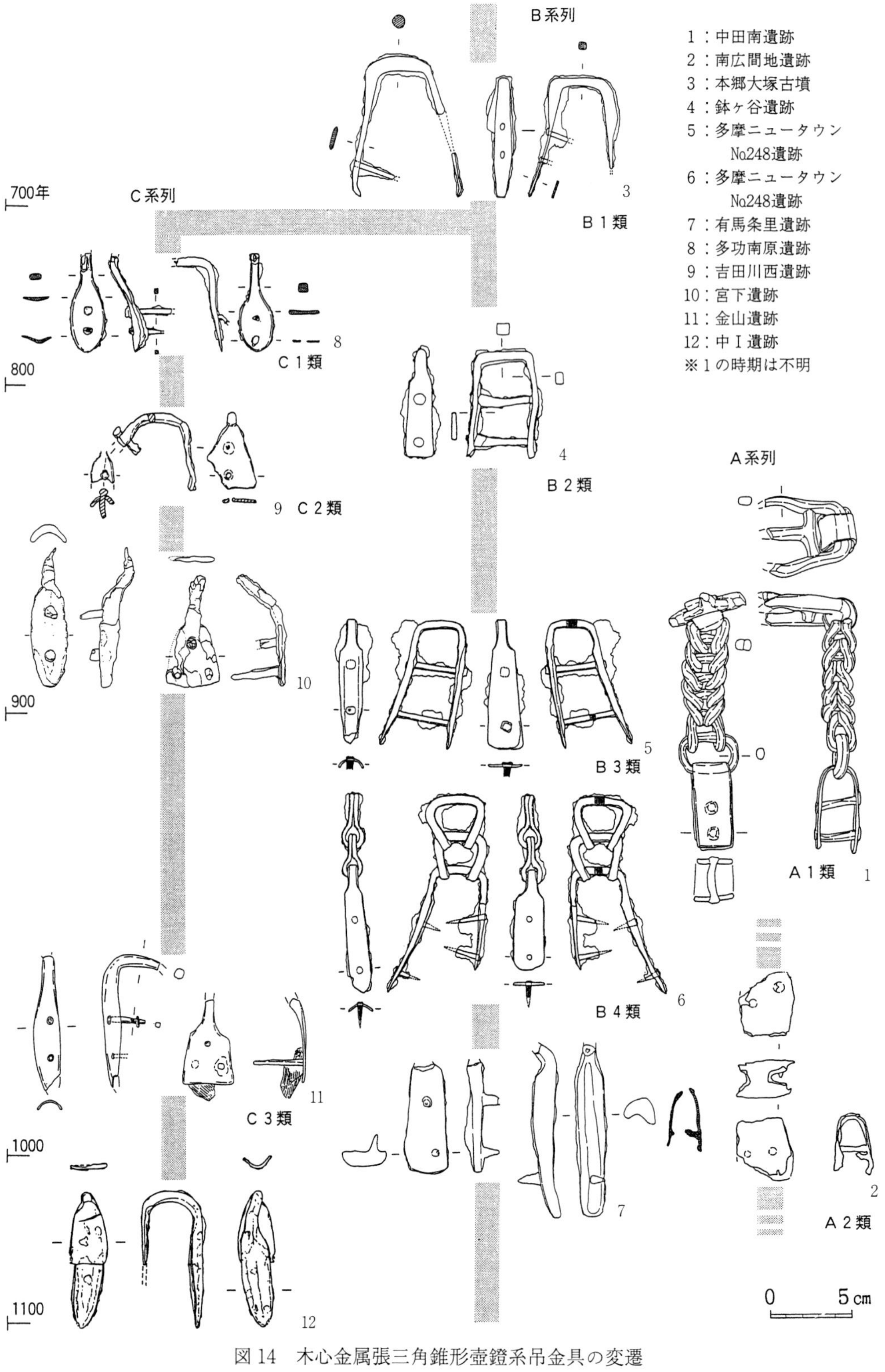

図 14　木心金属張三角錐形壺鐙系吊金具の変遷

事例としては、八世紀中葉から後葉頃の郷楽遺跡第一〇七号住居跡出土例を初期のものとし、九世紀後半の吉田川西遺跡SK二〇三出土例、宮下遺跡第一住居跡出土例、一〇世紀前半の矢掛・久保遺跡一八区二五号住居址例などがあり、一定数確認できる。

C三類は、踏込み側の板が五角形をしており、一・二本ないし三本の釘を打っている。事例としては、一〇世紀前半の田子山遺跡第五地点一二号住居跡例、一〇世紀後半の金山遺跡Ⅳ区SI—〇一四A例、一一世紀中葉の吉田川西遺跡SB六六例、一一世紀後半頃の中I遺跡第二号住居址例などがあって、一〇から一一世紀を通じて一定数確認できる。

C系列は、八世紀後半頃に木製壺鐙の頂部左右に吊金具を釘留めするB系列の二類から鳩胸側と思われる板の先端を尖らせ鳩胸の形状に適した匙状の形にしてC一類ができる。多功南原遺跡例は踏込み側も平面匙状になっている。九世紀前半頃の釜神遺跡八七号住居跡例の鳩胸側の板が五角形である点もその変化時期の多様性であろう。この形態が変化したと想定されるC二類は郷楽遺跡例からほぼ同じ時期に初現例があるが、多くなるのは九世紀後半から一〇世紀である。C二類は多功南原例からの型式変化を想定すれば、鳩胸側は匙状から柳葉状に長くなり、踏込み側は三角形になって、釘を三ヵ所打つものも出て、留め付けが強化される。一〇世紀から一一世紀には踏込み側は三角形板が五角形板のC三類に変化する。

このように、木心金属張三角錐形壺鐙系吊金具の変化を捉えると、A系列とB・C系列に相互の関連は希薄であるが、B系列から壺鐙頂部前後に留めるC系列の技法が出現し、B系列は一〇世紀になって壺鐙頂部前後に留める技法になり、C系列の技法を移入した可能性がある。

（三）伝世品などの年代

『集古十種』所載の東大寺若宮八幡宮蔵半舌鐙(5)の吊金具は本稿のC三類に相当するが、出土品よりも吊金具のU字状の部分の長い点が異なり、この点を評価すればC三類と併行する一一世紀か、やや下る一二世紀に掛かる時期が想定される。また、大嶋奥津神社蔵舌鐙(6)などの踏込みに枠を持たないもので、兵庫鎖から変化したといわれる紋板(7)は、鐙頂部の前後の板が長くなる点が、B系列の四類で留め板が長くなる型式変化の上で理解することができ、枠を持たない木製長舌鐙が本稿のB系列から成立したことが想定される。その成立年代は、C三類が一一世紀後半まで確認できることから一二世紀以降である。

第二節　兵庫鎖の様相

鐙の吊金具から鮫具の鐙靼に使われるのは、奈良・平安時代では一般に兵庫鎖が知られているが、古墳時代からの関連などは不明瞭である。類例は少ないが、関東地方等の出土品をもとにみてみる。

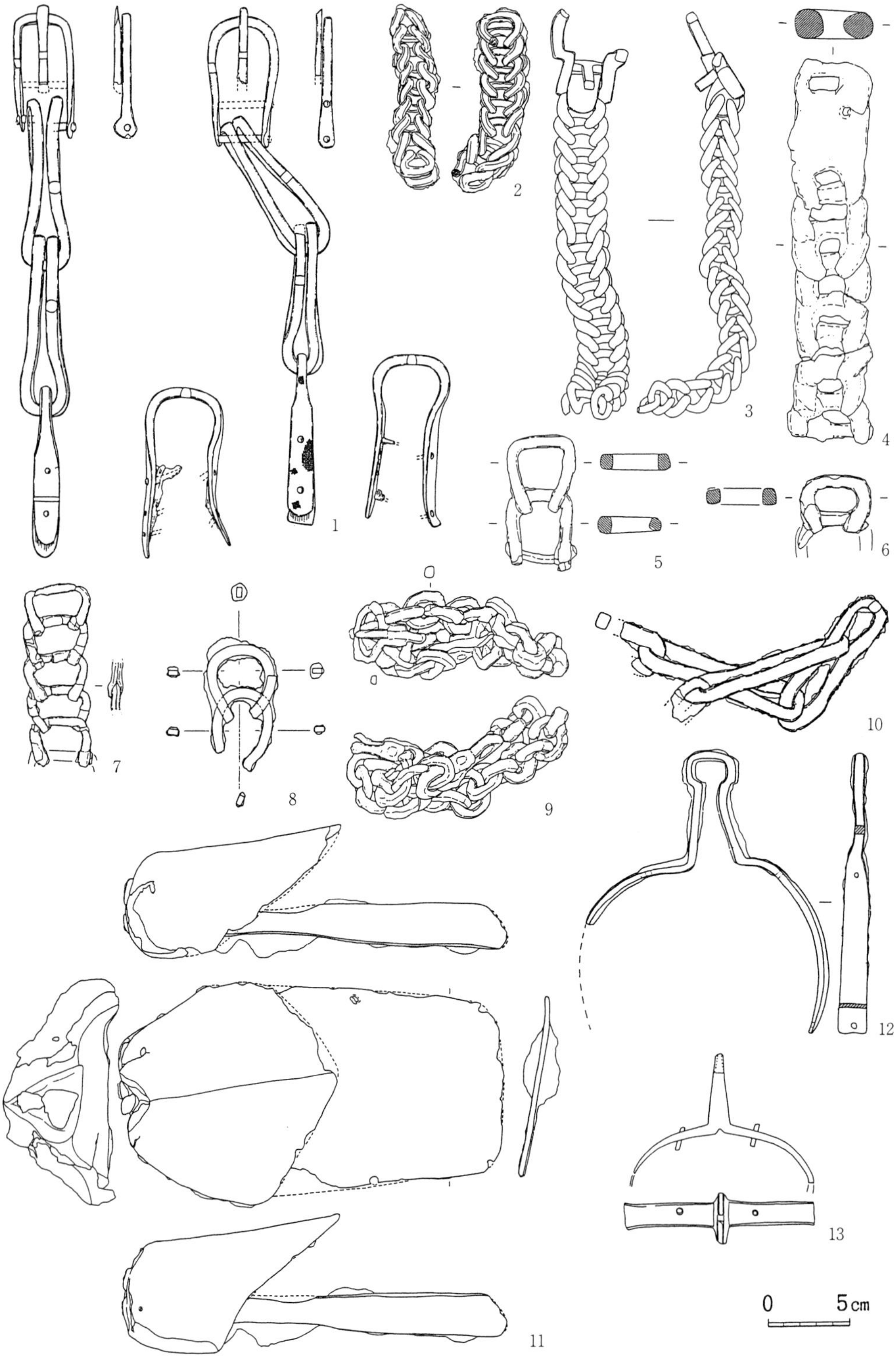

1：馬ノ口遺跡　2：大沼遺跡　3：村上込の内遺跡　4～7：落川遺跡　8：前田遺跡　9：神明久保遺跡
10：伴六遺跡　11：太田谷地館跡　12：囲護台遺跡　13：山ノ神遺跡

図 15　兵庫鎖と壺鐙

(一) 分類と時期

七世紀代の資料として、兵庫鎖が二連の馬ノ口遺跡五号墳第三主体[8]部の金具を挙げる。古墳時代の鐙に付いた鎖の変遷は、斎藤弘氏により時期が降るにつれて連数が減り、七世紀中葉には二連になることが指摘されており[9]、これをA類とする。

B類は、A類よりも鎖一段の高さが低く、正倉院の第五号鞍に具す壺鐙など一般にみられる[10]。九世紀前葉の大沼遺跡出土品[11]、九世紀後半の村上込の内遺跡出土品[12]、一〇世紀末から一一世紀第一四半期頃になる落川遺跡出土品[13]、一一世紀前半頃の前田遺跡出土品[14]で、本類が伝世品のみならず、出土品からも古代を通じて使用されていたことがわかる。

C類は、円環を連接したもので、鐙の鎖か明らかではない。伝世品では、熱田神宮蔵輪鐙[15]に円環の鎖が付いている。その他にも同様の事例は群馬県滝前・滝下遺跡で一一世紀の資料がある[16]。

D類は、長楕円形の環を連接するもので、伴六遺跡出土品[17]は九世紀後葉になる。

(二) 各類の消長

A類は古墳時代から七世紀中葉・第三四半期頃まで事例が確認できる。B類は正倉院のものが初現期に位置付けられ、それ以後紋板の舌長鐙が出現する一二世紀までの間に使われ、考古資料でも九世紀から一一世紀まで確認できた。A類からB類への変化は管見の限り、七世紀後葉から八世紀前葉に行われたといえるであろう。

第三節　木心金属張三角錐形壺鐙系吊金具変遷の意義

奈良・平安時代の鐙には、古墳時代以来の型式である木心金属張三角錐形壺鐙と金属製壺鐙・金属製輪鐙などが存在した。これまで、伝世品で金属製壺鐙が多かったこともあり、金属製壺鐙から中世の舌長鐙の変遷が説明されてきた。しかし、先述のように永井氏の木製壺鐙の集成やここでの吊金具の検討によって、舌長鐙の成立を金属製壺鐙のみから説明することはできなくなり、木製壺鐙及び金属類の検討も必要であることが提示できたかと思う。

木心金属張三角錐形壺鐙の吊金具も古墳時代後期からの流れを受けているが、八世紀後半に多功南原遺跡SB—六八一出土の吊金具のように一方に稜ができ、一方は平坦な板に変化する。この金具の組列をみていくと、『集古十種』掲載の東大寺若宮八幡宮蔵鐙の吊金具に変化する。この鐙では、鳩胸側に柳葉形の金具、踏込側に五角形の金具が釘留めされている。この部分の祖形は多功南原遺跡の金具になり、このことからも鐙の前後に金具が釘留めされたと推定することができる。古墳時代後期における木心金属張三角錐形壺鐙の吊金具は、斎藤弘氏の変遷図にあるように鐙先端の左右に金具を取り付けている[18]。一部に馬ノ口遺跡の鐙吊り金具のように両端に板の形態の異なるものもある。しかし、金属製壺鐙で、鉸具が馬腹に対して平行して鐙鞙を受

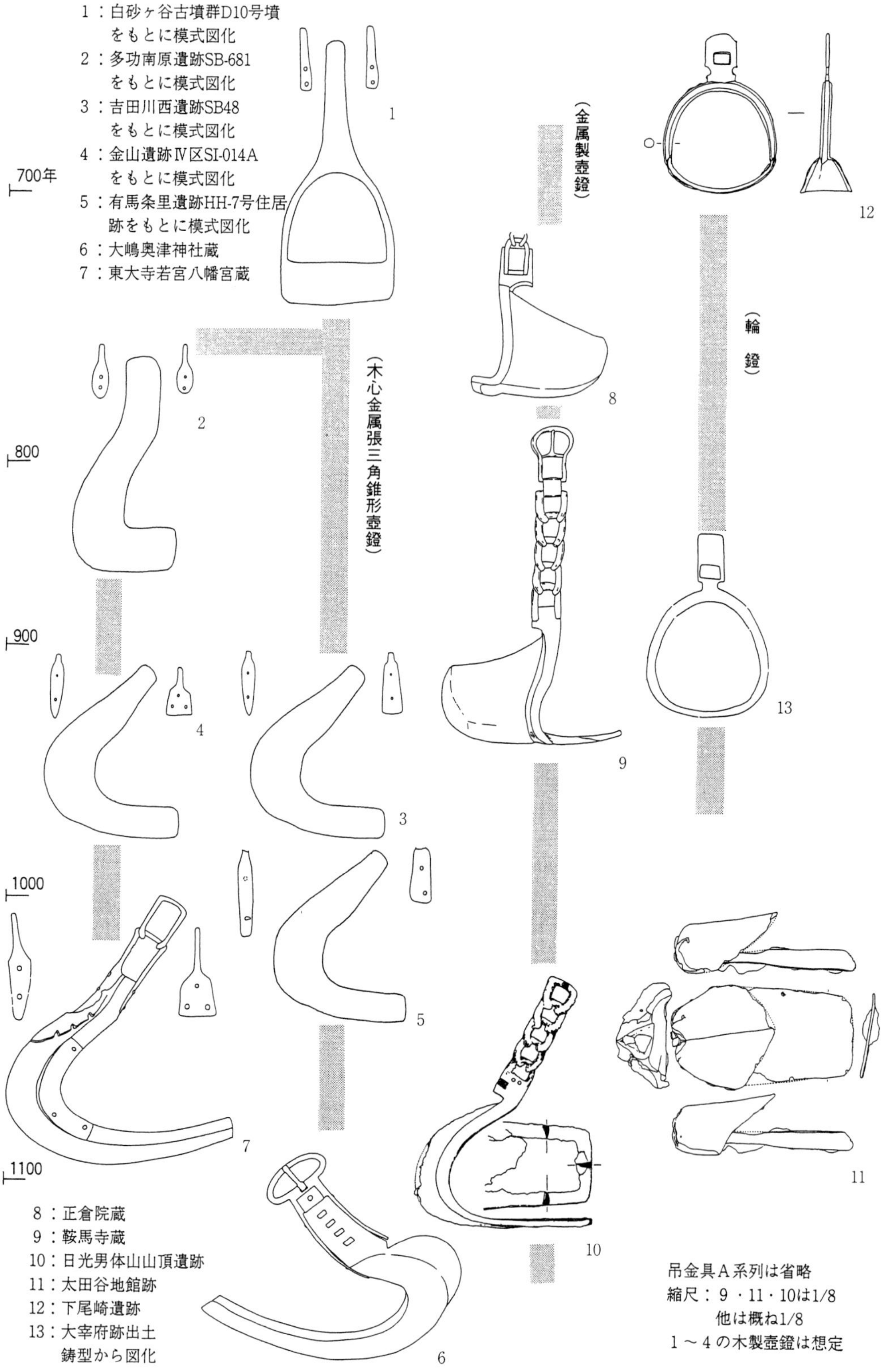
1：白砂ヶ谷古墳群D10号墳
をもとに模式図化
2：多功南原遺跡SB-681
をもとに模式図化
3：吉田川西遺跡SB48
をもとに模式図化
4：金山遺跡Ⅳ区SI-014A
をもとに模式図化
5：有馬条里遺跡HH-7号住居
跡をもとに模式図化
6：大嶋奥津神社蔵
7：東大寺若宮八幡宮蔵
700年
800
900
1000
1100
（金属製壺鐙）
（木心金属張三角錐形壺鐙）
（輪　鐙）
1
2
3
4
5
6
7
8
9
10
11
12
13
8：正倉院蔵
9：鞍馬寺蔵
10：日光男体山山頂遺跡
11：太田谷地館跡
12：下尾崎遺跡
13：大宰府跡出土
鋳型から図化
吊金具A系列は省略
縮尺：9・11・10は1/8
他は概ね1/8
1～4の木製壺鐙は想定

図16　鐙の変遷

けていることを参看すれば、馬ノ口例も鐙を左右で留めていたと判断される。このように鐙先端の左右への釘留めから鳩胸側・踏込側の前後留めに変化したことを示す。これが木製鐙の変化の画期であろう。

古代の武器・武具は、儀仗用を除けば、多くは古墳時代以来の形態を継承し、平安時代後期に中世の形態に変化してゆく。律令国家にとって、兵仗用の武器・武具・馬具は、基本的に古墳時代後期のものを一部改良することにより達せられた[19]。武具は、八世紀中葉に小札が二枚重ねになり防御性が増し、八世紀後半から九世紀前半には緘し紐が長くなり、甲の札板が大きく動き、可動性が増加した[20]。これにより、矢の射る力を防ぐなど中世の大鎧の大袖などの機能性が備わってくる。これと同じ頃に木製鐙も本稿のA系列からB系列金具が出現し、古墳時代以来の鐙頂部に側面から金具を取り付ける方法から前後に取り付ける方法に変化したようである。これは馬上での踏み込み方向に取り付けたことで、踏み込み力の増加に適応した改良と評価できよう。この改良は、騎馬の加速化などが関連したことも推測されるが、戦闘方法の変化が背景にあるとみることもできるであろう。軍団制下では、戦闘は隊をなして、歩兵と騎兵に別れて並んだようであるが、奈良時代後半以降は、騎馬兵力が戦闘の中で重視されるようになる。このような戦闘方法の変化に対応した鐙変化の画期があったと評価しておきたい。

註

（1）代表的な論考及び本章と関連する論考を挙げれば、坂本美夫『考古学ライブラリー　馬具』（ニュー・サイエンス社、一九八五年）・斎藤弘「古墳時代の金属製壺鐙」（『日本古代文化研究』第二号、一九八五年）・同「古墳時代の壺鐙の分類と編年」（『日本古代文化研究』第三号、一九八六年）など。

（2）山田良三「寺社伝世馬具の壺鐙について」（『橿原考古学研究所論集　第七』一九八四年）。

（3）永井宏幸「古代木製壺鐙考―愛知県一宮市大毛沖遺跡出土例の位置付け―」（『古代』第一〇二号、早稲田大学考古学会、一九九六年）。

（4）鈴木友也編集代表『日本馬具大鑑　第二巻　古代下』（日本中央競馬会、一九九一年）。

（5）松平定信『集古十種』（国書刊行会、一九〇八年）。

（6）前掲註（4）書。

（7）日光二荒山神社『日光男体山―山頂遺跡発掘調査報告書―』（角川書店、一九六三年）。

（8）（財）千葉県文化財センター『千葉東南部ニュータウン一五―馬ノ口遺跡・有吉城跡・白鳥台遺跡―』（一九八四年）。

（9）前掲註（1）斎藤論文。

（10）前掲註（4）書。

（11）（財）埼玉県埋蔵文化財調査事業団『大沼遺跡』（一九九三年）。

（12）（財）千葉県都市公社他『八千代市村上遺跡群』（一九七四年）。

（13）日野市落川遺跡調査会『落川遺跡Ⅱ』（一九九七年）。

（14）韮崎市教育委員会『前田遺跡』（一九八八年）。

（15）前掲註（4）書。

（16）滝前・滝下遺跡調査会『滝前・滝下遺跡発掘調査報告書』（一九八八年）。

（17）（財）埼玉県埋蔵文化財調査事業団『毛呂山団地関係埋蔵文化財

発掘調査報告　伴六』（一九八二年）。

(18) 前掲註（1）斎藤論文。

(19) 津野　仁「東大寺出土甲と古代小札甲の諸要素」（『研究紀要』第六号、（財）栃木県文化振興事業団埋蔵文化財センター、一九九八年。『日本古代の武器・武具と軍事』吉川弘文館、二〇一一年所収）。

(20) 津野　仁「挂甲小札と国衙工房―茨城県石岡市鹿の子C遺跡をめぐって―」（『大平台史窓』第一三号、史窓会、一九九五年。『日本古代の武器・武具と軍事』吉川弘文館、二〇一一年所収）。

表3　遺跡一覧（番号は図11～13の文献番号を示す）

1 仙台市教育委員会『中田南遺跡』（一九九四年）。
2 日野市・日野市教育委員会他『南広間地遺跡 七』（一九九六年）。
3 須坂市教育委員会他『本郷大塚古墳』（一九九二年）。
4 長野県教育委員会他『上信越自動車道埋蔵文化財発掘調査報告書一八―佐久市内その四・小諸市内その二―芝宮遺跡群・中原遺跡群―』（一九九九年）。
5 群馬県教育委員会他『五目牛清水田遺跡』（一九九三年）。
6 （財）印旛郡市文化財センター『公津東遺跡群Ⅲ　大袋腰巻遺跡』（一九九八年）。
7 （財）山武郡市文化財センター『小野山田遺跡群Ⅰ―鉢ヶ谷遺跡―』（二〇〇〇年）。
8 神奈川県教育委員会『鳶尾遺跡』（一九七五年）。
9 （財）埼玉県埋蔵文化財調査事業団『中堀遺跡』（一九九七年）。
10 （財）君津郡市文化財センター『永吉台遺跡群』（一九八五年）。
11 （財）茨城県教育財団他『主要地方道取手つくば線及び一般県道高岡藤代線緊急地方道整備事業地内埋蔵文化財調査報告書　鎌田遺跡』（二〇〇一年）。
12 （財）千葉県都市公社他『八千代市村上遺跡群』（一九七四年）。

13 土浦市遺跡調査会・土浦市教育委員会『扇ノ台遺跡　古代編』（一九九九年）。
14 芳賀町教育委員会『免の内台遺跡』（一九九二年）。
15 （財）山武郡市文化財センター『砂田中台遺跡』（一九九四年）。
16 櫛形町教育委員会『鋳物師屋遺跡』（一九九四年）。
17 （財）千葉県文化財センター『千葉東南部ニュータウン六―椎名崎遺跡―』（一九七九年）。
18 関城町教育委員会他『仲道遺跡発掘調査報告書』（一九九一年）。
19 （財）東京都生涯学習文化財団　東京都埋蔵文化財センター『多摩ニュータウン遺跡―No.二四七・二四八遺跡―』（二〇〇〇年）。
20 松本市教育委員会『境窪遺跡・川西開田遺跡Ⅰ・Ⅱ』（一九九八年）。
21 （財）群馬県埋蔵文化財調査事業団『石墨遺跡（沼田チェーンベース地点Ⅰ）』（二〇〇一年）。
22 志木市教育委員会『中道遺跡第一二地点・中道遺跡第一三地点・田子山遺跡第四地点・田子山遺跡第五地点発掘調査報告書』（一九九二年）。
23 神明久保遺跡調査団『神明久保遺跡―第三地区―』（一九八九年）。
24 渋川市教育委員会『有馬条里遺跡　沖田地区　第二分冊　平安時代』（一九八三年）。
25 長野県教育委員会他『中央自動車道長野線埋蔵文化財発掘調査報告書三―塩尻市内その二―吉田川西遺跡』（一九八九年）。
26 長野市教育委員会『田中沖遺跡Ⅱ』（一九九一年）。
27 栃木県教育委員会・（財）栃木県文化振興事業団『多功南原遺跡』（一九九九年）。
28 宮城県教育委員会・利府町教育委員会『利府町郷楽遺跡Ⅱ』（一九九〇年）。
29 （財）市原市文化財センター『釜神遺跡』（二〇〇二年）。
30 富士見村教育委員会『富士見地区遺跡群　白川遺跡・由森遺跡・久保田遺跡』（一九八九年）。
31 岩手県教育委員会『東北新幹線関係埋蔵文化財調査報告書Ⅳ（宮地遺跡）』（一九八〇年）。

32　青森県教育委員会『黒石市牡丹平南遺跡・浅瀬石遺跡発掘調査報告書』（一九七六年）。
33　（財）千葉市文化財調査協会他『千葉中央ゴルフ場遺跡群発掘調査報告書中鹿子第二遺跡』（一九九二年）。
34　宮城県教委員会他『東北自動車道遺跡調査報告書Ⅱ』（一九八〇年）。
35　栃木県教育委員会・（財）栃木県文化振興事業団『古橋Ⅰ・Ⅱ遺跡』（二〇〇一年）。
36　群馬県教育委員会他『上栗須寺前遺跡Ⅰ』（一九九二年）。
37　矢掛・久保遺跡調査会『矢掛・久保遺跡の調査』（一九八九年）。
38　府中市教育委員会・府中市遺跡調査会『武蔵国府関連遺跡調査報告二二―国府地域の調査一八・武蔵国分寺調査報告二　南方地域の調査二―』（一九九九年）。
39　平塚市真田・北金目遺跡調査会『平塚市真田・北金目遺跡群発掘調査報告書二』（二〇〇一年）。
40　栃木県教育委員会・（財）栃木県文化振興事業団『金山遺跡Ⅳ』（一九九六年）。
41　群馬県教育委員会他『森遺跡・中Ⅰ遺跡・中Ⅱ遺跡』（一九八三年）。
42　（財）千葉県文化財センター『千葉市鷲谷津遺跡』（二〇〇二年）。
43　宮城県教育委員会『新田東遺跡』（二〇〇三年）。
44　辰野町教育委員会『神谷所遺跡Ⅰ』（一九九二年）。
45　（財）埼玉県埋蔵文化財調査事業団『飯塚北遺跡Ⅰ』（二〇〇五年）。
46　（財）香取郡市文化財センター『名木不光寺遺跡』（二〇〇〇年）。
47　青森県教育委員会『古館遺跡』（一九八〇年）。

第三章　馬　具（二）

——金属製鐙・木製鐙——

はじめに

奈良・平安時代の鐙は、材質により銅製・鉄製・木製等があり、形態からは輪鐙・壺鐙に分類されており、後者は舌の長さで半舌鐙・舌長鐙と呼ばれる。これまで、古墳時代については、鐙の編年も概ねできあがり(1)、馬具の故地である大陸や朝鮮半島との関連が主要課題になってきている。しかし、奈良・平安時代にあっては、資料が少ないこともあり、編年研究も少なくて、横断的な関連については未着手というのが現状であろう。

初期の研究としては、後藤守一氏の原史時代全般の武器・武装の著作のなかで鐙の記述があり、名称や鐙の出自・変遷の概要などについて言及されている(2)。伝世の鐙に関しては、山田良三氏が資料の集成・変遷、時期比定の根拠などを述べており、古代鐙を体系化した一歩と評価される(3)。増田精一氏は東アジアの鐙を論じるなかで、正倉院の鐙についても触れている(4)。木製鐙にあっては、発掘調査資料が徐々に増加してきて、永井宏幸氏や瀧瀬芳之氏によって集成と分類、全体的な変化の方向性などが指摘されるようになってきた(5)。また、『日本馬具大鑑』(6)は各地の古代鐙も掲載しており、意義深いものである。

このように、古代鐙の研究は少ないが、伝世鐙・木製鐙・金属張の鐙など個々の研究があり、これらの先行研究を進展させる方向として、時代の武装の動向のなかに鐙を位置付けることを目的として、本章では今日的な出土品の再集成と分類された鐙の系列化による編年、律令国家の武装の一環をなす馬具のうち、鐙についてはいかなる部分を古墳時代から継承し、変化させたのか、さらに中世武士発生に関連して、中世馬具の一要素である鐙のうち、いかなる部分が中世に継承されていったのか、そこに大きな画期はいつであるのか、開発主体者層は誰であるのか、中世武装の起源を探る一端として古代の鐙をみていきたい。

第一節　金属製鐙の変遷

1　鉄製壺鐙の変遷

壺鐙の変遷に関する時期の根拠については、山田良三氏が壺鐙の文様などから推定しているのみである[7]。しかし、近年は遺跡出土品で、時期の明らかな資料がわずかであるが出てきた。以下、それを提示し変遷をみていきたい。

青森県貝ノ口遺跡鐙は、土壙墓の副葬品であり、出土した土器から八世紀初頭に位置付けられている[8]。鳩胸側のみで柳端などはないが、壺の全体形はわかる。踏込の底は平坦とみられ、先端は底面と沓先に稜があり、鈍角に立ち上がる。この形態は、斎藤弘氏が提示した四期のC型式・スクモ塚横穴に類似している[9]。法隆寺の壺鐙は、沓先が曲線であり、底面が平坦になっていない[10]。このため、貝ノ口よりも新出であり、八世紀前半になるであろう。長野県懐古神社蔵鐙は沓先が下がっており、舌が短く柳端の抉れが少なくて、鐙靼柄頭に丸味があることから法隆寺鐙に類似する[11]。

正倉院の鐙は、山田氏により八世紀中葉に位置付けられている[12]。それは踏込底面が曲線である点が法隆寺鐙に類似するが、貝ノ口・法隆寺鐙よりも沓先の位置が上にあり、鳩胸の先端が高くなっている。これは、その後の鐙にみられることから、八世紀前半の型式変化として理解できる。正倉院の鐙では、第一号鞍に具す壺鐙は、踏込に対して枠の玉縁が直角に上がる。第四号から第六号に具す壺鐙は踏込に対して、枠の玉縁が抉れる形態である。第一号鞍の鐙について、山田氏は象嵌された文様が天平勝宝四年（七五二）の大仏開眼の際の御冠残欠といわれる遺品の文様と類似している点から、八世紀中葉の時期とする見解を示している[13]。

出土品では、千葉県囲護台遺跡五五五号A住居跡から壺鐙の鉄枠が出ており[14]、八世紀第二四半期に位置付けられる。これは、正倉院の第六号鞍のように鐙靼を受ける所から壺部の枠がくの字状に曲がらず、踏込に対して枠が直角に上がっていた可能性が高く、第一号鞍の鐙と近い形態が想定される。第六号鞍の鐙などは、壺部の側面が抉れ、形型式組列としては、時期がやや降るものと推察される。

正倉院の次の段階は、山田氏の提示した手向山神社蔵鉄宝相華唐草文金銅象嵌壺鐙であり、舌の発達からみても八世紀後半になるであろう。九世紀の出土品では、山ノ神遺跡の鐙片があり[15]、壺部上半の抉れは少ないと推察される。

市川橋遺跡SX一八一二の三層から出た壺鐙は、同じ層から出た土器が多賀城編年「F群土器」に類似していることから[16]、一〇世紀中葉と考えられる。柳端は沓先側に少し抉れており、舌は踏込から六㌢程のびている。鳩胸は沓先位置が高いことから、緩やかな傾斜である。鐙靼の柄部前端は斜め上に突出している。

五反島遺跡の鐙は、平安前期頃の所産とされる[17]。踏込は市川橋鐙に類似し、舌は市川橋よりも二㌢ほど長いが、概ね同じ時期の所産と判

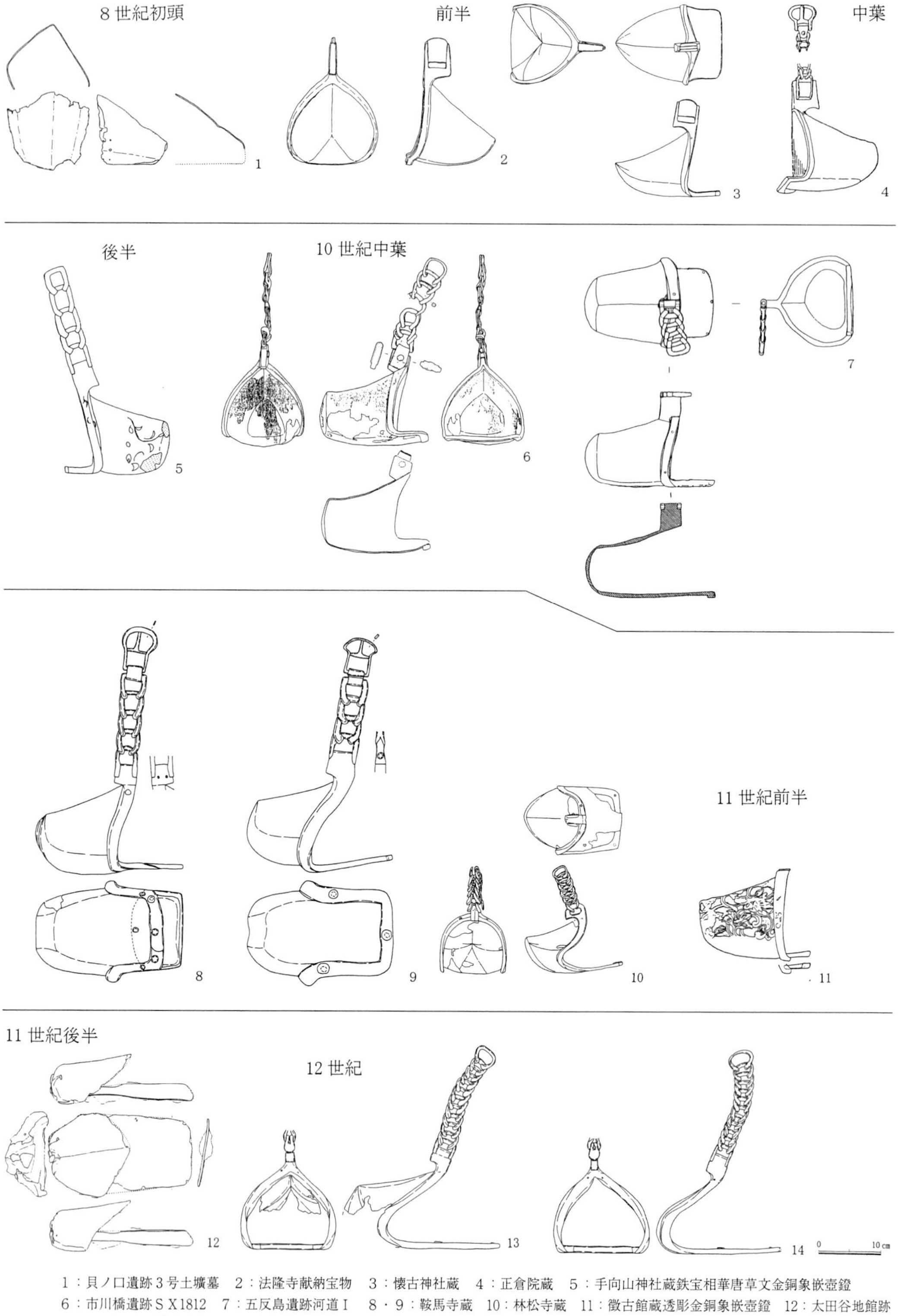

1：貝ノ口遺跡3号土壙墓　2：法隆寺献納宝物　3：懐古神社蔵　4：正倉院蔵　5：手向山神社蔵鉄宝相華唐草文金銅象嵌壺鐙
6：市川橋遺跡ＳＸ1812　7：五反島遺跡河道Ｉ　8・9：鞍馬寺蔵　10：林松寺蔵　11：徴古館蔵透彫金銅象嵌壺鐙　12：太田谷地館跡
13・14：摺沢八幡神社蔵

図17　鉄製壺鐙の変遷

断できる。

太田谷地館跡は、平安時代後期に出現する防御性集落である。[18] 近年の宇田川浩一氏の見解では、遺跡の時期は一〇世紀前半と一一世紀とする。[19] 市川橋遺跡の鐙よりも舌が長くなっていることから、型式的には市川橋遺跡よりも下っている。舌の周縁には柳端を留めた釘孔がある。最も抉れた位置からの舌の長さは一五チセン程である。山田氏は伊勢徴古館の唐草透彫金銅象嵌壺鐙を長元四年（一〇三一）の延暦寺蔵金銅経箱の文様との類似から一一世紀前半に位置付けている。徴古館の鐙は舌が発達せず、踏込の柳端も垂直近くに立ち上がり、型式的にはこの形態は市川橋よりも古式である。前代からの型式組列に齟齬をきたすが、太田谷地館跡の鐙は徴古館よりも舌が長くて、壺側縁の抉れが発達しており、後出すると考えられる。このため、遺跡の時期範囲と徴古館鐙との関連から太田谷地館跡の鐙は一一世紀後半に位置付けられる。また、摺沢八幡神社蔵鐙は側縁の抉れにより、下って一二世紀の所産と判断される。

以上のような、考古学的には貝ノ口遺跡・市川橋遺跡・太田谷地館跡の事例を鐙変遷の時期根拠にして、山田氏が主に文様などから提示した時期根拠を加えると、鉄製壺鐙の変遷に時期比定ができる。懐古神社蔵鐙は法隆寺鐙に併行する八世紀前半、鞍馬寺蔵鐙は柳端の抉れに形態差・時期差があるが、市川橋遺跡鐙に比べて舌がのびていることから、一〇世紀中葉から後葉頃になるであろう。山形県林松寺鐙は一〇世紀後葉頃になるであろう。[20]

鉄製壺鐙の全体的な変遷をみると、奈良時代は沓先が高くなり、底面が丸くなるなど壺の変化が進む。平安時代には踏込と舌が長くなる。さらに踏込の側面が開放化される。全体的には平安時代の一〇世紀以降の方が奈良時代よりも型式変化が早いようである。

2　金銅・青銅・銅製壺鐙の変遷

静岡県城山遺跡の銅製鐙[21]は八世紀前半から中葉に位置付けられ、柳端は垂直に下りて、鐙靼の柄部前端は水平に突出している。山口県スクモ塚横穴の銅製鐙は底面と沓先が平坦であることから、法隆寺鐙よりも古式で、八世紀初頭以前になるであろう。

青森県田向遺跡の金銅製壺鐙[22]は九世紀後半の所産で、鐙靼の柄部前端は斜め下方に突出している。これは、鉄製鐙では正倉院（中倉一二馬鞍第三号・第五号）にその初現的な形態がある。その柄部前端の屈曲が田向遺跡では正倉院よりも強くなっている。さらに柳端は沓先側に弧状になっており、壺の側面に抉れが出てきたことを示す。この鐙は当初鐙靼受孔があったが、鉄板を鋲留めしていることから、兵庫鎖を修理したものであろう。

関西大学蔵伝関東地方古墳出土品[23]は、壺側縁の柳端の抉れがさらに増し、鐙靼の柄部は平面円形に変化して、前端は巻き込むように斜め下に突出している。時期を特定する共伴遺物は不明だが、鉄製鐙では林松寺鐙に類似し、編年から一〇世紀後葉のものと判断できる。

大北遺跡の鐙[24]は青銅製とみられ、竪穴住居から出土した。研いだ跡が顕著である。出土した遺構の時期は八世紀後葉になる。

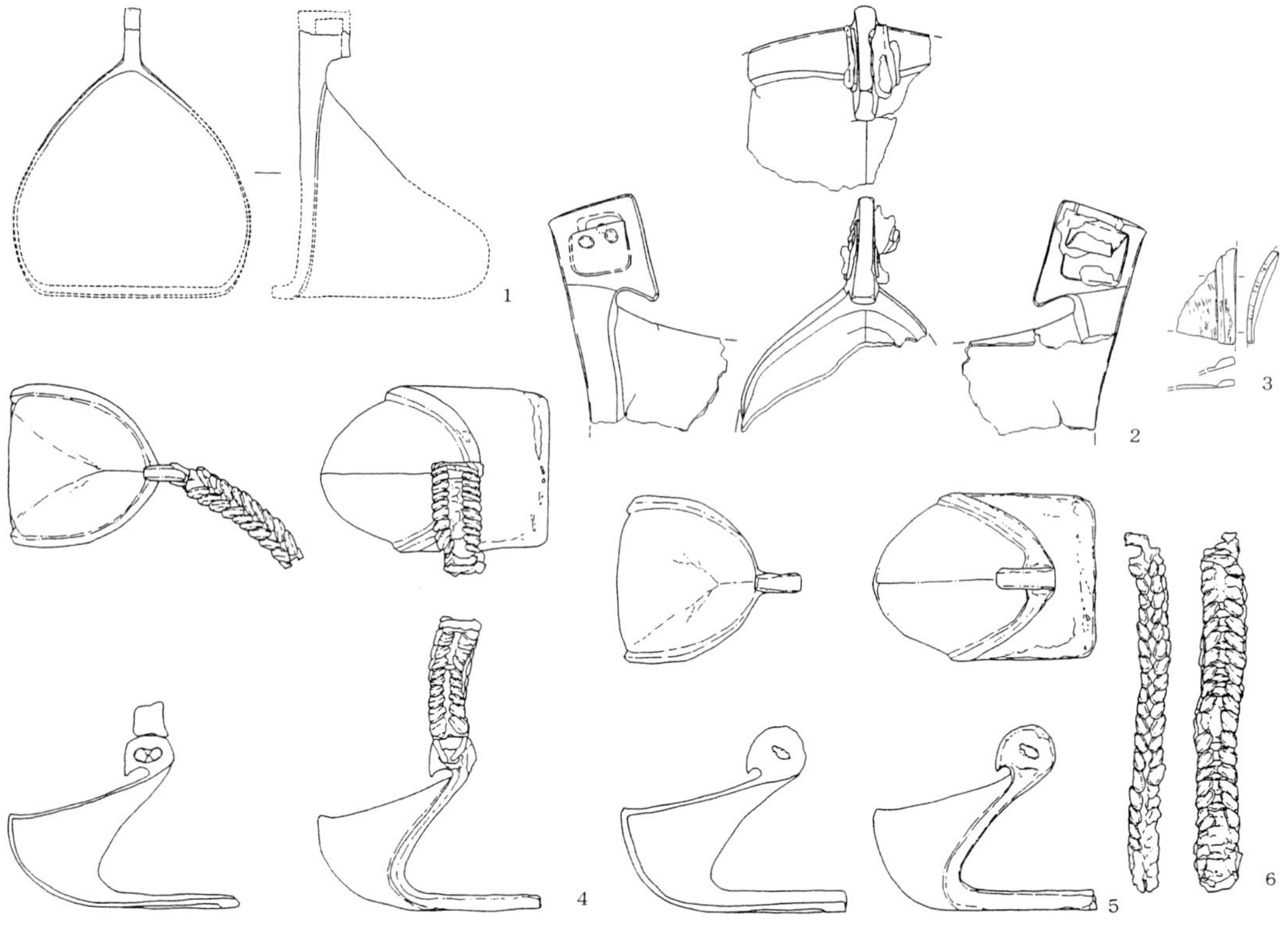

1：城山遺跡 A20B30 区第Ⅳ層下位　2：田向遺跡1　SI10　3：大北遺跡3号住居跡　4－6：関西大学蔵

図18　金銅・青銅・銅製壺鐙

第二節　木製鐙等の分類・変遷と金属製鐙との関連

1　木製鐙の分類と変遷

古代の木製鐙については、既に永井氏によって分類が行われているので、基本的にはそれに沿うが、一部筆者の分類に変更して変遷をみる。それぞれの鐙は全体的な動向・細部の変化に異同があるので、各系列化すると理解しやすい。

杓子形壺鐙[25]

壺に細長い吊手が付くもので、永井氏の分類に従い、嶋遺跡の鐙が当たる。

三角錐形壺鐙

壺が三角錐形で、底面が平坦である。端正な三角形錐形の長岡京鐙、撫で肩気味の三角錐形の伊場遺跡・観音寺遺跡の鐙に形態分類できる。確認できた下限は七世紀までであり、実見したものや実測図にはU字形の吊金具を打った跡は確認できなかった。

無花果形壺鐙

底面が椀形である点で、三角錐形壺鐙と分類できる。七世紀までが多いが、八・九世紀代にも安武・深田遺跡や中谷地遺跡で出てお

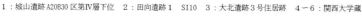

1：嶋遺跡　2：伊場遺跡　4：長岡京左京　5・6：観音寺遺跡　7：諏訪木遺跡
8・10～12：下川津遺跡　9：来住廃寺跡

図19　木製鐙集成図（1）

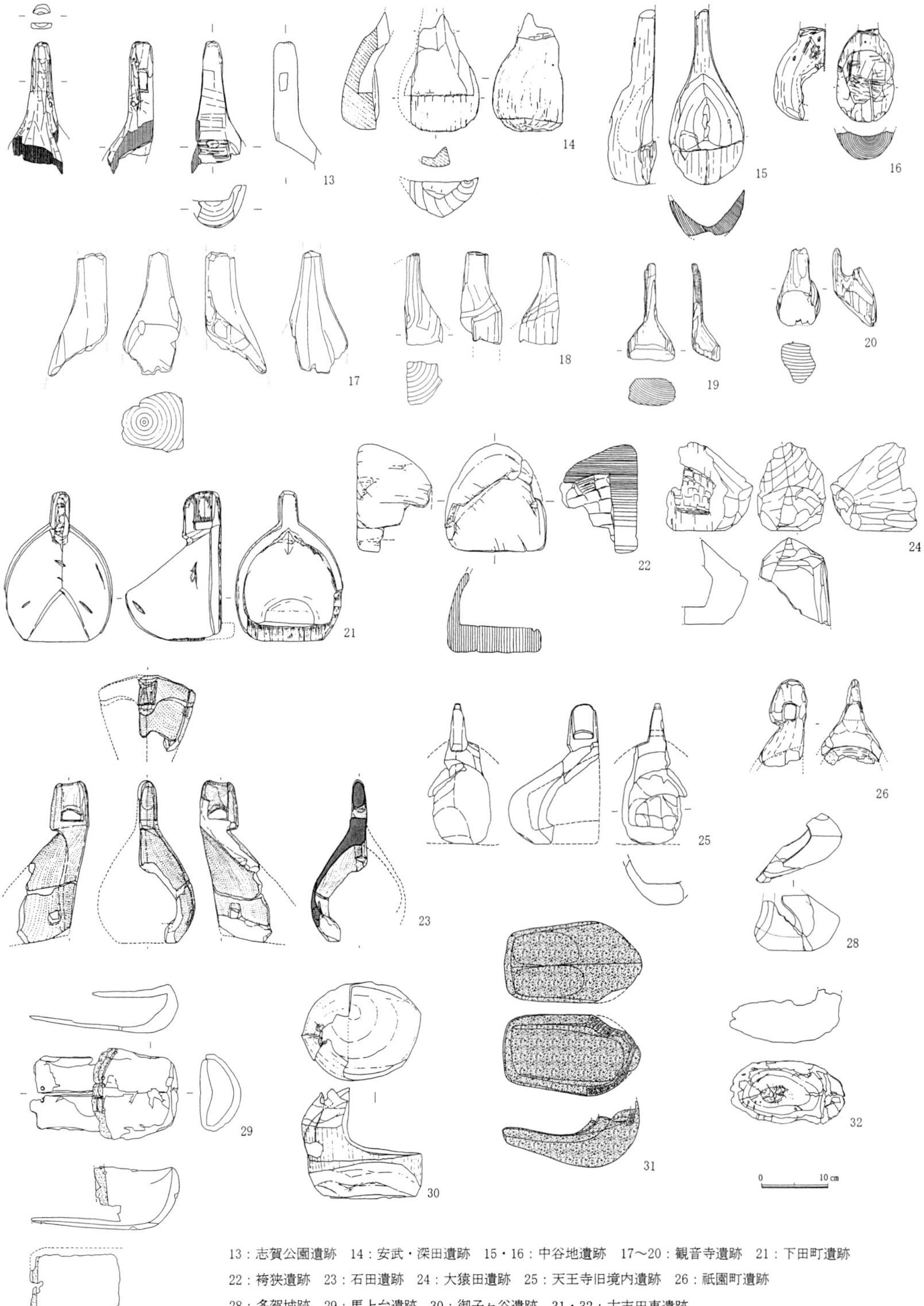

13：志賀公園遺跡　14：安武・深田遺跡　15・16：中谷地遺跡　17〜20：観音寺遺跡　21：下田町遺跡
22：袴狭遺跡　23：石田遺跡　24：大猿田遺跡　25：天王寺旧境内遺跡　26：祇園町遺跡
28：多賀城跡　29：馬上台遺跡　30：御子ヶ谷遺跡　31・32：古志田東遺跡

図 20　木製鐙集成図（2）

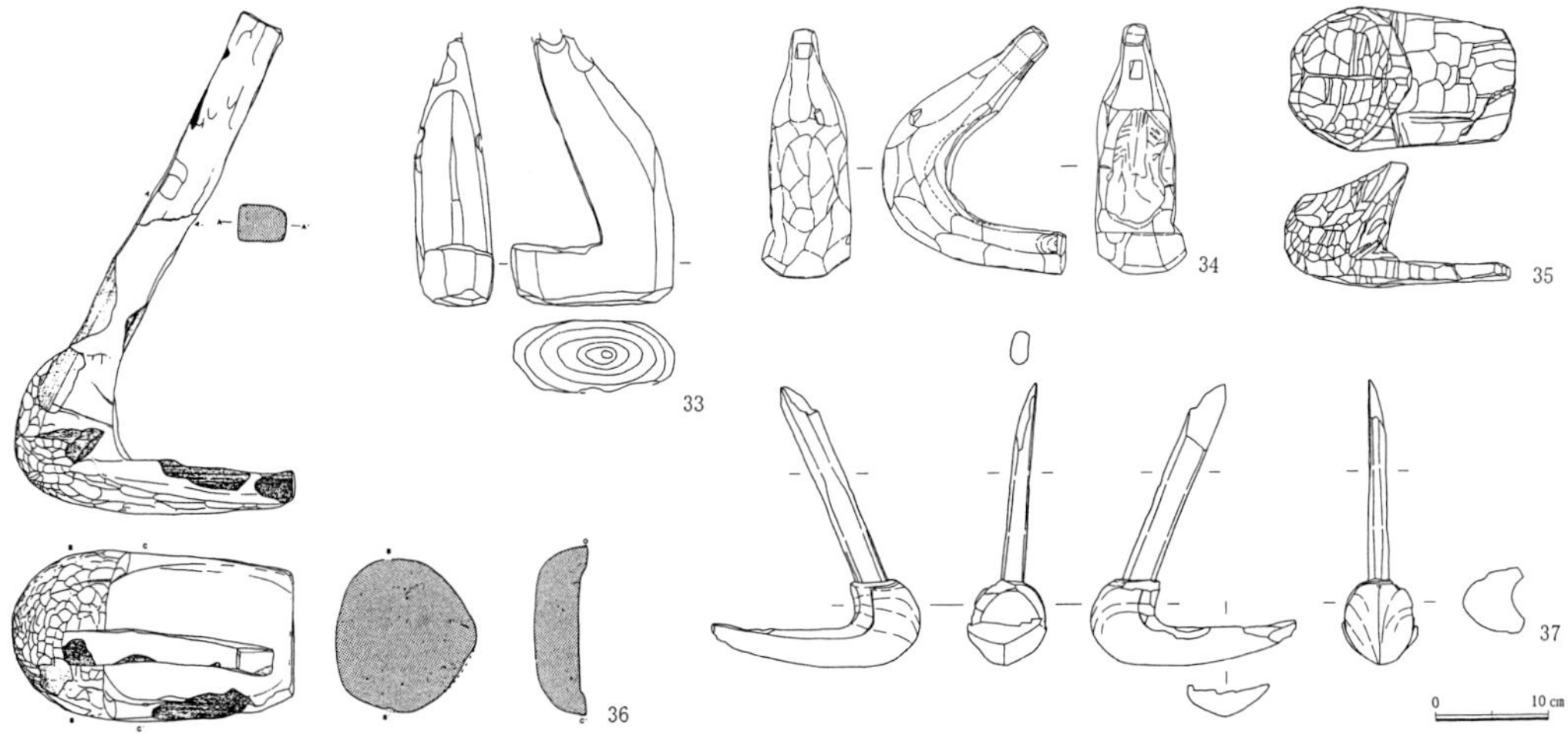

33：市川橋遺跡　34：居倉遺跡　35：平城京右京二条三坊三坪　36：道伝遺跡　37：大毛沖遺跡

図21　木製鐙集成図（3）

り、下限は中谷地遺跡の九世紀前半である。

金属製鐙模倣壺鐙

断面蒲鉾形の柳端が造作されている点や鐙靼受孔と柄部前端が突出する形態などから金属製壺鐙を模倣したものである。八世紀第一四半期の下田町遺跡鐙は沓先の位置が低くて尖り、鳩胸が急角度で下降する。八世紀末の天王寺旧境内遺跡鐙では、沓先の位置が高くて丸味がでてきている。この形態は九世紀後半の多賀城跡鐙でもみられる。

金属骨木製壺鐙

鐙靼柄から柳端が鉄製で、壺と舌が木製の鐙が手向山神社に残っており、山田氏は「鉄骨木製黒漆壺鐙」と呼ぶ。遺跡出土品では、馬上台遺跡鐙は木製で踏込を刳り、内外面に黒漆を厚く塗るが、壺の柳端と舌の裏面の枠の部分に黒漆がなくて（図中トーンの部分、図20・23）、付着品が剥離した状態になっている。柳端の範囲には膠のような練り物状のものが付いており、柳端範囲の沓先寄りには孔が穿たれている。孔は一部補修孔の可能性もあるが、手向山神社の当該鐙も同じ位置に釘が打たれている点などにより、木製壺鐙に金属製の柳端を留めて、鐙全面に黒漆を塗ったと推測できる。[26] 金属製の柳端を取り外したのちに補修したものであろう。この鐙の時期は共伴した土器から一〇世紀第一四半期になり、手向山神社の鉄骨木製黒漆壺鐙よりも舌が発達していることから手向山神社鐙に後続すると判断でき、手向山神社鉄骨木製黒漆壺鐙は九世紀後半頃になるであろう。

半舌鐙

御子ヶ谷遺跡の鐙は永井氏も述べるように、[27] 舌鐙と判断される。この鐙は、鳩胸の上面に鐙靼受孔があり、鳩胸には稜線が認められ、舌の両側縁には段があり、鐙靼受孔の位置と形態が特異である。時期は遺構の変遷などから八世紀代になる。[28] 九世紀中葉から一〇世紀初めの古志田東遺跡例は舌がのびて、沓先が丸くなっている。さらに踏込から舌の底面は丸味が増している。鐙靼柄の様相が不明であることから、御子ヶ谷遺跡鐙とともに半舌鐙に分類しておく。

長吊手舌鐙

道伝遺跡は九世紀前半、大毛沖遺跡は一〇世紀前半になる、壺の上半部はなくて、舌が長くのびている。側面は開放的であり、鐙靼に木製棒で繋がる。市川橋遺跡の木製鐙（一〇世紀中葉から後半）は舌の幅が狭いが、大毛沖鐙もその幅が狭くて、時期的な特徴であろうか。この鐙は、舌の両側縁が高まっている。出土数が少なくて、前後の系譜が特定しがたい木製鐙である。永井氏はこれらを舌鐙に分類するが、吊手の特徴により別分類とした。

文　献
山形市市史編さん委員会 1968
浜松市教育委員会 2002
大田市教育委員会 1989
(財)向日市埋蔵文化財センター 2005
(財)徳島県埋蔵文化財センター 2002
(財)徳島県埋蔵文化財センター 2006
埼玉県熊谷市遺跡調査会 2001
(財)香川県埋蔵文化財調査センター 1990
(財)松山市生涯学習振興財団埋蔵文化財センター 1993
(財)香川県埋蔵文化財調査センター 1990
(財)香川県埋蔵文化財調査センター 1990
(財)香川県埋蔵文化財調査センター 1990
(財)愛知県教育サービスセンター 2001
福岡県教育委員会 1991
秋田県教育委員会 2001
秋田県教育委員会 2001
(財)徳島県埋蔵文化財センター 2006
(財)徳島県埋蔵文化財センター 2006
(財)徳島県埋蔵文化財センター 2006
(財)徳島県埋蔵文化財センター 2006
(財)埼玉県埋蔵文化財調査事業団 2006
兵庫県教育委員会 2000
(財)北九州教育文化事業団埋蔵文化財室 1990
(財)福島県文化センター 1998
(財)大阪市文化財協会 1999
(財)北九州教育文化事業団埋蔵文化財室 1995
高橋保 1999
宮城県多賀城跡調査研究所 1974
山形市教育委員会 1995
藤枝市教育委員会 1981
米沢市教育委員会 2001
米沢市教育委員会 2001
多賀城市教育委員会 2004
島田市教育委員会 1987
奈良市教育委員会 1996
川西町教育委員会 1981
(財)愛知県埋蔵文化財センター 1996

2　木心金属張三角錐形壺鐙系吊金具の変遷

奈良・平安時代の遺跡から出土するU字形の吊金具を斎藤弘氏の提示された古墳時代の木心金属張三角錐形壺鐙の形態変化で理解できること、『集古十種』に載る東大寺若宮八幡宮の鐙に付いた吊金具が遺跡出土品の型式変遷で理解できたことから、当該吊金具を木製金属張三角錐形壺鐙の変遷の中で理解した。[29] しかし、今回木製鐙を集成、一部資料を実見しても吊金具が付くものや釘痕や小孔が観察できる木製三角錐形壺鐙はなかった。[30] また、確認できた木製三角錐形壺鐙の下限は七世紀代であり、観音寺遺跡・下川津遺跡の事例が挙げられる程度である。このため、八世紀以降のU字形の金具は木心金属張三角錐形壺鐙系吊金具と理解せざるをえない。ここでは変遷の概要を述べる。

主に七世紀後半以降の吊金具は、三系列に分化して変遷する。A系列は釘留め板が長方形をしており、鐙頂部の左右に留めるもので、数は少ない。

B系列は、吊金具の両端が細長い長方形板や踏込側が長方形板で鳩胸側が柳葉状になるものであり、いずれも釘は縦に並べる。一〇世紀前半には鳩胸側で尖った柳葉状になり、断面が舟底状になる。一一世紀にかけて踏込側の長方形板や鳩胸側の柳葉

表4　木製鐙一覧表（表中の番号は集成図中の番号に対応する）

番号	遺　跡　名	遺構名	分　類	時　期	遺跡の性格
1	嶋遺跡（山形県）		杓子形	7c 代	
2	伊場遺跡（静岡県）	大溝	三角錐形	6c 後葉	溝
3	白坏遺跡（島根県）	自然流路	三角錐形	6c 後葉か 10c 初	拠点（公的）集落
4	長岡京左京（京都府）	流路 SX47510	三角錐形	7c 初	集落
5	観音寺遺跡（徳島県）	SR1001	三角錐形	7c 前半	官衙
6	観音寺遺跡（徳島県）	SR1001　Ⅶ層	三角錐形	7c 中葉	官衙
7	諏訪木遺跡（埼玉県）	河川跡Ｂ地点	三角錐形	7c 前葉・中葉	河川祭祀跡
8	下川津遺跡（香川県）	第１低地帯流路２	三角錐形	7c 代	有力者居宅か
9	来住廃寺跡（愛媛県）	３区下段Ｖ層	無花果形	6c 後葉～7c 初	寺院
10	下川津遺跡（香川県）	第１低地帯流路５	無花果形	6c 後葉～7c 末	有力者居宅か
11	下川津遺跡（香川県）	第１低地帯流路２	無花果形	7c 代	有力者居宅か
12	下川津遺跡（香川県）	第１低地帯流路２	無花果形	7c 後半	有力者居宅か
13	志賀公園遺跡（愛知県）	98K 区 NR07	無花果形か	7c 後半	有力者居宅
14	安武・深田遺跡（福岡県）	谷地区 36 区砂層	無花果形	7c 末～8c 中葉	集落か
15	中谷地遺跡（秋田県）	SL17 河川跡	無花果形	9c 前半	官衙的性格
16	中谷地遺跡（秋田県）	SL17 河川跡	無花果形	9c 前半	官衙的性格
17	観音寺遺跡（徳島県）	SR1001　Ⅸ層	無花果形か	6c 末～7c 初	集落か
18	観音寺遺跡（徳島県）	SR1001　Ⅶ層	無花果形か	7c 中葉	官衙
19	観音寺遺跡（徳島県）	SR1001　Ⅰ層	無花果形か	古代末～中世初	官衙
20	観音寺遺跡（徳島県）	SR1001　Ⅶ層	無花果形か	6c 末～7c 初	集落か
21	下田町遺跡（埼玉県）	SE319	金属鐙模倣形	8c 第１四半期	集落
22	袴狭遺跡（兵庫県）	国分寺１区ピート層	金属鐙模倣形か	8c 代	国府関連か郡家
23	石田遺跡（福岡県）	Ⅰ区 CK26G	金属鐙模倣形	8c 代	堰など
24	大猿田遺跡（福島県）	16 号溝跡	金属鐙模倣形	8c 中葉～9c 後半	木器生産遺跡
25	天王寺旧境内遺跡（大阪府）	SE01	金属鐙模倣形	8c 末	寺院
26	祇園町遺跡（福岡県）	M-5（3B 層）	金属鐙模倣形	8c 後半～9c	集落
27	箕輪遺跡（新潟県）		金属鐙模倣形	奈良末～平安初	
28	多賀城跡（宮城県）	包含層第６層	金属鐙模倣形	9c 後半	城柵
29	馬上台遺跡（山形県）	SK01	鉄骨木製鐙	10c 第１四半期	集落か
30	御子ヶ谷遺跡（静岡県）	包含層	半舌鐙	8c	郡家
31	古志田遺跡（山形県）	河川跡４層	半舌鐙	9c 中葉～10c 初	有力者居宅
32	古志田遺跡（山形県）	河川跡４層	半舌鐙	9c 中葉～10c 初	有力者居宅
33	市川橋遺跡（宮城県）	SD5164 河川跡	半舌鐙か	10c 中葉～後半	城柵関連遺跡
34	居倉遺跡（静岡県）	溝状遺構	半舌鐙	10c 後半	津跡
35	平城京右京二条三坊三坪（奈良県）	SX804	半舌鐙	11c 前半	都城
36	道伝遺跡（山形県）	SD1	長吊手舌鐙	9c 前半	郡家か居宅
37	大毛沖遺跡（愛知県）	旧流路Ⅱｂ層	長吊手舌鐙	10c 前半	流路・護岸施設

形がさらに長くなる。

Ｃ系列は、踏込側が三角形や五角形で、鳩胸側が柳葉状になる。八世紀後半に一方の板の断面に窪みが現れ、一方は平坦板を残し、形態の違いが出現する。これは鳩胸側と踏込側の形態差と判断できる。平面形は匙状で、方形板からの型式変化として理解できる。古墳時代の鐙頂部の左右釘留めから前後釘留めへの変化として理解できる。次に主に九世紀から一〇世紀前半には鳩胸側が細長い柳葉形になり、踏込側は平面三角形になる。横幅が増したために釘を三点で留めるようになって、一〇世紀から一一世紀には踏込側が平面五角形に変化する。

出土品では、Ｂ系列とＣ系列が九世紀後半以降に主体になり、一一世紀代まで確認でき、若宮八幡宮の舌長鐙につながる。

3　木製鐙と金属製鐙との比較

（一）壺

金属製鐙は、奈良時代の壺が前半には沓先の位置が下がっており、中葉には沓先の位置が上にあり、鳩胸の先端が高くなっている。金属製鐙模倣

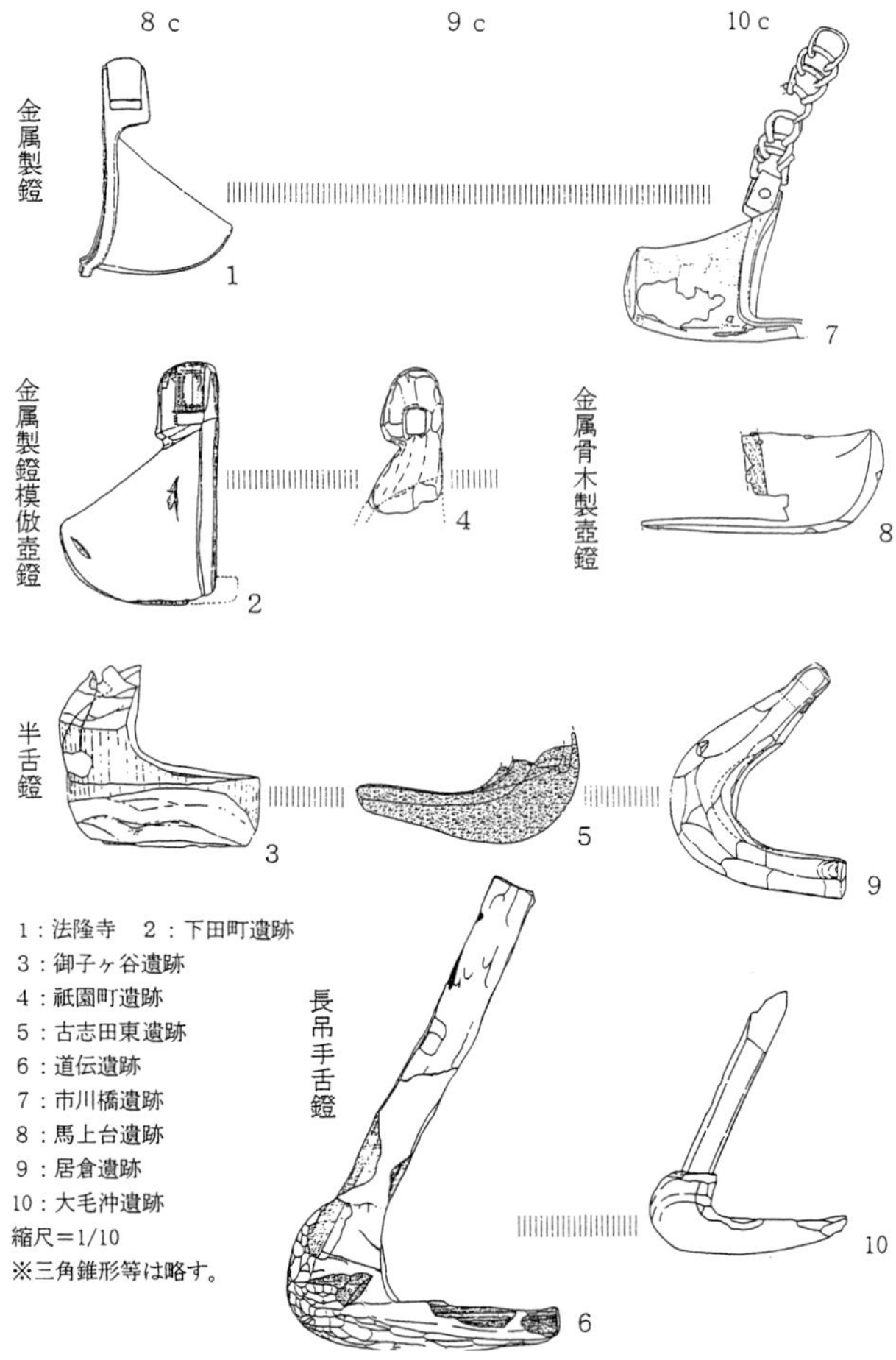

図22　8〜10世紀の主要鐙の形態比較

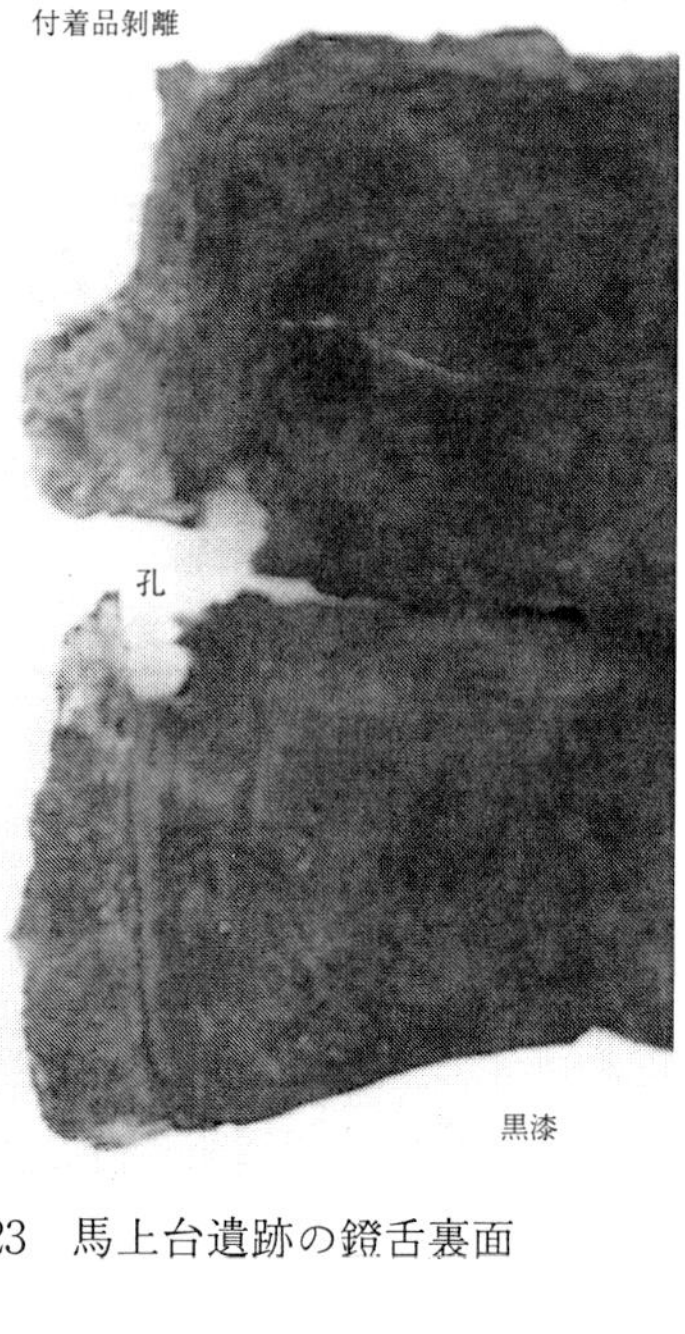

図23　馬上台遺跡の鐙舌裏面

壺鐙は八世紀第一四半期の下田町遺跡鐙は沓先の位置が低くて尖り、鳩胸が急角度で下降し、八世紀末の天王寺旧境内遺跡鐙では、沓先の位置が高くなっている。このように、金属製鐙模倣壺鐙は金属製鐙の変遷と同じ傾向を示し、壺の形を忠実に模倣していることが指摘できる。

（二）舌

半舌鐙は八世紀代に初現資料があり、この御子ヶ谷遺跡鐙は舌の長さや鐙靼受孔の形態が金属製鐙と異なる。舌の厚さは金属製模倣鐙の薄さには及ばず、無花果形鐙などに類する。試行的なものとして位置付けるべきであろうが、半舌鐙がその後も続くことから、その初現を遡って理解することを示唆する資料となる。この形態は九世紀中葉から一〇世紀初めの古志田東遺跡鐙に型式変化する。さらに、道伝遺跡・大毛沖遺跡の長吊手舌鐙も九世紀から一〇世紀前半のものであり、舌が長い。金属骨木製壺鐙も馬上台遺跡の舌の長さが、これより下る市川橋遺跡の鉄製鐙よりも長い。これら複数の事例から金属製鐙よりも木製鐙の方が、舌長化が先行していることが確認できる。

木製鐙の舌長化が先行する一因は、材を横から刳る横木取りであろう。御子ヶ谷遺跡や古志田東遺跡の三二は縦木取りで、九世紀代の中谷地遺跡のような無花果形壺鐙の木取りを継承するが、道伝遺跡や馬上台遺跡・大毛沖遺跡・居倉遺跡の鐙は横木取りである。九世紀代が縦木取りから横木取りへの変換期といえる。横木取りは、舌を長くすることに利点があり、舌長化が進んだものと推察でき、この点は永井氏の説[31]を首肯する。

(三) 吊手

長吊手舌鐙の吊手について、永井氏は最も類似する手向山神社鐙の吊手部が鍛接固定化していることから、「兵庫鎖が固定化し鉄鍛接したものと同様の傾向として捉えられる」として、木製長吊手舌鐙と金属製鐙の関連を指摘しており[32]、この点は首肯される。しかし、手向山神社鐙よりも道伝遺跡鐙・大毛沖遺跡鐙の方が古く位置付けられる点が課題である。兵庫鎖の固定化は紋板の出現に繫がることであり[33]、舌長化が金属製鐙よりも木製鐙が先行している事実と合わせれば、兵庫鎖の固定化や舌長化は木製鐙が先行し、鉄製鐙の変化を惹起させ、木製鐙の諸要素を金属製鐙が取り入れたと推測することができる。その一因として、金属に比較して木製の方が素材入手が簡易で、造作も容易なことによるのであろうか。

第三節　古代鐙と古墳時代・中世鐙との関連

1　古代鐙の再分類と古墳時代鐙との関連

奈良・平安時代の金属製・木製鐙は上記のように分類できたので、それらをまとめておくと以下のようになる。古代の鐙については壺鐙、舌の長さが増した半舌鐙、鎌倉時代の舌長鐙と分類されてきた[34]。しかし、木製鐙でも各種の鐙に分類されており[35]各種の鐙が半舌鐙・舌長鐙に変化していることから、壺鐙・半舌鐙・舌長鐙という呼称は、古代から初期中世の鐙の全体的な変遷を示すが、個々の鐙の形態の変化を示してはいない。このために、以下の①～⑩の鐙の諸形態を諸系列として理解することが、当該期鐙については妥当であろう。

①金属製輪鐙
②金属製壺鐙―半舌鐙―舌長鐙
③木心金属張三角錐形壺鐙系吊金具―半舌鐙―舌長鐙
④杓子形壺鐙
⑤三角錐形壺鐙
⑥無花果形壺鐙
⑦金属製鐙模倣壺鐙
⑧金属骨木製壺鐙―半舌鐙―舌長鐙
⑨半舌鐙―舌長鐙

⑩長吊手舌鐙

これらのうち、古墳時代の鐙から継承するものと新出の鐙があり、壺鐙については②③④⑥が古墳時代後期から継承するものである。⑦⑨は現在の資料では奈良時代以降になって出現し、⑧⑩は平安時代前期に出現する型式である。

古墳時代末期や奈良時代の壺鐙について、山田良三氏は「古墳時代末期の壺鐙は杓子形と三角錐形の二種類がⅡ式（鉸具頭の形式：筆者）に集約されたといえる。」としており、これより降る法隆寺・正倉院の鐙について、古墳時代のⅡ式（鉸具頭の形式）に続くと考えている。[36]

奈良時代以降の木製鐙の新出型式のうち御子ヶ谷遺跡の半舌鐙は、下面が丸味をもっていることから併存する無花果形壺鐙との関連で出現したと判断できるが、粗製の鐙である。金属製鐙模倣木製壺鐙は八世紀初めの下田町遺跡例を初現とし、上物の鐙である。

古墳時代から継続する壺鐙②③④⑥のうち、⑥無花果形壺鐙は八世紀・九世紀前半まで確認できるが、主体の鐙ではない。

③木心金属張三角錐形壺鐙に関して、三角錐形壺鐙の実態から、木製金属張三角錐形壺鐙系吊金具と理解を一部変更した。そして、この吊金具の付いた木製鐙の実態は不明であるが、古墳時代に鐙頂部の左右に付けていたが、前後に付けるように変化して、八世紀後半には匙状の板が系列分化する。

2　中世鐙との関連

（一）中世へ継承される鐙

奈良時代の鐙の諸系列のうち、平安時代になり半舌鐙・舌長鐙に変化するのは、②金属製壺鐙・③木心金属張三角錐形壺鐙系吊金具・⑧金属骨木製壺鐙・⑨木製半舌鐙・⑩長吊手舌鐙であり、杓子形壺鐙はなくなる。中世遺跡出土の鐙は不明であるが、伝世品でみる限り中世の鐙は②金属製舌長鐙・③木心金属張三角錐形壺鐙系吊金具・⑧金属骨木製舌長鐙・⑨木製舌長鐙がある。これらは材質の違いを超えて、形態・変化の方向が概ね同じであることを示す。

中世の金属製舌長鐙は、東京国立博物館蔵の鎌倉時代の遺品にある。[37]さらに中世の木製舌長鐙は滋賀県大嶋・奥津嶋神社鐙などがある。

金属骨木製鐙の初期の資料は、九世紀後半・一〇世紀第一四半期である。中世の伝世品では、東京国立博物館蔵鐙[38]や黒漆袋鐙[39]などがあり、平安時代の手向山神社鐙・馬上台遺跡鐙から続く型式変化である。

（二）各要素

中世鐙の紋板は、古代鐙の兵庫鎖に由来していることは通説化している。これには、兵庫鎖製作の手間省略なども一因と考えられるが、平安時代前期の道伝・大毛沖遺跡鐙のような長吊手舌鐙の棒状鐙靼の存在も一因するであろう。

鐙靼柄は奈良時代には前方に突出していたが、平安時代になり前端は巻き込むように斜め下に突出しているように変化する。中世鐙はクランク状になり（東京国立博物館蔵鉄製舌長鐙など）、鳩胸と接するように型式変化する。

鳩胸には金銅製の鎬垂を付けるが（東京国立博物館蔵鉄製舌長鐙）、この鎬垂は木心金属張三角錐形壺鐙系吊金具の鳩胸に付く柳葉形金具からの型式変化であり、沓先までのびて長くなる。

第四節　鐙の出土傾向と遺跡

管見の限り、七世紀以降の出土鐙は金銅・銅製鐙四点、鉄製鐙一〇点ほど、木製品で三〇点あまり、木製鐙の吊金具は五〇点以上になる。(40) これら一〇〇点ほどの鐙について出土した遺跡を検討し、鐙使用者との関連をみていく。鐙の出土遺跡は必ずしも騎馬の行われていた所ではないが、各種鐙の出土数が蓄積されてきたので、ある程度出土遺跡が使用者の実態を反映するであろう。この点に関しては、瀧瀬氏がすでに小稿分類の金属製鐙模倣壺鐙の出土遺跡について検討しているが、(41) ここでは、各種の鐙の出土傾向と遺跡の関連について述べる。

1　鐙の出土傾向

（一）鐙の時期別出土傾向

各種鐙の時期的な出土数の傾向をみてみる。木心金属張三角錐形壺鐙系吊金具は先に集成した結果により、木製鐙は本章の集成により集計した。なお、五〇年単位で集計するが、出土遺構が両時期にまたがる場合には新しい方にカウントした。その結果、木製鐙は七世紀の前後に区分できないものが一点、八世紀の前後を区分できないものが三点あり、表には加えておらず、これらを加えると、七・八世紀代に多くて、九世紀以降に出土数がやや減少するが、全体的には大きな変化はないといえる。鉄製吊金具は七世紀から九世紀前半まで漸増するが、九世紀後半には急に増加して、一〇世紀代には多いが、一一世紀には急減する傾向が窺える。一一世紀に急減する理由は、遺跡数の減少が背景にあると思われる。両者を足してみると、七・八世紀よりも九世紀代に出土数が多いことが確認できる。

（二）鐙の階層化

鐙の材質によって金銅（銅）製鐙・鉄製鐙・木製鐙・木心金属張三角錐形壺鐙系吊金具の順に出土数が多くなる。この数の相違は、一般的な理解に立てば、使用数の相対的な比率を反映するとみられ、鐙の階層性を反映する。八世紀には城山遺跡のような郡家関連遺跡で銅製鐙を使用しているが、出土鉄製壺鐙は

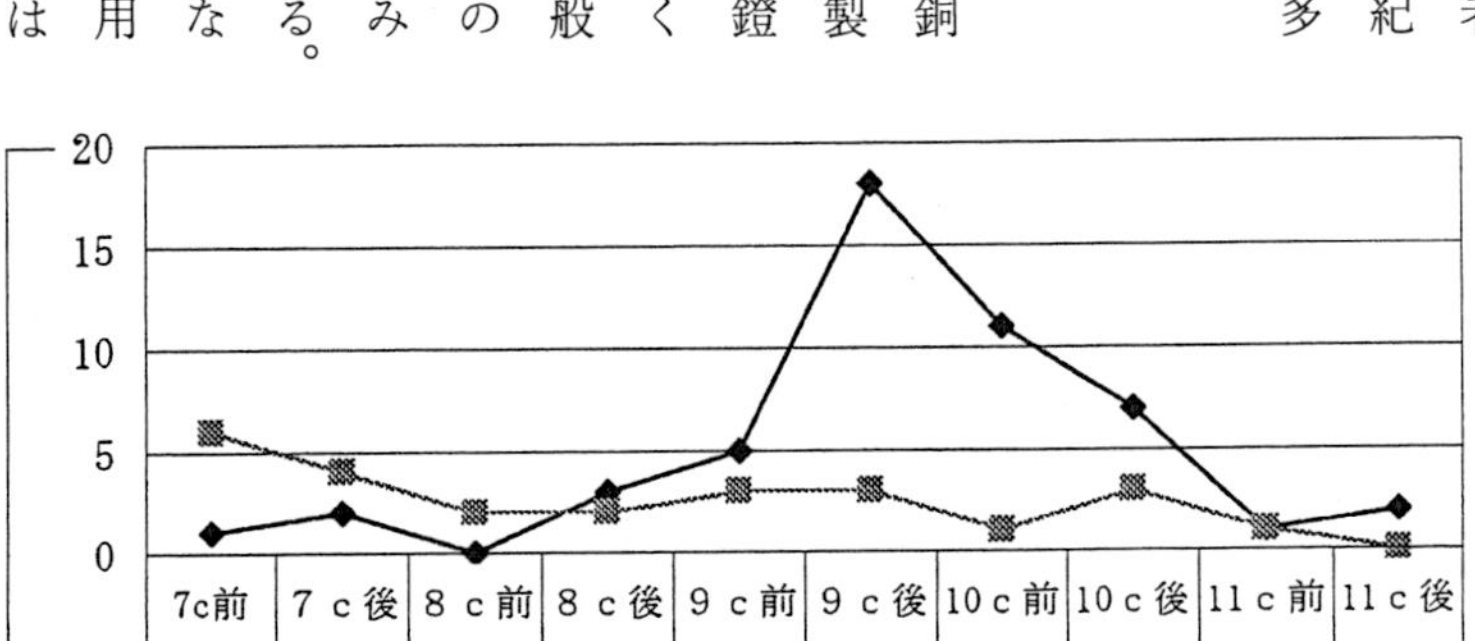

	7c前	7ｃ後	8ｃ前	8ｃ後	9ｃ前	9ｃ後	10ｃ前	10ｃ後	11ｃ前	11ｃ後
吊金具	1	2	0	3	5	18	11	7	1	2
木製鐙	6	4	2	2	3	3	1	3	1	0

図24　吊金具・木製鐙時期別出土数

懐古神社蔵鐙などに限られ、金属製鐙の出土数は限定される。木製鐙は七・八世紀の出土数はやや多く、官衙（観音寺遺跡・御子ヶ谷遺跡など）・有力者居宅（下川津遺跡）に出土事例が多い。

さらに、城柵の位置による違いも明瞭で、多賀城跡南門西側からは金属製鐙模倣壺鐙、城前の方格地割の南北大路に接して鉄製鐙、少し離れて木製半舌鐙が出ている。桃生城跡に隣接する新田東遺跡では木心金属張三角錐形壺鐙系吊金具が出ており、騎乗者の階層に応じた鐙の違いが明瞭である。

2　鐙の出土遺跡

官衙

国府関連遺跡・城柵・郡家を含む。大宰府出土の輪鐙の鋳型は政庁三期造営時の整地層（九四一年藤原純友の乱後の整地層）から出ており、下限が判る。[42] 輪鐙は日本では、伝世品からみても儀仗性があり、大宰府の性格からみて対外的な儀仗での使用を推測させる。

多賀城では、外郭線南門西側から金属製鐙模倣壺鐙が出ている。その位置から判断すると儀仗の場ではなく、守衛の場に相当するであろう。城前の方格地割の市川橋遺跡では、鉄製壺鐙と木製半舌鐙が出ている。新田東遺跡は桃生城に接しており、陸奥国内や関東から動員された柵戸・鎮兵の集落と指摘されている。[43] 木心金属張三角錐形壺鐙系吊金具が出ており、騎兵の所用品であろう。

国府か郡家の可能性が指摘されている袴狭遺跡では金属製鐙模倣壺鐙の可能性があり、城柵や官衙関連遺跡では、金属製鐙やその模倣形を使用していたことが指摘できる。一方、木心金属張三角錐形壺鐙系吊金具は武蔵国府関連遺跡・相模国府域内の神明久保遺跡（一〇世紀中葉から後葉）などがある。神明久保遺跡は武器・馬具を含めた鉄器生産遺跡であり、ここの吊金具には釘が打たれていることから、故鉄の回収品の可能性もあり、国府からの事例はさらに少なくなる。

七世紀中葉以降の観音寺遺跡は阿波国府の機能を有していたと指摘され、それ以前も国造の勢力にあったといわれる。七世紀中葉の本遺跡の鐙は三角錐形と無花果形であって、前代から継承する鐙型式である。

次に、郡家の鐙についてみると、八世紀では郡家関連遺跡の城山遺跡[44]から銅製鐙が出ている。また、銅製鐙は横穴墓からも出ており、その階層でも使用できたことを示す。木製鐙では御子ヶ谷遺跡・大猿田遺跡、可能性として道伝遺跡がある。大猿田遺跡は磐城郡域に分置された木器生産遺跡である。鐙は未製品であるが、沓先の立ち上がり方から金属製鐙模倣壺鐙である。磐城郡家の出先工房であるとみられ、郡家で生産していた鐙が金属製模倣鐙であることが判明する点で意義が大きい。道伝遺跡の長吊手舌鐙は兵庫鎖の固定化と舌長という点では、次代の鐙の先駆的なものと評価できる。総じてみると、郡家の鐙は次代鐙の先駆的なものを用いていたことが指摘できる。[45]

有力者居宅

七世紀代では有力者の居宅と指摘されている下川津遺跡で三角錐形・無花果形木製壺鐙が確認されている。九世紀後半を中心にした古

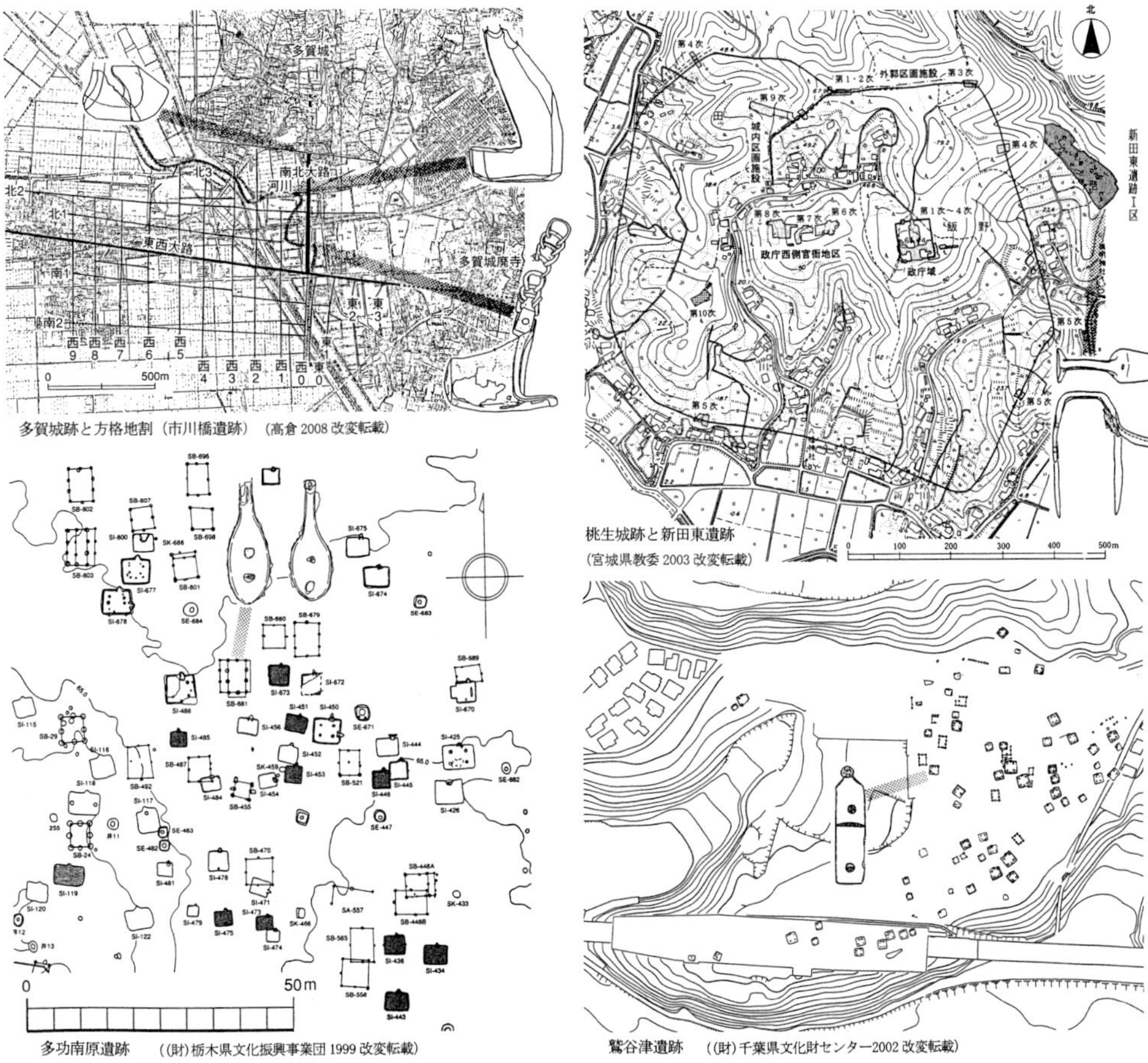

多賀城跡と方格地割（市川橋遺跡）（高倉 2008 改変転載）
桃生城跡と新田東遺跡
（宮城県教委 2003 改変転載）
多功南原遺跡　（(財)栃木県文化振興事業団 1999 改変転載）
鷲谷津遺跡　（(財)千葉県文化財センター2002 改変転載）

図 25　鐙と出土遺跡

志田東遺跡では半舌鐙が出ており、このうち一点は黒漆塗りの上物である。半舌鐙は金属製鐙よりも舌ののびが先行しており、次代の先駆的な鐙を用いていたと指摘できる。また、多功南原遺跡は実力的郷長の居宅とみられる[46]。ここでは匙状の吊金具が出ている。この型式は平安時代に続く初期のものである。総じてみると、有力者の居宅から出る鐙は次代の先駆的なものがみられる。

河川交通関連遺跡

居倉遺跡は、大谷津川・大井川などの水運を利用した津的な性格と指摘されている。旗指窯の灰釉陶器の運搬に舟運が使われていたことがわかる。ここで出た鞍や半舌鐙は白木の粗製のものであり、陶器を一連に緊縛して輸送に馬を使ったことが推測される。

石田遺跡は、山合の谷底平野を流れる石田川に面しており、周防灘に通じる所に位置することから水運に利した遺跡である。遺跡からは堰などが確認されている。

集　落

木製鐙は、金属製鐙模倣形が下田町遺跡や祇園町遺跡など集落遺跡でも確認できる。また、木心金属張三角錐形壺鐙系吊金具は八世紀まででは、七世紀後半の芝宮遺跡群・五目牛清水田遺跡、八世紀の鷲谷津遺跡、八世紀中葉から後葉では大袋腰巻遺跡・郷楽遺跡などの一般的な集落で出ている[47]が、その数は少ない。九世紀以降における木製鐙の吊金具は、集落遺跡での事例が圧倒的に多い。

蝦夷の集落

田向遺跡（青森県）の金銅製壺鐙（九世紀後半）は、朝貢による下賜品と判断される。貝ノ口遺跡（青森県）・太田谷地館跡（秋田県）では鉄製壺鐙、浅瀬石遺跡（青森県）は九世紀後半頃で吊金具が出ており、古館遺跡（青森県）の吊金具は、東北北部で一〇世紀後半以降に出現する防御性集落に関わる鐙である。総じてみると、蝦夷の鐙は東北南部以南の鐙に共通していることが指摘でき、八世紀代の鐙はほとんど確認できないのが現状である。

祭祀遺跡

五反島遺跡は河川に臨んだ祭祀遺跡と指摘されている(48)。日光男体山山頂遺跡は山岳信仰の遺跡であり、ともに鉄製鐙が出ている。

以上のように、鐙の出土遺跡をみてくると、金属製鐙は偶然の出土事例が多くて、遺跡の性格が判明しない場合が多いが、多賀城前の市川橋遺跡や平安時代後期の防御性集落である太田谷地館跡、蝦夷集落の貝ノ口遺跡で確認され、前二者には戦闘用騎馬の性格が想定できる。集落では木心金属張三角錐形壺鐙系吊金具が主体的であることが確認できた。

3　鐙中世化の推進者

鐙の出土事例は東日本に多いが、遺跡出土品によって新型式が最も出土するのは郡家や有力者の居宅である傾向が窺えた。御子ヶ谷遺跡の半舌鐙、道伝遺跡の長吊手舌鐙、多功南原遺跡の木心金属張三角錐形壺鐙系吊金具などを挙げることができる。各種鐙の出土数が蓄積されてきたので、その出土遺跡が使用者を反映するとみると、郡司層や在地の有力者層が新式の木製鐙を開発・使用していたことを示唆する。城柵を含めた官衙では、意外に鐙の出土数が少ない。東北地方で武器の出土数が多い秋田城跡でも小札甲や鉄鏃の出土数は多いが、鐙は確認されていない。多賀城前の市川橋遺跡の木製半舌鐙は、時期的に市川橋遺跡よりも古い古志田東遺跡鐙の方が舌が長くて、型式的には市川橋遺跡が古式のものである。関東地方の国府関連遺跡内で鉄製吊金具が確認できるが、やはり集落の方が多い傾向がある。国府集落では鉄鏃の出土割合が集落に比べて高い傾向があったが、馬具については異なった出土傾向が窺えた。

一方の金属製鐙は、出土数も少ないが、新旧型式の採用に遅速の差が確認できない。この点は木製鐙等でみられた点と対照的で、列島的な共通型式で変化していた可能性がある。この点から金属製鐙に関しては広域の規格があったと推測される。

そして、金属製鐙よりも郡家や有力者（富豪層）の開発・使用した木製鐙等は舌長化について、鉄製鐙よりも次代に続く新型式であり、舌長化は木製鐙等の方が金属製鐙よりも先行する。踵を踏み下げて馬の扶助操作を行う騎馬に効果的な鐙を開発したのは、郡司層や有力者（富豪層）などで、中世的な鐙の推進者であると評価できる。

第五節　古代鐙の変遷の意義

1　律令国家の武装整備と鐙の関連

（一）壺鐙の儀仗化

八世紀の郡家では銅製壺鐙や半舌鐙が確認されていて、郡家では儀仗用・実用鐙が分化していたと判断される。郡家の儀仗鐙に関しては、威儀のための差発との関連が想起される。七世紀末から八世紀初めに『続日本紀』などに従駕諸国騎兵の徴発記事が載る。[49]行幸に供奉する騎兵は国司・郡司層とする説、[50]国司・郡司を主とする官人層の兄弟子孫とする説[51]がある。事実、『続日本紀』神亀元年（七二四）五月癸亥条に猟騎を観るに際して畿内と近国の国郡司と子弟兵士や庶民で勇健で装飾に堪えるものが従っている。郡家出土の銅製壺鐙などはこのような行幸供奉の際に威儀・装飾に供されたことが一つの使い方であると考えられる。鉄製鐙については、長野県コウモリ塚古墳において鉄製黒漆壺鐙とともに金銅製鞍橋金具や青銅製の各種飾金具が出ている[52]ことから、被葬者は一般的な集落構成員とは考えがたく、在地勢力の一端に加わる階層であり、鉄製壺鐙の使用階層が窺える。

木製鐙は、八世紀以降に概ね三角錐形が出土しなくなって、金属製鐙模倣壺鐙が主体になる。金属製模倣鐙には漆塗りが下田町遺跡・箕輪遺跡・天王寺旧境内の鐙にある。白木の鐙に比較すると儀仗的な要素が強くて、儀仗用鐙の必要性から金属製鐙模倣木製壺鐙が多くなったことも一因と推定される。その出現は八世紀第一四半期に位置付けられることから、令制初期の鐙の改良は古墳時代からの在来系に儀仗的な性格に使えるような改良であったと推定することができる。それは、八世紀前半の鐙は金属製鐙・木製鐙でも舌が短くて、全体的には騎乗者が踵を踏み込むような馬の扶助操作を行うことが少なかったと考えられることと関連する。

（二）他の武器・武具・馬具の系譜と鐙との関連

奈良時代の武装は、武器・武具・馬具などの器種によって系譜が異なり、在来系のものや唐から導入したものなどがある。大刀は、唐の刀装具が段階的に導入され、甲冑も装飾の部分などに関連が見出せる。弓矢のうち、儀礼用の弓は古墳時代の葬送儀礼に副葬された長弓に由来し、比較的短い弓は古墳時代の狩猟用や武器の弓で、集落遺跡などで出るものに系譜がある。鉄鏃は箆被の変化などがあるが、鏃身形態や鉄鏃組成では前代の様相を基本的には継承する。このような在来系譜の武器群に奈良時代の金属製壺鐙も含まれるであろう。

2　騎馬の所有

鐙の出土数は、木心金属張三角錐形壺鐙系吊金具が九世紀前半までは微増して、九世紀後半にはその出土数が急増する傾向がある。轡などの出土では駄馬も含まれることから、騎馬・騎兵の傾向を直接反映するか断定できないが、鐙は騎馬に要する馬具であることから、騎兵の比率の増加を反映すると考えるべきである。この事実は、九世紀前半までは騎馬所有者は限定されていたことを示している。しかし、八世紀代にも木心金属張三角錐形壺鐙系吊金具を付けた鐙を具す騎馬は一般的な集落でも少ないながらも散在していた。郡司層も騎射の人を把握していたが、(53)吉沢幹夫氏は彼らを「郡内の武装可能な階層」として、階層性と騎馬を絡める。(54)鐙出土遺跡でみると、八世紀の集落では有力者の遺跡以外である鷲谷津遺跡・大袋腰巻遺跡などの一般的な集落でも出ていることから、騎馬所有の階層差が看取されない場合もある。騎馬所有者については階層差だけでなく、生業として騎馬・騎射・狩猟を行っていた民衆が、少ないながらも散在しており、騎兵として把握・転化されていたのが実態であろう。

第六節　中世鐙への画期

1　鐙変遷の画期

以上述べてきたような鐙各種の変遷のうち、その画期を見出せば次のようになる。

①鉄製鐙の変遷では、八世紀中葉の第一の画期は側面の抉れの出現。

②木製鐙は八世紀から九世紀前半の半舌鐙・長吊手鐙の出現が中世に繋がる画期。

③木心金属張三角錐形壺鐙系吊金具は八世紀後半に鳩胸・踏込側に留められ、形態が分化する。

②の初現資料の御子ヶ谷遺跡鐙は出土状況から八世紀の何処になるか不確定であるが、①・③は中葉から後半であり、この時期を古代鐙変遷上の第一の画期と考えておきたい。

この第一の画期の推進者層は、当該鐙の出土遺跡の検討から、御子ヶ谷遺跡・道伝遺跡・多功南原遺跡などの郡司層や有力者層であることが指摘できた。

鐙の中世化への第二の画期はやはり、一二世紀の舌長鐙の出現である。金属製鐙の時期については、太田谷地館跡の年代から舌長鐙の時期を導出できたが、木心金属張三角錐形舌長鐙・金属骨木製舌長鐙・木製舌長鐙の出現時期については、金属製鐙との関連から時期を導出するのが現状であろう。木製鐙については、平城京右京二条三坊三坪の半舌鐙が一一世紀前半であることから、舌長鐙はそれ以降である。

鐙の変遷からみた画期は上述のとおりであるが、出土傾向からは九世紀後半における木心金属張三角錐形壺鐙系吊金具の急増が騎馬の拡大という点から画期となるであろう。その出土遺跡は多くが集落である点が特徴であり、集落に多いという点と出土数が急増するという点から、九世紀後半に騎馬が広汎化したと指摘できる。

2　画期の意義

中世鐙への道程の第一の画期について。奈良時代の鐙は金属製鐙・

木製鐙でも舌が短くて、全体的には騎乗者が踵を踏み込むような馬の扶助操作を行うことが少なかったことがわかる。この点で御子ヶ谷遺跡の半舌鐙は、無花果形鐙の改良であり、馬の扶助操作を行う場合に踵を踏み下げるために舌長の方が有利である。(55) このような新型式の鐙が郡司層や有力者層において開発された点は、騎馬・騎射を必要とした階層であったことを考古学的にも指摘することができる。

木心金属張三角錐形壺鐙系の吊金具は、古墳時代の当該鐙の編年を行った斎藤氏の見解に従えば、吊金具は鐙頂部の左右に留められる。八世紀以降の兵庫二連鎖などの場合は前後・左右にも可動性がある。八世紀後半に鳩鎖は、左右に曲がりやすいが、前後に曲がりにくい。八世紀後半に鳩胸側・踏込側の前後に留められると騎乗者の足は左右に可動性があるが、前後の動きは少なくなる。この場合には馬の腹に扶助操作を行いやすい。中世の紋板は固定化して左右にも動きが少なくなる。このような鐙靼の変化の方向と可動性の方向は、騎馬操作上の有用性からの改良であったと推測される。その出現に在地の有力者層が係っていたことも騎馬の技術革新層として中世化への意義を与えておきたい。

出土数からの画期であるが、木心金属張三角錐形壺鐙系吊金具が九世紀後半に急増することは群党の蜂起とも関連すると考えられる。群党は官物の掠奪などを行い、「浮浪的・流寇的形態をとる弓箭騎兵集団」ともいわれる。(56) このような掠奪・逃亡の道具に騎馬は有用である。この時期には矢に付ける鉄鏃では柳葉Ⅰ式が長野県・群馬県域から出現する。これは中世鉄鏃組成を構成するものであり、矢の中世化の一段階に当たる。騎馬の広汎化・矢の技術革新が群党の蜂起に及んだ基盤にあることが考古学的に確認できた。

このように、武器・馬具などの中世化の階梯がすでに八・九世紀から始まっていたことが改めて指摘できるとともに、古代鐙もその一環で変遷していったことが明らかになった。(57)

おわりに

これまで、古代の鐙は金属製鐙・木製鐙が個々に研究され、その編年の根拠が明示されることも少なかった。このために出土品を中心に古代の各種鐙の変遷・消長を検討してきた。その結果、各種鐙の相互の模倣関係や中世化への道程を射程にして、画期を捉えてきた。また、古代の各種鐙の出土数も一〇〇例ほどにのぼったことから、出土遺跡の傾向から使用者と新型式（中世化）の開発層を検討してきた。このような検討を経て、未だに歴史資料として扱われてこなかった古代の鐙について、資料の意義が見出せれば幸いである。

註

（1）山田良三「古墳出土の鐙の形態的変遷」（『橿原考古学研究所論集創立三十五周年記念』吉川弘文館、一九七五年）・斎藤　弘「古墳時代の金属製壺鐙」（『日本古代文化研究』第二号、一九八五年）・同「古墳時代の壺鐙の分類と編年」（『日本古代文化研究』第三号、一九八六年）。

(2) 後藤守一『考古学講座第六巻　原始時代の武器と武装』(雄山閣、一九二八年)。

(3) 山田良三「社寺伝世馬具の壷鐙について」(『橿原考古学研究所論集 第七』吉川弘文館、一九八四年)。

(4) 増田精一『日本馬事文化の源流』(芙蓉書房出版、一九九六年)。

(5) 永井宏幸「古代の木製鐙について」(『大毛沖遺跡』(財)愛知県埋蔵文化財センター、一九九六年)・同「古代木製鐙小稿―愛知県一宮市大毛沖遺跡出土例の位置付け―」(『古代』一〇二号、早稲田大学考古学会、一九九六年)・瀧瀬芳之「第三一九号井戸跡出土の黒漆塗壷鐙について」(『下田町遺跡Ⅲ』(財)埼玉県埋蔵文化財調査事業団、二〇〇六年)。

(6) 鈴木友也編集代表『日本馬具大鑑　第二巻 古代下』(日本中央競馬会、一九九一年)。

(7) 前掲註(3)山田論文。

(8) 七戸町教育委員会『貝ノ口遺跡Ⅱ』(一九九六年)。

(9) 斎藤　弘「古墳時代の金属製壷鐙」(『日本古代文化研究』第二号、一九八五年)。

(10) 古墳時代から奈良時代の壷鐙の変化については、法隆寺献納宝物との違いにより平底から壷鐙の先端が反りをもつものになると山田良三氏によって指摘されている(前掲註(1)山田論文)。また、鐙靼受孔が古墳時代よりも沓先側に寄り、上方への突起が消える。基本的に奈良時代の鉄製鐙は古墳時代の鐙の型式変化で理解できる。なお、法隆寺の鐙は、東京国立博物館『法隆寺献納宝物特別調査概報XXⅢ　武器・武具・馬具』(二〇〇三年)による。

(11) 長野県小諸市懐古神社蔵鐙は全て鉄製で、兵庫鎖を欠く。鐙靼柄は丸味があり、孔は長方形、前方に突出する。壷は沓先の位置が低くて尖り、鳩胸が急傾斜で下がる。柳端の抉れは少なくて、内面に釘痕と推定される部分が一箇所あるが、不確定である。壷には表面の遺存する部分にも黒漆は観察できない。鐙靼柄の寄り方からみて右足用であろう。出土品の可能性もあるが、その由来については不明である(小諸市誌編纂委員会「鐙　懐古神社蔵鉄鐙」『小諸市誌考古篇』一九七四年所収)。

(12) 前掲註(3)山田論文。

(13) 前掲註(3)山田論文。

(14) 成田市囲護台遺跡発掘調査団・成田市教育委員会『成田市都市計画事業成田駅西口土地区画整理事業地内埋蔵文化財発掘調査報告書』(一九九〇年)。

(15) (財)千葉市文化財調査協会『千葉市山ノ神遺跡』(一九八九年)。

(16) 多賀城市教育委員会『市川橋遺跡―城南土地区画整理事業に係る発掘調査報告書Ⅲ―』(二〇〇四年)。

(17) 吹田市教育委員会『吹田市五反島遺跡発掘調査報告書　遺構編』(二〇〇二年)・同『吹田市五反島遺跡発掘調査報告書　遺物編』(二〇〇三年)・吹田市立博物館『開館一〇周年記念特別展　川の古代祭祀―五反島遺跡を考える―』(二〇〇二年)・同『開館一〇周年記念シンポジウム　古代祭祀を語る―五反島遺跡と古代祭祀―』(二〇〇三年)。

(18) 秋田県教育委員会『西山地区農免道整備事業に係る埋蔵文化財発掘調査報告書Ⅲ―太田谷地館跡―』(一九八八年)。

(19) 筆者の前稿では、太田谷地館跡の時期について、一〇世紀後半から一一世紀後半で、鐙は一一世紀後半に位置付けた(津野仁「古代の鐙金具について」『栃木の考古学―塙　静夫先生古稀記念論文集―』二〇〇三年。本書第一部第二章)。遺跡の時期について宇田川浩一氏の見解も出されているが(宇田川浩一「「元慶の乱」前後の集落と生業―米代川流域と八郎湖東北岸の違い―」『第三一回古代城柵官衙遺跡検討会資料集』二〇〇五年）、鐙の時期に大きな変更は要しないであろう。
(20) 山形県東根市羽入の林松寺蔵鉄製鐙は小型で、鐙靼の柄部がわずかに右に寄っていることから、左足の鐙と判断される。側面の柳端の抉れが大きく、柳端には壺を釘で留めるが、片方のみに釘が確認できた。柳端の踵部分の一文字には隅の一ヵ所に釘が残っており、両隅を釘留めしたと判断できる。壺の表面には黒漆が沓先に残っており、鐙靼の柄部は前方に突出している。兵庫鎖は刺金などを欠いており、最下段は軸棒で鐙靼の柄部に留める構造ではなくて、受孔に絡めていく作りである。出土したのは「終戦後神町飛行場東南部」という（丸山　茂「蕨手刀・黒塗太刀・壺鐙の三題噺」『羽陽文化』第九号、一九五一年）。
(21) 浜松市博物館『城山遺跡発掘調査報告書』（可美村教育委員会、一九八一年）。
(22) 八戸市教育委員会『田向遺跡Ⅰ』（二〇〇四年）。
(23) 菅谷文則「壺鐙」（『考古学資料館図鑑』関西大学、一九七三年）・同「壺鐙」（『博物館資料図録』関西大学博物館、一九九八年）。
(24) 有限会社勾玉工房Ｍｏｇｉ『大北遺跡―平成二五年度発掘調査報告書―』（千葉市教育委員会、二〇一四年）。
(25) 鐙の形態については、杓子型鐙などと型を用いる場合（永井前掲註（5）永井論文）と形を用いる場合（前掲註（1）斎藤論文）がある。形を用いる場合が多く見受けられること（坂本美夫『考古学ライブラリー三四　馬具』ニューサイエンス社、一九八五年）と木製鐙・金属製鐙での共通理解に立つ観点から、ここでは形を用いる。
(26) 馬上台遺跡ＳＫ〇一出土鐙は沓先の漆が磨り減っており使用痕が明瞭である。壺・舌の裏（底）面は踵を含めて漆が残っていて磨れていない。遺存する柳端の部分の延びからみると、側面の抉れは少ないようである。
(27) 前掲註（5）永井論文。
(28) 御子ヶ谷遺跡において鐙が出た位置は、報告によれば遺構群南東隅の窪地であり、遺構変遷の理解ではⅠａ・Ⅰｂ期には窪地で自然流入土とともに多量の遺物が包含されていたという。Ⅱａ・Ⅱｂ期にはその自然堆積土の上に掘立柱建物を作っている。窪地からは八世紀代の郡名・官職名の墨書土器なども出ており、鐙の時期は、永井氏の指摘のように（前掲註（5）永井論文）、八世紀代の所産になる。八世紀代の半舌鐙の事例として重要である。
(29) 前掲註（19）津野論文、本書第一部第二章。
(30) 鐙吊金具の木質部への取り付け方は二つの方法がある。一つ目は鳩胸側と踏込側の釘が別ものであることから、鉄板に両面から釘で打ち留める方法、二つ目は一本の鉄棒で留めていることから、鐙靼柄に穿孔して鉄棒を踏込側と鳩胸側に通じて、鉄板に留める方法である。集成結果では、前者の出土数が多い。しかし、今回木製鐙を集成、一部資料を実見しても吊金具が付くものや釘痕や孔が観察できるものはなかった。この点については詳細な観察によって解明することが、今後の課題である。
(31) 前掲註（5）永井論文。
(32) 前掲註（5）永井論文。
(33) 鈴木友也「古代日本の馬具」（『日本馬具大鑑二　古代下』日本中央競馬会、一九九一年）。
(34) 後藤守一『日本歴史考古学』（四海書房、一九三七年）。
(35) 前掲註（5）永井論文。
(36) 前掲註（3）山田論文。
(37) 東京国立博物館『特別展　日本の武器武具』（一九七六年）。
(38) （財）馬事文化財団　馬の博物館『秋季特別展　鎌倉の武士と馬』

（一九九八年）。
(39) 前掲註（37）書。
(40) 前掲註（19）津野論文、本書第一部第二章。
(41) 前掲註（5）瀧瀬論文。
(42) 九州歴史資料館『大宰府政庁跡』（二〇〇二年）。
(43) 多賀城についての最近の成果は、高倉敏明『日本の遺跡三〇　多賀城跡』（二〇〇八年）により、新田東遺跡と桃生城に関しては宮城県教育委員会『新田東遺跡』（二〇〇三年）による。
(44) 城山遺跡については、八世紀の郡衙中枢という指摘（太田好治「西遠江の寺院と官衙」『静岡県考古学会シンポジウム　古代の役所と寺院―郡衙とその周辺―』静岡県考古学会、二〇〇六年）や伊場遺跡と城山遺跡で郡衙と駅家併設という指摘がある（松井一明「官衙の地域色と集落―静岡県における郡衙と官衙関連遺跡―」『静岡県考古学会シンポジウム　古代の役所と寺院―郡衙とその周辺―』（二〇〇六年）。壺鐙は八世紀の所産であり、郡家関連遺跡の所用品と判断すべきである。なお、この鐙については、金銅製という指摘もある（辰巳均・佐野五十三「歴史時代　遺物の概観　八武器・馬具」『静岡県史資料編三　考古三』静岡県、一九九二年）が、未見のため、報告文に従っておく。
(45) 古墳時代においても金属製壺鐙は、木芯鉄板張杓子形壺鐙の影響でできたとされている（前掲註（1）山田論文）。奈良時代以降においても木製鐙が金属製鐙に先行して舌長化するなど、木製鐙の方が次代型式を先行している。金属製鐙が木製鐙の系譜の下で形態変遷することが指摘できる。
(46) （財）栃木県文化振興事業団『多功南原遺跡』（栃木県教育委員会、一九九九年）・津野　仁「遺跡からみた郷長の性格―茨城県大塚新地遺跡の検討を中心にして―」（『太平台史窓』第一〇号、史窓会、

一九九一年）。
(47) （財）千葉県文化財センター『千葉市鷲谷津遺跡』（二〇〇二年）・（財）印旛郡市文化財センター『公津原遺跡群Ⅲ―成田市公津東土地区画整理事業地内埋蔵文化財発掘調査報告書―大袋腰巻遺跡―』（一九九八年）・（財）群馬県埋蔵文化財調査事業団『五目牛清水田遺跡』（一九九三年）・長野県埋蔵文化財センター『上信越自動車道埋蔵文化財発掘調査報告書一八―佐久市内その四・小諸市内その二　芝宮遺跡群・中原遺跡群―』（長野県教育委員会、一九九九年）・宮城県教育委員会『利府町郷楽遺跡Ⅱ』（一九九〇年）。
(48) 吹田市立博物館『開館一〇周年記念特別展　川の古代祭祀―五反島遺跡を考える―』（二〇〇二年）・吹田市立博物館『開館一〇周年記念シンポジウム　古代祭祀を語る―五反島遺跡と古代祭祀―』（二〇〇三年）。
(49) 文武三年二月戊申条など。松本政春「官人騎兵制について」（『ヒストリア』第一二八号、一九九〇年。『奈良時代軍事制度の研究』塙書房、二〇〇三年に再録）に関連記事が列挙されている。
(50) 村岡　薫「律令国家の官牧兵馬政策とその意義」（竹内理三先生喜寿記念論文集刊行会編『律令制と古代社会』東京堂出版、一九八四年）・吉沢幹夫「古代軍制と騎馬兵力について」（関晃先生古稀記念会編『律令国家の構造』吉川弘文館、一九八九年）。
(51) 前掲註（49）松本論文。
(52) 藤森栄一・桐原健・宮坂光昭・中村竜雄「岡谷市コウモリ塚古墳」『松本諏訪地区新産都市地域内埋蔵文化財緊急分布調査報告―昭和四〇年度―長野県考古学会研究報告書一―』（長野県考古学会、一九六六年）。
(53) 『続日本紀』神亀五年四月辛卯条

諸国郡司等。部下有㆓騎射相撲及膂力者㆒。輙給㆓王公卿相之宅㆒。

有レ詔捜索。無二人可レ進。（以下略）

（54）前掲註（50）吉沢論文。

（55）参考までに昭和一三年に定め、一四年に発行され、陸軍の乗馬訓練のために書かれた『馬術教範』によれば、乗馬姿勢のうち、鐙に足の載せ方について、「爪先から一／三のところで鐙を踏み、踵をしっかりと踏み下げる。」と定めている（荒木雄豪・槇本彰『馬術教範抄〔付〕馬事提要抜粋』恒星社厚生閣、二〇〇一年）。この鐙は考古学でいう輪鐙である。木製三角錐形壺鐙や無花果形壺鐙の舌は短い。輪鐙と壺鐙の違いはあるが、爪先から一／三ほどまでの鐙で踏み込む鐙と力の加わり方に大きな相違がある。舌が短いと踵に力が加わらないと思う。また、障害物を飛び越える場合には、足の裏を外に向けるようにして踵を真下に踏み下げるという（京都大学体育会馬術部『馬術への誘い　京大馬術事始』恒星社厚生閣、二〇〇三年）。馬の扶助操作を行う場合には、腰・膝などの騎坐操作を行うが、その時に踵を踏み下げるという（印南　清『馬術讀本』中央公論社、一九七一年）。舌の短い壺鐙では踵の踏み込みに不便であり、実用としては踵の力を受ける舌長の方が有利である。このために実用の鐙として木製鐙から舌長化が進んだと判断される。

（56）戸田芳実「国衙軍制の形成過程―武士発生史再検討の一視点―」（『中世の権力と民衆』創元社、一九七〇年。『初期中世社会史の研究』東京大学出版会、一九九一年に所収）。

（57）各種出土武器類を集成・調査していくと、従来は平安時代末か鎌倉時代初めになり出現すると通説的に理解されてきたものが、数は少ないが八世紀には確認できるようになってきた。例えば、大鎧の栴檀板の冠板（志波城跡）・鳩尾板（台太郎遺跡・武蔵国分寺跡）、合せ弓（袴狭遺跡）などが挙げられる。御子ヶ谷遺跡や道伝遺跡・大毛沖遺跡の鐙についても、従来の半舌鐙などの出現時期よりも遡る事例である。数は少ないが、中世的な武具や馬具の一部が遡って確認できるようになってきたのは、出土武器類の近年の成果であろう。

木製鐙出土遺跡文献（図19～21、表4）

秋田県教育委員会『中谷地遺跡』（二〇〇一年）。

大田市教育委員会『白坏遺跡発掘調査概報』（一九八九年）。

川西町教育委員会『道伝遺跡』（一九八一年）。

埼玉県熊谷市遺跡調査会『諏訪木遺跡』（二〇〇一年）。

（財）愛知県教育サービスセンター　愛知県埋蔵文化財センター『志賀公園遺跡』（二〇〇一年）。

（財）愛知県埋蔵文化財センター『大毛沖遺跡』（一九九六年）。

（財）大阪市文化財協会『大阪市埋蔵文化財発掘調査報告書―一九九六年度―』（一九九九年）。

（財）香川県埋蔵文化財調査センター『瀬戸大橋建設に伴う埋蔵文化財発掘調査報告Ⅶ　下川津遺跡』（一九九〇年）。

（財）北九州教育文化事業団埋蔵文化財室『石田遺跡』（一九九〇年）。

（財）北九州教育文化事業団埋蔵文化財室『祇園町遺跡二　第三地点』（一九九五年）。

（財）埼玉県埋蔵文化財調査事業団『下田町遺跡Ⅲ』（二〇〇六年）。

（財）徳島県埋蔵文化財センター『観音寺遺跡Ⅰ』（二〇〇二年）。

（財）徳島県埋蔵文化財センター『観音寺遺跡Ⅱ（観音寺遺跡木器篇）』（二〇〇六年）。

高橋　保「箕輪遺跡の木製漆塗り鐙」（『埋文にいがた』№二八、（財）新潟県埋蔵文化財調査事業団、一九九九年）。

（財）福島県文化センター『常磐自動車道遺跡調査報告一一　大猿田遺跡（二次調査）』（一九九八年）。

（財）松山市生涯学習振興財団埋蔵文化財センター『来住廃寺跡　第一五次調査報告書』（一九九三年）。

（財）向日市埋蔵文化財センター『長岡京跡ほか』（二〇〇五年）。

島田市教育委員会『居倉遺跡』（一九八七年）。

多賀城市教育委員会『市川橋遺跡―城南土地区画整理事業に係る発掘調査報告書Ⅲ―』（二〇〇四年）。

奈良市教育委員会『奈良市埋蔵文化財調査概要報告書　平成七年度』（一九九六年）。

浜松市教育委員会『伊場遺跡遺物編八（木製品Ⅱ・金属器・骨角器）』（二〇〇二年）。

兵庫県教育委員会『袴狭遺跡』（二〇〇〇年）。

福岡県教育委員会『椎田バイパス関係埋蔵文化財調査報告―四―』（一九九一年）。

藤枝市教育委員会『日本住宅公団藤枝地区埋蔵文化財調査報告書Ⅲ』（一九八一年）。

宮城県多賀城跡調査研究所『多賀城跡―昭和四八年度発掘調査概報―』（一九七四年）。

山形市教育委員会『馬上台遺跡発掘調査報告書』（一九九五年）。

山形市市史編さん委員会『山形市史 別巻一 嶋遺跡』（山形市、一九六八年）。

米沢市教育委員会『古志田東遺跡』（二〇〇一年）。

第四章　馬具（三）——轡——

はじめに

奈良・平安時代の馬具の研究については、出土数が少ないこともあり、古墳時代に比較すると極めて低調であった。しかし、一九八〇年代以降には、轡や木製鐙などの研究も提出されるようになってきた。当該期の轡に関しては片山寛明氏が、正倉院と『集古十種』の平将門所用品及び「伴大納言絵詞」などにより、大局的な変遷について言及しているが、平安時代の資料不足を指摘する。(1) その後、考古学の側から瀧瀬芳之氏によって遺跡出土轡が初めて集成され、各種鏡板の存在が明らかになった。(2) 氏の論考は出土した遺跡を含めて考察しており、当該期の轡研究に考古学的方法を最初に取り入れたものとして高く位置付けられる。その後、鈴木一有氏は古代の轡について変遷と系譜を考察しており、(3) 出土轡研究の現段階の到達点といえるであろう。それ以前には、伝世品や絵巻の考証が主体であったが、この時期から古代の馬具についても、出土品から言及されるようになってきた。さらに、帯金具との関連で、古墳時代終末期以降の馬具の革金具についても、蛇尾や帯飾金具などを検討されており、(4) 完存することの少ない当該期の馬装の研究に有益である。また、『日本馬具大鑑』の刊行(5)も資料を網羅し、意義深いものである。

このように、瀧瀬・鈴木氏によって考古学的に始められた古代轡の研究を継承するために、ここでは轡について出土品を再集成して、その変遷を検討する。両氏の論考以降にも轡の資料が増加しており、諸系列の変遷についても再検討が可能かと思う。当該期の轡は、古墳時代からの系譜や新出のものなどがあり、轡の実態の整理を行うこと、古墳時代の馬具研究で実践されてきたような部品—鏡板・銜・引手など—の変遷について検討することを第一の課題とする。そして、轡の変遷の画期が、ほかの馬具変遷の画期と関連するのかを明らかにすることを第二の課題にする。第三に轡の出土遺跡の様相から、轡を騎馬と関連させ、文献史料による馬装との関係を考察する。

第一節　轡の変遷

1　鏡板の変遷（図26〜33）

鉸具造り立聞系環状鏡板付轡

古墳時代以来の蛸頭形立聞造りの環状鏡板で、古墳時代に矩形立聞から分化した型式である。七世紀中葉の宇津木台遺跡群（8）や七世紀中葉から八世紀前葉の三吉野遺跡群（13）により立聞幅が三㌢を超える横長の立聞であるが、七世紀末から八世紀前半の西田遺跡（14）などにより、八世紀には立聞幅が三㌢以下に狭くなる。最後出は一〇世紀前半の二之宮谷地遺跡一八号住居（28）で、立聞幅二・四㌢になり、奈良時代以降の面懸の帯幅が細くなったことがわかる。

九世紀後半〜一〇世紀前葉の池端地区遺跡群（29）では環状鏡板と立聞が同じ大きさになり、8の字状の鏡板が派生する。環状鏡板も八世紀前半までは楕円形であったが、八世紀後半以降には肩が張り、一〇世紀前半の二之宮谷地遺跡例ではハート状になっている。

矩形立聞系環状鏡板付轡

古墳時代以来の矩形立聞を継承した型式であるが、集成した結果では鉸具造り立聞よりも矩形立聞の方が少ない。七世紀後半には尾亭遺跡（5）や松崎播磨遺跡（4）で矩形立聞があるが、七世紀後葉の津古生掛遺跡（2）により蛸頭形も既に現れる。八世紀以降では、八世紀前葉の加茂遺跡（16）や八世紀前半の丹後平古墳一五号墳（11）により蛸頭形のみに変化する。また、立聞の幅が狭くなる点も鉸具造りと同じである。最も新しいのは九世紀後葉の厨台遺跡群№一一・一二遺跡（9）で、鉸具造り立聞系環状鏡板付轡と近い時期である。環状鏡板も鉸具造り立聞系と同じく肩が張る形態に変化する。

素環系環状鏡板付轡

七世紀代以来鏡板には、八世紀前半の大原遺跡九号住居跡（37）、八世紀後半の落川遺跡五二九号住居址（45）、九世紀前葉の志波城跡ＳＢ一一七（43）などのように銜と引手が連接するが、九世紀後半の湯ノ沢Ｆ遺跡（50）ではく字形屈曲壺付きの立聞に変化する。同様の事例は荒田目条里遺跡（46）でも確認され、立聞の変化は他の鏡板と同じである。平安時代では一〇世紀第三四半期の中堀遺跡（51）や一〇世紀後半から一一世紀初頭の筑後国府跡出土品（54）があり、筑後国府例は引手が長くのびて、前代以来の形態を継承する。一二世紀には池島・福万寺遺跡（53）、中世では鎌倉由比ヶ浜でも出土している。集成の結果、確認数が多いため、主体的な轡型式であると推定される。

尾尻八幡山遺跡（40）と中台畠中遺跡（44）の轡は銜に遊環が付き、銜端環と大きさがあまり違わない素環（鏡板）を搦める。この轡は、坂本美夫氏が双環式轡と呼び、遊環に手綱の紐、鏡板に立聞を付けたと考えられており[6]、七世紀後半から八世紀前半に位置付けられる。

複環式轡

当該期の複環式にも複数の形態がある。この諸例については、滝沢誠氏[7]の分類を継承した鈴木一有氏が述べているが[8]、改めて円環の中の

表5　轡一覧表（番号は集成図の番号・文献番号に対応する）

番号	遺　跡	遺　構	分　類	時　期	遺跡の性格
1	阿光坊遺跡(青森県)	A10 号墳	立聞環状鏡板付轡	7c 中葉～後葉	末期古墳
2	津古生掛遺跡(福岡県)	2 号土壙墓	立聞環状鏡板付轡	7c 後葉	墓
3	丹後平古墳群(青森県)	33 号墳	立聞環状鏡板付轡	7c 後葉	末期古墳
4	松崎播磨遺跡(千葉県)	S I —04	立聞環状鏡板付轡	7c 後半～末	集落
5	尾亭遺跡(千葉県)	第 118 号住居跡	立聞環状鏡板付轡	7c 後半	集落
6	二之宮遺跡(山梨県)	253 号住居址	立聞環状鏡板付轡	7c 前半	集落
7	天神山遺跡(青森県)	T17 号墳	立聞環状鏡板付轡	7c 中葉～後葉	末期古墳
8	宇津木台遺跡群(東京都)	S I 17	立聞環状鏡板付轡	7c 中葉	集落
9	厨台遺跡群№ 11・12・14・15 遺跡(茨城県)	SB57	立聞環状鏡板付轡	7c 後半	集落
10	五条丸古墳群(岩手県)	第 51 号墳	立聞環状鏡板付轡	7c 後半	末期古墳
11	丹後平古墳群(青森県)	15 号墳	立聞環状鏡板付轡	8c 前半	末期古墳
12	五条丸古墳群(岩手県)	第 47 号墳	立聞環状鏡板付轡	8c	末期古墳
13	三吉野遺跡群(東京都)	S I 19	立聞環状鏡板付轡	7c 中葉～8c 前葉	集落
14	西田遺跡(群馬県)	2 号住居	立聞環状鏡板付轡	7c 末～8c 前半	集落
15	酒美平遺跡(青森県)	S I 9	立聞環状鏡板付轡	飛鳥～奈良時代	集落
16	加茂遺跡(茨城県)	第 35 号住居跡	立聞環状鏡板付轡	8c 前葉	集落
17	上高山遺跡(長野県)	H1 号住居址	立聞環状鏡板付轡	8c 前半	集落
18	久我台遺跡(千葉県)	S I 224	立聞環状鏡板付轡	8c 第 2 四半期	集落
19	馬場遺跡(岩手県)	CI—02	立聞環状鏡板付轡	8c 中葉～後半	集落
20	房の沢Ⅳ遺跡(岩手県)	RT21	立聞環状鏡板付轡	8c 代	末期古墳
21	房の沢Ⅳ遺跡(岩手県)	RT10	立聞環状鏡板付轡	8c 中葉～後半	末期古墳
22	厨台遺跡群№ 11・12 遺跡(茨城県)	SB15	立聞環状鏡板付轡	9c 後葉	集落
23	諏訪前遺跡(岩手県)	第 12 次調査 SX30	立聞環状鏡板付轡	8c	末期古墳
24	房の沢Ⅳ遺跡(岩手県)	RT07	立聞環状鏡板付轡	8c 中葉～後半	末期古墳
25	下佐野遺跡(群馬県)	6 区 4B 号住居跡	立聞環状鏡板付轡	10c 初頭	集落
26	下佐野遺跡(群馬県)	6 区 4B 号住居跡	立聞環状鏡板付轡	10c 初頭	集落
27	下佐野遺跡(群馬県)	7 区 61 号土坑	立聞環状鏡板付轡	平安時代	集落
28	二之宮谷地遺跡(群馬県)	18 号住居	立聞環状鏡板付轡	10c 前半	集落
29	池端地区遺跡群(神奈川県)	H—1 号住居址	立聞環状鏡板付轡	9c 後半～10c 前葉	集落
30	斎宮跡(三重県)	SK8666	立聞環状鏡板付轡	—	斎宮
31	阿光坊遺跡(青森県)	A9 号墳	素環系環状鏡板付轡	7c 中葉～後半	末期古墳
32	殿見遺跡(青森県)	1 号円形周溝	素環系環状鏡板付轡	8c	末期古墳
33	丹後平古墳群(青森県)	46 号墳	素環系環状鏡板付轡	8c 中葉	末期古墳
34	鷲谷津遺跡(千葉県)	S I —086	素環系環状鏡板付轡	7c 後葉～8c 初頭	集落
35	聖原遺跡(長野県)	H355 号住居址	素環系環状鏡板付轡	8c 第 2 四半期	集落
36	中道遺跡(長野県)	20 号住居址	素環系環状鏡板付轡	8c 第 1 四半期	集落
37	大原遺跡(千葉県)	9 号住居跡	素環系環状鏡板付轡	8c 前半	集落
38	仁王地遺跡(栃木県)	J6・4 号住居	素環系環状鏡板付轡	8c 中葉	集落
39	鹿の子遺跡(茨城県)	連房式竪穴遺構	素環系環状鏡板付轡	8c 後半	国衙工房
40	尾尻八幡山遺跡(神奈川県)	17 号住居址	素環系環状鏡板付轡	8c 前半	集落
41	大崎台遺跡(千葉県)	第 504 号住居址	素環系環状鏡板付轡	8c 中葉	集落
42	上谷遺跡(千葉県)	A177	素環系環状鏡板付轡	8c 後葉～9c 初頭	集落
43	志波城跡(岩手県)	SB117	素環系環状鏡板付轡	9c 前葉	城柵
44	中台畠中遺跡(東京都)	103A 号住居跡	素環系環状鏡板付轡	8c 前半	集落
45	落川遺跡(東京都)	第 529 号住居址	素環系環状鏡板付轡	8c 後半	集落
46	荒田目条里遺跡(福島県)	第三号溝跡	素環系環状鏡板付轡	9c 代主体	河川跡
47	鯉沢遺跡(岩手県)	第 17 号竪穴住居跡	素環系環状鏡板付轡	9c 前半	集落
48	宮ノ前第 3 遺跡(山梨県)	5 号住居址	素環系環状鏡板付轡	9c 前半後葉	集落
49	前畑遺跡(千葉県)	020 住居跡	素環系環状鏡板付轡	9c 中葉	集落
50	湯ノ沢 F 遺跡(秋田県)	3 号土坑墓	素環系環状鏡板付轡	9c 後半	墓
51	中堀遺跡(埼玉県)	第 121 号住居跡	素環系環状鏡板付轡	10c 第 3 四半期	集落
52	池島・福万寺遺跡(大阪府)	第 7 層	素環系環状鏡板付轡	11c 後半～12c 後半	島畑
53	池島・福万寺遺跡(大阪府)	第 7 層	素環系環状鏡板付轡	12c	水田
54	筑後国府跡(福岡県)	SK3992	素環系環状鏡板付轡	10c 後半～11c 初頭	官衙
55	丹後平古墳(青森県)	21 号墳	複環式轡	7c 後葉	末期古墳
56	光山遺跡群(埼玉県)	35 号住居跡	複環式轡	8c 中葉	集落
57	下滝遺跡群(静岡県)	6-2 区 SB10	複環式轡	8c 後葉～9c 初頭	集落
58	湯ノ沢 F 遺跡(秋田県)	6 号土坑墓	素環系環状鏡板・複環式轡	9c 後半	墓
59	上鬼柳Ⅲ遺跡(岩手県)	Ⅱ B1 号住居跡	複環式轡	9c 後半	集落
60	湯ノ沢 F 遺跡(秋田県)	32 号墓	複環式轡	9c 後半	墓
61	多摩ニュータウン№ 178 遺跡(東京都)	1 号住居跡	複環式轡	10c 後半	集落

62	伯済寺遺跡（岩手県）	SＩ07 竪穴住居跡	複環式轡	9c 末〜10c 初頭	集落
63	北栗遺跡（長野県）	第１号住居址	複環式轡	11c 後葉	集落
64	落川遺跡（東京都）	M—19—7 土坑	複環式轡	11c 中葉	集落
65	林ノ前遺跡（青森県）	Ⅱ D—37	複環式轡	10c 後半〜11c	防御性集落
66	厨台遺跡群№８遺跡（茨城県）	SB89	蒺藜轡	8c 中葉	集落
67	熊の山遺跡（茨城県）	第 319 号住居跡	蒺藜轡	8c 前葉	集落
68	平城京左京二条二坊・三条二坊（奈良県）	SD5100	蒺藜轡	8c 前半	都城
69	宮原遺跡（山口県）	7 号住居址	蒺藜轡	8c	集落
70	寺家遺跡（石川県）	祭祀地区	蒺藜轡	—	祭祀遺跡
71	鳥羽遺跡（群馬県）	Ｉ103 号住居跡	蒺藜轡	8c 後半	国衙工房
72	下野国分尼寺跡（栃木県）	8 次調査 SD—610	蒺藜轡	8c 後半〜9c 中葉	寺院
73	川額軍原Ｉ遺跡（群馬県）	御門１号墳	蒺藜轡	7c 後半	古墳
74	黒熊八幡遺跡（群馬県）	29 号住居跡	蒺藜轡	9c 前半	集落
75	多賀城跡（宮城県）	SK2321	蒺藜轡	8c 後葉〜9c 初頭	城柵
76	六反田遺跡（宮城県）	SＩ110 住居跡	蒺藜轡	9c 前葉〜中葉	集落
77	北谷津第Ｉ遺跡（千葉県）	2 号	蒺藜轡	9c 中葉	集落
78	宮中野古墳群（茨城県）	99-1 号墳	鑣轡	7c	古墳
79	コウモリ塚古墳（長野県）		鑣轡	7c か	古墳
80	半兵衛奥古墳（静岡県）		鑣轡	7c	古墳
81	上荒屋遺跡（石川県）	SD40	鑣轡	9c	初期荘園
82	鳥羽八代神社（三重県）		鑣轡	—	神宝
83	懐古神社（徴古館）蔵（長野県）		杏葉轡	—	—
84	松原遺跡（長野県）	SK19	杏葉轡	9c 前半	集落
85	林ノ前遺跡（青森県）	SＩ—28	杏葉轡	10c 後半〜11c	防御性集落
86	平城京左京二条四坊二坪（奈良県）	SE41	杏葉轡	12c 後半	都城
87	高林寺遺跡（神奈川県）	K10 G	杏葉轡	—	国府関連遺跡
88	灰塚遺跡（熊本県）	SX—9	杏葉轡	—	包含地
89	柳之御所跡（岩手県）	28 次 SE11	杏葉轡	12c 第４四半期	居宅
90	宮久保遺跡（神奈川県）	SＩ058	杏葉轡	—	集落
91	懐古神社（徴古館）蔵（長野県）		杏葉轡	—	—
92	新田遺跡（宮城県）	SK03	杏葉轡	中世	館跡
93	志羅山遺跡（岩手県）	661 号池	鏡轡	12c 後半	都市
94	法住寺殿跡（京都府）	W10 土壙	鏡轡	12c 中葉〜13c 初	墓
95	中野高柳遺跡（宮城県）	SX1200	鏡轡	12c 後半	集落
96	百間川米田遺跡（岡山県）	河道 1	鏡轡	古代末〜中世前半	河道
97	岩野山古墳（秋田県）		一文字轡	9c 後半	古墳
98	林ノ前遺跡（青森県）	SＩ-28・Ⅱ D-37 他	銜・引手・立聞	10c 後半〜11c	防御性集落
99	厨台遺跡群№18・19 遺跡（茨城県）	SB86	立聞	9c 前葉〜中葉	集落
100	大久保Ａ遺跡（群馬県）	Ⅱ区第 24 号住居跡	立聞	11c 後半	集落
101	大久保山遺跡（埼玉県）	32 号住居址	立聞	9c 中葉	集落
102	多功南原遺跡（栃木県）	SＩ—352	銜	8c 後半	集落

環の形態によって分類・消長なども触れてみる。

四環は、外側の円環の中に縦に小円環が四環あり、一本の鉄棒を交差させて作る。七世紀後葉の丹後平古墳二一号墳（55）の事例のみである。

三環は、外環の中に縦に三環あり、一本の鉄板を交差させて作る。九世紀後半の湯ノ沢F遺跡六号土坑墓（58）、一〇世紀後半〜一一世紀の林ノ前遺跡（65）の事例がある。

8の字環は、外環の中に縦に二環あり、一本の鉄棒・鉄板を交差させて作る。最も事例が多くて、八世紀中葉の光山遺跡群（56）、九世紀後半の湯ノ沢F遺跡六号土坑墓[9]（58）、九世紀末〜一〇世紀初めの伯済寺遺跡（62）、一一世紀後葉の北栗遺跡（63）までである。巻き方は立聞の脇から始まり、内側をS字状にして、その後に外環を作り、さらに内側を逆S字状に巻いて立聞の脇で留めるものが多くて、8の字形複環式轡の製作技法が定式化する。しかし、一〇世紀後半の多摩ニュータウンNo.一七八遺跡の複環式（61）では、巻き始めの位置が異なっており、一一世紀中葉の落川遺跡M—一九—七土坑（64）もこの型式を粗略化した形であろう。

中空8の字環は、円環を一枚の鉄板で作り、内環は別な鉄板を8の字形に巻く。このため下端は外環に接しない位置である。北栗遺跡の轡（63）の一方に事例があり、一一世紀後葉になる。

X字環は、円環の中に別な鉄棒をX字形に交差させて作る。八世紀後葉から九世紀初頭の下滝遺跡群（57）に事例がある。鈴木氏は8の字を描く複環式基本形態から派生したものと考えている。[10]

このように、小円環の形態などで分類したが、四環は初期の事例のみであり、複雑な作りである。四環・三環ともに東北北部に分布しており、断続的ながら四環の簡略形が三環になるのであろうか。

8の字環は東北北部から中部地方まで確認できる。基本的には四環の簡素形として理解でき、複環式の基本的な形態として定式化する。その初現資料は八世紀中葉の光山遺跡群の轡（56）である。一〇・一一世紀には形態・技法的にも崩れた亜形の多摩ニュータウンNo.一七八（61）・落川遺跡例（64）などになる。中空8の字環も基本的には8の字環の亜形であり、製作技法も異なっている。つまり、8の字環の複環式轡は奈良・平安時代に定式化するが、時期の降下に従って製作技法・形態の違ったものが出現してくる。

なお、複環式の立聞では、L字形屈曲立聞の初現が九世紀後半の湯ノ沢F遺跡（60）である。

蒺藜轡

鏡板の形状によって鈴木一有氏はA類・B類に分類しているが、[11]集成の結果により環状型（鈴木氏A類）・端部突起型（鈴木氏B類）・長方形型の三系列に再分類できた。環状型は、8の字状の七世紀後半前後の御門一号墳（73）が最古例で、立聞孔は三角形である。八世紀中葉の厨台遺跡群No.八遺跡SB八九（66）まで確認できる。

端部突起型は、正倉院蔵品や平城京左京二条二坊・三条二坊出土品（68）で、鏡板側縁の突起が上下の中位にあり、立聞孔が大きい。八世紀後半の鳥羽遺跡（71）では眼鏡状に突起が上端に移り、九世紀前半の黒熊八幡遺跡（74）では上辺が直線になり、その両端に突起が付き、鏡板も半円形になる。この形態は、八世紀後半から九世紀中葉で猫目状の下野国分尼寺跡（72）まで続く。ただし、型式組列としては、手向山神社蔵唐鞍に具す轡[12]まで通じると、伝世期間も考慮する必要がある。

長方形型は、長方形を横に連接した形態で、数が少ないため、蒺藜轡の亜形ともいえる。多賀城跡出土の轡（75）が初期の事例で、八世紀後葉から九世紀初頭に位置付けられる。これ以外の類例は、九世紀中葉の千葉県北谷津第Ⅰ遺跡（77）、九世紀前葉から中葉の六反田遺跡（76）で、後者は面懸への立聞が棒状になり、鏡板と別造りになる。この変化は、複環式轡や杏葉轡の変化と同じである。

鑣轡

立聞の形態で鉸具造りのコウモリ塚古墳（79）・半兵衛奥古墳（80）と矩形立聞の宮中野古墳群九九—一号墳（78）・鳥羽八代神社（82）とこれに類する蛸頭形の上荒屋遺跡の轡（81）に分類できる。矩形立聞板の変化は環状鏡板付轡を参考にすれば、宮中野古墳群・鳥羽八代神社・上荒屋遺跡の順になるであろう。上荒屋遺跡は概ね九世紀前後

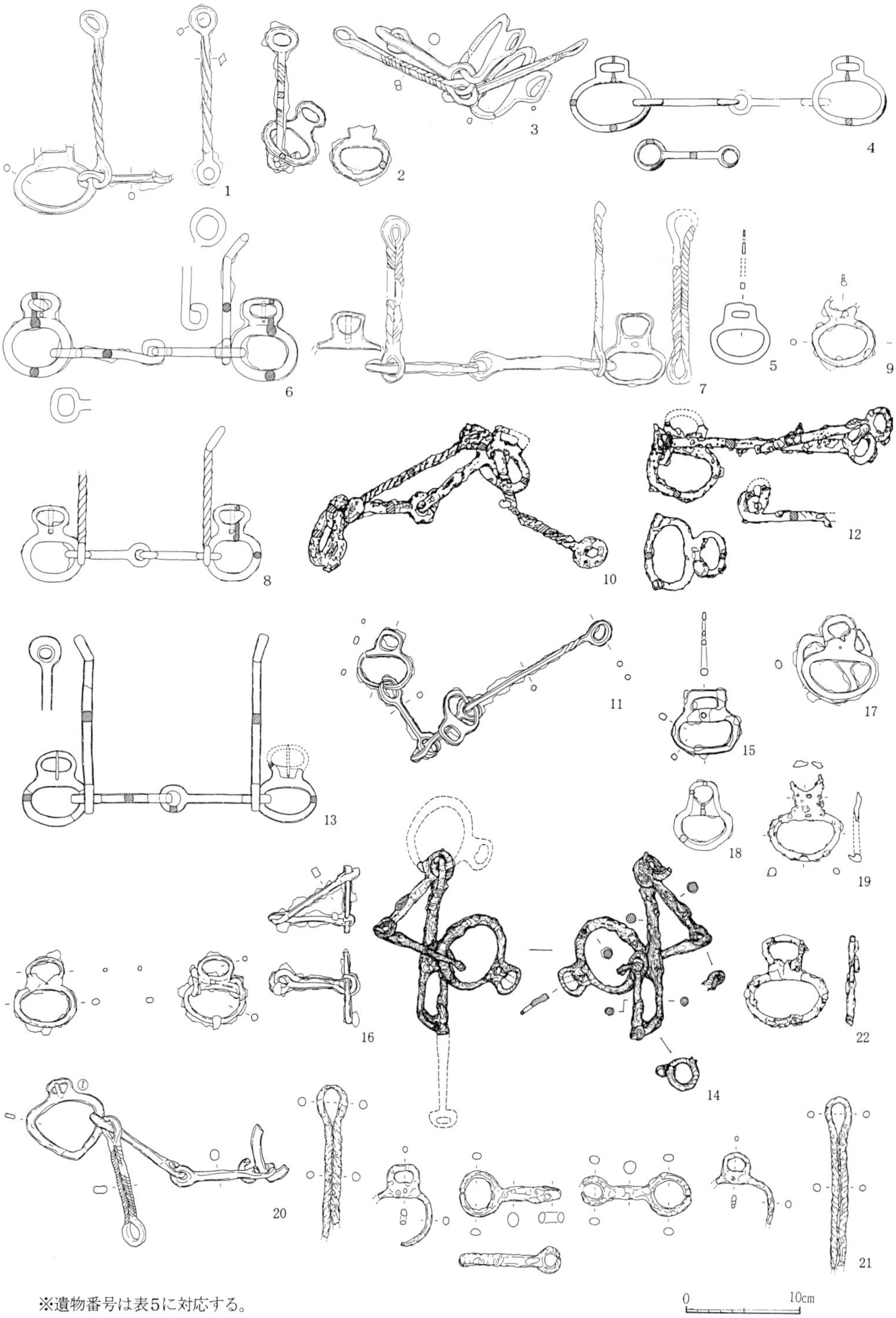

※遺物番号は表5に対応する。

図26　轡集成図（1）

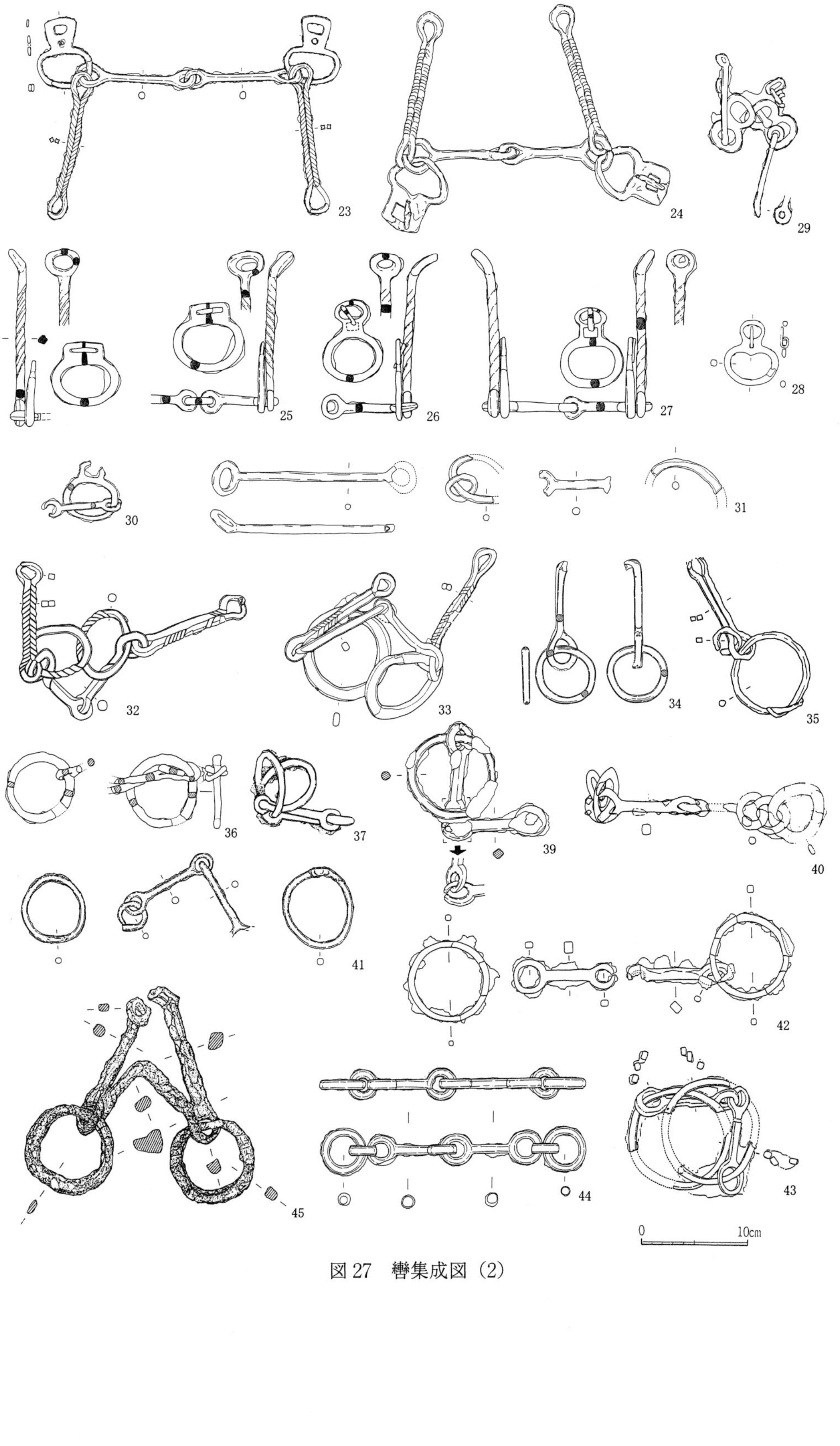

図27　轡集成図（2）

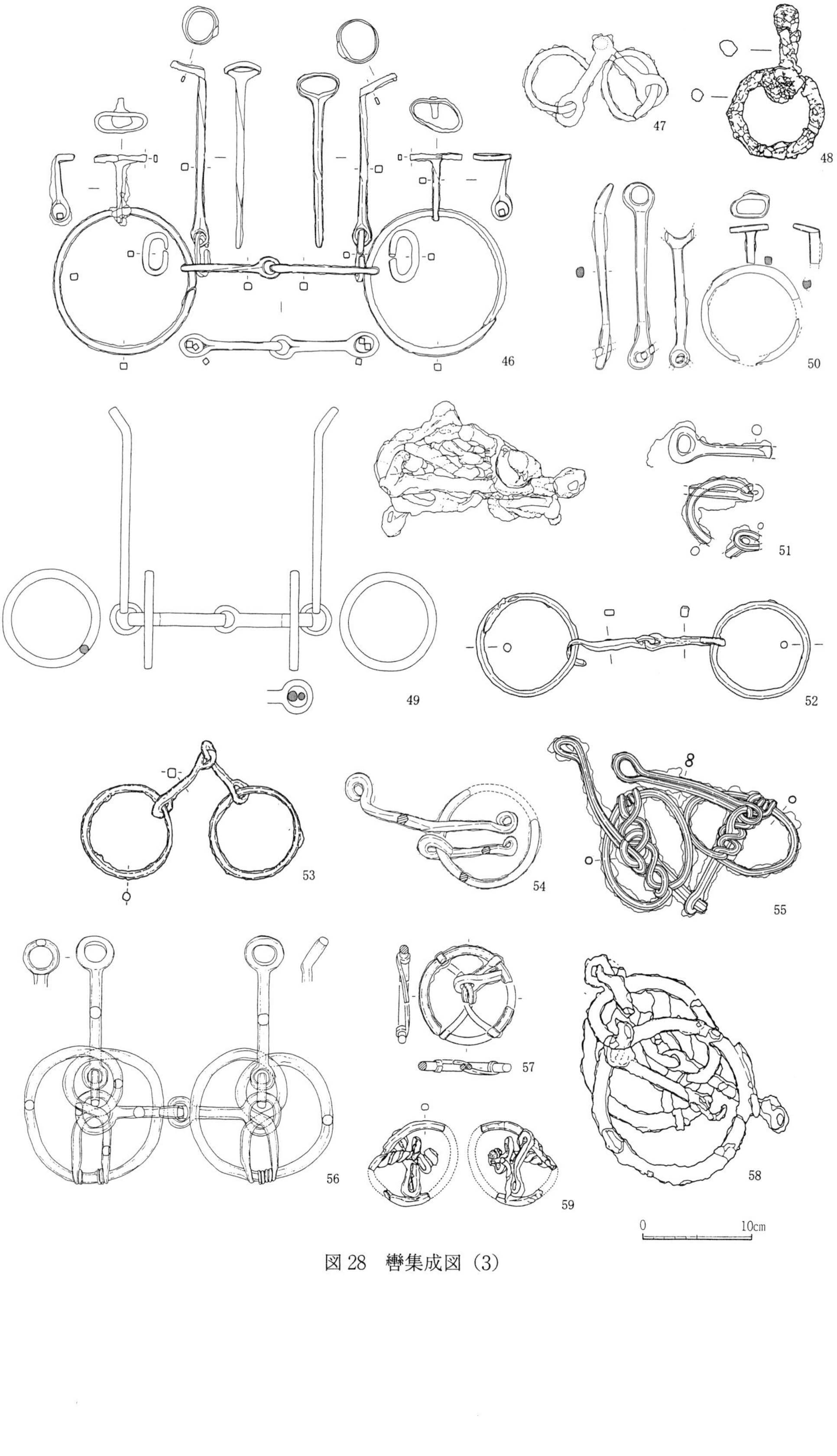

図28　轡集成図（3）

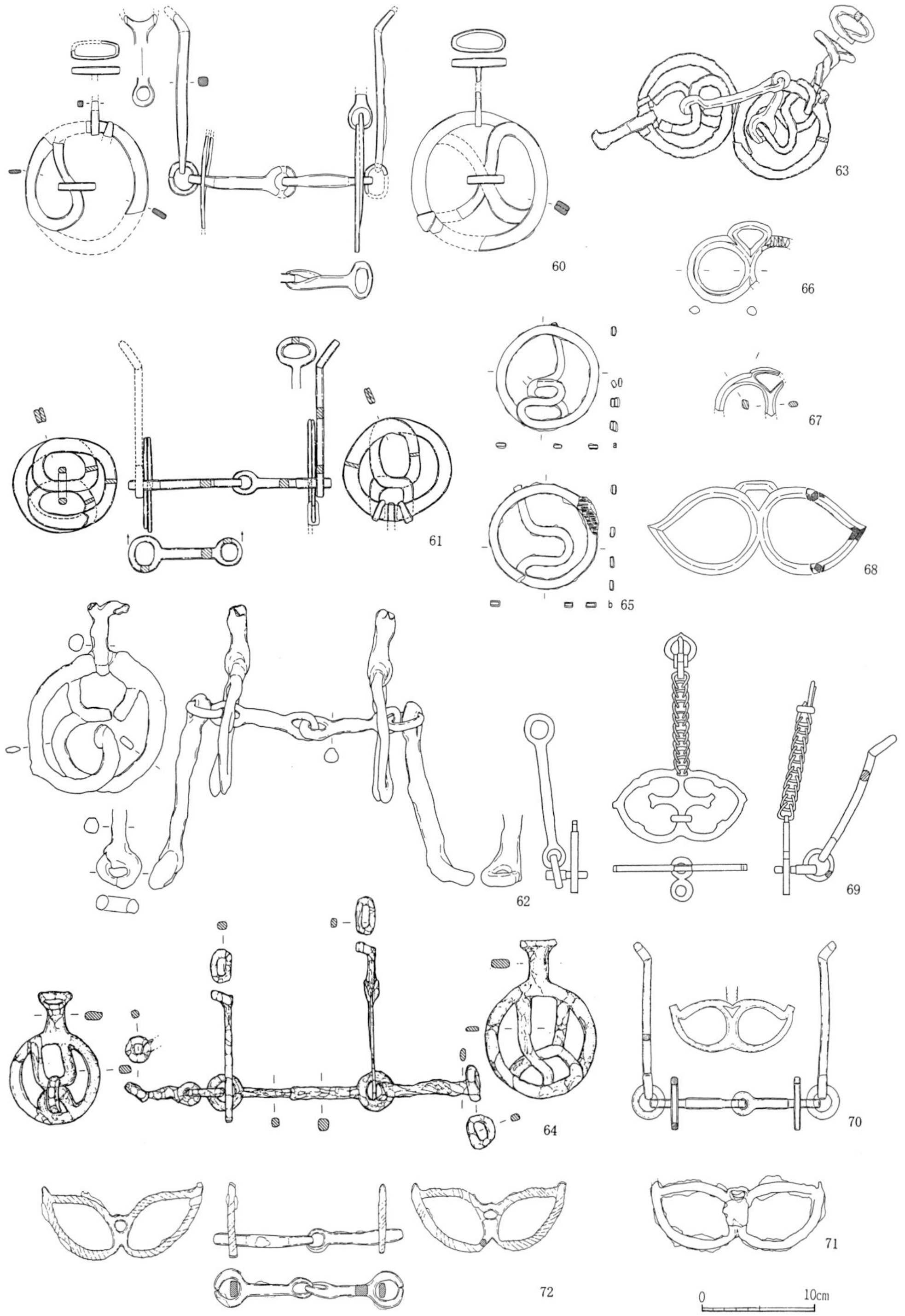

図29　轡集成図（4）

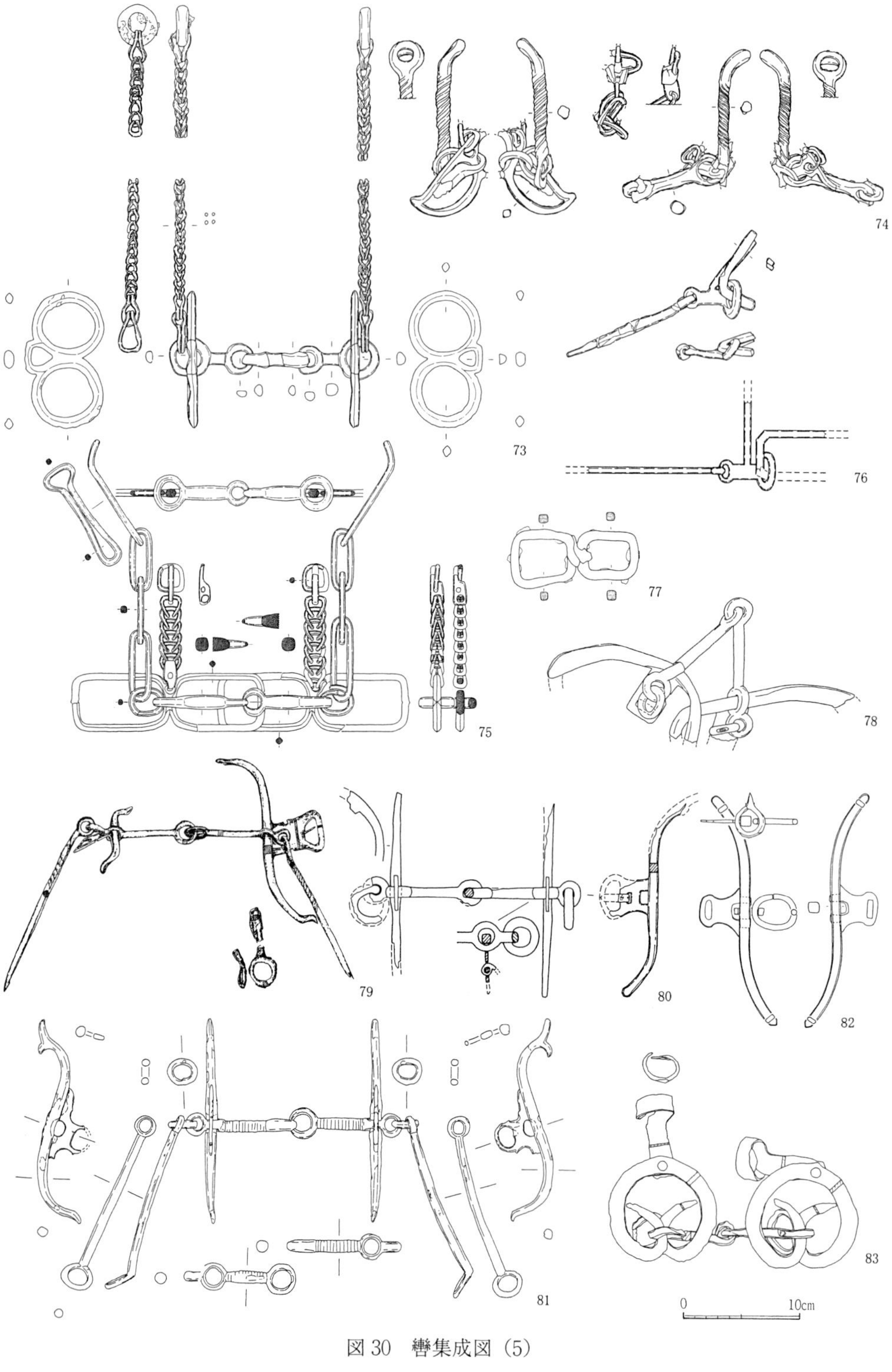

図 30　轡集成図（5）

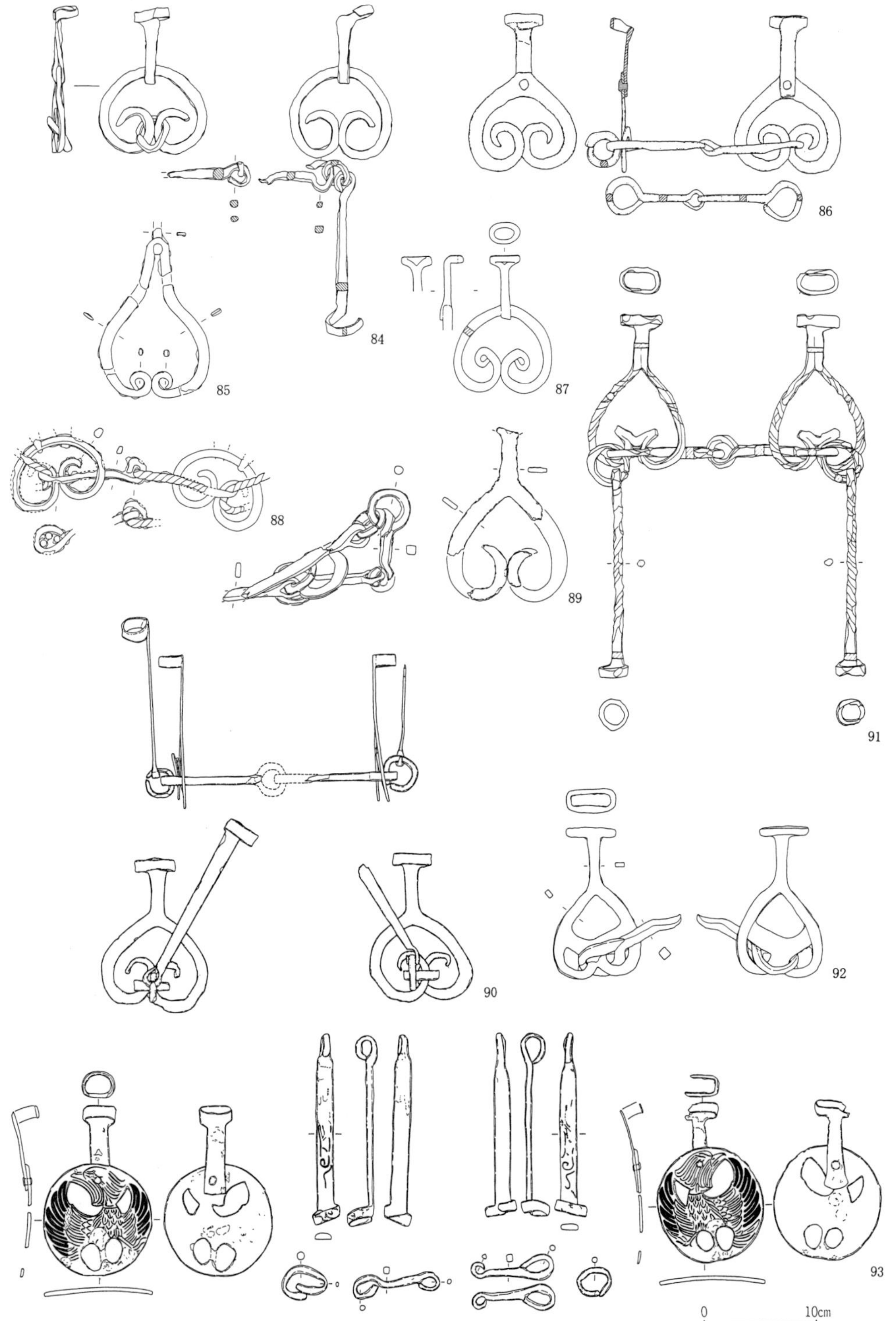

図31　轡集成図（6）

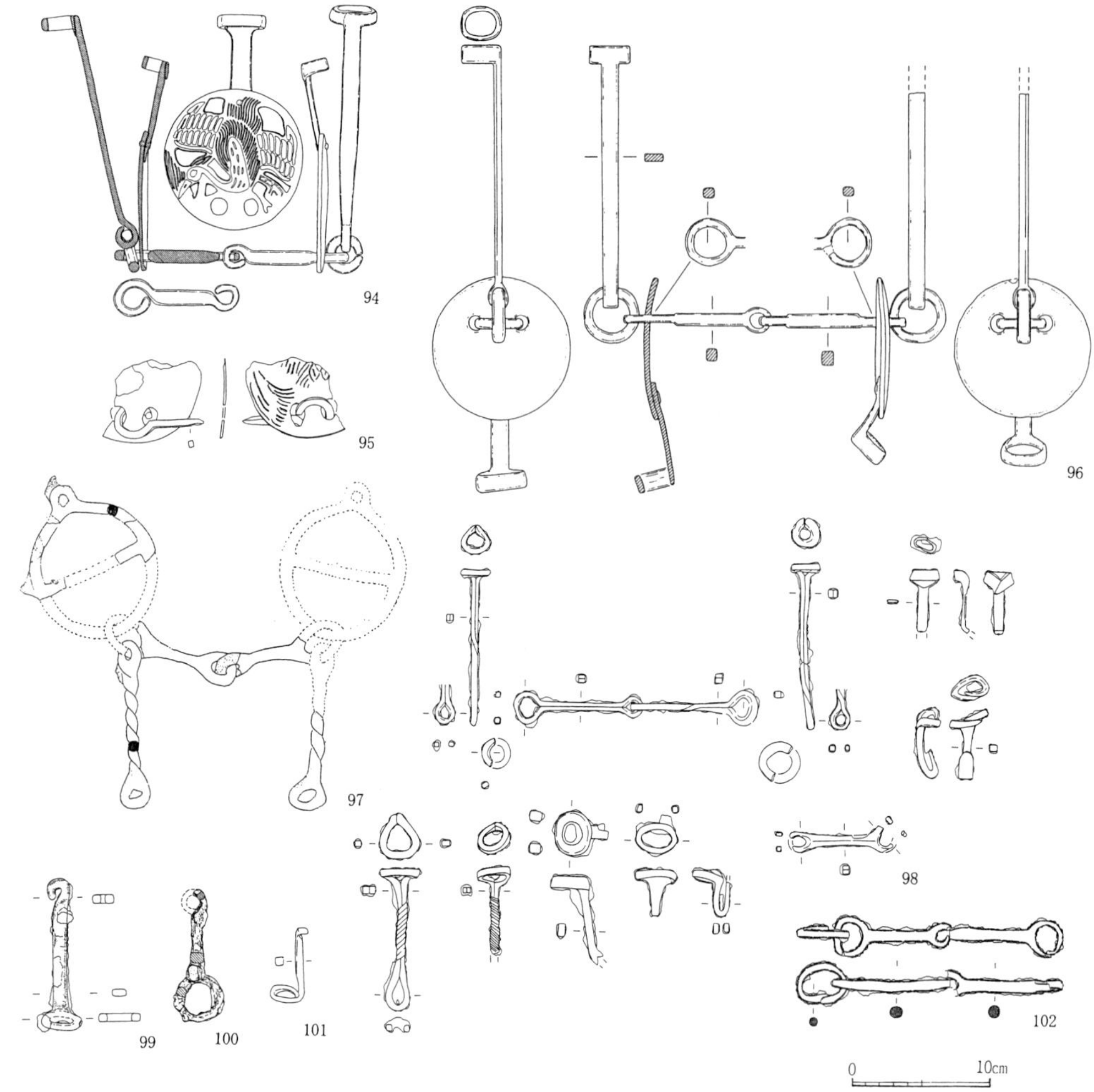

図32　轡集成図（7）

とされ、鳥羽八代神社の轡は八世紀代になるであろうか。上荒屋遺跡の轡は、立聞板が唐様大刀の山形金のように突起があり、一方が長くなっている。鑣轡はここで対象とする時期では、七〜九世紀に散見される程度である。

杏葉轡

九世紀前半の松原遺跡（84）では鏡板と立聞が別作りである。このような別作りの事例は、九世紀前葉〜中葉の厨台遺跡群№一八・一九遺跡（99）、九世紀中葉の大久保山遺跡三二号住居址（101）で確認できる。これにより、九世紀前半にL字形屈曲壺付き立聞が出現することがわかる。立聞の端は折り返して円形の鏡板に連結する。松原例や大久保山例では鉄板や鉄棒をねじ曲げて壺を作っている。これが初現期の製作技法である。一〇世紀後半から一一世紀の林ノ前遺跡（85）では、立聞を鏡板に掛ける点は松原遺跡例と同じであるが、鏡板が細長いハート形に形態変化しており、立聞と接する部分が尖ってくる。一二世紀後半の平城京左京二条四坊二坪（86）のものは、鏡板と立聞を鋲で留めており、掛け立聞から鋲留め立聞に変化する。一二世紀第四半期の柳之御所跡（89）では鏡板・立聞一体作りであり、この間

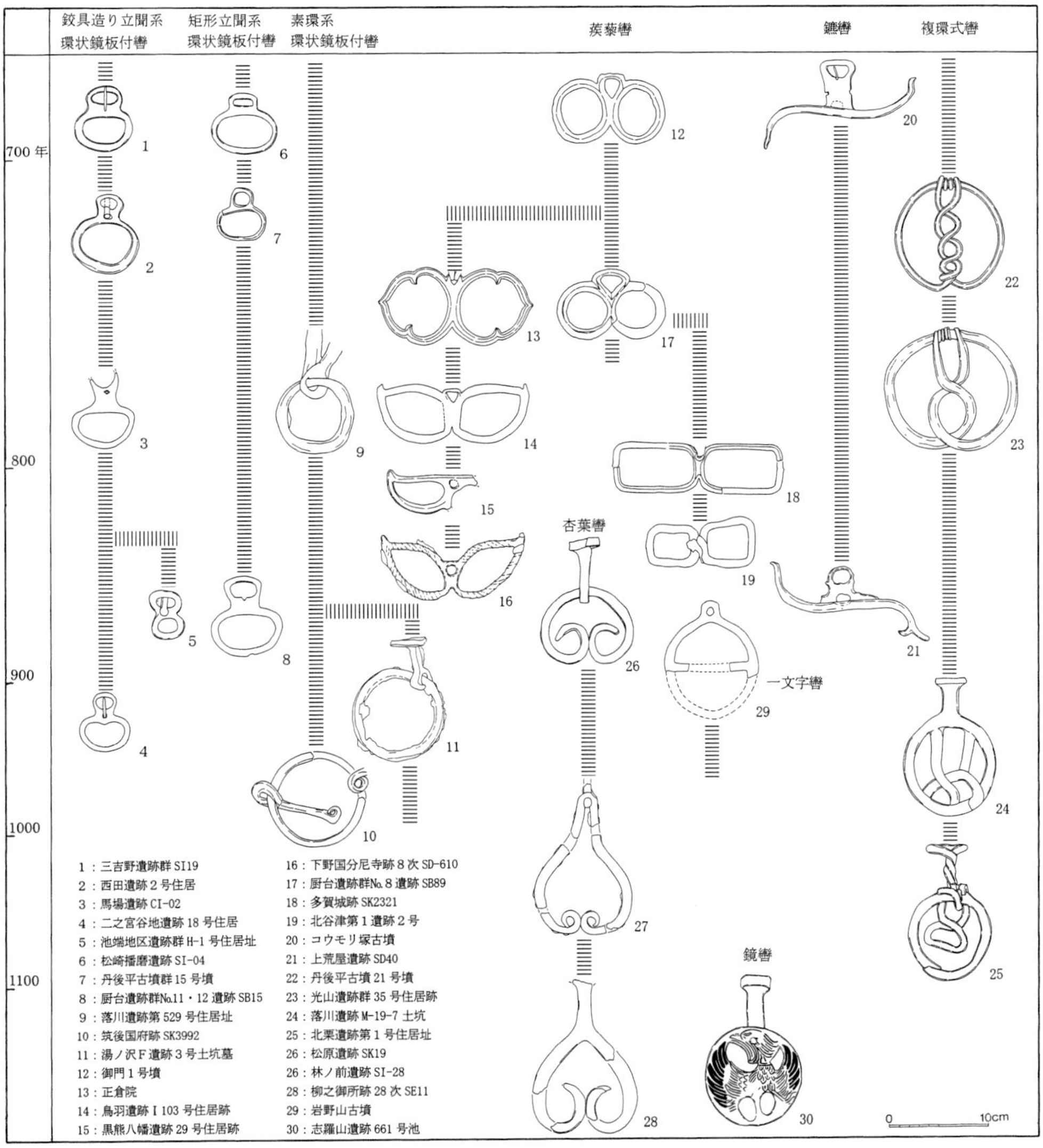

図 33　古代轡の変遷

に立聞の作り方の変化がある。

杏葉轡は製作技法と形態の変化が明瞭であることから、時期が不確定な懐古神社（徴古館）蔵轡（83）は、平城京例よりも鏡板が丸いことからやや古くなり、灰塚遺跡の鏡板（88）は丸くて松原遺跡に近く、高林寺遺跡の鏡板（87）は少し尖り気味であることから、松原遺跡よりも型式的に下るであろう。懐古神社（徴古館）蔵轡（91）や新田遺跡（92）の轡は一三世紀以降になると考えられる。

鏡　轡

一二世紀代に出現する。京都府法住寺殿跡（94）・岩手県志羅山遺跡（93）・宮城県中野高柳遺跡ＳＸ一二〇〇（95）などがあり、象嵌で鳳凰を描く。Ｌ字形屈曲壺付き立聞を鏡板に鋲留めする。

一文字轡

秋田県岩野山古墳の轡（97）は破片であるが、鏡板円環の中に一文字に鉄棒を渡す。この一文字鉄棒は立聞の下からではなくて、立聞の位置に直交するところに付いている。「後三年合戦絵巻」などに立聞の下から一文字鉄棒が出ている当該轡が描かれている。その初現期の事例になるであろう。

2　銜・立聞・引手の分類と変遷

轡を構成する部品のうち銜・立聞・引手について、分類と変遷をみていく。なお、これらの分類で、古墳時代と同じ形態のものについては、岡安光彦氏の分類があることから、[13] それに従い、それ以外については新たに分類を加える。

銜

奈良・平安時代の銜は確認できた限りでは、ほとんどが二連銜で、三連銜は群馬県御門一号墳の蔟蓼轡（73）に確認できるのみである。銜の各要素の特徴を分類し、消長・変遷をみていく。

銜環径　小環銜は、銜先環の径が小さなもの。管見の限り小環銜は素環系環状鏡板付轡にのみ確認でき、数が少ない。八世紀代では大原遺跡（37）・中台畠中遺跡（44）・大崎台遺跡（41）、九世紀代とみられる荒田目条里遺跡（46）があり、奈良時代以降では概ねこの時期に散見するが、一二世紀の池島・福万寺遺跡（53）にもあり、断続的ながらその後にも確認できる。

大環銜は、銜先環の径が大きなもの。大半の轡は大環銜になっており、奈良・平安時代を通じて大環銜が主体である。Aは銜端環が銜中央の環の倍程度の大きさで、Bは三倍程の大きさになる。大環銜Bは一二世紀の平城京出土の杏葉轡（86）などが初現期のものになる。

環の形態　円環は、銜の端の環が円形を呈するもの。古代を通じて主体となっている。

蕨手状環は、銜の端の環が棒を蕨手状に曲げたもの。七世紀前半の二之宮遺跡（6）から、一二世紀後半の平城京跡出土杏葉轡（86）まで存在するが、客体的である。

銜の連接　銜の連結には、遊環を介在しないものが大半であるが、下佐野遺跡では六区四B号住居から出た銜（25）に遊環が付いている。この轡はやや古相を示すが、一〇世紀初頭にも銜の連結に遊環を用いるものが確認できる。銜の断面形は方形か隅丸方形が多いが、上荒屋遺跡の鑣轡（81）は、刻みを施した断面丸味のある銜になっている。

銜の連数　奈良・平安時代の銜は大半が二連銜である。

三連銜は、七世紀の御門一号墳の銜（73）であり、三連銜はこれのみである。

立　聞

ここでは、立聞の形態分類と消長・変遷についてみてゆく。

兵庫鎖立聞　兵庫鎖立聞は、蔟蓼轡に確認できるのみである。八世紀代の正倉院一号鞍の蔟蓼轡は立聞と引手が兵庫鎖であり、宮原遺跡轡（69）も立聞が兵庫鎖である。多賀城跡の轡（75）も兵庫鎖立聞であるが、左右で鎖の段数と最下段の留金具の有無が異なり、修理品であろう。

壺付き立聞　くの字形屈曲立聞は、九世紀後半の湯ノ沢F遺跡（50）、九世紀末から一〇世紀初頭の伯済寺遺跡（62）、一二世紀の平城京跡出土品（86）まで確認できるが客体的である。

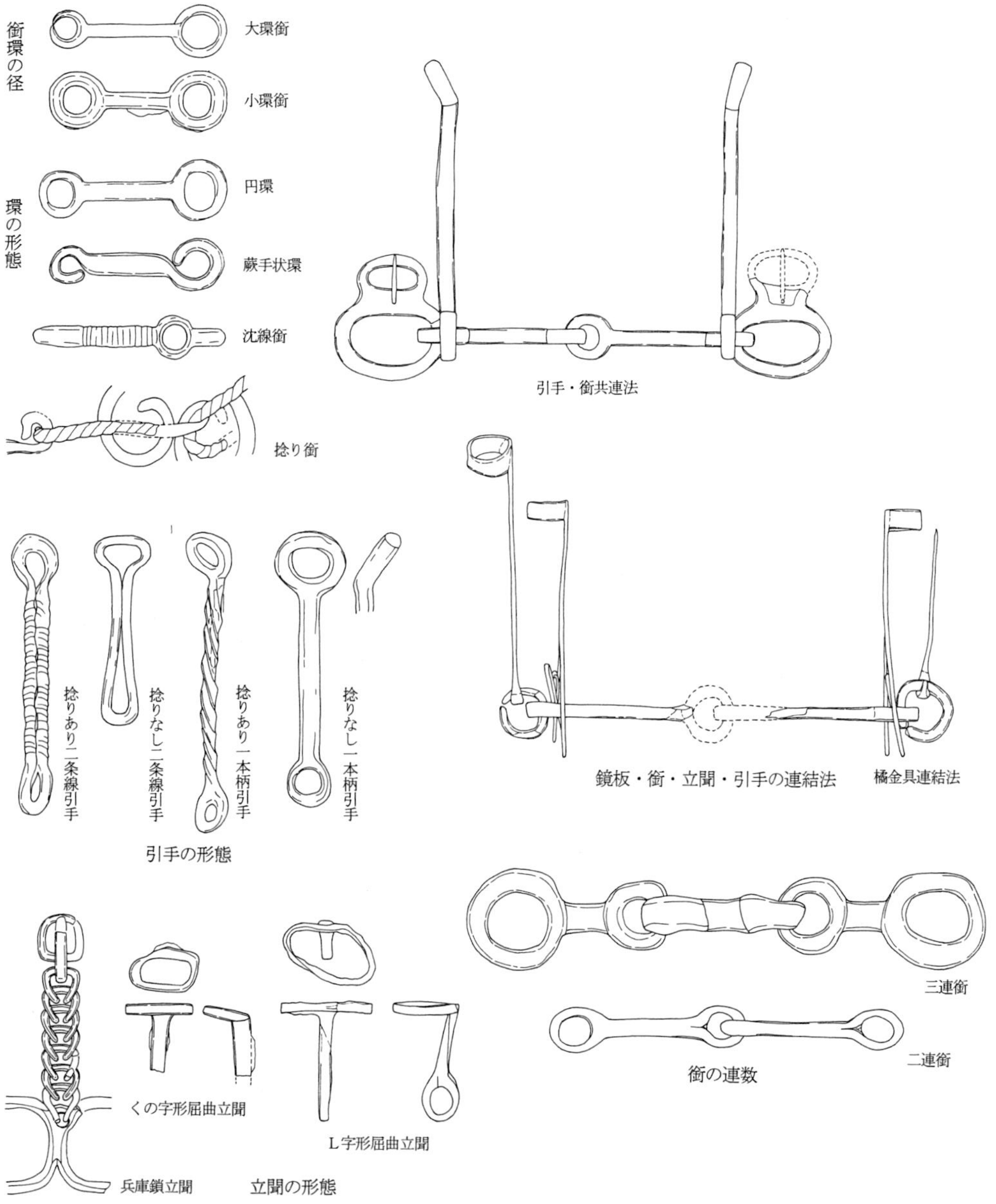

図34 轡部分の分類

L字形屈曲立聞は、立聞壺が棒状部分に対して直角に曲がる。素環系鏡板付轡では九世紀主体の荒田目条里遺跡(46)、九世紀後半の湯ノ沢F遺跡三二号墓(60)、杏葉轡では九世紀前半の松原遺跡(84)などに確認できるが、主体になるのは杏葉轡である。鏡板へ立聞の接続法は、九世紀前半の松原遺跡で鏡板に立聞の鉄棒を引っ掛ける方法であり、単品では厨台遺跡群No.一八・一九遺跡(99)で九世紀前葉から中葉の立聞が出ている。一二世紀第四四半期の柳之御所跡の轡(89)は鏡板と立聞が一体成形になっており、中世の形態の初現資料である。

引　手

二条線引手　古墳時代にあるが、七世紀後半以降の轡では稀有になる。主に東北北部や東日本で確認できる。

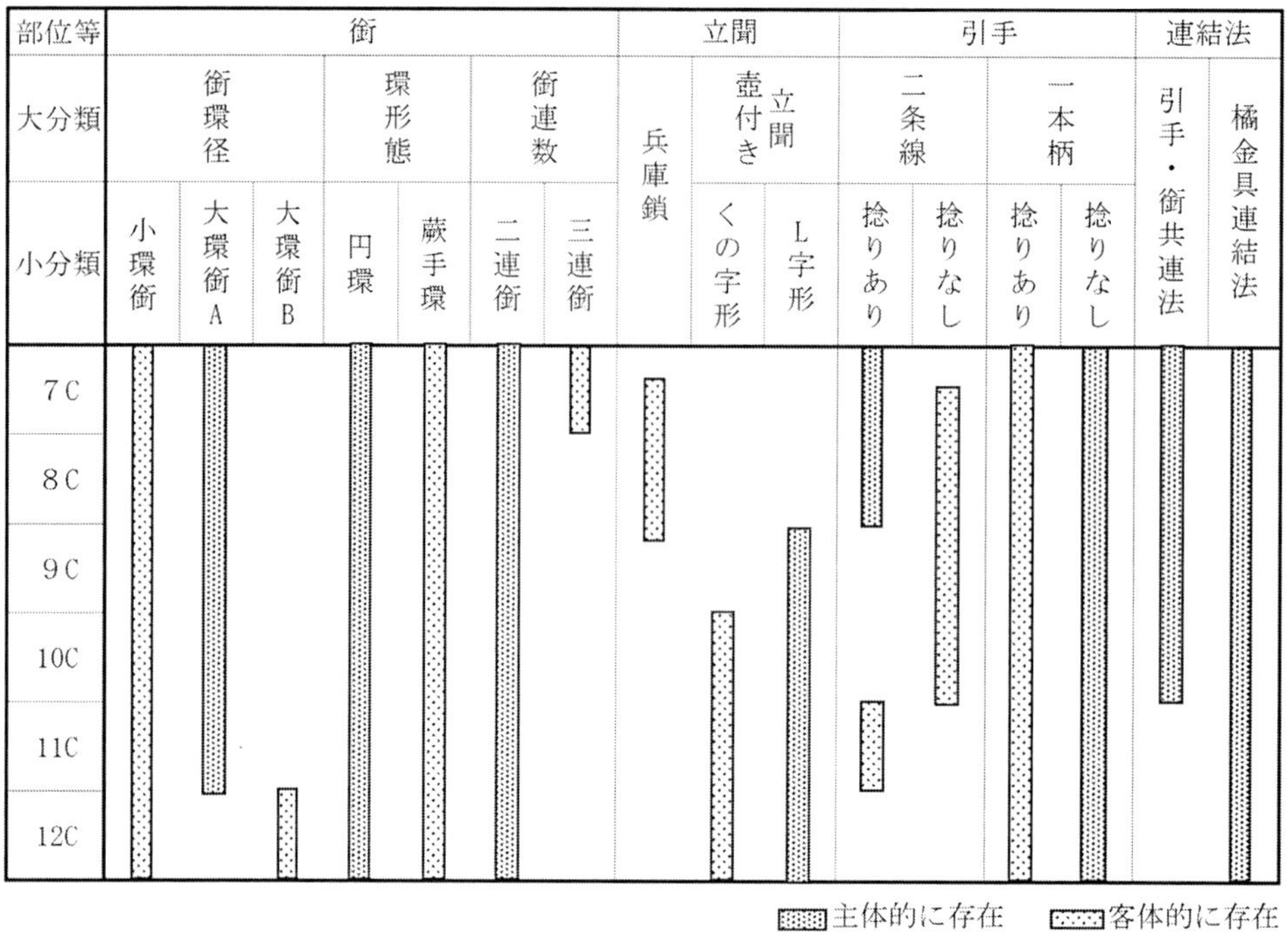

図35　銜・立聞・引手・連結法の分類と消長

捻りのある引手は、七世紀中葉から後半の青森県丹後平古墳三三号墳（3）や天神山遺跡T一七号墳（7）、八世紀中葉から後半には岩手県房の沢Ⅳ遺跡RT〇七（24）・二一（20）・一〇（21）、丹後平古墳群四六号墳（33）、殿見遺跡（32）、諏訪前遺跡SX三〇（23）があり、出土事例が多い。平安時代では一〇世紀後半～一一世紀の青森県林ノ前遺跡（98）にあり、平安時代まで少数確認できる。

引手に捻りなしは、七世紀後葉の丹後平古墳二一号墳（55）、八世紀中葉の宮城県新田東遺跡、八世紀後葉～九世紀初頭の多賀城跡（75）、一〇世紀の埼玉県宮西遺跡まであり、捻りのない二条線引手は宮城県以南で九・一〇世紀まで散見する。[14]

一本柄引手　捻りのある引手は、出土数が少ないが一定数存在する。ここで対象とする時期では、七世紀代の阿光坊遺跡A一〇号墳（1）・津古生掛遺跡（2）・宇津木台遺跡群（8）などがある。九世紀にも黒熊八幡遺跡（74）・岩野山古墳（97）、一〇世紀に下佐野遺跡（25・26）、中世には懐古神社蔵轡（91）などがある。古代から初期中世まで数は少ないが継続する。

引手に捻りなしは、古代では最も一般的な引手の型式である。

3　鏡板・銜・立聞・引手の連結法

この連結法に関しては、古墳時代の環状鏡板付轡について岡安光彦氏が分類を行っている。[15] 概ね奈良時代以降についても同様の分類で様相が把握できるので、氏の分類に従う。[16]

引手・銜共連法　銜先環に鏡板・引手を搦める。

鉸具造り立聞系環状鏡板付轡や矩形立聞系環状鏡板付轡は集成できた全ての資料がこの連結法であった。素環系環状鏡板付轡・鑣轡・杏葉轡で少数例が確認できた。

橘金具連結法　遊環で鏡板・銜・引手を繋ぐ。

複環式轡・蒺藜轡・鑣轡・杏葉轡・鏡轡ではこの連結法が主体であり、蒺藜轡・鏡轡は全てこの連結法であった。素環系環状鏡板付轡でも少数確認できる。

このように、七世紀後半以降の奈良・平安時代の轡の銜・引手・鏡板の連結法は、立聞系環状鏡板付轡では引手・銜共連法のみであり、素環系環状鏡板付轡でややみられる。これらは、古墳時代後期から継承する鏡板の型式であり、岡安氏によれば古墳時代には、素環系環状鏡板付轡・立聞系環状鏡板付轡では引手・銜別連法・橘金具連結法から引手・銜共連法に変化するという[17]。古墳時代後期から続く鏡板型式は、連結法も引手・銜共連法を継承する。複環式は銜に引手を搦めるもの（東塚古墳）や遊環が付き、銜・引手を繋ぐもの（藤岡市内出土轡）もある[18]。

蒺藜轡・杏葉轡・鏡轡は七世紀後半以降に出現する鏡板であり、鑣轡も古墳時代の終末期に少数例存在する。これらの新型式の鏡板は、素環系鏡板付轡や立聞系環状鏡板付轡と異なった連結法である。古代では、鏡板型式の違いによって連結法が異なっていたことを指摘できる。

表6　引手の連結法による点数

	立聞環状鏡板付轡	素環系環状鏡板付轡	複環式轡	蒺藜轡	鑣　轡	杏葉轡	鏡　轡
引手・銜共連法	12	2	0	0	1	1	0
橘金具連結法	0	3	3	4	2	6	3

4　従来の編年の再検討

鏡　板

これまで奈良・平安時代の鏡板について最も系統的に編年を行った鈴木一有氏によれば、鉸具造り立聞系・矩形立聞系環状鏡板付轡は、七世紀まででなくなると理解されている[19]。しかし、再集成すると、一〇世紀まで型式変化をしながら存続することが明らかになった。この点については、古墳時代研究者の諸論文に概ね共通しており、素環系の轡を主に扱った岡安氏[20]・花谷浩氏[21]なども概ね七世紀代で立聞系環状鏡板付轡が終焉を迎えると考えている。

確認できたものは八世紀後半までが多く、奈良時代以降の轡が古墳時代以来の系譜を引くものが主流であることが確認できた。また、素環系環状鏡板付轡は多くが九世紀代までであり、一〇世紀以降は一〇世紀第三四半期の中堀遺跡（51）や池島・福万寺遺跡（52・53）など限られているが、中世まで存続する。このことから、環状鏡板付轡は立聞系から素環系になるのではなくて、素環系は通時的に存在し、別な系列であることを確認できる。

蒺藜轡は正倉院の段階で、唐草文を取り入れ、華美になる。この系列が端部突起型蒺藜轡であり、再集成の結果、轡上辺の突起が上にのびていく型式変化であることが改めて指摘できた。この系列は九世紀中葉までで、その変化形が手向山神社蔵唐鞍の轡に残る[22]。長方形型は新たに設定できた系列である。出土事例が少なく、編年図に掲載したもののほかには、六反田遺跡（76）などで、九世紀前葉から中葉のものがあり、最終期の資料である。

　鏡轡は一二世紀に出現し、装飾性の高い中世の轡であり、この段階で壺付き立聞も轡本体と一体造りになって、中世の轡様式に至ったと考えられる。

銜・引手・立聞

　銜・引手の連結法について、片山寛明氏は「立聞を鏡板から高く造り出して鏡に設けられた穴または柱部に喰先を絡ませ、これに鏡の外側から遊び金を介在させて引手へと続く」轡を和式轡の基本形態とされ[23]、これは壺付き立聞と橘金具連結法を指すと判断される。壺付き立聞の初現時期は、九世紀前半の松原遺跡の轡（84）であるが、多くなるのは九世紀後半である。片山氏の和式轡の規定に従えば、壺付き立聞の出現する九世紀代が轡和式化の一階梯と理解できる。しかし、橘金具連結法は、複環式轡の多くや蒺藜轡・鏡轡はこの連結法であり、素環系環状鏡板付轡でも存在することから、この点のみを轡の和式化の指標とすることは難しい。ただし、一二世紀の平城京跡の杏葉轡（86）や百間川米田遺跡の鏡轡（96）では、大環銜の銜先環がそれ以前よりも大きくなっており、中世轡の遺品のように銜先環が大きくなるのは一二世紀であり、この時期を和式轡への一階梯と捉えることができる。この点は、片山氏の変遷指標と異なり、銜やその連結法で、遊金のある橘金具連結法に加えて、壺付き立聞・大環銜の形態変化が轡和式化の指標になると考える。

第二節　馬装の復元と意義

——古代馬具の様式復元——

　轡の変遷を検討したので、次に古代馬具の様式的な観点から検討していきたい。まず、当該期の馬具には、出土品や正倉院などの伝世品を含めると、儀仗用馬装と兵仗や駄馬用の馬装があることが指摘できる。ここでは、今回検討した轡を馬装全体の中に位置付けていき、古代馬装様式の意義を指摘したい。

1　儀仗馬装の復元

　蒺藜轡は出土遺跡によって分類できる。この型式の轡の初現形である環状型は御門一号古墳と大規模集落である熊の山遺跡で出ている。熊の山遺跡は、轡の出土した八世紀前葉には方形区画溝が作られ、掘立柱建物群が展開する。物品などを集荷・保管した場所という説がある[24]。

　最も華美な端部突起型は正倉院や平城京跡・鳥羽遺跡・寺家遺跡・下野国分尼寺跡・黒熊八幡遺跡・宮原遺跡から出ている。特に、都城や上野国の国衙工房である鳥羽遺跡、国分尼寺から出ていることから、この轡が官衙・官寺で使用する型式であることを示す。黒熊八幡遺跡

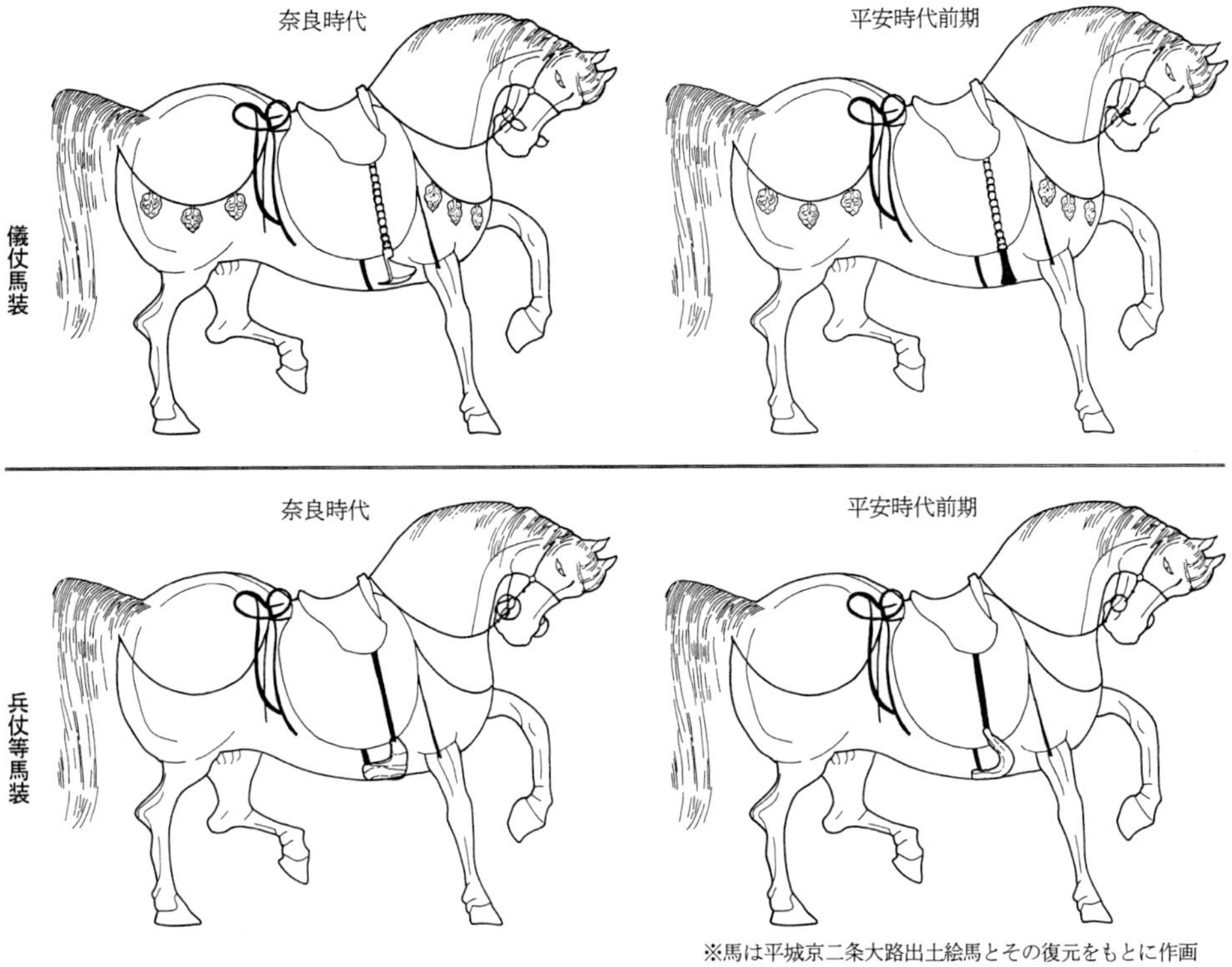

図36　馬装の復元

と宮原遺跡は集落遺跡であるが、前者からは瓦も出ており、寺院併設型集落とみられている。

長方形型は多賀城跡や九世紀代の東国の集落である北谷津第Ⅰ遺跡などで出ている。この型は、環状型の亜形と目され、東日本の集落で出ることからも在地で模倣されたものと考えられる。蒺藜轡のうち正倉院蔵品や都城で出ている端部突起型は、その装飾性からみて儀仗用の馬装といえるであろう。

次に、轡を含めた当該期の日本的儀仗馬装を復元すると、轡は蒺藜轡、鐙は金属製（金銅・銅・鉄製）かそれを模倣した木製壺鐙が組み合わさる。[25]鞍に関しては鈴木治氏の見解で、[26]唐鞍から日本化した四枚居木鞍が組む。杏葉は不確定であるが、唐様式の唐草文杏葉が平城京出土品[27]や正倉院蔵品によって組み合わさっていたとみられる。ただし、唐草文杏葉は都城以外には管見の限り確認できず、地方官衙を含めた規格化された儀仗馬装とは考えがたい。さらに、一部古墳時代後期以来の毛彫文様の金銅製杏葉も残存している。杏葉については唐風であるが、轡・鐙は日本の新型式と古墳時代からの系譜の型式であり、これを組み合わせたものが、八世紀の律令国家の儀仗馬装になっている。

九～一〇世紀では、鑣轡・輪鐙の組み合わせになると考える。これは上荒屋遺跡出土の轡の性格、大宰府跡出土鋳型の時期と性格により復元される。大宰府は蕃客を迎える機関で、政庁Ⅱ期後半[28]に鋳造輪鐙を生産していた。上荒屋遺跡の地域も後述のように同様の性格が想定できる。この時期の杏葉は明確な事例がないが、この轡と鐙の組み合わせは唐式の馬装であり、この時期になって、蕃客迎接には儀仗馬装の唐風化が進んだことを指摘することができる。

　一二世紀は、鏡轡・舌長鐙が組み合わさり、法住殿跡や志羅山遺跡出土の象嵌文様を施した鏡轡に代表される。この時期には新たな和式馬装に転換したと評価するべきであろう。

　このように、奈良・平安時代を通じた馬装の様式は、八・九世紀では日本での新型式と古墳時代以来の型式や唐式の組み合わせから、九〜一〇世紀の外交儀衛には唐様式の馬装になり、一二世紀には八世紀以来の型式変化の到達点である舌長鐙と新型式の鏡轡の組み合わせによる和式の馬装に変化したことが指摘できる。(29)

2　律令国家の儀仗馬装政策

　次に、儀仗用の馬装について、儀衛の整備という観点から見ていく。この観点に立つ時、文献史料から騎馬は儀衛でどの場面で使われたか、使用方法やその規定を確認する必要がある。次に、使用方法の実態と儀衛道具全体の系譜と上述の馬装を対照して、律令国家の馬装政策を読み取っていく必要がある。

(一)　儀衛での騎馬の使用

　儀仗としての騎馬は天皇の行幸や外国使節の迎接などに使用された。行幸の事例は、『日本書紀』などに散見する。

推古十六年（六〇八）八月辛丑朔癸卯条

　唐客入レ京。是日、遣二飾騎七十五匹一、而迎二唐客於石榴市術一。

推古十八年（六一〇）十月己丑朔丙申条

　新羅任那使人臻二於京一。是日、命二額田部連比羅夫一、為下迎二新羅客一荘馬之長上。以二膳臣大伴一為下迎二任那客一荘馬之長上。

文武三年（六九九）二月戊申条

　詔免二従レ駕諸国騎兵等今年調役一。

大宝元年（七〇一）十月己未条

　免二従レ駕諸国騎士当年調庸及担夫田租一。

大宝二年（七〇二）十一月戊子条

　車駕至レ自二参河一。免二従レ駕騎士調一。

　また、外国使節の迎接でも『日本書紀』・『続日本紀』にみられる。

慶雲二年（七〇五）十一月己丑条

　徴二発諸国騎兵一。為レ迎二新羅使一也。以二正五位上紀朝臣古麻呂一為二騎兵大将軍一。

和銅七年（七一四）十一月乙未条

　新羅国遣二重阿飡金元静等二十余人一朝貢。差二発畿内七道騎兵合九百九十一。為レ擬二入朝儀衛一。

和銅七年十二月己卯条

　新羅使入京。遣下従六位下布勢朝臣人。正七位上大野朝臣東人一。率二騎兵一百七十一。迎中於三椅上。

宝亀九年（七七八）十二月丁亥条

　仰二左右京一。差下発六位已下子孫堪二騎兵一者八百人上。為二唐客入朝一也。

宝亀十年（七七九）四月庚子条

唐客入京。将軍等率二騎兵二百。蝦夷廿人一。迎二接於京城門外三橋一。

次に、これらの儀衛の馬装についてみる。

天武十年（六八一）十月是月条

天皇将レ蒐二於広瀬野一、而行宮構訖、装束既備。然車駕遂不レ幸矣。唯親王以下及群卿、皆居二于軽市一、而検二校装束鞍馬一。小錦以上大夫、皆列二坐於樹下一。大山位以下者、皆親乗之。共随二大路一、自レ南行レ北。

ここでは、行幸で六位以下に当たる大山位以下の者が騎乗していた。同様の事例は前掲の宝亀九年の唐客入朝に際しても六位已下の子孫が騎兵に差発されていることから、行幸・迎接には六位以下の者が騎乗していたことが通時的に理解できる。さらに具体的に霊亀元年（七一五）九月己卯朔条では、

禁下文武百寮六位以下用二虎豹羆皮及金銀一飾中鞍具并横刀帯端上。但朝会日用者許レ之。

とあって、六位以下では朝会の日以外は金銀の鞍具や横刀は禁じられていた。このことは更に下った平安時代前期にもみられ、『続日本後紀』の承和九年（八四二）五月甲午朔乙未条に、

五月五日供節。四衛府六位官人已下装束。除二甲冑飾一之外。不レ得レ用二金銀及薄泥一。五位已上走馬之鞍。并馬飾。不レ論二新旧一。聴レ用二金銀一。但薄泥不レ在二聴限一。

とあり、五位以上のみに金銀の鞍と馬飾が許された。この規定は『延喜式』弾正台にもある。

凡五月五日。五位以上諸王。諸臣献二走馬一時。兵部省分頭。陣二列朱雀東西一。訖省申レ台云。列レ馬訖。即忠以下分二立左右一。巡二検禁物一。其走馬装束。聴レ用二純素金銀一。

このように、儀仗の装馬は奈良時代から平安前期では金銀の色制で位階を表現していたことがわかる。特に、儀仗馬に色による効果を図っていたことは、『延喜式』左右馬寮青馬条に、

凡正月七日青馬籠頭。鑣。一疋。前頭及最後馬別著二金装一自余烏装。

とあることから先頭と最後尾の馬のみに金色の装具を付けて装飾効果を図っていた。

さらに、『令集解』儀制令儀戈条には、節会の日に朱雀門に飾馬を陳列するが、後の『日本後紀』弘仁六年（八一五）十月壬戌条では栗前野に遊猟をする時に緋色の鞦勒は一切禁断されていたが、節会の日のみは緋色の韂も許されていた。

以上のように、対外関係では迎接に装馬を用いることは推古朝以来からの伝統であり、装馬は金銀で飾ることで荘厳を図った。そして、金銀の装馬は五位以上に許され、それ以下の官人には許されなかった。『延喜式』左右馬寮の規定では、蕃客は特別に唐鞍を使用することになっていたが、規定のない入朝儀衛の迎接などの騎兵には、唐様式の馬装はしていなかったことがわかる。このことが考古学的な韂や鐙の型式からも古代の儀仗馬装が唐様式でなかったことと符号する。令制下の儀仗馬装は、色制で儀仗の階層を表現していることから、衣服令の理念に基づいて設定されていたと理解することができる。

そして、このような儀仗馬装の基本理念によって、儀仗馬装には唐

様式の轡でない蒺藜轡の開発が行われたと判断するべきである。

（二）鑣轡・輪鐙＝唐式儀仗馬装の使用

日本における鑣轡は静岡・長野・茨城県所在の後期古墳で確認できる。このうちコウモリ塚古墳では副葬品の豊富さから地域首長の墓と考えられる。しかし、これらの事例以後に鑣轡は連続的に使用されていない。

平安時代の事例では、石川県金沢市上荒屋遺跡の溝から出た鑣轡があり、共伴した遺物から九世紀代とされている。平安時代には『延喜式』左右馬寮蕃客条に、

凡蕃客乗騎唐鞍寮家掌収。若有二壊損一随即修理。其馬子簡二飼丁容貌端正者一充。

とあることから、新羅使・渤海使に対しては、馬寮の管理する唐鞍を充てていた。そこで、九世紀代の渤海使の加賀国への漂着事例をみると、以下のようである。

弘仁十四年（八二三）十一月壬申条では渤海使が加賀に到着したことが報告され、翌天長元年四月丙申条では越前国から渤海国からの信物と別貢物が進められている。この間に加賀から越前に移動しているが、上京せず帰還した（『日本紀略』）。

貞観十三年（八七一）十二月十一日壬子条では渤海国使が加賀国岸に着き、翌五月十五日に山城国宇治郡山科に到り、入京して鴻臚館に入っている（『日本三代実録』）。

元慶六年（八八二）十一月十四日に渤海国使が加賀国に着岸し、便処に安置した。その後京まで加賀・越前・近江・山城の通行路を修理して、四月二十八日には山城国山階を通り鴻臚館に入っている。その後五月五日に天皇と騎射や五位以上の貢馬を観覧するが、大雨で翌六日に左右馬寮の競走馬や馬芸を渤海使と覧た。この時の様子は『延喜式』左右馬寮の五月五日節式・六日競馬并騎射式による。

このように、九世紀代に渤海使の加賀からの移動記事が確認でき、渤海使が着岸後に入京までの移動には唐鞍に騎乗していたことから、加賀には唐式馬装が保管してあり、出土した上荒屋遺跡が東大寺荘園であることからも、この轡が渤海使騎乗の際の馬装であった可能性が高い。また、渤海では楊屯大海猛遺址で鑣轡が出土しており、対外関係上の迎接には客国で使用する馬具と同じ馬装を用意していたことがわかる。

同様に、蕃客を迎接する大宰府でも唐式といえる輪鐙の鋳型が出ている。これも大宰府において新羅使の騎乗する唐鞍に付けるものであり、対外関係上の必要品を大宰府政庁の一画で生産していたと考えられる。

その後は、出土馬具と関連させることはできないが、平安後期以降の文献に伝える唐鞍の用法は大嘗会御禊に親王公卿などが用いた。そこには杏葉・八子・雲珠を付けていた。平安前期に蕃客が乗った唐式馬装はその後、儀仗用として鎌倉時代まで続くようである[30]。

このように、七世紀代には唐式轡が一部取り入られるが、現状の出土資料では東日本の古墳群で出ているのみである。このために、律令国家の儀仗馬装に唐様式を積極的には取り入れていないとみられる。

これが平安時代前期には蕃客に使用され、対外関係上必要な馬装として整備されたと考えられる。

（三）寺院における馬具

下野国分尼寺跡出土の蔟藜轡の評価は難しいが、僧尼と乗馬の関係も見いだせる。『令集解』僧尼令布施条では、齋会には奴婢牛馬兵器を布施に充てることはできないが、跡説によれば臨時には請いて馬に乗ったようである。また、『類聚三代格』弘仁七年（八一六）五月三日太政官符によれば、

応下自レ京所レ入諸国国分寺僧路次充中供養并伝馬上事

択二擢京寺之僧一補二入国分闕一。而頃年間緇徒去日唯授二公験一不レ充二食馬一。今被二右大臣宣一云。郵伝之設本備二逓送一。宜下自今以後。僧身及童子一人令上充二供養公乗一者。

とあって、弘仁七年以降は、国分寺で欠員が出た時には伝馬を用いていた。蔟藜轡の出た下野国分尼寺の寺域区画溝は八世紀後半から九世紀中葉とされており、官衙などで出ることの多い蔟藜轡が官寺で出る要因を探すと、確定はできないが京より補任した僧が乗った伝馬の轡の可能性がある。

（四）階層的儀衛道具と馬装

以上のように、律令期の馬装を中心にして、文献史料における儀仗に関連する記事との関わりなどをみてきた。最後に、令制初期の儀仗全体における馬装の意義を述べていきたい。

外国使節の迎接や行幸を含めた儀衛には、騎馬も列した。このために儀衛には飾馬及びその馬装の整備も必要であった。しかし、その馬装について、積極的に唐様式に整備された形跡は遺物からみる限り窺えない。それは、唐様式の形態・組み合わせを導入するよりも、衣服令の階層規定を基本にして、色制に基づき儀仗を整え、騎馬の階層性を表現したためである。

このような観点から見たときに最も対照的な儀仗は大刀である。大刀は儀衛道具で最も唐式を取り入れ、方頭の柄頭や佩用の際の足金物を最初に取り入れ、次に山形金や唐鐔を付け、段階的に唐様式の大刀となっていく。(31)

甲冑では、実用的な防御性能は七世紀以来の改良により、効果が増していく。唐様式は主に装飾部分で取り入れているようである。一部、構造で両当甲の竪上第一段の形態などに関連がみられる。(32)

弓では丸木弓が主体であって、古墳時代以来の在来系譜と評価することができる。ただし、古墳時代の副葬弓は二メートル程の長弓であり、文献史料から窺える儀仗弓も長弓であることから、令制下の儀仗弓は古墳時代以来の葬送儀礼や首長権継承儀礼に用いた長弓を継承したものと判断される。(33)矢は鉄鏃でみる限り、奈良時代の初期まで棘箆被が残り、古墳時代以来の形態である。(34)

このような儀仗のうち、騎馬儀衛の階層は、先述の文献史料のように六位以下の者や諸国から徴発された騎兵・騎士である。彼らを先導したのは正五位上紀朝臣古麻呂・従六位下布勢朝臣人・正七位上大野朝臣東人であり、新羅使の迎接をしている。対外的な迎接などでの騎

馬儀衛階層は比較的低い者であったことに起因して、儀仗用馬装は完全な唐様式でなく、日本的な組み合わせが主体であったものと推測することができる。

そのような律令政府の儀仗には、使用階層や表示原理が鋭く反映し、規制されていたことが、馬装を含めた儀衛道具全体の系譜を検討することにより明らかになってきた。

3　兵仗等の馬装

（一）兵仗等馬装の復元

儀仗用の馬装について、出土遺跡の性格などをもとにして復元できたので、次に兵仗等に使用した馬装の復元を行っていきたい。この馬装には、儀仗と関係の少ない集落遺跡出土品や東北地方の城柵遺跡出土品などが根拠になる。

奈良時代から平安時代初期には、古墳時代以来の環状鏡板付轡や複環式轡に木製の鐙各種が組み合わさったと考えられる。環状鏡板付轡では、鉸具造り立聞・矩形立聞・素環系環状鏡板付轡ともに、集落と東北北部の末期古墳での出土事例が多い。特に集落では七・八世紀に主体となる轡型式である。この型式が軍事用の騎馬に用いる轡であったことは、征夷戦の八世紀後半に、その武器生産を行っていた茨城県鹿の子遺跡で素環系環状鏡板付轡が出ており、征夷戦の最前線であった岩手県志波城跡からも同型式の轡が出ていることから実証することができる。つまり、環状鏡板付轡は騎兵が使用した馬具といえるのである。さらに、征夷期間中である八世紀後半から九世紀前半の東北北部でも房の沢Ⅳ遺跡や宮古市鰹沢遺跡では環状鏡板付轡が出ており、政府軍と同じ型式の轡を使用している。この事実は、東北以南の令制国のみならず、東北北部の蝦夷と括られた地域でも、同型式の環状鏡板付轡が主体であり、轡の型式が令制国の内外を問わず共通していたことを示している。

鐙は、木心金属張三角錐形壺鐙系吊金具や木製鐙・金属製鐙ともに出土数は少ないが、前二者は集落遺跡からの出土が確認されている[35]。このため、環状鏡板付轡と木製鐙などを組み合わせた馬具が兵仗等の馬装であったと考えられる。

平安時代では、素環系環状鏡板付轡や複環式轡が集落遺跡やその墓から主体的に出土している。複環式轡は鈴木一有氏が指摘するように[36]、東日本にその分布が偏っている点は今回の集成でも追認することとなった。この型式の出土遺跡は、集落遺跡や東北北部の墓・防御性集落において確認されている。これらを主体に、杏葉轡などが少数加わったとみられる。

鐙は、木心金属張三角錐形壺鐙系吊金具の出土数が九世紀後半に急増して、一〇世紀代にも多く確認されている。その出土遺跡は集落が圧倒的に多い。木製鐙も半舌鐙や長吊手舌鐙などが集落遺跡から出土しており、素環系環状鏡板付轡や複環式轡などと組み合わさると考えられる。

（二）兵仗等馬装の意義

環状鏡板付轡は儀仗と関連の薄い集落遺跡などから最も数多く出土している。このため、軍事用や運送用の馬装に用いられるのは、この轡型式であると考えられる。特に、七世紀後半から八世紀には立聞系・素環系ともに集落における出土数が多い。

立聞系環状鏡板付轡については、古墳時代から継承した型式であり、近年の田中祐樹氏の研究によると、氏の分類するCⅢ型式（小稿の引手・銜共連法の矩形立聞系環状鏡板付轡）はTK―二〇九の時期に機能性が飛躍的の進展し、機能的完成段階を迎えた環状鏡板付轡であるという。氏はこの型式の轡について、律令体制確立を目指して各地域に派遣された新興集団が中央政権より支給されたものと想定している。[37]

この型式は八世紀にも継承され、大きな改変はなされていない。これによって、軍団制創設時の騎馬は、環状鏡板付轡の完成された機能性を継承したと評価される。その機能性の意義については、銜に引手が連接することから、騎乗者の意志が引手から直接銜に伝わり、馬の制御が最も効果的であると評価される。この馬の制御性能を継承したのが令制初期の騎兵であったといえる。

一方、八世紀代に木心金属張三角錐形壺鐙系吊金具には、鳩胸側と踏込側で形態差が出現する。九世紀代に木製鐙では横木取りの半舌鐙が確認されるようになる。新型式の鐙は郡司層や有力者層の遺跡から出土しており、この時期の鐙の開発層の特徴がわかる。一方、轡は集落の民衆層が前代からの轡型式を使用していた。この新旧型式の馬装は階層的に使用層が異なっており、この点が奈良時代の兵仗等馬装の特徴といえるであろう。

立聞系環状鏡板付轡は、九世紀には出土数が減少し、衰退期に向かったと考えられる。一方で、橘金具連結法の轡が多くなる。遊環を介して引手を銜に連接する機能は、引手の可動性が増すと推測され、中世の轡に繋がっていく。古墳時代後期以来の轡の制御性能と別な性能開発を指向したと評価される。

さらに、一二世紀には銜端の環が大型化する。大型の銜環は鏡板と馬肌・唇を離すことになり、馬による鏡板の破損を防ぎ、遊環の可動性が増し、引手の可動性が増加する効果がある。このことは、広く制御効果を図ったものと考えたい。

このように、古代の兵仗等馬装のうち轡については馬の制御性能の改良によって、銜や鏡板の形態変化が起きたと考えられる。

おわりに

以上のように、これまで研究の少なかった古代の轡について、鏡板や銜・立聞・引手、それらの連結法の変遷という基礎的な研究を行ってきた。さらに、使用方法として各轡型式の出土遺跡の傾向から儀仗用や兵仗用等の想定などを検討してきた。そして、馬具の組み合わせの復元と文献史料に記載する馬装の様相から、律令国家の馬装に対する基本的な姿勢を述べてきた。

これらの作業は、いずれも古代轡を含めた馬装の初歩的な研究といわざるをえないが、出土品を主体にした古代馬装とその政策の解明、及び遅れていた古代の馬具研究の一端になれれば幸いである。

註

（1）片山寛明「日本の轡―奈良時代～江戸時代―」（『馬の博物館　研究紀要』第一号　根岸競馬記念公苑、一九八七年）。
（2）瀧瀬芳之「轡について」（『光山遺跡群』（財）埼玉県埋蔵文化財調査事業団、一九九四年）。
（3）鈴木一有「律令時代における轡の系譜」（『下滝遺跡群二』（財）浜松市文化協会、一九九九年）。
（4）冨永里菜「馬具の革金具」（『銙帯をめぐる諸問題』奈良文化財研究所、二〇〇二年）。
（5）日本馬具大鑑編集委員会『日本馬具大鑑　第二巻　古代下』（日本中央競馬会・吉川弘文館、一九九一年）。
（6）坂本美夫『考古学ライブラリー三四　馬具』（ニュー・サイエンス社、一九八五年）。
（7）滝沢　誠「複環式鏡板付轡の検討」（『史跡　森将軍塚古墳―保存整備事業発掘調査報告書―』更埴市教育委員会、一九九二年）。
（8）前掲註（3）鈴木論文。
（9）秋田市湯ノ沢F遺跡六号土坑墓の轡については、秋田市教育委員会の御高配によって轡型式を理解することができた。
（10）前掲註（3）鈴木論文。
（11）前掲註（3）鈴木論文。
（12）前掲註（5）掲載。
（13）岡安光彦「いわゆる「素環の轡」について―環状鏡板付轡の型式学的分析と編年―」（『日本古代文化研究』創刊号、一九八四年）。
（14）津野　仁「蝦夷の武装」（『考古学研究』第五四巻第四号、二〇〇八年。本章第二部第二章）。

（15）前掲註（13）岡安論文。
（16）岡安氏の橘金具連結法を宮代氏は「遊環介在引手・銜別連」と呼ぶ（宮代栄一「古墳文化における地域性―九州地方出土の環状鏡板付轡を中心に―」『駿台史学』第一〇二号、一九九八年）。ほぼ同じ内容と思われるが、ここでは先行研究の岡安氏の呼称に従っておく。
（17）前掲註（13）岡安論文。
（18）前掲註（7）滝沢論文。
（19）前掲註（3）鈴木論文。
（20）前掲註（13）岡安論文。
（21）花谷　浩「素環鏡板付轡の編年とその性格」（『山本清先生喜寿記念論集　山陰考古学の諸問題』一九八六年）。
（22）近藤好和氏は手向山神社蔵の唐鞍に具す轡について、前掲註（5）所収の解説「唐鞍（一）」で、大陸系の蒺藜轡の形状が変化したものとしている。蒺藜轡は大陸系とはいえないが、唐鞍に具す飛翼形の轡は儀仗轡である蒺藜轡の系列となる。
（23）片山寛明「和式轡の展開」（『日本馬具大鑑　第三巻　中世』日本中央競馬会・吉川弘文館、一九九〇年）。
（24）稲田義弘「島名熊の山遺跡」（『古代地方官衙周辺における集落の様相―常陸国河内郡を中心として―』茨城県考古学会、二〇〇五年）。
（25）津野　仁「古代鐙の変遷とその意義」（『研究紀要』第一八号、（財）とちぎ生涯学習文化財団埋蔵文化財センター、二〇一〇年。本書第一部第三章）。
（26）鈴木　治「日本鞍の様式的変遷について」（『国華』第七〇編第一二冊、一九六一年）。
（27）奈良国立文化財研究所『平城京東堀河　左京九条三坊の発掘調

査』（一九八三年）。

（28） 大宰府報告によれば、政庁Ⅲ期が九四一年の藤原純友の乱の政庁造営であり、銅製輪鐙の生産はこれを遡る時期の所産である。

（29） 図36の馬装は、儀仗馬装のうち奈良時代は鳥羽遺跡出土轡・懐古神社蔵鐙・平城京東堀川出土杏葉、平安時代は鑣轡と輪鐙、兵仗等馬装の奈良時代は複環式轡・伊場遺跡出土鐙、平安時代は素環轡・居倉遺跡出土鐙をもとに作成した。

（30） 前掲註（26）鈴木論文。なお、遺跡出土品では象嵌の文様のある鏡轡は、法住寺殿跡や志羅山遺跡で出ていることから、平安時代末の儀仗用轡と推測した。文献に記載する唐鞍は大嘗会などの国家祭祀で、親王・公卿などが用いている。宮中での祭祀では唐様式馬装が継続して用いられたが、一方で鏡轡も加わったとみることも可能である。

（31） 津野　仁「方頭大刀の源流」（菅谷文則編『王権と武器と信仰』同成社、二〇〇八年。本書第三部第三章）。

（32） 津野　仁「東大寺甲と古代小札甲の諸要素」（『研究紀要』第六号、（財）栃木県文化振興事業団埋蔵文化財センター、一九九八年。『日本古代の武器・武具と軍事』吉川弘文館、二〇一一年所収）。

（33） 津野　仁「古代弓の系譜と展開」（『日本考古学』第二九号、二〇一〇年。本書第三部第二章）。

（34） 津野　仁「古代・中世の鉄鏃―東国の出土品を中心にして―」（『物質文化』第五四号、一九九〇年。『日本古代の武器・武具と軍事』吉川弘文館、二〇一一年所収）。

（35） 津野　仁「古代の鐙金具について」（『栃木の考古学―塙　静夫先生古稀記念論文集』、二〇〇三年。本書第一部第二章）・前掲註（25）津野論文。

（36） 前掲註（3）鈴木論文。

（37） 田中祐樹「造り付け立聞環状鏡板付轡の出現と展開」（『歴史民俗研究』第八輯、板橋区教育委員会、二〇一一年）。

轡集成図・表の出典文献（番号は図26〜32・表5に対応する）

1 おいらせ町教育委員会『阿光坊古墳群発掘調査報告書』（二〇〇七年）。
2 小郡市教育委員会『津古生掛遺跡Ⅱ』（一九八八年）。
3 八戸市教育委員会『丹後平古墳群　丹後（一）遺跡・丹後平古墳』（二〇〇二年）。
4 （財）千葉県文化財センター『主要地方道成田安食線地方道道路改良事業に伴う埋蔵文化財調査報告書Ⅱ　上福田和田谷津遺跡・上福田保町遺跡・仲兵遺跡・下福田稲荷原遺跡・上福田一三号墳・松崎播磨遺跡・鳥内遺跡』（一九九三年）。
5 （財）山武郡市文化財センター『小野山田遺跡群Ⅲ（第一分冊）―尾亭遺跡―』（二〇〇一年）。
6 山梨県教育委員会『二之宮遺跡』（一九八七年）。
7 おいらせ町教育委員会『阿光坊古墳群発掘調査報告書』（二〇〇七年）。
8 八王子市宇津木台地区調査会『宇津木台遺跡群Ⅳ』（一九八六年）。
9 鹿島町遺跡保護調査会『鹿島神宮駅北部埋蔵文化財調査報告Ⅳ』（一九九〇年）。
10 岩手県教育委員会『五条丸古墳群』（一九六三年）。
11 八戸市教育委員会『八戸新都市区域内埋蔵文化財発掘調査報告書X　丹後平古墳』（一九九一年）。
12 岩手県教育委員会『五条丸古墳群』（一九六三年）。
13 東京都埋蔵文化財センター『三吉野遺跡群―二―』（一九九八年）。
14 増田　修『西田・谷津・中道・上新田　今井遺跡発掘調査報告書』（東京電力株式会社、一九八八年）。
15 八戸市教育委員会『酒美平遺跡Ⅱ発掘調査報告書』（二〇〇一年）。
16 （財）茨城県教育財団『加茂遺跡』（二〇〇五年）。
17 佐久埋蔵文化財センター『上高山遺跡Ⅱ』（佐久市教育委員会、一九九二年)。

18 (財)千葉県文化財センター『東金市久我台遺跡』(一九八八年)。

19 (財)岩手県文化振興事業団埋蔵文化財センター『馬場遺跡発掘調査報告書』(一九九〇年)。

20 (財)岩手県文化振興事業団埋蔵文化財センター『房の沢Ⅳ遺跡発掘調査報告書』(一九九八年)。

21 (財)岩手県文化振興事業団埋蔵文化財センター『房の沢Ⅳ遺跡発掘調査報告書』(一九九八年)。

22 (財)鹿嶋市文化スポーツ振興事業団『鹿島神宮駅北部埋蔵文化財調査報告Ⅷ』(一九九六年)。

23 二戸市埋蔵文化財センター『諏訪前遺跡―第一二次調査―』(二〇〇八年)。

24 (財)岩手県文化振興事業団埋蔵文化財センター『房の沢Ⅳ遺跡発掘調査報告書』(一九九八年)。

25 (財)群馬県埋蔵文化財調査事業団『下佐野遺跡Ⅱ地区(二)平安時代・中・近世』(一九八六年)。

26 (財)群馬県埋蔵文化財調査事業団『下佐野遺跡Ⅱ地区(二)平安時代・中・近世』(一九八六年)。

27 (財)群馬県埋蔵文化財調査事業団『下佐野遺跡Ⅱ地区(二)平安時代・中・近世』(一九八六年)。

28 (財)群馬県埋蔵文化財調査事業団『二之宮谷地遺跡』(一九九四年)。

29 池端地区遺跡群発掘調査団『池端地区遺跡群発掘調査報告書』(二〇〇〇年)。

30 斎宮歴史博物館『史跡　斎宮跡　平成一四年度発掘調査概報』(二〇〇四年)。

31 おいらせ町教育委員会『阿光坊古墳群発掘調査報告書』(二〇〇七年)。

32 八戸市教育委員会『殿見遺跡発掘調査報告書Ⅰ』(一九九三年)。

33 八戸市教育委員会『丹後平古墳群　丹後(一)遺跡・丹後平古墳』(二〇〇二年)。

34 (財)千葉県文化財センター『千葉市鷲谷津遺跡』(二〇〇二年)。

35 佐久市教育委員会『聖原　第2分冊』(二〇〇三年)。

36 長野県教育委員会『長野県中央自動車道埋蔵文化財包蔵地発掘調査報告書―伊那市内その二―昭和四八年度―』(一九七四年)。

37 多古町遺跡調査会『大原遺跡』(一九八六年)。

38 栃木県教育委員会『栃木県立しもつけ風土記の丘資料館第九回特別展図録古代の集落』(一九九五年)・市貝町教育委員会『仁王地遺跡発掘調査報告書』(二〇〇九年)。

39 石岡市教育委員会『鹿の子―鹿の子地域の調査報告一一―』(一九九七年)。

40 尾尻八幡山遺跡調査団『尾尻八幡山』(一九七六年)。

41 佐倉市大崎台B地区遺跡調査会『大崎台遺跡発掘調査報告Ⅱ』(一九八六年)。

42 八千代市遺跡調査会『上谷遺跡―第三分冊―』(二〇〇四年)。

43 盛岡市教育委員会『志波城跡―平成五年度発掘調査概報―』(一九九四年)。

44 中台畠中遺跡調査会『中台畠中遺跡発掘調査報告書』(二〇〇〇年)。

45 日野市落川遺跡調査会『落川遺跡Ⅱ　遺物編―第一分冊―』(一九九七年)。

46 馬目順一「荒田目条里遺跡の馬具」(『荒田目条里遺跡』いわき市教育委員会他、二〇〇一年)。

47 宮古市教育委員会『鰹沢遺跡―平成二年度発掘調査報告書―』(一九九二年)。

48 韮崎市教育委員会『宮ノ前第三遺跡』(一九九三年)。

49 (財)千葉県文化財センター『千葉東金道路(二期)埋蔵文化財調査報告書九―東金市前畑遺跡・羽戸遺跡―』(二〇〇二年)。

50 秋田市教育委員会『秋田臨空港新都市開発関係埋蔵文化財発掘調査報告書』(一九八四年)。

51 (財)埼玉県埋蔵文化財調査事業団『中堀遺跡(第一分冊)』(一九九七年)。

52 (財)大阪府文化財センター『池島・福万寺遺跡二(福万寺Ⅰ期地区)』(二〇〇二年)。

53 (財)大阪府文化財センター『池島・福万寺遺跡　発掘調査概要XXⅠ―九五―二調査区(一九九五〜一九九六年度)の概要―』(一九九八年)。

54　久留米市教育委員会『筑後国府跡　平成二年度　発掘調査概要』（一九九一年）。

55　八戸市教育委員会『八戸新都市区域内埋蔵文化財発掘調査報告書X　丹後平古墳』（一九九一年）。

56　（財）埼玉県埋蔵文化財調査事業団『光山遺跡群』（一九九四年）。

57　浜松市博物館『下滝遺跡群二』（（財）浜松市文化協会、一九九九年）。

58　秋田市教育委員会『秋田臨空港新都市開発関係埋蔵文化財発掘調査報告書』（一九八四年）。

59　（財）岩手県文化振興事業団埋蔵文化財センター『上鬼柳Ⅱ・Ⅲ遺跡発掘調査報告書』（一九九二年）。

60　秋田市教育委員会『秋田新都市開発整備事業関係埋蔵文化財発掘調査報告書』（一九八六年）。

61　東京都埋蔵文化財センター「多摩ニュータウン№一七八遺跡」（『東京都埋蔵文化財センター調査報告書第二四集　多摩ニュータウン遺跡』一九九六年）。

62　水沢市教育委員会『水沢遺跡群範囲確認調査　杉の堂遺跡（第二三次）伯済寺遺跡　（付章　熊野堂遺跡）平成一四年度発掘調査概報』（二〇〇四年）。

63　松本市教育委員会『松本市北栗遺跡』（一九九三年）。

64　日野市落川遺跡調査会『落川遺跡Ⅱ　遺物編―第一分冊―』（一九九七年）。

65　青森県教育委員会『林ノ前遺跡Ⅱ』（二〇〇六年）。

66　（財）鹿島市文化スポーツ振興事業団『鹿島神宮駅北部埋蔵文化財調査報告Ⅴ』（一九九六年）。

67　（財）茨城県教育財団『（仮称）島名・福田坪地区特定土地区画整理事業地内埋蔵文化財調査報告書Ⅱ　熊の山遺跡』（一九九八年）。

68　奈良国立文化財研究所『平城京左京二条二坊・三条二坊発掘調査報告書―長屋王邸・藤原麻呂邸の調査―』（一九九五年）。

69　山口県教育委員会『宮原遺跡・上広石遺跡』（一九七三年）。

70　石川県埋蔵文化財センター『寺家遺跡発掘調査報告書Ⅱ』（一九八八年）。

71　（財）群馬県埋蔵文化財調査事業団『鳥羽遺跡G・H・I区』（群馬県教育委員会、一九八六年）。

72　（財）とちぎ生涯学習文化財団『下野国分尼寺跡』（栃木県教育委員会、二〇〇一年）。

73　昭和村教育委員会『川額軍原Ⅰ遺跡』（一九九六年）。

74　（財）群馬県埋蔵文化財調査事業団『黒熊八幡遺跡（本文編）』（群馬県教育委員会、一九九六年）。

75　宮城県多賀城跡調査研究所『宮城県多賀城跡調査研究所年報一九九五　多賀城跡』（一九九六年）。

76　仙台市教育委員会『大野田古墳群・王ノ壇遺跡・六反田遺跡』（二〇〇〇年）。

77　流山市教育委員会「北谷津第Ⅰ遺跡」（『加地区遺跡群Ⅰ』一九八九年）。

78　茨城県教育委員会『宮中野古墳群調査報告』（一九七〇年）。

79　藤森栄一・桐原　健・宮坂光昭・中村竜雄「岡谷市コウモリ塚古墳」（『松本諏訪地区新産都市地域内埋蔵文化財緊急分布調査報告―昭和四〇年度―長野県考古学会研究報告書一』長野県考古学会、一九六六年）。

80　静岡県「古墳時代の主要遺物」（『静岡県史　資料編三　考古三』一九九二年）。

81　金沢市埋蔵文化財センター『上荒屋遺跡Ⅳ　中世・馬具・木簡・木製品』（金沢市教育委員会、二〇〇〇年）。

82　金子裕之「鳥羽八代神社の神宝二」（『奈良文化財研究所紀要二〇〇五』二〇〇五年）。

83　風間春芳「長野県内の杏葉轡三例について」（『長野県考古学会誌』九〇、一九九九年）。

84　長野県埋蔵文化財センター『上信越自動車道埋蔵文化財発掘調査報告書六―長野市内　その四―松原遺跡　古代中世図版編』（長野県教育委員会、二〇〇〇年）。

85　青森県教育委員会『林ノ前遺跡Ⅱ』（二〇〇六年）。

86　奈良市教育委員会『奈良市埋蔵文化財調査概要報告書　昭和六三年度』

（一九八八年）。

87　平塚市遺跡調査会『平塚市埋蔵文化財緊急調査報告二　昭和六二年度発掘調査　諏訪前遺跡ほか九ヶ所』（平塚市教育委員会、一九八九年）。

88　熊本県教育委員会『灰塚遺跡（Ⅱ）』（二〇〇一年）。

89　（財）岩手県文化振興事業団埋蔵文化財センター『柳之御所跡―関遊水池・平泉バイパス建設関連第二一・二三・二八・三一・三六・四一次発掘調査』（一九九五年）。

90　神奈川県埋蔵文化財センター『宮久保遺跡Ⅲ』（一九九〇年）。

91　風間春芳「長野県内の杏葉轡三例について」（『長野県考古学会誌』九〇、一九九九年）。

92　多賀城市埋蔵文化財センター『新田遺跡』（一九八九年）。

93　（財）岩手県文化振興事業団埋蔵文化財センター『志羅山遺跡第四六・六六・七四次発掘調査報告書』（二〇〇〇年）。

94　（財）古代学協会『法住寺殿跡』（一九八四年）。

95　宮城県教育委員会『中野高柳遺跡Ⅲ』（二〇〇五年）。

96　岡山県教育委員会『百間川米田遺跡四』（二〇〇二年）。

97　奈良修介・豊島　昂「秋田県南秋田郡五城目町「岩野山古墳」」（『秋田考古学』第一九号、一九六一年）。

98　青森県教育委員会『林ノ前遺跡Ⅱ』（二〇〇六年）。

99　鹿島町遺跡保護調査会『鹿島神宮駅北部埋蔵文化財調査報告Ⅶ』（一九九一年）。

100　吉岡村教育委員会・群馬県教育委員会『大久保A遺跡Ⅱ区―関越自動車道（新潟線）地域埋蔵文化財発掘調査報告書―K・C・Ⅱ（第二分冊）』（一九八六年）。

101　早稲田大学本庄校地文化財調査室『大久保山Ⅶ』（一九九九年）。

102　（財）栃木県文化振興事業団『多功南原遺跡《奈良・平安時代編　第二分冊》』（栃木県教育委員会、一九九九年）。

第五章　平安時代後期大鎧の構造復元

はじめに

今日残る平安時代の大鎧は、伝世品一〇余領と出土品の数領を数えるにすぎない。このうち出土品は法住寺殿跡の鎧をのぞき、鉢や金具のみである。伝世品でも皆具の鎧は限られ、多くは威毛の補修によって全体を保持している。このような現状では、大破品でも大鎧出現期の様相を把握する上で、貴重な遺品であると考える。これまで、平安時代後期の鎧は、遺品が少ないことも起因し、研究が停滞していたが、山岸素夫氏等の調査・研究によって、基礎資料が示され、研究の方向性が開拓された。これによって考古学と協働できるようになってきた。

これまで、平安時代後期の大鎧の調査報告は、山岸素夫氏によって厳島神社蔵小桜威大鎧(1)と黒糸威大鎧・唐沢山神社蔵大鎧(2)、臼井洋輔氏により赤韋威大鎧(3)、山岸素夫・齋藤愼一氏によって御嶽神社蔵赤糸威大鎧(4)、竹村雅夫・西岡文夫氏等によって神田天神社蔵小桜威大鎧(5)、発掘調査報告書で法住寺殿跡出土品(6)などが詳細に報告されてきた。しかし、伝世する平安時代後期の鎧でも詳細な報告の行われていないものもある。

ここでは、平安時代後期の大鎧のうち二領、大山祇神社蔵沢瀉威大鎧・甘南備寺蔵黄櫨匂威大鎧について、遺存する指定品に断片の部位を加えて、鎧の構造を復元していく。

第一節　大山祇神社蔵沢瀉威大鎧

本鎧は、最古の大鎧として有名であるが、威毛が切れており、全体的な構造について、あまり言及されてこなかった。ここでは、新たに早稲田大学會津八一記念博物館(7)・国立歴史民俗博物館(8)に本鎧と判断できる小札があったことから、その小札を説明し、その小札を含めた構造復元に進みたい。なお、中村春泥筆になる『甲冑写生図集』に氏の白描画が載っており(9)、その詳細を知ることができ、さらに収蔵・展示する紫陽殿において見学する機会を得て、ここに小札の分類などを提示する。

（一）早稲田大学會津八一記念博物館・国立歴史民俗博物館蔵の小札

早稲田大学會津八一記念博物館の明珍宗恭コレクションに「大三島大山祇えんぎ鎧菱板」と記載されており、小札の帰属が判明する。小札の大きさは、上幅・下幅三・〇センチ、札丈六・九センチ、厚さ〇・三センチの三目札で、革札二枚が重なっている。縦断面は僅かに外反りしているが、横断面は三ミリ反りがあり、経年によるものであろう。札板は漆下地で横縫いを施し、透漆をかけて古様の金漆としているという(10)。札頭は片山に切り、側面調整されている。綴紐に塗った跡が観察され、下緘は上二条、下二条であることがわかる。大山祇神社蔵沢瀉威大鎧の下緘の方法は六類八種に分類でき、この小札の綴じ方は鞆の四の板で、吹返に近い部分である。

国立歴史民俗博物館蔵前田青邨旧蔵品にも本鎧の小札がある。この小札は、下緘の綴じ方が後述の二―一型であり、胴か草摺の可能性が高い。また、札板表側の左端に付く耳札は四―二型の綴じであり、後立挙二の板（逆板）の耳札であろう。

（二）下緘の分類と各部位の説明

下緘の分類と部位

本鎧の下緘が多様であることは、既に鈴木敬三氏が指摘している(11)。『甲冑写生図集』及び大山祇神社発行の図録『大山祇神社』所載の

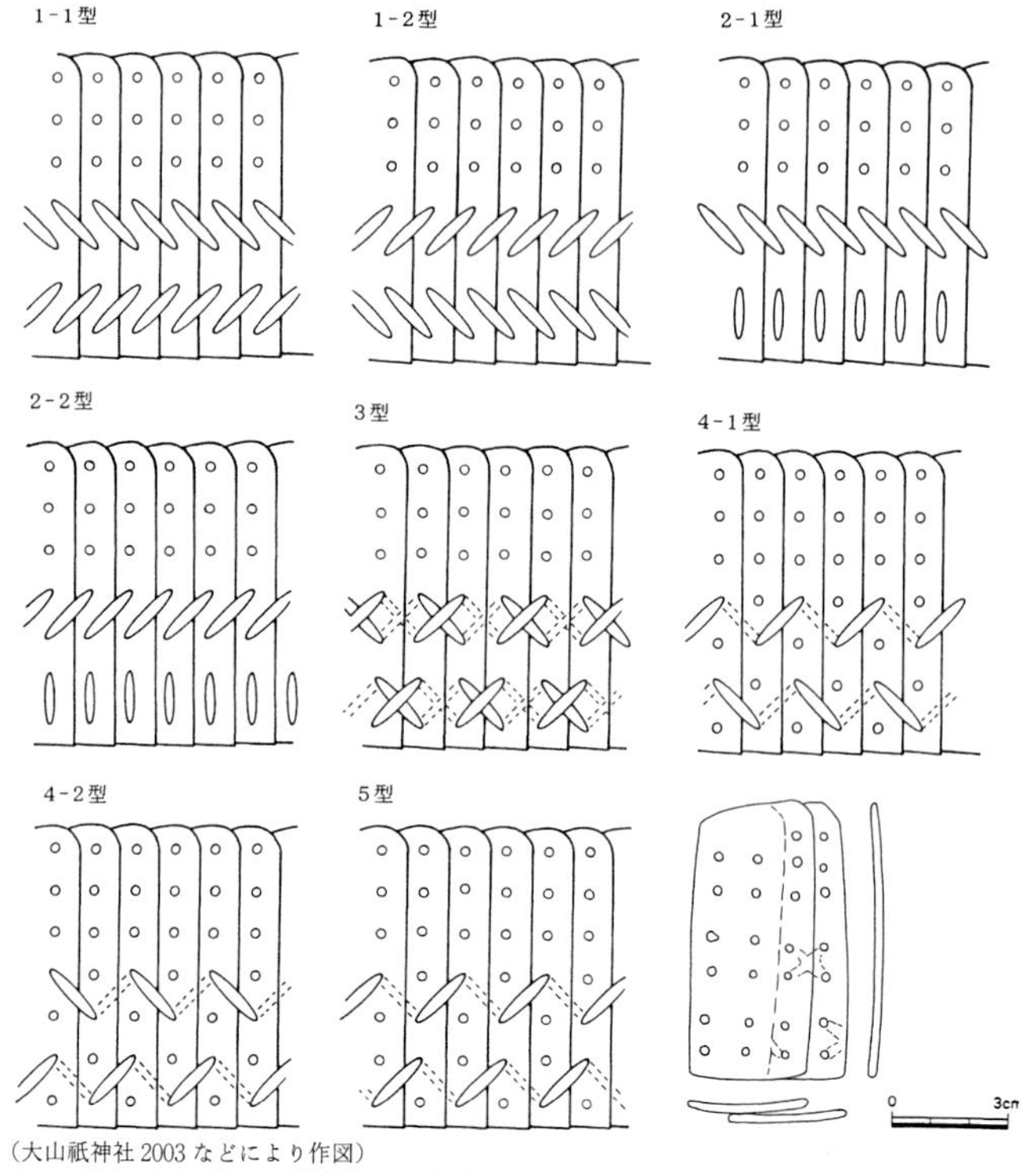

（大山祇神社 2003 などにより作図）

図 37　大山祇神社沢瀉威大鎧下緘分類図・小札実測図

写真(12)を基にして、鎧の実見・観察により、以下のように分類した。このため、裏面の観察に及ばない。

一―一型：上段の下緘は右下がり、下段の下緘は右上がりに縫う。

一―二型：上段の下緘は右上がり、下段の下緘は右下がりに縫う。

二―一型：上段の下緘は右下がり、下段の下緘は縦に縫う。

二―二型：上段の下緘は右上がり、下段の下緘は縦に縫う。

三型：二本縫いで、上段・下段ともにX字状になる。

四―一型：一本縫いで、表面には小札一枚置きに出る。上段の下緘

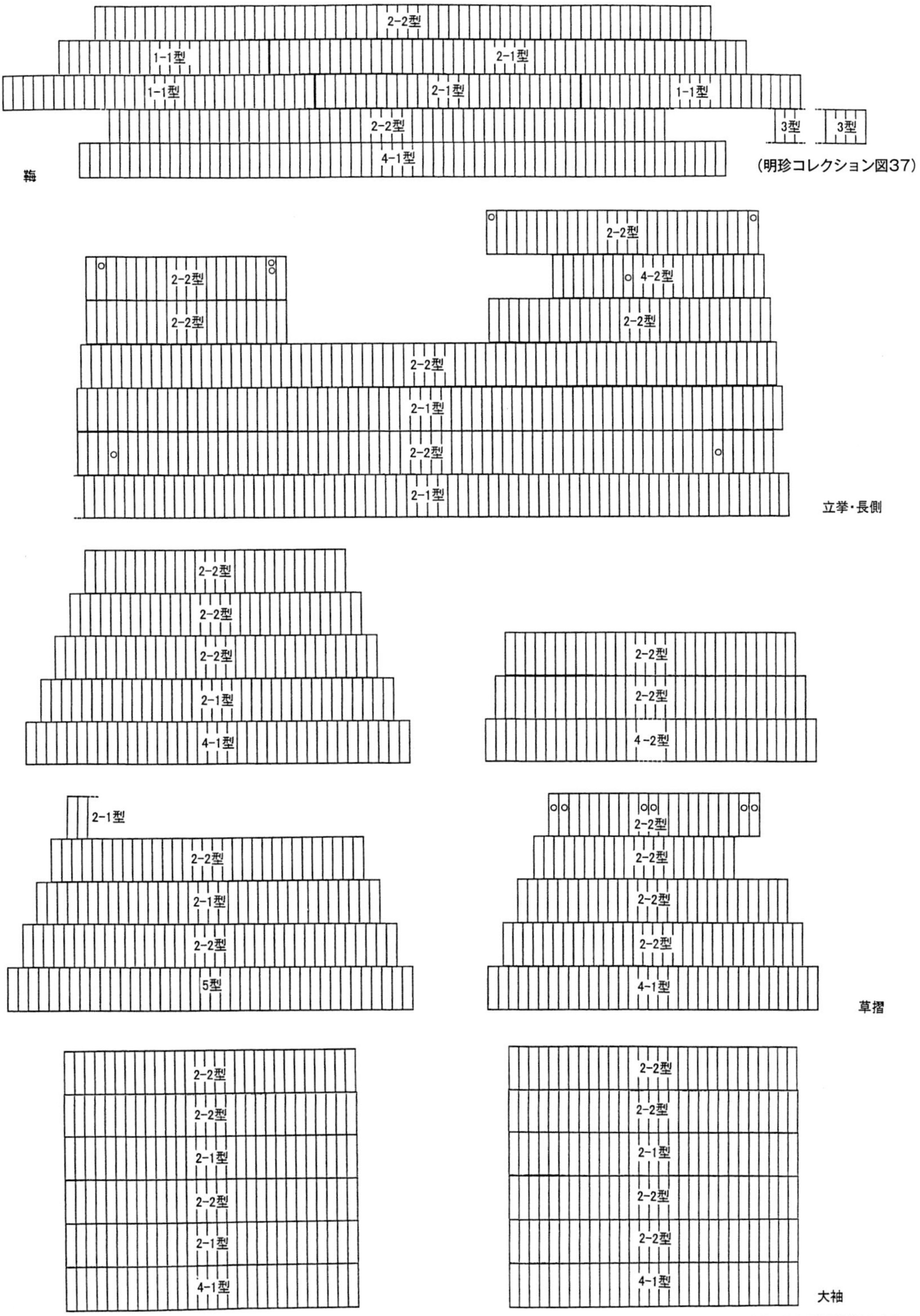

※小札板の配置は『大山祇神社』(大山祇神社発行)による。

図38　大山祇神社沢瀉威大鎧下絨分類位置図

は右上がり、下段の下緘は右下がりに縫う。
四—二型：一本縫いで、表面には小札一枚置きに出る。上段の下緘は右下がり、下段の下緘は右上がりに縫う。
五型：一本縫いで、表面には小札一枚置きに出る。上段・下段ともに下緘は右上がりに縫う。

このような分類で、札板各段における下緘の様相をみていくが、本鎧は修理前後で、札板の配置が変わっており、現在の位置に従って説明する。(13)

𩊱

他の部位とほぼ同じ大きさの小札で、三目札である。札幅は上下同じであって、後代のように下方が広くなるものではない。札の左右の縁と縦に並ぶ左右の孔列の間隔は、札頭側が狭くて、下方が広くなっている。このため、札頭側は綴じた札の重なり幅が多くて、札足側は重なり幅が少なくなり、横綴じによって札板の彎曲を作り出していることがわかる。

下緘は札板によって異なっている。一の板は二—二型のみであるが、二の板は射向側が一—一型、馬手側は二—一型であった。三の板は後頭部が二—一型、両側が一—一型である。四の板は両端を欠いているが、馬手側で遺存する端の小札は、右上に革紐がのび、二枚目は右下にのびている。三枚目からは二—二型になっている。

分離して展示されている四枚の小札板は𩊱札と孔の並びが類似し、三型の下緘で、板端に位置する。下緘の方法・小札の特徴から、四の板の端の分離品の可能性もあるが、不明瞭な栴檀板の可能性もある。

四の板の射向側四枚か馬手側三枚には組紐の菱縫がある。菱縫板は完存で、四—一型である。菱縫には大鎧では通常、折り畳の赤韋を用いるが、本鎧は組紐を用いている点が特徴である。

一の板は、ほかの大鎧では緘の穴で縄目取にしているが、本鎧では緘の穴には威毛を通さず、下段の緘の穴を使って威毛と同じ組紐で鉢付けしている。その配置は射向側から耳札を含め小札五枚・鉢付紐・小札四枚・鉢付紐・小札四枚・鉢付紐・小札六枚・鉢付紐・小札七枚・鉢付紐・小札五枚・鉢付紐・小札七枚・鉢付紐・小札四枚・鉢付紐・小札四枚となっており、札板両側の小札枚数が少なくて、鉢付紐の間隔が狭く緊密に縛り付けている。三目札で、鉢付鋲が使われる以前の𩊱の取り付け方として貴重である。

吹返は、耳札から四枚程を屈曲させている。吹返の包韋や据文金具などを取り付けた孔・紐・鋲などは確認できない。

胴

前立挙二段、後立挙三段になっている。前後の立挙一の板には、札板左右に径三ミリ程の孔がある。前立挙の馬手側の孔には組紐が残っており、胸板を取り付けたのであろうか。後立挙一の板の両端の耳札にも径のやや大きな孔が穿たれており、押付に取り付けた跡であろうか。

下緘は逆板を除き、二—一型か二—二型である。逆板の下緘は、菱縫で綴じが隠れる四—二型であり、この点は𩊱や草摺・大袖と同じ方法である。

弦走韋を付けた紐痕などは確認できず、長側三の板の両端には引合緒付孔とみられる孔があり、乳白色の組紐が付いており、この組紐は威毛と同じ太さである。

長側一の板において、前後の立挙の間で、射向側の緘の穴には組紐が通っておらず、韋などで包まれていた可能性もある。大袖などでは、一の板の緘の穴には縄目の威毛が通っており、対照的である。

逆板には総角の金具が付いており、猪目透の四葉座で（酢漿文座）、中心には小刻座の切子頭の鐶台がある。前立挙から長側には乳白色の耳糸一条が確認できる。胴前面の縦取の威毛は主に萌葱色であるが、耳糸は現状で乳白色を呈しており、胴前面の威毛と耳糸の色調は異なっている。

草　摺

四間五段下がりに復元されており、菱縫板の中央は分割されていない。菱縫板以外の下緘は二―一型・二―二型の綴じ方である。菱縫板は四―一型・四―二型・五型と不揃いである。馬手側と推測される草摺一の板には縄目取が確認でき、本来は大袖と同じく、草摺も一の板のみ縄目取にしていたと推測される。

各段板の小札枚数が最も少ないのが馬手側とみられる。その一の板には、札板両端と中間で緘の穴の下に二孔一対の孔があり、組紐が確認できる。このため、この孔は八双鋲を取り付けた孔ではなく、組紐で壺板に綴じ付けたと判断することができる。現在の一の板の札頭の間から威毛は出ていない。一般的な大鎧では札頭から出る縄目取の威毛で蝙蝠付の絵韋を一列に綴じ付ける。一の板の札頭からは威毛が出ておらず、本鎧は組紐を用いて三カ所で綴じ付けたとみられることから、その後の大鎧の定式の技法と異なっている点が特徴である。

菱縫は、比較的良好に遺存しており、現状では威毛と同じである。

耳糸は、二本の組紐を基本としており、三本用いている部分もある。現在は乳白色であるが、鈴木敬三氏は、耳糸・畦目・菱縫は紅の組糸という。(14)

大　袖

下緘は二―一型・二―二型を基本にして、菱縫板は四―一型である。一の板の緘の穴には縄目取されており、その下は縦取で威される。冠板を付けた孔は不明瞭であり、裏に絵韋や矢摺韋はなく、据文金具を付けた孔なども確認できない。

(三)　沢瀉威大鎧の諸要素と比較

本鎧は、その製作技法を後代の大鎧と比較すると様々な点で相違がみられる。以下、列挙して評価を示していく。

下　緘

平安時代大鎧の下緘は、菱縫板を除いて二―二型を定式とする。しかし、本鎧は胴など主要部分においても二―一型と二―二型が存在し、統一性がない。この点は、大鎧の綴じ技法（下緘）の画一化する前の状況と評価することができる。

遡って古代の甲の綴じ技法との関連では、判明するものが少ないが、緘紐の出る面が表面であることから判断すると、東大寺出土甲・正倉院蔵品ともに、表面の綴じ紐は上下の綴じともに縦取になっており、裏面が斜めになり、上一条・下一条の綴じである。一般的な小札でないが、秋田城跡で出土した九世紀第二四半期の非鉄製甲も上下二段の

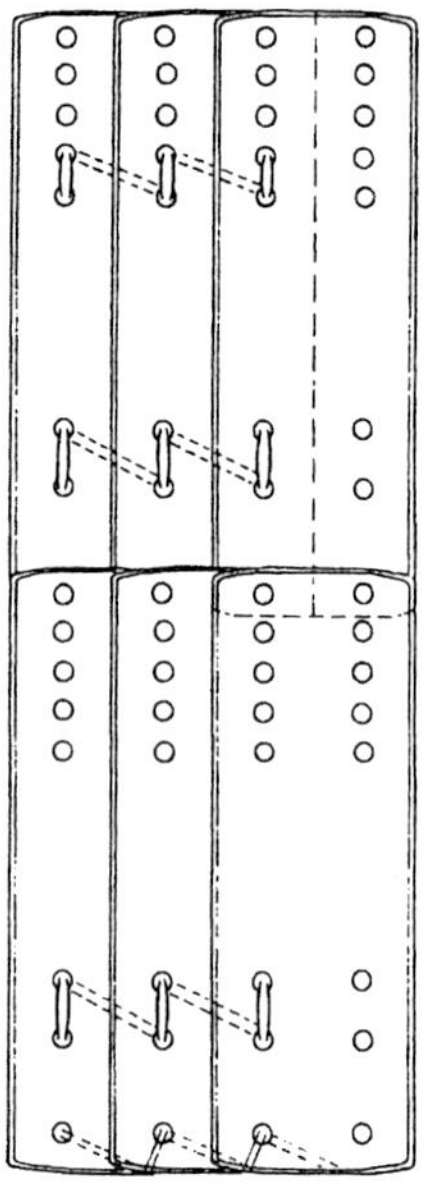

図39　秋田城跡出土甲綴じ方模式図（報文による）

一条の綴じで、表面は縦になっている。

　平安後期の大鎧では上二条・下一条が甘南備寺蔵黄櫨匂威大鎧や都々古和氣神社蔵赤糸威大鎧、上一条・下一条は御嶽神社蔵赤糸威大鎧や黄櫨匂威大鎧の鞆にある。前者は上段の下緘は斜め、下段は縦に綴じている。

　多くの平安時代後期頃の大鎧の下緘は上段二条、下段一条であり、綴じ（下緘）で古代甲との違いは、下緘上段が二条綴じに変化している点であろう。

　この変化の要因は断定できないが、一つに大鎧は古代の甲よりも威しの組糸も太くなっている。これを重ねた小札の間から出すことから、小札上位は遊離しやすくなる。これと関わり上段の下緘を二条にすることにより密着を強くする目的があったと推定する。縦取の甘南備寺蔵黄櫨匂威大鎧弦走韋下でも上二条、下一条であり、縄目取になって、小札頭が緊縛されてもこの下緘であり、遊離防止効果をより図ったものと推測される。

　菱縫板ではさらに多様であり、三型・四―一型・四―二型・五型が確認できる。菱縫で下緘を覆うために、この板のみは、全て斜めに綴じている点が共通しており、後代の大鎧に繋がっていく。菱縫板形成の初期段階から下緘法が確立していたことを示す。しかし、本鎧では、菱縫に組紐を用いており、後代では折り畳の赤韋であることから、定式化以前と評価される。

耳　糸

　立挙・長側の耳糸は一条であって、草摺では二条を基本とする。いずれも乳白色の組紐である。後代の大鎧では組紐は一条であるが、本鎧は部位によって異なっている点が大きな特徴である。耳糸の機能性として、鈴木敬三氏は「威の両端を一層堅固にする必要から威糸よりも太くして厚い啄木組、または染韋を用いる」と指摘する[15]。本鎧では組紐の太さで、威毛と耳糸で大きな差異がなく、二条耳糸にしている点は装飾的効果や強化を図ったものと推測され、大鎧の定式化以前のものと判断したい。

鞆

　小札は、大きさが長側・大袖・草摺などと変わらず、上幅・下幅が同じで、鞆札が分化していない点が特徴である。小札両端の下緘の穴縦列は、八の字状になっており、横綴じによって鞆の彎曲を作っていたことがわかる。

　吹返は、耳札から四枚程を屈曲させており、鉢付け孔が端から五枚目の所にあることから、吹返の幅が極めて狭いことが特徴である。甘南備寺蔵黄櫨匂威大鎧では裏面で耳札を入れて一〇枚目（明珍コレクション）、包韋の綴じ付け紐の痕跡によって幅九センチあり、沢瀉威大鎧の吹返と比較すると、その幅が増しており、その違いを甲冑の時期的変化と理解すれば、吹返の幅が増していく過程と指摘できる。そして、吹返には包韋や金具を付けた形跡がない。沢瀉威大鎧は吹返とその装飾が未発達であったと評価できる。

鉢付けは鋲でなく、組紐で綴じ付ける。兜鉢に二孔一対が残るのは旧観音庵蔵鉢・武蔵伊興鉢・日光男体山出土鉢など初期の大鎧に具す鉢に一般的にみられる。最古の旧観音庵の鉢は八〜九ヵ所で綴じ付けており、沢瀉威大鎧の兜と類似している。

本鎧は大袖・草摺の一の板では縅の穴で縄目取で威しているが、鞠の一の板では縄目取せず、威毛も通さない。定型化以前の様子を示すものであろう。

胴

前立挙二段、後立挙三段、長側四段で、馬手側で引き合わせという点は大鎧の定式に至っている。壺板の有無は明らかでないが、相当する被覆は当然予想される。

前立挙一の板には、端から二枚目の小札に孔があり、組紐が確認された。この位置は板の端から二㌢程離れており、この紐は胸板を綴じ付けた可能性がある。縅の穴には威毛を通さず、大袖や草摺と異なっている。胸のみに化粧板を付けた可能性も残るが、判然としない。

前立挙・弦走韋下の位置に鉄札を交えず、全て革札からなる点が大きな特徴である。全て革札で作られた鎧を綴牛皮と呼び、本鎧がこれに相当するという意見もある[16]。また、平安時代後期の大鎧の糸威でも弦走韋下は韋威とする（厳島神社黒糸威鎧など）[17]。しかし、本鎧は弦走韋を張った紐や鋲痕が確認できず、この部位にも組紐で威している。

大袖

一の板の縅の穴には縄目取となっており、二の板以下の板では縦取になっている。このために、一の板には少なくとも化粧板は付いていなかったと推測される。

草摺

菱縫板の中央は分割されておらず、鎹撓めも確認できず、古式である。平安時代後期の大鎧では、猿投神社蔵樫鳥威大鎧の射向側の蝙蝠付けが他の大鎧と異なっており、一の板は化粧板を包む絵韋で小札頭も包んでおり、札頭から威毛が出ず、蝙蝠付けを縫っていない。化粧板を包む絵韋と蝙蝠付けの絵韋を縫い付けて草摺と長側を連接している。時期的にも蝙蝠付けの特異な技法と評価しておきたい。

栴檀板や鳩尾板の実態は不明であるが、三型の下緘は、本鎧の他の部位に確認できないことから、その可能性も残っている。

以上のように、沢瀉威大鎧は縦取威という古式の手法以外にも、多くの点で後代の大鎧との違いが指摘できた。古代の甲は、正倉院や八幡横穴一四号墓出土小札甲が腰札の横綴じの長さなどから両当甲と考えられ、甲の構造を記した平城京二条大路木簡に「左甲作千代　背一尺一寸　胸一尺二寸　下三尺八寸　前八行中甲　後九行□」と記載され、上半身は背・胸に分割した両当式で、下半身は三尺八寸と長いことから、一連の引合わせ式構造であったとみられる。これは両当甲と胴丸甲を折衷した構造であり、奈良時代に上記のような、両当甲、両当・胴丸折衷甲が存在していたことが明らかになってきた。沢瀉威鎧は古代の甲に比べれば、明らかに大鎧の構造である。しかし、上述のような多くの点で後代の大鎧に比べて定型化しておらず、大鎧形成の揺籃期であったと評価することができる。本鎧の性格について、「神宝として小形に、心をこめて製作して献進した神財の一種」とする意見もある[18]が、それにしても大鎧の定型化の過程をみる上で貴重な鎧である。

第二節　甘南備寺蔵黄櫨匂威大鎧

　甘南備寺には佐々木高綱所用と伝わり、石見国丸山城主小笠原長旗が天正十七年（一五八九）に寄進したとされる鎧があり、分断しているが、平安時代後期の鎧の構造を伝える貴重な遺品となっている。本鎧についても、早稲田大学會津八一記念博物館の明珍宗恭コレクションに小札と小札板が存在したことから、その説明とそれを含めた構造を提示していく。

（一）早稲田大学會津八一記念博物館蔵小札・小札板

小　札（図43）

　1は三目札で、捻り返しが左側縁と下辺にあり、返しの幅が広い点が特徴である。札頭の頂部が右に寄り、緘・毛立・下緘の穴の径差がない。鉄板は厚く、札の上幅・下幅三・八センチ、札丈八・〇センチ、厚さ〇・三センチである。このような点は、甘南備寺蔵黄櫨匂威大鎧の弦走韋下の鉄札の特徴であり、この鎧の小札の大きさは、札丈七・九センチ、上幅三・七センチ、下幅四・〇センチと計測されており[20]、近似する。重ね部分にも黒漆膜が遺存しており、横綴じ前に小札に下塗りしている。

　2は革の三目札で、上幅三・五センチ、下幅三・八センチ、札丈七・八センチ、厚さ〇・三センチである。下緘の革紐と上重ね札の一部が残っている。現在残っている平安時代の鎧で三目札を用いるのは、大山祇神社蔵逆沢瀉威大鎧・都々古和氣神社蔵赤糸威大鎧・同緋威大鎧・甘南備寺蔵黄櫨匂威大鎧・猿投神社蔵樫取威大鎧・岡山県立博物館蔵赤韋威大鎧のみである。札の大きさで黄櫨匂威大鎧が近似する。

　3・4は、いずれも革製の三目の鞠札である。3は上幅二・八センチ、下幅三・五センチ、札丈六・九センチ、厚さ〇・二センチで、重ね部分は剥離して、革の地色が出ている。札頭は片山状になっている。4は上幅三・〇センチ、下幅三・六センチ、札丈六・六センチ、厚さ〇・三センチである。札下の断面は緩やかに撓めが観察され、剥離した綴じ紐痕がある。

　黄櫨匂大鎧の鞠札は上幅三・〇センチ、下幅三・八センチ、札丈六・九センチであり[21]、この大きさに近似する。4は、札頭左端に孔があり、鞠一の板の小札とみられ、黄櫨匂大鎧にも存在する。

　この他に、図化しなかったが、赤韋で縦取威の革札二枚も同鎧の弦走韋下の資料であろう。

弦走韋下（図40）

　1は革札二枚、鉄札一枚を入れる鉄二枚交ぜである。鉄札は上幅三・八センチ、下幅三・八センチ、札丈八・一センチで、厚さ一・五ミリ程の厚い三目札で、縦にやや反っている。下辺と左側縁に捻り返しがある。下緘は上二条、下一条、威紐は赤韋で、縦取になっている。このため、弦走韋

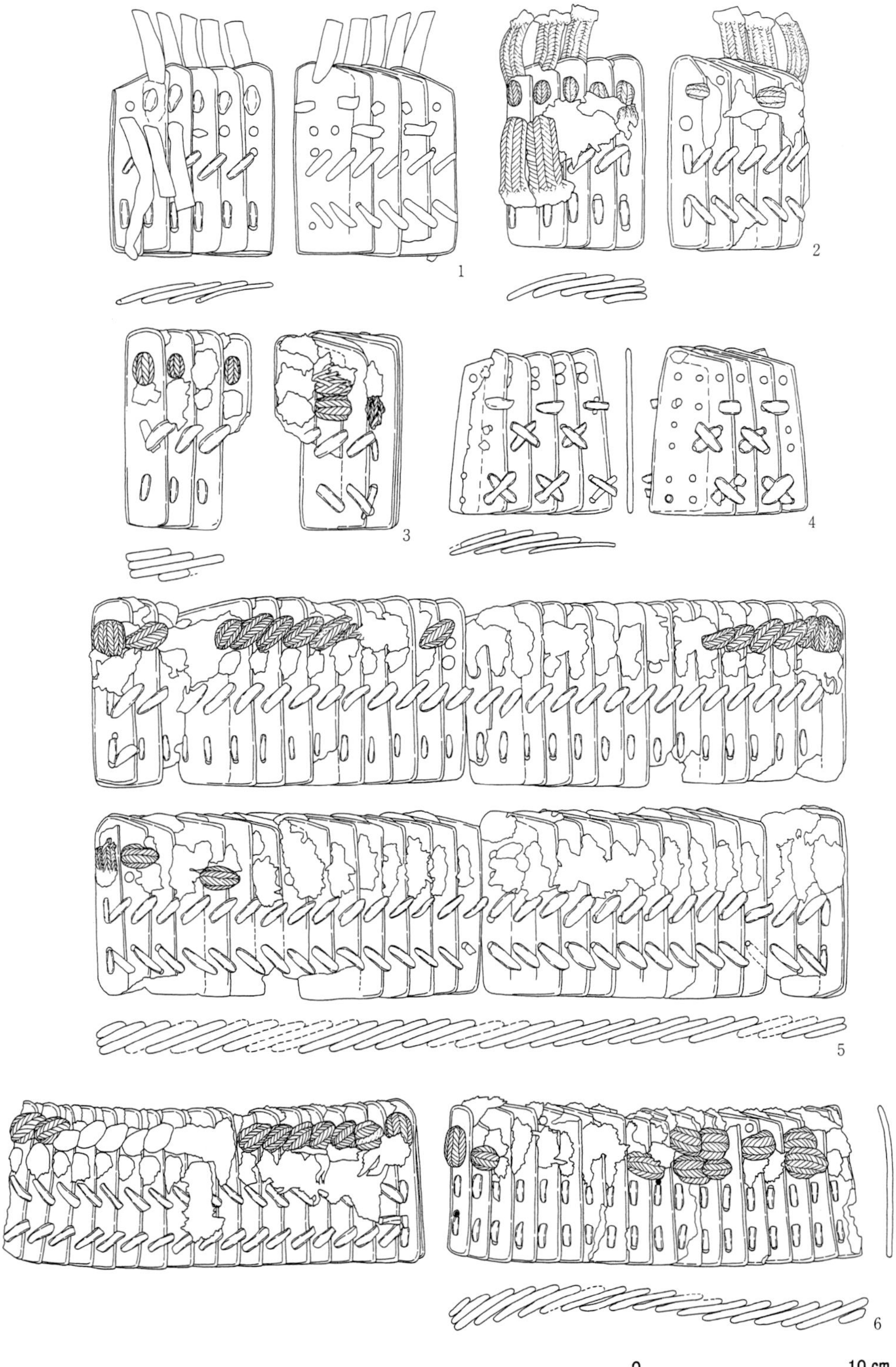

図 40　小札板実測図（1）

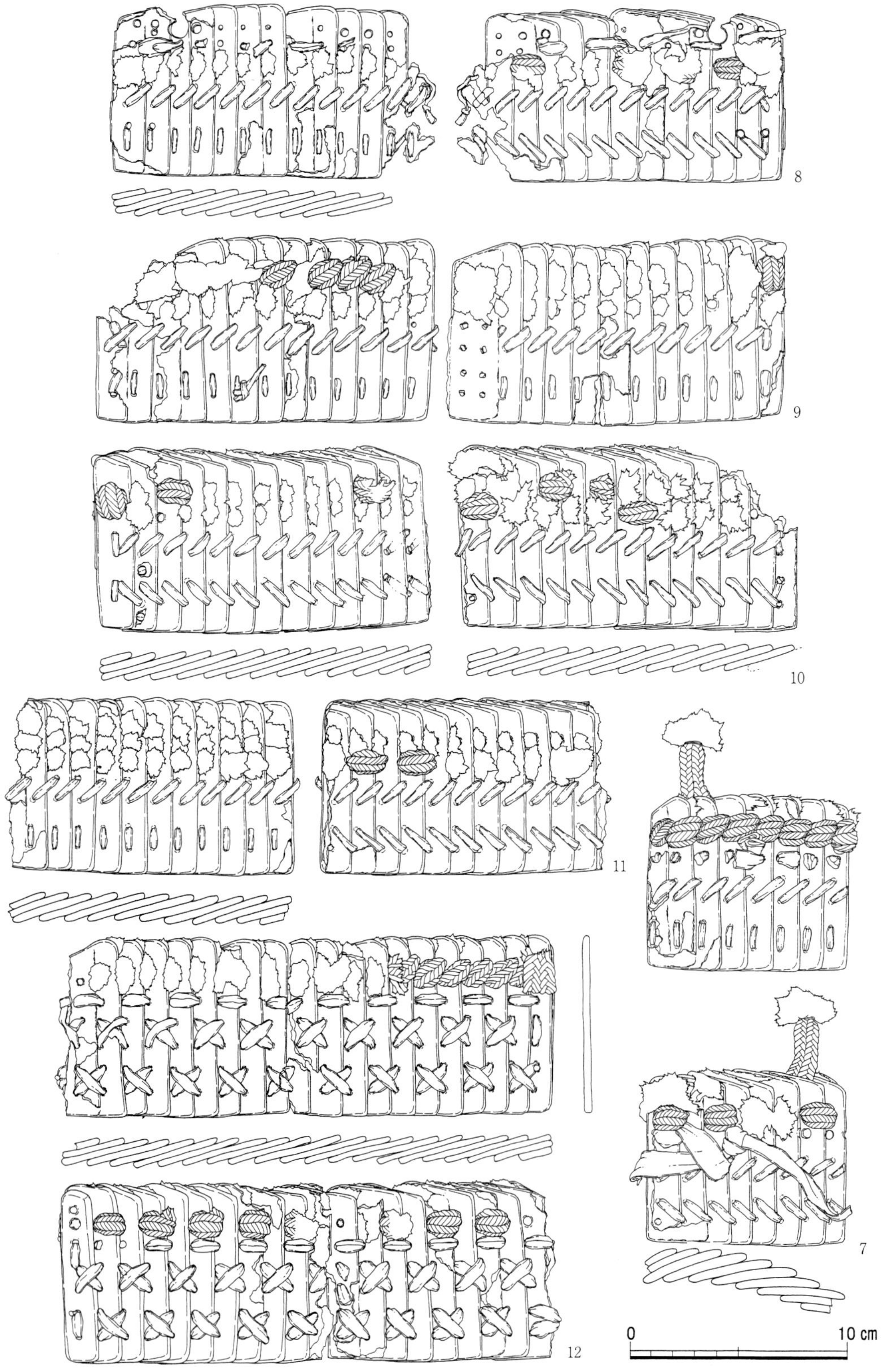

図 41　小札板実測図（2）

下の小札と判断できる。これらの特徴から本札板は甘南備寺蔵黄櫨匂威大鎧の弦走韋下のものと判断される。甘南備寺にはこの部位に小札が残る写真があり[19]、この資料は長側二の板のものと推定される。

後立挙（図40）

2は、黄色の組糸を縦取りに威し、耳糸の配色から後立挙三の板と判断でき、耳札が正面右端にあることから札板馬手側端と考えられる。甘南備寺蔵の鎧のこの部分でも札四枚分欠損しており、この箇所にあったものと理解できる。小札は札幅三・九㌢、札丈七・六㌢、厚さ〇・三㌢、三目札を綴じた札板の厚さは一・三㌢である。緘の穴には札板端から二枚目に深い赤糸が縦取になっており、ほかは黄糸である。毛立の穴からは橙色の組糸が四本出ている。黄糸は端から三枚目より出ており、三の板両端とも逆板よりも小札二枚増であったことを示す。甘南備寺蔵の写真にこの部分の小札が写っている。

3は深い赤色と橙色の混じった赤糸が射向側三枚、四枚目に黄糸が縦取に威され、耳糸は赤・紺・萌葱・白の配色である。下緘は上二条、下一条で行われている。甘南備寺蔵黄櫨匂威大鎧で組紐で縦取を行うのは後立挙三の板にみられること、耳糸・威毛の特徴からその帰属が判明する。しかし、甘南備寺蔵の黄櫨匂鎧は、逆板から威す紐は射向側端を除き全て黄糸である。3の板片は射向側端の深い赤糸と同じ色の糸が耳札二枚と三目札にあり、二枚目の三目札から黄糸が始まることから、三の板は二の板よりも札増していると判断される。耳札が左端にあり、札板の射向側端であることがわかる。

長側（図41）

7は革札のみの札板で、小札の大きさは上幅三・七㌢、下幅三・九㌢、札丈七・五㌢である。緘の穴には赤糸の威毛が下り、毛立ての穴には紺の筋文韋紐が横縫いされている。小札の大きさと赤糸の威毛が黄櫨匂威鎧の射向側の長側最下段と同じであることから、この鎧に帰属すると推定した。横縫いの韋紐は蝙蝠付けを縫ったものであろう。縄目と毛立ての穴の間に赤韋の紐があり、繰締緒とみられる。

草摺（図40）

5は三つの断片となっているが、札板の両端に耳札があり、本来の綴じ位置に復元すると、札板の長さ三一・九㌢、小札二九枚を綴じており、ほぼ完形となる。小札を綴じた札板の厚さは一・〇㌢である。札丈は他と同じく七・六㌢、札頭は片削ぎで丸い。下緘は上二条、下一条である。威毛・耳糸の配色などから、黄櫨匂威大鎧の札板と判断した。甘南備寺蔵の黄櫨匂威鎧で馬手と推定される草摺には三〇枚綴じの札板が存在するが、本札板は大袖の枚数よりも多いことから、草摺の札板で、三〇枚札板の上段に位置した可能性が高い。

𩋡（図40）

6の札の大きさは札上幅三・二㌢、下幅三・五㌢、札丈六・五㌢、包韋を綴じ付ける赤韋紐が下緘の穴の上段、下段の上方の穴（図中黒塗り）を使用していることから、𩋡二の板等と推定することができる。包韋の部分に据文金物を付けた穴は確認できない。4は菱縫があることから、四の板か菱縫板である。甘南備寺蔵の𩋡において、耳札の付く札板で馬手側の小札頭が三角形状に割れているものがある。本資料も斜めに割れており、畦目・菱縫の位置関係も合うことから、同一小

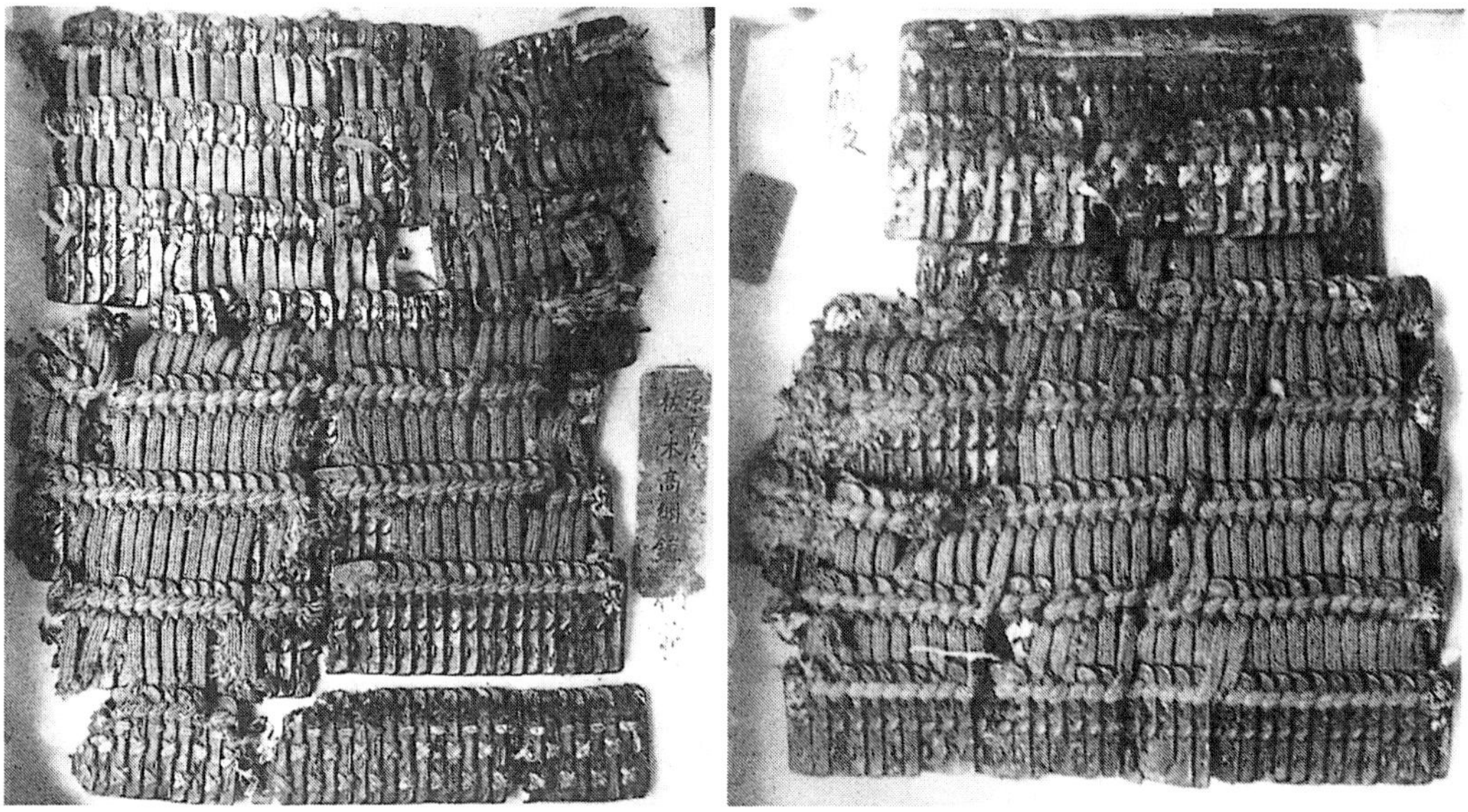

図42　甘南備寺黄櫨匂威大鎧古写真（甘南備寺蔵）

札の破片の可能性も残る。

大　袖（図41）

8は札板端の耳札が残る。小札は上幅三・六センチ、下幅三・八センチ、札丈七・五センチ、厚さ〇・三センチで、緘の穴径三・五ミリ、下緘の穴径二・五ミリを測る。左端二枚の耳札に径三・五ミリの孔が一対あり、径の大きさからも八双鋲の孔と推定される。その右脇には径一〇ミリの大きな孔と径五ミリの孔が並び、冠板に紐を縛り付けた孔であろう。下段の下緘の上にある一対の径三ミリの孔は、冠板からくる韋を縫い留めた孔とみられる。

9・10は札板が分断しているが、両端の耳札は残っており、同一の札板と考えられる表裏面の図である。札板中央付近では下緘の革紐の遺存状況から一枚は欠損していると推定され、札板は小札二五枚からなるとみられる。下緘は上二条、下一条、耳糸の配色も四色で、ほかの部位と同じである。表面の耳札の下緘下段と左から六枚目の下緘の下段に細い赤韋紐が遺存している。紐の間隔は五・四センチで、この幅は矢摺韋の幅と概ね合うことから、この札板は馬手側大袖の二の板から菱縫板の上の板の間であることが推定される。

不　明

11は一一枚の小札が残り、全て革札である。小札の大きさは下幅三・七五センチ、札丈七・七センチ、厚さ〇・三五センチで、都々古和氣神社赤糸威大鎧よりは小型であること、赤糸の威毛が残ることから帰属を推定した。しかし、仔細には、緘の穴の糸は深い赤色であるが、毛立ての穴の糸は橙色に近く、このような配色の所は甘南備寺の鎧になく、不確定さは残る。

12は二つに分断しているが、一連のものである。赤韋の菱縫と畦目があることから、大袖あるいは草摺最下段であるが、部位が特定できない。耳札に他と同じ配色の耳糸がある。耳糸から五枚目までの緘の穴の糸は橙色に近く、他は深い赤糸である。新旧の威し直しであろうか。

(二) 各部位の説明

黄櫨匂大鎧は、金具廻りや冑鉢を欠損し、威しも後立挙・長側・前後草摺を除き大破している。しかし、分断した札板が多く遺存しており、これらの部位を耳糸や各種の紐孔の位置から推測することにより、全体の構造を復元し、指定品と明珍コレクションの帰属を含めて考察する。

胴

前立挙は欠損している。現在三目札の二二枚に上段から威された赤韋が残っており、これに耳札を加えれば二四枚になる。耳札が残っていないので確証に欠けるが、この枚数は、後立挙の枚数（一の板二四枚、二の板二五枚）に近似しており、前立挙と後立挙の板幅が近似していた可能性がある。弦走韋下は、引き合わせ部から革札が四枚続き、その右は鉄札一枚、革札二枚の二枚交ぜである。鉄札はやや厚めで、左縁と下辺を捻り返し、札上半は内側に彎曲している。下緘は上二本、下一本で行われており、弦走韋下から長側は同じ綴じ技法である。弦走韋下の小札は赤韋で縦取に威し、耳糸も赤韋で、弦走韋下の威紐と同じである。弦走韋は一部が残り、霰地に撫子文で、赤韋の小縁と伏組がある。なお、伏組は白・萌葱・紺・萌葱・白・薄紫・紫・薄紫・白であるという[22]。弦走韋は韋紐で留めており、馬手側の縁は長側二の板と三の板の赤韋から赤糸に移った二枚目の札、下辺は長側最下段の馬手側から六枚目、一三枚目、二〇枚目、二七枚目の小札に韋紐が残る。なお、長側四の板の弦走韋直下からは、前草摺の耳糸が出ている。

後立挙は全て革札である。一の板は二四枚の小札を縫い、完存である。下緘は上二本、下一本の通例による。札頭には馬手側から三孔（径四ミリの綴じ付け孔二孔、径三ミリの鋲取り付け孔一孔）、二孔（径四ミリの綴じ付け孔二孔）、一孔（径三ミリの鋲取り付け孔）、二孔（径四ミリの綴じ付け孔二孔）、三孔（径四ミリの綴じ付け孔二孔、径三ミリの鋲取り付け孔一孔）が確認できる。二孔一対の孔は押付への札板の紐綴じ付けであったことが推定される。また、径三ミリの孔が各一個、三ヵ所あることから、菊座や笠鋲が打たれていたことがわかる。毛立の穴に縫う畦目は深い赤糸で、長側一の板馬手側端などの威毛に類似している。後述のように本鎧初期の威毛と推定される。耳糸は紺・赤・白・萌葱の配色で、他と同じである。緘の穴には両端二枚程に紺の筋状文韋紐、ほかの中央部は現在白韋のようであるが、赤韋で横縫して畦目としている。

表面には化粧板の菖蒲韋と水引の竹ヒゴが残る。韋は緘の孔を使い白地に紺の筋文韋紐で縫うが、端を除き新補であろう。裏面には青緑の筋状文韋を張り、退色しているが赤韋紐で留めて押付の板までのばしている。

次に背面について、逆板は以前の写真をみると、よく遺存していた。今日では両端の耳糸は遺存しているが、中央部が欠けて断片化してい

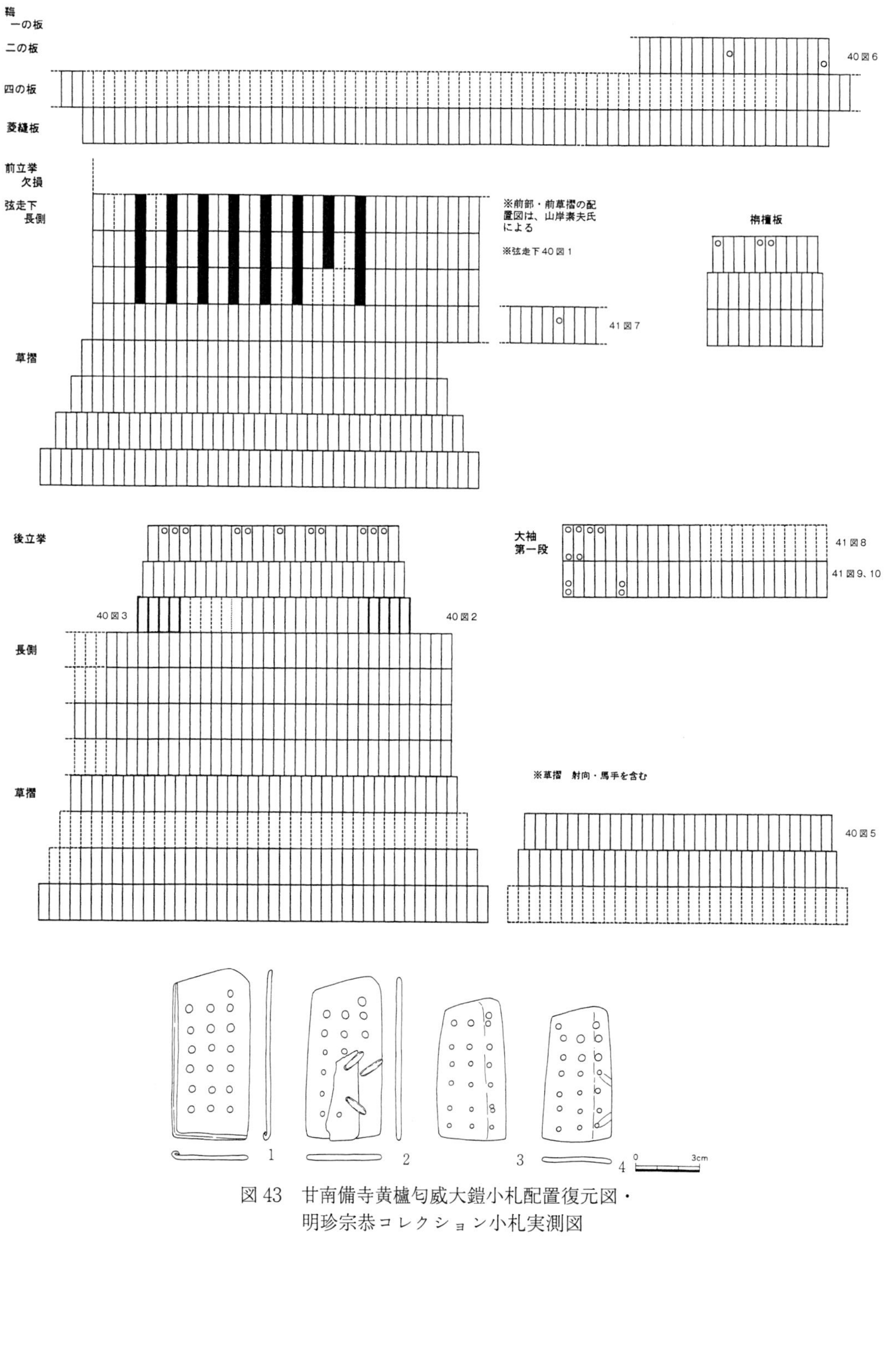

図43　甘南備寺黄櫨匂威大鎧小札配置復元図・
明珍宗恭コレクション小札実測図

る。一の板から降りる威毛は深い赤糸であり、三の板に降りる威毛は黄糸である。しかし、射向側の耳札の毛立の穴には、明珍コレクションで深い赤糸が確認できる。これは耳糸とは異なり、下段に威す糸があった穴であり、本来後立挙二の板から威す糸も赤糸であった可能性が高い。また、上段の下緘は赤韋の端を折って菱縫としているが、下段の下緘は紺の筋文章で横に縫って、通例と異なっている。逆板はかつての写真によれば小札二四枚であった。三の板は逆板からの黄糸を縦取で威し、明珍コレクションに確認できた。

背面の長側一の板・二の板は三三枚の小札が遺存している。長側の小札の大きさは上幅三・七センチ、下幅三・九五センチ、札丈七・九センチである。[23]一の板は、馬手側端から小札四枚目と遺存する射向側端に耳糸があり、馬手側端から小札三枚目までは威毛が切れて、深い赤糸が緘の孔に遺存している。これは橙色をした威毛よりも古いものと判断される。この古く深い赤糸は背面長側二の板の馬手側端から二三枚目の小札から二六枚目までの毛立の穴からも威されている。このため、本来は背面一の板・二の板から威された威毛は赤糸であったことがわかり、威毛の補修で、現在のような橙色の赤糸に威し直されたと推定される。なお、現在大半の二の板から威す糸は一の板よりも淡い赤糸になっている。三の板は三六枚、四の板は三二枚の小札が遺存し、三の板から威す糸は二の板と同じく橙色であるが、四の板から草摺一の板に威す糸は黄糸である。

ここで威毛のうち深い赤糸が確認できた札板をまとめておくと、背面の後立挙一の板・後立挙二の板・長側一の板・二の板からの威毛である。長側四の板からは黄糸が前後草摺に威されている。

草摺

前後の草摺が遺存しており、左右は断片となり一部が残っている。前草摺は四段で、一の板三四枚、二の板三六枚、三の板三九枚、四の板の菱縫板は四二枚の小札からなり、全て革札である。下緘は三の板まで上二本、下一本で、胴などと同じである。威毛は長側四の板からの黄糸を縄目で威す。草摺一の板の毛立の穴からは橙色の赤糸を威している。耳糸はほかの部分と同じく赤・紺・白・萌葱の配色である。二の板には射向側の端から一七・一八枚目の小札に深い赤糸が毛立の穴に残っている。このため、草摺二の板からの本来の威毛は深い赤糸であったことがわかる。同様に三の板にも射向側端から二〜一七枚目の小札の毛立の穴に深い赤糸が残っている。四の板は赤韋で畦目・菱縫をしている。札板端には裾金物を付けた孔や撓めは確認されない。

後草摺の小札枚数は、一の板三七枚、二の板は全損、三の板は三六枚が遺存し、馬手側の耳札が残る。四の板は四三枚で、草摺は一段につき二枚ずつ増したと推定される。威毛は、一の板は長側から下がる黄糸を縄目で受け、毛立の穴には深い赤糸が残っている。二の板の威毛は三の板の緘の穴に残る縄目によって、深い赤糸であったことがわかる。四の板の両端に撓めはなく、中心に割れもない。馬手側三分の一以上に深い赤糸が残っているが、射向側三分の二程の橙色の赤糸よりも、深い赤糸の方が威毛の損耗が著しい。この事実は、深い赤糸から橙色の赤糸に威し直して、補修したことを示す。

断片化した札板の中に両端に耳札を残し、完存のものがある。小札は三〇枚で、札板幅三三・五㌢と計測されている。[24] 下緘は上二本、下一本である。耳糸はほかの部分と同じ配色で、威毛は深い赤糸である。本鎧の小札枚数は前草摺で三四～四二枚、後草摺で三七～四三枚からなる。一般に馬手側の草摺は前後よりも少ないことから、小札三〇枚の札板は馬手側になる可能性があり、蝙蝠付けや菱縫がないことから馬手側草摺二の板か三の板と推定される。深い赤糸は前草摺では二の板・三の板、後草摺では一の板・二の板・三の板から威す糸が深い赤糸であり、前後四の板の縄目も深い赤糸である。このように、前後草摺は前草摺一の板を除き、本来深い赤糸であった可能性が高い。また、威毛の遺存状況から深い赤糸から橙色の糸に威し替えたとみられることから、草摺は本来赤糸威であった可能性が高い。

また、札板の一方端に耳札があるもので二三枚以上、二五枚以上からなる板がある。明珍コレクションに二四枚からなる大袖が想定されたことから、二五枚以上の小札からなる板は草摺であろう。

栴檀板

三段からなる栴檀板は一の板一〇枚、二の板・三の板が一一枚の小札からなり、小札の横綴じは完存している。全て革札で、一の板・二の板の下緘は上二本、下一本である。一の板には化粧板の韋と水引が残る。韋は赤韋紐で横縫いし、冠板からの絵韋を下段の下緘の孔を用いて、白地に筋文韋紐で縦に綴じ付ける。札板の頭には小孔があり、馬手側端には径三㍉の孔、中央に径四㍉の孔が二個並び、射向側端は欠損している。このため両端の八双鋲は一個で、中央二孔は韋紐で綴じ付けたものであろう。緘の穴には赤韋を横縫いし、上段の下緘にも馬手側三枚分に菱縫と同じ赤韋で縫っている。威毛は全て深い赤糸で、耳糸は他と同じく赤・紺・白・萌葱を配色したものである。

三の板は他と同じく赤韋の端を畳んだ紐で毛立の穴に畦目、下緘の穴に菱縫とする。

鞠

鞠の小札は全て三目札である。小札の大きさは上幅三・五㌢、下幅三・八㌢、札丈六・九㌢である。[25] 兜に取り付ける一の板の可能性のある小札は一一枚が残り、この札板の小札に三目札と異なった孔が札頭左端にある。一の板で威紐が札頭を越えずにすむ措置であろうか。札板の上半が内彎している。

鞠の段数は不明である。吹返は二つの断片があり、小札一二枚が遺存する札板では、札頭左端から逆板の横縫や蝙蝠付けと同じ白地に紺の筋文韋紐が出ている。この札板は馬手側とみられ、緩やかに彎曲している。札板端から三目札で八枚目まで絵韋で包んでいたことが明珍コレクションの赤韋紐の位置から判明しており、紐の文様・小札板の付ける位置からみても、これは包韋留めの紐でない。鉢付けに用いた韋紐と考えられる。本兜は鉢に韋紐綴じ付けであったことがわかる稀有な事例といえるであろう。この板でも札の上半は内彎していた。

耳札より八枚目付近から返しの彎曲が強くなる。耳札を含めて一一枚綴じの断片にも、下段の下緘の孔に包韋綴じ付けの韋紐があり、端から八枚目付近から吹返の反りが強くなる。同様に明珍コレクションの吹返にも下段の下緘の孔に包韋綴じ付けの韋紐があり、これらが鞠二・三の板の馬手側吹返と判断できる。一～三の板と判断される九枚札が遺存する板、一五枚札が遺存する板、七枚遺存する板でも札板の上半が内彎していた。

四の板は一点確認された。六枚残る断片の毛立の穴に赤糸の出る所と赤韋を畦目にする所があり、吹返の四の板、菱縫と五の板に威す境で、札頭の傾きから馬手側の吹返の彎曲前の位置と考えられる。この板も上半分が内彎している。

五の板は菱縫の板で、三つの断片になっており、射向側は耳札から二九枚、中間に二〇枚、馬手側の断片で二〇枚が残り、表側からみれば馬手側の耳札を除き、六七枚以上からなる。

威毛は深い赤糸のみで、耳糸は赤・紺・白・萌葱の配色である。下緘は一～四の板までは上一本、下一本で、表面は羽根状になる。菱縫板の下緘はX字状の二本綴じである。

(三) 定型化した大鎧

小札の編年から黄櫨匂威大鎧について、一〇世紀後半から一一世紀前半の所産と推定した。[26]二行十三孔の並札が遺跡で出現するのが一〇世紀後半以降であり、三目札もこれ以降とすれば、黄櫨匂威大鎧は一一世紀代になるであろう。そこで、沢瀉威大鎧と比較して、その展開を跡付けることで、大鎧初期の展開が解明できると考える。

鞆

明珍コレクションによって、札板端から三目札で八枚目まで絵韋で包んでいたことが判明した。この包韋の幅＝吹返の幅は沢瀉威大鎧が小札四枚程であるのに比べて格段に増している。平安時代後期の鎧の吹返は、厳島神社蔵小桜威鎧で小札七～八枚、[27]同神社蔵黒糸威鎧で小札九～一〇枚、[28]御嶽神社の旧鞆で六～七枚と推定している。[29]包韋を韋紐で綴じ付けて以後の吹返幅が定型化する初期の事例と言えるであろう。その後、鋲留めになり、据文金具が付くようになる。

鉢付けは沢瀉威大鎧と同じく紐の綴じ付けであるが、筋文韋紐綴じ付けであることから、より実用的である。鉢付けに紐を用いる事例は、唐沢山神社・御嶽神社蔵赤糸威大鎧鉢の腰巻に二孔一対があることから推定されている。[30]厳島神社蔵黒糸威大鎧の段階では鋲留めになっており、大きくは時期的な変化といえるであろう。

小札は他の部位よりも小型になり、上幅が下幅よりも狭くなり、鞆札が分化したと評価できる。下緘は菱縫板を除き、前述した沢瀉威大鎧での分類による一―一型になり、表面は縄目状を呈する。下緘が統一した綴じ方に変化した点が特徴である。菱縫は、平安時代後期以降の大鎧に一般的な赤韋を畳み折ったもので、その初期の資料になるであろう。

胴・草摺

後立挙三段、長側四段という沢瀉威大鎧からの定型を継承する。前立挙は不明であるが、弦走韋下に鉄札が二枚交ぜで縫われるようになる。鉄札は厚くて捻り返しを施す。長側の耳糸と弦走韋下の威紐は、ともに赤韋で、古式である。後立挙一の板には笠鋲などが打たれたと推定される孔があり、装飾が進む。

草摺は四段下がりで、菱縫板中央の分割や鎹撓め・裾金物の痕跡は確認できない。これらの諸要素は前代から継承した点である。

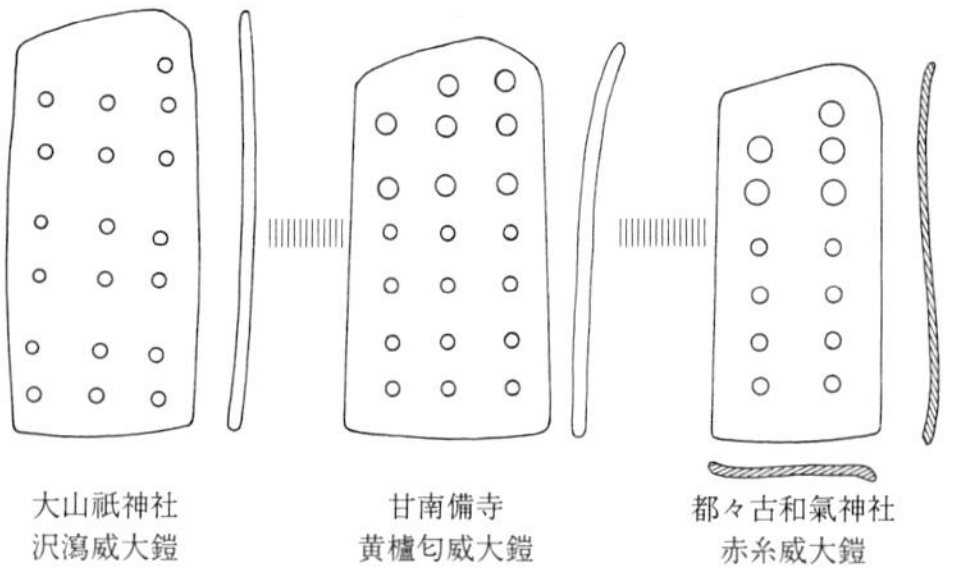

図44　䩭札の変遷

大袖

後立挙一の板と同じく、八双鋲と冠板に取り付けたとみられる孔が確認され、装飾が進んでいる。また、矢摺韋を留めたとみられる韋紐が確認できたことから、この初期大鎧の段階から矢摺韋が付いていたことが明らかになった。

これらの諸要素によって、この鎧の段階になり、全体的に大鎧が定型化したといえるであろう。

(四) 初期大鎧の䩭札の変遷

甘南備寺蔵黄櫨匂威大鎧の小札は、初期大鎧の変遷を解明する上で、重要な位置を占める。平安時代から鎌倉時代の大鎧に具す兜の䩭札の変遷を提示し、この鎧の特徴をみていく。なお、この時期の䩭はあまり開かない杉成形と呼ばれるものである。

一段階

大山祇神社蔵沢瀉威大鎧の䩭札は札幅が上下で同じである。䩭の下段を広げるために、緘の穴・毛立ての穴・下緘の穴の縦列が裾広がりに穿孔されている。また、小札の重ねも下半よりも上半部の幅を多くする部分がある。この下緘の穴や綴じの締め方によって札板の裾広がりを作り出している。小札の縦撓めは明珍コレクションを含めても観察されない。この時期は䩭とほかの部位で、小札の大きさに差はなく、胴か草摺に当たる国立歴史民俗博物館蔵の前田青邨旧蔵品は札幅三・〇センチ、札丈六・八センチである。札の形態が分化しておらず、綴じ方で䩭の広がりを作った段階と評価される。

二段階

甘南備寺蔵黄櫨匂威大鎧の䩭札は、一から四の板で、小札の上半が内彎していた。しかし、下半分は直線状になっている。沢瀉威大鎧に比べると、䩭の各段の札頭を丸め、密着させて動く際の隙間をなくす工夫がみられる。また、小札は上幅と下幅に差が生じ、中世大鎧の䩭の基本方向である裾広がりが生じる。この段階を中世䩭への指向始めといえるであろう。

三段階

都々古和氣神社蔵赤糸威大鎧の䩭札は、鎌倉時代中期頃の所産とされるが、縦断面がS字状の縦撓め、横断面でも明珍コレクションで断面S字状の鉄札が確認された。札下半分が外反するのは、䩭が裾広がりになる効果がり、笠䩭への指向を示す動きと評価される。

なお、二段階とは時期的な開きがあることから、さらに小区分される可能性も残る。

註

(1) 山岸素夫『日本甲冑論集』(つくばね舎、一九九一年)。
(2) 山岸素夫『日本甲冑の実証的研究』(つくばね舎、一九九四年)。
(3) 臼井洋輔「赤韋威大鎧の研究」(『研究報告』九、岡山県立博物館、一九八八年）。
（4）山岸素夫・齋藤愼一『武蔵御嶽神社所蔵　赤糸威鎧』（青梅市教育委員会、一九九七年）。
（5）竹村雅夫・西村文夫「小桜韋威鎧調査報告」（『山梨県立博物館調査・研究報告一　小桜韋威鎧 兜・大袖付 復元調査報告書―楯無鎧の謎を探る―』山梨県立博物館、二〇〇七年）。
（6）（財）古代学協会『法住寺殿跡』（一九八四年）。
（7）早稲田大学會津八一記念博物館『サムライの美学―甲冑師明珍宗恭とそのコレクション―』（二〇〇九年）。
（8）国立歴史民俗博物館『国立歴史民俗博物館資料図録五　武具コレクション』（二〇〇七年）。
（9）中村春泥『甲冑写生図集　中村春泥遺稿』（吉川弘文館、一九七九年）。
（10）鈴木敬三「逆沢瀉威鎧残欠」（『甲冑写生図集　中村春泥遺稿』吉川弘文館、一九七九年）。
（11）前掲註（10）鈴木論文。
（12）大山祇神社『大山祇神社　改訂版（二）』（二〇〇三年）。
（13）前掲註（12）書。
（14）前掲註（10）鈴木論文。
（15）鈴木敬三「式正鎧の形成について」（『國學院雑誌』第六三巻第四号、一九六二年）。
（16）鈴木敬三「綴牛皮という名称と構造」（『日本歴史』第二六四号、一九七〇年）。
（17）前掲註（2）山岸論文。
（18）前掲註（10）鈴木論文。
（19）昭和二五年頃撮影された甘南備寺蔵の黄櫨匂威大鎧の写真には、弦走韋下長側二の板の小札板が確認できる。四枚の小札が左右の横綴じから遊離し、赤韋で繋がっている。また、後立挙三の板には現在欠失している端の札が確認できる。このため、これらが、昭和二五年頃までは分断されていなかったことが判明した。
（20）金山順雄『甲冑小札研究ノート』（レーヴィック、二〇〇六年）。
（21）前掲註（20）金山書。
（22）前掲註（1）山岸書。
（23）前掲註（1）山岸書。
（24）山岸氏は、前掲註（1）の中で、この札板を大袖とみられているが、明珍コレクションで矢摺韋を留める赤韋紐の付く札板があり、小札二五枚綴じと考えられたことから、三〇枚綴じの札板は草摺と判断した。
（25）前掲註（1）山岸書。
（26）津野　仁「西ノ谷遺跡の小札」（『西ノ谷遺跡』（財）横浜市ふるさと歴史財団・横浜市教育委員会、一九九七年。『日本古代の武器・武具と軍事』吉川弘文館、二〇一一年に所収）。
（27）前掲註（1）山岸書。
（28）前掲註（2）山岸書。
（29）前掲註（4）山岸・斎藤書。
（30）前掲註（2）山岸書・前掲註（4）山岸・斎藤書。

第二部　武装の地域性

第一章　西日本の鉄鏃

はじめに

弓矢は、大刀とともに主要な攻撃用武器であった。矢の先に付ける鉄鏃は、出土数も多いことから、その変遷や地域性の研究がなされてきた。特に、古墳時代においては、杉山秀宏氏などによる全国的な変遷や様式的な地域性の把握などがなされ(1)、ここで対象にする西日本でも尾上元規氏(2)や高木恭二氏(3)などが古墳時代の地域性のある鉄鏃について論及している。しかし、西日本における古代（主に奈良・平安時代）の鉄鏃に関して、管見の限り変遷や地域性について論及したものはないとみられる。筆者はこれまで東日本を中心に古代の鉄鏃について変遷や地域性の検討を行ったので、本章では西日本各地の鉄鏃の変遷や地域性の把握、及び中央の規格（様）との関連や東日本との比較、古墳時代の鉄鏃からの関連などを検討して、武器をめぐる生産や政府の武器政策の一端などについて言及してみたい。

鉄鏃の分類については、主に地域性と古墳時代からの影響を考察するという観点から後藤守一氏(4)のような細かな分類は行わなかった。従来の筆者の分類に加え、地域性が指摘されている鉄鏃については、各地の研究者の呼称に従う。

第一節　西日本出土鉄鏃の変遷（第45図）

鉄鏃の編年を行うにあたって、まず古代の矢は『和名類聚抄』によれば、戦闘具としての征矢と鏑矢に大きく矢の機能性が分かれていることから、この二つを形式として理解する。そして、征矢・鏑矢にも以下のとおり、各種の鉄鏃が存在する。このため、以下の各種鉄鏃の形態については、系列という理解もできるが、形式を構成する小形式と理解する。各小形式がどちらの形式に属するかは、伝世品や出土品の組成などから判断する。また、鉄鏃の時期は伴出した土器により、その時期は基本的には報文の時期比定に従う。

鑿箭式

七世紀後半以降の鑿箭式は、鏃身の側縁が弧状を呈する程であり、古墳時代後期以来の張りがなくなっていく。八世紀前半には鏃身と箆被の境がなくて棒状になるものがあり（12）、少数であるが、短い箆被（16）が継続する。棘箆被は七世紀後半には残っているが（福岡県山田遺跡群二号土壙墓など）、八世紀以降にはほとんど消えて、関箆被になる。福岡県小郡官衙遺跡の溝一括品には棘箆被が残るが、鏃身が長くて、伝世した可能性が高い。鏃身の変化では、一二世紀の京都府法住寺殿跡の鑿箭式の鏃身（25）は、側縁の張りがあり、西野山墳墓例（20）を介せば、再度膨らみが増したことも指摘できる。

片刃箭式

七世紀後半には鏃身下と箆被境が撫関であるが、正倉院の段階にも撫関と無関が存在する。クランク状に段が付く関は、八世紀中葉から後半の小郡官衙遺跡の鏃でもみられるが、箆被の形態からみても伝世の可能性が高い。福岡県塔ノ上遺跡・高原遺跡では鋭い腸抉が八世紀後半にも存在し、特異である。八世紀以降に片刃箭式はほとんど確認できず、端刃箭がわずかに確認できるのみ（13）である。

三角形式・長三角形式

鏃身の大きさによって三種類に分類でき、小さいものからⅠ・Ⅱ・Ⅲ式とする。Ⅱ・Ⅲ式はⅠ式に比べて短頸である。Ⅲ式は飛燕式と一般的に呼称されている鏃である。鏃身における腸抉の有無による分類も可能であるが、Ⅲ式以外は時間的な変化は明瞭に示せないことから、分類項目としない。腸抉のない三角形Ⅱ式は、飛鳥池遺跡などで確認されている（5）が、数も少なくて、変化も不明瞭である。鏑矢と判断される三角形Ⅲ式・長三角形Ⅲ式は、V字状の腸抉が七世紀後半には浅い（6）が、八世紀以降（19）・（22）のように深くなっていく。ただし、七世紀代にも数少ないが、腸抉の深いものも存在し（7）、これが統合されたことも想定できる。（8）・（14）・（23）は、腸抉が円形を呈する三角形Ⅲ式で、法隆寺・正倉院・京都府西野山墳墓に資料が限定され、箆被の変化は他と同じく、棘箆被から関箆被、台状関箆被へと変化する。

柳葉式

柳葉式は尖根・広根で分類でき、尖根の柳葉Ⅰ式は数が極めて少ない。腸抉をもつ飛鳥池遺跡の事例（9）は古墳時代後期以来の形態で、最末期のものである。本小形式は、八世紀に平城宮跡で鏃身の短いものが一点確認されているが、平安時代のものとの間には連続性がない。平安時代中期（一〇世紀後半から一一世紀）には、細長い柳葉Ⅰ式が西日本でも極めて少数確認できるようになる（26・27）。大阪府西大井遺跡などが西日本の初現的な資料である。

広根の柳葉Ⅱ式は鏑矢とみられ、一〇は古墳時代後期から八世紀の正倉院蔵品でもみられ、鏃身基底部が横にのびる。九世紀には鏃身先端の丸味がなくなり、尖りが増して（24）、箆被に捩りが出て、環状関箆被に近い形態の法住寺殿跡（28）の形態に変化する。

圭頭斧箭式

鏃身の幅によって狭い鏃を圭頭斧箭Ⅰ式（圭頭細根斧箭式）、広根をⅡ式（圭頭広根斧箭式）と分類する。[5] 前者は組成から判断して征矢と

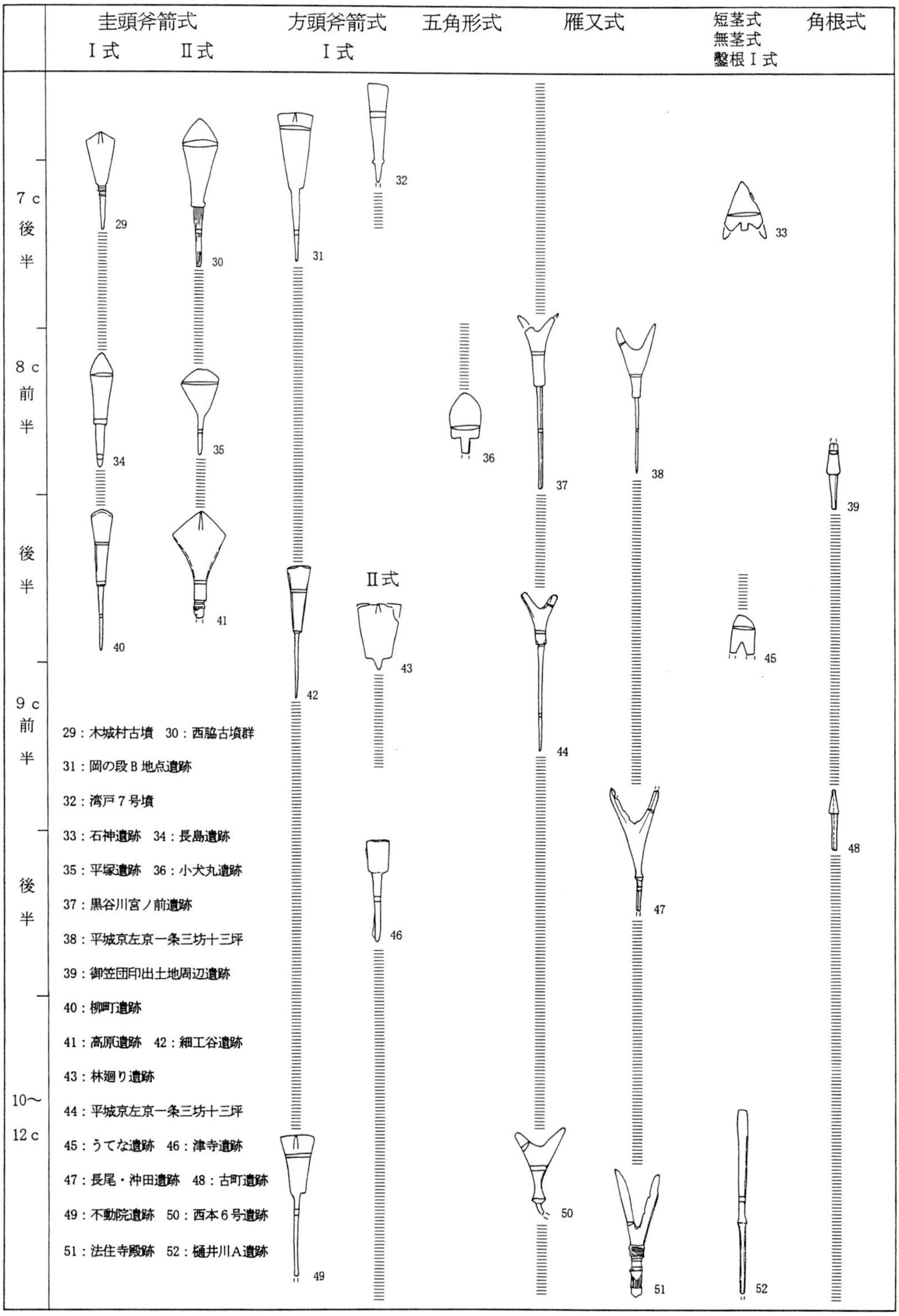

圭頭斧箭式
I式　II式
方頭斧箭式
I式
II式
五角形式
雁又式
短茎式
無茎式
鑿根I式
角根式
7c 後半
8c 前半
後半
9c 前半
後半
10〜12c
29　30　31　32　33　34　35　36　37　38　39　40　41　42　43　44　45　46　47　48　49　50　51　52
29：木城村古墳　30：西脇古墳群
31：岡の段B地点遺跡
32：湾戸7号墳
33：石神遺跡　34：長島遺跡
35：平塚遺跡　36：小犬丸遺跡
37：黒谷川宮ノ前遺跡
38：平城京左京一条三坊十三坪
39：御笠団印出土地周辺遺跡
40：柳町遺跡
41：高原遺跡　42：細工谷遺跡
43：林廻り遺跡
44：平城京左京一条三坊十三坪
45：うてな遺跡　46：津寺遺跡
47：長尾・沖田遺跡　48：古町遺跡
49：不動院遺跡　50：西本6号遺跡
51：法住寺殿跡　52：樋井川A遺跡

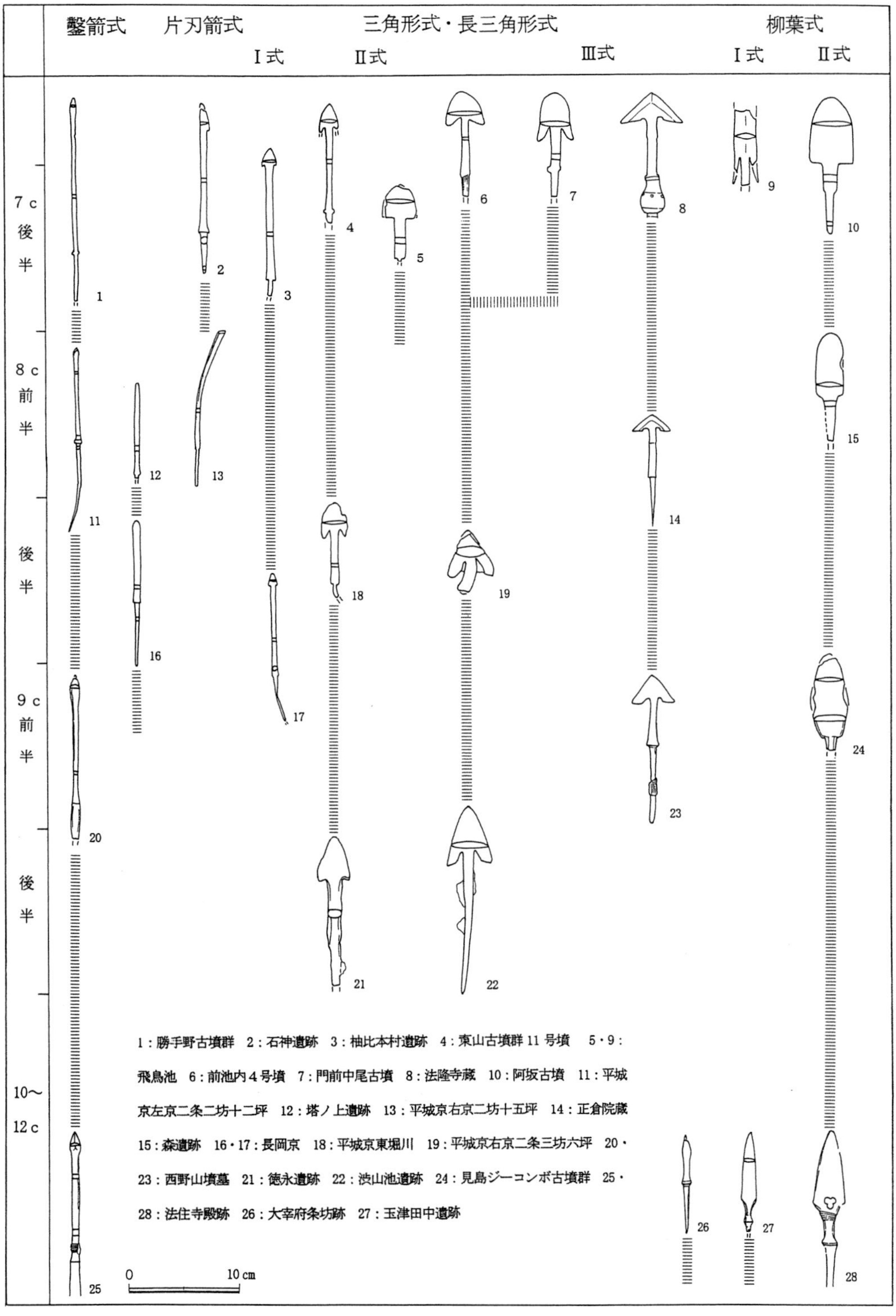

図45　西日本の鉄鏃変遷・消長図

考えられる。七世紀中葉には、鏃身が四・五センチ前後と短くて、幅が二・五センチ程で広い（宮崎県木城村古墳二七号横穴墓・29）。この頃には棘箆被はなくなり、茎との境に段が付くのみである。八世紀前半には鏃身が長くなって、細身になる（福岡県長島遺跡・34）八世紀末から平安時代前期の熊本県柳町遺跡（40）では鏃身六・八センチ、身幅一・〇センチでさらに細身になっている。消長は九世紀前半まではわずかに確認できるが、八世紀後半で概ね消える。

　広根系の当該鉄鏃は、わずかに確認できる（福岡県高原遺跡・平塚遺跡）が、鏑が付いた形跡はない。数少ないが組列的にみれば、時期が降り、鏃身幅が増してきたことになる。

方頭斧箭式

　鏃身の幅によって幅の狭いⅠ式、広いⅡ式に分類する。棘箆被は七世紀中葉より前には消え、湾戸七号墳（32）などが最後の事例であり、その後関箆被になる。このため、棘箆被は尖根の鉄鏃よりも消滅が早いことが指摘できる。幅の狭いⅠ式は形態変化せずに、一二世紀まで確認できる。特に鏃身幅二センチ以下の細いものは、三二の湾戸七号墳や大分県上ノ原横穴墓群一五号墓など七世紀代に多いが、八世紀の福岡県馬屋元遺跡などまで確認できる。鏃身長の短いもの（46）もあり、大阪府小阪合遺跡（一一世紀末〜一二世紀中頃）まであるが、形態変化は捉えられない。

　短寸で幅広の方頭斧箭Ⅱ式は八世紀後半から九世紀前半の島根県林廻り遺跡（43）が確認できた古いもので、佐賀県東古賀遺跡など平安時代を通じて少数確認できる。

五角形式

　七世紀末から八世紀前葉の島根県高広遺跡や八世紀の兵庫県小犬丸遺跡などで確認できるが、極めて少ない。

雁又式

　刃部がV字状に開く形態が多い。八世紀末までは極めて少ないが、それ以降増加する。八世紀前半には箆被が長くて、窪みが少ない（徳島県黒谷川宮ノ前遺跡・37）が、それ以降窪みが深くなって、刃部が長くのびる形態になる（44）。U字形の雁又式は、さらに数が少ないが、八世紀にも存在し（奈良県平城京跡・38）、平安時代に続く。箆被は平安時代前半まで関箆被であるが、畿内では八世紀初頭から中頃の平城京左京一条三坊十三坪の鉄鏃は、台状関になっている。

　鏃身はV字形とU字形が併存し、前者が主体である。両者は併存しており、型式変化では捉えられない。

無茎式

　出土数は少ないが、鳥取県長者屋敷遺跡や熊本県うてな遺跡（八世紀後半から九世紀前半・45）などで出ており、平面形は三角形であるが、形態変化は窺えない。

短頸式

　奈良県石神遺跡で出ているが（33）、管見の限り極めて限られている。

角根式

　数少ないが、福岡県御笠団印出土地周辺遺跡（39）や徳島県古町遺跡（48）で出ている。

鑿根Ⅰ式

福岡県樋井川A遺跡で、一二世紀中頃に出ている。西日本における上限であろう。

第二節　西日本における鉄鏃の地域性

次に、主に七世紀後半以降における西日本の鉄鏃で、地域性のあるものについて、その分布と消長などをみていく。

(一) 地域性のある鉄鏃

圭頭斧箭式

古墳時代には、南九州に最もまとまって分布し、尾上氏のⅡ期（MT一五型式併行期）には北部九州に最もまとまっていて、瀬戸内では兵庫県西部以西まで確認でき、Ⅲ期（TK二〇九型式併行期以降）には、分布を広げずに衰退するという。(6) 七世紀中葉までは兵庫県東山古墳群一三号墳や西脇古墳群B支群一号墳までわずかに残り、七世紀後半以降では、九州のほぼ全域にみられるのみである。八世紀中葉までは確実に存在し、それ以降でも柳町遺跡などでわずかに確認できるが、この時期が最終である。

方頭斧箭式

Ⅰ式は西日本全域に主体的にみられる。広根のⅡ式は、各地に少数みられるが、集成できた範囲では中国地方に多かった。

三角形式・長三角形式

北部九州に六世紀末から七世紀初頭に出現し、七世紀中葉には東日本まで拡がるという。(7) この小形式は七世紀後半以降、中国・四国地方では顕著でなくて、近畿地方や東日本で多い傾向がある。腸抉が円形を呈するものは、法隆寺などで確認できるのみである。法隆寺では長頸鏃（三角形Ⅰ式）、正倉院では小型の飛燕形にも円形腸抉がみられる。法隆寺では棘篦被で、八世紀初頭以前になり、西野山墳墓は九世紀前半から中葉であり、畿内の一部に断続的に確認できる。

柳　葉　式

細根の柳葉Ⅰ式は、西日本で極めて少なくて、九世紀後半から一〇世紀以降に東日本で顕著に確認できることと対照的である。西日本での出現は遅れるようである。

広根の柳葉Ⅱ式は鏑矢と判断できるが、中国地方の東半部で七世紀後半に腸抉のある長三角形Ⅲ式が顕著でない替わりに、本小形式が確認できる。

(二) 組成による地域性

次に、西日本の鉄鏃組成からみた地域性について考えてみる。出土した鉄鏃は墳墓以外では一括性が低く、多くは廃棄品の可能性もあり、鉄鏃組成を解明するには限界もある。

しかし、一定の数の集成によって、同じ条件での遺存品の組成から当時の鉄鏃組成を考えてみたい。

七世紀後半

鑿箭式・方頭斧箭式が主体で、主に古墳出土資料であるが、片刃箭式も一定数存在する。鏑矢は長三角形Ⅲ式が多い。しかし、中国地方東半部の古墳資料では、腸抉のない柳葉Ⅱ式が多く存在する。九州地方では、圭頭斧箭式が確実に加わり、宮崎県木城村古墳第二七号横穴墓や蓮ヶ池横穴群二八号横穴が代表例である。

八世紀

九州地方では、前半から中頃まで圭頭斧箭式が一定数存在しており、ほかの地方との際だった地域性となっている。九州の主体的な組成は鑿箭式・片刃箭式・方頭斧箭式・圭頭斧箭式・三角形Ⅲ式・長三角形Ⅲ式・雁又式である。中国地方では、鑿箭式・方頭斧箭式・柳葉Ⅱ式が主な組成で、四国地方では資料が少ないが、方頭斧箭式と雁又式が組成になっている。畿内では鑿箭式・方頭斧箭式・三角形Ⅲ式・長三角形Ⅲ式・雁又式である。

片刃箭式は、福岡県小郡官衙遺跡などでは一定数を占めているが、集成結果では少なくて、九州以外は客体的な鏃である。

総じてみれば、鑿箭式・方頭斧箭式は西日本全域の征矢の主体的な組成であって、畿内では三角形Ⅲ式・長三角形Ⅲ式・雁又式、中国地方での柳葉Ⅱ式、九州では片刃箭式・圭頭斧箭式が特徴的で、三角形Ⅲ式・長三角形Ⅲ式が鏑矢に加わる傾向が窺われる。八世紀の西日本の鉄鏃は、片刃箭式と平根の鉄鏃の加わり方などに違いが確認できた。

九世紀

西日本全域で、鑿箭式・方頭斧箭式・三角形Ⅲ式・長三角形Ⅲ式・

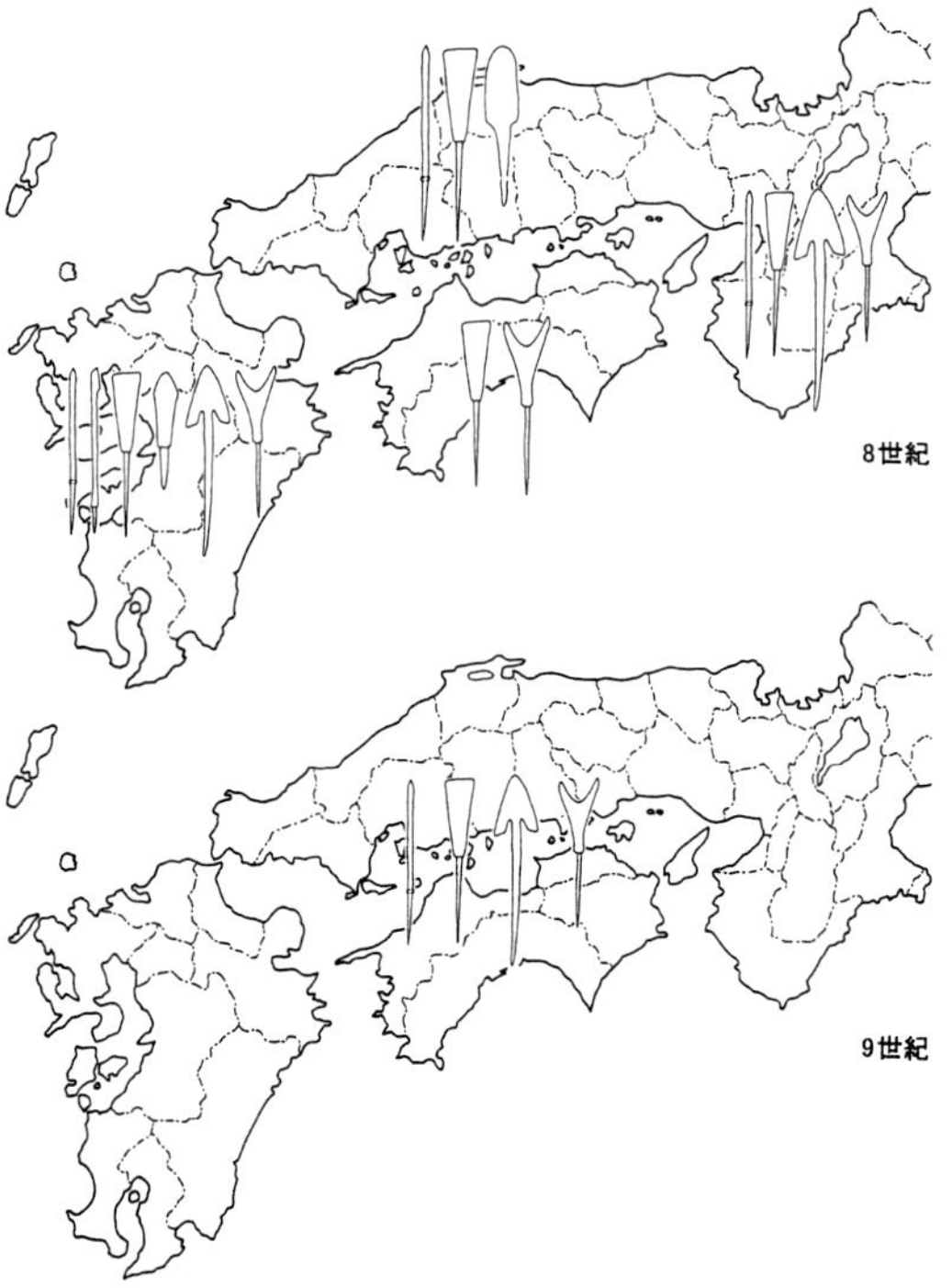

図46　西日本の古代鉄鏃の地域性と変化

雁又式が組成となる。全体的に地域性が消えてくるのがこの時期の特徴である。仔細にみれば、中国地方では鑿箭式・方頭斧箭Ⅰ式・方頭斧箭Ⅱ式・柳葉Ⅱ式・長三角形Ⅲ式・雁又式が主体的な組成になっており、畿内に比べてわずかに方頭斧箭Ⅱ式・柳葉Ⅱ式が加わっている。九州地方では鑿箭式・方頭斧箭式・長三角形Ⅲ式・雁又式が主体的な組成であって、畿内の様相に類似している。鏑矢では雁又式が卓越した存在になってくる。

九州地方では、圭頭斧箭式が消えて前代以来の地域性がなくなる。組成としては客体的であるが、短寸で幅広の方頭斧箭式が一定数九州地方や中国地方で存在する。しかし、主体となる鉄鏃組成は、西日本全域と共通している。

一〇世紀以降

当該期の鉄鏃は出土数が少なくて、組成は論じにくいが、確認できた点を記述しておく。

中国地方では、伯耆国庁跡で長三角形Ⅲ式が出るなど、複数点確認できている。また、雁又式も広島県西本六号遺跡のように台状関の鉄鏃が確認できる。山陰・山陽でも方頭斧箭式は一定数確認でき、鳥取県霞牛ノ尾遺跡や岡山県北方下沼遺跡・北方横田遺跡などでみられる。

さらに数少ないが、兵庫県玉津田中遺跡では柳葉Ⅰ式（一一世紀後半）が出ている。中国地方は確実な当該期の資料が少ないが、土佐国衙跡では当該期まで方頭斧箭式が存在する。

九州地方では、方頭斧箭式は鹿児島県田平下遺跡で確認でき、雁又式は宮崎県荒迫遺跡や福岡県江栗遺跡でみられる。このため、方頭斧箭式・雁又式は平安時代中・後期には、少なくとも確認できる。

このように、七世紀後半から八世紀には畿内と中国地方・九州地方で片刃箭式と平根の鉄鏃の加わり方によって地域性が存在したが、九州で八世紀前半代まで特徴的であった圭頭斧箭式が、八世紀後半頃から消えて九世紀にはなくなり、畿内と同じ組成に変化する。一〇世紀以降の畿内の様相は、不明な点が多いが、雁又式が鏑矢の主体になる点は確認できると思う。地域性の問題は、資料が少なくて明らかにできないのが現状であるが、地域性が少なくなっていったことが予測される。

第三節　西日本出土の鉄鏃と中央様式との比較

ここでは、正倉院に残る中央の鉄鏃組成と比較して、主に八世紀における西日本出土鉄鏃の特徴をみてみる。

（一）正倉院蔵矢の貢進時期・地域・鉄鏃組成

正倉院蔵品には「相模國」・「讃岐」銘の矢などのように地方から貢進したと判断できるものが存在する。(8)この中には棘篦被で透かしのある方頭斧箭式がある。西日本の変遷で、棘篦被は七世紀中葉以前まで、東日本では管見の限り千葉県に二例（伊篠白幡遺跡・宗吾西鷺山遺跡）(9)あるが、ここでも七世紀中葉には関篦被になっていることから、これ以前の所産であることがわかる。このため、正倉院蔵の方頭斧箭式は七世紀中葉かそれ以前に集められたものも含まれていることになる。(10)下毛野国那須評から貢進された矢は棘篦被がある。讃岐国の赤漆葛第二〇号の鉄鏃は関篦被の鑿箭式で、八世紀以降に位置付けられる。方頭斧箭式でも刃部が幅広で、篦被が窄まる形態は正倉院白葛胡禄第二八号・三〇号にあり、この形態は千葉県（鳴神山遺跡・花前Ⅱ—一遺跡）(11)(12)など東日本にみられ、正倉院の矢が各地からの集積品であることがわかる。時期的には七世紀中葉から八世紀のものまで含まれていることが指摘できる。従来、正倉院の矢は八世紀中葉頃の基準的な資料となっていたが、東西日本の鉄鏃編年により、七世紀代のものが含

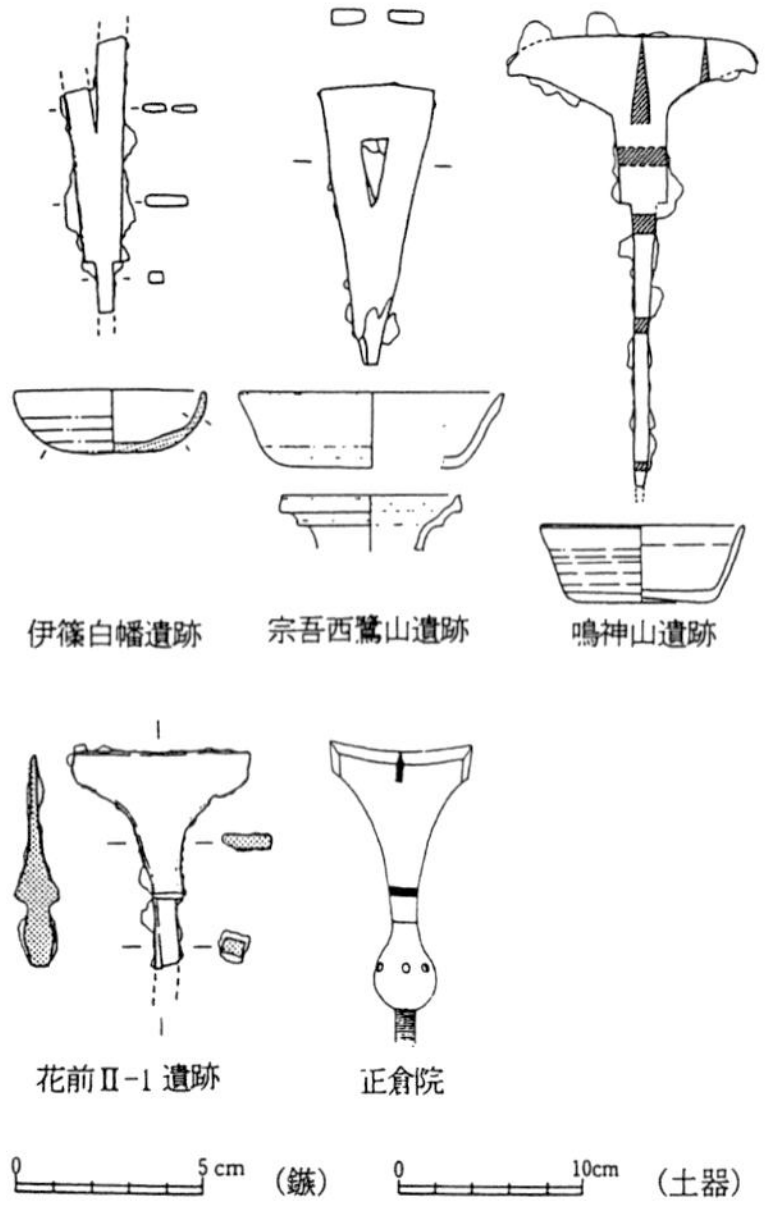

図47　東日本の方頭斧箭式と共伴土器

まれることが明らかになった。

　鉄鏃組成では、正倉院の矢を集計した結果、[13]鉄鏃小形式の明らかなもの三五四二本のうち、鑿箭式が七一％、片刃箭式が二二％で大半を占めており、その他は三角形Ⅰ式四七本、長三角形Ⅰ式四九本、三角形Ⅲ式二本、長三角形Ⅲ式二六本、方頭斧箭Ⅰ式一八五本、方頭斧箭Ⅱ式二本となっており、征矢では鑿箭式が主体であって、これに片刃箭式（端刃箭式を含む）が若干加わり、征矢の方頭斧箭式や三角形式・長三角形式は客体的であった。鏑矢は飛燕式ともいわれる腸抉のある長三角形Ⅲ式が主体で、本来は『東大寺献物帳』に記載される「筑紫加理麻多箭」のような雁又式も加わっていったと判断される。雁又式は、献物帳の記載された八世紀中葉以前の東日本でも散見するが、限定されている。一方、九州では一部確認でき、筑紫と国名を冠することから、その出現地としても特産的な認識がなされていたと推定される。正倉院蔵品には、西日本で多い棘篦被の方頭斧箭式も存在するが、篦被の変遷によって七世紀中葉頃までのものと判断される。これらを除くと正倉院の方頭斧箭式はさらに少なくなる。写真から判断すると、[14]七世紀後葉以降の関篦被の方頭斧箭式は、第一九・二〇・三三号箭などに限られ、ほかは七世紀中葉までのものと判断される。

「営繕令」営造軍器条には「凡営レ造軍器一。皆須レ依レ様。」と規定され、武器・武具を生産する場合には、様（規格）に従わなければならなかった。様は軍備の場合には中央政府による技術伝播や地方生産（技術）の掌握・管理機能があったという。[15]このため、正倉院に伝世する鉄鏃は関根真隆氏の指摘のように、[16]諸国器仗の様によって諸国で生産され、各地の貢進品が最終的に正倉院に入ったと考えられる。この見解に立てば、正倉院蔵の矢は中央から地方に伝達された様の実態を反映することになる。ただし、六道諸国で毎年生産する器仗の様を貢進する規定は霊亀元年（七一五）以降であり、先の鉄鏃の編年で棘篦被の方頭斧箭式などは七世紀代の所産で、様器仗貢進制下の前にも地方から武器が集められていたことがわかる。ただし、讃岐国銘の鉄鏃は八世紀代の所産で、様器仗貢進制下のものである。このように正倉院の矢は七世紀中葉頃までに集められたものから、八世紀代の様器仗貢進制下の矢まで含んでいることになる。正倉院で主体になる鑿箭式は関篦被であり、八世紀代の様器仗貢進制下のものであろう。このため、正倉院の矢に付く鉄鏃の形態・組成は、多くが中央から地方に規定された軍器の様を反映するのである。

（二）畿内出土の鉄鏃組成

畿内の宮都や周辺の集落遺跡や墳墓から出た鉄鏃を集成すると、最も多いのは方頭斧箭式と鑿箭式であり、これに鏑矢の三角形Ⅲ式・長三角形Ⅲ式や雁又式が少数加わる組成になっている。この組成は正倉院蔵の鉄鏃組成と明らかに異なり、片刃箭式が出土品では極めて少なくて、畿内出土の鉄鏃組成は正倉院に伝わる様とは明らかに異なり、西日本全域で主体的な方頭斧箭式や鑿箭式と九州地方や東日本で鏑矢の主体である三角形Ⅲ式・長三角形Ⅲ式が組み合わさっていたことが指摘できる。

(三) 西日本出土鉄鏃と中央様式との相違点

次に、正倉院蔵品の鉄鏃にみる中央の組成（様式）と比べると、西日本出土の鉄鏃は相違点が多い。以下、相違点を列挙する。

①出土鉄鏃は西日本全域で方頭斧箭式が主体になっている。次いで鑿箭式が多くて、征矢の主体小形式が異なっている。

②鑿箭式は、中央では鏃身と篦被の境の関が撫関状であるが、出土品は西日本各地ともに無関が多くみられる。

③片刃箭式は西日本の出土品には極めて少なくて、中央の組成では征矢で鑿箭式に次いで多い。

④九州地方では、圭頭斧箭式が一定数確認できる。中央の組成にはこの小形式はない。

⑤鏑矢は中央では、長三角形Ⅲ式が主体である。九州地方や畿内では本小形式が一定数みられるが、中国・四国地方では顕著でなくて、柳葉Ⅱ式や雁又式が鏑矢とみられる。

このように、西日本出土の鉄鏃は、中央の組成と異なっている点が、征矢・鏑矢でも確認できる。

(四) 官衙出土鉄鏃と中央様式との比較

次に、国府・国衙や郡家・駅家・山城など官衙関連遺跡における鉄鏃をみて、後述の解釈の素材とする。東日本の官衙では、基本的に中央の様式に沿った鉄鏃組成であったことから[17]、同じような視点で、西日本の官衙の鉄鏃をみてみる。

宮　都

平城宮・平城京・長岡京などでは、鑿箭式・方頭斧箭式・三角形Ⅲ式が多く、雁又式・三角形Ⅱ式・片刃箭式などは散見する程度である。

国府と国衙・国分寺

土佐国衙では方頭斧箭式、筑後国府跡では鑿箭式・長三角形Ⅲ式・雁又式、伯耆国府跡は長三角形Ⅲ式、周防国府跡では腸抉のある長三角形Ⅱ式、備前国府関連の祓所といわれる百間川原尾島遺跡では方頭斧箭式、肥後国分僧寺では方頭斧箭式、御笠団印出土周辺地遺跡は角根式である。

まとめれば、鑿箭式・片刃箭式・長三角形Ⅲ式・雁又式など、西日本で共通するものが主体になっており、角根式は稀有である。

郡　家

小郡官衙遺跡は、鑿箭式・片刃箭式・長三角形Ⅱ式、ヘボノ木遺跡では雁又式、下高橋馬屋元遺跡では三角形Ⅲ式である。

駅　家

兵庫県の落地遺跡は鑿箭式、小犬丸遺跡は五角形式である。

山　城

鞠智城跡で鑿箭式が出ている。

このように宮都や西日本の国衙・国府や国の管下にある駅家、山城などでは鑿箭式・方頭斧箭式・三角形Ⅲ式・長三角形Ⅲ式・雁又式が主体になっていることが確認できた。郡家では小郡官衙遺跡で鑿箭式に片刃箭式などが加わるが、先の宮都・国の官衙での基本的な鉄鏃組成は、より中央の規制が及ぶ機関であり、これらが基本的には西日本の官衙の鉄鏃様式であったと判断できる。

第四節　東日本出土鉄鏃との比較

次に、東日本出土鉄鏃の形態や組成と比較して、西日本の鉄鏃様式の特徴をみてみる。

（一）鉄鏃小形式の比較

鑿　箭　式

西日本出土の尖根で一定数確認できた鑿箭式と、資料が最もまとまっている関東地方の鑿箭式を比較すると、その長さの違いが表れる。グラフは鑿箭式の鏃身から箆被までの長さの平均値について、変化を示したものである。七世紀後半から八世紀後半までは西日本・関東地方ともに鏃身・箆被長が減っていき、長さもほぼ同じである。九世紀

前半以降は西日本では一一〜一二㌢であるが、関東では七〜八㌢と長さの違いが明瞭になってくる。

片刃箭式

東日本では、八世紀に征矢は片刃箭式が鑿箭式に次いで多くなっている。西日本では片刃箭式はほとんど出土せず、小郡官衙遺跡でまとまって出ている程度である。

柳葉Ⅰ式

この小形式は、九世紀後半以降に北関東から長野県などにおいて出現し、その後関東地方全域や東北地方に拡散したことを説いた[18]。西日本では、大阪府西大井遺跡で一〇世紀後半から一一世紀中頃、兵庫県玉津田中遺跡で一一世紀後半に確認できた程度である。このために西日本には、柳葉Ⅰ式は平安時代後半までほとんど拡散していなかったと判断することができる。

柳葉Ⅱ式

鏑矢の本小形式は東日本では、南関東で七世紀後半から八世紀代に確認できる。西日本では、主に中国地方で確認でき、八世紀代には列島内で点的に分布していることがわかる。

方頭斧箭式

本小形式は、東日本では出土数は少ないが、千葉県で七世紀中頃・後半から確認できる。栃木県で八世紀前半から、群馬県・茨城県・埼玉県で八世紀後半からみられる。東北地方南部で九世紀代に存在するが、東北北部ではみられない。東日本においては、時期の降下に従って分布が北上して拡散することが窺える[19]。千葉県では、その後九世紀

代まで一定数を占めており、東日本においては特異な傾向がみられる。畿内・西日本との点的な地域間交流があったことも推測される。通時的にみれば、朝鮮半島から九州地方に六世紀前半に入り、六世紀から九世紀の間に北部九州から東北南部まで列島を東漸・北上したことになる。半島系譜の鉄鏃が日本列島で定着・拡散していく過程が明らかになった。

雁又式

刃部形態は、西日本ではV字状をしたものである。東日本ではV字状とU字状の刃部があり、相違点となっている。V字状の雁又式は、北東アジアで広く確認できるもので(20)、東日本ではU字状の雁又式も七世紀末頃（千葉県大北遺跡(21)）からみられる。

	７Ｃ後半	８Ｃ前半	８Ｃ後半	９Ｃ前半	９Ｃ後半	１０Ｃ前半	１０Ｃ後半
関東	11.5	9.2	7.9	7.5	7.3	7.6	7.8
西日本	11.4	9.2	7.8	11.2	11.6	11.4	11.4

（単位cm）

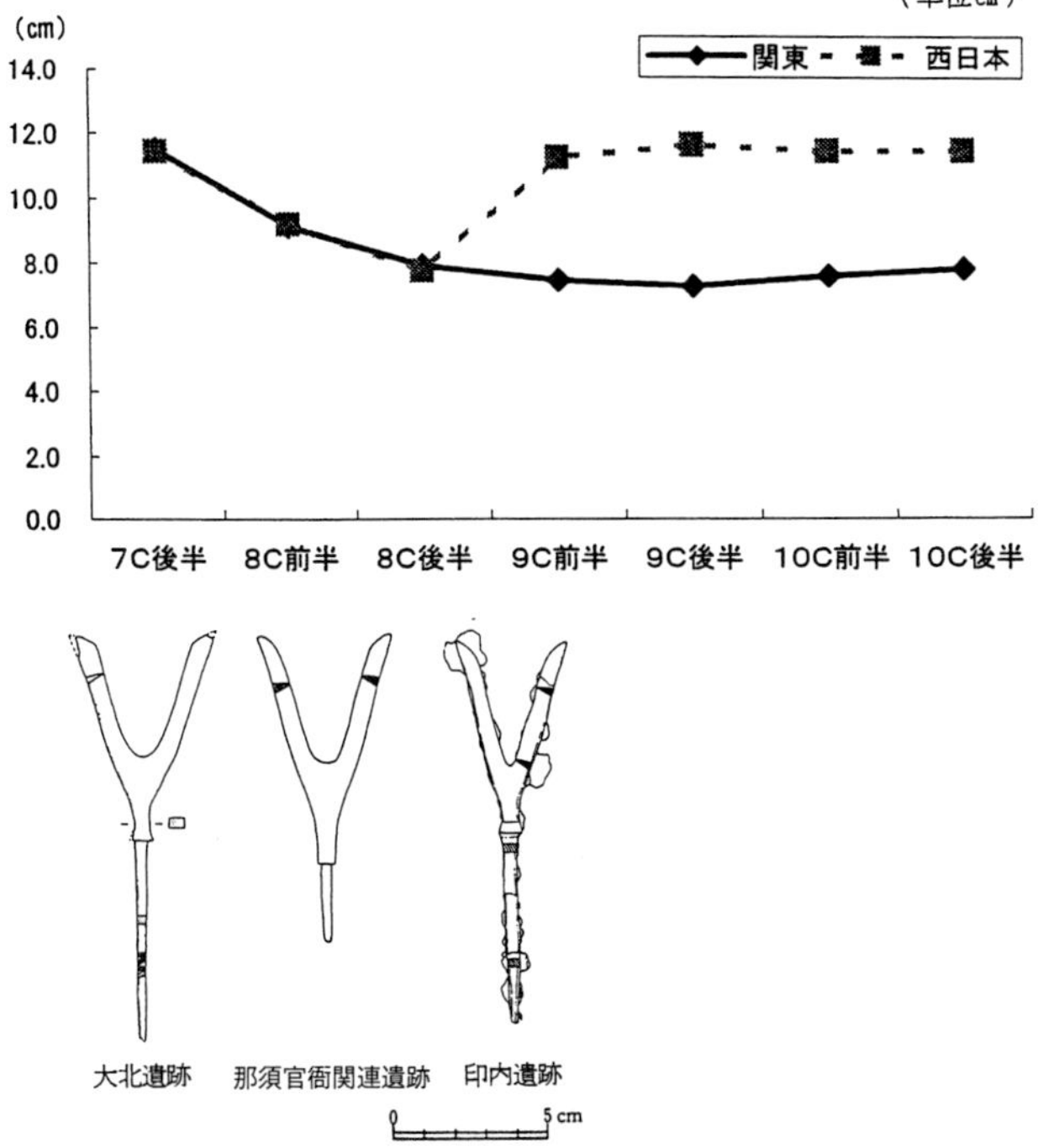

図48　西日本・関東地方出土鑿箭式の鏃身・箆被長比較と東日本の雁又式

無茎式・短茎式

本小形式は、古墳時代から関東地方や東北地方で存在し、八世紀以降は関東地方で減少して、分布の中心が北上する。東北北部については細長い無茎鏃の存在が指摘されている(22)。西日本でも熊本県うてな遺跡や鳥取県長者屋敷で無茎鏃が出ている。これは関東から東北南部でみられる形態にあたる。鏃身に孔があり、箆被の付く短茎鏃は関東地方から中部・東北南部に主に分布するが(23)、奈良県石神遺跡でも出ている。正倉院の評制下の矢が貢進されていることからすれば、東国からの初期の貢進品となるであろう。

(二)　鉄鏃組成の比較

東日本の鉄鏃組成は、筆者の分類・集計をもとに、宮城県以南で長野県以東の地域をもとに、その比率を時期的に表した。東日本では鑿箭式が主体小形式であり、西日本でも主体的な組成になっているが、西日本では方頭斧箭式も主体になっており、鉄鏃組成の違いが指摘できる。東日本では九世紀前半まで鏑矢の主体は長三角形Ⅲ式であり、雁又式は客体的である。雁又式は九世紀後半以降に増加して、鏑矢の主体に取って代わる。東日本で九世紀後半以降に柳葉Ⅰ式が多くなるが、西日本ではほとんど出ずに、柳葉Ⅰ式が東日本のうち、特に北関東周辺で出現することが、改めて確認できた。

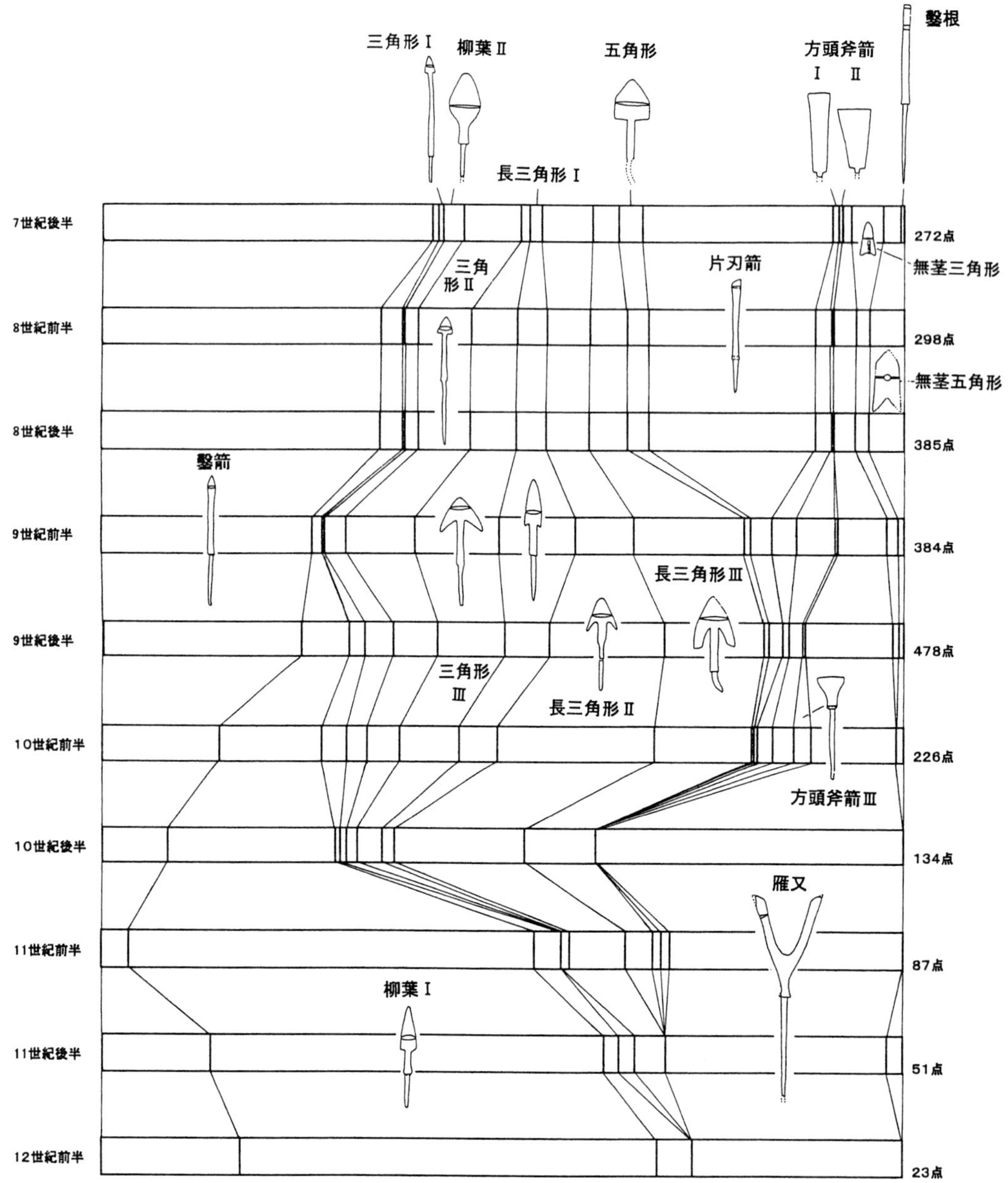

対象：宮城県・福島県・栃木県・茨城県・群馬県・埼玉県・東京都・千葉県・神奈川県・山梨県・長野県
集計点数は、津野2002による。

図49　中部・関東・東北南部の出土鉄鏃組成変遷図

九州地方や畿内では、長三角形Ⅲ式が主な鏑矢であるが、中国地方では出土数が少ないが、柳葉Ⅱ式が鏑矢とみられ、東日本とは異なっている。

第五節　古墳時代後期の鉄鏃との関連

ここでは、古墳時代後期の鉄鏃との関連についてみていく。古代の畿内出土の鉄鏃は、正倉院蔵の中央の鉄鏃組成と異なっていることが明らかになったことから、古墳時代後期との関連を考察するにも、双方を個別に検討する必要がある。畿内の古墳時代後期の鉄鏃は、飯塚武司氏などがまとめていることから(25)、これらの成果と今回の結果を比較検討する。

（一）近畿地方の古墳時代後期の鉄鏃と正倉院の鉄鏃の比較

飯塚氏の成果によれば、近畿地方では五世紀後半に柳葉式と片刃箭式のセットが確立し、六世紀後半まで続き、併行する時期に鑿箭式が新たに出現するという。この鑿箭式と片刃箭式の組成は七世紀前半に及び、七世紀後半には石神遺跡の例を挙げている。短頸式は六世紀代には腸抉の有無はあるものの柳葉式があり、七世紀前半に腸抉の有無のある柳葉式に加えて、雁又式・斧箭式（小稿の方頭斧箭式）・五角形式が出現し、七世紀初頭以降になって、多数の長頸式に少数の短頸式が加わる組成が確立するという。

このような、古墳時代後期の組成と正倉院蔵の鉄鏃を比較すると、類似点と相違点は以下のようになる。

①鑿箭式と片刃箭式が長頸式・征矢の主体になる点と方頭斧箭式や三角形Ⅲ式・長三角形Ⅲ式が少数になっていることが類似する。

②正倉院蔵の鏑矢には鏃身基底部が横にのびる柳葉Ⅱ式があり、近畿地方の古墳時代後期にも一定数確認できる。

このような点からみて、正倉院蔵の鉄鏃は、近畿地方における古墳時代後期の鉄鏃の組成と類似しており、近畿地方の古墳時代後期の鉄鏃様式を継承したものと判断できる。

（二）近畿地方の古墳時代後期の鉄鏃と畿内出土の古代鉄鏃の比較

上記の近畿地方における古墳時代後期の鉄鏃の様相と古代鉄鏃を比較すると、類似点と相違点は以下のようになる。

①畿内出土の古代鉄鏃は、鑿箭式と方頭斧箭式が主体になって、これに三角形Ⅲ式・長三角形Ⅲ式や雁又式が一定数加わっている。方頭斧箭式のあり方に相違点がある。また、畿内出土品には片刃箭式が少なくて、古墳時代後期の組成と異なっている。

②鑿箭式＋方頭斧箭式からなる征矢と三角形Ⅲ式・長三角形Ⅲ式や雁又式からなる鏑矢の関係が出土数からみても前代の様相を継承する。

このような点からみて、征矢・鏑矢の組成関係は畿内出土品にも継承されるが、征矢の主体が異なっており、畿内出土の古代鉄鏃は近畿地方の古墳時代後期の鉄鏃組成と異なり、直接の関連は薄く、別な要因を考慮する必要がある。

（三）畿内以外の西日本出土の鉄鏃と古墳時代後期の鉄鏃の関連

西日本の古墳時代後期の鉄鏃については、尾上氏が地域性などに関して検討している。(26) それによれば、TK二〇九併行期以降のⅢ期には、長頸鏃の鏃身部無関の片刃箭式と鑿箭式が普及し、方頭式（小稿の方頭斧箭式）や雁又式も各地でみられるようになるという。さらに、六世紀末から七世紀初頭に北部九州に出現する飛燕式（小稿の三角形Ⅲ式・長三角形Ⅲ式）が七世紀中葉には東日本にも普及する。また、山陰東半部で長頸腸抉柳葉式B類が盛行するという。

この研究成果と今回の集成結果とを比較対照して、類似点と相違点をみると、以下のようになる。

①古墳時代後期と類似する鉄鏃は、鑿箭式・方頭斧箭式・三角形Ⅲ式・長三角形Ⅲ式などである。特に方頭斧箭式が多く確認され。方頭斧箭式は尾上氏によれば、六世紀前半に新羅から北部九州に入るが、畿内では六世紀末以前には伝わらず、氏のⅢ期に畿内で採用されるという。このため、七世紀後半以降にはさらに数的にも多くなって、主体的な位置を占めるように変化している。

②奈良時代以降に片刃箭式は西日本でほとんで出ない。組成からは客体的になっている。

③八世紀に消える鉄鏃として、古墳時代後期に山陰東半部で地域性のある長頸腸抉柳葉式B類が、八世紀以降の当該地方にはほとんど確認できず、八世紀には消えた鉄鏃であるといえる。

このように、畿内以外の西日本出土の古代鉄鏃では、鑿箭式や三角形Ⅲ式・長三角形Ⅲ式などは継承され、方頭斧箭式は数的拡大をして、片刃箭式が減少していったことが指摘できる。

第六節　鉄鏃からみた畿内と東西日本の武器政策

（一）畿内の武器生産との関連

文献史では、畿内は奈良時代の初期から国衙による器仗生産が行われなかったという指摘がある。これは、『続日本紀』霊亀元年（七一五）五月庚午条にも「今六道諸国。造㆓営器仗㆒。不㆑堪㆓牢固㆒。臨㆑事何用。自㆑今以後。毎年貢㆑様。」とあり、畿内が含まれておらず、下って「延喜兵部省式」諸国器仗条でも畿内は規定されていないことなどによる。このため、造兵司製造の兵器と貯備された諸国貢進の様器仗が兵庫寮兵庫から畿内諸国に支給分配されたと推定されている。(27)

この視点に対比する考古学的な方法としては、畿内諸国から出た鉄鏃小形式について、列島各地の地域性をもとに、生産地を推定することである。厳密には金属学的な調査を要するが、現状ではこの方法が有効であろう。畿内の出土鉄鏃には、鑿箭式・方頭斧箭式・三角形Ⅲ式・長三角形Ⅲ式が多い傾向がある。宮都やその周辺で出る鉄鏃は、東日本に多い三角形式鏃と西日本全域に多い方頭斧箭式が主体になって構成されている。畿内で武器生産を行っていないとすれば、鉄鏃からみる限り、東西日本から集積していたことが指摘できる。ただし、宮都においても木製の腸抉のある長三角形式が出ており（平城宮跡SK八二〇、西宮兵衛詰所）[28]、これが飛鳥池遺跡で指摘されたように[29]、「様」であれば、宮都でも兵士が「様」に従って武器生産を行っていたことになる。

地方からの様器仗貢進制は霊亀元年に始まり、「様」の貢進が義務付けられた。この制度によって東西日本から器仗が中央に貢進され、その東西の地域性をもった鉄鏃が宮都を含めた畿内に支給された。出土鉄鏃からみると、七世紀後半の石神遺跡出土の短茎式は有孔であり、関東地方から中部・東北南部に分布する形態で、すでにこの段階から畿内中枢に貢進されていた。また、正倉院の方頭斧箭式は、棘篦被の下限によって七世紀中葉頃までの所産であり、方頭斧箭式が西日本で盛行していたことからすれば、すでに七世紀中葉から後半には列島の東西から矢を含めた武器の貢進体制が行われていたことが考えられる。

(二) 西日本の鉄鏃の地域性と様

畿内を含めた西日本から出土した鉄鏃は、正倉院蔵品に反映された中央の組成や東日本の組成と明らかに異なっている。この組成の違いは、政府が規定した様器仗貢進制の実態と地方の武器管理を考えるうえで、重要な論点である。この点について解釈を提示してみる。

解釈一　西日本の鉄鏃は方頭斧箭式が多くて、片刃箭式が極めて少ない傾向がある。政府は列島の東西で様を分けて別様式として規定していたと推定する。七世紀後半を中心とした奈良県飛鳥池遺跡では、方頭斧箭式の木製様が出ているることから、中央政権に関連する工房でも方頭斧箭式を容認していた。また、西日本の国衙・国府・駅家なども正倉院の組成と異なっており、西日本の鉄鏃組成を西日本の様としていたと判断する。

解釈二　棘篦被の方頭斧箭式は、中央へ集められたものと考える。しかし、様器仗貢進制以前のもので、様の実態は反映していない。関篦被の方頭斧箭式は様に従ったとみるが、客体的である。

想定しうる解釈案を提示したが、様を規定した宮都や国衙でも出土鉄鏃は方頭斧箭式が主体であることから、解釈一のように、西日本の鉄鏃様式を政府でも容認せざるをえなかったと判断するのが妥当であろう。大きくみれば列島東西にそれぞれに矢（鉄鏃）の様を認め、規格としていた。その確認のために西日本の諸国からは西日本鉄鏃様式の様器仗貢進制が採られていた。畿内の武器について、松本政春氏は様器仗が畿内諸国に分配されたと説き、これを受けた中村光一氏も様器仗が中央の武器生産を補完したと説いた[30]。西日本様式の様器仗が貢進された後に畿内諸国に分配されたと考えれば、文献史と考古学的な事実関係が整合的に解釈できるのである。

(三) 大宰府管内の鉄鏃の地域性

九州では、古墳時代以来特徴的な圭頭斧箭式は、八世紀中頃まで一定数存在するが、八世紀後半にはほぼ消える。それ以降は、方頭斧箭式や鑿箭式・雁又式といった西日本に共通した組成になっていく。この点に関して文献史では、大宰府の武器生産に関する諸見解が提出されている。文献史では西海道諸国で、『日本書紀』天武十四年（六八五）十一月甲辰条や『肥前国風土記』・「養老職員令」大宰府条・『薩摩国正税帳』の記載から八世紀前半の大宰府管内における軍事体制は大宰府の強い統制下にあって、兵器生産能力を独占し、管内諸国に兵器製造を認めなかったと解釈した(31)。その後、松本政春氏は主に天平年間の史料から西海道諸国の武器生産を論証するが(32)、恒常的には大宰府が器仗生産を独占していたと、橋本裕氏の論に従う。そして天平宝字五年（七六一）西海道諸国器仗制が成立して、大宰府管内の軍事体制の変化を指摘する。この諸国器仗制によって西海道諸国も大宰府に毎年様を送る規定になった。

このような、文献史学の論構成に対して、八世紀前半まで九州地方に古墳時代からあった地域性を示す鉄鏃が、八世紀後半以降消えていく考古学的な事実ではどのように対照できるか検討する。鉄鏃という消耗品的な武器の地域性は古墳時代以来、地方生産を反映するものと考えられてきた(33)。八世紀前半まで、畿内を含む中国地方以東の鉄鏃組成（様式）と異なったものから、八世紀後半には畿内を含めた組成に類似したものになっていく事実は、八世紀前半までは地域独自の武器を生産していたが、天平宝字五年以降に西海道諸国器仗制のもとの武器生産では、従来の武器の地域性を否定し、大宰府に様を送り校堪を受ける体制へ変化したと解釈できるであろう。つまり、橋本氏が文献史料から導き出された八世紀前半には大宰府により西海道の軍事体制が統制されていたという指摘とは反対に、八世紀前半には西海道諸国で古墳時代以来の伝統的な武器（鉄鏃）生産を行っていたが、八世紀後半以降は諸国器仗制のもと、管下の武器生産の管理・統制が強化されたと判断せざるをえない。様は武器の機能性や数量の把握を行う性質をもち、地域性のある規格に沿わないものは除かれていくのである。

松本政春氏は、西海道における諸国器仗制について、天平宝字元年（七五七）から始まる西海道七国兵士防人制による兵器生産・支給体制と説く(34)。この指摘に従えば、九州の圭頭斧箭式は国家的な西辺防備体制のもと、武器の様制によって消滅したことになる。

（四）鉄鏃からみた東日本の武器政策との相違

東日本の鉄鏃は、関東以北で無茎鏃が八世紀以降にも残存するが、基本的な組成は鑿箭式が最も多くて、これに片刃箭式が加わり、三角形式なども組成になって征矢が構成される。鏑矢は三角形Ⅲ式・長三角形Ⅲ式が主体で、平安時代には雁又式に替わる。鉄鏃組成も中央の様式に沿っており、概ね中央政府の規格に従った矢が用いられていたことが確認できる。政府は西日本の鉄鏃組成を容認していた可能性を先に指摘したが、東日本では中央政府の鉄鏃様式を、西日本よりも強く求めていたことが指摘できる。つまり、軍事体制を整える政府にとって、東日本には軍事政策・武器政策上、強制力を行使できる立場であり、西日本は九州から拡散した方頭斧箭式に代表されるように、西日本の前代から保有されていた軍事力を容認し、軍事力を構成せざるをえなかったと考えられる。

防人制は主に東国から派兵されたというが、このような軍事的な強制力も西日本には行使できず、鉄鏃からみられた関係と連動しており、そこに列島の東西に対した政府の軍事政策が窺えるのである。

古代の鉄鏃について列島東西の地域性が明らかになった。そして、政府は東西での異なった鉄鏃様式（様）を容認せざるをえなかったことが指摘できた。今後は軍事的な役割からみた東西の相違について、古墳時代からの伝統などを含めて明らかにしていく必要がある。

註

（1）杉山秀宏「古墳時代の鉄鏃について」（『橿原考古学研究所論集第八』吉川弘文館、一九八八年）・関　義則「古墳時代後期鉄鏃の分類と編年」（『日本古代文化研究』第三号、古墳文化研究会、一九八六年）など。

（2）尾上元規「古墳時代鉄鏃の地域性—長頸式鉄鏃出現以降の西日本を中心として—」（『考古学研究』第四〇巻第一号、一九九三年）。

（3）高木恭二「圭頭斧箭式鉄鏃について」（『城二号墳』宇土市教育委員会、一九八一年）・同「圭頭斧箭式鉄鏃再考」（『肥後考古』二、一九八二年）。

（4）後藤守一「上古時代鉄鏃の年代研究」（『人類学雑誌』第五四巻第四号、一九三九年）。

（5）高木恭二氏によれば、圭頭細根斧箭式・圭頭広根斧箭式に分類されるものである。筆者もこの分類を継承するが、筆者がかつて分類した鏃身の大きさによる分類（Ⅰ・Ⅱ）に合わせる意味で、このような分類名称にする。

（6）前掲註（2）尾上論文。

（7）前掲註（2）尾上論文。

（8）正倉院事務所『正倉院宝物四　中倉Ⅰ』（毎日新聞社、一九九四年）。

（9）（財）千葉県文化財センター『酒々井町伊篠白幡遺跡』（一九八六年）・成田市教育委員会『宗吾西鷺山遺跡』（一九八六年）。

（10）棘箆被の方頭斧箭式は、どの地域から集められたものであるか明らかにするべきである。尾上氏の研究によれば、Ⅲ期（TK二〇九以降）に瀬戸内沿岸から近畿にも拡大するという（前掲註（2）尾上論文）。近畿における七世紀前半の鉄鏃は少ないが、湯舟坂二号墳などに透かしのある方頭斧箭式が確認できる。しかし、京都府上野二号墳（（財）京都府埋蔵文化財調査研究センター「上野古墳群・滝谷遺跡」『京都府遺跡調査概報第六六冊』一九九五年）で、長頸鏃のみで構成される点などからも、七世紀前半に方頭斧箭式は客体であったとみられる。一方、この時期に岡山県下などでは、この小形式がよくみられる。東日本では、千葉県印旛地域で棘箆被の方頭斧箭式が極地的に出る傾向があり、西日本との関連を窺わせる。正倉院の棘箆被方頭斧箭式の出自は断定できないが、西日本の可能性が高いであろう。

（11）（財）千葉県文化財センター『千葉北部地区新市街地造成整備事業関連埋蔵文化財調査報告書Ⅱ—印西市鳴神山遺跡・白井谷遺跡—』（一九九九年）。

（12）（財）千葉県文化財センター『常磐自動車道埋蔵文化財調査報告書Ⅲ—花前Ⅱ—一・花前Ⅱ—二・矢船—』（一九八五年）。

（13）津野　仁「古代鉄鏃からみた武器所有と武器政策」（『栃木史学』第一六号、國學院大學栃木短期大学史学会、二〇〇二年。『日本古代の武器・武具と軍事』吉川弘文館、二〇一一年所収）。

（14）前掲註（8）による。

（15）櫛木謙周「律令制下における技術の伝播と受容に関する試論」（『歴史学研究』第五一三号、一九八三年）。

（16）関根真隆「上代器仗料考」（『天平美術への招待　正倉院宝物考』吉川弘文館、一九八五年）。

（17）前掲註（13）津野論文。
（18）前掲註（13）津野論文。
（19）前掲註（13）津野論文。
（20）津野　仁「中世鉄鏃の形成過程と北方系の鉄鏃」（『土曜考古』第二五号、二〇〇一年。本書第三部第一章）・服部敬史「中国東北地方における古代・中世の鉄鏃―高句麗から明代までの考古学的資料の集成―」（『和光大学表現学部紀要』第六号、二〇〇六年）。
（21）（財）千葉県文化財センター『大北遺跡・谷津遺跡・瓜作遺跡・池田古墳群』（一九八六年）。この他に那須官衙関連遺跡や千葉県印内遺跡でも確認できる（栃木県教育委員会ほか『那須官衙関連遺跡Ⅶ』二〇〇一年・（財）千葉県都市公社「印内遺跡」『小金線』一九七三年）。
（22）内山敏行「鏃からみた七世紀の北日本」（『七世紀研究会シンポジウム　北方の境界接触世界』七世紀研究会、二〇〇五年）
（23）水野敏典「東日本における古墳時代鉄鏃の地域性」（『古代探叢Ⅳ―滝口宏先生追悼考古学論集』早稲田大学出版部、一九九五年）。
（24）前掲註（13）津野論文。
（25）飯塚武司「後期古墳出土の鉄鏃について」（『東京都埋蔵文化財センター研究紀要』Ⅴ、一九八七年）。
（26）前掲註（2）尾上論文。
（27）松本政春「西海道に於ける諸国器仗制の成立」（『続日本紀研究』第二二七号、一九八三年。『奈良時代軍事制度の研究』塙書房、二〇〇三年所収）。
（28）奈良国立文化財研究所『平城宮発掘調査報告Ⅶ』（一九七六年）。
（29）奈良国立文化財研究所『奈良国立文化財研究所年報　一九九〇―Ⅱ』（一九九九年）。
（30）中村光一「令制下における武器生産について―延喜兵部式諸国器仗条を中心として―」（虎尾俊哉編『律令国家の地方支配』吉川弘文館、一九九五年）。

（31）橋本　裕「大宰府管内の軍団制に関する一考察」（『関西学院史学』第一七号、一九七六年。『律令軍団制の研究　増補版』吉川弘文館所収）。
（32）前掲註（27）松本論文。
（33）前掲註（2）尾上論文。
（34）前掲註（27）松本論文。

西日本・関東出土の鑿箭式の鏃身・箆被長比較図（図48）の対象遺跡

（鏃身・箆被の完存する鉄鏃対象）

【群馬県】白井二位屋遺跡・大久保A遺跡・五目牛清水田遺跡・森下中田遺跡・融通寺遺跡・鳥羽遺跡

【栃木県】免の内台遺跡・上横田A遺跡・前田遺跡・長峰横穴群・多功南原遺跡・井頭遺跡・伊勢崎Ⅱ遺跡

【茨城県】熊の山遺跡・厨台遺跡・柴崎遺跡

【埼玉県】稲荷前遺跡・張摩久保遺跡・東の上遺跡・古井戸・将監塚遺跡・椿山遺跡・宮町遺跡・上敷免遺跡・大久保山遺跡

【東京都】武蔵国府関連遺跡・武蔵台遺跡・上石原遺跡・多摩ニュータウン遺跡・綾部原遺跡・竪台遺跡・南広間地遺跡・落川遺跡・武蔵国分寺遺跡

【神奈川県】原口遺跡・下大槻峯遺跡・草山遺跡・向原遺跡・真土六ノ域遺跡・北原（№一〇）遺跡・田名稲荷山遺跡・宮久保遺跡・鳶尾遺跡・間際根横穴墓群・中村遺跡・飯山横穴古墳・西部二一五地点遺跡・天神前遺跡・王子ノ台遺跡・清水場遺跡・中坂東遺跡・海老名本郷遺跡・諏訪前A遺跡・神明久保遺跡・長後上ノ原遺跡

【千葉県】根崎遺跡・直道遺跡・夏見大塚遺跡・囲護台遺跡・鳴神山遺跡・南広遺跡・白幡前遺跡・印内台遺跡・芳賀輪遺跡・松ヶ丘遺跡・谷津遺跡・小池向台遺跡・上の台遺跡・双賀辺田№一遺跡・海老遺跡・花前Ⅰ遺跡・鉢ヶ

谷遺跡・藤木遺跡・高岡大山遺跡・別当地遺跡・雷塚遺跡・椎津茶ノ木遺跡・江原台遺跡・本佐倉外宿遺跡・大袋腰巻遺跡・尾上出戸遺跡・大森第一遺跡・大森第二遺跡・宮台遺跡・川島遺跡・宮内遺跡・小西平台遺跡・駒形北遺跡・中馬場遺跡・南前野・道円坊西遺跡

【奈良県】石神遺跡・平城京左京二条二坊・三条二坊・平城京左京二条二坊十二坪・平城京東堀河

【京都府】長岡京跡・西野山墳墓・左坂横穴群（B支群）・上野二号墳

【兵庫県】勝手野古墳群・落地遺跡

【広島県】岡山A遺跡

【福岡県】津古生掛遺跡・塔ノ上遺跡

【熊本県】池田・古園遺跡

【佐賀県】柚比本村遺跡

西日本鉄鏃出土対象遺跡　（　）内の数字は図50〜52の鉄鏃図の番号に対応し、出土遺跡名を示す。

【奈良県】石神遺跡・飛鳥池遺跡（一・一四・一五・一九・二二・二四・五〇）・平城宮跡（三一・四一）・平城京右京八条一坊十三・十四坪（二五・三三）・平城京左京二条二坊・三条二坊（四・五）・平城京左京二条二坊十二坪（六）・平城京右京三条二坊十五坪（一六）・平城京右京二条三坊六坪・平城京左京七条一坊十五・十六坪（三五）・平城京左京一条三坊十三坪（四六・四七）・平城京東市跡（四〇）・平城京東堀河（二・三・二三・三四）・三ッ塚古墳群（三九）・カタソバ九号墳

【京都府】長岡京跡（七〜一三・一七・一八・二〇・二一・二六・四二・四三）・走田古墳群・西野山墳墓（二七・二八）・大島東遺跡・左坂横穴群（B支群）・上野二号墳

【大阪府】細工谷遺跡（三六）・東奈良遺跡（三八）・小阪合遺跡（四四）・西大井遺跡（三二・三七）・寛弘寺遺跡（三〇）・志紀遺跡（二九）・水走遺跡・鬼虎川遺跡（四五・四八）・池島・福万寺遺跡（四九）

【兵庫県】年ノ神古墳群二号墳・東山古墳群一三号墳（六五）・九号墳・一一号墳・一二号墳・一三号墳・一四号墳・一五号墳・西脇古墳群B支群一号墳（六四）・状覚山一一号墳・勝手野古墳群・熊内遺跡・玉津田中遺跡・下西山遺跡（七二）・貴船神社遺跡（七七）・小犬丸遺跡（六八）・落地遺跡（五八）・長尾・沖田遺跡（一〇〇）

【岡山県】本四橋I遺跡（五一）・琴海一号墳・門前中屋古墳・藪田古墳群四号墳・湾戸七号墳・根岸古墳・阿坂古墳・前岡内四号墳・矢部古墳群A三七号墳・百間川原尾島遺跡（九五）・百間川兼基遺跡（八六）・津寺遺跡（九一・九六）・先旦山遺跡（八一）・北方下沼遺跡・北方横田遺跡（九〇）・加茂政所遺跡（八七）・窪木遺跡（六二）・山根遺跡（六一）

【広島県】助平二号遺跡（七四）・岡の段B地点遺跡（七〇）・道ヶ曽根遺跡・大谷遺跡（七三）・牛乗遺跡（七五）・下沖二号遺跡（八八・八九）・岡山A地点遺跡（五二・五四）・東広島ニュータウン遺跡群西五地点遺跡（五九）・西本六号遺跡（九九）

【鳥取県】陰田荒神谷遺跡（七一）・陰田第六遺跡（七六）・古市宮ノ谷遺跡（七九）・吉谷中馬場山遺跡（七八）・霞牛ノ尾遺跡

【島根県】才ノ峠遺跡（八〇）・林廻り遺跡（九二）・馬場遺跡（六〇・九三）・渋山池遺跡（六三）・伯耆国庁跡・森遺跡（六七）・高広遺跡（五七・六九）・中野清水遺跡（五三・一〇一）

【山口県】長登銅山跡（九四）・見島ジーコンボ古墳群一六号墳（五五・五六・六六・八二〜八五・九七・九八）・周防国府跡

【和歌山県】西田井遺跡

【徳島県】柿谷遺跡・中庄東遺跡（一〇八）・土佐泊大谷遺跡（一一一）・黒谷川宮ノ前遺跡（一〇六・一〇七・一一五）・古町遺跡（一一七）

【香川県】下川津遺跡（一〇三〜一〇五・一一二）・正箱遺跡（一一六）・原間遺跡・西久保谷遺跡（一一三）

【愛媛県】松ノ元遺跡（一〇九）・樽味高木遺跡（一一四）・幸の木遺跡（一〇二）

【高知県】土佐国衙跡（一一〇）

【福岡県】池の上墳墓群九号墳・水町遺跡群B五 - I号横穴墓・大宰府条坊跡

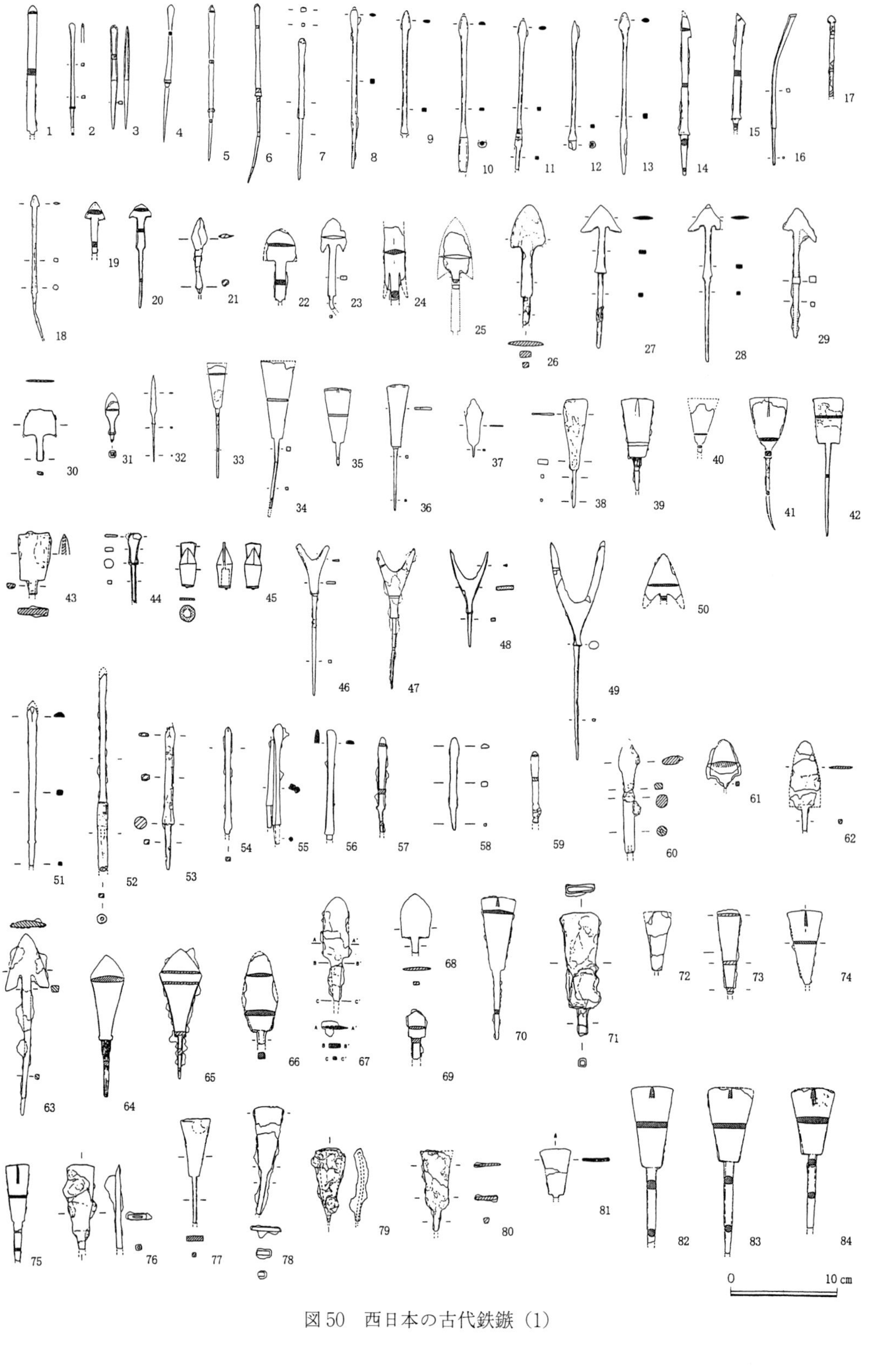

図50　西日本の古代鉄鏃（1）

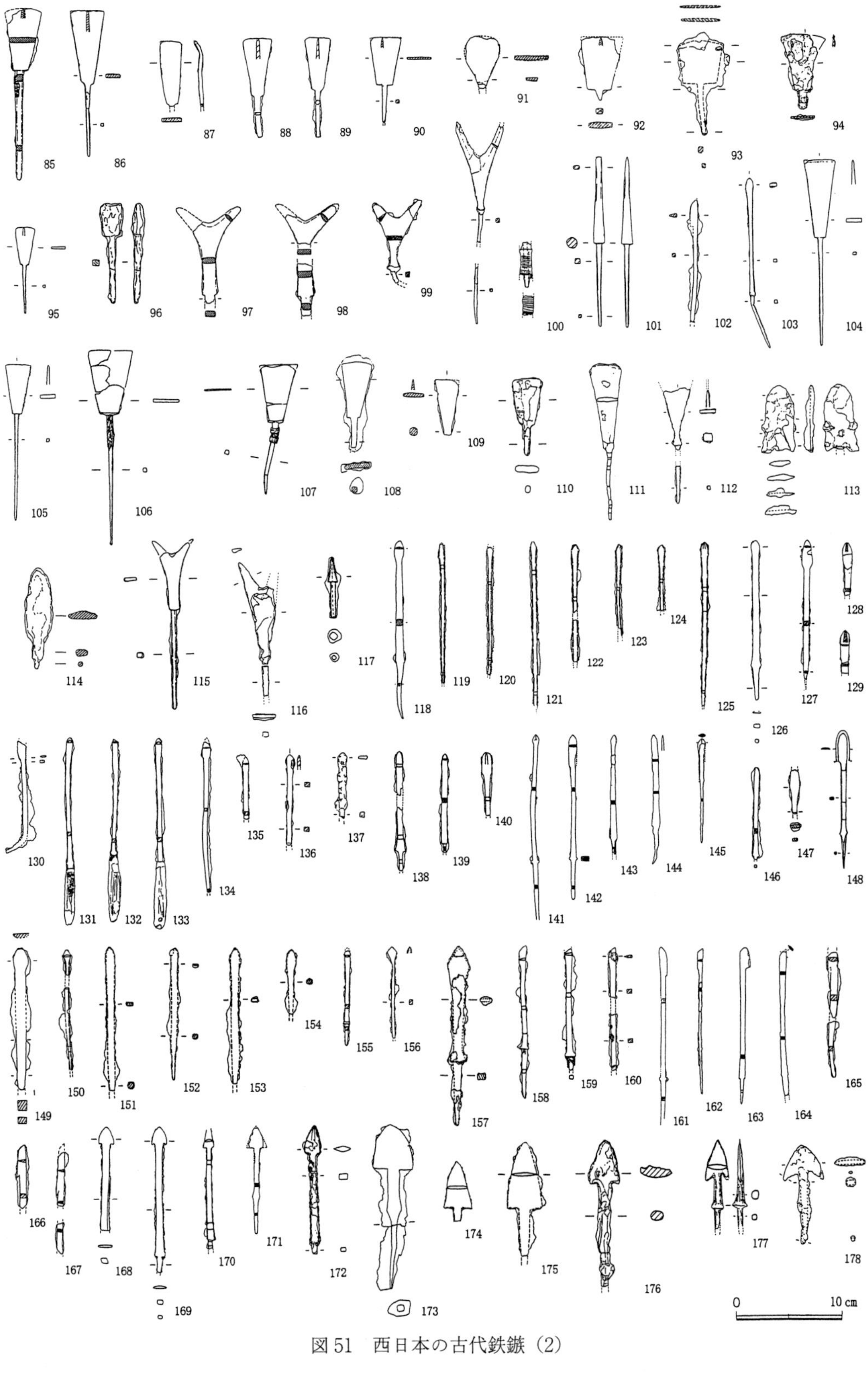

図51　西日本の古代鉄鏃（2）

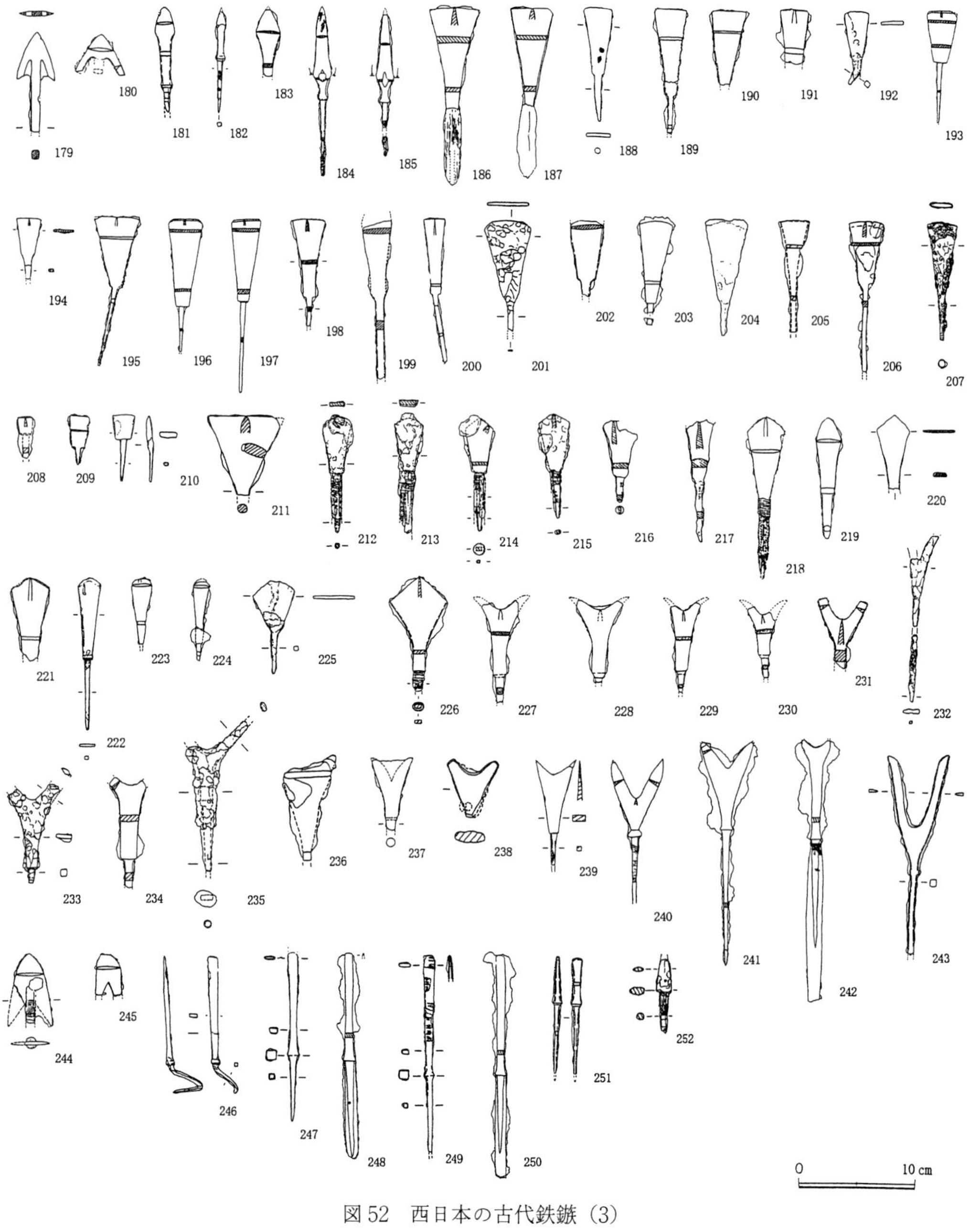

図52　西日本の古代鉄鏃（3）

（一八二・二四六）・樋井川A遺跡（二四七・二四九）・畑田遺跡（一五一）・古坊遺跡・博多遺跡群（二三九）・日佐遺跡群（一五七）・筑後国衙跡・筑後国府跡（一五一〜一五四・一七五・二〇五・二三一・二三六）・多々良込田遺跡（二二七〜二三〇）・ヘボノ木遺跡（二三八）・安武・深田遺跡（一九三・一九六・一九七）・大迫遺跡（一九一）・旗原遺跡（一九四）・津古生掛遺跡（一三一〜一三四・一八六・一八七）・平塚遺跡（一九二・二一五）・干潟城山遺跡（二一九〜二二五・一七四・一八九・一九〇・一九五・二〇九・二一八）・干潟遺跡（一一八・一二七）・岡田地区遺跡群・馬屋元遺跡（二〇〇）・長島遺跡（二一九）・不動院遺跡（二〇六）・才田遺跡（一三八・一四〇・二二一）・高原遺跡（一六五・一六六・二〇八・二二六）・前田遺跡（二三二）・立野遺跡（一三五）・雑餉隈遺跡（一三七・一七八）・羽犬塚中道遺跡（一三六・一六〇）・塔ノ上遺跡（一三九・一四六・一六七）・下見遺跡（一四七）・春園遺跡（一五〇）・大原D遺跡（二三四）・江栗遺跡（二三七）・山田遺跡群（一五八・一五九）・小郡官衙遺跡（一四一〜一四五・一六一〜一六四・一七一）・下高橋馬屋元遺跡（一八〇）・神道遺跡・長野A遺跡・（一七九・二四〇）・龍頭遺跡（二四四）・小板井京塚遺跡（一七二）・御笠団印出土地周辺遺跡（二五二）・南八幡遺跡（二〇三）

【佐賀県】下石動遺跡（一九八）・東古賀遺跡（二一一）・荻野遺跡（一二八・一二九）・久池井B遺跡（一五五）・柚比本村遺跡（一二六・一六八・一六九・一八八）・徳永遺跡（一七六）

【大分県】上ノ原横穴墓群一五号墓・八坂本庄遺跡（一八四・一八五）・八坂中遺跡・日田条里上手地区（一八三）・川原田遺跡（二四一・二四二・二四八・二五〇）・大肥吉竹遺跡（一九九・二〇二）・手崎遺跡（二二〇）・会下遺跡（二〇四）・上野第一遺跡（一四八）・池部・横嶺条里遺跡官田地区（一七三）

【熊本県】古城横穴群四九号横穴・肥後国分僧寺跡（二〇一）・柳町遺跡（二二二）・うてな遺跡（一七〇・二二三・二二四・二四五）・鞠智城跡（一四九）・池田・古園遺跡・辻遺跡・神水遺跡（一七七・二一〇）

【宮崎県】木城村古墳二七号横穴墓（二一二〜二一五）・蓮ヶ池横穴群二八号横穴（二一六・二一七）・下耳切遺跡（一五六）・下耳切第三遺跡（一三〇）・右葛ヶ迫遺跡（二三五）・白ヶ野第三遺跡（二三三）・荒迫遺跡

【鹿児島県】田平下遺跡（二〇七）・大島遺跡（二四三）

第二章　蝦夷の武装

はじめに

古代蝦夷に関する膨大な研究の中では、城柵の調査や地域支配の展開や墳墓・土器などによる交流の検討によって政府や関東地方・北海道との関連など、多岐にわたる研究がなされてきた(1)。しかし、蝦夷の生習と文献史料に記載された狩猟や武装に関する検討は、文献史・考古学でも等閑視されてきた分野であろう。文献史からの検討では、近年熊谷公男氏によって蝦夷の戦闘能力に関する検討が行われた(2)。考古側でも刀(3)や鉄鏃(4)などが検討されるようになってきた。しかし、個別の武器類に関する検討であり、蝦夷の武装総体に関する検討が通時的に行われたことはないと思われる。

蝦夷の武装総体を扱い、武装の実態を検討するには、第一に当該地域の墳墓・集落などで使われている考古資料の系譜を明らかにしていく方法(5)が一般的に適切であると思う。これによって、武器類をもとにした蝦夷と東国および政府との交流が明らかにできる。武装という極めて政治・戦争に関わる分野での交流は、文献に記載されたそれぞれの交流以上の実態と政策を反映する可能性がある。

第二に、文献資料によれば蝦夷は狩猟を生習とすると記載されていることから、生業を示す遺物（農具）と、武器類特に鉄鏃などとの組成比を検討してみたい。鉄製品は最終的な遺存品の組成から検討するものであり、実態をどの程度反映するか不明であるが、組成比は消費の多寡を反映し、ひいては使用の実態・生業の実態を反映するとみて検討を加えたい。

第一の検討に際して、東北北部における蝦夷の武器類個々を検討すると、異なる系譜が確認できたことから、以下に述べるように「国家系武装」・「東国系武装」・「蝦夷系武装」・「大陸系武装」と分けて仮称し、それぞれの変遷や分布をみる(6)。

第一節　武装の系譜

（一）国家系武装

列島規模で、共通性の確認できる武器類を国家系武装と呼称しておく。中央政府が武器類に関して共通性を求め、政権の及ぶ地域には規格性を「様」として規制した。以下、各種の共通性の確認できる武器類を列挙する。列挙したもののほかに金銅製馬具なども含まれる。

大刀

金銅装や銅製の大刀で、交易品の可能性がある。末期古墳では、岩手県熊堂古墳の筒金式方頭大刀や秋田県湯ノ沢F遺跡の唐鐔付きの大刀、北海道町村農場古墳X―一号墳出土刀などがある。しかし、後述する短寸の北の方頭[7]・北日本型横刀[8]に比べて出土数は少ない。

木心金属張三角錐形壺鐙系吊金具

当該鐙の吊金具は、中部・関東地方などでも八世紀代の例は少なく、九・一〇世紀の事例が多い。東北北部では、九世紀後半（岩手県宮地遺跡・青森県浅瀬石遺跡）や一〇世紀後半以降（青森県古館遺跡）などで確認されるが、出土数は少ない。古館例は筆者分類のC三類であり[9]、東大寺若宮八幡宮などに類例がある。出土品では、長野県吉田川西遺跡や栃木県金山遺跡に類例がある。このため、当該鐙は列島での共通型式であるといえる。

しかし、九・一〇世紀でも東北北部では、金属製の鐙や当該鐙の吊金具が少なく、金属装具を付けない木製壺鐙を主に使用していた可能性も残る。

鉄製・（金）銅製壺鐙

東北北部における奈良時代以降の鉄製壺鐙は、青森県貝ノ口遺跡・岩手県摺沢八幡神社・秋田県太田谷地館跡・山形県羽入（林松寺蔵）で出土している。貝ノ口例は八世紀初頭で、枠金に釘を打った孔がある。ほかの三者は一〇世紀以降の鐙であろう。

金銅製壺鐙は、八戸市田向遺跡（九世紀後半）で出ている。東北南部以南では、静岡県城山遺跡（八世紀前半～中葉）・伝関東古墳出土関西大学博物館蔵品で、田向遺跡例は関大蔵品と吊手の鳩胸側の先端が抉れて突出する形態が類似している。

轡

七～八世紀では、立聞系環状鏡板付轡が丹後平古墳一五号墳・三三号墳・酒美平遺跡SＩ九・馬場遺跡、素環系環状鏡板付轡は丹後平古墳四六号墳、九世紀前半では素環系轡は鰹沢遺跡第一七号竪穴住居跡、九世紀後半では素環系と複環式が湯ノ沢F遺跡で出ており、全国的な分類と形態に類似している。

鉄　鏃

鑿箭式は七世紀代から一一世紀代まで青森・岩手県域で連続的に確認できる。鏑矢で腸抉のある長三角形Ⅲ式（飛燕式）も存在し、九世紀以降には雁又式がみられるようになる。しかし、八世紀の共通小形式である片刃箭式は、東北北部ではほとんど確認できない。

弓

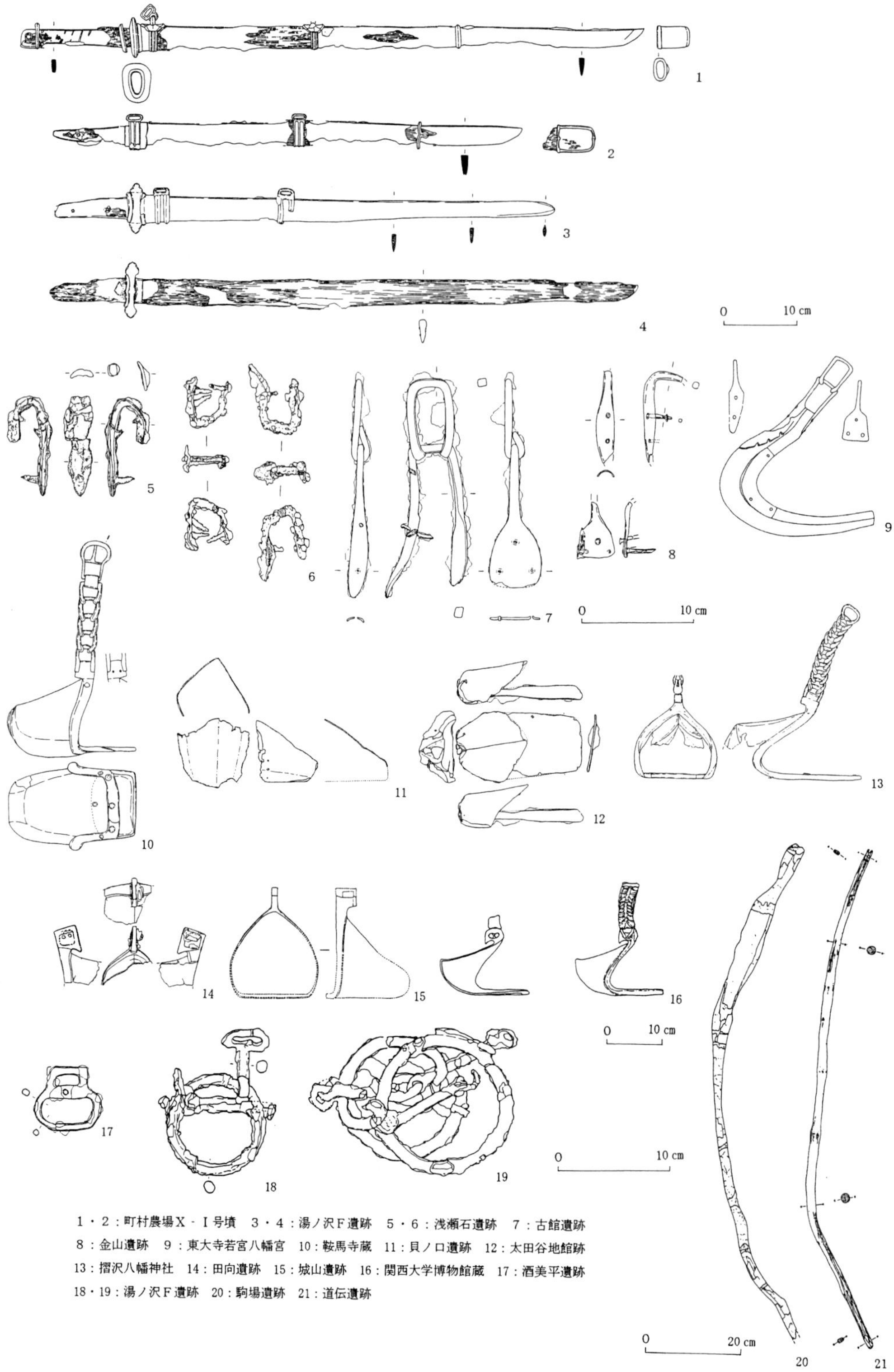

1・2：町村農場X－Ⅰ号墳　3・4：湯ノ沢F遺跡　5・6：浅瀬石遺跡　7：古館遺跡
8：金山遺跡　9：東大寺若宮八幡宮　10：鞍馬寺蔵　11：貝ノ口遺跡　12：太田谷地館跡
13：摺沢八幡神社　14：田向遺跡　15：城山遺跡　16：関西大学博物館蔵　17：酒美平遺跡
18・19：湯ノ沢F遺跡　20：駒場遺跡　21：道伝遺跡

図53　大刀・鐙・轡・弓

表7　弓の長さ(完形品)

弓の長さ	名称・出土遺跡・遺構名
90 cm未満	中谷地遺跡・古志田東遺跡(2枝)・山王遺跡SD2000・上高田遺跡・元総社寺田遺跡
90〜120 cm未満	上浅川遺跡・鶴田A遺跡・市川橋遺跡SD5161B・荒田目条里遺跡(3枝)・道伝遺跡・市川条里制遺跡
120〜150 cm未満	城山遺跡・市川橋遺跡SD07・多摩ニュータウンNo.243・244遺跡・多摩ニュータウンNo.107遺跡
150〜180 cm未満	正倉院梓弓・大猿田遺跡・市川橋遺跡SD2386b・伊場遺跡
180〜210 cm未満	法隆寺献納宝物・正倉院梓弓・正倉院槻弓(10枝)
210〜240 cm未満	正倉院梓弓・正倉院槻弓(14枝)

東北北部では、岩手県駒焼場遺跡で出土しており、長さ一〇九㌢以上の比較的短い弓である。同様の長さの弓は、多賀城関連の市川橋遺跡、上総国府関連の市原条里制遺跡、郡家と関連する荒田目条里遺跡など官衙関連遺跡で一般的に出土している。正倉院や法隆寺の弓は一八〇㌢以上あり、出土した弓とは対照的な長さである。遺跡出土の弓は国府・郡家でも一八〇㌢未満で、伝世品よりも短い。延喜式に記載する大嘗会や伊勢神宮神宝には七尺以上の弓を用いる。遺跡出土品で斎串などと共伴する弓は長さ五五〜一六〇㌢であるが、比較的短い弓が多い。集落遺跡で、祭祀具を伴わない鶴田A遺跡や官衙の武器を含めた木器生産遺跡である多摩ニュータウン遺跡・大猿田遺跡などでは一一〇㌢以上の弓であり、これが地方における狩猟や武器の弓長の規格である。このようにみると、祭祀用の長弓以外で、地方の弓は比較的短く、蝦夷の弓は必ずしも特殊な短弓でなく、列島で一般的な長さの弓であったといえる。材質でも正倉院の弓は、欅が確認されているが、出土品ではイヌガヤ・カヤが多くて、静岡県域のみイヌマキが主体になっている。文献記載の弓よりも軟質の短弓が地方では官衙を含め使用されている。[10]

(二)　東国系武装

関東地方などいわゆる東国に初現期の資料があり、ここから東北北部に伝播・技術移転した武器類を「東国系武装」と呼んでおく。この系譜には、蕨手刀・方頭共鉄柄刀がある。

蕨手刀

蕨手刀は出自や分布の変化を検討した八木光則氏の研究に従う。[11] 蕨手刀は、七世紀後葉から八世紀初頭に福島・群馬・長野県域で出現し、西国に伝播し、八世紀前葉に東北・北海道にも普及した。鋒や柄頭の形態によって西国や東日本・奥羽に地域性が現れる。

方頭共鉄柄刀

方頭で柄が共鉄造りで、柄木を用いない刀は、従来立鼓柄刀と呼ばれていた。しかし、共鉄で立鼓形でない柄も存在し、当該刀で型式変化が追えることから、方頭共鉄柄刀と呼称し、この刀が九世紀後半に毛抜形刀になり、中世の毛抜形太刀になることを指摘した。[12] そして、その最古型式は群馬や長野県域で確認され、八世紀中葉以降岩手・青森県域を中心にして、秋田県や北海道に分布するようになる。この刀に関しては、政府によって規制が及んだ短寸の横刀であると推定した

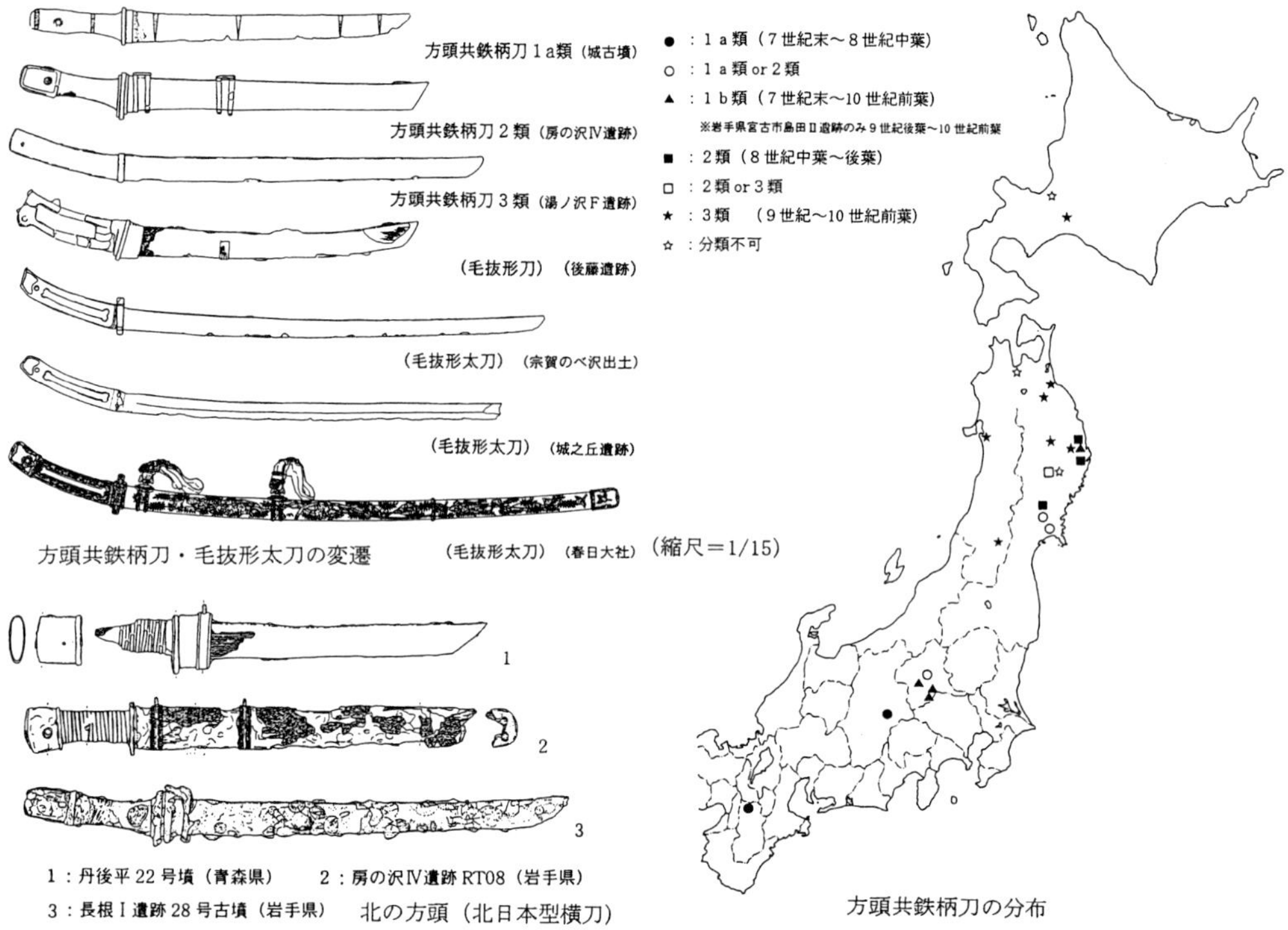

図54　方頭共鉄柄刀の変遷・分布と北の方頭（北日本型横刀）

が、時期が降るに従って、刃長が長くなり、大刀と長さの差が少なくなり、刀制の規制が緩んでくると考えた(13)。平安時代末頃には舞草刀として、王権のために作り進め、地域生産に発展していくのである。考古学的な分布の変化と方頭共鉄柄刀から一〇世紀後半に毛抜形太刀が成立する点を重ねると、主に岩手・青森側から蝦夷系として、初期中世の衛府の太刀が発信されたことも想定できる。

(三)　蝦夷系武装

列島規模の共通性が確認できず、東北地方北部や北海道のみに確認でき、地域性の見られる武器類を蝦夷系武装と呼称しておく。以下、この地域性のある武器類を列挙する。

北の方頭（系）・（仮称）北日本型横刀

北の方頭（系）は、八木光則氏によって提唱された短寸の刀で(14)、ほぼ同様の刀について森秀之氏は北日本型横刀と仮称する(15)。森氏は、当該刀を「俘囚を統治のなかに取り込む過程で蝦夷好みの横刀様式（中略）を実践的な手貫緒孔を設置するなど改良、制式化した（中略）奈良時代の烏装横刀が完成する前史に位置付けられる刀剣」と定義した。八木氏も森氏も概ね長筒や一部覆輪の柄頭や鞘尻で、短寸のものを挙げている。筆者は、東北北部の刀を刀装具の編年をもとに刃長の変化をみたが、短寸の横刀から大刀型式に長寸化することから、七世紀代の刀制の規制から緩和の方向性を読み、地域性のある当該刀を広義にとらえ、その変化を政府の政策の変化と考え、政策的地域性を反映するとみた(16)。ここでは、東北北部や北海道にみられる武器であることから、蝦夷系武装のなかに位置付けておきたい。

無茎鏃

七世紀から八世紀にかけては、東北北部の各地域で特徴的な無茎鏃がある。[17] 九世紀代には無茎鏃が関東地方などではほとんどみられなくなり、東北北部以北のみに残存する。

表8　切先斜め棟・曲手茎刀一覧表

番号	遺跡名	遺構名	刃長(cm)	斜め棟	曲手茎	文献
1	源常平遺跡	第25号住居跡	27.8以上	○?	○	青森県教委1978
2	朝日山(2)遺跡	第205号竪穴住居跡	30.4	○	○	青森県教委2002
3	三内丸山(2)遺跡	第5号住居跡	38.6	○	○	青森市教委1994
4	砂沢平遺跡	23住	30.1	○		青森県教委1980
5	砂沢平遺跡	32D住	21	○		青森県教委1980
6	野尻(3)遺跡	第10号建物跡		○		青森県教委1996
7	季平下安原遺跡	107号竪穴住居跡	20.8	○		青森県教委1988
8	野木遺跡	SＩ-108	34.4	○		青森市教委2001
9	野木遺跡	SＩ-118	28	○		青森市教委2001
10	朝日山(2)遺跡	第742号竪穴住居跡		○		青森県教委2004
11	野木遺跡	第473号竪穴住居跡	31.2	○		青森県教委1999
12	野木遺跡	第310号竪穴住居跡		○	○	青森県教委1999
13	野木遺跡	第398号竪穴住居跡		○		青森県教委1999
14	野木遺跡	第919号竪穴住居跡	30.8	○		青森県教委2000
15	向田(35)遺跡	第106号住居跡			○	青森県教委2004
16	向田(35)遺跡	第108号住居跡	42.6	○		青森県教委2004
17	黒坂遺跡	第41号竪穴住居跡		○		青森県教委2001
18	大平遺跡	H-23号竪穴住居跡	28.5以上	○?	○	青森県教委1980
19	野木遺跡	第310号竪穴住居跡	30.2以上	○?	○	青森県教委1999
20	野木遺跡	第358号竪穴住居跡			○	青森県教委1999
21	野木遺跡	第231号竪穴住居跡			○	青森県教委1998
22	上の山Ⅱ遺跡	SＩ06竪穴住居跡	26.7	○		秋田県教委1984
23	上の山Ⅱ遺跡	SＩ37竪穴住居跡	35	○		秋田県教委1984
24	ムサ岱遺跡	遺構外		○		秋田県教委2005
25	湯ノ沢Ｆ遺跡	2号土坑墓	34	○		秋田市教委1984
26	湯ノ沢Ｆ遺跡	8号土坑墓	29	○		秋田市教委1984
27	上雨堤遺跡	SK03土壙	23.5			秋田県教委1986
28	一本杉遺跡				○	秋田県教委1983
29	市川橋遺跡	SX1812	35.8	○		多賀城市教委2004

切先斜め棟・曲手茎刀

刃長は最短で季平下安原遺跡の二〇・八㌢から向田（三五）遺跡の四二・六㌢までであり、平均で三〇㌢程の短寸の刀である。大刀などの切先は、棟が直線状で、刃部の形状によって分類されるが、棟が斜めに落ちる短寸の刀があり、形態の特徴から切先斜め棟と呼んでおきたい。[18] 茎の先端が刀身に対して直角（L字形）に折り曲げられるものがあり、これを曲手茎と呼んでおく。[19] 両方の特徴を具備する刀もあり、まとめて扱う。

曲手茎の場合には、茎幅は区付近で二㌢前後、茎先端では〇・七〜一・〇㌢前後で、大半に目釘孔はなく、茎先端の折り曲げた突起を柄木にあけた穴に固定したとみられる。市川橋遺跡で足金物が付いた切先斜め棟の佩用刀が出ている。柄縁金具が付き（野木遺跡第三一〇号・四七三号竪穴住居跡など）、重量感があり、武器や工具の可能性もある。この刀の系譜などは、茎を折り曲げる技法が大陸などに存在することから、[20] その関連の検討も今後の課題である。

この刀の分布は、青森県の津軽地域に最も多く確認され、南は市川橋遺跡など一部を除けば、秋田市湯ノ沢Ｆ遺跡である。青森県の太平洋側では八戸市黒坂遺跡などで確認できるが、少ない傾向がみられる。時期的には、九世紀中葉から後半に出現し、この時期の資料が最も多く、一〇世紀前半まで一定数確認できる。一〇世紀後葉

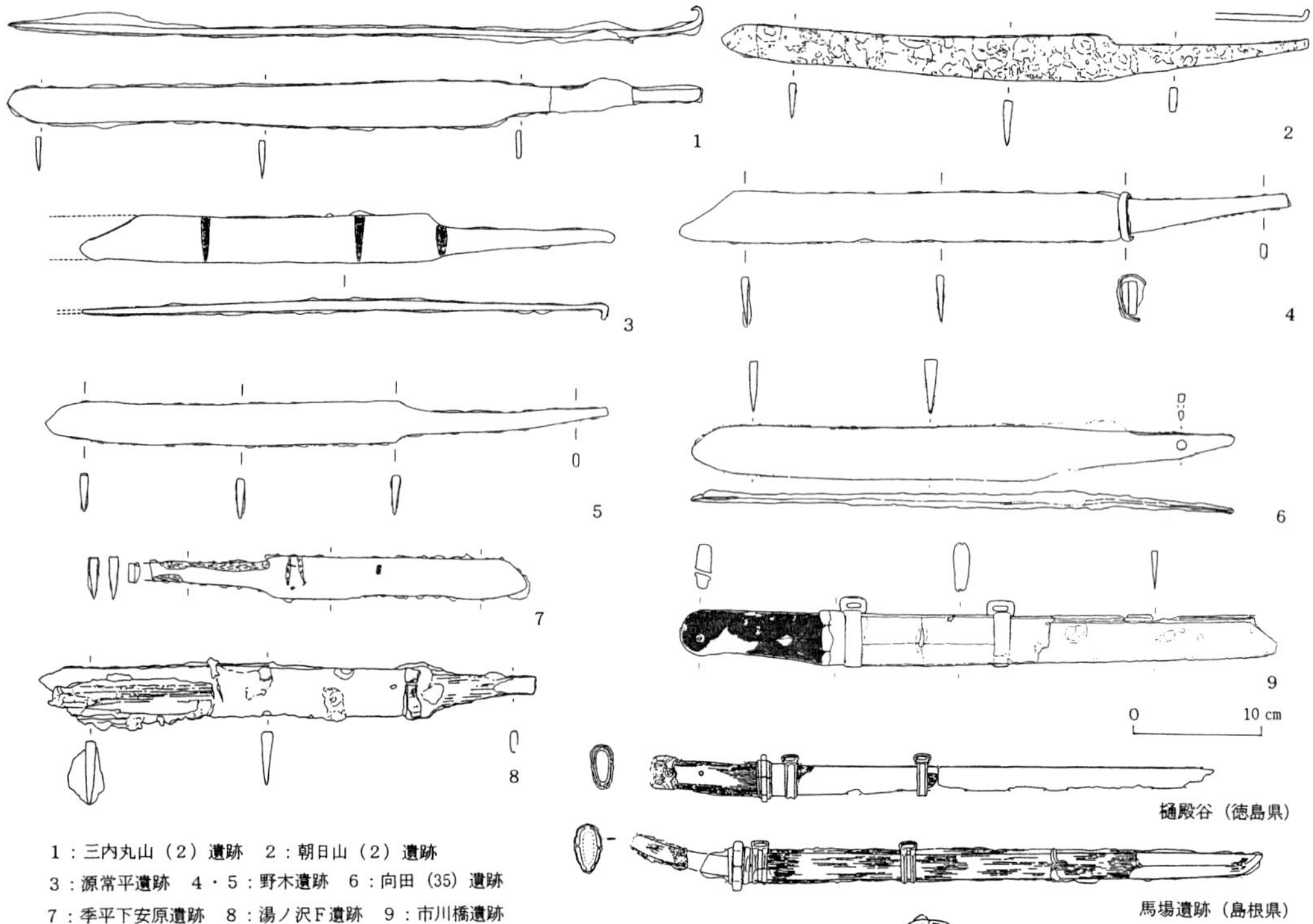

切先斜め棟・曲手茎刀

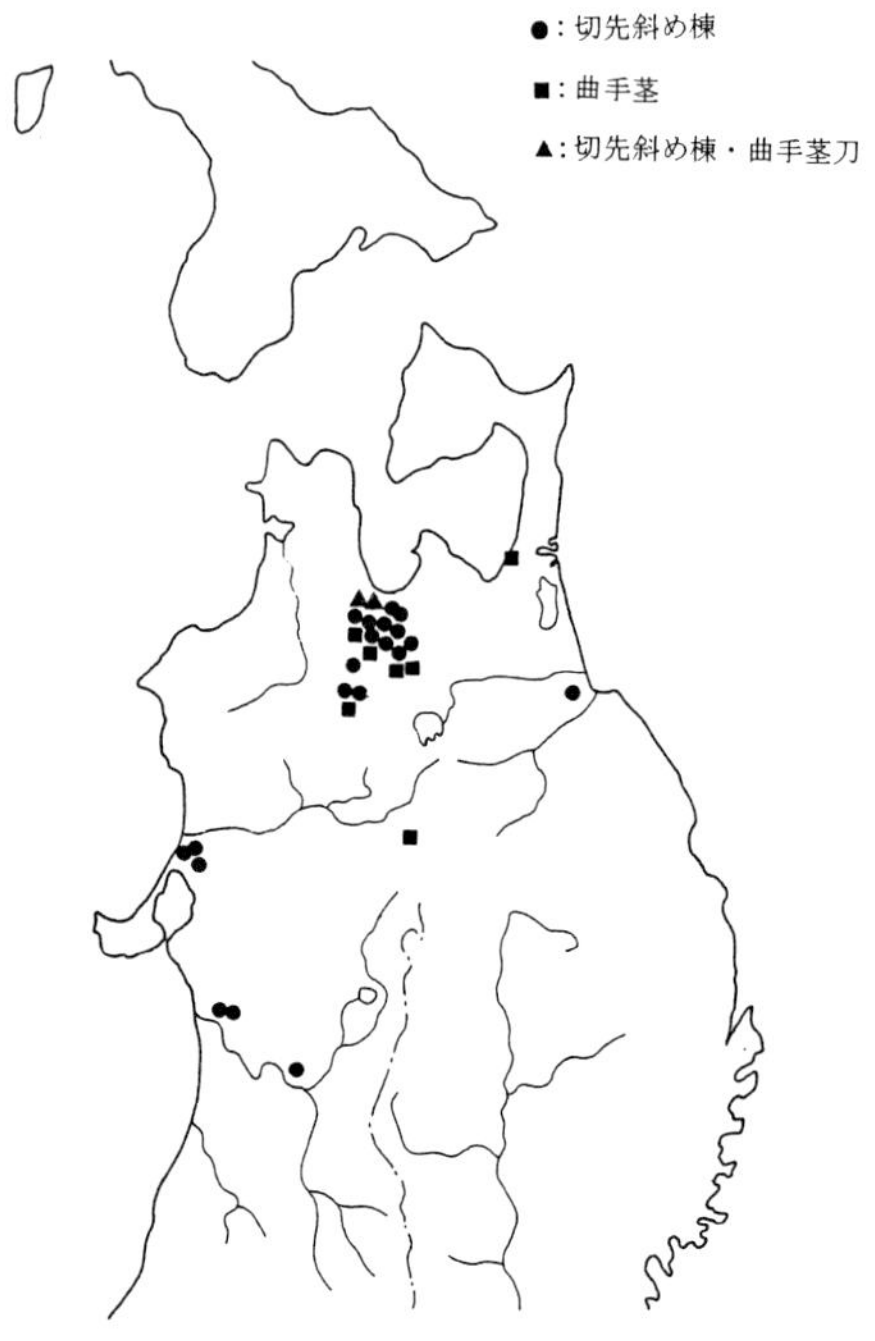

切先斜め棟・曲手茎刀の分布

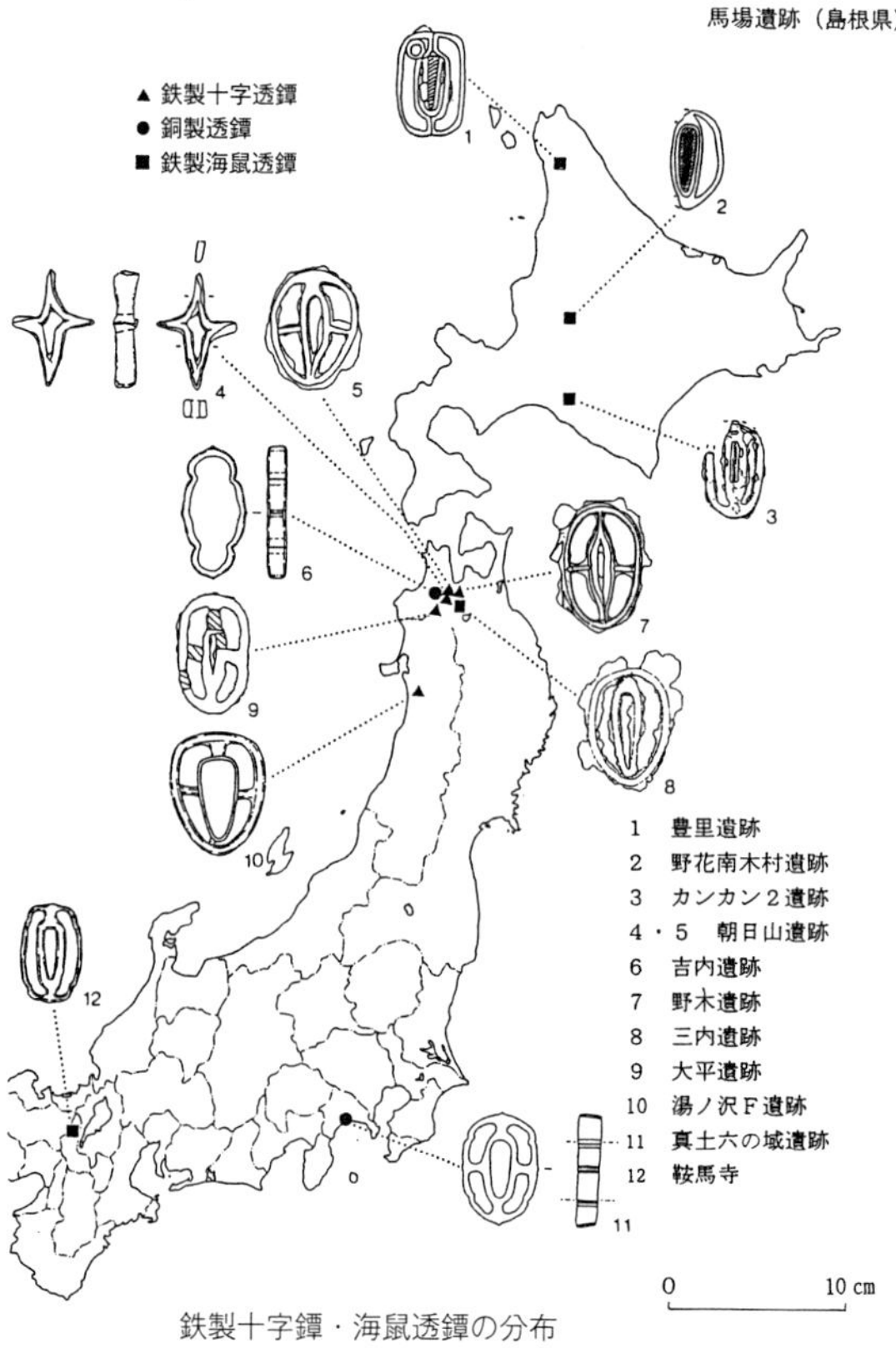

鉄製十字鐔・海鼠透鐔の分布

図55　切先斜め棟刀・曲手茎刀と鉄製十字鐔・海鼠透鐔の分布

から一一世紀前半については数が極端に少なくなる。曲手茎も野木遺跡第三一〇号竪穴住居跡で九世紀中葉、その後朝日山（二）遺跡第二〇五号竪穴住居跡で九世紀後半にも確認されるが、時期的に限定されたものである。

変遷では、一一世紀前半の向田（三五）遺跡第一〇八号住居跡の切先斜め棟刀には、目釘孔があり、刀身断面に緩やかな鎬があり、太刀と同じ変遷をした可能性がある。

鉄製十字鐔・海鼠透鐔

金銅製・銅製の十字鐔・海鼠透鐔は平安時代前期・中期に主体的な鐔の一型式である。畿内以西では、十字鐔は島根県馬場遺跡（一〇世紀後半〜一一世紀初頭）、海鼠透鐔は徳島県立博物館蔵樋殿谷（一〇世紀前葉）が金銅製・銅製の標識的大刀である。関東地方出土の十字鐔は真土六ノ域遺跡で一一世紀前半頃である。

鉄製十字鐔の分布は、青森市から秋田市域の出羽奥地から津軽にかけて分布する。海鼠透鐔は東北北部から北海道のオホーツク文化まで散在して確認できる。時期的には、初現は秋田県湯ノ沢F遺跡三二号墓（九世紀後半）であり、朝日山遺跡・大平遺跡が一〇世紀前半、野木遺跡が一〇世紀中葉であり、東北北部の鉄製十字鐔は概ね九世紀後半〜一〇世紀中葉の間に位置付けられる。海鼠透鐔はカンカン二遺跡が一〇世紀中葉以降になる。

この時期、東北北部でも鉄生産が本格化して、切先斜め棟・曲手茎刀とともに、金銅・銅製の鐔型式を鉄製にて模倣して作ったと考えられる。しかし、鐔の製作技法は、金銅・銅製の馬場遺跡・樋殿谷の場合、茎と柄木を巻く鐔の内輪と上下または佩表・佩裏に出て外輪と繋ぐ突起を共に作るが、湯ノ沢F遺跡では内輪と外輪の繋ぎを別作りとし、野木遺跡では内輪は縦の鉄板の上下両端を合わせて繋ぎとし、佩表・佩裏の繋ぎは別作りのようである。さらに朝日山遺跡では、内輪と繋ぎを一枚の鉄板を折り曲げて作っていて、それぞれ製作技法が異なっている。この事実は、在地生産に及び、製作技法が伝わらずに形態を模倣した結果と理解することができる。同様に海鼠透鐔でも豊富遺跡の鐔は佩表・佩裏側を半円に作り合わせているようである。これは樋殿谷などと異なり、形態のみを模倣した結果の所産と言えるであろう。

このように、東北北部や北海道に分布する鉄製十字鐔や海鼠透鐔は、ほかの地域では金銅製などであるが、蝦夷では鉄製で模倣・生産し、地域性をもった武器として出現する。

（四）大陸系武装

列島内で東北北部に特徴的な武装のうち、内部で形成されたものでなくて、大陸（渤海や靺鞨）に系譜が求められるものを大陸系武装として扱っておく。

二条線引手轡

この型式の引手は高句麗や渤海に確認でき、渤海では東清墓などに類例がある。[21]統一新羅でも雁鴨池で確認される。[22]日本では、七〜八世紀以降東北北部などに分布が限定され、朝鮮半島や大陸に出自が求められる。

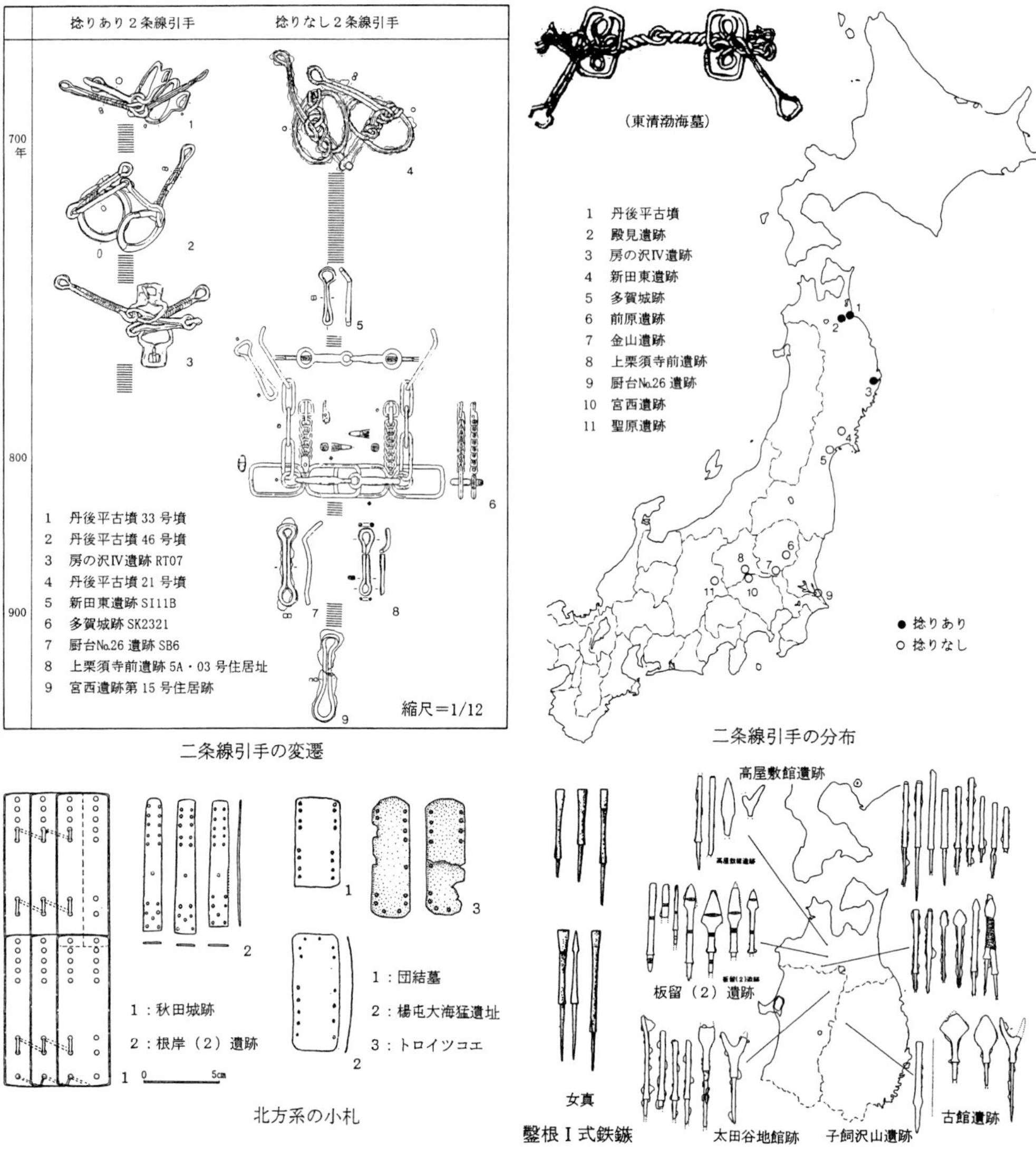

図 56　二条線引手・北方系の小札・鑿根Ⅰ式鉄鏃

変遷では、東北北部において二条線引手の馬具が出現する。初現は共伴する土師器や単脚単環の足金物の特徴などから七世紀後半である。捻りのない二条線引手（丹後平古墳二一号墳）と捻りのある二条線引手（丹後平古墳三三号墳）がある。その後、八世紀中葉までは東北北部の末期古墳を中心に、捻りのある二条線引手が主体的に確認される（房ノ沢Ⅳ遺跡RT〇七など）。八世紀中葉（第三四半期）には宮城県新田東遺跡で捻りのない二条線引手が確認され、次いで八世紀後葉から九世紀初頭に多賀城跡で出土する。九世紀代に北関東や長野県では、上栗須寺前遺跡・厨台No.二六遺跡・金山遺跡・前原遺跡・聖原遺跡で捻りのない二条線引手が出ており、管見で確認できた最終は埼玉県宮西遺跡で、一〇世紀代の捻りのない引手であった。関東地方などでは捻りのない引手に限られる。二条線引手は出現期には二系列あるが、八世紀中葉になり、簡素な捻りのない二条線引手が南東北から関東・中部地方に移転したと指摘できる。

北方系の小札

札頭から五孔が二列あり、緘孔二列の小札が東北北部やオホーツク文化に数例であることが確認できた。この小札は高句麗や渤海・靺鞨・女真まで確認でき、[23]一例であるが宋代には、陝西省でも確認できる。しかし、分布の中心は北東アジアにあることから北方系の小札甲と呼んだ。[24]本州内では、青森県根岸（二）遺跡・秋田城跡（九世紀第二四半期）・武蔵国分寺跡（八世紀末）で確認されている。時期的には八世紀後半から九世紀前半である。秋田城跡の甲は、非鉄製である。本来官衙で規格に合わない甲が生産されないという理解に立てば、蝦夷から奪取した甲の可能性が高い。腰札があり、日本化して列島内で生産されたもので、蝦夷が渤海や靺鞨から技術交流の結果、生産した甲と推定される。

武蔵国分寺跡の小札は周辺に類例がなくて、大陸側と直接か関接的に交流した結果のものと推定できるが、間接的であるとすれば、蝦夷から将来された甲か、蝦夷から製作技術が移転したと判断される。八世紀後半には二条線引手の轡も東北南部から南下しており、複線的に南下した資料と判断すべきであろうか。

鑿根Ⅰ式鉄鏃

鏃身の先端が鑿状で、尖根の鉄鏃について鑿根Ⅰ式と分類した。[25]この鉄鏃は、東北北部で一〇世紀後半から一一世紀に出現し、列島内では型式変化が追えない。日本における平安時代の鉄鏃の特徴を明らかにするために、周辺の様相を調べて比較してみると、北日本の鉄鏃のうち、北東アジアに鑿根Ⅰ式がよく確認できる。[26]

鉄鏃の要素の比較では、唐や渤海の時期は箆被と茎の境が直線状になっている（関箆被）。金や女真の時期には、箆被と茎の境が広がり、環状関もあり、主に北東アジアの鉄鏃も箆被の変化は、関箆被から台状関・環状関に変化することがわかる。鑿根Ⅰ式は、一〇世紀後半以降に東北北部に出現し、北東アジア（女真）からの系譜と考えられる。特に、鏃の形態のみならず、部分的な要素も日本でも、鑿根Ⅰ式は台状関であり、細部も共通した様相である。

この鉄鏃は、防御性集落のうち三浦圭介氏の分類による津軽型[27]で多く確認されるが、太平洋側に多い上北型の防御性集落では、鑿根Ⅰ式はほとんどなくて、鑿箭式が主体になっている。鑿箭式は列島の共通する小形式である。

第二節　蝦夷武装の系譜諸段階と意義

（一）系譜と交流の諸段階

蝦夷の有した武装には、列島規模の共通性を持つ型式と東北北部や北海道のみにあり、地域性を有する型式が存在することが確認できた。また、地域間交流である東国や大陸と関連のある武器類もあった。ここでは、これらの蝦夷の有する武器類について、各系譜が時期的にどのように織り成しているのか時期的・段階的にみていきたい。

八世紀

各系譜の事実関係では、東国系武装は蕨手刀・方頭共鉄柄刀であり、国家系武装は立聞系環状鏡板付轡・素環系環状鏡板付轡・壺鐙・大刀・鑿箭式鉄鏃などである。大陸系武装は、小札型式にみられ、二条線引手轡は大陸出自の可能性がある。

東国系武装では、八世紀前半には蕨手刀が群馬・長野付近から東北北部に伝わる。中葉から後葉には宮城県北部以北に、蕨手刀の出現地と同じ地域から方頭共鉄柄刀が伝わる。八世紀後葉には三陸沿岸で鉄生産が始まり、在地で生産された可能性がある。大陸系の二条線引手の馬具は八世紀中葉には岩手県北半以北から宮城県以南に伝わる。この八世紀中葉には東国の武装と蝦夷の武装が相互に伝わり、交流の形跡が窺える。二条線引手は捻りのある時期には、分布も限定され、蝦夷が製作したことも推測される。一条の引手より強度が強いのであろうか、八世紀後半に新田東遺跡や多賀城など城柵や関連遺跡から出土し始める。しかし、特徴的であった引手であるが、轡は立聞系環状鏡板付轡や素環系環状鏡板付轡・複環式轡が確認され、列島で共通する形態である。通時的にみればこの動きは、奈良時代以降における蝦夷系武装の第一次南下ともいえるが、点的な地域間交流に止まっているのが特徴である。

北方系の小札は、八世紀末の東京都武蔵国分寺跡でも確認された。この現象は、二条線引手を含めた大陸系の武装が、東北北部に伝来し、点的に南下したとみることも可能である。

このような八世紀代の東国と蝦夷との交流は、ほかの考古資料から

表9　蝦夷武装系譜の諸段階

時　期	国家系武装	東国系武装	蝦夷系武装	大陸系武装	備　考
8世紀前	大刀・壺鐙・環状鏡板付轡・鉄鏃	蕨手刀	無茎鏃・北の方頭（北日本型横刀）	二条線引手轡	
後		方頭共鉄柄刀		北方系の小札	蝦夷系武装の第1次南下（点的）
9世紀前					
後	木心金属張三角錐形壺鐙系吊金具・銅製壺鐙・複環式轡・鉄鏃		切先斜め棟・曲手茎刀・鉄製十字鐔・毛抜形刀		
10世紀前			鉄製海鼠透鐔等		
後	鐙		**毛抜形太刀の成立**	鑿根Ⅰ式鉄鏃	蝦夷系武装の第2次南下
11世紀前	半舌鐙				
後					
12世紀前				**鑿根Ⅰ式鉄鏃の拡散**	蝦夷系武装の第3次南下
後					

注　ゴシックは南下するものを示す。

も裏付けられ、いわゆる関東系土師器や関東系カマド・円筒土製品などが東北北部太平洋岸などでも確認され始めている。(28)東国系武装の蝦夷への拡散はこのような基層レベルの交流・移民と関連を有するが、方頭共鉄柄刀に刀制上の規制が及ぶなど、武装という点で土師器やカマドと異なった政策的な規制の存在が想定される。

轡と関わる馬の交易について、『類聚三代格』延暦六年（七八七）正月二十一日官符では、王臣国司等が馬などを蝦夷から交易し、このことが既に大野東人が制法した天平年間頃から問題化していたことを伝える。この時期は二条線引手轡の南下時期と近似し、一因として馬の私交易に伴って蝦夷の轡が南下したと推測される。

この背景を探るのに関連するのが蝦夷を諸国に移配する政策である。蝦夷の移配は八世紀末から九世紀にわたって行われたようである。考古資料で、このことを示唆するのは、讃岐国で蝦夷系の土器が確認された点などに限られる。(29)一因として、このような国家による政策的な蝦夷移配によって蝦夷系武装の第一次南下が行われたことも推定される。

ところで、当該期に渤海や靺鞨に起源する大陸系の武装が東北北部にみられる点は、軍事技術交流を考える上で重要である。七世紀後半から八世紀中葉に馬具や甲冑の軍事技術交流は対日本（倭）の征討政策の進行や大陸・朝鮮半島の情勢と深く関わっている可能性が高い。大陸側では当該品の編年や分布の中心が不明瞭であり、蝦夷の軍事技術交流は、渤海であるか七世紀後半であれば、渤海に先行する高句麗に一部掛かるか、渤海に対抗する北部靺鞨と行われたのか判然としない。渤海であれば、政府間で日本に渤海国使を送っていたが、一方で大陸系武装の実態により、東北北部の蝦夷とも交流をする二重外交を行っていたことになる。北部靺鞨であれば、渤海から圧迫を受け、唐との連携を強化していたが、蝦夷など北方諸集団とともに親唐連合の形成をめざして渤海に対抗したと思われる。(30)蝦夷にとれば、対日本政府の征討に対抗して大陸側との連携は背後の固めとして有効であり、これを背景にして政府側との戦争が激化して行った可能性もある。

九世紀

国家系武装では木心金属張三角錐形壺鐙系の吊金具が東北北部で九世紀後半頃から散見するようになり、鉄鏃では雁又式や長三角形Ⅲ式（飛燕式）が含まれる。蝦夷系武装では切先斜め棟・曲手茎刀や鉄製十字鐔・鉄製海鼠透鐔などを挙げることができる。また、東国系の方頭共鉄柄刀が八世紀中葉以降、宮城県北部から青森県東半部に継続して分布し、定着する。多くの蝦夷系武装は一〇世紀前半までは続く。

蝦夷系武装では、九世紀中葉から後半に切先斜め棟・曲手茎刀、後半には鉄製十字鐔・鉄製海鼠透鐔が出現する。その分布は、鉄製海鼠透鐔は北海道にも点在して分布するが、ほかの三者は出羽奥地から津軽地域に主に分布している。これらの武器（一部工具の可能性あり）は分布が南下せず、出現した地域において一〇世紀内に消えるか盛行期を終えて、一部一一世紀に残る。旧浪岡町吉内遺跡の銅製鐔（九世紀末）などが政府側からの賜与品として持ち込まれ、威信財として鉄製模倣生産の対象となったと推測される。九世紀後半から一〇世紀に、米代川流域にも製鉄炉が普及して、(31)鉄器生産量も増加する。このような交易品を模倣生産することにより、威信財生産を行っていた可能性もある。また、切先斜め棟・曲手茎刀については、出羽奥地から津軽にかけて九世紀後半に武器の地域性が出現し、時期的・地域的には元慶の乱の逃亡地と重なる。この地域が武器技術基盤を共有し、武装のネットワークを背景とする軍事的な連繋地域であったといえる。

九世紀後半には、北関東から長野県域において、鉄鏃のうち柳葉Ⅰ式を共通とする武器技術基盤を共有する地域—武器類のネットワーク—が形成され(32)、群党が発生する。騒乱の要因や背景は異なるが、関東地方を中心に「東国の乱」、出羽奥地から津軽地域で「元慶の乱」が起こる。これらの騒乱は、古代社会の変質の中で起こり、離れた地域の騒乱であるが、その背景に独自の武器を開発した地域ネットワークが形成されていたことが共通する。つまり、単体で騒乱は起きるのではなくて、地域集団ができ、政権に対抗するまでに共通の武装を行う地域の結束が進行していたことを反映する。

一〇～一一世紀

各系譜の事実関係では、国家系武装は、木心金属張三角錐形壺鐙系吊金具・鉄製鐙があり、方頭共鉄柄刀は東国系から定着し、一〇世紀後半には毛抜形太刀になる。蝦夷系では、切先斜め棟・曲手茎刀や鉄製十字鐔・鉄製海鼠透鐔があり、前代を継承する。大陸系武装に鑿根Ⅰ式鉄鏃が加わり、主に一〇世紀後半以降防御性集落において出現する。

鑿根Ⅰ式は、防御性集落でも太平洋側では出土せず、九世紀後半以降の主に鉄製十字鐔・海鼠透鐔や切先斜め棟・曲手茎刀の分布範囲に出てくる。武器類でも九世紀後半以降形成された出羽奥地から津軽の武装のネットワークを継承する。この鑿根Ⅰ式は、女真からの軍事技術交流の所産とみられる。防御性集落の出現要因は諸説あり定説をみないが、三浦圭介氏が指摘するように、蝦夷と国家との間や蝦夷間で軋轢・緊張状態があったとすれば(33)、遼国の統治下で、交易を求めて国を越えて活動をしていた女真と軍事技術交流が行われたと判断される。女真は対契丹策のために宋を中心に高麗・女真の連携強化をはかっていたという。さらに寛仁三年（一〇一九）に北部九州への伊刀の襲撃も行われる。このような国際環境で東北北部の防御性集落は築かれ、大陸系の鉄鏃が日本海側の防御性集落で出現する。鑿根Ⅰ式の出現は、契丹に対抗しようとする政策を進める女真にとって、東北北部との軍事的な連携強化策の一環なのであろうか。

さらに、東国系が定着し、八世紀中葉以降一〇世紀前半まで主に東北北部に分布した方頭共鉄柄刀から、一〇世紀後半に毛抜形太刀が成立し、全国的な分布に変化する。一〇世紀後半以降の毛抜形太刀の成立が東北北部から起こった可能性があり、蝦夷系武装の第二次南下と評価できる。

一二世紀

一〇世紀後半から一一世紀の日本海側の防御性集落を中心に出現した鑿根Ⅰ式は、一二世紀に平泉や福島県陣が峯城跡や京都府法住寺殿跡でもみられ、一気に列島に拡散する。これが八世紀以降における蝦夷系武装の第三次南下である。鑿根Ⅰ式は、従来の鉄鏃よりも細く重量があり、貫通力と殺傷力が増し、このために戦闘に適応した武器として拡散していったと推定される。

東北北部の防御性集落から平泉・鎌倉への日本の中世都市の成立を説く場合がある。[34] 鬣根Ｉ式の動きは、このような都市の成立と連動し、都市に必要な警備とそれに必要な武装の整備などを要因として拡散していったと考えられる。

総じて見れば、蝦夷の武装は、国家系・東国系・蝦夷系・大陸系が確認でき、基本的には、馬具の轡や鐙は国家系、刀は主に東国系・蝦夷系、鉄鏃には蝦夷系も残る。八世紀代に東国系が蝦夷の武装に取り入れられ、大陸系は点的に導入される傾向が窺えた。国家系武装は、各時期に及んでおり、蝦夷の武装は国家側からの影響を段階的に受けていたようである。蝦夷系武装は第一次南下（八世紀）では、極めて限定され点的であったが、第二次南下（一〇世紀後半）・第三次南下（一二世紀）では列島の中世武器様式の基本形に影響を与えた。しかし、中世の武器類で東北北部からの影響は太刀や矢の一部に限定されており、多くは列島で共通する国家系武装が中世武器様式に変化していった点も看過してはならない。

（二）蝦夷の武装に関わる国家系武装の意義

蝦夷の武器類には八世紀から一二世紀まで、国家系武装が連続的に取り入れられていることが改めて確認できた。そして、金銅・銅製品の大刀・鐙と鉄製轡・鐙に性格が大きく分けられる。

前者には、岩手県熊堂古墳の大刀、秋田県小阿地古墳・湯ノ沢Ｆ遺跡・北海道町村農場古墳などの大刀、青森県田向遺跡の鐙などがある。秋田市域の唐様大刀は秋田城、田向遺跡の鐙は胆沢城への朝貢の際に賜与され、威信財として蝦夷社会で機能していたと判断できる。田向遺跡の鐙は補修品であり、湯ノ沢Ｆ遺跡の唐様大刀では山形金を取り外し、町村農場古墳では唐鐔を外して、別に利用した可能性があり、蝦夷社会での重用性が窺える。

後者の鉄製轡や鉄製鐙は通時的にみられ、数が多い。この場合、馬具のみが交易されたか、在地で模倣して製作したか、馬に着用して交易したかなどの解釈が可能である。筆者としては馬交易に伴って馬具も蝦夷社会に取り入れられたと考えたい。蝦夷との馬の交易は、『類聚三代格』弘仁六年（八一五）三月二十日官符にあるように国堺から駄馬以外の軍用馬を出すことを禁制していることなどから窺える。さらに『三代格』延暦六年（七八七）正月二十一日官符などを含めれば、蝦夷との馬の相互交易が行われていたことがわかる。これらの史料と符合するように国家系の馬具が馬交易によって蝦夷に伝播したと考えられる。[35] さらに、七世紀代から鉄製環状鏡板付轡には共通性があり、[36] 交易の初現は遡る。政府側の武器類は、奈良時代後半に関係が悪化する以前にも蝦夷に伝わり、蝦夷の武装を構成する一員になっており、蝦夷の騎馬に国家系の技術が前代より寄与していたのである。

第三節　蝦夷の生業との関連

（一）鉄製農具と武器の組成比

文献史料によれば、蝦夷は弓馬に秀で、このために狩猟や騎馬戦術を得意とするといわれ[37]、生業と戦術・武装が密接に関連しているとみられている。しかし、文献史料は中央からの視点による記述であり、考古学的にその実態を検証する必要がある。狩猟を主な生業とし、技術転化しやすい騎馬・騎射が蝦夷の得意とする戦術なのか、農耕の比重が低かったのかを、遺跡出土の鎌などの農具と鉄鏃などの武器（狩猟具）の比率を調べて検討する[38]。

東北北部

青森県域の鉄製品の組成比を検討した齋藤淳氏によれば、八～九・一〇世紀中葉までは、鉄製農具が多く、九世紀末～一〇世紀中葉にも農具が多いが、馬淵川流域のみで鉄鏃が特出して多い傾向があり、一〇世紀後葉以降は農具よりも鉄鏃が多くなる傾向が指摘されている[39]。また、風張（一）遺跡や古館遺跡などの防御性集落で農具よりも武器の比率が高いことが窺える。さらに、井出靖夫氏によれば、津軽で武器の比率が低く、馬淵川・米代川流域で武器が多い点が指摘されている[40]。また、農具と鉄鏃の比率では、一般集落で農具が多く、環濠集落では農具よりも鉄鏃が多い傾向が窺える。

また、近年東日本各地の生業具の研究が進み、各都県で集計が行われた。その成果によって農具と武器の組成比をみていく[41]。青森県全域の通時的な集計では、農具類四三七点、武器（狩猟具）類七四三点で、武器対農具＋武器＝六三％であった。岩手県域の集落遺跡の集計では、農具類二一五点、武器（狩猟具）類三六五点で、武器対農具＋武器＝六三％である。盛岡市の台太郎遺跡（一五・一八・二三・二六・三五・四四・五一次）では、九～一〇世紀初めを中心とするが、鉄製農具一七：武器一六と半ばする。宮古市島田Ⅱ遺跡は九世紀中葉から一〇世紀後半を中心とするが、農具一三：武器三九であり、武器が卓越する。

関東地方

筆者が栃木県・茨城県域の集落を検討した結果、武器対農具＋武器の比率では三〇～五〇％が多かった。国府周辺の遺跡では、定量鉄器がある遺跡では武器対農具＋武器＝七〇～八〇％であって、武器の比率が高かった[42]。大村直氏による千葉県下の統計では、農具は武器の比率を超えている[43]。

東京都下では松崎元樹氏が多摩ニュータウン遺跡群と落川・一の宮遺跡を検討した結果、両遺跡共に九～一二世紀に武器が農具に比べて二倍以上の比率になる。武器よりも農具が卓越する中堀遺跡・久我台遺跡と比較して、落川・一の宮遺跡は村落の武装化が進んだと評価し、久我台遺跡が律令村落の典型と考えている[44]。久我台遺跡は松崎氏のデータで八・九世紀には農具二三対武器・馬具二〇で、栃木・茨城県下の傾向と合う。

中部地方

中央自動車道関連の調査では[45]、松本市内で出土した鉄器一五七一点のうち農具七五対武器（鏃）四四＋馬具三で、武器＋馬具対農具＋武器＋馬具＝三九％であった。吉田川西遺跡では、一〇〜一二世紀に農具よりも武器が卓越する傾向がある。

大まかに関東・中部地方の遺跡で、古代の武器・農具の比率をまとめると、以下の三類型に分けることができる。

一類型　大半の集落遺跡では、武器対農具＋武器の比率が三〇〜六〇％で、農具の比率が高く、生業では農業を主としていたと判断される。

二類型　国府周辺では武器の比率が高く、武器対農具＋武器＝七〇〜八〇％である。国府周辺の警備などにより武器が多いのであろう。

三類型　落川・一の宮遺跡・多摩ニュータウン遺跡群・吉田川西遺跡では平安時代後半に武器の比率がより高くなる。武器は農具の二倍以上になる。

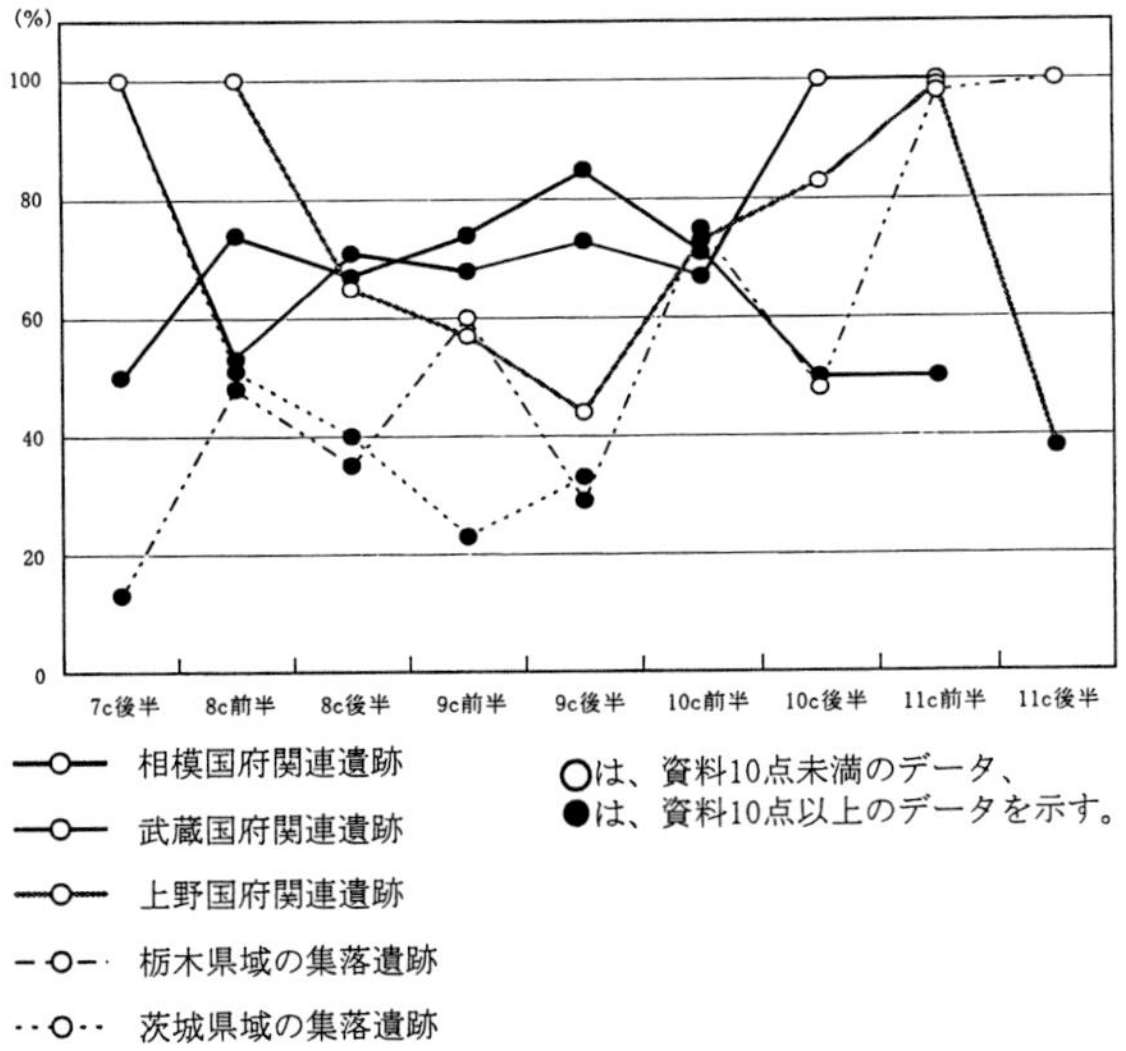

図57　農具に対する武器の比率図

（二）東北北部と関東・中部地方の組成比較

八〜一〇世紀中葉では馬淵川流域を除き、盛岡市域などでも農具は武器の比率を超えており、関東・中部における一類型の集落の組成に類似する。東北北部と関東・中部における大半の集落の農具・武器の組成比は同じ傾向を示し、井出氏の指摘を追認する結果となった。この類型の集落は、一〇世紀以降も農具が卓越する。

東北北部では、宮古市や馬淵川流域で九世紀後半以降、ほかの地域でも多くの防御性集落で一〇世紀後葉以降は武器の比率が高く、関東・中部の一類型の集落と異なる方向へ進み、落川・一の宮遺跡などの三類型の集落と同じ方向へ進む。

以上のような鉄鏃を主体にした比率の変化であるが、考古資料の組成比で見る限り、東北北部において八世紀から一〇世紀中葉まで一部を除き、狩猟や騎射が卓越していた形跡は窺えない。蝦夷の生業は、関東・中部地方と同じく農業を主に行っていたと推定される。しかし、防御性集落では、農具に対して武器の比率が高くなっている。

（三）蝦夷の騎馬・騎射について

武器（狩猟具）と農具の組成比や馬具の出土数の違いをもって騎馬習性の違いを単純に論じることは不可能であるが、膨大なデータをもとにした傾向であり、文献に記載された『続日本後紀』承和四年（八三七）二月辛丑条の弓馬の戦闘は、夷獠の生習という記載は再検討が必要であろう。考古学的なデータからは、少なくとも九世紀前半には、いわゆる東国の農村と蝦夷の生業は、ともに農業を主としており、副食物の獲得のために狩猟を行っていたというのが実態であろう。蝦夷社会では、一部の地域は九世紀代から武器が多いが、一〇世紀後半以降の防御性集落出現以後に鉄鏃に代表される武器が多くなる。蝦夷社会において狩猟・弓馬の戦闘が盛んになるのはこの時期以降であると考えられる。

政府側では、弓馬は蝦夷の生習と認識していたために、弓馬戦を重視していたと判断される。それは九世紀初めの志波城跡における圧倒的な鉄鏃の出土数に反映されていると思われる。この前段の延暦八年に政府軍で矢にあたった人が二四五人という報告もあり、志波城のように政府軍は弓矢中心の武装がなされたと考えられる。

第四節　蝦夷の戦闘能力の背景

（一）蝦夷のネットワークについて

熊谷公男氏は文献に記載された蝦夷の「村」について、郡程度の広がりの地域を包括するものと郷程度があって、重層構造をとり、政府との戦争に際しては、郡規模の「村」による大規模な連合体を作り、共同して軍事行動をしたことを指摘する。(46) このような蝦夷の軍事的連合体形成説について、考古学的には軍事の基盤になる武器類の地域性の把握が有効である。列挙すると、以下のようである。

①七世紀後葉から八世紀前半には、棘関長頸腸抉鏃の分布が岩手県中・北部から青森県八戸周辺に地域性が確認でき、(47) ②八世紀中葉以降、一〇世紀前葉までは宮城県北部から岩手・青森県の太平洋側において方頭共鉄柄刀が集中して分布している。(48) また、本章で述べたように③九世紀後半以降、秋田県北部から青森県の日本海側において刀に地域性が確認できた。蝦夷の武装からみると、①〜③の範囲は、複数の郡的規模の村を合わせた範囲にあたり、特に陸奥側から上北の蝦夷と出羽奥地から津軽の蝦夷では大きく武器類が異なることが指摘できる。軍事基盤に関しては、熊谷氏による郡規模の「村」による大規模な連合体が形成されていたことが考古資料からも指摘できる。

（二）武装の系譜と背景

生業と馬交易

蝦夷の生業については、遺跡出土の鉄製品などの組成からみると、平安時代前期までは東国と基本的に同じであり、農業を主体にしたものと判断される。従来の説のように狩猟への過度な依存を想定することは困難であり、狩猟のための弓矢の使用によって騎馬戦闘が鍛えられたという点は考古学的には再検討が必要である。

蝦夷の戦闘能力の基盤について、生業との関連が稀薄であることから、別な観点から能力の基盤を求めれば、列島との共通型式が鉄製馬具などに連続的にみられる点から政府側との馬の交易によって、その副産物として蝦夷の轡などが整備されていったとみられ、その騎馬戦力が鍛えられていったと推測される。

武装系譜と地域間交流

武装の系譜の観点から通時的にみると、蝦夷の馬具は二条線引手を除けば、列島内で共通する国家系の馬具が用いられている。鉄鏃は、八世紀代には無茎鏃を有するなど独自性が確認できるが、鑿箭式や鏑矢である長三角形Ⅲ式（飛燕式）・雁又式は共通型式である。

総じてみれば、蝦夷の戦闘能力の背景は、国家系・東国系・蝦夷系・大陸系といった各地の系譜の武装を積極的に取り入れ、武装整備を行っている。騎馬・騎射に関しても八世紀では、鉄鏃が国家系（鑿箭式など）と蝦夷系（無茎鏃）、馬具は国家系（鉄製壺鐙・環状鏡板付轡など）と大陸系（二条線引手轡）で構成されている。蝦夷の騎馬・騎射も多様な構成要素によって成り立っており、蝦夷の武装は多元系譜集約型の武装であるといえる。律令国家の武装は古墳時代以来の武装を基調に、儀仗や装飾部分などに唐の様式を取り入れた多元系譜集約の武装である[49]。蝦夷は実戦的な部分を各地から取り入れている点が政府側と異なる。七世紀から九世紀前半まで点的であるが、大陸系の馬具・甲があり、環日本海の国家間など、国際環境のもとで少ないながら軍事技術交流があり、このような軍事基盤を背景に騎馬などを整備し、政府の征討に対抗していったとみられる。蝦夷の武装・軍事技術は政府側や東国・大陸との地域間交流の過程で摂取・集約したものであったことがその系譜から明らかになった。しかし、戦法では延暦八年の政府軍が前軍・後軍という集団戦法であったが、蝦夷は離合集散する戦法であり、明確な軍事組織を形成しない独自の戦法であり、武装・軍事技術基盤のみを摂取・集約していたと考えられる。

註

（1）古代における蝦夷とは、政府が対外関係上の必要性や王権の権威のために設定したものである。その範囲は本章の対象時期から、令制郡が未設定で領域支配が行われない地域の人々を指すと概括的に考えておきたい。

（2）熊谷公男「古代蝦夷の生業と社会構造—蝦夷の戦闘能力を手がかりとして—」（『アテルイ没後一二〇〇年記念シンポジウム　アテルイとエミシの時代　報告資料集』延暦八年の会、二〇〇二年）・同『古代の蝦夷と城柵』（吉川弘文館、二〇〇四年）。

（3）八木光則「蕨手刀の変遷と性格」（『坂詰秀一先生還暦記念論文集　考古学の諸相』一九九六年）・同「七・八世紀鉄刀の画期と地域性」（『七世紀研究会シンポジウム　武器生産と流通の諸画期』二〇〇三年）。

（4）津野　仁「古代鉄鏃からみた武器所有と武器政策」（『栃木史学』第一六号、國學院大學栃木短期大学史学会、二〇〇二年。『日本古代の武器・武具と軍事』吉川弘文館、二〇一一年所収）・内山敏行「鏃からみた七世紀の北日本」（『七世紀研究会シンポジウム　北方の境界接触世界』二〇〇五年）。

（5）藤沢　敦「北の周縁域の墳墓」（『第六回九州前方後円墳研究会　前方後円墳築造周縁域における古墳時代社会の多様性』二〇〇三年）・島田祐悦「横手盆地における集落の様相」（『第三一回古代城柵官衙遺跡検討会資料集』二〇〇五年）。

（6）本章で対象とする時期は、主に八世紀以降としたい。これは筆者がこれまで行ってきた各種武器類の編年や分布・地域間交流に関して、主に七世紀後半から八世紀以降を対象にしてきたことによる。

（7）前掲註（3）八木論文。

（8）森　秀之「擦文・オホーツク文化期の出土刀剣に関する覚書（三）—恵庭市西島松五遺跡出土資料の考察—」（『紋別市立博物館報告』第一二号、二〇〇五年）。

（9）津野　仁「古代の鐙金具について」（『塙静夫先生古稀記念論文集　栃木の考古学』二〇〇三年。本書第一部第二章）。

（10）津野　仁「古代の弓」（『射る！—弓矢の文化史—』群馬県立歴史博物館、二〇〇六年）・同「古代弓の系譜と展開」（『日本考古学』第二九号、二〇一〇年。本書第三部第二章）。

（11）前掲註（3）八木論文。

（12）津野　仁「毛抜形太刀の系譜」（『國學院大學考古学資料館紀要』第二一輯、二〇〇五年。『日本古代の武器・武具と軍事』吉川弘文館、二〇一一年所収）。

（13）津野　仁「古代の武器生産」（『鉄器文化研究集会第一〇回記念大会　鉄器文化の多角的探求』二〇〇四年。『日本古代の武器・武具と軍事』吉川弘文館、二〇一一年所収）。

（14）前掲註（3）八木論文。

（15）前掲註（7）森論文。

（16）前掲註（13）津野論文。

（17）前掲註（4）津野・内山論文。

（18）この刀については報告書で刀という記載が多いが、腰刀（青森県教育委員会一九八〇）、短刀（青森県教育委員会一九九六）、直刀（青森市教育委員会二〇〇一）などもみられる。鉈の機能を考える意見もある（青森県教育委員会二〇〇〇）。

（19）オホーツク文化では茎の先端が刀身の平面に対して一センチ程直角に曲がっている刀子について「曲手刀子」と呼んでいる（菊池俊彦『北東アジア古代文化の研究』北海道大学図書刊行会、一九九五年）。ここで扱う短寸の刀も同様の特徴を有することから、学史的な呼称を重視するが、茎が彎曲するものとは区別して「曲手茎刀」と呼んでおきたい。

（20）菊池前掲註（19）書。

（21）延辺博物館「東清渤海墓葬発掘報告」（『中国朝鮮民族学術叢書一　渤海史研究三』一九九三年）。

（22）大韓民国文化広報部文化財管理局『雁鴨池発掘調査報告書』（一九七八年）。

（23）服部敬史「中国東北地方における古代・中世の小札甲」（『表現学部紀要』第七号、和光大学表現学部、二〇〇七年）。

（24）津野　仁「北方系の小札甲」（『アシアン・レター』第七号「東アジアの歴史と文化」懇話会、二〇〇〇年。本書第三部第四章）。

（25）津野　仁「古代・中世の鉄鏃—東国の出土品を中心にして—」（『物質文化』第五四号、一九九〇年。『日本古代の武器・武具と軍事』吉川弘文館、二〇一一年所収）。

（26）津野　仁「中世鉄鏃の形成過程と北方系の鉄鏃」（『土曜考古』第二五号、二〇〇一年。本書第三部第一章）・服部敬史「中国東北地方における古代・中世の鉄鏃—高句麗から明代までの考古学的資料の集成—」（『表現学部紀要』第六号、和光大学表現学部、二〇〇六年）。

（27）三浦圭介「北奥・北海道地域における古代防御性集落の発生と展開」（『国立歴史民俗博物館研究報告』第六四集、一九九五年）。

（28）宇部則保「古代東北北部社会の地域間交流」（『古代蝦夷からアイヌへ』吉川弘文館、二〇〇七年）。

（29）片桐孝浩「讃岐出土の東北系黒色土器」（『考古学雑誌』第八〇巻第三号、一九九五年）。

(30) 小嶋芳孝「靺鞨・渤海と日本列島」(『環日本海論叢八　渤海と環日本海交流』新潟大学環日本海研究会、一九九五年)。

(31) 井出靖夫「須恵器および鉄生産の様相」(『第三一回古代城柵官衙遺跡検討会　資料集』二〇〇五年)。

(32) 前掲註(26)津野論文。

(33) 前掲註(27)三浦論文。

(34) 前川　要「日本列島における中世初期の都市形成」(『文化の多様性と比較考古学』考古学研究会、二〇〇四年)。

(35) 列島に共通する型式の馬具の場合には、馬具が交易でもたらされたのか、製作技法が移転したのか重要な論点である。この点を解決するには、(一)製作技法の検討、(二)鍛冶遺構を含めた製鉄遺跡の調査、(三)金属学的分析などがある。(一)に関しては、大刀・方頭共鉄柄刀についてであるが、正倉院の遺品・地方官衙の工房出土品・東北北部における末期古墳出土品の鎺の製作技法が広範に共通することなどから「型・技術伝習型」の技術移転が行われたと考えた(津野仁「古代の武器生産」『鉄器文化研究会第一〇回記念大会　鉄器文化の多角的探求』鉄器文化研究会、二〇〇四年)。列島共通の馬具では(三)の金属学的分析などが重視されるが、これも諸説錯綜しており、製作地論に発展できず、伝播という理解に止まらざるをえない。このほかの東国系(蕨手刀・方頭共鉄柄刀)・蝦夷系(切先斜め棟・曲手茎刀や鉄製十字鐔・海鼠透鐔など)・大陸系(北方系小札など)は出現時期と製鉄遺跡の関係や分布などから蝦夷の在地生産と考えられる。

(36) 岡安光彦「馬具生産と流通の諸画期」(『七世紀研究会シンポジウム　武器生産と流通の諸画期』二〇〇三年)。

(37) 前掲註(2)熊谷論文。

(38) 鉄鏃を武器か狩猟具か峻別することはできない。矢は『和名類聚抄』には武器に分類されており、一義的には武器と認識されている。天長三年(八二六)十一月三日官符(『類聚三代格』)に騎猟の児は兵の要と指摘されているように、騎猟から騎射戦への転化が図られ、狩猟という生業と軍事は密接であったことがわかる。生業には、漁労なども含まれるが、社会的分業の進展からみて、漁労などのみで生業が成り立つのか否定的であろう。農具との比較を行い、狩猟を生業としていたという研究学説を再検討する。

(39) 齋藤　淳「北奥における古代の鉄器について」(『研究紀要』第九号、青森県埋蔵文化財調査センター、二〇〇四年)。

(40) 井出靖夫「北日本における古代環壕集落の性格とその背景—計量的分析からのアプローチ—」(『津軽唐川城跡』富山大学人文学部考古学研究室、二〇〇二年)。

(41) 齋藤　淳「青森県の古代生業」、伊藤みどり・遠藤栄一・八木光則「岩手県の古代生業」(『一般社団法人日本考古学協会二〇一一年度栃木大会研究発表資料集』二〇一一年)。

(42) 前掲註(4)津野論文。

(43) 大村　直「鉄製農工具の組成比」(『史館』第二八号、一九九六年)。

(44) 松崎元樹「古代村落の生産基盤—丘陵地の鉄器生産について—」(『東京考古談話会パネルディスカッション二〇〇四　落川・一の宮遺跡を考える—多摩の古代〜中世をめぐって—』二〇〇四年)。

(45) (財)長野県埋蔵文化財センター『中央自動車道長野線埋蔵文化財発掘調査報告書四—松本市内その一—総論編』(一九九〇年)。

(46) 前掲註(2)熊谷論文。

(47) 前掲註(4)内山論文。

(48) 前掲註(12)津野論文・津野　仁「関東・東北地方の比較にみる地域性」(『七世紀研究会シンポジウム　北方の境界接触世界』二〇

○五年）。

(49) 津野　仁「律令国家の武装整備」（『文化の多様性と比較考古学』考古学研究会、二〇〇四年）。

切先斜め棟・曲手茎刀の参考文献（表8）

青森県教育委員会『源常平遺跡発掘調査報告書』（一九七八年）。

青森県教育委員会『大鰐町砂沢平遺跡』（一九八〇年）。

青森県教育委員会『大平遺跡発掘調査報告書』（一九八〇年）。

青森県教育委員会『季平下安原遺跡発掘調査報告書』（一九八八年）。

青森県教育委員会『野尻（二）遺跡Ⅱ・野尻（三）遺跡発掘調査報告書』（一九九六年）。

青森県教育委員会『新町野遺跡・野木遺跡』（一九九八年）。

青森県教育委員会『野木遺跡Ⅱ』（一九九九年）。

青森県教育委員会『野木遺跡Ⅲ』（二〇〇〇年）。

青森県教育委員会『黒坂遺跡』（二〇〇一年）。

青森県教育委員会『朝日山（二）遺跡Ⅴ』（二〇〇二年）。

青森県教育委員会『向田（三五）遺跡』（二〇〇四年）。

青森県教育委員会『朝日山（二）遺跡Ⅸ』（二〇〇四年）。

青森市教育委員会『三内丸山（二）・小三内遺跡発掘調査報告書』（一九九四年）。

青森市教育委員会『野木遺跡発掘調査報告書Ⅱ（平安時代遺物・分析・総論編）』（二〇〇一年）。

秋田県教育委員会『東北縦貫自動車道発掘調査報告書Ⅵ—猿ヶ平Ⅱ遺跡・室田遺跡・一本杉遺跡・案内Ⅲ遺跡—』（一九八三年）。

秋田県教育委員会『此掛沢Ⅱ遺跡・上の山Ⅱ遺跡発掘調査報告書』（一九八四年）。

秋田県教育委員会『上雨堤遺跡発掘調査報告書』（一九八六年）。

秋田県教育委員会『ムサ岱遺跡』（二〇〇五年）。

秋田市教育委員会『秋田臨空港新都市開発関係埋蔵文化財発掘調査報告書』（一九八四年）。

多賀城市教育委員会『市川橋遺跡—城南土地区画整理事業に係る発掘調査報告書Ⅲ—』（二〇〇四年）。

鉄製十字鐔・海鼠透鐔出土遺跡参考文献（番号は図55中の遺跡番号に対応する）

1 宇田川洋編『河野広道ノート　考古篇五』（北海道出版企画センター、一九八四年）。

2 津野　仁「毛抜形太刀の系譜」（『國學院大學考古学資料館紀要』第二一輯、二〇〇五年）。

3 平取町教育委員会『平取町カンカン二遺跡』（一九九六年）。

4 青森県埋蔵文化財調査センター『朝日山遺跡Ⅲ　第一分冊　朝日山（一）遺跡—遺物編』（青森県教育委員会、一九九四年）。

5 青森県教育委員会『朝日山遺跡発掘調査報告書』（一九八四年）。

6 浪岡町教育委員会「吉内遺跡発掘調査報告書」（『平成一六年度浪岡町文化財紀要Ⅴ』二〇〇五年）。

7 青森県教育委員会『野木遺跡Ⅲ』（二〇〇〇年）。

8 青森県教育委員会『三内遺跡』（一九七八年）。

9 青森県教育委員会『大平遺跡発掘調査報告書』（一九八〇年）。

10 津野　仁「毛抜形太刀の系譜」（『國學院大學考古学資料館紀要』第二一輯、二〇〇五年）。

11 平塚市教育委員会『真土六の域遺跡』（一九八六年）。

12 津野　仁「唐様大刀の展開」（『研究紀要』第一一号、（財）とちぎ生涯学習文化財団埋蔵文化財センター、二〇〇三年）。

二条線引手出土遺跡参考文献（番号は分布図56中の遺跡番号に対応する）

1 八戸市教育委員会『丹後平古墳　丹後平（一）遺跡・丹後平古墳』（二〇〇二年）。

2　八戸市教育委員会『殿見遺跡発掘調査報告書Ⅰ』（一九九三年）。
3　（財）岩手県文化振興事業団埋蔵文化財センター『房の沢Ⅳ遺跡発掘調査報告書』（一九九八年）。
4　宮城県教育委員会『新田東遺跡』（二〇〇三年）。
5　宮城県多賀城跡調査研究所『宮城県多賀城跡調査研究所年報　一九九五多賀城跡』（一九九六年）。
6　（財）とちぎ生涯学習文化財団『金井北遺跡・前原遺跡』（二〇〇六年）。
7　（財）栃木県文化振興事業団『金山遺跡Ⅳ』（一九九六年）。
8　（財）群馬県埋蔵文化財調査事業団『上栗須寺前遺跡群Ⅰ』（一九九三年）。
9　（財）鹿嶋市文化スポーツ振興事業団『鹿島神宮駅北部埋蔵文化財調査報告XⅡ』（一九九六年）。
10　（財）埼玉県埋蔵文化財調査事業団『宮西遺跡Ⅰ』（二〇〇三年）。
11　佐久市教育委員会『聖原　第二分冊』（二〇〇三年）。

第三部　武装の系譜

第一章　鉄鏃の系譜

はじめに

古墳時代の鉄鏃研究については、この二〇数年の間に飛躍的に深化してきて、変遷の把握のみならず、特徴的な形態のものをもって、歴史資料としての位置付けがなされてきた。また、韓半島の鉄鏃との関連なども研究されている。しかし、それに続く奈良・平安時代の鉄鏃については、地域的な変遷の把握がわずかになされてきたものの、地域性の把握等や系譜の検討もなされてきていないのが現状である。そこで、奈良時代以降の鉄鏃の系譜を時系列的、地域間交流的な視点から検討していく。後者については、列島内での検討のみならず、近隣諸国との比較も行っていきたい。

第一節　奈良時代の鉄鏃の系譜

筆者はかつて東日本の古代遺跡から出土した鉄鏃の集成を行い、県ごとに組成を調べた(1)。また、奈良時代以降の鉄鏃について、古墳時代との系譜関係の概括的な傾向も提示した。しかし、地域的な集成を基にした古墳時代後期鉄鏃との関係については未検討であった。ここでは、地域的な動向を古墳時代との関係をみていきたい。なお、古墳時代の鉄鏃研究は関東地方各都県で概ね検討が行われており、その成果と筆者の集計とを比較することにより、奈良時代への移行の実態を検討する。ここでは出土数の多い関東地方・甲信地方を事例に検討し、奈良時代東国の鉄鏃の系譜としたい。

(一)　関東地方各都県の鉄鏃

茨城県

古墳時代の鉄鏃は千葉隆司氏や稲田健一氏などの研究がある。(2) 千葉氏の成果によれば、古墳時代後期の鉄鏃組成は片刃箭式（分類名称長頸片刃系）と後の鑿箭式（長頸長三角形・柳葉系）が主流で、無茎・三角・腸抉三角・方頭・雁股鏃が加わる構成であるという。稲田氏も七世紀代に長三角形・片刃の長頸鏃と短頸腸抉長三角形・三角形鏃の組成を提示している。

奈良時代では、鑿箭式が前代から鏃組成の主体であるが、片刃箭式が少ないことが変化したものといえるであろうか。さらに三角形・長三角形Ⅱ・Ⅲ式が多くなっている点も特徴である。また、方頭斧箭式

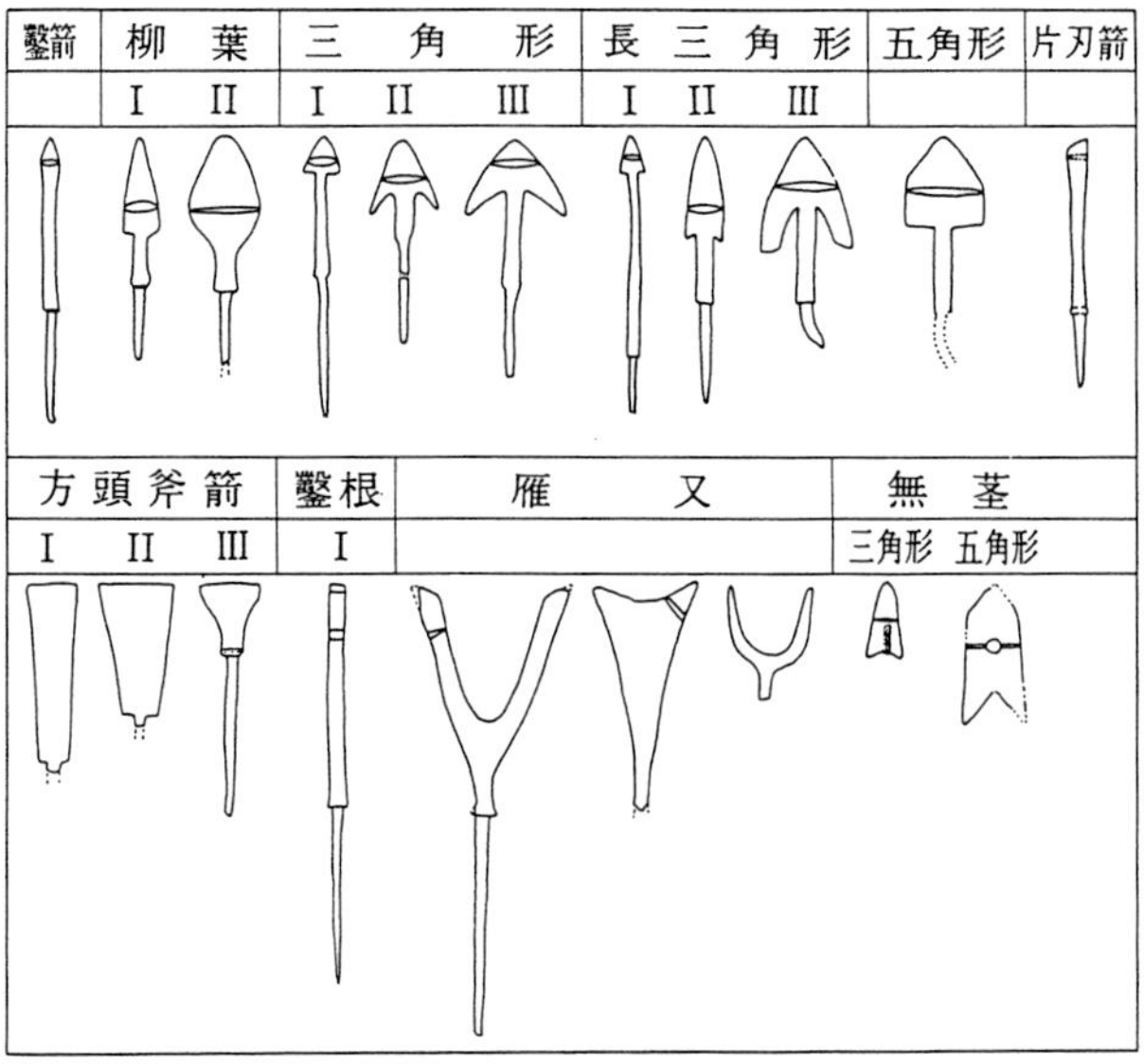

図58　鉄鏃の分類

が八世紀後半に一定数確認できた点は、千葉県域で七世紀代から大作二八号墳などでまとまった事例があることから、この小形式が周辺域に拡散したものと評価することができる。

栃木県

栃木県域の古墳時代鉄鏃については、小森哲也氏が詳細な分類と傾向を提示している。(3) ここでは、七世紀後半について氏の大別型式をみると、無茎長三角形式、棘箆被三角形式、棘箆被五角形式、箆被柳葉式、箆被・棘箆被片刃箭式、箆被・棘箆被鑿箭式、端片刃箭式が存在した。このうち出土例が多い棘箆被片刃箭式と棘箆被鑿箭式は七世紀になると鏃身・箆被長が長くなる点を指摘している。この成果と奈良時代以降の鉄鏃組成を比較すると、鑿箭式は七世紀から主体的な鏃であることから前代から継承したものと評価できる。片刃箭式もこれに次いで多く主体的な組成になっている。明らかな相違点は無茎五角形式が急増している点である。また、八世紀前半には方頭斧箭式が一定数確認できるようになる。この小形式は、関東地方では千葉県域に初現期の資料があり、茨城県でも八世紀代に確認できるようになる。このため、栃木県域を含めた東関東で奈良時代に定着し始めるのである。広根式は、七世紀代に無茎式や箆被柳葉式で構成されていたが、八世紀には三角形・長三角形Ⅲ式や雁又式に取って替わるようである。

群馬県

群馬県下の古墳時代鉄鏃については、杉山秀宏氏が概観している。(4) それによれば、七世紀前半から中葉には、三角形Ⅰ式（長頸三角形鏃）や腸抉の発達した平根の長三角形式、片刃箭式・鑿箭式（両刃式）で

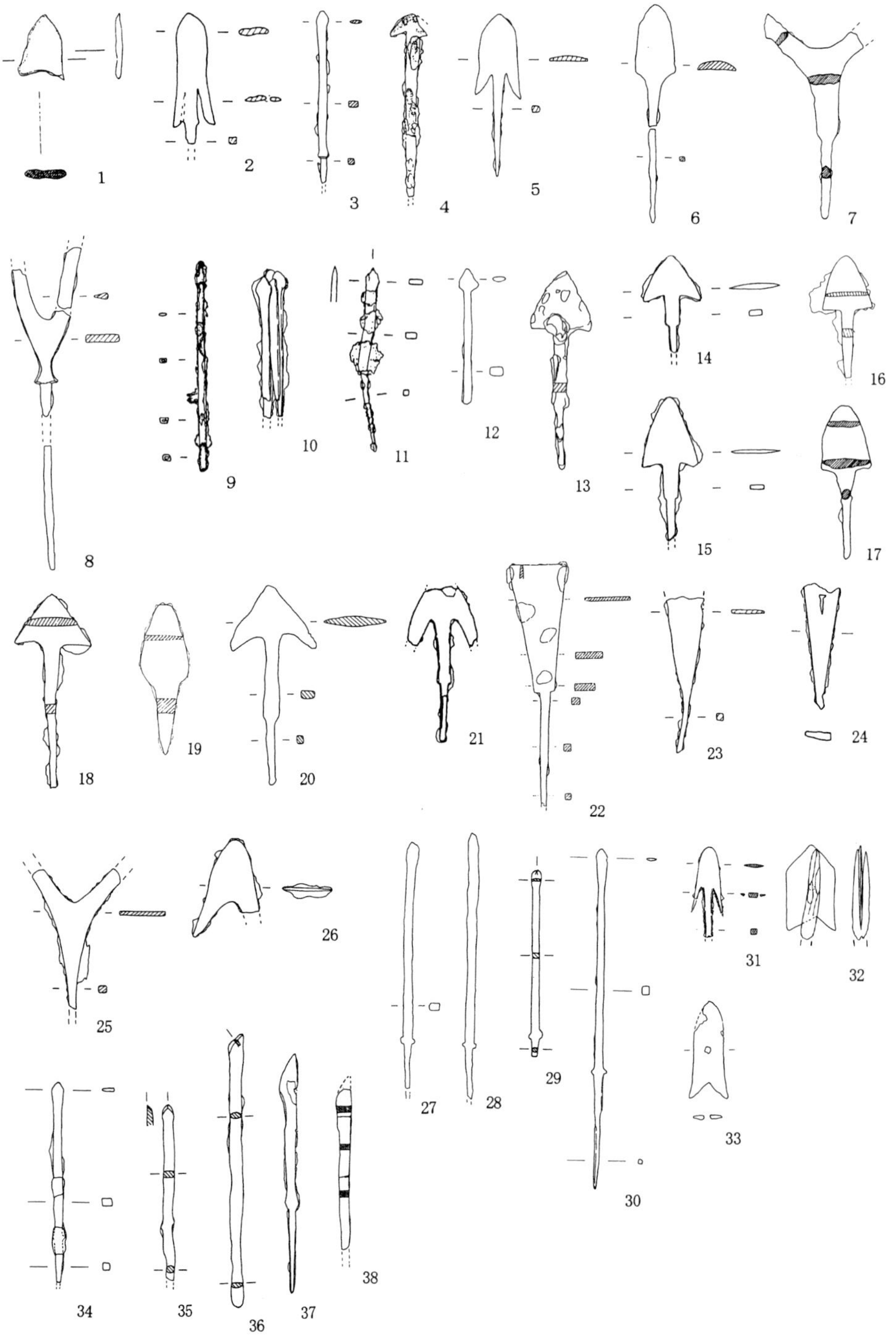

1：仲道遺跡　2・4：柴崎遺跡　3・5・6・8・20：熊の山遺跡　7・17・25：神田遺跡　9：堀遺跡　10・14・15：金木場遺跡
11：西谷A遺跡　12：油内遺跡　13：諏訪前遺跡　16・19：鹿の子遺跡　18：内路地台遺跡　21：細原遺跡　22：武田遺跡群
23：木工台遺跡　24：古稲荷遺跡　26：神野向遺跡　（茨城県　1～2：7世紀後半、3～8：8世紀前半、9～26：8世紀後半）
27・32：上横田A遺跡　28・33：上横田遺跡　29・35・36：前田遺跡　30・34・37：免の内台遺跡　31：多功南原遺跡　38：大坂遺跡
（栃木県　27～33：7世紀後半、34～38：8世紀前半）　縮尺＝1／4

図59　関東地方の古代鉄鏃（1）

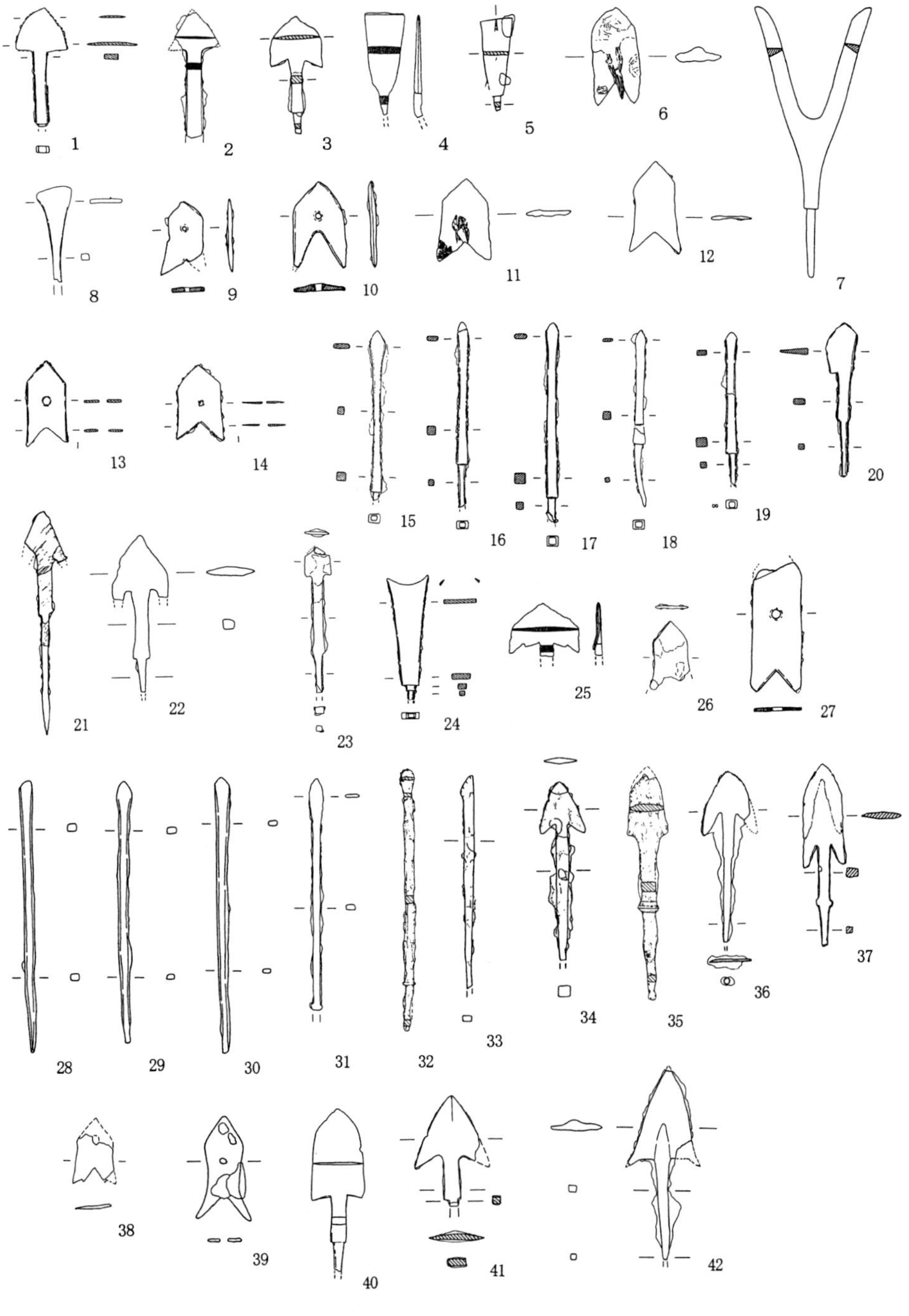

1・13～20・24：多功南原遺跡　2：宮内東遺跡　3・4：前田遺跡　4・25：大坂遺跡　6・9・10～12・21・22・27：免の内台遺跡
7：那須官衙関連遺跡　8：金山遺跡　23・26：滝田本郷遺跡　28～30：森下中田遺跡　31：白井二位屋遺跡　32・35：大久保A遺跡
33・34：熊野遺跡　36：田端遺跡　37：善慶寺早道場遺跡　38：長根羽田倉遺跡　39：金竹遺跡　40：篠田原遺跡　41：上栗田寺前遺跡
42：高井桃ノ木遺跡
（栃木県1～27　3：7世紀後半、1・2・4～14：8世紀前半、15～27：8世紀後半　群馬県28～42　28～42：7世紀後半）縮尺＝1／4

図60　関東地方の古代鉄鏃（2）

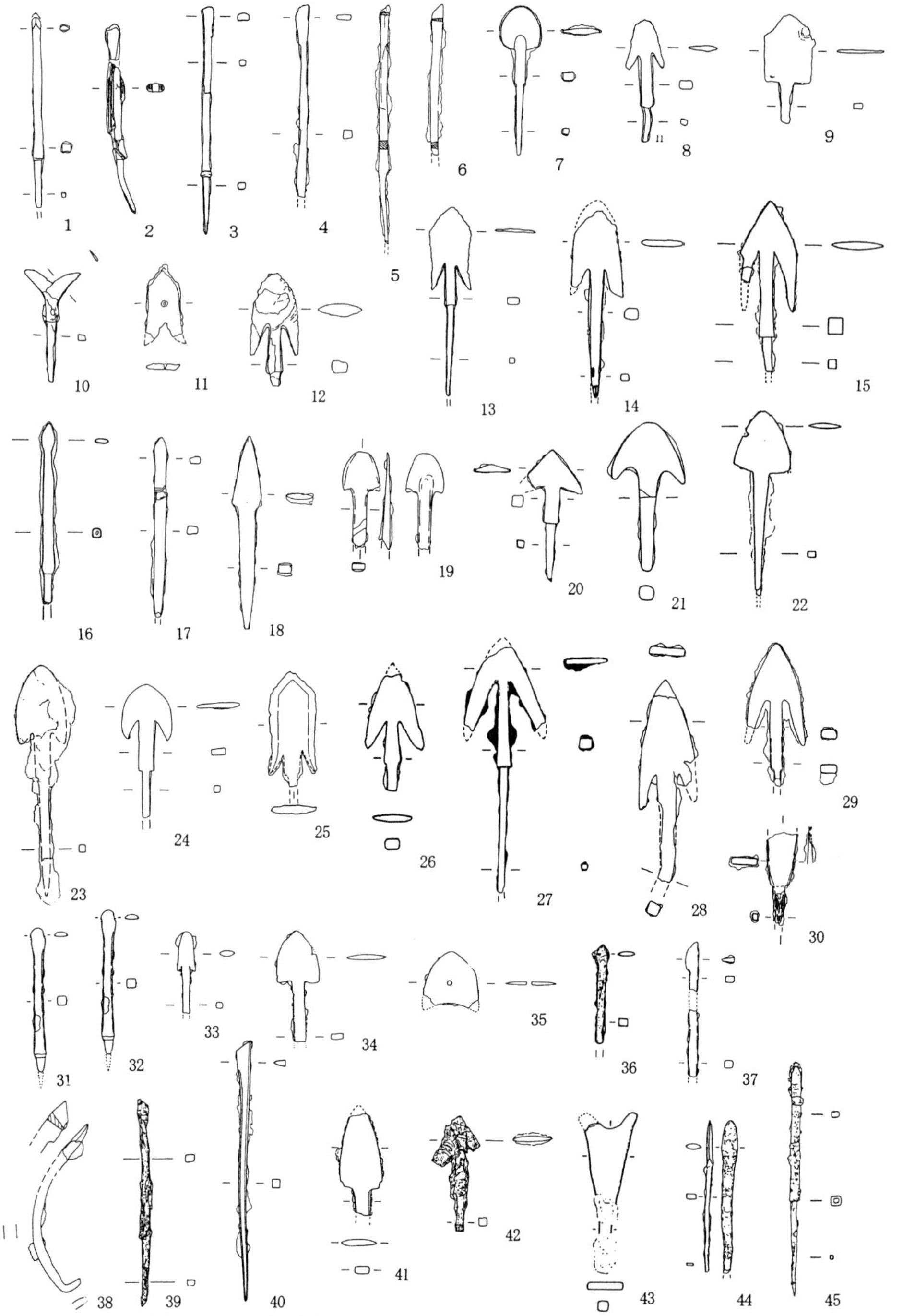

1・7：五目牛清水田遺跡　2・17・20：矢田遺跡　3：上栗田寺前遺跡　4：保渡田遺跡　5：中大塚遺跡　8～10・12・13：白井二位屋遺跡
11・25：長根羽田倉遺跡　14：芳賀東部団地遺跡　15：柳久保遺跡　16：融通寺遺跡　18：荒砥天之宮遺跡　19：上高瀬上之原遺跡
21：上之平八王子遺跡　22：柳久保遺跡　23：堀越中道遺跡　24：荒砥上ノ坊遺跡　26：岩之下遺跡　27・28：国分僧寺・尼寺中間地域
29・30：田端遺跡　31・32：稲荷前遺跡　33～35：荒川附遺跡　36・39・42・45：東の上遺跡　37・38：古井戸・将監塚遺跡　40：大久保山遺跡
41：若葉台遺跡　43：雷電下遺跡　44：新井原遺跡　縮尺＝1／4
（群馬県1～30　1～15：8世紀前半、16～30：8世紀後半　埼玉県31～45　31～35：7世紀後半、36～43：8世紀前半、44・45：8世紀後半）

図61　関東地方の古代鉄鏃（3）

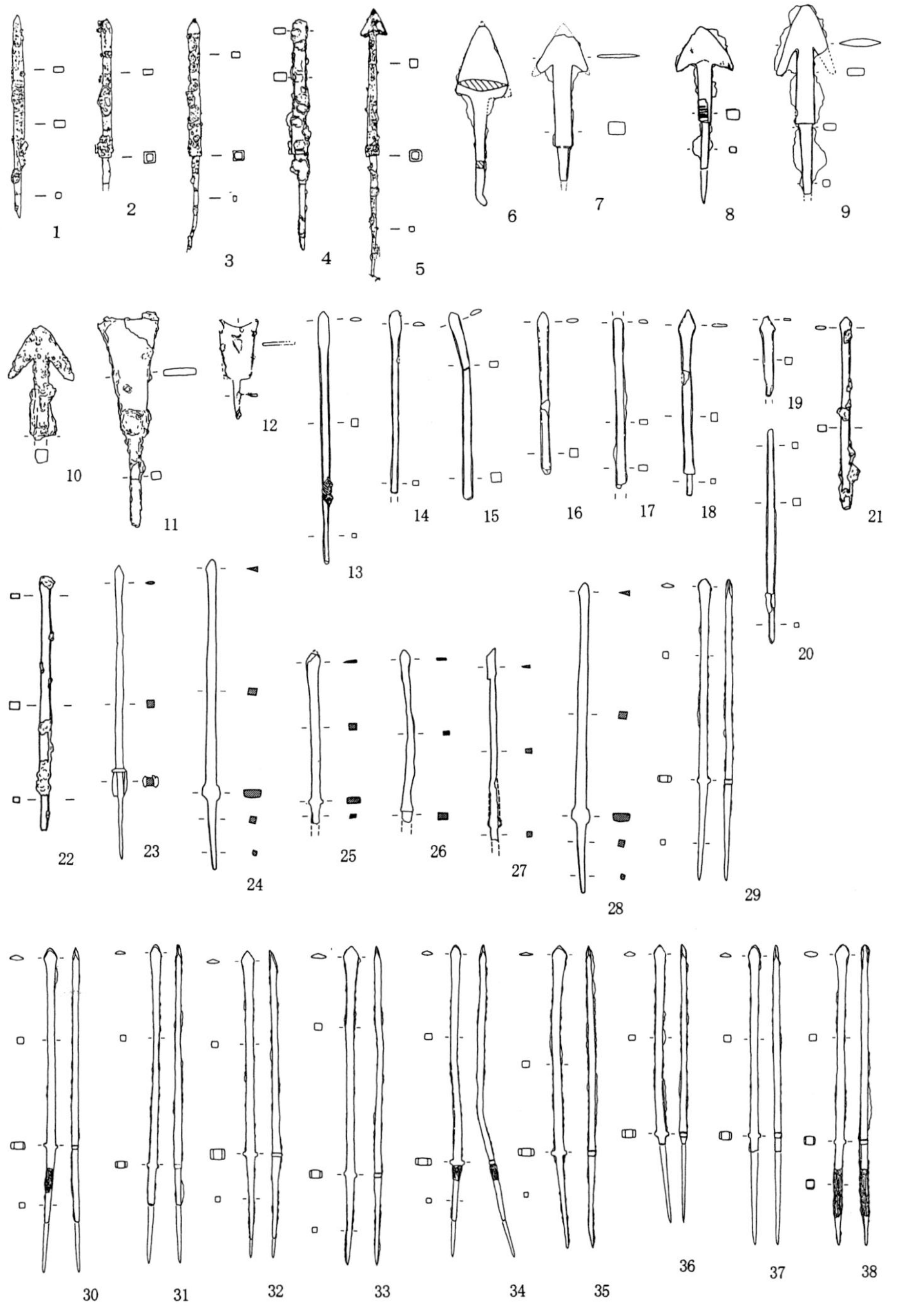

1～3・5・12：東の上遺跡　4：張摩久保遺跡　6：山田遺跡　7：稲荷前遺跡　8：小山ノ上遺跡　9：花ノ木遺跡　10・11：新井原遺跡
13～20：上石原遺跡　21・22：西ヶ原遺跡群　23～28：武蔵国府関連遺跡　29～38：多摩ニュータウンNo.335遺跡
(埼玉県　1～12：8世紀後半　東京都　13～38：7世紀後半)　縮尺＝1／4

図62　関東地方の古代鉄鏃（4）

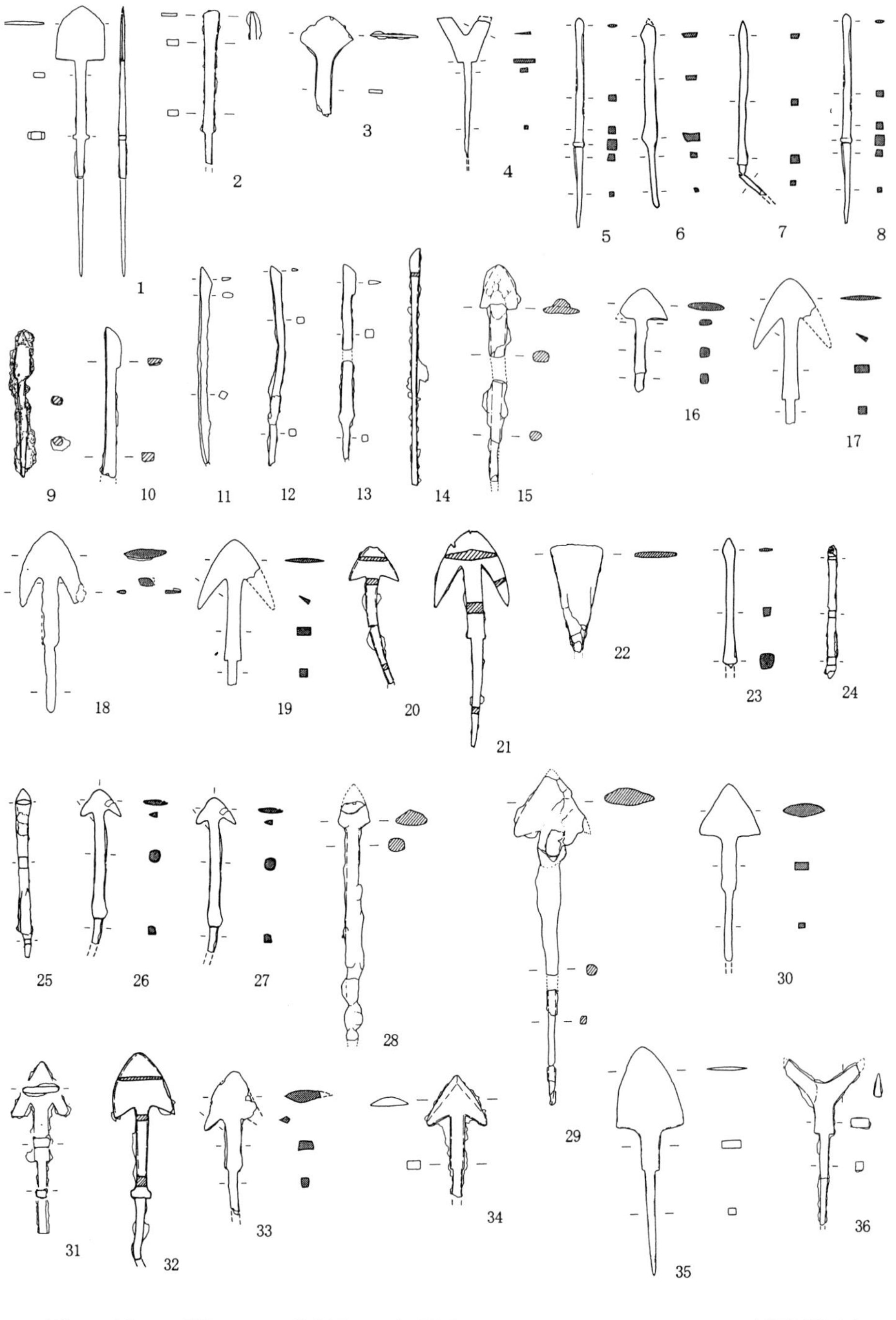

1：多摩ニュータウンNo.335遺跡　2・34：下十条遺跡　3：上石原遺跡　4〜8・17・19・23・26・27・30・31・33：武蔵国府関連遺跡
9：木曽森野遺跡　10：貫井二丁目遺跡　11〜13：宇津木台遺跡群　14・20・21・32：なすな原遺跡　15・22・28・29：落川遺跡
16・18：平山遺跡　24・25：飛田給遺跡　35：十条久保遺跡　36：多摩ニュータウンNo.346遺跡

（東京都：1〜36　1〜4：7世紀後半、5〜22：8世紀前半、23〜36：8世紀後半）縮尺＝1／4

図63　関東地方の古代鉄鏃（5）

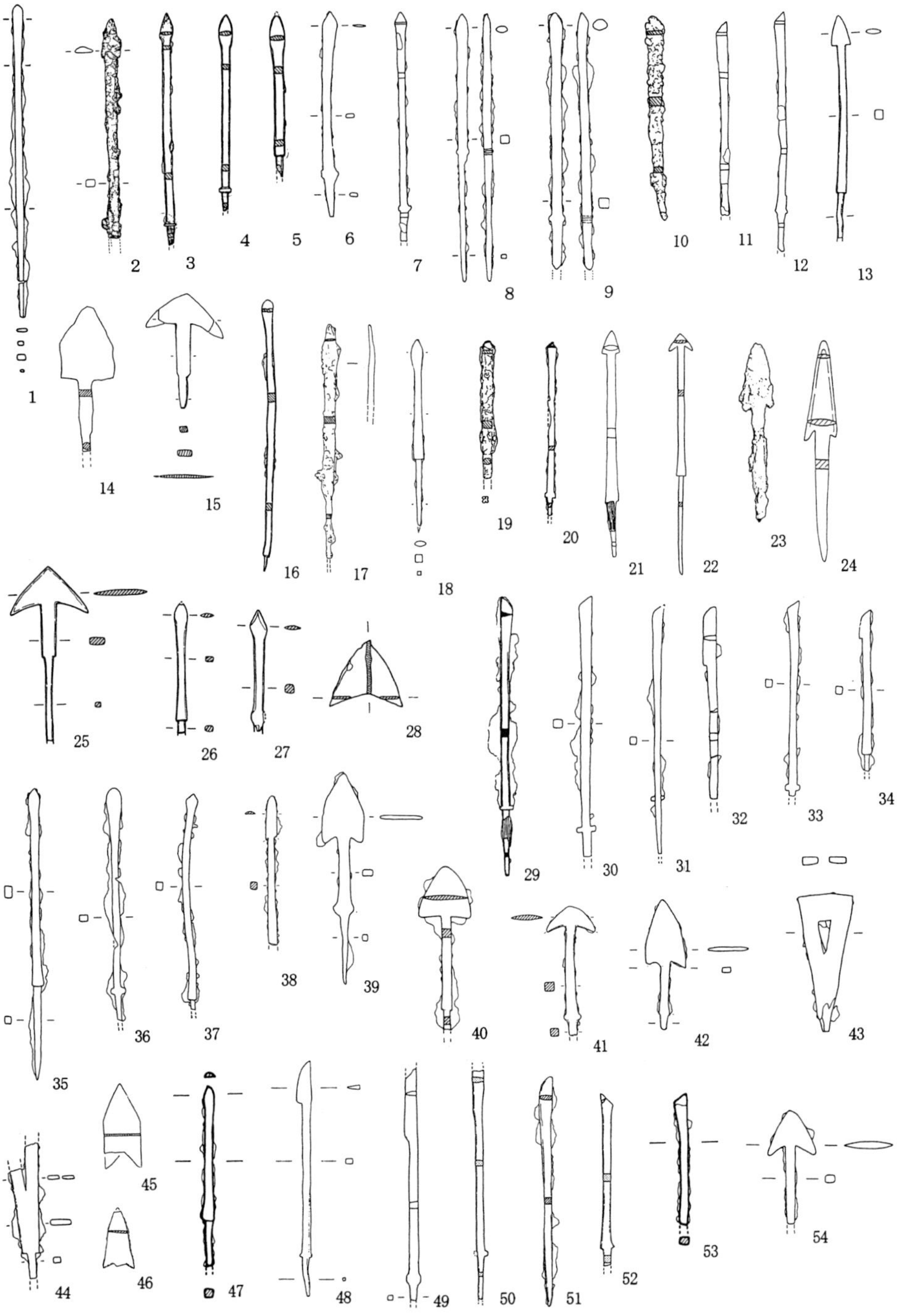

1・8・9：西部212地点遺跡　2：池ノ辺遺跡　3～5・16：鳶尾遺跡　6：中村遺跡　7・11・12：下大槻峯遺跡　10・19：長井町内原遺跡　13・25～27：海老名本郷遺跡　14：真土六ノ域遺跡　15：あざみ野遺跡　17：清水場遺跡　18：中坂東遺跡　20：王子の台遺跡　21：草山遺跡　22：四ノ宮天神前遺跡　23：小山矢掛遺跡　24：山王久保遺跡　28：南鍛冶山遺跡　29：大畑家台遺跡　30・31・33～37：別当地遺跡　32・40：囲護台遺跡　38・41：文作遺跡　39：山王遺跡　42・43：宗吾西鷺山遺跡　44：伊篠白幡遺跡　45：大袋山王第二遺跡　46：雷塚遺跡　47・53：夏見大塚遺跡　48：高岡大山遺跡　49：御塚台遺跡　50・52：大北遺跡　51：中馬場遺跡　54：根崎遺跡（神奈川県　1～28　1～6：7世紀後半、7～15：8世紀前半、16～28：8世紀後半　千葉県　29～54　29～46：7世紀後半、47～54：8世紀前半）　縮尺＝1／4

図64　関東地方の古代鉄鏃（6）

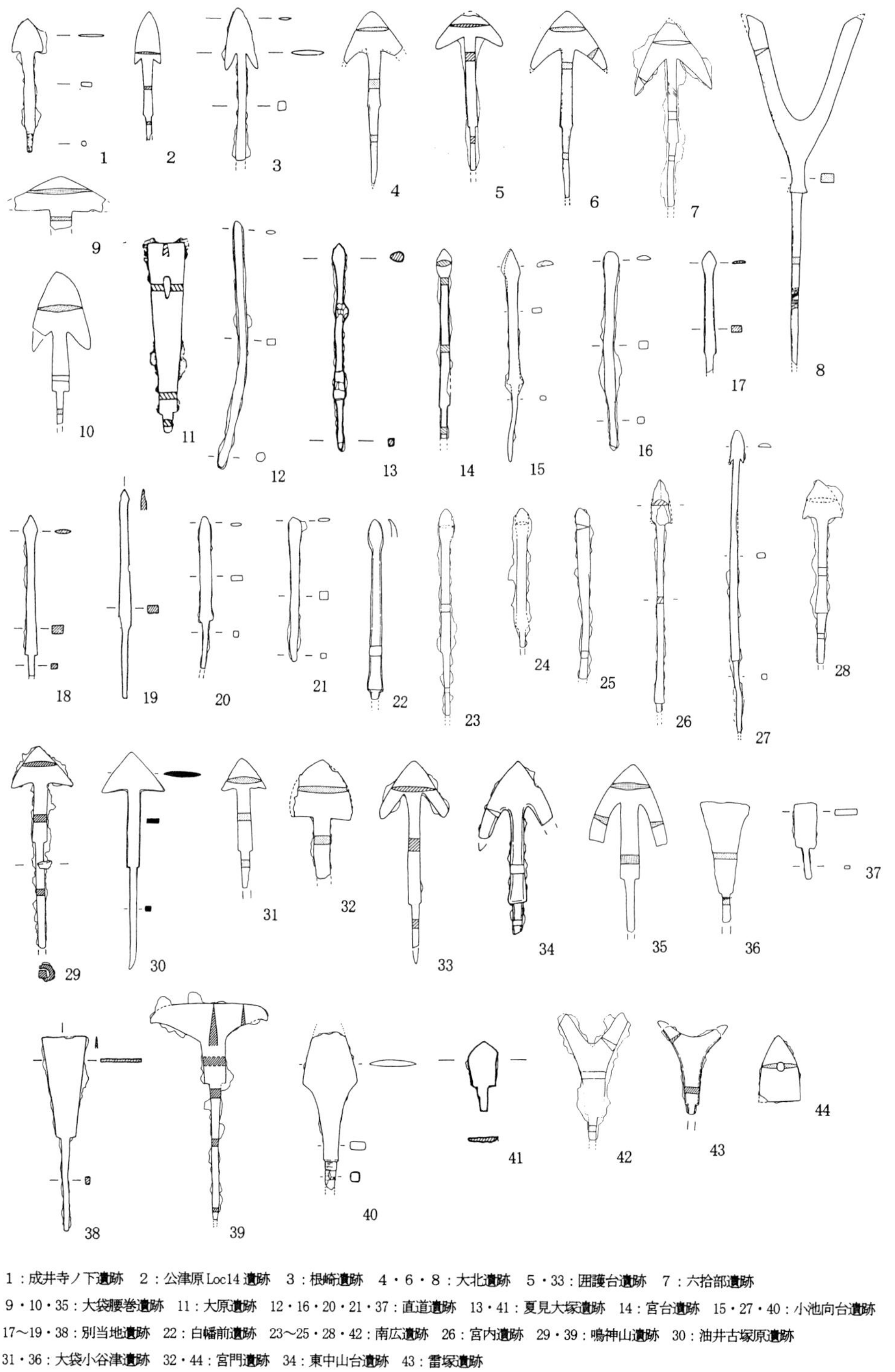

1：成井寺ノ下遺跡　2：公津原Loc14遺跡　3：根崎遺跡　4・6・8：大北遺跡　5・33：囲護台遺跡　7：六拾部遺跡
9・10・35：大袋腰巻遺跡　11：大原遺跡　12・16・20・21・37：直道遺跡　13・41：夏見大塚遺跡　14：宮台遺跡　15・27・40：小池向台遺跡
17〜19・38：別当地遺跡　22：白幡前遺跡　23〜25・28・42：南広遺跡　26：宮内遺跡　29・39：鳴神山遺跡　30：油井古塚原遺跡
31・36：大袋小谷津遺跡　32・44：宮門遺跡　34：東中山台遺跡　43：雷塚遺跡

（千葉県１〜44　１〜11：８世紀前半、12〜44：８世紀後半）縮尺＝１／４

図65　関東地方の古代鉄鏃（7）

端刃造のもの、無茎腸抉類五角形や無茎腸抉長三角形の鏃を挙げている。箆被は前半から中葉には棘箆被と関箆被があるが、中葉の例になる上田篠四号墳では関箆被である。

これと七世紀後半以降の集落出土品を比較すると、端刃の鑿箭式と片刃箭式が尖根の主体であって、腸抉の発達した三角形・長三角形Ⅱ・Ⅲ式が多く確認できる。五角形の無茎鏃が八世紀にも存在している。

八世紀の群馬県下の鉄鏃は古墳時代の組成を継承し、腸抉の発達した平根が多く確認できる点が特徴であろう。

埼玉県

当該県域の古墳時代鉄鏃については、小久保徹氏などが研究されている。(5) その成果によれば、奈良時代に続く小形式は鑿箭式（分類名称一三四A九E、以下同じ）・片刃箭式（一三四B四F）・腸抉の発達した三角形・長三角形Ⅱ・Ⅲ式（二二一A一Civ・二二一A三Civ・二二一A三Bivなど）であった。筆者集成の奈良時代における埼玉県下の鉄鏃では、鑿箭式・片刃箭式・三角形Ⅱ・Ⅲ式と長三角形Ⅲ式が主体であった。この結果から、埼玉県域では、古墳時代後期以来の鉄鏃様式を継承したものとみられる。

東京都

多摩地方の古墳出土の鉄鏃に関する変遷を池上悟氏が述べている。(6) この成果によれば、七世紀代には、前半に無茎式（分類名称無茎平根式）・鑿箭式・片刃箭式・腸抉長三角形式が存在し、このうち腸抉長三角形式は早くに消えて、第二四半期以降は小型三角形式・端刃鑿箭式・有茎平根式・端刃片刃箭式になり、後半には小型三角形式以外が主体になるという。

この成果と集成結果を照合すると、奈良時代以降も鑿箭式が最も多くて、片刃箭式がこれに次いでいる。平根では、三角形Ⅱ・Ⅲ式が主体である。七世紀中葉から後半の中和田横穴九号・一二号墓から出た有茎平根式は長三角形Ⅱ式や五角形式に当たり、長三角形Ⅱ式は継承しているが、五角形式が奈良時代以降に急速に消えた点が特徴である。

神奈川県

古墳時代の鉄鏃については、財団のプロジェクトチームによって集成・分類などが行われている。(7) その成果によれば、鉄鏃組成で六世紀代に長頸鏃の主体が片刃箭式であったが、七世紀には鑿箭式が増加していく傾向があるという。さらに、高塚古墳と異なった横穴墓の鉄鏃組成が長頸鏃主体であり、鉄鏃の画期に影響を与えているという。組成をまとめれば、鑿箭式・片刃箭式を主体小形式として、長頸の柳葉・長三角形鏃、短頸の柳葉・長三角形・五角形鏃などが次いで加わる構成になっている。八世紀以降では、鑿箭式が主体となっており、片刃箭式の二〜三倍の鏃が確認された。この傾向は、片刃箭式から鑿箭式主体に替わった七世紀代の動向の延長にあると判断できる。変化した点としては、長三角形Ⅰ式（分類名称長頸長三角形鏃）が八世紀以降に減少したことであろう。長三角形Ⅱ・Ⅲ式（分類名称短頸長三角形・柳刃鏃）は一定数確認できたことから七世紀代の組成を継承したものと判断できる。五角形式は六・七世紀に客体的ながら当該地域では一定数を占めていたが、八世紀にはほぼ消えたようである。

千葉県

千葉県下の古墳時代鉄鏃については、白井久美子氏による特定古墳群出土鉄鏃の研究[8]もあるが、県下各地域の鉄鏃の変遷に関して特集が組まれ、通観できる。ここでは、『多知波奈考古』紙上の諸氏の成果[9]を概観し、八世紀の様相と比較する。

東葛地域では、七世紀前半には棘箆被の片刃箭式と鑿箭式で関が不明瞭になるという。これに三角形式が加わる構成である。

印旛地域では、六世紀後半以降に鑿箭式・片刃箭式が組成の主体となり、鏃身長と幅の短化、関部の退化傾向があるという。また、七世紀代には三角形式・長三角形式は大型化して、腸抉も発達して飛燕形になっていく。さらに、本地域で最も特徴のある点は、透かし孔を有する棘箆被の方頭斧箭式（分類名称方頭式）がまとまって出ていることである。しかし、無茎鏃は七世紀前半まで確認できるのみである。

調査資料の多い千葉市域の鉄鏃では、鑿箭・片刃箭式は七世紀後半に鏃身長・頸部が短くなり、中葉には片刃箭式が減少し始めるという。

この地域の組成の特徴には、尖根が主体であったが、七世紀第一四半期後半から第二四半期前半（Ⅳａ期）には短頸・無頸の平根系長三角形式が多くなるという。この時期に長頸の三角形式・五角形式・飛燕式が出現するといい、この時期に鉄鏃埋納様式の変換期と指摘されている。

君津地域では他地域と同様に七世紀に主体的な鑿箭・片刃箭式は関が消える端刃になる方向である。長頸の長三角形式や新出の五角形式には腸抉が発達するが、組成では客体的である。無茎鏃は減少していく。

香取・海上・匝瑳地域では、七世紀には他の地域と同じく鑿箭式（分類名称端刃鑿箭）と鏃身が小型化した片刃箭式がみられる。

これらを通覧すれば、七世紀代には鑿箭式・片刃箭式が主体の鏃で、関の退化が共通している。ただし、千葉市域では中葉には片刃箭式は減少する点が注目される。腸抉が発達し、飛燕式になる点や無茎鏃が衰退する点も概ね共通している。地域的特性としては、印旛地域で透かし孔を有する棘箆被の方頭斧箭式が早くも確認される点や千葉市域で七世紀中葉には尖根よりも短頸・無頸の平根系鏃が多くなっている点などが挙げられるであろう。

概括的ながら諸氏の成果と七世紀後半以降の県下全域の集成結果を対比すると、七世紀後半では鑿箭式と片刃箭式が主体であったが、八世紀以降片刃箭式は減少の一途を辿る。鑿箭式の首座は八世紀以降も継承される。替わって数が多くなったのが広根系の三角形Ⅱ・Ⅲ式や長三角形式Ⅱ・Ⅲ式の飛燕式である。ただし、千葉市域では七世紀中葉には平根系長三角形式が多くなっており、地域的には継承した組成になっている。尖根長頸の三角形Ⅰ式や長三角形式Ⅰ式は八世紀以降も客体的な存在が続き、無茎鏃も衰退化して、八世紀に少数確認できるのみである。

（二）古墳時代後期と奈良時代鉄鏃の関連

関東地方各都県下における古墳時代後期と奈良時代の鉄鏃を比較すると、鉄鏃組成では主体小形式は鑿箭式・片刃箭式であるが、片刃箭式が減少する点では概ね共通している。この組成は東日本に概ね共通する傾向である。平根では七世紀代に各地で比較的多かった三角形・長三角形Ⅱ・Ⅲ式が奈良時代にも平根の首座である点も関東地方各地で共通するようである。

地域的な差異は、千葉県下の印旛地域で七世紀代に確認された透かし孔のある方頭斧箭式が集落出土品でも七世紀後半から八世紀前半までみられた。さらに無孔であるが、方頭斧箭式が茨城県や栃木県域などでも八世紀前半以降からみられる点は関東地方内での地域性である。無茎鏃も衰退の方向であるが、八世紀の栃木県域では急増しており、旧型式が残存する。

鏃身は七世紀代に鑿箭式の関の消える方向に変化するが、八世紀には明瞭な関はほとんどなくなる。篦被の先端を鍛打して薄くし、先端を三角形にする程度のものが多くなる。片刃箭式で関のある鏃は少なくなり、刃部と篦被の境がないものが多くなる。

表10　関東地方の7世紀後半から8世紀の篦被比率

茨城県	棘篦被	関篦被	東京都	棘篦被	関篦被
7世紀後半			7世紀後半	11	4
8世紀前半		3	8世紀前半		3
8世紀後半		4	8世紀後半		3
栃木県	**棘篦被**	**関篦被**	**神奈川県**	**棘篦被**	**関篦被**
7世紀後半	7		7世紀後半	5	1
8世紀前半	1※	7	8世紀前半	2※	2
8世紀後半		8	8世紀後半		10
群馬県	**棘篦被**	**関篦被**	**千葉県**	**棘篦被**	**関篦被**
7世紀後半	3	3	7世紀後半	10	16
8世紀前半		6	8世紀前半	8	8
8世紀後半		7	8世紀後半	5	41
埼玉県	**棘篦被**	**関篦被**			
7世紀後半					
8世紀前半		2			
8世紀後半		1			

※8世紀初頭

注　対象遺跡は津野2011掲載 p188・189の当該期の遺跡

（数字は点数）

長頸鏃では七世紀代を通じて棘篦被から関篦被になる。集落出土品で各都県の篦被の数を集計した結果、概ね七世紀後半で棘篦被は消え、一部八世紀初頭に残る県もあった。これは東日本全体の動向であるが、千葉県下では八世紀前半では棘篦被と関篦被の数が拮抗し、八世紀後半になって主体は関篦被になる。全体的には棘篦被から関篦被という方向であるが、棘篦被がなおも残存するという地域的な特徴が確認できた。

このように関東地方における古代の鉄鏃を例に古墳時代からの系譜をみてみると、奈良時代の鉄鏃は基本的には古墳時代後期の組成・形態の延長上で理解できるが、平根式の無茎鏃や篦被の残り方や新たに西日本との交流で東国に点的に入った方頭斧箭式に地域的な差異があることが確認できる。これは、関東地方において、全体的には形制法式である様に従った鉄鏃であったが、旧型式の残存に地域差があり、武器生産の伝統の継承の仕方に相違があったと考えられる。

西日本における方頭斧箭式の容認、東日本における中央の鉄鏃様式の強要という列島規模での地域性がみられる一方で、上述のような地域的な型式が残存したのも事実である。律令国家の目指した武器の画一化が達成できるか否かは、在地の受容と伝統の継承の両面によっていたことが、鉄鏃からも明らかになった。

第二節　平安時代の鉄鏃と中世鉄鏃の系譜

次に、古代的な鉄鏃の様相から中世的な鉄鏃への変化の過程についてみてみる。ここでは前節よりも地域を広げて東日本から近畿地方について、平安時代中期・後期（一〇〜一二世紀）を対象とし、各地の鉄鏃組成と特徴的な形態の鉄鏃の分布を把握する。これによって中世鉄鏃成立過程における系譜の問題について検討してみたい。

なお、東北地方の日本海側・北陸地方などは、鉄鏃の出土点数が少ないため、そのほかの地域について様相をみていく。

東北地方北部

青森県では、一〇世紀中葉か後半代から一一世紀末か一二世紀前葉まで防御性集落と呼ばれる遺跡が確認され、ここで鉄鏃が多く出土している。(10)

一〇世紀では鑿箭式と雁又式が主体となり、防御性集落が出現したのちには、鑿箭式・鑿根Ⅰ式・柳葉Ⅰ式・雁又式が主体となって、鑿根式と柳葉Ⅰ式が加わった組成に変化している。防御性集落で最も多く武器が出ている林ノ前遺跡では、鑿箭式が最も多く、次いで柳葉Ⅰ式、鑿根Ⅰ式が少数加わる。鏑矢は雁又式・長三角形Ⅲ式などが出ている。現在の資料では、防御性集落である岩手県子飼沢山遺跡での出土例(11)が鑿根Ⅰ式の初現例になっていて、室野秀文氏等の見解では子飼沢山遺跡を一〇世紀後半に位置付けている。(12)

日本海側では、太田谷地館跡で鑿根Ⅰ式・柳葉Ⅰ式・雁又式が出ており、把手付土器の形態が三浦氏の一一世紀後半のものに相当する。

東北地方南部

平安時代中期以降の資料は少なく、全体的傾向を把握できないが、宮城県三王遺跡第Ⅲ層出土の長三角形Ⅱ式や鹿島遺跡第一号土壙の柳葉Ⅰ式、一二世紀前半に位置付けられる福島県上ノ原経塚の柳葉Ⅰ式と雁又式、陣ヶ峯城の組成を挙げることができる。このように数が少ないながら、平安中期・後期での鉄鏃組成は柳葉Ⅰ式、柳葉Ⅰ式と形態的に類似し、腸抉をもつ長三角形Ⅱ式、さらに雁又式の三小形式などを確認できる。

関東地方

北関東では、平安時代中期・後期には茨城県・群馬県を中心に柳葉Ⅰ式が卓越する。特に群馬県では、一一世紀代の資料がまとまって確認できる。柳葉Ⅰ式と形態が類似し、腸抉をもつ長三角形Ⅱ式が群馬県・茨城県でも定量認められる。鏑矢は、一〇世紀後半以降は長三角形Ⅲ式（飛燕式）がほぼ消えて、雁又式に限定される。一方、南関東の神奈川県・東京都では、九世紀後半から一〇世紀後半までの征矢の中心が鑿箭式である点は、北関東で柳葉Ⅰ式が卓越する点と対照的である。また、鏑矢では九世紀後半から一〇世紀代に三角形Ⅲ式・長三角形Ⅲ式が継続し、雁又式と拮抗した数比になっている点が群馬県などと異なった様相である。千葉県では、八世紀代から方頭斧箭式が多く確認され、他地域とやや異なった傾向を示す。

中部地方・東海地方・北陸地方

この地方の平安時代中期・後期の資料は長野県と山梨県にまとまっているが、そのほかの地方では、ほとんど出土していない。

長野県では一〇世紀後半以降の鉄鏃も多く、尖根では柳葉Ⅰ式が圧倒的に多くて、一一世紀の資料では出土点数七〇点のうち三六点が柳葉Ⅰ式であり、約五三％を占めている。尖根でほかの地域と異なる点は、鑿箭式が一二世紀前半にも一定数確認できる点であり、隣県の群馬県で当該期にほとんど確認できないのと対照的である。長野県下における平安時代中期・後期の鉄鏃組成は尖根では柳葉Ⅰ式を主体にし、鑿箭式が加わり、柳葉Ⅰ式に腸抉が付く長三角形Ⅱ式が少し入るようであり、雁又式は平根の主体となる。この傾向は八〜九世紀代に飛燕式とも呼称され腸抉をもつ三角形Ⅲ式・長三角形Ⅲ式が平根の首座であったものが、九世紀後半頃から雁又式の出土数が増え、上差矢の変化として指摘できる。上差矢の変化は、隣県の群馬県及び茨城県でも認められる。

図66　平安時代中・後期の各地の鉄鏃の様相

山梨県では、一〇世紀後半以降、柳葉Ⅰ式と三角形Ⅲ式・長三角形Ⅲ式・柳葉Ⅱ式・雁又式が確認できるが、古墳時代後期に地域性をもって現れた五角形式[13]が、一一世紀代にもわずかに確認できる点が特徴である。

近畿地方―京都と周辺―

平安時代の近畿地方の様相は、資料が少なくて、全体的な傾向は明らかでない。九世紀前半から中葉の京都府西野山墳墓では、鑿箭式と腸抉を有する三角形Ⅲ式が組んでいる。平安中期の資料はさらに少ないが、尖根の柳葉Ⅰ式が一〇世紀後半から一一世紀に大阪府西大井遺跡で出土しており、これが西日本における柳葉Ⅰ式の初現になるであろうが、その後に連続する資料が稀少である。

一二世紀では、法住寺殿跡出土品は、[14]寿永二年（一一八三）の木曾義仲による法住寺殿焼き討ちに関連する墓といわれる土壙から甲冑とともに出た。鏃は鑿根Ⅰ式二九本、柳葉Ⅱ式三本、雁又式三本からなっていて、征矢は鑿根Ⅰ式のみで構成される。この資料の鉄鏃組成から、京都では一二世紀後半には鑿根Ⅰ式を征矢の主体とし、鑿箭式を一部含み、上差の矢に雁又式を加えるという組成がとられていたことがわかる。西日本における鑿根Ⅰ式の初現期の資料として一二世紀中葉頃の福岡県樋井川A遺跡を挙げることができる。

近畿地方における出土資料では、保安元年（一一二〇）銘の経筒により概ねの造営年代のわかる鞍馬寺経塚において雁又式鉄鏃が出ている。[15]また、平安京での鉄鏃の出土事例が少ないが、木製品では左京八條三坊二町の溝から柳葉Ⅰ式や方頭斧箭Ⅱ式に相当する形態のものが出ていて、九世紀末から一〇世紀の所産と指摘されている。[16]近畿地方では鉄鏃の方頭斧箭式が奈良時代から出土例に散見し、鏃形木製品であるが、鉄鏃の一〇世紀代の傾向を補うに足りる資料である。

次に、中世鉄鏃組成の基幹をなす柳葉Ⅰ式・鑿根Ⅰ式・雁又式について、各地の様相をまとめる。

柳葉Ⅰ式は、京都周辺では一二世紀代の資料にも明確には認められず、東日本では茨城県・群馬県において九世紀後半から出土数が増える傾向がある。一〇世紀から一一世紀代に長野県でほかの地域に卓越し、東北地方・南関東地方などで構成比率は低いが、確認できるようになる。

鑿根Ⅰ式は、一〇世紀後半の岩手県子飼沢山遺跡での出土例が古く、一一世紀代に東日本の各地よりも先行し、防御性集落を中心にして出土する。この地域での出現経緯は明瞭でなく、型式的な類縁性のみならず、周辺地域（大陸）の様相を鏃身形や細部形態・鉄鏃組成などからその系譜関係を探ってみる必要がある。

雁又式は杉山秀宏氏によれば、[17]古墳時代には須恵器のMT一五〜TK四六期に少数例が存在すると指摘されている。奈良時代の鉄鏃組成比では、東北地方においては確認例が極めて限られており、定量出土している関東地方の傾向では、茨城県・栃木県で広根の三角形Ⅲ式・長三角形Ⅲ式・雁又式がほぼ同数確認されている。群馬県・長野県では、奈良時代に限れば広根の三角形Ⅲ式・長三角形Ⅲ式の方が雁又式よりも出土数が多く、上差矢として卓越している。宮都では、正倉院蔵の矢が参考になる。写真図版から確認すると、鉄鏃小形式の判断できる三五四二本のうち、鑿箭式二四七二本、片刃箭式・端刃箭式七五九本、三角形Ⅰ式四七本、長三角形Ⅰ式四九本、長三角形Ⅲ式二六本、方頭斧箭Ⅰ式一八五本、方頭斧箭Ⅱ式二本で、征矢では鑿箭式が圧倒的な首座を占める。上差矢ともいえる鏑矢は、奈良時代には飛燕式と呼称される長三角形Ⅲ式が主体的に使用されている。一方文献では、『東大寺献物帳』に記載された矢について、末永雅雄氏が検討されている。[18]このなかに、加理麻多箭は筑紫加理麻多箭を含め二八六本で全体の九％を占めていて、現在正倉院に伝わらないが、客体的ながらも奈良時代の鏑矢に長三角形Ⅲ式などとともに使用されていたことがわかる。

雁又式が多くなるのは、関東地方では九世紀後半以降であり、鏑矢の主体小形式として長三角形Ⅲ式に取って代わる。一一世紀代の広根は柳葉Ⅱ式が一部みられるものの、雁又式が圧倒的に多い傾向が窺え、中世鉄鏃組成の基幹となる。なお、列島内のうち東日本における雁又式の形態は、両刃がU字状にのびるものが多くあって、北東アジア各地の雁又式の両刃がV字状にのびるのとは異なり、直接的な系譜は想定し難い。渤海ではすでに雁又式が広根の主体となっており、動向に相違点がみられることからも直接的な系譜は想定し難い。

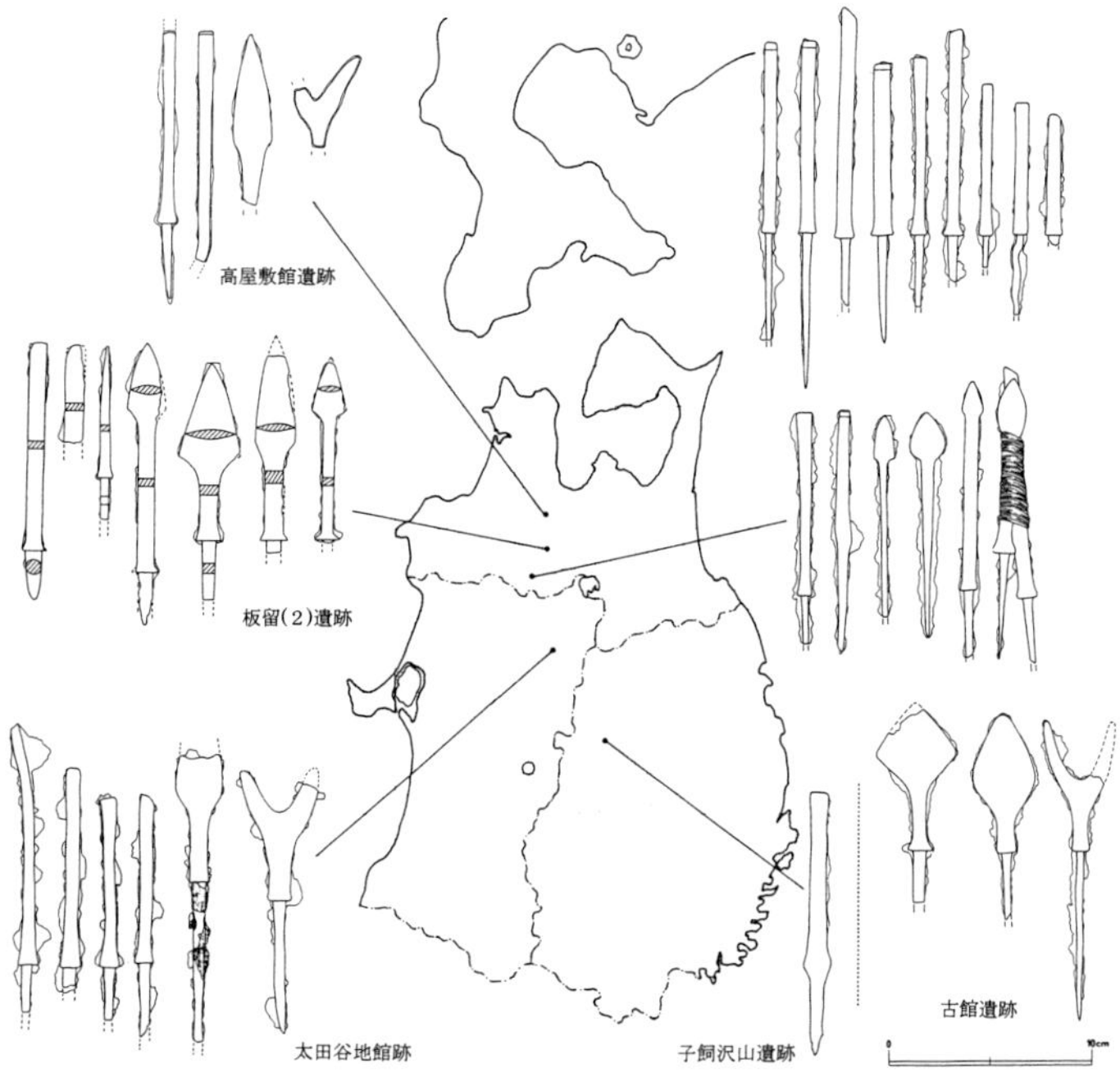

図67　鑿根Ⅰ式出土遺跡と伴出鉄鏃

第三節　大陸・朝鮮半島の鉄鏃

これまで、出土数の多い東日本の鉄鏃を中心にして、古墳時代後期と奈良時代の関連、平安時代の様相と初期中世への関連についてみてきた。そこで、併行する大陸・朝鮮半島の鉄鏃について概観し、その関連の有無を探っていく。

（一）唐・渤海・新羅の鉄鏃

日本の奈良時代に併行する大陸の鉄鏃の様相について調べてみるが、渤海を含めた北東アジアの鉄鏃については服部敬史氏が分類と消長などを検討されており(19)、これを参考にする。なお、鉄鏃名称については、日本の鉄鏃の系譜を探る視点のため前述の名称に従い、日本で確認されていないものについては、報告文の呼称に依りたい。

唐

中原以西の鉄鏃の出土点数が少ないが、現在の遼寧省以北には多い。宮都での出土は隋仁寿宮唐九成宮で柳葉式と腸抉をもつ長三角形式が確認できる。また、洛陽城の南垣正門の定鼎門からは盛唐期の短い柳葉形と鏃身断面方形で隅に稜の付く鉄鏃がある。柳葉式の鏃身断面は両丸造の他に菱形を呈するものが確認できる。さらに節愍太子墓では三稜鏃が出ている。

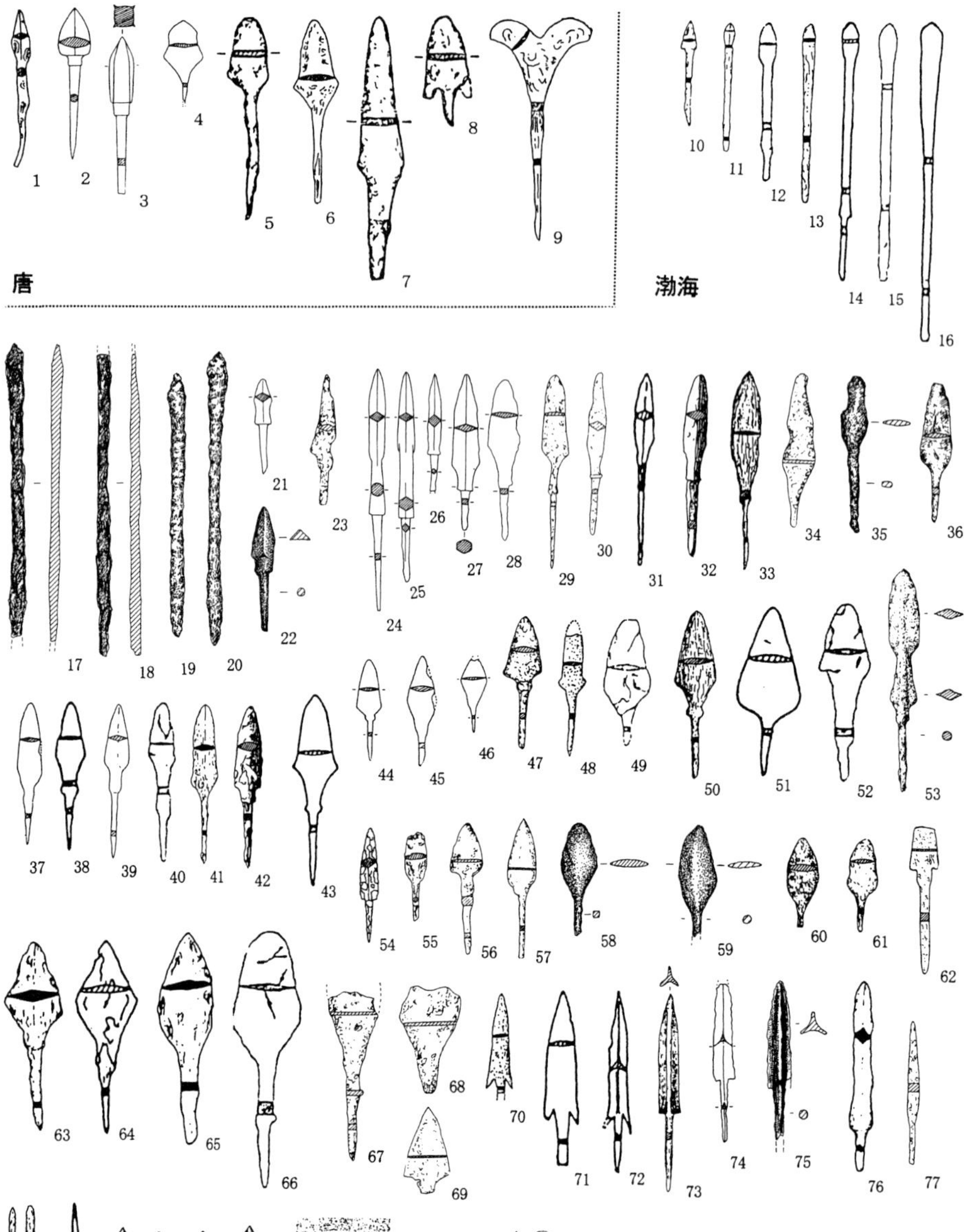

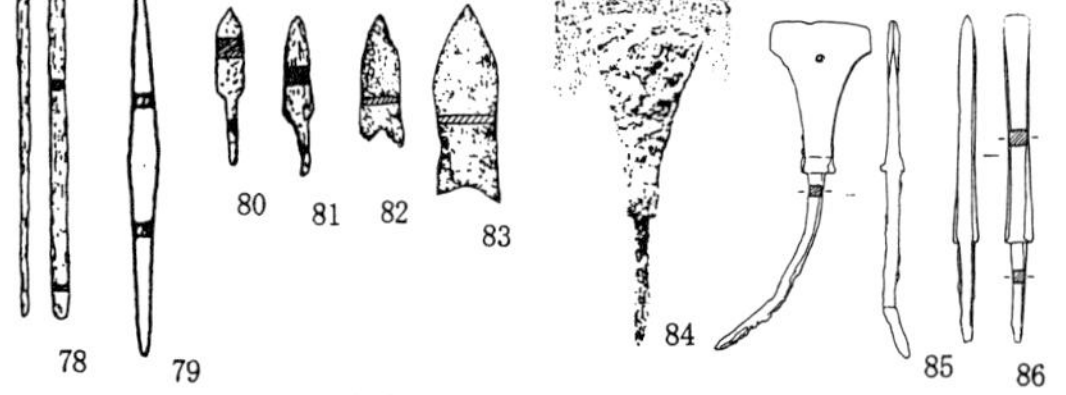

1：朝陽飼養廠M１　2・3：定鼎門遺址　4：朝陽机械廠M４　5：朝陽西上台M14　6・7・8：隋仁寿宮唐九成宮 37 号殿址　9：朝陽西上台M４　10・11・15・41・49・63・65・76：永安遺址　12・40・52・66：新安古城　13・14・16・31・33・38・43・48・50・51・64・70〜72・78〜81：楊屯大海猛遺址　17〜20・22・35・44・46・58・59・74・75：六頂山墓群　21・24〜28・32・42・85・86：上京龍泉府遺址　23・29・30・34・56・67・68・77：羊草溝墓地　36：興農古城　37・45：海林市北站墓　39：細鱗河遺址　47・60・61・73・82〜83：虹鱒漁場墓地　53：西古城　54：渡口遺址　55・57・62・69：小地営遺址　84：通溝嶺山城

図 68　唐・渤海の鉄鏃

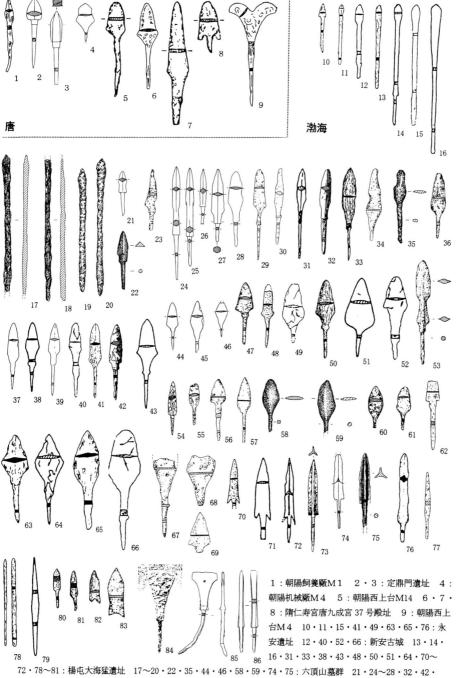

遼寧省では、唐墓から尖根と広根の柳葉式やV字形に開く雁又式（報告文では、燕尾形と呼称する場合が多い）が出ている。

渤　海

上京龍泉府では、尖根の柳葉式が主体的に確認されていて、鏃身断面菱形のものと両丸造がある。さらに鑿根Ⅰ式・方頭斧箭式（報告文では、平頭式と呼称する場合が多い）・雁又式も出ている。西古城の柳葉式は篦被が有稜になっている。六頂山墓群では、上京龍泉府での形態以外に鏃身断面三角形で長身のものが出ている。柳葉Ⅰ式を主体にして、ほかのものがほぼ等量加わる組成となっている。虹鱒漁場墓地では、無茎五角形式が少数ながら柳葉式に加わっている。柳葉式には篦被があるものと、篦被がなくて鏃身と茎が接する形態がある。無茎式はほかでほとんど確認できず、客体的な形態である。また、永安遺址では、鑿箭式と鑿根Ⅰ式が主体となっていて、これに平根の柳葉式・長三角形式・雁又式が加わる組成である。楊屯大海猛遺址では柳葉式が圧倒的に多くなっている。

平根の柳葉式には篦被のないものが確認できる。通溝嶺山城では鑿根Ⅰ式とともに広根で刃部が扇状に丸みを持つ形態（多くの報告文で鏟形と称している。以下、鏟形式と呼称する）も確認されている。なお、柳葉式の鏃身断面形は両丸式が多いが、菱形を呈したものもみられる。楊屯大海猛遺址では渤海期における雁又式が一般に鏃身の窪みが少なく平面V字状を呈するが、両刃が平面U字状をしたものがあって、日本との関連をみるうえで注意される。さらに同遺址では鑿箭式（報文中のⅣ式）が出ており、鏃先端から篦被まで約九・七チセンといった長頸鏃もみられ、このほか同式は六頂山墓群でも出ている。さらに角根式も少数存在する。

渤海の時代における鉄鏃組成を総じてみれば、尖根式では鏃身断面両丸造の柳葉式が最も多く、組成の首座となっている。柳葉式は、鏃身の大きさで尖根から平根まで三種類ほどある。鏃身断面に稜にある菱形のものと両丸造があり、短い篦被のあるものと鏃身で篦を受ける二形態がある。

これに鑿根Ⅰ式と広根の雁又式が次ぎ、長頸の鑿箭式が加わる。雁又式に棘篦被がある点も周辺地域と比較する上で注目される。そのほかの方頭斧箭式や鏟形式や角根の鏃は比較的少ない傾向が窺われる。さらに長身の三稜形や無茎式がわずかに加わる鏃組成となっている。

新　羅

統一新羅の出土品は、雁鴨池や山城の鉄鏃が最もまとまっている。雁鴨池では長頸鏃が多くて、柳葉式と腸抉のある長三角形式が平根になって組む。長頸鏃は片刃箭式と鑿箭式で、片刃箭式には腸抉が付いている。

山城出土の鏃では、馬老山城において鏃身断面三角形で篦被の短い短頸の柳葉式がまとまって出ている。同形態の鏃は公山城の当該期の建物址や扶蘇山城でも確認でき、鉄鏃の主体的な形態である。扶蘇山城では長頸の鑿箭式で関篦被の鏃も一定数存在しており、鑿箭式が長頸鏃の主体であったことが理解できる。平根式の鏃では、馬老山城で腸抉の発達した長三角形の飛燕式があり、楊州大母山城でも短頸柳葉式・長頸鑿箭式と少数の平根長三角形式が組んで出ている。しかし、片刃箭式は客体的である。これらが戦闘用の鉄鏃組成といえるであろう。

(二) 相互の比較検討

日本の奈良時代における中央の鉄鏃組成は、鑿箭式・片刃箭式が主体であり、七世紀までの棘箆被から関箆被に変化する。

征矢は、唐では断面菱形の柳葉式や長三角形式が確認でき、稜のある角根式・三稜鏃が存在するなど、日本の奈良時代の鏃身形態・組成と異なっている。

渤海では、断面両丸造の柳葉式が多く確認でき、鑿根Ⅰ式が次いで多く、長頸の鑿箭式は主体的な鉄鏃ではなく、片刃箭式はほとんど確認できない。柳葉式が確認される点で、唐と渤海との鉄鏃組成は類似しているが、鑿根Ⅰ式が多く存在する点、長頸の鑿箭式が一定数確認できた点、尖根柳葉式の断面が多くは両丸造である点が唐との違いとして指摘できると考えられる。

日本と新羅と比較すると、長頸鑿箭式が征矢の主体である点は日本と共通する。箆被も関箆被であり、鏃身断面両丸造が一般的であることも一致する。しかし、組成では短頸で鏃身断面三角形の柳葉式は日本ではほとんど確認できない。日本では東日本で九世紀以降に鏃身断面両丸造や平たい菱形の柳葉式（Ⅰ式）が出現するが、厚みに差異があり、相互の関連は薄い。断面三角形の柳葉式は渤海や唐でもほとんどなくて、新羅の地域的な鉄鏃形態であろう。雁鴨池で腸抉が付き、関箆被の長頸片刃箭式が存在する。日本との比較では、七世紀以降の鏃身には腸抉は消えて撫で関になっていく傾向がある。雁鴨池の方が日本よりも型式的に古いものなる。

平根では新羅において長三角形Ⅲ式（飛燕式）や柳葉式が少数加わっていることから、日本の組成に共通する。唐・渤海では平根の柳葉式や雁又式が鏑矢になると推定され、日本の奈良時代に長三角形Ⅲ式が鏑矢の主体である点と異なっている。

奈良時代の日本と周辺諸国の鏃の形態・組成を比較すると、日本と最も類似するのは新羅である。両国ともに長頸の鑿箭式が多くて、片刃箭式が存在し、長三角形Ⅲ式が鏑矢である点が類似する。相違点は征矢の鏃身断面三角形の柳葉式であろう。

総じてみれば、奈良時代において、唐と渤海の鉄鏃形態・組成との関わりは薄い。日本は、新羅との相互関連もあるが、新羅に特徴的な鏃身断面三角形の柳葉式が中央の様式に加えられず、東日本では古墳時代以来の片刃箭式などを組成に受け継いでいる。これらの点から奈良時代鉄鏃の主体的な系譜は、列島内古墳時代の鉄鏃であったといえる。

(三) 大陸における遼・金などの鉄鏃

次に、日本の平安時代中期・後期に併行する大陸の鉄鏃の様相について調べてみたい。なお、鉄鏃名称については、日本の鉄鏃の系譜を探る視点のため前述の名称に従い、日本で確認されていないものについて、報告文の呼称に依りたい。

遼

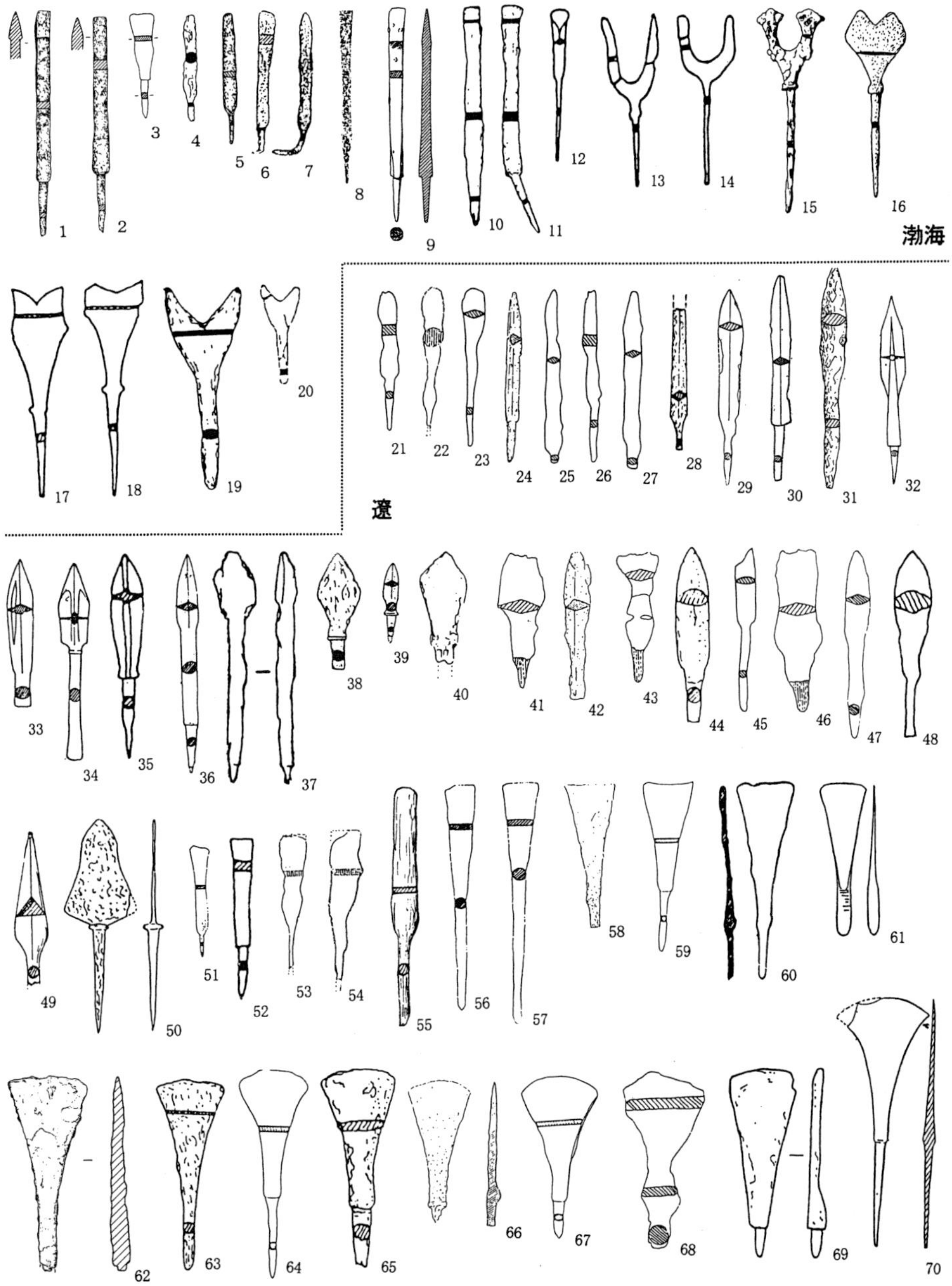

1・2：興農古城　3・9・15：上京龍泉府遺址　4・10・11・19・20：永安遺址　5：虹鱒漁場墓地　6・7：東六洞二号遺址　8：通溝嶺山城　12～14・16～18：楊屯大海猛遺址　21・23・25～27・45：西山墓　22・53・54：大慶市宝山二村墓　24・42・58・66：小塘土溝遼墓　28：長興遺址　29：大横溝墓　30：劉宇傑墓　31：浩特花墓　32：后劉東屯２号墓　33・34・61・70：沙子溝墓　35・52：張家窯１号墓　36・39：耿知新墓　37：叶茂台８号墓　38・63：耶律羽之墓　40・44・65：西水地墓　41・43・46：西烏珠爾古墓　47・68：泉巨涌墓　48：巴扎拉嘎墓　49・55：七家子墓　50：巴彦琥紹墓　51：双遼電廠貯灰場遺址　56・57：差大馬墓　60：北嶺４号墓　62：関山７号墓　59・64・67：安辛庄墓　69：皮匠溝M３墓

図69　渤海・遼の鉄鏃

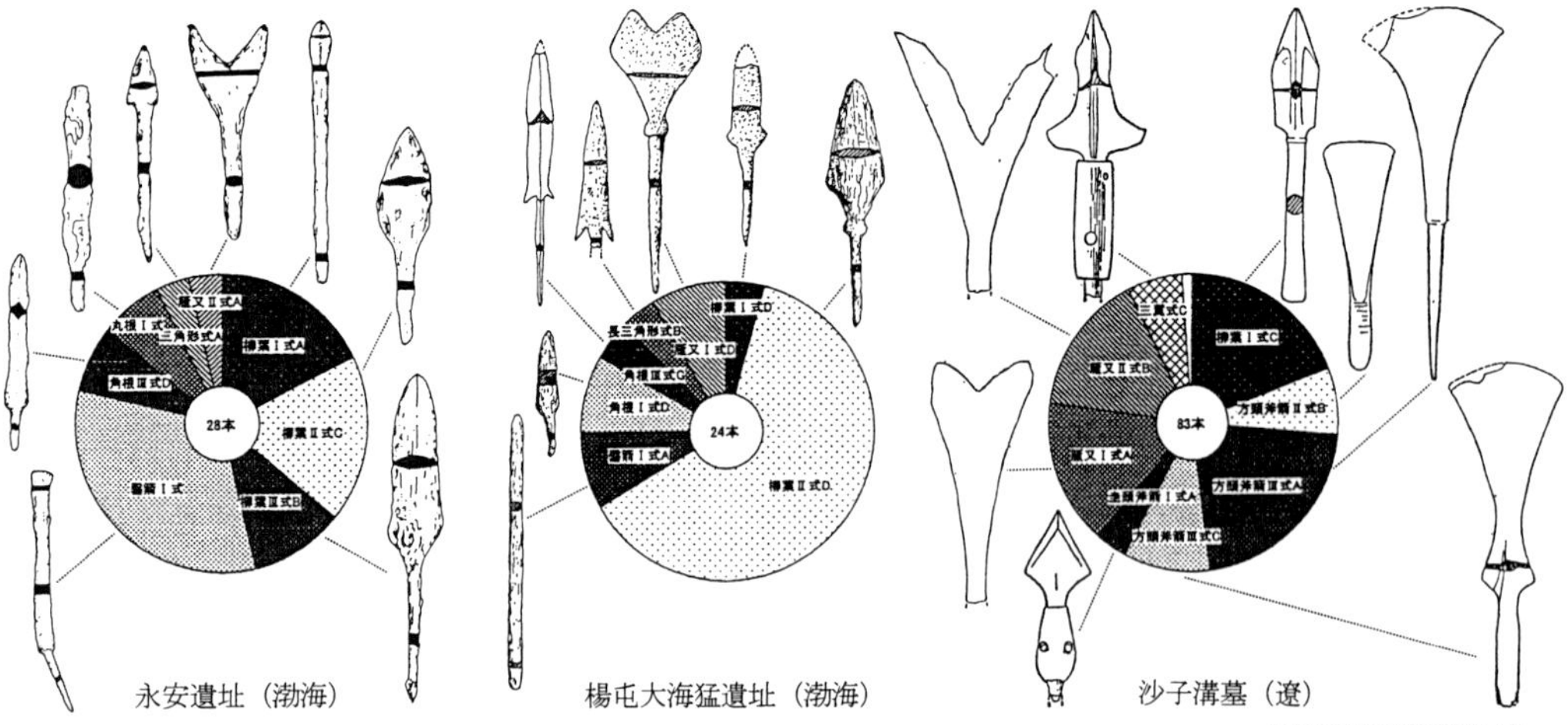

※グラフは服部2005による。

図70　渤海・遼代遺跡の鉄鏃組成

遼代の鉄鏃は遼寧省や黒龍江省・内蒙古自治区の墳墓遺跡を中心に確認されており、劉氷氏が遼の弓箭について検討するなかで、鉄鏃の分類を行っている。(20) まとまった資料が報告されている大営子墓・安辛庄墓・西烏珠爾古墓・小塘土溝墓・泉巨涌墓・赤峰市西水地墓・張家窯一号墓・永生墓群などの鉄鏃組成を検討する。これらの遺跡出土の鏃をまとめると、尖根では柳葉Ⅰ式が七二本、鑿根Ⅰ式が一四本、方頭斧箭Ⅰ式が一三本、広根では雁又式が二七本、鏟形式が二七本、柳葉Ⅱ式が二一本、三稜形が一六本などである。鳴鏑は雁又式に付く例が赤峰第一号墓で確認でき、三稜形に付く例は安辛庄墓でみられ、西烏珠爾古墓では二一本の柳葉Ⅱ式にいずれも鳴鏑が付いている。

全体の傾向としては以上のようであるが、墳墓ごとの組成では以上のような明瞭な組成の傾向のみられない場合が多い。西烏珠爾古墓では鳴鏑の柳葉Ⅱ式のみの広根の鏃で構成され、張家窯一号墓は鑿根Ⅰ式八本、柳葉Ⅰ式一四本から成っており、尖根中心の構成である。一方、赤峰市西水地墓では柳葉Ⅰ式二一本、鏟形式一本、雁又式一本、三稜形一本から成っていて、尖根主体に広根が客体的に加わる組成となっている事例もある。これに含まれる墳墓例は、泉巨涌墓などを挙げることができる。

鏃の形態では、尖根のものに断面菱形や有脊になる点が特徴である。柳葉式は図69の32のように箆被のあるものは少なくて、鏃身から茎に直接至る鏃が多い傾向がある。雁又式はV字形に開く形態が大半である。渤海で確認された長頸の鑿箭式が遼代には確認できなかった。

金

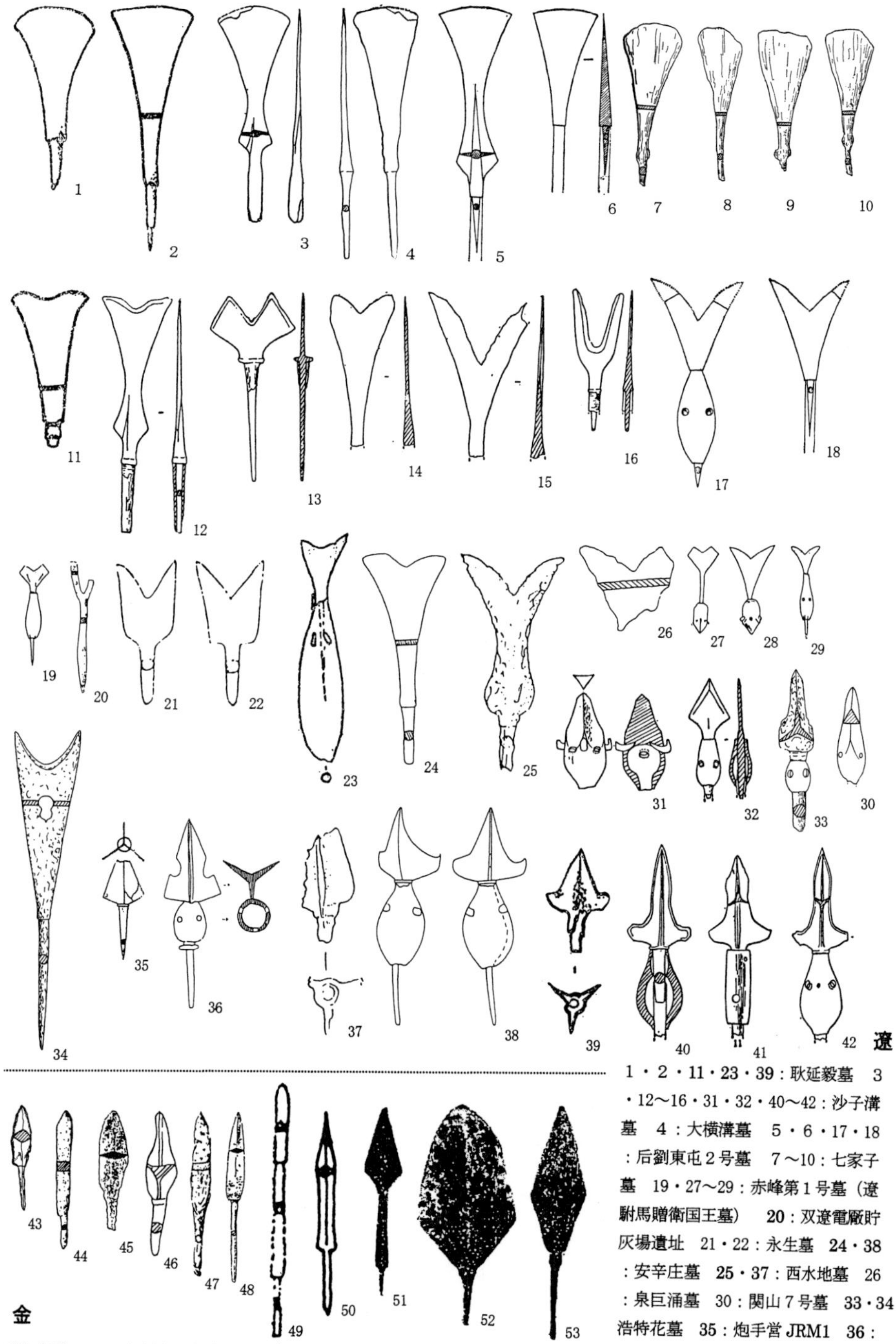

1・2・11・23・39：耿延毅墓　3・12〜16・31・32・40〜42：沙子溝墓　4：大横溝墓　5・6・17・18：后劉東屯2号墓　7〜10：七家子墓　19・27〜29：赤峰第1号墓（遼駙馬贈衛国王墓）　20：双遼電廠貯灰場遺址　21・22：永生墓　24・38：安辛庄墓　25・37：西水地墓　26：泉巨涌墓　30：関山7号墓　33・34浩特花墓　35：炮手営JRM1　36：耿知新墓　43：車家城子城址　44：南陽堡村落址　45・48：后城址古城　46：賓県宝三村　47：龍新村窖蔵　49：旧站墓　50：霍林河鉱区界壕辺堡　51〜53：金東北路界壕辺堡

図71　遼・金の鉄鏃

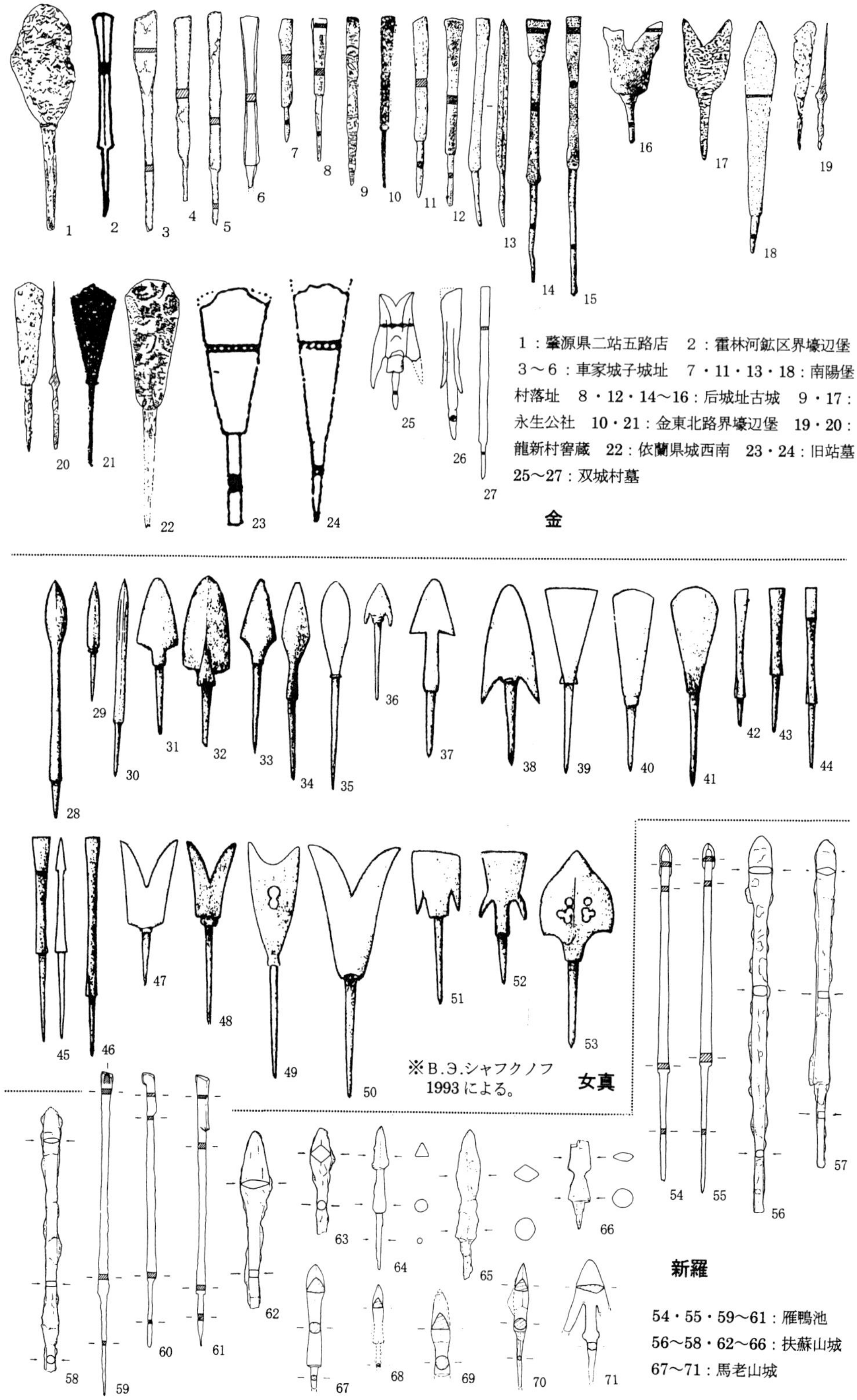

図72　金・女真・新羅の鉄鏃

墳墓資料のようなまとまった出土事例が少ないが、尖根では鑿根Ⅰ式・鏟形式・柳葉Ⅰ式・鑿箭式、広根では雁又式・柳葉Ⅱ式などが確認される。比較的まとまった遺跡では吉林省后城子古城において、鑿根Ⅰ式一七本、鏃身断面菱形であるが柳葉Ⅰ式一本、柳葉Ⅱ式一本、雁又式一本という出土数比である。双城村墓でも鑿根Ⅰ式が三二本、雁又式に腸抉を加えた形態（報告分類　双分叉式）が一三本、腸抉のある方頭式（報文分類の鑿頭文叉式）が三本となり、鑿根Ⅰ式が圧倒的に多い。また、南陽堡金代村落では鑿根Ⅰ式三本、柳葉Ⅰ式一本が確認されている。数量比では、鑿根Ⅰ式が最も多く、鏟形式・柳葉Ⅰ式がこれに次いで加わるようである。鏑矢と考えられるのは、雁又式・柳葉Ⅱ式である。部分的な形態での特徴は、鏟形式の箆被に環状関がみられ、柳葉式では平造とともに断面菱形を呈するものがあり、箆被のない鏃が多く確認できる点である。さらに、鑿根Ⅰ式では、后城子古城出土品のように鏃身先端が広くなっているものも特徴である。

女　真

一二～一三世紀については、シャフクノフ氏が女真の軍備について、体系的にまとめられている。(21)氏は鉄鏃の諸要素によって詳細に女真の鉄鏃を分類されているが、ここでは、通時的・系譜的な把握を目的とすることから、概括的な小稿の分類によって提示された鉄鏃の組成をみると、柳葉Ⅰ式二三本、鑿根Ⅰ式一七本、鏟形式一三本、雁又式二五本、長三角形Ⅱ式六本、長三角形Ⅲ式八本、柳葉Ⅱ式二本、方頭斧箭Ⅰ式二本、方頭斧箭Ⅱ式二本、鑿根Ⅱ式二本などとなっている。このほかに日本で確認されない形態として方頭斧箭式の鏃形態で腸抉をもつものが九本報告されている。また、鑿根式に形態が近似するが、先端が方頭斧箭式に類似し、側面断面も厚くなるものが四本掲載されている。鏃身形で見る限り、尖根では組成の主体は柳葉Ⅰ式・鑿根Ⅰ式であって、広根では雁又式・鏟形式が主に使用されていたようである。

細部に形態をみると、雁又式では刃部がV字状を呈し、左右側面が直線状をしているものが圧倒的に多い。鳴鏑の付く資料があって機能性を知ることができる。箆被は台状関もしくは環状関と呼ばれるもので、柳葉Ⅰ式・雁又式・鏟形式に顕著にみられ、鑿根Ⅰ式は台状関が一般的に確認できる。広根の鏃身部の透かし文様は柳葉Ⅱ式・雁又式にわずかに存在する。

一〇・一一世紀の鉄鏃組成と比較すると、柳葉Ⅰ式・鑿根Ⅰ式が継続的に尖根の主体となっており、広根では雁又式が多い傾向が続いている。

（四）遼・金などの鉄鏃との比較

東北地方北部で一〇世紀後半ごろから出現する防御性集落では、中世鉄鏃の組成の基幹となる鑿根Ⅰ式が、京都を含め東日本で最も早く出ることが確認された。京都では、木製鏃形品の事例により奈良時代から続く方頭斧箭式などが使われていた可能性があり、防御性集落のなくなる一二世紀前半にいたっても鑿箭式・雁又式を鏃の組成としていたようである。

東日本の出土例では、一一世紀代には柳葉Ⅰ式とこれと形態が類似し腸抉をもつ長三角形Ⅱ式が尖根たる征矢の主体となっている。鏑矢では、雁又式が圧倒的に多く、これら三小形式で鉄鏃が構成されるといっても過言でない。一部、長野県では一一世紀・一二世紀前半を通じて鑿箭式が定量を占めており、地域による鉄鏃組成に若干の相違を予測させる。

ところで問題は、中世鉄鏃組成の基幹になる鑿根Ⅰ式が東北地方北部の防御性集落から出現しており、その系譜と出自である。かつて鑿根式の型式的相関性について、尖根系の鉄鏃と方頭斧箭式の要素を折衷して鑿根式が成立したと想定した。(22) しかし、改めて集成した結果、鑿根Ⅰ式の出現は東北地方北部が最も早く、当該地方では一〇世紀代に方頭斧箭式の確認例がほとんどない事実から型式的相関性のほかに出現の要因を考慮せざるを得ない。

一方、大陸の資料に目を転じれば、渤海時代から遼・金時代、女真族の使用する鉄鏃に鑿根Ⅰ式に相当する形態が顕著に確認できた。北東アジア地域における当該期の鉄鏃組成は、尖根の鏃では今回集成できた資料であるが、柳葉Ⅰ式が渤海・遼、及び女真族で首座を占め、ついで鑿根Ⅰ式が主体的に使用されている。この小形式の箆被は多くは台状化せず、日本の同式と形態的な類似が認められる。相違点では、大陸の資料には刃部下が厚くなるものもあることを指摘できる。組成的には、尖根で柳葉Ⅰ式・鑿根Ⅰ式を主体とし、一〇から一三世紀の女真族では主体小形式は柳葉Ⅰ式・鑿根Ⅰ式であるが、これに腸抉をもつ長三角形Ⅱ式・方頭斧箭Ⅰ式などが加わる。東北地方北部では、やはり主体小形式は柳葉Ⅰ式と鑿根Ⅰ式で、同じ傾向を示している。

広根の鏃では、雁又式や柳葉Ⅱ式が主体的に認められる点は、遼・金・女真と日本の東北地方北部とも共通している。相違点は客体的な小形式であり、鐽形式や三稜形の鏃は日本の当該期には確認されない。細部をみると、共通点として、箆被部の形態で、台状関や環状関はすでに渤海時代から柳葉Ⅰ式・鐽形式・雁又式などに確認でき、一二〜一三世紀の女真でも柳葉Ⅰ式・鐽形式に環状関がある。台状関や環状関については、北東アジア地域の鉄鏃ではすでに渤海の時代にはみられ、その後連綿と続くことがわかる。日本では、柳葉Ⅰ式や雁又式をのぞき一〇世紀代まで箆被と茎の境には段が付くだけの関箆被が主流であったが、一一世紀代から台状関や環状関が顕著になってくる。鑿根Ⅰ式の出現と台状関や環状関の盛行時期が一致するのである。

これらの諸要素の検討から鑿根Ⅰ式については、列島の中から型式変化によって形成されたものではなく、北東アジア地域から移入された小形式と理解できる。鉄鏃組成でも客体的な小形式をのぞく主体的なものに共通性が窺える点によりこの理解が補強される。しかし、大陸では鏃身断面菱形が多く、有脊の鏃が日本では確認できない点などの相違点も多い。鉄鏃組成や鉄鏃の諸要素で相違もあり、体系的な関連は想定できないが、鑿根Ⅰ式は、東北北部内で型式変化が説明できないことから、北東アジアの大陸に出自を持つ北方系の鉄鏃と呼べるであろう。

（五）大陸系譜の関連遺物

当該期の大陸系譜の遺物については、女真系遺物について小嶋芳孝氏が黒色土器を挙げているが[23]、交流を示す遺物は限られているのが現状である。検討の結果、出現期の東北地方北部の鑿根Ⅰ式については遼・金や女真族などとの関連で大陸から移入されたものと理解されたことから、関連する遺物などの探索を行なってみたい。

東北地方北部の防御性集落で鑿根Ⅰ式が出現する時期にやはり新たに出現するものとして、把手付土器に注目してみる。三浦圭介氏によれば、把手付土器は一〇世紀末から一二世紀前葉の間に津軽地方を中心に秋田県北部・岩手県北部・道南地方に分布する地域色の強い土器と指摘されている[24]。その変化は、片口の付く器高の低い形態から片口がなくなり、器高が高くなるようである。さらに把手付土器の祖形としては、飯村均氏が指摘するように[25]把手付鉄鍋であり、これの模倣により把手付土器が作られたのであろう。さらに祖形である把手付鉄鍋の源流を求めると、大陸の遼・金代などの鉄鍋や銅焦斗に関連がありそうである。

鉄製鍋では吉林省双遼電厰貯灰場遼金遺址で把手が付く資料が出ている。破片資料で片口は不明だが、把手は鍋と一連にもかかわらず、円柱形で挿入部との境に段差が作られている。銅製では遼寧省南大街の遼代の穴蔵で片口の鍋が出ている[26]。把手の部分は、楕円形をした柄管に断面楕円形の長柄を挿し込む構造である。遼金代の古城である塔虎城出土の銅製鍋は流勺と報告されているが、円柱形の柄が付き、柄を挿し込む穴が空いているという[27]。形態的には、前述の双遼電厰貯灰場遼金遺址の鉄鍋と同形である。

東北地方における鉄鍋の生産と出土事例は九〜一〇世紀以降のようであって[28]、少し遅れて東北北部で把手付土器が出現する。大陸における鍋は柄を挿し込む構造で、把手付土器に一般的に認められる把手の中空部を形作るのと通じるものである。鉄鏃や鍋を含めた鉄器文化の一部が大陸との交流のなかで出現した可能性を示唆する。さらに下って一二世紀に出現する内耳土器もその祖形ともいえる資料が黒龍江省阿城市双城村金墓群や内蒙古霍林河鉱区金代界壕辺堡で出土している。後者の鍋は提耳鍋と報告されていて、底部は尖っており、口縁部に段があって、耳が対称に二カ所付いている。このように大陸の鉄器文化

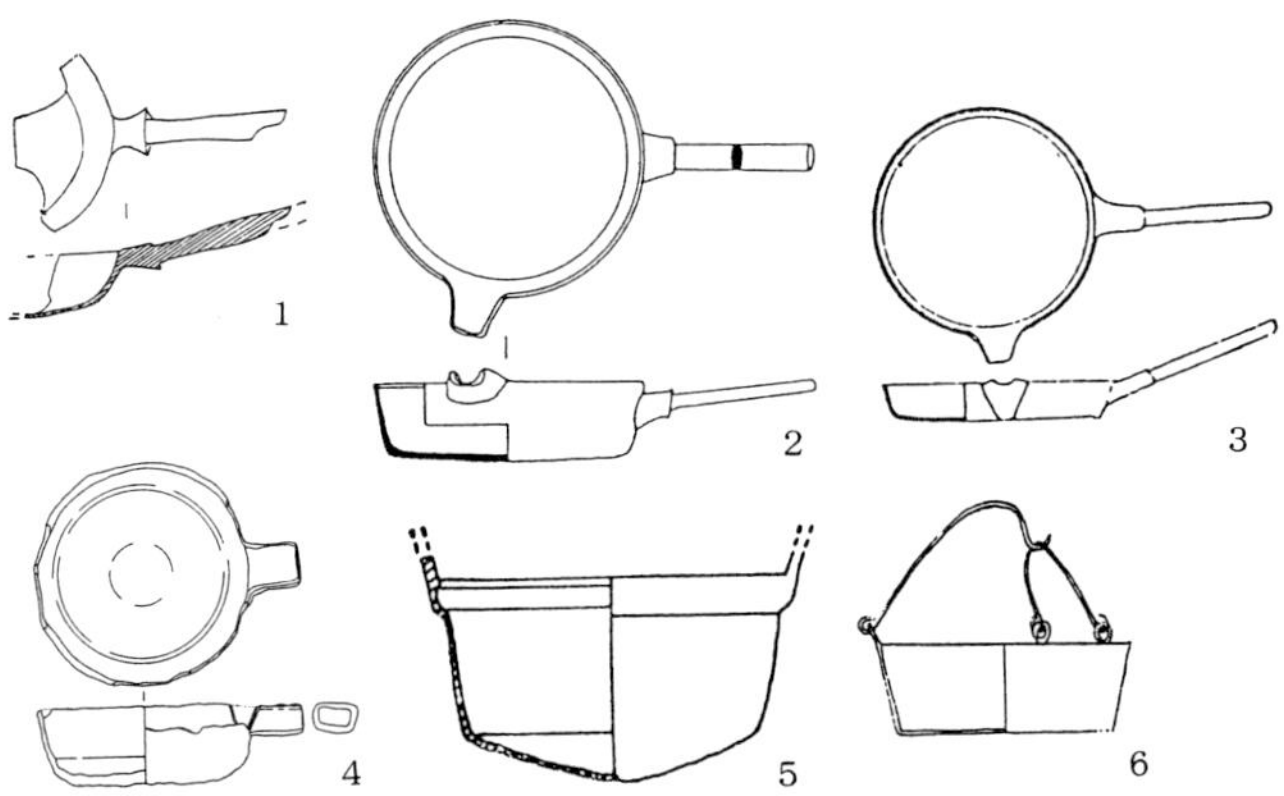

1　双遼電厰貯灰場遼金遺址　2　朝陽市南大街遼代銅鉄穴蔵　3　塔虎城出土
4　秋田城跡　5　霍林河鉱区金代界壕辺堡　6　阿城市双城村金墓群

図73　遼・金代の鐎斗・鍋と秋田城跡出土鍋

は体系的でないにせよ、当該地域との交流のなかで列島に移入してきたものと想定される。

（六）中世鉄鏃様式の成立過程と系譜

中世鉄鏃様式は、尖根の鑿根Ⅰ式・柳葉Ⅰ式と広根の雁又式をその典型とし、一部これに鑿箭式が加わる組成である。この様式の形成過程に関する第一の画期は九世紀後半の柳葉Ⅰ式の定着であり、第二の画期は一〇世紀後半から一一世紀にかけて鑿根Ⅰ式の出現と評価できる。

九世紀後半の画期は、群馬県・茨城県などの北関東において柳葉Ⅰ式の出土数がほかの地域に先んじて増え、一〇世紀になって周辺でも増えていく傾向がみられる。つまり、中世鉄鏃の基幹的小形式のひとつは、北関東から長野付近を中心に分布し、東日本全域や近畿にも広がっていったものと指摘できるのである。

問題は、九世紀後半以降に柳葉Ⅰ式を開発した主体者がいかなる集団であったかである。九世紀後半以降東国では、群党が各地で蜂起し、貞観三年（八六一）に武蔵国で凶猾な集団が党を成して強盗をして山に満ちていたようで、寛平元年（八八九）には、東国の強盗首ともいわれた物部氏永等の蜂起、僦馬の党、延喜元年（九〇一）の「東国乱」へと発展していく(29)。そして、これらが前史となって大規模化した国家への反乱である将門の乱へと続く。柳葉Ⅰ式は、このような群党が形成されてきた時期に茨城県や群馬県において定着・分布したのであり、その開発主体者は東国乱を展開した各地の群党であろう。この場合、千葉県・神奈川県などでは柳葉Ⅰ式は卓越せず、鑿箭式や千葉県下では方頭斧箭式が茨城県・群馬県に比較して多い傾向が窺える。つまり、九世紀後半から一〇世紀前半に東国乱を組織的・大規模に展開した各地の群党は、その軍事技術基盤――当該期には、弓箭による騎兵が戦闘の主力であった(30)――からみると、柳葉Ⅰ式を技術革新し、茨城県・群馬県・長野県などを中心にした群党と従来の鑿箭式を主体的に使用する千葉県・神奈川県などを中心とした群党が存在したことが想定される。群党の性格については、僦馬の党では官物掠奪行為が行なわれていて、戸田氏によれば「反律令闘争の暴力的組織的形態」と規定されている。しかし、特に茨城県や群馬県・長野県などで行動した群党に関しては、弓箭騎兵を主力とする中世前期の武士団にとっての軍事技術基盤を形成した集団としての再評価が必要であろう。

さらに、中世鉄鏃様式の形成過程では、雁又式が関東地方では九世紀後半以降多くなり、奈良時代に鏑矢の主体であった長三角形Ⅲ式（飛燕式）などから主体小形式が取って替わる点を指摘できる。渤海時代に併行する大半の時期に、渤海では広根は雁又式が主体であるが、列島では長三角形Ⅲ式（飛燕式）が主体であって、鉄鏃組成が相違する。変換の主体地域は出土数比によっても明らかでないが、古代鉄鏃様式を構成する小形式が変化したことは、中世鉄鏃様式への移行現象として評価しておきたい。

次に、第二の画期となる鑿根Ⅰ式と東北地方北部の防御性集落の関係についてみてみる。

東北地方北部の防御性集落について、最近注目されつつあり、諸氏の論考が提出されている。その論点は出現の要因とその後の展開である。出現の要因については、工藤雅樹氏が、蝦夷社会の中に緊張関係があったという見解[31]を提出してからは、概ね緊張関係を背景として出現するという点では、共通した理解とみられる。しかし、直接の要因については、諸氏によって見解に差異がみられる。三浦圭介氏は、王朝国家体制の「以レ夷制レ夷」政策と関連し、豪族が台頭し国家体制と地方豪族や豪族間での軋轢が発生したと説く。[32]鈴木靖民氏[33]・斎藤利男氏[34]は交易の点から出現の要因を説き、エゾ社会と日本との間で展開した交易によって勢力をもったエゾ集団・族長が経済的・政治的拠点として防御性集落を構築したと考えている。さらに斎藤氏は、サハリン島の防御性集落の例を引き、サハリン・アムール川流域を含んだ東北アジア世界での把握を提言している。[35]

さて、このように理解されている遺跡から大陸系の鉄鏃である鑿根Ⅰ式が列島で最も早い時期に出現する要因は何であろうか。想定される一案として、大陸では女真族が交易を求めて国を越えての活動をしていたようであり、東北地方北部に進出してきたために、エゾ集団との間で交易と交流がとられ、大陸系の鑿根Ⅰ式が防御性集落の族長層に導入されたと考えられる。換言すれば、三浦氏の指摘されるように蝦夷と王朝国家との間での緊張状態であったとすれば、蝦夷と遼国の統治下にあった女真族との間での民族間の、体系的ではないが軍事的又は軍事技術の交流があったと推測され、これを背景として防御性集落が築かれたと想定される。大陸との軍事技術的な交流の痕跡は、体系的でないが、八世紀中葉から九世紀前半に甲の小札型式にみることができる。[36]一〇世紀後半から一一世紀の東北地方北部との断片的な軍事技術交流も断続的な大陸との交流のなかで位置付けられる。

この鑿根Ⅰ式が一二世紀には列島の代表的な征矢として中世鉄鏃様式を構成するが、その広がる過程は不明である。防御性集落については、郭の形状などが平泉に発展するか議論がある。室野秀文氏は、中世城館への構造的継続性という視点から防御性集落が柳之御所など平泉藤原氏の居館に発展すると指摘している。[37]鑿根Ⅰ式が居館の構造に連動して拡散していくのか、平泉の軍事基盤を考えるうえで重要な課題である。

以上のような諸画期からなる中世鉄鏃様式の系譜をまとめてみる。中世の鉄鏃を構成する主体的な小形式である鑿根Ⅰ式・柳葉Ⅰ式・雁又式は、平安前期に東国乱の過程で群党によって技術革新された系譜と東北地方北部の緊張・列島内での交易・女真など大陸の民族との軍事技術交流によって形成された軍備——防御性集落と弓矢——に系譜があり、これらが複合されることによって中世鉄鏃様式ができたと考えられる。

註

（1）津野　仁「古代鉄鏃からみた武器所有と武器政策」（『栃木史学』第一六号、國學院大學栃木短期大学史学会、二〇〇二年。同『日本古代の武器・武具と軍事』（吉川弘文館、二〇一一年所収）。

（2）千葉隆司「古墳時代の鉄鏃（三）—茨城県における六・七世紀の様相—」（『婆良岐考古』第二一号、一九九九年）・稲田健一「茨城

県古墳出土の鉄鏃―県西・県南（一部）・鹿行地区古墳出土の鉄鏃―」（『莵玖婆―川井正一・齋藤弘道・佐藤正好先生還暦記念論集―』二〇〇七年）。

(3) 小森哲也「栃木県内古墳出土遺物考（Ⅰ）―鉄鏃の変遷―」（『栃木県考古学会誌』第八集、一九八四年）。

(4) 杉山秀宏「群馬県出土の鉄鏃について」（『群馬県古墳時代研究会資料集第一集　群馬県内古墳出土の武器・武具』群馬県古墳時代研究会、一九九五年）。

(5) 小久保徹ほか「埼玉県における古墳出土遺物の研究Ⅰ―鉄鏃について―」（『研究紀要』一九八三、（財）埼玉県埋蔵文化財調査事業団、一九八四年）。

(6) 池上　悟「南武蔵における後期古墳出土の鉄鏃について」（『多知波奈考古』第二号、橘考古学会、一九九七年）。

(7) 古墳時代プロジェクトチーム「神奈川県における墳墓出土の鉄鏃について」（『かながわの考古学　第四集　神奈川の考古学の諸問題』神奈川県立埋蔵文化財センター、一九九四年）。

(8) 白井久美子「東国後期古墳分析の一視点」（『千葉県文化財センター研究紀要』第一〇号、一九八六年）。

(9) 北澤　滋「東葛地区の鉄鏃の様相」・松田富美子「印旛地域における古墳出土の鉄鏃について」・荒井世志紀「香取・海上・匝瑳地域の様相」・西原崇浩「千葉市生実・椎名崎古墳群出土の鉄鏃について」・小高幸男「君津地域の様相」・松本昌久「長生地域の様相」（『多知波奈考古』第二号、橘考古学会、一九九七年）。

(10) 防御性集落については、三浦圭介「北奥・北海道地域における古代防御性集落の発生と展開」（『国立歴史民俗博物館研究報告』第六四集、一九九五年）・同「青森県における古代末期の防御性集落」（『考古学ジャーナル』№三八七、ニュー・サイエンス社、一九九五年）を参考にした。林ノ前遺跡については青森県教育委員会『林ノ前遺跡Ⅱ（遺物・自然科学分析編）』（二〇〇六年）による。

(11) 福島大学行政社会学部考古学研究室「西根町子飼沢山遺跡、暮坪遺跡、岩手町横田館遺跡発掘調査概要」（『岩手考古学』第八号、岩手考古学会、一九九六年）。

(12) 室野秀文・井上雅孝・池田明朗・東本茂樹「岩手県南部の古代末期防禦集落―滝沢村大釜千ケ窪Ⅰ・Ⅱ遺跡」（『岩手考古学』第七号、岩手考古学会、一九九五年）。

(13) 杉山秀宏「古墳時代の鉄鏃について」（『橿原考古学研究所論集第八』吉川弘文館、一九八八年）。

(14) （財）古代学協会『法住寺殿跡　平安京跡研究調査報告第一三輯』（一九八四年）。

(15) 田澤金吾『鞍馬寺経塚遺寶』（鞍馬寺、一九三三年）。

(16) （財）古代学協会『平安京左京八條三坊二町―第二次調査―　平安京跡研究調査報告第一六輯』（一九八五年）。

(17) 前掲註（13）杉山論文。

(18) 末永雅雄「日本鉄鏃形式分類図」（『浜田耕作先生追憶　古代文化論攷』（財）古代學協會、一九六九年）。

(19) 服部敬史「中国東北地方における古代・中世の鉄鏃―高句麗から明代までの考古学的資料の集成―」（『表現学部紀要』第六号、和光大学表現学部、二〇〇五年）。

(20) 劉氷「浅談遼代弓箭」（『内蒙古文物考古文集』第二輯、中国大百科全書出版社、一九九七年）。

(21) В・Э・シャフクノフ『ВООРУЖЕНИЕЧЖУРЧЖЭНЕЙХⅡ―ХⅢВВ』（一九九三年）。

(22) 津野　仁「古代・中世の鉄鏃―東国の出土品を中心にして―」（『物質文化』第五四号、一九九〇年）。

(23) 小嶋芳孝「北海道における女真系遺物の検討」(『渤海との交流を示す考古資料の材質分析的研究　平成一〇・一一年度科学研究費補助金研究成果報告書』二〇〇〇年)。
(24) 三浦圭介「日本海北部における古代後半から中世にかけての土器様相」(『シンポジウム　土器からみた中世社会の成立』シンポジウム実行委員会、一九九〇年)。
(25) 飯村　均「平安時代の鉄製煮炊具」(『しのぶ考古』一〇、一九九四年)。
(26) 尚暁波「遼寧省朝陽市南大街遼代銅鉄器窖蔵」(『考古』一九九七年第一一期、一九九七年)。
(27) 何　明「記塔虎城出土的遼金文物」(『文物』一九八二年第七期、一九八二年)。
(28) 前掲註(25)飯村論文。
(29) 福田豊彦『中世成立期の軍制と内乱』(吉川弘文館、一九九五年)。
(30) 戸田芳実「国衙軍制の形成過程—武士発生史再検討の一視点」(『中世の権力と民衆』一九七〇年。『初期中世社会史の研究』東京大学出版会、一九九一年に再録)。
(31) 工藤雅樹「北日本の平安時代環濠集落・高地性集落」(『考古学ジャーナル』№三八七、一九九五年)。
(32) 前掲註(10)三浦論文。
(33) 鈴木靖民「古代蝦夷の世界と交流」(『古代王権と交流一　古代蝦夷の世界と交流』名著出版、一九九六年)。
(34) 斎藤利男「蝦夷社会の交流と「エゾ」世界への変容」(『古代王権と交流一　古代蝦夷の世界と交流』名著出版、一九九六年)。
(35) 斎藤利男「軍事貴族・武家と辺境社会」(『日本史研究』第四二七号、一九九八年)。
(36) 津野　仁「北方系の小札甲」(『アシアン　レター』第七号、「東アジアの歴史と文化」懇話会、二〇〇〇年。本書第三部第四章)。
(37) 室野秀文「古代末期の囲郭集落と城柵—縄張研究の視点から—」(『中世城郭研究』第一二号、一九九八年)。

平安時代中期・後期の対象遺跡

青森県：山館前遺跡・大タルミ遺跡・風張(一)遺跡・明前遺跡・切田前谷地遺跡・高館遺跡・板留(二)遺跡・高屋敷館遺跡・古館遺跡
岩手県：源道遺跡・赤前遺跡群・上の山Ⅶ遺跡・平沢Ⅰ遺跡・高屋敷遺跡・川口Ⅰ遺跡・西根原添下竪穴住居址群・柳之御所跡
秋田県：塚の下遺跡・太田谷地館跡
宮城県：山王遺跡・鹿島遺跡
福島県：上ノ原経塚
茨城県：御園生遺跡・熊の山遺跡・木工台遺跡・厨台№二六遺跡・片岡遺跡
栃木県：壬生銭渕遺跡・多々羅遺跡・金山遺跡・滝田本郷遺跡
群馬県：下芝五反田遺跡・沼南遺跡・白井二屋遺跡・下佐野遺跡・御門遺跡・大八木遺跡・田端遺跡・上植木光仙房遺跡・鳥羽遺跡・上野国分僧寺・尼寺中間地域・有馬条里遺跡・融通寺遺跡・堤上遺跡・糸井宮前遺跡・青柳寄居遺跡・大久保A遺跡・熊野堂遺跡・道城遺跡・豊岡後原Ⅰ・Ⅱ遺跡・白倉下原遺跡・神保富塚遺跡・荒砥天之宮遺跡・権現原Ⅰ遺跡・鳥取福蔵寺遺跡
千葉県：立木南遺跡・布佐・余間戸遺跡
埼玉県：中堀遺跡・椿山遺跡・田中前遺跡
東京都：南広間地遺跡・多摩ニュータウン№二四一遺跡・多摩ニュータウン№一七八遺跡・多摩ニュータウン№三二五遺跡・多摩ニュータウン№五三三・五三四遺跡・落川遺跡・武蔵国分寺遺跡・木曾中学校遺跡・多摩ニュータウン№四九三遺跡
神奈川県：曽野№一遺跡・高林寺遺跡・四之宮下郷遺跡・真土六ノ域遺跡
長野県：吉田川西遺跡・南栗遺跡・松原遺跡・島立条里的遺跡・一ツ家遺跡・小原遺跡・堀の内遺跡・北栗遺跡・屋代遺跡群・吉田向井遺跡・北山寺遺跡・兎川遺跡・平田本郷遺跡・高山遺跡・聖原遺跡・樋渡し遺跡・三の宮遺

跡・構井・阿弥陀堂遺跡

山梨県：石上り遺跡・竹原遺跡・城下・原田遺跡・健康村遺跡・九鬼遺跡・宮ノ前遺跡・古屋敷B遺跡・前田遺跡・上ノ原遺跡・北堀遺跡

唐・渤海・遼・金・新羅の対象遺跡　※（　）内は出典

唐　隋仁寿宮唐九成宮三七号殿址（『考古』一九九五―一二）・定鼎門遺址（『考古学報』二〇〇四―一）・朝陽飼養廠M一・朝陽西上台M一四・朝陽西上台M四（「遼寧朝陽隋唐墓」『文物資料叢刊』六）・朝陽市工程机械廠（『文物』一九九八―三）

渤海　永安遺址（『考古学報』一九九七―二）・新安古城（『博物館研究』一九八八―一）・永吉揚屯大海猛遺址（『考古学集刊』一九八七―五・一九九一―七）・六頂山墓群（『六頂山与渤海鎮』中国社会科学院考古研究所一九七七年、『六頂山渤海墓葬―二〇〇四～二〇〇九年清理発掘報告』吉林省文物考古研究所他、二〇一二年）・上京龍泉府遺址（『東京城』東亜考古学会一九三九年・『六頂山与渤海鎮』中国社会科学院考古研究所一九七七年）・羊草溝墓地（『北方文物』一九九八―三）・海林市北站墓（『北方文物』一九八七―一）・興農古城（『考古』二〇〇五―三）・虹鱒漁場墓地（『考古』一九七七―二）・細鱗河遺址（『北方文物』一九九七―四）・西古城（『西古城』吉林省文物考古研究所ほか編著二〇〇七年）・渡口遺址（『考古』一九九七―七）・通溝嶺山城（『考古』一九六二―一一）・小池営遺址（『考古』二〇〇三―三）・東六洞二号遺址（『北方文物』一九九〇―一）

遼　突泉県西山墓（『内蒙古文物考古文集第一輯』一九九四年）・大慶市宝山二村墓（『北方文物』一九九四―二）・寧城県小塘土溝墓（『内蒙古文物考古』一九九一―一）・岫岩県長興遺址（『考古』一九九九―六）・内蒙古敖漢旗大横溝墓（『考古』一九八七―一〇）・劉宇傑墓（『考古』一九八七―二）・浩特花墓（『考古』二〇〇三―一）・康平県后劉東屯二号墓（『考古』一九八八―九）・内蒙古敖漢旗沙子溝墓（『考古』一九八七―一〇）・張家窯一号墓（『遼海文物学刊』一九九六―一）・耿知新墓（『考古学集刊』三、一九八三年）・法庫県叶茂台八号墓（『考古』一九九六―六）・耶律羽之墓（『文物』一九九六―一）・赤峰市紅山区西水地墓（『内蒙古文物考古』一九九二―一・二）・

陳巴爾虎旗西烏珠爾古墓（『遼海文物学刊』一九八九―二）・泉巨涌墓（『遼海文物学刊』一九九〇―二）・科右中旗巴扎拉嘎墓（『内蒙古文物考古』一九八二―二）・阜新県七家子墓（『考古』一九九五―一）・巴彦琥紹墓（『内蒙古文物考古』一九九四―一）・双遼電廠貯灰場遺址（『考古』一九九五―四）・彰武県差大馬墓（『遼海文物学刊』一九九六―一）・北嶺四号墓（『遼海文物学刊』一九八六―一）・関山七号墓（『関山遼墓』遼寧省文物考古研究所編、文物出版社、二〇一一年）・北京市順義安辛庄墓（『文物』一九九二―六）・皮匠溝M三墓（『内蒙古文物考古文集』第二輯、一九九七年）・耿延毅墓（『考古学集刊』三、一九八三年）・赤峰県大営子第一号墓（遼駙馬贈衛国王墓）（『考古学報』一九五六―三）・永生墓（『北方文物』一九九二―三）・炮手営JRM一（『北方文物』一九九一―三）

金　車家城子城址（『考古』二〇〇三―二）・南陽堡村落址（『北方文物』一九九八―四）・徳恵県后城子古城（『考古』一九九三―八）・賓県宝三村（『北方文物』一九九七―一）・龍新村窖蔵（『遼海文物学刊』一九九七―二）・永吉県旧站墓（『北方文物』一九八九―一）・霍林河鉱区界壕辺堡（『考古』一九八四―二）・金東北路界壕辺堡（『考古』一九六一―五）・肇源県二站五路店・永生公社・依蘭県城西南（「黒龍江金代部分鉄兵器的金相研究」『北方文物』一九八七―二）・双城村墓（『北方文物』一九九〇―一

統一新羅　国立扶餘文化財研究所『扶蘇山城　発掘中間報告書Ⅲ』（一九九九年）・国立扶餘文化財研究所『扶蘇山城　発掘中間報告書Ⅳ』（二〇〇〇年）・順天大学校博物館・光順市『光陽　馬老山城Ⅰ』（二〇〇五年）・大韓民国文化広報部文化財管理局『雁鴨池発掘調査報告書』（一九七八年）。

第二章　弓の系譜

はじめに

古代の弓について、遺跡出土品を中心に、製作技法や長さ、祭祀遺物との共伴関係からその機能性について触れ、絵画資料から出土品の弓長の妥当性を追証し、生産遺跡の様相からも弓の製作の実態についてみてきた。これにより日本古代の弓の実態が明らかになったと思う。そこで、これまでみてきた古代の弓の特徴を明らかにする観点から、時系列的に古墳時代や中世と古代の弓との関連、さらに同じ時代の地域間の関連から主に唐の弓と比較検討して、日本古代の弓の系譜を探っていく。

第一節　古墳時代の弓との関連

主に奈良・平安時代の弓について、その前代である古墳時代の弓との比較を必要な範囲で行う。遺跡出土品は前掲の集成による。

弓　長

古墳出土品では、二メートルを測る長弓が多く、これらは木弓である点が指摘されている。[1]集落などの生活址出土の弓には、古墳よりも短い弓が確認できる。集落の長い弓では一五〇センチ前後（千葉県郡遺跡群）、短い弓で一二〇センチ前後（千葉県国府関連遺跡群）などがある。[2]楠正勝氏は前掲論考のなかで、九〇～一〇〇センチのものと一五〇センチの二種に分類しており、古墳と集落の弓長の違いを指摘している。

このように、葬送儀礼で副葬された弓と集落での狩猟や武器では弓長が異なっていたようである。[3]奈良時代以降では、正倉院の「東大寺」銘の弓や『延喜式』記載の祭祀用の弓が二メートルを超える長弓であるが、集落や官衙出土の弓は長くても一六〇センチ前後で、それ以下の長さが多い点で対照的である。奈良時代以降の弓は、古墳時代における弓長による葬送儀礼用と狩猟・武器用の使分けを継承したといえる。

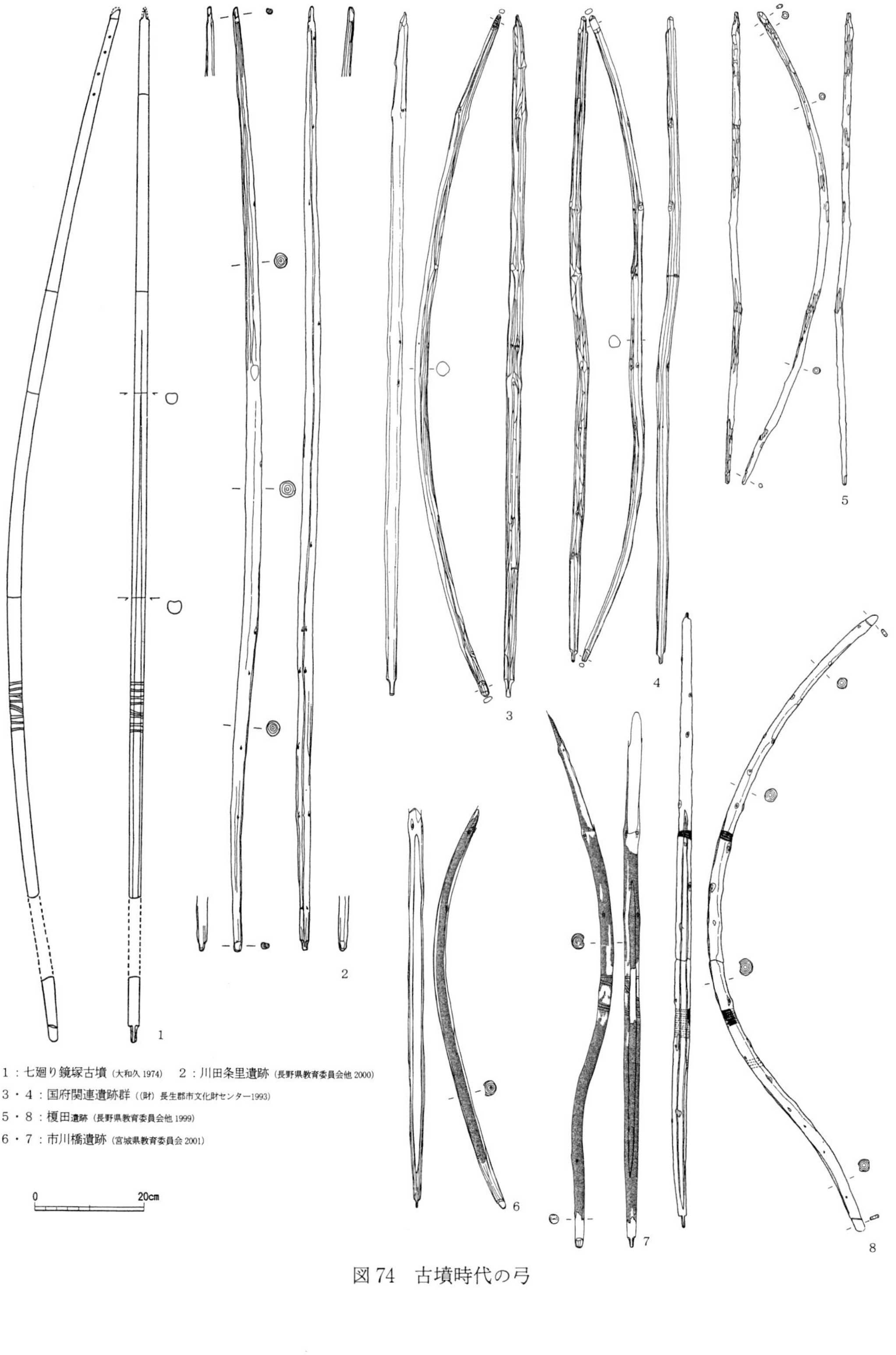

1：七廻り鏡塚古墳（大和久 1974）　2：川田条里遺跡（長野県教育委員会他 2000）

3・4：国府関連遺跡群（(財) 長生郡市文化財センター1993）

5・8：榎田遺跡（長野県教育委員会他 1999）

6・7：市川橋遺跡（宮城県教育委員会 2001）

図74　古墳時代の弓

樋・削り

樋は古墳時代の弓にはみられ、七廻り鏡塚古墳などの副葬された弓、集落では榎田遺跡の弓などにも確認できる。さらに六世紀から七世紀前半の市川橋遺跡でも確認されている。七世紀代以前の長弓や一二〇センチほどの非長弓にも樋がみられるが、奈良・平安時代の出土弓には少ない。一方の二メートルを超す伝世の長弓では樋が残る。このため、樋は前代からの製作技法であるが、この簡略形の擬似樋は、奈良・平安時代の非長弓には縷々確認できることから、弓長一六〇センチ前後以下の弓では樋を彫ることを簡便にしたと判断したい。

弓幹の削り調整では、長野県川田条里遺跡の弓で弭付近のみ細条削り、千葉県国府関連遺跡群では全面細条削りである。市川橋遺跡の弓にも全面細条削りがある。(4)

装飾

古墳時代の飾り弓に特徴的な金具は、奈良時代以降には確認できず、弭付近の小孔も確認できる事例はない。このため、飾り金具を付けた弓は奈良時代には消えたと判断できる。(5)

第二節　唐の弓との比較

次に、日本古代の弓と大陸の弓との比較を行い、その関連についてみてみる。日本における合せ弓の出現について、鈴木敬三氏は唐の弓との関連を指摘しているが、(6)その後の日本の弓の研究においても、唐の弓との比較検討を行うこともなく、この説が継承されてきた。(7)中国の唐代前後の弓について実態が不明瞭であるので、主に壁画・俑から唐の弓についてみてみる。

（一）唐の弓の実態

唐の弓に関しては、『唐六典』武庫令によれば、長弓・角弓・稍弓・格弓があったことを伝え、弭には骨をもってなしていた。長弓は桑・柘で作り、長くて歩兵に装備される。角弓は筋角などの材料を用いて制成した合せ弓であり、騎兵が用いた。稍弓は短弓で近射に利便で、格弓は飾り儀仗の弓という。実物が西域の出土例以外はなくて、絵画などから判断せざるをえない。主に西安とその周辺で発見された唐墓の壁画にある儀仗図は、外出儀仗と門前儀仗（宮廷儀衛）があり、この儀衛は被葬者によって、儀衛人数などが異なることから、唐の儀衛制度に等級があるという。(8)ここでは、主に皇室の血縁（太子・公主）や高官の儀衛に用いる儀仗弓、さらに少し周辺の資料も加えて比較することによって、唐における各種弓の使い方の実態をみていく。

長弓

長楽公主墓（六四三年葬）の墓道儀衛図で、(9)隊領に続く兵士は、縁取りがある黒色の弓袋を腰帯から紐で下げている。刀を佩用せず、旗を持ち胡禄を右腰に下げていることから、弓袋であることは明らかで、弓の長さは兵士の身長よりもやや短い程度である。

懿徳太子墓（七〇六年葬）の第二過洞壁画に(10)鷹を手に乗せた男と共に円領の黄袍を着た男侍が長弓を持っている。唐代の貴族層は飛禽を

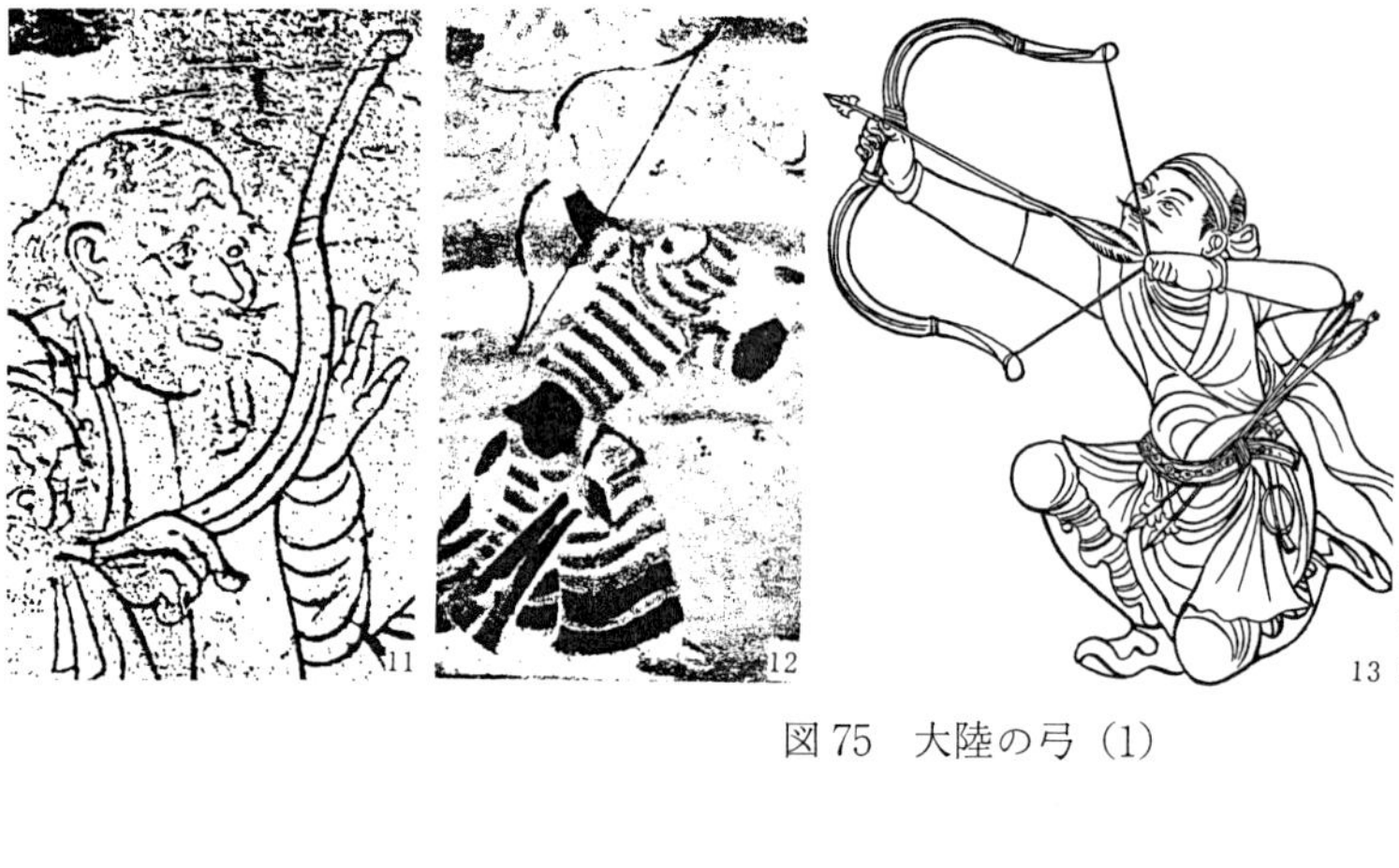

1：長楽公主墓（昭陵博物館 2006）
2：章懐太子墓（王・鐘 1996）
3：懿徳太子墓（王・鐘 1996）
4：懿徳太子墓（王 1973）
5：節愍太子墓（陝西省考古研究所等 2004）
6：李憲墓（陝西省考古研究所 2005）
7：阿史那忠墓（昭陵博物館 2006）
8：鄭仁泰墓（陝西省博物館等唐墓発掘組 1972）
9：鄭仁泰墓（朝日新聞社 1984）
10：楊思勗墓
（中国社会科学院考古研究所 1980）
11：道因法師碑（王 1957）
12：敦煌莫高窟（原田・駒井 1932）
13：敦煌莫高窟（成・鐘 1990）

図 75　大陸の弓（1）

図76　大陸の弓（2）

14：沙坡村窖蔵出土銀杯（佐川美術館 2005）
15：渤海貞孝公主墓（李 1994）
16：『武経総要』（成・鐘 1990）

飼って観賞することが嗜好であったことから、この長弓は狩用であったことがわかる。また、遊騎図に描かれた弾弓も長弓である。

歩兵が弓を引く描写は少ないが、敦煌莫高窟一五六窟の歩射図(11)では、弓袋を腰に下げてM字形の角弓を引いている。五代に下るが莫高窟三四六窟壁画(12)では片膝を立て、一方の膝を折った体形で角弓（合せ弓）を射ている。唐代の『射経』によれば、歩射の体形は片膝を立てて射るという。

これらをみると、実際に歩兵が射る弓は、必ずしも長弓でなくて、角弓も使用されていたようである。そして、人の丈に近い長弓は黒の無文の弓袋に入れて儀衛にも用いられていた。

角弓

唐で最も盛行した弓である。道因法師碑(13)（六六三年）の弓は弭付近が二重になっている。渤海の貞孝公主墓(14)（七九二年没）に描かれた侍衛の持つ弓では腹側が白色、背側は朱色を呈し、腹側に筋角を合せた角弓の可能性が高い。この侍衛の持つ武器類は唐代の楊思勗墓(15)の形態に類似することから、唐の武器を考察するのに役立つ。また、西安市沙坡村窖蔵出土狩猟文銀杯(16)に描かれた弓には弭を除き、腹と背の間に筋があり、弭は長くて緊縛した合せ弓である。『続日本紀』には、天平宝字五年十月に唐が安禄山の乱でなくした弓のために、牛角七八〇〇隻を日本から唐に送っていることを伝え、角弓の兵器材料になった。西アジアのモシチェヴァヤ・バルカ岩陰墓地出土品(17)は、弭と弣に薄い骨板を重ねている。騎射にはこの弓が一般的に使われ、敦煌莫高窟一五六窟張議潮統軍出行図などにも描かれ、騎兵が携えていることから、『唐六典』の記述に符合する。

格弓

壁画に描かれた儀衛の装飾性の高い弓・弓袋をみると、二種類ある。一つは湾月形弓袋で、章懐太子墓(18)（七〇六年葬）・懿徳太子墓(19)・李憲墓(20)（七四一年葬）・鄭仁泰墓(21)（六六四年葬）の儀衛が豹柄の弓袋を装備している。これは、王援朝・鐘少異氏によって弓袋と論証されたものである(22)。章懐太子墓の東壁の儀衛は高官や貴顕の門前儀衛を表現する。懿徳太子墓は、儀仗出行図の戟の数が天子と同じであることから天子級の儀衛を表現しており(23)、その列戟図の儀衛も湾月形弓袋を装備している。李憲墓の出行図の儀衛も豹柄の湾月形弓袋を携えている。鄭仁泰は右武衛大将軍（正三品）であり、歩隊儀衛の数も少ないが、豹柄の湾月形弓袋を携えている。俑では懿徳太子墓で湾月形弓袋を付けた騎馬俑がある。二つ目は縁取りのある黒い弓袋である。長楽公主墓では歩隊儀衛の人数も少ないが、身の丈よりやや短く直線的に描かれた弓袋がある。長さからみて『唐六典』で分類する長弓に相当すると判断できるが、儀衛にも装備されていたことを示す。

儀衛図・出行図に描かれた弓袋には二種類確認できるが、格弓とは装飾性があるとしていることからすれば、豹柄の弓袋に入る湾月形の短い弓が格弓と分類されたと判断できる。湾月形弓袋は王・鐘氏の述べるように西域から伝播した胡風な弓具であり、皇帝級や太子・三品以上の高級官僚の壁画や騎馬俑にのみみられることから、唐中枢で用いたものと判断することができる。[24]

（二）日本の弓との比較

次に、これまでみてきた日本の弓と唐代を中心にした弓との比較をしてみる。

弓　長

日本の弓は、『延喜式』に記載された祭祀用の弓や春日大社などの神宝の弓などは七尺を超える長弓が多い。しかし、遺跡出土の弓で祭祀具を伴わない弓は最長でも一六〇センチほどで一〇〇センチ前後以上が多かった。唐や五代の弓でも描かれた人物との比較から弓の長さを推定すると、身の丈に近いと判断できる弓もあり、長楽公主墓の墓道に描かれた儀衛の持つ黒い弓袋の弓は、日本の儀衛の弓よりも短いが、長弓という点で共通点がある。材質が『唐六典』によれば桑・柘で長弓を作り、『延喜式』記載の大嘗祭に作る弓にも柘があり、材質的にも一部通じる。

唐で儀仗用とする格弓は、短い湾月形弓袋に擁する弓であると想定できたが、日本の『延喜式』などに記載された長弓とは明らかに異なっている。古墳時代からの儀礼用の弓を継承した日本の長弓と、胡風を好んで儀仗に取り入れた唐式の格弓という儀仗弓の相違があったと評価することができる。

合せ弓

日本の外竹弓は唐の合せ弓の利をとってできたと解されている。[25]唐の角弓は腹と背に筋角を合せた構造で、M字形を呈した短弓である。日本の合せ弓はこれよりも長く、唐の角弓からの影響は想定できない。

弭と弣

『唐六典』によれば唐の弓は弭が骨製というが、この骨が長弓など四つの唐弓に共通するのか判断できない。日本の弓で角を用いるのは、延喜兵庫寮式で、弣に角を入れているが、弭には角は使っていない。福島県八槻神社蔵の藤巻の弓に鹿角の弭が付いているという。[26]遺跡出土品では、長野県松原遺跡SB二で一一世紀中葉に骨製弭が出ており、[27]一二世紀には岩手県柳之御所跡でも確認できる。[28]日本ではソケット状に骨を刳り貫き、この弭を弓幹に差し込むが、大陸の短弓は薄い骨板を合せて弭を作っている。このため、角弓の構造からみても直接の影響は想定しがたい。

下って、宋の『武経総要』に記載する弓は、弓表面の材質による名称で黄樺弓・黒漆弓・白樺弓・麻背弓といい、唐代のような材質や用途による分類と異なり、長弓はなくて全てM字形の弓である。日本で外竹弓が一般化する時期に宋の弓と表面の装飾・弓長などでも相違点が多くて、相互の関連は薄い。

第三節　中世弓への変化

(一) 奈良・平安前期の合せ弓存在の可能性

第一部第一章で述べたように、奈良時代を下限とする袴狭遺跡、九世紀前・中葉の市川橋遺跡や奈良・平安時代の時間幅内にある大谷川

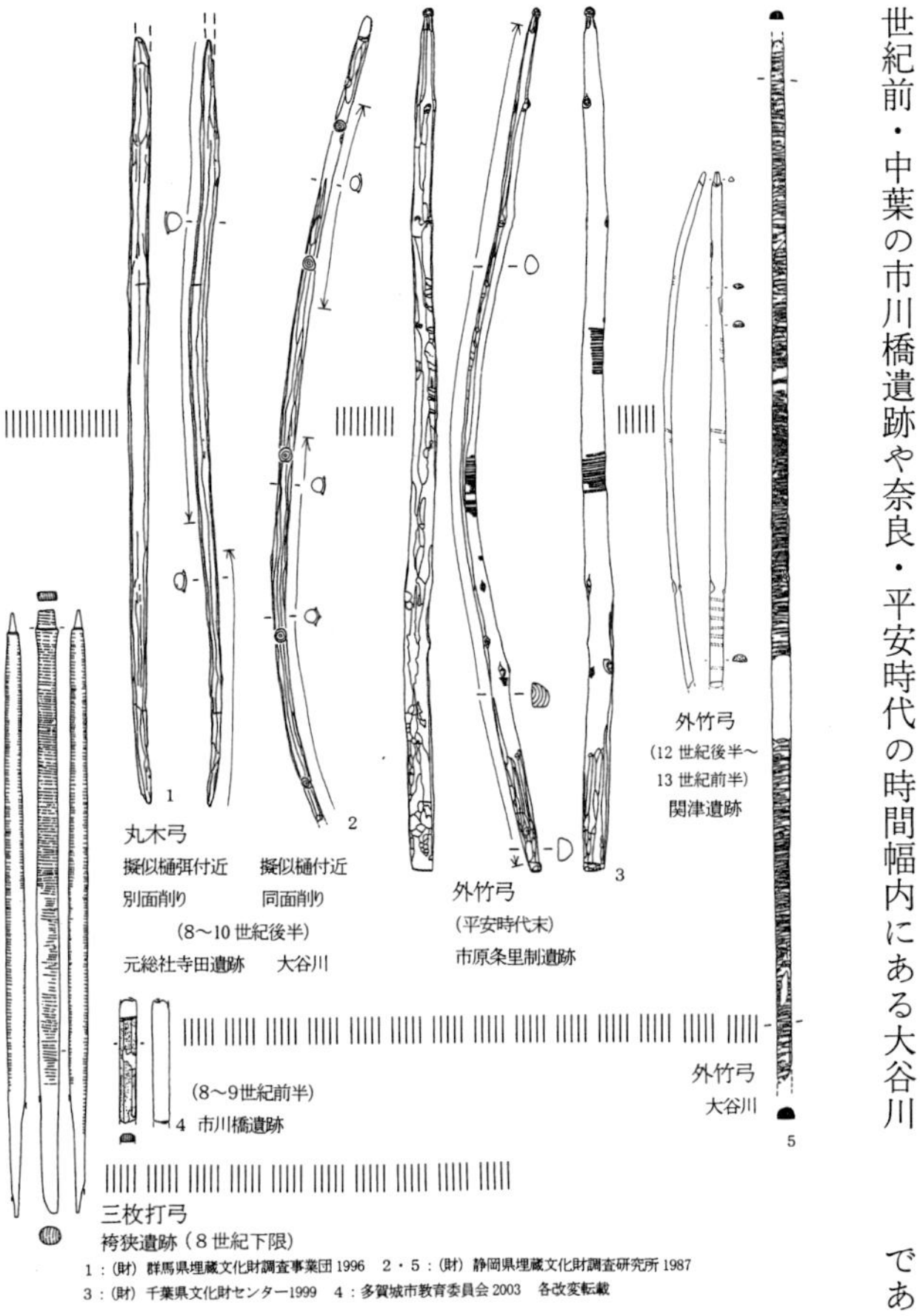

図 77　合せ弓の形成過程

の弓など少数ながら、外竹弓・三枚打弓と考えられる資料が確認でき、古代における合せ弓が少数ながら存在していたことが新たに明らかになった。特に、袴狭遺跡の弓は、背・腹の断面は竹の内面に合せた弧状で、鎌倉時代に盛行する三枚打弓の初現的なものである。中世では木と竹の接合面を平坦にすることから、祖型的なものといえるであろう。

(二) 木弓と合せ弓との関連

奈良時代から平安時代には、丸木弓と木弓が存在し、丸木弓が主体であったことが、出土した弓の数や伝世品からわかる。木弓は太い木を割った後に削るか、削りのみによって断面を丸く仕上げ、丸木弓に比べると製作に手間もかかる弓である。外竹弓は木弓の背を削り、竹と合せたものであり、丸木弓よりも製作技法的には、木弓に近いことがわかる。木弓は、確認できた範囲では八世紀前半から一〇世紀初頭までは存在し、弓幹の成形方法からみると、合せ弓の要素は木弓に系譜が求められる。

そして、木弓は出土数が少ないが、出土した遺跡は元総社寺田遺跡・山王遺跡・市川橋遺跡のような国府関連遺跡に多い傾向が窺えた。蔵ノ坪遺跡では国衙支配が強まり、物資集積に関わる津が設けられる。宮都では、平安京右京八条二坊二町において出土した非長弓は、長さから武器と判断しがたいが、木弓である。このため、木弓は京や地方

の国府などの警備や軍事用の弓に系譜を求めることができる。

（三）弓幹製作技法の系譜

当該期の出土弓は多様な削り技法で調整されていることがわかった。第一部第一章でみたように、第五技法（擬似樋弭付近同面幅広削り）・第六技法（擬似樋弭付近別面幅広削り）は、弓幹の背腹を削り薄くして、弓力を増加する点で弓の機能性とも関わる。この技法は弓幹を大きく削り、腹背の一面を平坦気味にするという点で、合せ弓が木質部を断面蒲鉾形に削る点に通じ、製作技法的に類似する。特に、同面削りは弓幹全体が断面蒲鉾形になっており、共通性が高い。

弭付近の背側を削り断面蒲鉾形にする技法は、八世紀から一〇世紀後半代まで元総社寺田遺跡・多賀城跡・山王遺跡・市川橋遺跡・大谷川でも確認できることから、通時的な弓の削り技法であることが指摘できる[29]。

第四節　古代・中世弓の系譜と評価

以上のように、日本古代の出土品・伝世品の弓について、古墳時代からの継承関係、中世への系譜関係、中国の弓との関連について検討してきたので、それをまとめて意義についてみてみたい。

（一）古代弓の系譜

奈良時代の弓と古墳時代の弓の関連についてまとめると、以下のようになる。

①古墳時代にも弓長によって長短があった。古墳出土の長弓は、飾り金具を付け漆塗りもあり、飾り弓があった。奈良時代以降の伝世・文献記載の弓は長弓で漆塗りがあり、古墳時代の葬送儀礼を含む儀礼用の長弓を継承したことが指摘できる。古墳時代の集落や奈良時代以降の官衙・集落の弓は、主に一六〇㌢台以下の弓長で、儀礼用の弓とは機能が異なり[30]、奈良時代以降の非長弓は古墳時代から継承したものである。

②樋は奈良時代以降も長弓に継承されるが、集落出土の非長弓では樋を簡略化した擬似樋に変化する。古墳出土の飾り弓金具は奈良時代以降には消えており、儀仗弓の装飾法に変化がある。

次に、日唐儀仗装具における弓の評価に関してみてみる。七世紀以降奈良時代の儀仗については、唐様式を取り入れたものや在来系譜のものがある。大刀は柄頭・鐔・山形金などの諸要素について、唐様式が段階的に選択して入ってきている[31]。儀仗という性格からすれば、軍事体制を整備する過程で官僚制の中に軍事を管掌する武官を位置付けることになり、武官の儀衛道具として唐様式を導入したと推定される。

唐では儀仗に使う刀は長刀・儀刀であり、横刀は兵士が佩用する刀であり、弓も儀仗には格弓で、歩兵用・騎射用などの戦闘用は名目的には用途に応じて分けられていた。日本の奈良時代の大刀や甲の装飾性などは唐からの影響があるが、弓にはない。儀礼の際の刀は、武官のうち指揮官クラスは横刀の色で階層性を表示し、刀のみを佩用した。

儀衛でも守衛クラスは、烏作大刀に弓箭を携えるが、弓箭の種類に関する規定はない。武器の儀仗としての評価をすれば、朝廷で儀衛の最も重要な武器類は刀であり、弓箭はこれに次ぎ、守衛の意味が加わる。唐側からすれば、西域伝播の彎月形弓袋に収めたと考えられる格弓は、主に皇帝や高官の儀衛道具として扱われたと思われる。この儀仗の階層性は唐の儀礼の威儀に起因すると思う。

日本の古代の弓は、兵器材料の入手し易さや製作技法からみて従来のものを継承し、古墳時代に首長権継承儀礼のなかで用いた長弓を大嘗祭のような王権の継承に関わる儀礼にも引き続き用いている。儀仗弓は、首長権・王権を継承する際の荘厳の道具として令制下においても引き続き機能していたのである。

(二) 中世弓の系譜

以上のように、遺跡出土品を中心にして、中世に一般化するといわれる長い合せ弓について、古代からの系譜・研究史的に指摘されている中国との関連などについてみてきたので、ここでその結果をまとめると、以下のようになる。

①古代の弓は丸木弓が主体であるが、板目・柾目を用いた合せ弓は八・九世紀にもわずかに確認できる。

②合せ弓は、割材を用いた木弓が製作技法的に近い弓である。古代の木弓は宮都・地方官衙で主に使われていた。製作技法のうち木弓については古代の官衙などに系譜が求められるであろう。

③弓幹の削り技法では、擬似樋弭付近同面・別面幅広削りは、弓幹を断面蒲鉾形に削る技法であり、外竹弓に類似した技法である。この技法は、山王遺跡や元総社寺田遺跡などの国府関連遺跡や伊場遺跡（郡家関連遺跡などの官衙関連遺跡）などで出ている。少数であるが池ヶ谷遺跡のような集落遺跡でも確認されており、今後の確認数の増加によって官衙で多い技法か否か、結論付けることが可能になるであろう。また、破片で弭付近が断面蒲鉾形を呈した弓も官衙（多賀城跡・市川橋遺跡）などで多い。

④長弓は、古代の地方官衙・民衆・蝦夷などからは展開を追えず、古墳時代の首長権継承儀礼や大嘗祭など国家的な儀礼に用いる弓に源流がある。

⑤日本の弓では骨製弭は刳り貫き弓幹に差し込むが、大陸の弓は薄い骨板を合わせて弭を作っている。角弓の弭の構造からみても直接の影響はない。

以上の点から、合せ弓は既に八・九世紀に少数確認でき、これに中央における国家的儀礼の要素と、主に官衙の弓の製作技法が複合され

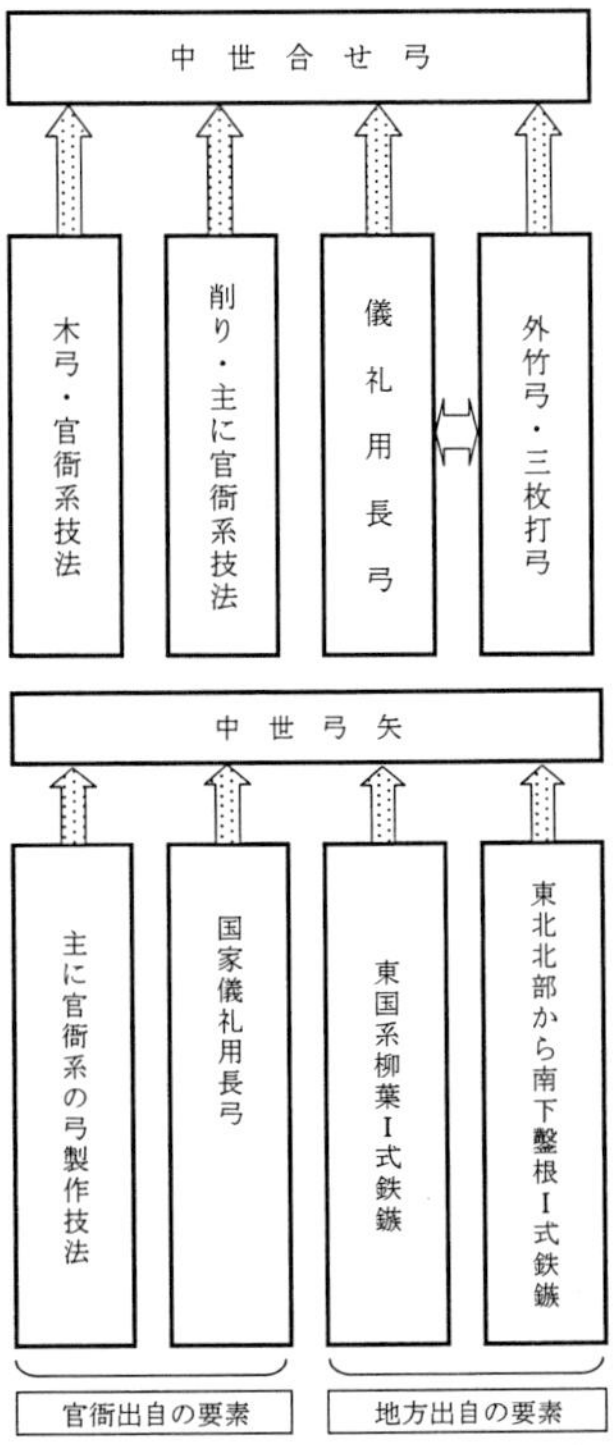

図78　合せ弓・中世弓矢の系譜概念図

て、大陸からの影響はあまり受けずに平安時代末以降に主流化したと考えられる。

（三）先行学説の考古学的な再検討

従来、平安時代末に出現するとされてきた合せ弓に関して、具体的に言及したのは鈴木敬三氏であり、大射・賭射などの歩弓の的弓が典礼化とともに深く引き込む必要性から、唐制の骨製の合せ弓の利点から木弓の外に竹を伏せたと説明した(32)。その後、この説は基本的に髙橋昌明氏や近藤好和氏にも継承されている。髙橋氏は伏竹弓になった後も長弓であったのは、武士の武器や武芸が宮廷社会と関連の中で成長したとして、武士発生論と関わらせ長弓の伝統の残存を説明する(33)。以下、小稿と関連する範囲で検討する。

①合せ弓の断面蒲鉾形は奈良時代以降の弓幹の一形態であり、その延長上で理解できる。古代では集落にもあるが、官衙で出土数が多くて、官衙の弓で主に用いられた技法である(34)。また、割材を用いた木弓も合せ弓の成形技法の系譜であり、この木弓が宮都や地方官衙で主に使用されていた事実から、合せ弓の諸要素のうち成形・調整の技法は官衙系といえる。

②長弓が中世に続く点について、髙橋氏は伏竹弓が宮廷の的弓の儀式の容儀重視の中から生まれ、武士の出自と関連して長弓が続く理由を説く。この点に関しては、筆者も古代では長弓が祭祀・儀式用であったという立場からみると、首肯する部分がある。弓矢が武官の象徴から武士の象徴に変化して、長弓が武士に継承されたことになる。その源泉は古墳時代の首長権継承儀礼に遡る。

③外竹弓や三枚打弓は八世紀以降にも少数ながら国府や郡家関連遺跡で出ている。この事例を令制初期から官僚を対象にした大射と関連させることも一案である(35)。この場合に唐の射礼を取り入れ、その道具の弓も唐風の合成弓に倣って、日本的改変である竹による合せ方にしたという解釈もできる。この点は宮都における実態が不明瞭のために、その増加によって解決されると思う。

さらに、合せ弓の出現に関して鈴木氏・髙橋氏は、宮中の行事の典礼化と関連させて説明するが、八世紀以降に少数ながら宮以外で合せ弓が発見されていることから、宮廷行事の典礼化のみでは説明できない。

④合せ弓は反曲弓であり、これによって弾力が増加するという。しかし、丸木弓にも反曲弓が存在することから、外竹弓から反曲弓が出現するのではなかった。この点は古代にも弓幹を蒲鉾形にするものが存在する点を含めて、当該期の弓も弾力の増加措置が採られていたことを示す。

④近藤好和氏は、文献から武器・武具の中世化は律令制下の武器・武具の変化（和様化）したもので、中世武士の原点を律令制下の騎兵に求める(36)。中世の騎兵の主要な武器である弓矢について、これまで検討してきたことをまとめると、弓は主に官衙系の製作技法、国家儀礼用の長弓、矢のうち鉄鏃は東国系の柳葉Ⅰ式、大陸から伝播し、東北北部から南下した鑿根Ⅰ式が主な系譜である(37)。このうち鉄鏃は官衙から出現したものではなく、地方出自のものである。弓は令制下の主に官

衙出自のものであり、総じてみると中世の弓矢は多元系譜である。そして、これらを集約したものが武士の弓矢であったといえる。[38]

通説では日本の弓は長弓であるという。しかし、出土品の集成によって非長弓も一般的に使われていたことが明らかになった。このことから文献史料に記載された弓や伝世品の性格を再検討する必要性が生じてきた。これまで無批判にこれらを日本の弓の一般的な傾向を示すものとみてきた。しかし、文献に記載された弓は、祭祀や儀礼用の弓であり、実践用の武器の実態を示すものではなかった。出土弓との対比によって、七〜八尺の長弓と六尺以下の弓は機能性の差があると指摘できるようになった。[39]また、日本は世界的にも長弓であり、アジア各国の弓との違いが強調されてきた。構造は異なるが、機能性によって唐のように長短が存在し、日本のみが特異な弓文化でなかったことが明らかになった。しかし、奈良時代の弓は古墳時代からの系譜であり、中世の合せ弓にも古代からの展開が確認できた。今後は弓の実態を武器類総体の中に位置付けていくことによって、古代の弓の評価がさらに深化できるであろう。

註

（1）楠　正勝「弓について」（『金沢市新保本町チカモリ遺跡—第四次発掘調査兼土器編—』金沢市教育委員会、一九八六年）。

（2）（財）長生郡市文化財センター『国府関連遺跡群』（一九九三年）・長野県教育委員会他『上信越自動車道埋蔵文化財発掘調査報告書一二—長野市内その一〇—榎田遺跡』（一九九九年）・同『上信越自動車道埋蔵文化財発掘調査報告書一〇—長野市内　その八—川田条里遺跡』（二〇〇〇年）・宮城県教育委員会『市川橋遺跡の調査—県道『泉—塩釜線』関連調査報告書Ⅲ』（二〇〇一年）。なお、古墳出土弓として、七廻り鏡塚古墳の弓を載せた（大和久震平『七廻り鏡塚古墳』大平町教育委員会、一九七四年）。

（3）古墳の武人埴輪では、太田市成塚出土埴輪などのように腰から首付近までの短い弓を携えている。造形上の制約もあると思うが、全体的な表現の精緻さからみても、武人が身長を超す長弓を携えていたとは考えられない。この埴輪については、杉山秀宏「榛東村高塚古墳出土人物埴輪について—上毛野の武人埴輪の系譜について—」（『群馬県立歴史博物館紀要』第三〇号、二〇〇九年）による。

（4）古墳時代のみでなく、奈良時代以降における伝世の丸木長弓の製作技法と遺跡出土の非長弓の製作技法の比較検討、中世の丸木弓との比較検討も行うべきであるが、いずれも今後の検討課題である。

（5）大宰府蔵司地区からは弓の両頭金具が出土しているが、小嶋篤氏は古墳時代後期のものと考えられている（小嶋篤「大宰府保有兵器の蓄積過程」『古代武器研究』Vol.一〇、古代武器研究会・山口大学人文学部考古学研究室、二〇一四年）。

（6）鈴木敬三「木弓と伏竹の弓」（『古典の新研究（第三集）』國學院大學編、明治書院、一九五七年）。

（7）髙橋昌明『武士の成立　武士像の創出』（東京大学出版会、一九九九年）。

（8）范淑英「唐墓壁画『儀衛図』的内容和等級」（『陝西歴史博物館館刊』第八輯、二〇〇一年）。

（9）昭陵博物館『昭陵唐墓壁画』（文物出版社、二〇〇六年）。

（10）王仁波「唐懿徳太子墓壁画題材的分析」（『考古』一九七三年第六期、一九七三年）。

（11）原田淑人・駒井和愛『支那古器図攷』（東方文化學院東京研究所、一九三二年）。
（12）成　東・鐘少巽『中国古代兵器図集』（解放軍出版社、一九九〇年）。
（13）王子云『中国古代石刻画選集』（中国古典芸術出版社、一九五七年）。
（14）宿　白『中国美術全集絵画編一二　墓室壁画』（文物出版社、一九八九年）。
（15）中国社会科学院考古研究所『唐長安城郊隋唐墓』（文物出版社、一九八〇年）。
（16）佐川美術館『中国国家博物館蔵　隋唐の美術』（二〇〇五年）。
（17）古代オリエント博物館『南ロシア騎馬民族の遺宝展図録』（朝日新聞社、一九九一年）。
（18）陝西省博物館・乾県文教局唐墓発掘組「唐章懐太子墓発掘簡報」（『文物』一九七二年第七期、一九七二年）・王援朝・鐘少異「談昭陵六駿石彫中邱行恭佩器」（『文物天地』一九九六年第六期、一九九六年）。
（19）前掲註（18）王・鐘論文。
（20）陝西省考古研究所『唐李憲墓発掘報告』（科学出版社、二〇〇五年）。
（21）陝西省博物館・礼泉県文教局唐墓発掘組「唐鄭仁泰墓発掘簡報」（『文物』一九七二年第七期、一九七二年）・朝日新聞社『中国陶俑の美』（一九八四年）。
（22）王援朝・鐘少巽「唐楊思勗墓石刻俑復原商推」『唐研究』第一巻、一九九五年）・王援朝・鐘少異「湾月形弓袋的源流」『文物天地』一九九七年第六期、一九九七年）・鐘少異「六〜八世紀中国武器的外来影響」（『七〜八世紀東亜地区歴史与考古　国際学術討論会論文集』北京大学考古文博院・大阪経済法科大学、二〇〇一年）・前掲註（18）王・鐘論文。

（23）前掲註（8）范論文。
（24）湾月形の虎・豹文の弓袋は、遠征や狩猟にも使用されるが（前掲註（18）王・鐘論文）、墓道壁画の儀衛にはこの短い弛弓が最も多く描かれていることから、主要な儀衛の弓と考えられる。
（25）前掲註（6）鈴木論文。
（26）前掲註（6）鈴木論文による。これによれば、当時石上神宮・中尊寺・八槻神社に外竹弓があったとするが、斎藤氏の論文（斎藤芳直「弓具の歴史」『現代弓道講座四　弓具施設編』雄山閣、一九八二年）・髙橋氏の論文では（前掲註（7）髙橋論文）には前二者が既になくなっていることが記載されている。
（27）長野県教育委員会他『上信越自動車道埋蔵文化財発掘調査報告書六―長野市内　その四―松原遺跡　古代・中世』（二〇〇〇年）。
（28）（財）岩手県文化振興事業団埋蔵文化財センター『柳之御所跡』（一九九五年）。
（29）弭付近を削る技法のうち、末弭付近の弓幹を断面蒲鉾形に削る技法は、弓の彎曲を大きくする効果があると思う。遺跡出土の長さ一六〇センチ前後以下の非長弓でも大きな張力を得ることが可能な工夫であると考える。
（30）多賀城やその周囲を含めて地方官衙の弓を上述のようにみてくると、大宰府に甲斐国から梓弓五〇〇張、信濃国から一〇二〇張送っているが（『続日本紀』大宝二年〈七〇二〉二月己未・三月甲午条）、その弓の性格が問題になってくる。遺跡出土品に梓弓はなくて、文献や伝世の長弓に梓弓があり、儀礼用を含むことから、送った梓弓が儀礼用の可能性もある。宮衛令元日条には元日・朔日に聚集すること、及び蕃客の宴会・辞見には、皆儀仗を立てるように規定している。大宰府の長官である帥の職掌には、蕃客・帰化・饗讌がある。送った弓の数からみても全てが儀仗用とはいえないが、今回の検討によっても対外的な儀式に必要な儀仗として送られたと推定することができる。しかし、大宰府条坊跡出土弓は、八世紀前半であるが、製作技法が東日本で多い削り技法と異なっており、信濃・甲斐から送られた弓ではないであろう。

(31) 津野　仁「方頭大刀の源流」（菅谷文則編『王権と武器と信仰』同成社、二〇〇八年。本書第三部第三章）。

(32) 前掲註（6）鈴木論文。

(33) 前掲註（7）髙橋書。

(34) 大宰府条坊跡と観音寺遺跡（SR一〇〇一Ⅷ層出土）の弓には、腹側に平坦面があり、断面蒲鉾形である点は擬似樋弭付近幅広削りと同じである。しかし、平坦面を削るのではなくて、背側・両側面を削ることにより、擬似樋の平坦面を作り出す。形態は東日本の弓と類似するが、削り技法が異なっている。本書で分類した諸製作技法は、弓の出土点数・実見確認点数も少なくて、十分な地域差の把握にいたっていないが、この違いが製作技法の地域差、西日本と東日本の弓幹の製作技法の相違に繋がる可能性がある。なお、鉄鏃では列島の東西で大きく組成が異なっており（津野仁「古代西日本の鉄鏃—地域性と古墳時代との関連—」『古墳文化』Ⅱ、國學院大學古墳時代研究会、二〇〇七年。本書第二部第一章）、弓もその点と関連する可能性がある。

(35)『延喜式』によれば、大射に用いる弓は漆塗であり、市川橋遺跡の破片は漆塗りの外竹弓の可能性があり、その関連も想起される。大射は令制初期の雑令の規定によれば親王から初位までの全官僚が行うこととしている。研究史上指摘された大射と合せ弓出現の関連の解明も課題である。

(36) 近藤好和『中世的武具の成立と武士』（吉川弘文館、二〇〇〇年）。

(37) 津野　仁「中世鉄鏃の形成過程と北方系の鉄鏃」（『土曜考古』第二五号、二〇〇一年。本書第三部第一章）。

(38) 遺物である武器類が武士出現論に結びつくか、これには政権や地域の技術が時系列的に移転していくのか、その過程を説明する必要がある。武器生産技術基盤の展開は武士政権の基盤の形成であり、論理的な説明も構築することが課題である。そして、武器生産技術基盤の開発主体を明らかにすることが遺物から検討する際の当面の目的である。列島内での地域性・出現地の把握、伝播・技術移転の径路の把握などによって、武士が都（宮廷）から出たのか、律令制下の騎兵から出たのかという諸説に対する考古学的な再検討の方法になると考える。

(39) 岡安光彦氏は、筆者の提示した弓と民博のデーターベースを基に、外国の民族資料から日本の古墳時代・古代の弓の特徴を述べる（岡安光彦「古代長弓の系譜」『日本考古学』第三五号、二〇一三年）。岡安氏は市川橋遺跡など多賀城前の古代都市から出る弓も北方異民族の弓で、毒矢文化圏の弓の可能性が高いと指摘する。しかし、多賀城前で異民族が毒矢を用いた史資料に接しない。時代認識を携えた物に即した議論が必要である。本来出土した古墳時代の弓をもとに検討すべきである。図74に古墳時代の出土弓の一部を示したので参照されたい。非長弓も確実に存在する。

第三章　方頭大刀の系譜

はじめに

奈良・平安時代を通じて最も一般的に用いられていた大刀は方頭大刀であるが、古墳時代の環頭大刀などの装飾付大刀に比べると研究は数少ない。奈良時代以降の刀制からみた儀礼や武器としての考究をする者としては、七世紀に出現するという背景も加わって、その源流について調査する必要を感じる。これまで方頭大刀の出現については、古墳時代の円頭大刀や圭頭大刀から出現するという考えが主体的であった。一方で唐からの影響は簡単に指摘されてきたが、大陸の資料までの具体的な比較検討は極めて少ない。

ここでは、方頭大刀について唐を中心に出土品や壁画・俑などをもとに類例を探索し、日本の方頭大刀出現期のものと比較検討し、その関連を調べる。

第一節　日本の方頭大刀出現をめぐる諸説

(一)　出現時期

方頭大刀の出現について、滝瀬芳之氏は七世紀中頃以降、圭頭大刀から方頭大刀が出現すると考えている。(1) その後、氏は方頭大刀の出現を七世紀第一四半期に上げている。(2) これと近い時期に穴沢咊光・馬目順一氏は、方頭大刀の出現を七世紀第三四半期とした。(3) これに近い年代観として、野垣好史氏はTK二一七の須恵器の段階に方頭大刀が出現するという。(4) 一方、新納泉氏は七世紀初頭以降に方頭大刀が出現すると指摘し、(5) 現在のところ、方頭大刀の出現時期については、大きく二つの説に別けられる。

(二)　系譜

日本では、末永雅雄氏が方頭大刀を唐大刀式の系譜と考え、柄鮫皮や鍬形鐺・唐鐔・足金物などの装具も唐様式とみているが(6)、方頭大刀は圭頭大刀から出現するという説が最も強い(7)。穴沢・馬目氏は、双脚足金物や山形金を含めて大陸との関連を説き(8)、瀧瀬氏も佩用法や双脚足金物などに大陸との関連を指摘する(9)。近年では、持田大輔氏が中国の出土刀と日本の唐様大刀の関連を儀刀という観点から検討している(10)。中国の研究者でも日本の唐様大刀や方頭大刀が中国の無環首刀の影響であることを説くが(11)、唐の出土刀が極めて少ないこともあり、日中の研究者ともに、具体的に相互の比較検討がされたことは少ないと思う。

(三) 方頭大刀出現の性格

新納泉氏や下江健太氏は方頭大刀の出現について位階制との関連を説く(12)。しかし、多くの古墳時代刀剣研究者の場合には、律令制への移行とともに環頭大刀のような装飾付大刀の機能は終えるという文脈で記述され、具体的な変化の意義などは語られない。

このような、方頭大刀の諸説のなかで、その系譜関係を主に隋・唐の刀の実態から検討する。横刀のどの要素が、いかなる階梯を経て日本に取り入れられたのか具体的に跡付け、最終的に導入した歴史的な目的に迫る基礎とする。

第二節　唐とその前後における方頭の刀

形態から主に唐とその前後の刀は、環首(頭)刀と無環首刀に大きく分類できる。実物資料によって比較検討を行うべきであるが、出土資料が極めて少なくて、壁画や俑を含めて行う必要がある。最初に主に隋・唐などにおける無環・方頭の柄頭の刀について、一部参考に環頭刀も含め、各要素の事例を提示する。

(一) 柄頭(首)・鞘尻

方形柄頭

先端が平坦で、実物は北斉庫狄迴洛墓にある。北斉の婁睿墓(五七〇年)・徐顕秀墓(五七一年)・高潤墓(五七七年)は、筒金式柄頭である。婁睿墓・徐顕秀墓の柄は黒色で、高潤墓の柄頭の筒金には責金具が表現されている。隋虞弘墓俑・隋斛律徹墓騎馬俑、唐新城長公主墓(墓道東壁壁画・六六三年)・章懐太子墓(墓道東壁儀衛図・七〇六年)・懿徳太子墓騎馬俑(七〇六年)・昭陵六駿丘行恭・敦煌莫高窟四五窟壁画観音普門品 胡商遇盗(盛唐)・陝西省乾県出土俑などがある。虞弘墓では柄頭と柄間が同じ色であり、唐代の壁画にも柄頭の筒金は表現されていない。遼の豪欠営第六号墓(晩唐)で、台形の柄頭があり、五代でも李璟陵俑(九六二年)でもみられ、八世紀以降でも客体的に確認できる。

分銅形柄頭

分銅形で、先端が弧状を呈するものである。韋貴妃墓衛弁図(六六七年)の鞘尻や太原市南郊墓壁画(高宗~武周時期)や章懐太子墓(墓道西壁・東壁儀衛図)では柄頭や鞘尻を鋲頭状に覆っていたと判断できる。金勝村七号墓は柄に横線があり、筒金式の分銅形と判断できる。

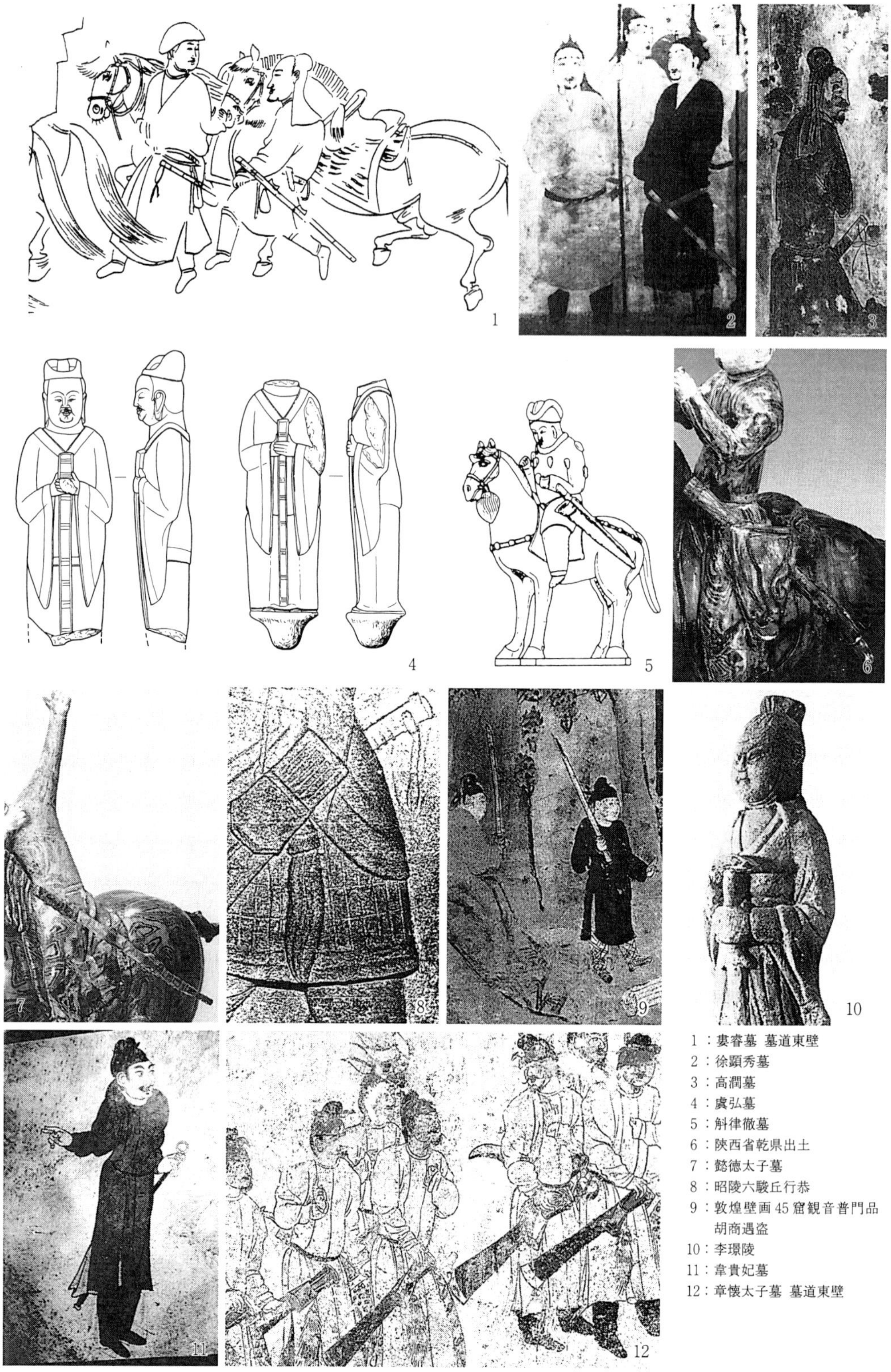

1：婁睿墓 墓道東壁
2：徐顕秀墓
3：高潤墓
4：虞弘墓
5：斛律徹墓
6：陝西省乾県出土
7：懿徳太子墓
8：昭陵六駿丘行恭
9：敦煌壁画45窟観音普門品
胡商遇盗
10：李璟陵
11：韋貴妃墓
12：章懐太子墓 墓道東壁

図79　刀集成（1）

13：太原市南郊墓
14：章懐太子墓 墓道西壁
15：太原市金勝村第 337 号墓
16：太原市金勝村第 4 号墓
17：李昇陵
18：新城長公主墓 墓道東壁
19：李憲墓 墓道西壁
20：カラホッチョ寺院
21：懿徳太子墓
22：ムルトゥク天王図
23：馬家庄道貴墓
24：首都博物館蔵俑
25：楊思勗墓
26：太原市金勝村第 6 号墓

図 80　刀集成（2）

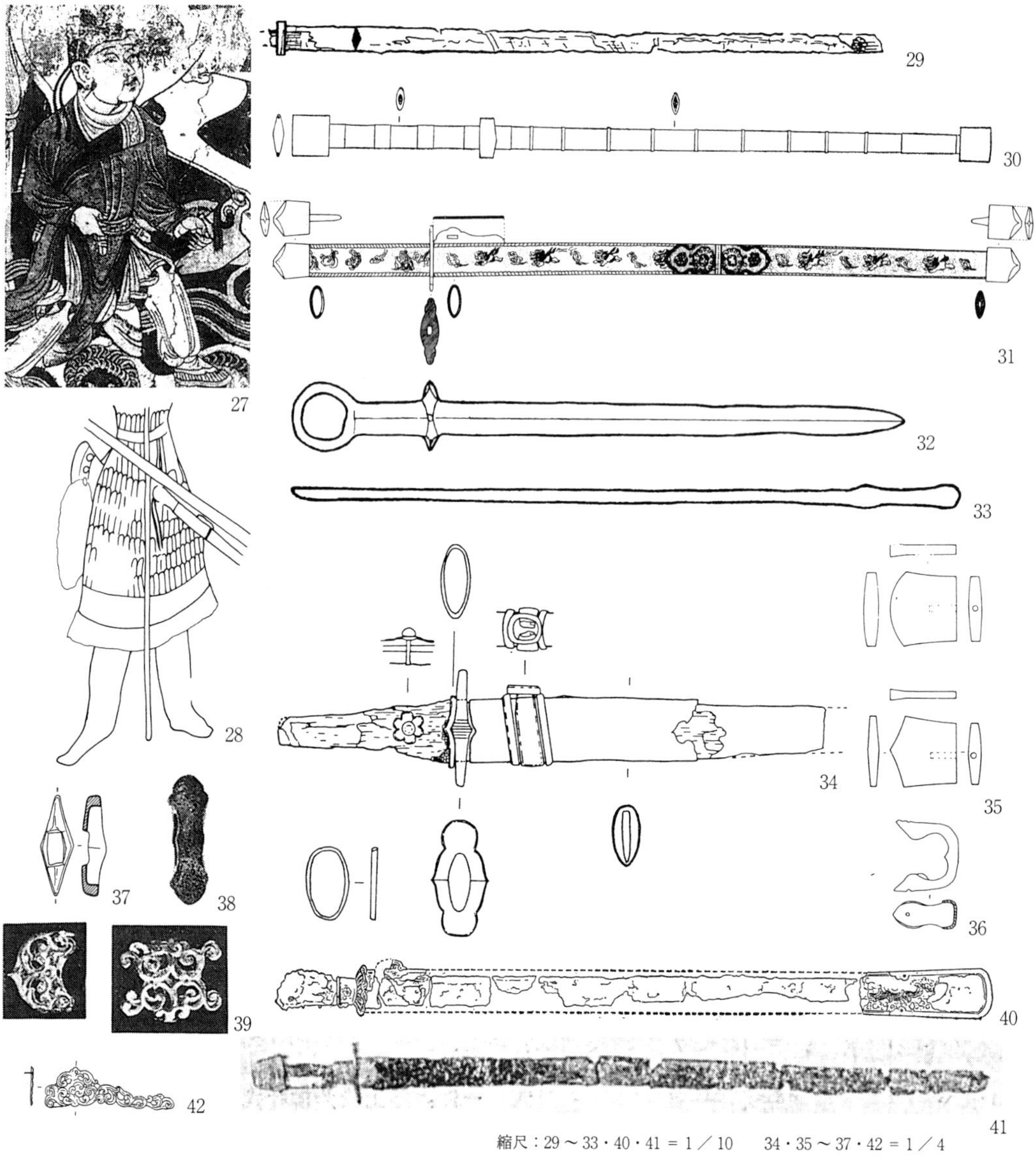

縮尺：29～33・40・41＝1／10　34・35～37・42＝1／4

27：カラホッチョ寺院　28：長楽公主墓 墓道西壁　29・42：姚无陂墓　30：庫狄迴洛墓　31：李勣墓　32：偃師杏園 李悦墓　33：偃師杏園 李存墓　34：トロイツコエ遺跡　35：恵昭太子墓　36：大明宮含元殿遺址　37：西安郊区 421 号墓　38：雁鴨池　39：渤海河南屯古墓　40：五代七子山墓　41：遼察右前旗豪欠営第 6 号墓

図 81　刀集成（3）

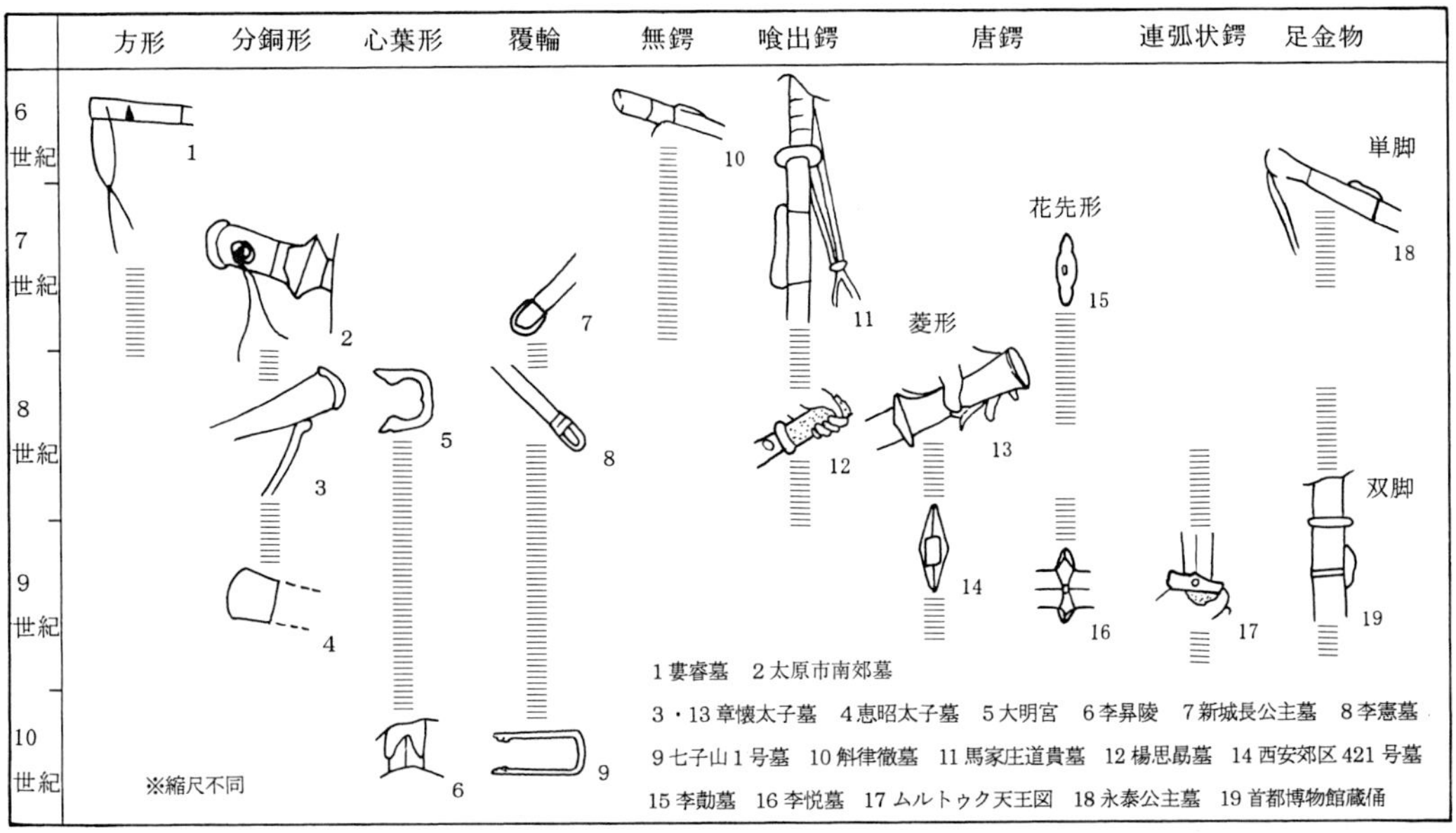

図82　刀装具分類・消長図

出土品では、恵昭太子墓（八一一年）・李存墓（偃師杏園M二九五四・八四五年）銅剣がある。分銅形柄頭は七世紀後半から九世紀代まで確認できた。

心葉形鞘尻（鍬形鐺）

壁画の分銅形柄頭も心葉形の金具を付けていた可能性もあるが、明らかな心葉形の事例は、大明宮含元殿遺址出土の銅製品があり、側面に孔があって釘で留めていたことがわかる。渤海河南屯古墓では、唐草文透かし彫りである。一〇世紀以降では南唐の李昇陵中室浮彫像（九四三年）では、柄頭の側縁の覆いが長くなっている。

覆輪鞘尻

筒金の鞘尻に覆輪が付く事例は、新城長公主墓（六六三年）墓道東壁門内前儀衛の最も後ろの儀衛の鞘尻が初期の事例であり、李憲墓（七四一年）の墓道西壁北部出行図の最後尾の者（報文第一三人）の佩用刀にもある。同様のものは、中央アジアのカラホッチョの唐代寺院壁画にもあり[13]、筒金の上に下側が長い覆輪を付けている。七子山五代墓の刀は花先形の覆輪になっており、覆輪が長く変化している。

山形柄頭

先端に頂部のあるもので、李勣墓（六七〇年）・恵昭太子墓佩飾頂（八一一年）・懿徳太子墓騎馬俑（七〇六年）などにみられるが、確認できた数は少ない。

(二) 柄間・手貫緒（柄・茎）

円点文装飾（鮫皮表現）

柄にほとんど文様は表現されないが、一部円点文の装飾がみられる。新城長公主墓墓道東壁門内前儀衛の最も後ろの儀衛の柄に点描がみられ、初期の事例である。楊思勗墓八号石刻俑（七四〇年）や九世紀に位置付けられているムルトゥク天王図までである。[14] 昭陵六駿丘行恭の佩用する刀の柄間には節がみられ、紐巻きされていたと判断できる。

手貫緒

北斉の徐顕秀墓や高潤墓・太原市金勝村七号墓・章懐太子墓墓道東壁儀衛などにみられる。方頭の柄頭の刀では南北朝には緒が付いていている。北斉の墓や長楽公主墓墓道西壁儀衛領隊の柄頭には紐が下がり、X字状である。

俵鋲

柄の佩表に花弁状の座金を鋲で打ち付けて、装飾とする俵鋲は、唐の壁画などでは確認できないが、洛陽出土の環頭刀[15]（洛陽甲刀）とトロイツコエ遺跡出土刀で確認できる。

(三) 鐔（格）

鐔なし

北斉の婁睿墓や隋張盛墓武士俑（五八四年）・隋斛律徹墓騎馬俑など隋代まではしばしばみられる。

喰出鐔

柄縁・鞘口よりも鐔の外縁が少々出ている鐔である。北斉馬家庄道貴墓（五七一年）・首都博物館蔵唐俑・懿徳太子墓騎馬俑・敦煌壁画四五窟観音普門品 胡商遇盗・楊思勗墓八号石刻俑などで確認できる。

唐鐔

日本で唐鐔（粢鍔）と呼称される唐の鐔は、形態から菱形と花先形に分類でき、正面観によっても二分類できる。菱形鐔は、太原市金勝村七号墓壁画・敦煌壁画四五窟観音普門品 胡商遇盗・章懐太子墓墓道東壁隊列・西安郊区四二一号墓（銅製・八世紀中葉〜一〇世紀初）がある。西安郊区墓は柄頭からみて菱形になるが、金勝村墓や橋陵（七一六年）などの皇帝陵墓の石人が捉仗する環頭は、佩表・捉仗表からみて菱形になる。

花先形鐔は李勣墓や環頭柄頭の偃師杏園李棁墓（八六九年）があり、前者の鐔は柄頭からみて花先形になり、後者の鐔は佩表からみて花先形になる。表側の中央には花弁座やその簡素化した文様が付くものがある。さらに捉仗する環頭刀で有文の鐔は献陵や線刻花文のある葉形の長安大明宮出土品がある。

連弧状鐔

刀身側が連弧状になる鐔は、ムルトゥク天王図や五代では李昇陵中室浮彫像にあり、剣からの伝統である。

(四) 鞘巻金具・足金具

鞘巻金具

唐代の横刀の責金具は多くが鞘巻金具であったとみられる。隋の張盛墓の俑は、山形金から腹帯形の鞘巻金具があり、メトロポリタン美術館蔵の洛陽甲刀も腹帯形である。

足金物

首都博物館蔵俑は[16]、山形金が付く横刀を捉仗する。鞘口側の足金物は双脚で山形金の下に付く。長楽公主墓の墓道西壁の甲を着た六人隊の領隊の後ろの儀衛が佩用する刀には、山形金の下に単脚足金物が確認できる。カラホッチョの唐代寺院壁画は、山形金に鞘巻金具が付き、足金物で覆っているようである。

（五）山形金（双附耳）

唐代の横刀は一般に山形金が二ヵ所付くが、隋張盛墓や儀仗の李勣墓では鞘口側の山形金のみである。メトロポリタン美術館蔵洛陽甲刀には、佩表に大きな鋲、佩裏に円形の帯執の遊鐶が付く。姚无陂墓（六九七年）では、銀製透彫りの山形金二枚が出ており、釘で木に留めている。

第三節　日唐の方頭大刀の比較検討

（一）柄頭

日本の方頭大刀の柄頭・鞘尻は、分銅形や鋲頭式が古くて、覆輪が新しいと指摘されている[17]。しかし、新納氏・下江氏と穴沢・馬目氏では、分銅形の方頭大刀について半世紀程の見解の相違がある。

唐前後の柄頭は、概ね筒金式の方形柄頭から分銅形や心葉形や覆輪になり、分銅形の初現は七世紀後半頃である。覆輪の鞘尻の出現時期は、管見の限り新城長公主墓の六六三年が最も古い。このため日本の方頭大刀編年の新しい時期比定説に従えば、唐で分銅形・覆輪が出現した直後に日本（倭）にもたらされたと判断できる。

日本では八世紀以降、筒金式の方形柄頭・鞘尻は正倉院や鞍馬寺蔵金銅大刀・千葉県辺田山谷遺跡などにみられる程度であり、分銅形も正倉院にわずかに存在するのみで衰退する。八世紀以降は主に心葉形（鍬形鐺）と責金具を付けた覆輪になる。一方、唐では分銅形は九世紀まで存続し、日本は導入後に短期間で変化していることがわかる。覆輪は唐から五代にかけて花先形が長くなるが、日本ではこの間に長くはならない。概して、柄頭は唐の最新式が日本でも導入されるが、日本では短期間で変化していることが指摘できる。

（二）柄間・手貫緒

日本では、正倉院の金銀鈿荘唐大刀には手貫緒を8の字状の双孔の鐶で合わせ、X字状に垂らす。唐の長楽公主墓の儀衛は環頭の刀で同じように紐をX字状に垂らしており、儀仗刀の緒の装飾性が共通している。これは北斉の諸墓の壁画でも確認できる。唐の横刀には柄間に円点文装飾を施すものがあり、日本の柄の鮫皮を表現したものと想定でき、末永氏の言われるように日本の柄の鮫皮が、唐の影響であることが再確認できる。俵鋲は、日本では高松塚古墳が初期の事例である。メトロポリタン博物館蔵洛陽甲刀には六葉の座金で切子頭に鐶が付き、紐を垂下させたと判断できる。日本の俵鋲と異なるが横刀の柄の装飾性の源流が想定できる。北方のトロイツコエ遺跡の刀に六葉の花弁と鮫皮が付いており、俵鋲は大陸系のものであると再確認できる。

（三）鐔

喰出鐔は唐代には、俑や壁画で確認できる。古くは北斉馬家庄道貴墓に確認でき、日本の喰出鐔の系譜を考えるうえで参考になる。唐鐔は菱形鐔と花先形鐔に分類できる。菱形鐔は日本では確認できず、花先形が伝わる。唐の花先形鐔は正面観で細分でき、日本の鐔は唐の鐔のうち花先形佩表正面観の鐔を取り入れたことがわかる。日本の唐鐔は八世紀には細長い花先であるが、九世紀後半には太い花先に変化する[18]。晩唐や五代の時期の連弧状の鐔と明らかに異なった形態に変化している。統一新羅の雁鴨池では、日本と最も類似した花先形鐔があり、日本の編年では九世紀後半以降に位置付けられ、日羅間での関連が窺える。

（四）鞘巻金具・足金物

日本では七世紀以降足金物になる。唐では腹帯形の鞘巻金具が主体であるのと対照的である。このために、日本の足金物の源流が問題になってきた。山形金に付く足金物であるが、唐の単脚足金物は長楽公主墓（六四二年）やカラホッチョの寺院壁画に確認できる。瀧瀬氏新説によれば、日本の単脚足金物の出現は七世紀初頭から前葉とされ、隋代の事例の確認が成否を握る。双脚足金物は首都博物館蔵俑の山形金に付き、トロイツコエ遺跡の双脚足金物は円環で双脚を繋ぎ、日本の枠形櫓金と構造は異なるが、双脚足金物の出現を大陸に求める資料となる[19]。壁画や俑であるが、唐に足金物が確認でき、単脚・双脚足金物は方頭大刀とともに将来されたと判断できる。

（五）山形金

日本では山形金が二ヵ所付き、鐶台を山形金の板に貫通して留め、鋲飾りなどで覆う点で共通する装具も確認できる。姚无陂墓の山形金は唐草文を施しており、日本の高松塚古墳の山形金の祖形となる。しかし、日本の八世紀代の遊鐶は上方下円形であるが、メトロポリタン美術館蔵洛陽甲刀は円環である。日本の山形金の出現はマルコ山古墳や高松塚古墳の七世紀末から八世紀初めで、中国では北周の李賢夫婦墓にはみられ、出現に時期差がある。隋張盛墓やカラホッチョの寺院壁画では山形金が一ヵ所で、佩用帯一本の場合もあって、日本と異なることもある。

（六）日唐間の方頭大刀の関係

方頭の柄頭の刀について、日唐間での刀の各部位の比較検討を行ってきたので、まとめておきたい。

倭の方頭大刀には、七世紀第三四半期頃に唐の最新型式である分銅形柄頭や覆輪鞘尻が時を経ずに導入されている。心葉形は渤海の王室貴族層の墓という河南屯墓でも出ており、これは、日本の東大寺出土金鈿荘大刀や正倉院の金銀鈿荘唐大刀と類似し、東アジアの共通型式であった。

唐の鐔は菱形鐔・花先形鐔、喰出鐔などが横刀に確認でき、日本には花先形の唐鐔が導入され、喰出鐔もその可能性がある。喰出鐔は概ね方頭大刀の出現期から確認でき、それ以前の有窓・無窓の鐔よりも小型であり、兵器の防御性向上という観点からの型式変化では説明できない。喰出鐔が方頭大刀出現と近い時期から出現することから、外的な要因で出現した可能性がある。花先形の唐鐔は、唐で七世紀後半から確認でき、日本では正倉院蔵品が最古で、唐の初現時期と隔てる。山形金はマルコ山古墳・高松塚古墳が最古であり、唐鐔・山形金は柄頭などよりも遅れて入る。

足金物では、唐の単脚足金物は長楽公主墓が初期の事例で、滝瀬氏旧説や穴沢・馬目氏の説に従えば、唐で出現した直後に日本（倭）でも出ることになる。しかし、唐では多くが鞘巻金具であり、構造上の差異は存在する。

このように、日本の方頭大刀の各要素は、唐の方頭の横刀に源流があることが改めて明らかになった。しかし、柄頭など最新型式の導入、唐鐔の多様性の中からの選択性、鞘巻金具の非盛行など、選択的に行われている点が確認できた。そして、柄頭や足金物などが唐の横刀からの導入時期の第一段階であり、第二段階で山形金や花先形佩表正面観の唐鐔を取り入れる。しかし、帯執の遊鐶の形態などは日本的なものである。

第四節　唐の方頭の横刀を導入する背景

唐における刀制は、『唐六典』武庫令に記載されるように、儀刀と障刀は儀仗と防身用の刀である。横刀は兵士が佩用する刀で、陌刀は歩兵が執る長刀であった。儀刀は鳳龍環の流れを受ける環頭である。『新唐書』巻二三儀衛志にも儀衛に際して隊をなす兵士が佩用するのは主に横刀であって、指揮官は主に長刀・儀刀を執る規定になっている。法制的には、唐の刀は四種類に分類されているが、鐘少異氏は章懐太子墓壁画に無環首刀を佩用する儀衛がいることから、唐代には無環首刀の流行に従い、儀刀にも無環首刀が多く用いられるようになったと述べ[20]、儀刀が環首刀から無環首刀に変化していることを説く[21]。法制的には、唐の横刀は指揮官以下の兵士の佩用刀として認識されていた点は確認しておく必要があり、儀礼・儀衛に際しては階層的な刀の使用法が存在したのも事実である。乾陵など皇帝陵に列する石人は三葉文の環頭の儀器を捉仗しており、長楽公主墓壁画に列する兵士隊は有文の環頭の横刀を佩用するが、蘇君墓など無文の環頭の横刀を佩用する場合もある。方頭の横刀は、隊列する兵士の佩用刀の場合が多くて、兵仗・儀仗としても兵士の佩用する刀であったと考えられる。

このように、唐の方頭の横刀について基本的な性格を想定したが、日本（倭）で、環頭大刀から方頭大刀に変換するのは、どのような理由か考えると、奈良時代の日本では、色によって金銅製と烏作大刀で佩用者が区別・階層化されているが、朝儀の際に横刀を佩用するのは武官である。武官の儀衛の道具として方頭大刀は機能しており、この点は唐と同じ機能性が窺える。実戦兵器としての性格を軽視するものではないが、環頭大刀の消滅時期に方頭大刀が出現することから、環頭・方頭大刀ともに同じ機能を有し、軍事体制の整備過程で官僚制のなかに軍事を管掌する武官を設置し、儀衛の道具として唐源流の横刀である方頭大刀を導入したと推定される。兵士が隊列を組んだ時に、視覚的な柄頭などが先行的に導入されており、儀衛道具という性格での導入を示唆する。[22] そして、段階的に、選択的に唐風化し、在来のものと折衷化して奈良時代の刀制が整備されるのである。

註

（1）滝瀬芳之「円頭・圭頭・方頭大刀について」（『日本古代文化研究』創刊号、PHALANX—古墳文化研究会—、一九八四年）。
（2）瀧瀬芳之「大刀の佩用について」（『埼玉考古学論集　設立一〇周年記念論文集』（財）埼玉県埋蔵文化財調査事業団、一九九一年）。
（3）穴沢咊光・馬目順一「郡山市牛庭出土の銀作大刀」（『福島考古』第二〇号、一九七九年）。
（4）野垣好史「装飾付大刀変遷の諸段階」（『物質文化』八二号、二〇〇六年）。
（5）新納　泉「戊辰年銘大刀と装飾付大刀の編年」（『考古学研究』第三四巻第三号、一九八七年）。
（6）末永雅雄『日本上代の武器』（一九四一年、『増補日本上代の武器』木耳社、一九八一年）。
（7）前掲註（1）滝瀬論文・前掲註（4）野垣論文。

（8）前掲註（3）穴沢・馬目論文。
（9）前掲註（2）瀧瀬論文。
（10）持田大輔「律令制儀刀の成立に関する一考察」（『技術と交流の考古学』同成社、二〇一三年）。
（11）孫　机「玉具剣与璏佩剣刀」（『考古』一九八五年第一期、一九八五年）・王援朝・鐘少異「談昭陵六駿石彫中丘行恭佩器」（『文物天地』一九九六年第六期、一九九六年）・鐘少異「六～八世紀中国武器的外来影響」『七～八世紀東亜地区歴史与考古国際学術討論会論文集』（北京大学考古博院・大阪経済法科大学、二〇〇一年、『七・八世紀の東アジア　東アジアにおける文化交流の再検討』大阪経済法科大学出版部、二〇〇〇年）。
（12）前掲註（5）新納論文・下江健太「方頭大刀の編年」（『定東塚・西塚古墳』岡山大学考古学研究室、二〇〇一年）。
（13）原田淑人・駒井和愛『支那古器図攷　兵器篇』（東方文化学院東京研究所、一九三二年）。
（14）東京国立博物館ほか『Central Asian Art from the Museum of Indian Art,Belin,SMPK ドイツトゥルファン探検隊　西域美術』（朝日新聞社、一九九一年）。
（15）穴沢咊光・馬目順一「メトロポリタン美術館所蔵傳洛陽出土の環頭大刀を論じて唐長安大明宮出土品に及ぶ」（『古文化談叢』第三六集、一九九六年）。
（16）中国上海人民美術出版社『中国陶瓷』（美乃美、一九八三年）。
（17）前掲註（12）下江論文・前掲註（1）滝瀬論文。
（18）津野　仁「唐様大刀の展開」（『研究紀要』第一一号、（財）とちぎ生涯学習文化財団埋蔵文化財センター、二〇〇三年。『日本古代の武器・武具と軍事』吉川弘文館、二〇一一年所収）。
（19）前掲註（2）瀧瀬論文。

（20） 刀制上の分類と使用方法は、文献と実物・石像・壁画・俑から儀礼・儀衛の階層や時期的な点を考慮した、実際の使用方法の実態と対照する手続きが必要であり、今後の課題である。
（21） 前掲註（11）鐘論文。
（22） ここでは唐との比較で方頭大刀の源流をみたが、その伝播ルートの解明も基礎的な検討で課題である。

参考文献（図79〜81）

朝日新聞社『中国陶俑の美』（一九八四年）。

（中国）

成　東・鐘少異『中国古代兵器図集』（解放軍出版社、一九九〇年）。

郭文魁「和龍県渤海古墓出土的几件金飾」（『文物』一九七三年第八期、一九七三年）。

国家文物局編「太原北斉徐顕秀墓」（『二〇〇二中国重要考古発現』文物出版社、二〇〇三年）。

済南市博物館「済南市馬家庄北斉墓」（『文物』一九八五年第一〇期、一九八五年）。

考古研究所安陽発掘隊「安陽隋張盛墓発掘記」（『考古』一九五九年第一〇期、一九五九年）。

劉超英「磁県北斉高潤壁画墓」（『河北古代墓葬壁画』文物出版社、二〇〇〇年）。

南京博物館『南唐二陵発掘報告』（文物出版社、一九五七年）。

山西省考古研究所「太原市南郊唐代壁画墓清理簡報」（『文物』一九八八年第一二期、一九八八年）。

山西省考古研究所・太原市文物管理委員会「太原金勝村三三七号唐代壁画墓」（『文物』一九九〇年第一二期、一九九〇年）。

山西省考古研究所・太原市文物管理委員会「太原隋斛律徹墓清理簡報」（『文物』一九九二年第一〇期、一九九二年）。

山西省考古研究所・太原市文物考古研究所・太原市晋源区文物旅遊局『太原隋虞弘墓』（文物出版社、二〇〇五年）。

山西省文物管理委員会「太原市金勝村第六号唐代壁画墓」（『文物』一九五九年第八期、一九五九年）。

山西省文物管理委員会「太原南郊金勝村唐墓」（『考古』一九五九年第九期、一九五九年）。

陝西省博物館・乾県文教局「章懐太子墓発掘簡報」（『文物』一九七二年第七期、一九七二年）。

陝西省考古研究所『李憲墓発掘報告』（科学出版社、二〇〇五年）。

陝西省考古研究所秦陵工作站「唐恵昭太子墓清理簡報」（『文物』一九九二年第四期、一九九二年）。

陝西省考古研究所・陝西歴史博物館・礼泉県昭陵博物館『唐新城長公主墓』（科学出版社、二〇〇四年）。

陝西省社会科学院考古研究所「陝西咸陽唐蘇君墓発掘」（『考古』一九六三年第九期、一九六三年）。

沈従文『中国古代の服飾研究 増補版』（京都書院、一九九五年）。

蘇州市文管会・呉県文管会「蘇州七子山五代墓発掘簡報」（『文物』一九八一年第二期、一九八一年）。

王克林「北斉庫狄迴洛墓」（『考古学報』一九七九年第三期、一九七九年）。

烏蘭察布盟文物工作站「察右前旗豪欠営第六号遼墓清理簡報」（『文物』一九八三年第九期、一九八三年）。

西安市文物保護考古所「唐姚无陂墓発掘簡報」（『文物』二〇〇二年第一二期、二〇〇二年）。

昭陵博物館「唐昭陵李勣（徐懋功）墓清理簡報」（『考古與文物』二〇〇〇年第三期、二〇〇〇年）。

昭陵博物館『昭陵唐墓壁画』（文物出版社、二〇〇六年）。

中国科学院考古研究所『唐長安大明宮』（科学出版社、一九五九年）。

中国科学院考古研究所『西安郊区隋唐墓』（科学出版社、一九六六年）。

中国美術全集編輯委員会『中国美術全集 工芸美術編二 陶瓷（中）』（上海人民

美術出版社、一九八八年）。
中国美術全集編輯委員会敦煌研究院『中国美術全集　絵画編一五　敦煌壁画』（上海人民美術出版社、一九八九年）。
中国美術全集編輯委員会『中国美術全集　絵画編一二　墓室壁画』（文物出版社、一九八九年）。
中国社会科学院考古研究所『唐長安城郊隋唐墓』（文物出版社、一九八〇年）。
中国社会科学院考古研究所『偃師杏園唐墓』（科学出版社、二〇〇一年）。
中国社会科学院考古研究所西安唐城工作隊「唐大明宮含元殿遺址一九九五―一九九六年発掘報告」（『考古学報』一九九七年第三期、一九九七年）。
周天遊『唐墓壁画珍品　章懐太子墓壁画』（文物出版社、二〇〇二年）。

第四章　甲冑の系譜

はじめに

本章では、奈良・平安時代の武具の系譜のうち、国内外のものと比較して、その系譜を検討していく。武器類に関して大陸や朝鮮半島との関連は、古く後藤守一氏が言及されており[1]、現在でも古墳時代の武器類の研究では、この視点から通常的に行われている。しかし、奈良・平安時代の甲冑に関して、大陸や朝鮮半島のものと比較検討して、体系的に研究されたことはないであろう。

八世紀以降の東アジアにおける甲冑を通してみた交流については、楊泓氏が中国の資料を中心に扱って言及されている[2]。また、鈴木敬三氏は隋・唐の両当系の甲と日本の大鎧の関連について指摘し[3]、唐の甲冑が広く東アジアの諸国に与えた影響について述べられ、広域に比較検討していく方法を提示された。

ここでは、甲冑を構成する小札や各部位を比較検討して、甲冑を通じて各国の軍事的な技術交流の実態をみつつ、また、そこに反映された軍事政策を読み取っていきたい。

第一節　小札甲

1　小札の形態

(一)　小札の分類

日本の奈良・平安時代に併行する中国唐代以降の出土小札の様相を知るため、小札の分類を行う。近年では、服部敬史氏が中国北東部出土小札について通時的に分類・消長を検討している[4]。なお、札頭・札足（上下関係）については、後述のように決めがたいので、報告に従って図示しておく。

一類：縅孔一列で、長条形をしている。札頭・札足は円形か端部を切り落とした形態であるが、縅孔が二孔ある端部のみ円形になってい

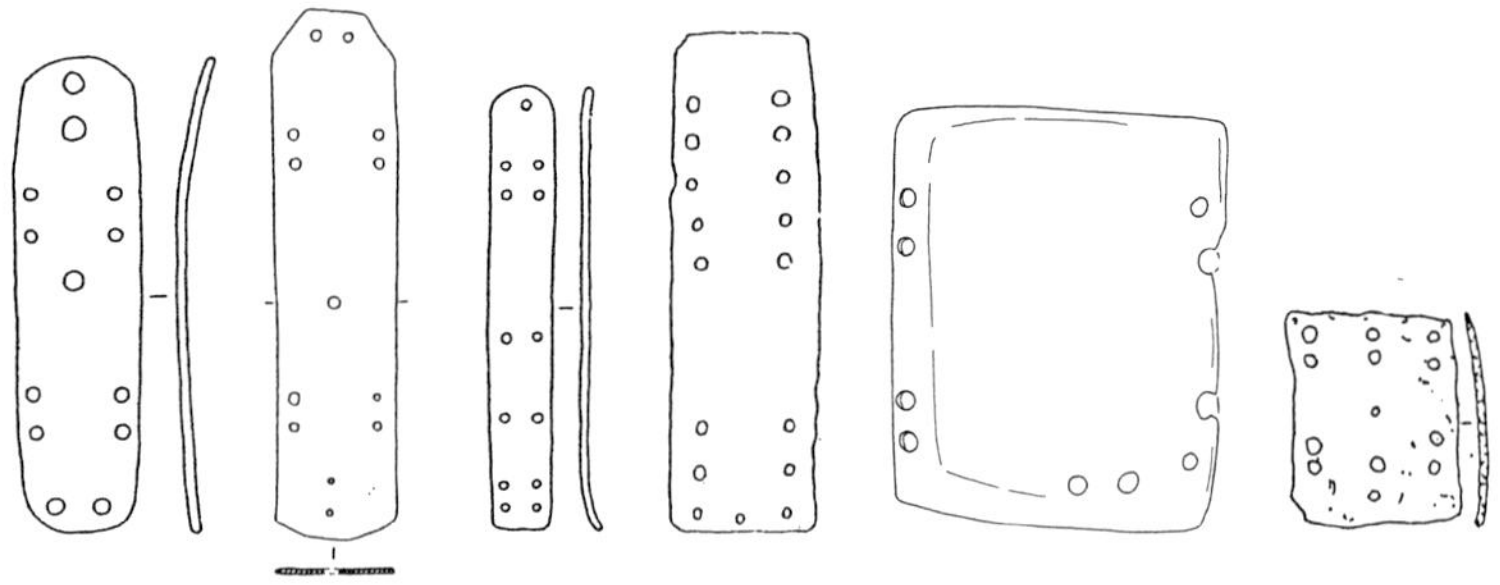

図83　小札分類図

るものもある。

二類：下搦孔一孔、その上に綴孔があり、札頭から四孔が綴孔・緘孔とすると、緘孔二列の緘甲[5]であろう。

三類：札頭から五孔が二列並んでおり、札足側には綴孔四孔と下搦孔がある。形態は、札頭・札足ともに方形が一般的であるが、五孔が二列並ぶ端部がゆるやかな円形を呈するものも少数ある。緘孔二列の緘甲とみられるが、二類との違いは、札頭からの孔が一孔多く、緘孔二列であるが、緘しの技法が異なることが推定される。

四類：方形の小札であり、両側縁に二段かそれ以上の綴孔がある。下端には、一方の綴孔寄りに二孔あり、綴孔と判断される。

五類：方形の小札であり、緘孔一列で、両側縁に綴孔が二段ある。

(二) 各時代の小札

唐

大明宮元含殿址から連接した甲が出ている。札頭と札足には各一孔

があり、この孔は第一緘孔と下搦孔とみられ、緘孔一列の緘甲と判断したい。このため、一類小札に類したものと推定しておき、類例の増加によって、別類型か明らかになるであろう。曲江池から一領の完整な鉄甲が出ている。小札は三二二枚で、報告による寛条型一三九枚、中寛型七二枚、搾条型一一一枚からなる。前二者は、一類の綴じ・緘し技法であり、最も細い小札は二類である。一類の緘孔は綴孔よりも孔径が大きく、緘孔一列の緘甲と判断できるが、二類は緘孔と綴孔に孔径がなく、孔の性格が決め難いが、同じく曲江池から出ている緘孔一列の小札に、半円形の金具（報告による銅鈕）が付いており、直線部が上辺になって付いていることを参考にすると、搾条型の小札も下端に下搦孔一孔をもち、縦四孔が上になる小札と判断される。報告の通り一領の甲とすると、唐の中央部では、緘孔一列と緘孔二列の小札を組み合わせた甲が存在したことになる。綴孔の位置は、最も細い搾条型小札で四分の一ラインにのっているが、そのほかのものは、側縁に穿孔されており、二枚重ねになっていない。

『支那古器図攷』掲載の新疆出土鉄小札[6]は、曲江池の中寛型に近い一類と幅広で緘孔一列の一類がある。後者は札幅が曲江池の寛条型に近いが、札丈が低く、安陽修定寺塔彫磚の武士像肩甲[7]や左才墓の武士俑頸甲[8]に類似した使用方法が想定される。さらに方形の革札四類は、ミーラン城砦出土革札[9]とともに朱の環状文様が描かれている。

参考までに宋代の小札は、長方形で三類に当たるものが出ている[10]。中原における、唐から宋代への小札の変化として理解することができる。

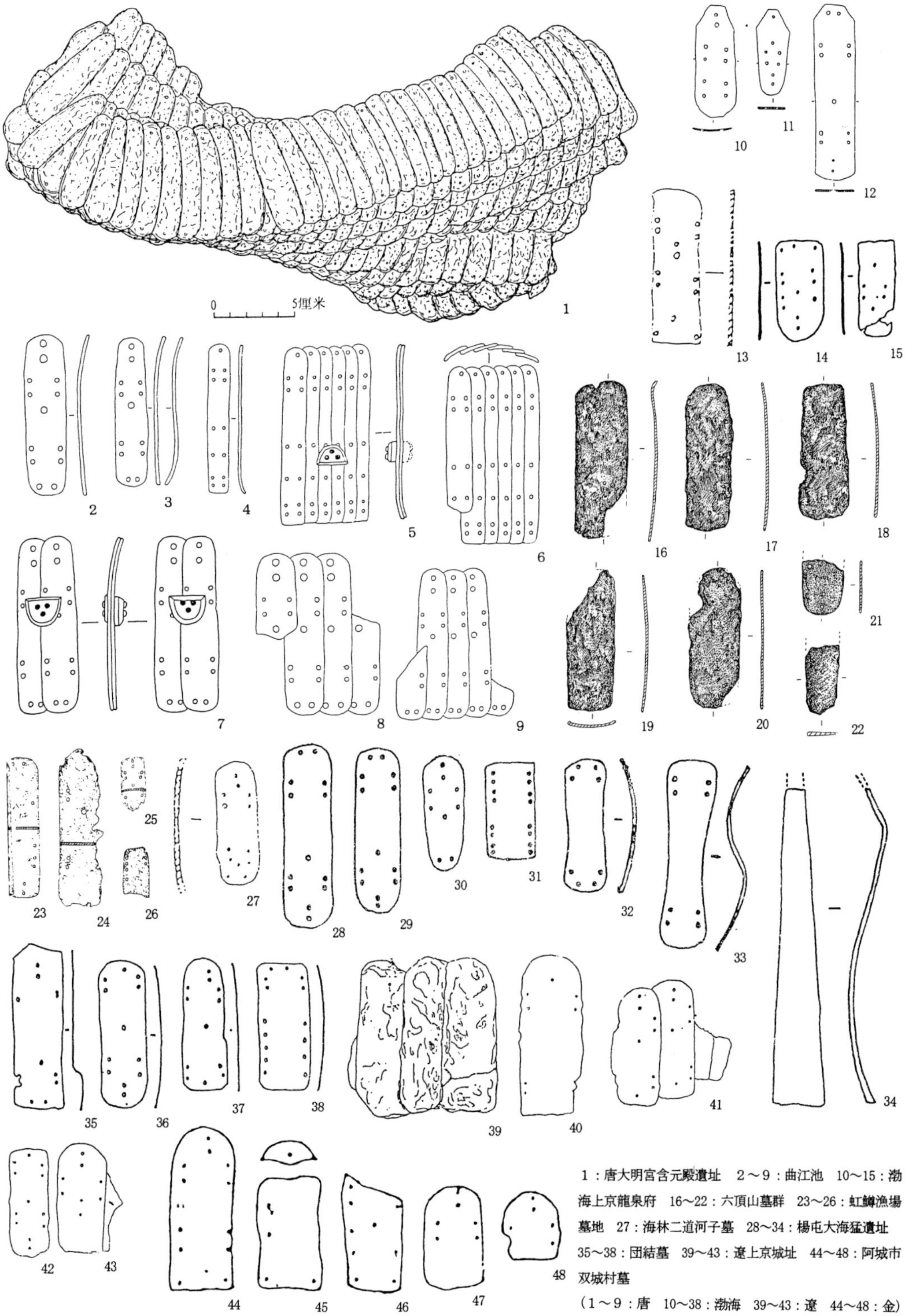

1：唐大明宮含元殿遺址　2～9：曲江池　10～15：渤海上京龍泉府　16～22：六頂山墓群　23～26：虹鱒漁場墓地　27：海林二道河子墓　28～34：楊屯大海猛遺址　35～38：団結墓　39～43：遼上京城址　44～48：阿城市双城村墓
（1～9：唐　10～38：渤海　39～43：遼　44～48：金）

図84　唐・渤海・遼・金の小札

渤　海

上京龍泉府からは、鉄冑の鉢とともに小札が出ている。縅孔一列の一類がみられるが、札幅では二・一〜三・〇センチまでに及んでいる。札丈で二種類に分類でき、12と13は長条型で、11・14・15は長さ五・〇〜六・〇センチ程で、部位が異なるであろう。11は札下の両端を切り取り、裾広がりの形態であることから、綴じた時に笠状になる。綴孔の位置は、幅の狭い小札で四分の一ラインにあって、二枚重ねになっているが、広いものは二枚重ねになっていない。肩や頸部の小札であろうか。

墳墓では、二道河子墓と団結墓で出土している。前者からは一類の小札、後者ではM二号墓から一類と三類が二五三枚出た。出土状態とそれぞれの枚数が報告されていないが、一領の甲に縅孔一列と二列の小札が使用されていたことがわかる資料である。この組み合わせは、唐の曲江池の小札と同じである。いずれも四分の一ラインよりも側縁寄りに綴孔が穿孔されている。

このほかにも『黒龍江区域考古学』には札丈一一センチを超す長さの長条型小札が掲載されている[11]。

遼

遼上京城址から長条型の小札が出ている。報告では四式に分類しているが、札丈で二種類に分けられる。いずれも縅孔一列と思われ、縦に縅孔が二孔並び、札頭が丸味をもっており、もう一方の端部は直線状である。

綴孔は四分の一ラインよりも側縁寄りにあって、二枚重ねになっていない。

金

軍事的防御施設である界壕と辺堡や故城と墳墓から小札が出土している。

一類は、阿城市双城村墓群で確認されており、長軸一方端が円形で、もう一方が方形をしている。札丈で二種類あり、縅孔一列、第三縅孔が記載されていないものもあるが、その存否については検討が必要である。蒲峪路故城では第三縅孔をもつ幅広の小札が出ている。

金代の甲の小札では、三類が多い点が特徴である。蒲峪路故城や各地の辺堡で出ている。札幅は一・八〜三・一センチまで確認でき、幅の狭い小札は綴孔が四分の一ラインにのり、二枚重ねになっている。なお、査哈陽古城や蒲峪路故城の小札には両側縁に五孔一列に並ぶ孔のうち、長軸端部から第三孔と四孔の孔径がほかよりも小さいものがある。一般に縅孔よりも綴孔が小さいことから、札頭から第一・二・五孔が縅孔、第三・四孔が綴孔と推測される。

五類は、蒲峪路故城から出ており、第三縅孔をもつが、数少ない。

統一新羅

雁鴨池から出ている。札幅が上端・下端で違い、丈の低い小札と長条型のもので、長条型の小札も縅孔一列か、小札分類の一類であろう。

(三)　各類の消長と分布

一類は、東アジア全域で、本稿が対象とする時期を通じて確認でき、主体的な小札形態である。二類は、唐曲江池で確認されたが、類例が他には確認できない。一類とともに出土していることから、一類と組

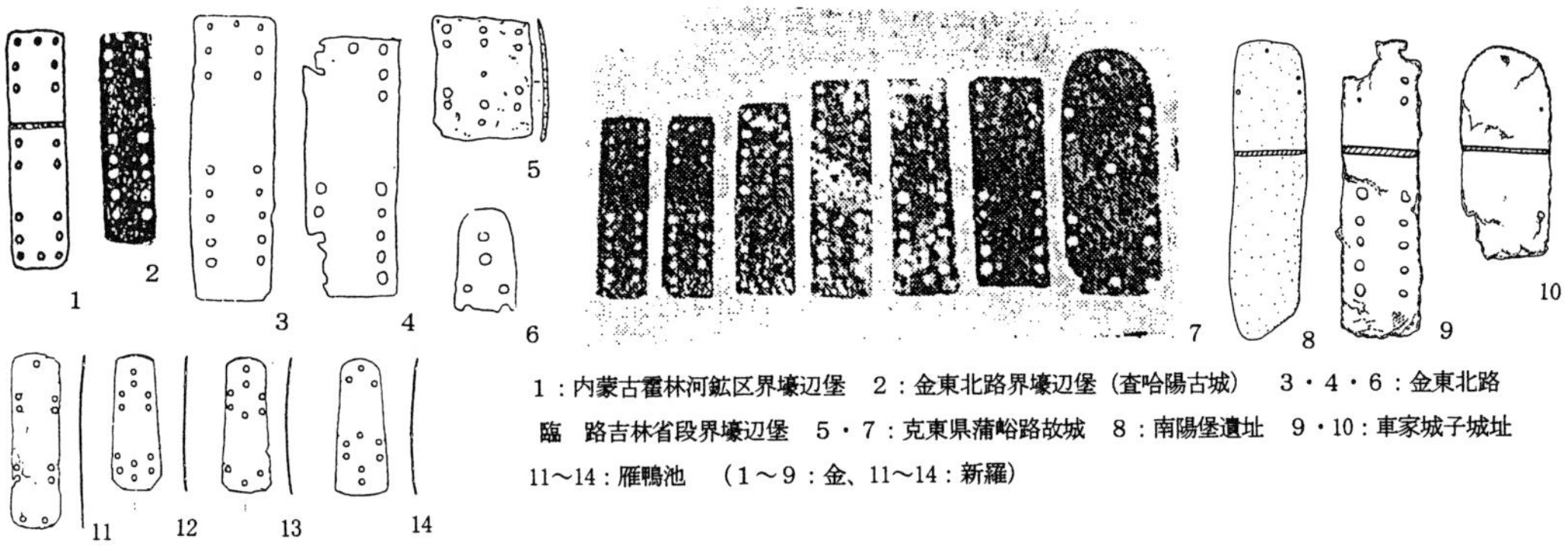

1：内蒙古霍林河鉱区界壕辺堡　2：金東北路界壕辺堡（査哈陽古城）　3・4・6：金東北路臨　路吉林省段界壕辺堡　5・7：克東県蒲峪路故城　8：南陽堡遺址　9・10：車家城子城址　11〜14：雁鴨池　（1〜9：金、11〜14：新羅）

図 85　金・新羅の小札

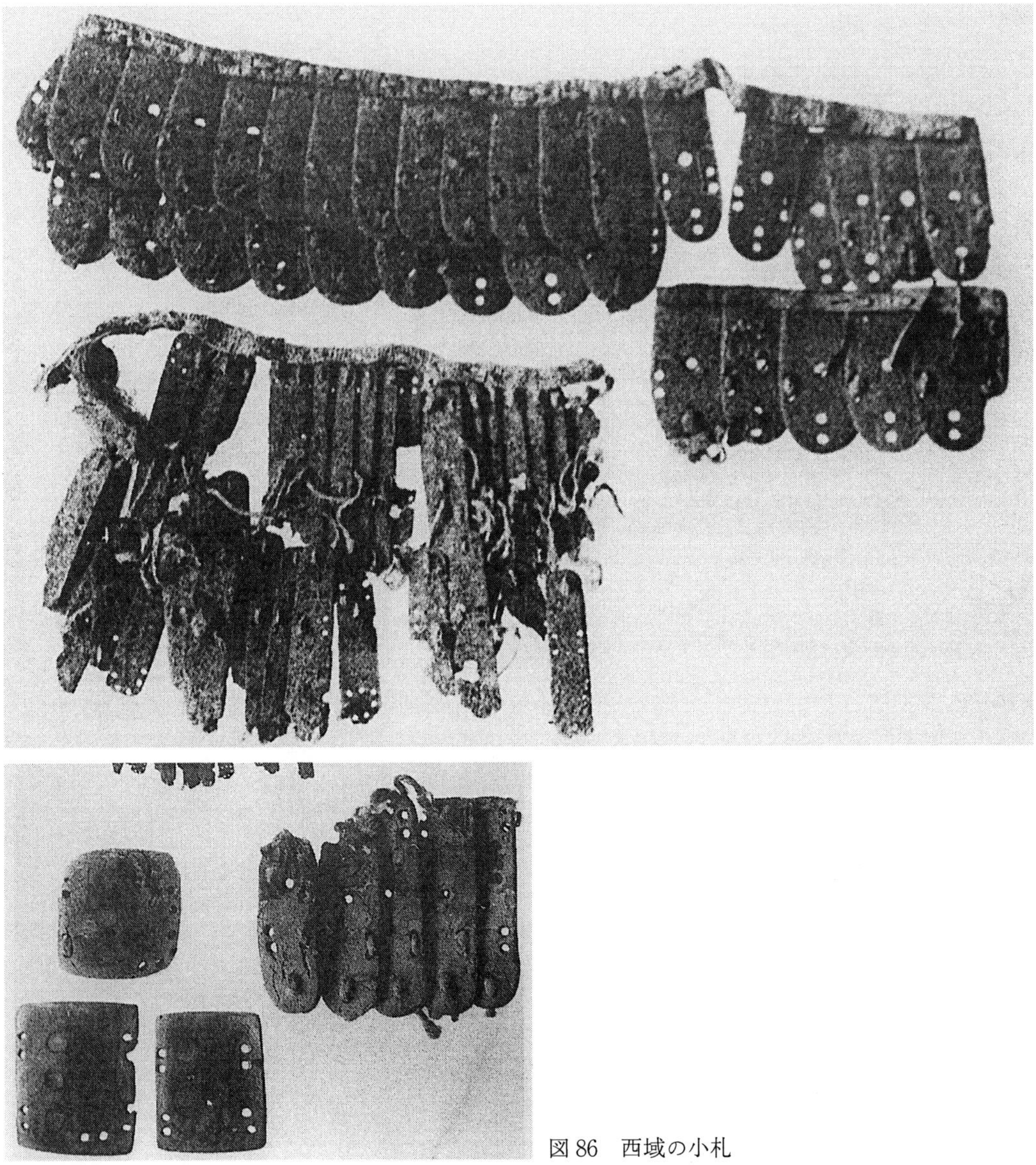

図 86　西域の小札

み合わされて使用されていた。三類は、朝鮮半島で五世紀前半代からみられ、大陸では金代まで確認された。長方形の小札は渤海の団結墓などでみられるが、女真族や金代の遺跡で最も多くみられる。分布は中国北東部からロシア域、日本の北部にかけての北東アジアに多く、一部中原以西でも宋代でわずかに確認される。団結墓M二号墓で、一類と三類小札が出たことから組み合わされて使用していた可能性がある。一方で、日本秋田城跡の非鉄製小札甲は三類のみであり、一類の形態が含まれず、多様な使用方法が存在したことが理解できる。四類は、西域出土の革札であり、五類は金代の資料に確認できるが、付属具の可能性もある。四・五類は分布・消長も限定された小札である。

2　外重式・内重式と綴じ・縅し

（一）外重式・内重式の事例と使用方法

我が国の古墳時代に併行する東アジアの小札甲を検討した清水和明氏[12]による綴甲（上下段を繋げる縅紐を用いず、綴じ合わせるのみの甲）・縅甲（上下段の縅紐を用いて繋げる甲）と外重式（下の段の札板が上段よりも外側に重なる甲）・内重式（下の段の札板が上段よりも内側に重なる甲）という分類は、唐代以降の甲にも有効である。これに従って、関連の重視される唐代を中心にみてゆきたい。

唐代以降の俑や絵画資料では、小札の重ね方を表現するが、綴紐や縅紐までを表現するものは少ない。まず、唐代の外重式・内重式について類例を提示する。

外重式：道因法師碑（烏錘小札・胴部）、長楽公主墓儀衛像（長条小札・胴部と肩部と草摺）、懿徳太子墓騎馬俑（長条小札・胴部と肩部）、天理参考館蔵黄白釉加彩武人俑（烏錘小札・草摺）、新疆吐榾番出土武士俑（一類小札か・胴部と冑）、新疆焉耆出土武士俑（一類小札・胴部と草摺）、敦煌莫高窟三八〇窟天王像（長条小札か・錣と胴部と草摺）、法門寺地宮天王像（一類小札か・肩部）など。

内重式：万県唐墓騎馬俑（長条小札・肩部と胴部と草摺と馬甲）、鄭仁泰墓（長条小札か・胴部、魚鱗小札・胴部）、左才墓武士俑（魚鱗小札・冑と錣）、天理参考館蔵黄白釉加彩武人俑（一類小札・草摺）、安陽修定寺塔彫磚の武士像（長条小札か・草摺、魚鱗小札・胴部と肩部）など。

主な事例を提示したのにすぎないが、唐代には外重式と内重式の存在したことが確認できた。管見の限りでは、内重式よりも外重式の方が多く確認できたことから、分類した一～三類の小札は外重式が卓越していたことがわかる。特に、小札の上端の一方側面に抉りを入れ、鍵の手状をした烏錘小札は、外重式に限られる。

外重式は、新疆焉耆出土武士俑に詳細に表現されていて、小札上端に縅紐、下段に綴紐があれば、綴孔一段以上の縅甲と判断できる。懿徳太子墓出土俑の甲は外重式であるが、各段の小札の頭に帯状の色が塗られている。一般に帯状の布や革は覆輪に使うことから、覆輪が札板の上端にあったのか。このことを示唆するのは、遼代に下がるが、解放営子墓の門神であり、小札の丸みをもった端部が下方になり、各段の上端は覆輪状の帯になっている。各段の重なりはほとんどないが、

1・2：節愍太子墓　3：長楽公主墓　4：万県唐墓

5：黄白釉加彩武人　6：左才墓　7：魯善都墓

8：翁牛特旗解放営子墓　9：耶律先族墓

10：新疆焉耆出土武士俑　11：修定寺塔　12：永定陵

図 87　内重式と外重式の甲

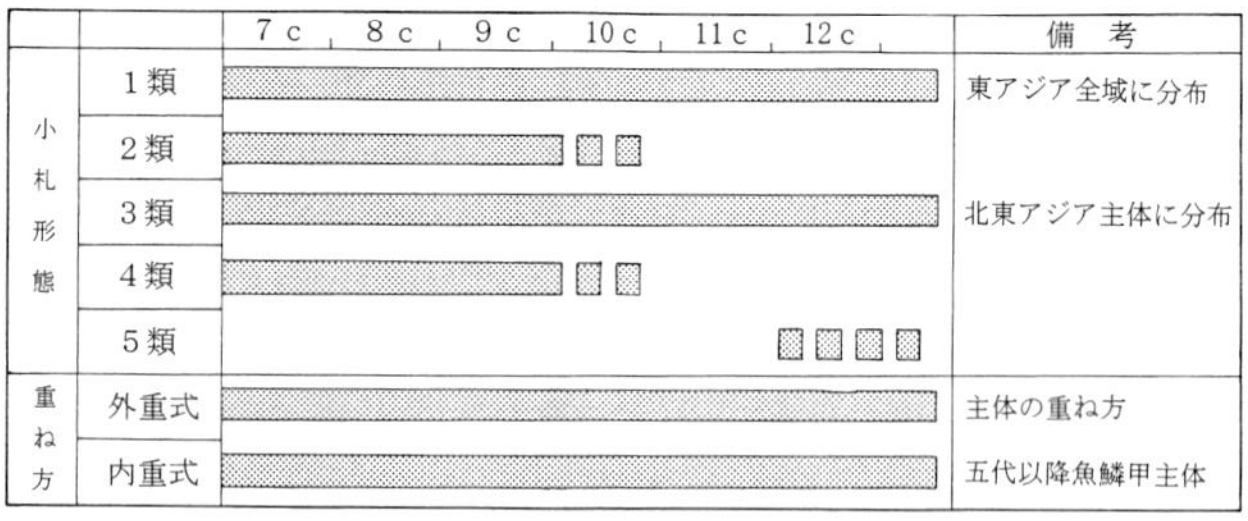

図88　小札形態・重ね方消長図

『支那古器図攷』掲載の新疆出土の鉄小札と類似している。さらに、北票蓮花山遼耶律仁先族墓の墓門武士像は、外重式縅甲と判断でき、各段の上端に覆輪状の線が描かれている。東アジアにおける小札の分類の際に長条小札の天地を決めがたいと述べたのは、上述の理由による。

　内重式は、魚鱗小札を綴甲にする場合に多く確認でき、そのほかは主に草摺で長条小札を使用していた。天理参考館蔵黄白釉加彩武人俑の草摺（図87の5）は、小札下端に紐が描かれていて、内重式の覆輪の紐か綴じ紐と推測される。胴部に長条小札を内重式にして縅す事例は、比較的少ないようである。長条小札の内重式は、四川省龍興寺石刻にみられ、小札の中央に縦線があることから縅し紐と判断される。同様の事例は湖北省武漢出土の歩兵俑(13)にもみられ、錣・胴部・肩部・草摺が内重式で小札中央に縦線が描かれている。また、安徽省合肥西郊隋墓でも下端の綴じ紐が確認できる草摺を着けた歩兵俑(14)があり、これも長条小札を用いており、すでに隋代には長条小札の内重式が存在していたことが確認できる。

　魚鱗小札の綴甲は、左才墓（図87の6）の武士俑の冑・錣に詳細に表現され、小札中央に縦線が描かれており、綴じ紐と判断できる。

（二）消長

　本稿と関わる部分では、外重式が主体であったが、すでに隋代から長条小札にも内重式の甲が作られていた。唐代にも外重式が主体になっており、内重式は冑や錣で主に魚鱗小札が使われていて、一部に胴部や草摺にも内重式がある。そして、内重式と同じく可動性のない人字形の小札を組み合わせて形成した山文甲(15)が唐代以降顕著になる。体に密着した甲が開発されてきたことを示すのであろう。

　五代や遼では、前蜀王建墓のように肩部に魚鱗小札の内重式がみられるが、胴部にも確認できる。

　金代には、山西省稷山馬墓(16)に外重式の草摺に縦に縅紐があって、縅孔一列の小札の使用方法が理解できる。

　宋代では、北宋皇帝陵の武士像(17)（図87の12）や『武経総要』の馬甲のように外重式が極めて多い。馬甲には縅紐が表現されており、第三縅孔から紐の出ていることがわかる。縅孔一列の小札が宋代にも使われていたのである。内重式は錣に使うことが圧倒的に多い。

3　甲冑の構造

　唐代は、隋に流行した両当甲から明光甲が主流になると指摘されている(18)。ここでは日本の甲冑と比較する観点から小札甲の構造についてみていく。

（一）両当甲

東アジア各国の当該期の甲で、構造が推定できるのは大明宮出土の甲である。この甲は札板一段の長さ四〇センチで、九段に重なっている。小札は長さ七センチで、縅し方・綴じ方は不明であるが、一般的に各段の重なりは一から二センチ程とみられ、札板を縦に縅した長さは五〇センチ前後になるであろう。横四〇センチ、縦五〇センチ前後の大きさの甲で、横幅に竪上・長側部分のような長さの違いがないことから両当甲の可能性が高い。この大きさと比較できるのが、日本の平城京二条大路木簡[19]に記載された甲の大きさで、「左甲作千代　背一尺一寸　胸一尺二寸　下三尺八寸　前八行中甲　後九行□」とあり、大明宮甲の横幅四〇センチは、木簡の胸甲に近い。大明宮の九段の札板は、木簡の前甲八段（中サイズの甲）や後甲の九段に近い。木簡の甲は前甲とあることから両当甲である。このため、両者は甲の大きさが近似した両当甲と判断でき、唐日の宮で着用された甲の構造が同じであったことが、出土品と木簡から明らかになった。

　次に、小札甲の構造を考える上で参考になるのは壁画や俑に描かれた小札である。絵画で両当甲は、道因法師碑に描かれた甲がある。胸の下部で腹上と腰下には捻った紐で甲を緊縛している。腹の部分では小札が見えないことから被覆して、長楽公主墓の儀衛と同じく、円と方形の飾りの付く腰帯を着けている。

（二）胴丸甲

　引き合わせ式の甲で、長楽公主墓の儀衛などにみられる。その甲は、胸に円護を付け、領斑の胸甲は前引き合わせのようで、墓道東壁の領斑の甲は胸を紐で緊縛する。腰から草摺は右側でスカート状に合わせる。右引き合わせの草摺は節愍太子墓武士俑や遼寧省朝陽市魯善都墓出土俑でもみられる。節愍太子墓武士俑の草摺には引き合わせがみられるが、胴部に表現されないことから、胴と草摺は一連でなくて、長楽公主墓儀衛領斑の甲の構造と共通する。胴・草摺別造りで、草摺右引き合わせの甲は天理参考館蔵黄白釉加彩武人俑にもみられ、唐代の小札甲の一類型といえる。

第二節　小札甲の付属具と冑の系譜

甲を構成する基礎となる小札について、先に検討したので、本節では甲と冑の諸要素の系譜について検討して、律令国家の軍事的基盤の一端が、列島内で古墳時代以来の系譜で理解できるのか、唐や新羅など対外的な交流の中から形成されたのか、系譜関係をみていく。

（一）襟甲・肩甲

古代の襟の甲は、東京都武蔵国府関連遺跡で出土した小札[20]のみである。これは、古墳時代の良好な事例である藤ノ木古墳出土襟甲との比較により部位が想定でき、古墳時代からの系譜で理解できる。

　周辺諸国では、渤海の上京龍泉府や楊屯大海猛遺址Ｍ一九で、札丈の異なる小札が組み合わさっていた。特に小型の小札の使用部位を明らかにする必要がある。この点で参考になるのが遼寧省左才墓の武士俑である。冑と襟・肩は札丈の短い小札を内重式に緘して、胴と草摺は長条の小札になっている。これをもとに出土小札をみると、上京龍泉府出土図84の11や楊屯大海猛遺址の30は冑から肩甲の小札になるであろう。特に、上京龍泉府の11の小札は、札の一方が幅広になっており、左才墓の冑から肩甲の小札に類似し、襟や肩の形状に沿った形になる。

　肩甲の小札の丈が短い点は懿徳太子墓騎馬俑や節愍太子墓武士俑の小札から判断することが可能で、唐中枢部の小札型式を推察できる。襟甲は、懿徳太子墓騎馬俑で彎曲した小札板が一段あり、長楽公主墓の儀衛像では二段描かれている。楊屯大海猛遺址の32は彎曲が強くて札丈八センチ程であり、日本の武蔵国府関連遺跡出土襟甲の札丈に近似していることからも襟甲と推定される。

　日本でも丈の短い小札は平城宮跡で出土しており、(21)小札を連接し、緘孔一列で、肩甲の可能性が高い。このため、日本と唐・渤海の肩甲の小札は類似していると言えるであろう。ただし、重ね方については、異なる可能性がある。襟甲も小札製である点は唐日間で類似するが、日本では古墳時代の延長上で理解できた。

(二)　籠手

　日本古代で籠手の可能性のある遺物に山形県三条遺跡出土のものがある。(22)この小札は、長軸断面がゆるやかにカーブしており、小札仕立てである。札頭が遺存し、ゆるやかな将棋頭を呈している。

　この形態のものは、古墳時代に一般的にみられ、奈良時代のものが古墳時代からの系譜にあることを示している。遺存状態の良好な藤ノ木古墳例などでは、端部に覆輪があり、腕の側面に当たる部分では、札頭が斜めになっている。三条遺跡の小札は札頭が斜めになっていることから、その可能性がある。

　国内資料の比較の次に、唐と関係があるのかみてみる。唐では籠手(護臂)実物資料がなく、俑や絵画資料・石刻などから検討すると、以下のように、大きく四類に分類できる。

　一a類：籠手部分を革のようなもので包んでいたと考えられる。長楽公主墓では、赤色で手首に緑色のリングがあり、肘の付近には籠手を緊縛したのか布が垂れている。さらに、リングの先には布状のものが出ている。図90の3・4には、前述のようなリングや布は表現されていないが、円筒状の籠手であり、本類に含めた。隋から北宋までの間の代表的な類例を挙げておく。類例は隋季和墓、唐万県唐墓騎馬俑・修定寺塔武士像・堰師唐柳凱墓武士俑、五代前蜀王建墓武士像。

　一b類：円筒状の籠手であるが、表面に文様が描かれている。天王像にこの類のものが多く、表現が誇張されたものもあると推察される。類例は、唐鄭仁泰墓などがある。

　二類：韝状もしくは、リング状をしている。敦煌莫高窟の事例は肘に花弁状の布が出ている。類例は、唐咸陽墓武士俑、北宋成都東郊三〇八廠三彩武士俑・武経総要など。

　三類：手甲の上方の籠手(護臂)部分に細長い板が付き、両側面も別な板で全体に筒状になっている。肘と手首に花弁状の布が出るもの

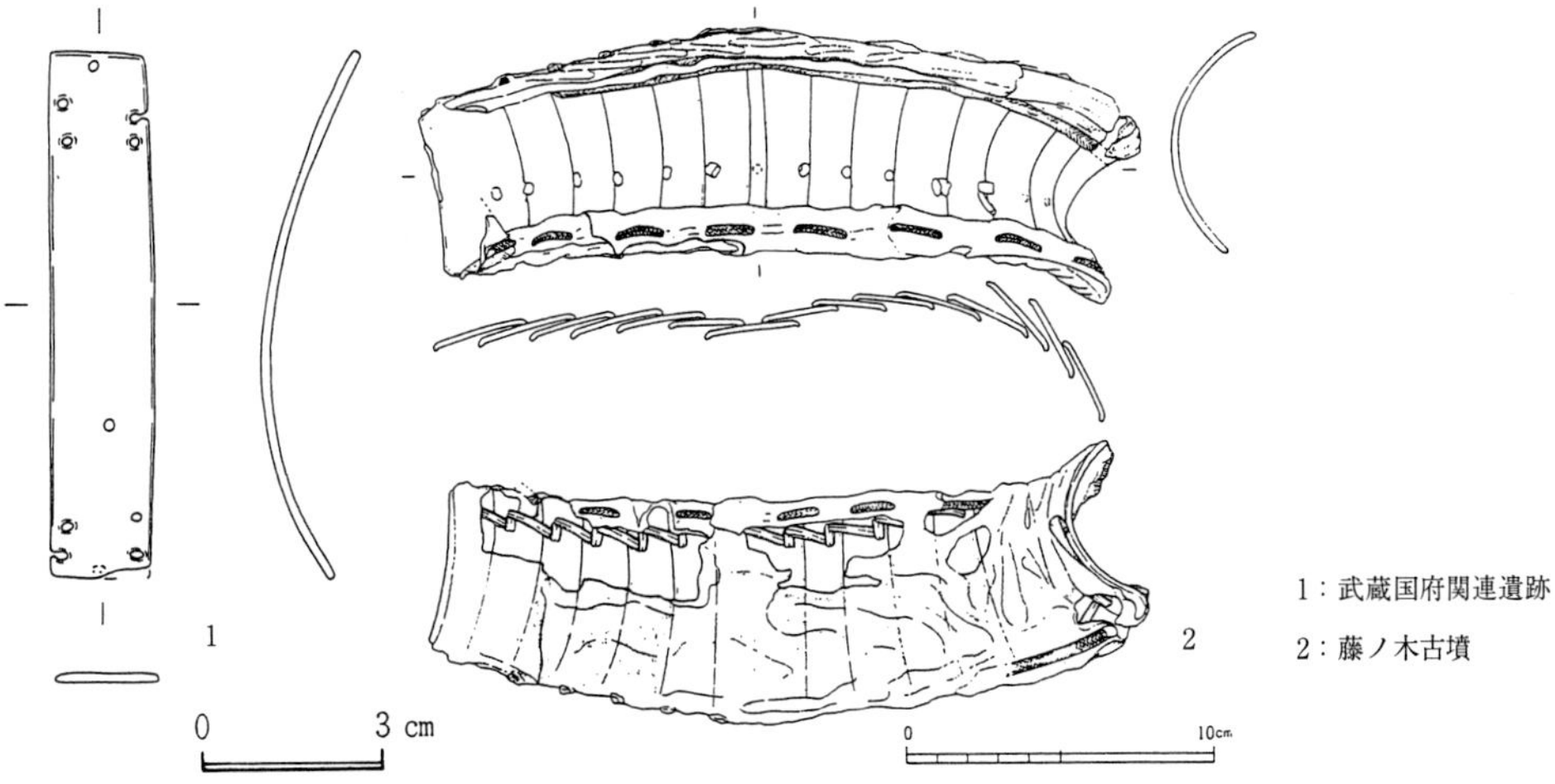

図89　襟　　甲

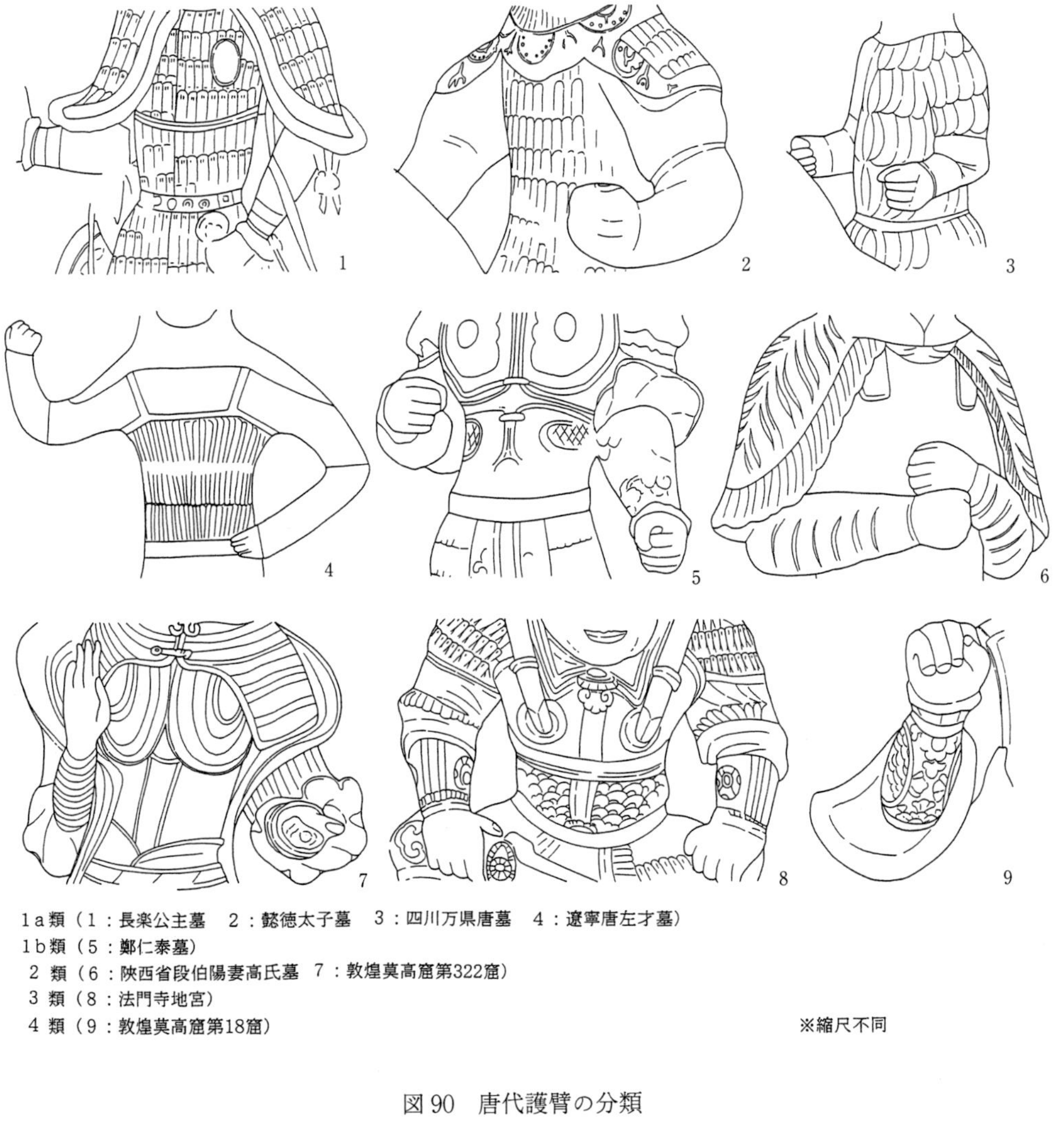

1ａ類（1：長楽公主墓　2：懿徳太子墓　3：四川万県唐墓　4：遼寧唐左才墓）
1ｂ類（5：鄭仁泰墓）
2 類（6：陝西省段伯陽妻高氏墓　7：敦煌莫高窟第322窟）
3 類（8：法門寺地宮）
4 類（9：敦煌莫高窟第18窟）　　※縮尺不同

図90　唐代護臂の分類

もある。また、図示した法門寺例のように金具の付くものもある。類例は、唐五星十二宿神形図・法門寺地宮宝函天王像・大雁塔門框石刻武士像、五代閏王王審知夫婦墓武士俑、北宋李公鱗作免冑図・広元墓石刻武士像。

四類：側面が猫目状にあいており、その下に小札が確認できる。多くは可動性の少ない魚鱗状の小札を用いて、その上に革製と思われる覆いを巻いている。覆いには文様を描くものがあり、手首にはリングを付けて小札と覆いを緊縛する。その先には菊座状の襞が出る。籠手（護臂）に小札を使用しているという点でほかの類と区別しうる。類例は、唐敦煌莫高窟天王像、北宋李公鱗作免冑図・永昭陵武士像。

これらをまとめれば、これまで指摘されてきたように、唐代になり板状のものを上面に付けて、より強い防護をするように変化し、三類が顕著になる。しかし、隋代以前から主体を占めていた一ａ類は五代にも確認でき、新出の三類とともに使われる。一ｂ類・二類は少なく、主体となる護臂ではない。小札を使用した四類は図示した敦煌莫高窟第一八窟天王像は晩唐の作であり、本類の初期の事例である。その後、四類は北宋にいたって主体になる。

このような動向と日本の籠手の様相とを比較すると、唐代には革製で筒状にして、手首と肘付近を緊縛したものが主体で、小札製は晩唐頃からわずかにみられるにすぎない。このため奈良時代の籠手の構造に与えた唐の影響は認められず、古墳時代の籠手の延長上にあると指摘できる。なお、『東大寺献物帳』には籠手とは限定できないが、覆臂には緑に燻地菱形や亀甲文の錦が使われており、文様を描いた鄭仁泰墓例のような一ｂ類と装飾面での類似点を見出すことができる。

篠状鉄札は、鹿の子Ｃ遺跡で失敗品と判断されるものが出ている。(23)失敗品は札頭に綴孔よりも大きな孔があり、綴孔は六段あることから、穿孔位置を誤ったものである。本例は篠状であり、古墳時代に一般的なものである。

（三）足纏（吊腿）

次に唐代とその前後の様相と比較するために、分類すると絵画や俑などで六種類の吊腿が確認できる。

一類：長靴状のもの。長楽公主墓のものは黒色で、革製であろう。類例は隋季和墓、唐万県唐墓騎馬俑・敦煌莫高窟第一五六窟壁画。

二類：脛の部分を革状のもので覆っており、側面は襞状になっている。唐代に特徴的な豹柄で李爽墓では上端を紐で縛っている。類例は唐懿徳太子墓騎馬俑・鄭仁泰墓武士俑。

三類：脛の部分を縦板状に覆っているのは二類と同じであるが、側面も革筒状のもので覆っている。下端には襞状の布か革が出ている。類例は法門寺地宮石刻天王像など。

四類：側面を猫目状にあけており、二・三類とは区別される。脛の部分には縦板状のものがあり、上端と下端には緊縛する紐がある。類例は、唐永泰公主墓武士俑・五星十二宿神形図・甘粛省泰安唐墓武士俑・独孤君妻元氏墓武士俑。

五類：構造は四類と同じで、側面があいている。脚の前後を覆う二枚の革でできていると推測され、後の覆いは足裏に及んでいることが

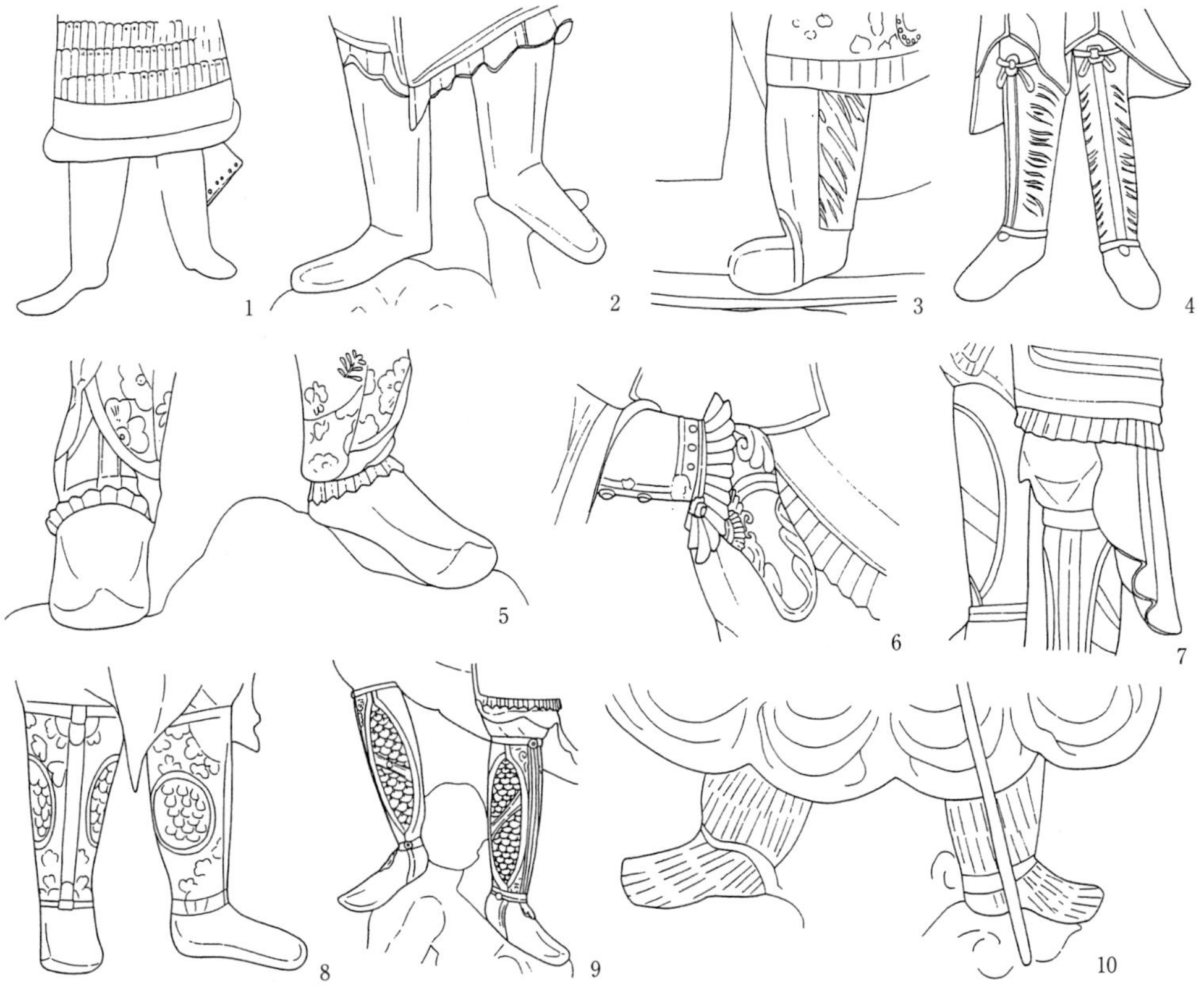

1類（1：長楽公主墓　2：敦煌莫高窟322窟）
2類（3：懿徳太子墓　4：陝西省李爽墓）
3類（5：敦煌莫高窟194窟　6：敦煌莫高窟12窟）
4類（7：敦煌莫高窟66窟）
5類（8：敦煌莫高窟18窟　9：敦煌莫高窟46窟）
6類（10：敦煌莫高窟154窟）
※縮尺不同

図91　唐代吊腿の分類

敦煌莫高窟の諸像などによっても知ることができる。覆いの下に魚鱗状の小札がある点で四類と区別される。類例は北宋上海博物館蔵石刻天王像・敦煌莫高窟第五五窟天王像など。

六類：小札を綴じて作っており、類例は敦煌莫高窟第一五四窟天王像などである。

中国では六類は少なくて、一〜四類が主体になっている。このような唐代前後の動向と日本の奈良時代末から平安時代初頭の鹿の子C遺跡の篠状鉄札を比較すると、相互の関連は薄いと判断される。むしろ古墳時代の篠状鉄札と類似しており、奈良時代の脚纏は古墳時代の延長上にあったと指摘できる。なお、『東大寺献物帳』にあるように足纏の縁には錦や絁が付いている。

（四）梅檀の板・鳩尾板

八世紀後半から九世紀初頭に鳩尾板、九世紀初頭に梅檀の板の冠板と判断できる資料が出ており(24)、平安時代の大鎧の鳩尾板・梅檀の板に繋がると考えられる。しかし、中国の唐代の甲冑にも胸脇の防具は確認できない。北宋の『武経総要』の中には胸部の両脇を保護する小札板が確認できる。これは、大鎧の梅檀の板に相当し、小札板が六段描かれている。志波城跡例は『武経総要』よりも古く、胸部両脇の防具の出現は日本の方に古い事例が確認できる。

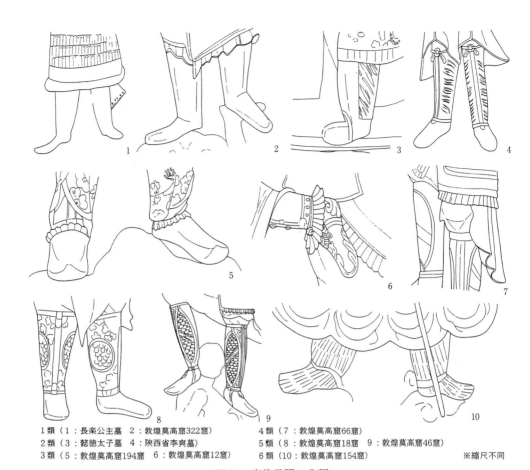

（五）弦走韋

弦走韋は射撃戦で弦が胴の小札に触れて、弓勢を防ぐために張られたという説[25]や馬手が札頭にかかるのを防ぎ、弓勢の増加と矢継ぎ早をより有効にするために張られたという説[26]がある。鈴木氏は、その出自について類似する敦煌莫高窟行道天王図を示すが、慎重に捉えて、その祖源については明らかにしていない。日本の資料からは出自についても明らかにしがたく、大陸や朝鮮半島に類例を求めると、唐から宋代に変遷が確認できた。

唐では道因法師碑・敦煌莫高窟第一九四窟侍臣・敦煌莫高窟行道天王図にみられ、いずれも両当甲である。道因法師碑の胸部、第一九四窟侍臣の胴部下半部に小札がみえず、革か布を付けている。道因法師碑では、その上端に撚った二本の紐で縛られており、下端には一本の紐で縛られている。また、前甲と後甲を縛るベルトが描かれている。張られた革か布の幅が狭い点が特徴である。行道天王図では、胸の上端に幅の狭い亀甲文様があり、胴部には小札の段がみえる。亀甲文様の下には前甲と後甲を縛る紐があり、縛られている。胸を覆っており、弓射との関連が推定されるが、前二者とは覆う部分が違い、同列には扱えない。

五代では、前蜀王建墓十二神像・浙江省里東山出土木俑・四天王木函彩画などにある。前蜀王建墓十二神像は胴部に革か布が張ってある。胸部には円頭や方頭の小札が二段から四段、もしくは板状のものがある。胴部との境には二重に巻いた紐があり、腰の部分はベルトでこの革か布を縛っている。背面は後甲である鎖子甲の上に胴部から脇を覆った革か布があるが、鎖子甲に縫い付けた様子はなく、前甲と後甲を紐で留めている。このため胴部の革か布は前甲に綴じ付けてあった可能性があり、甲の構造がわかる良い事例である。里東山出土木俑は胸部に方形の頭をした小札の段があり、胴部は革か布で覆われ、紐で縛っている。四天王木函彩画は明光甲であるが、胴部の覆いの上端と下端には菊座形の鋲で留めており、鋲留めの初現的な資料である。

宋代では河北省柿庄第二号墓・免冑図・四川省廣元墓などで、廣元墓石刻では、胸部に覆いがあり、小札板を露出する胸部との境には、縛った紐がある。

金代では山西省襄汾県荊樹溝上荘村墓・山西省稷山馬村墓の像にみられる。前者は小札製の甲の胴部に覆いを付ける。上下の端には覆輪に円形の鋲があり、小札板に留め付けている。ほかの一体は覆いの上端を紐で縛っている。

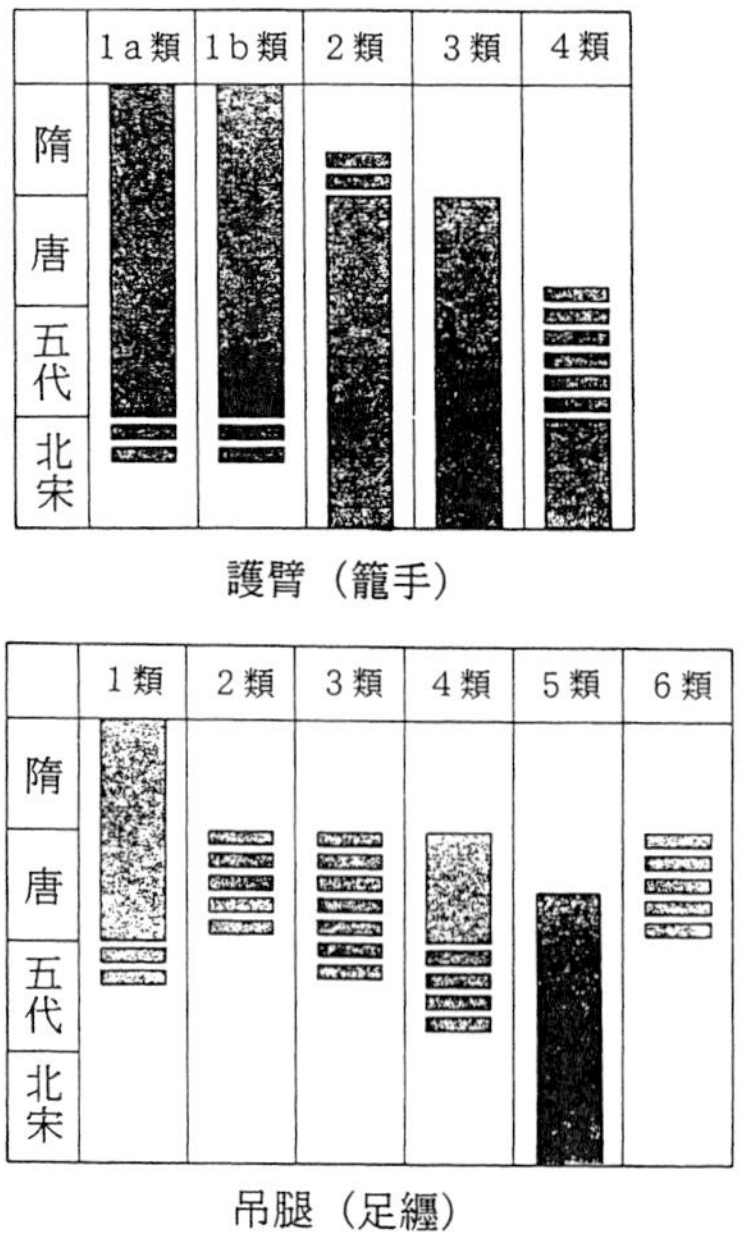

図92　護臂・吊腿消長図

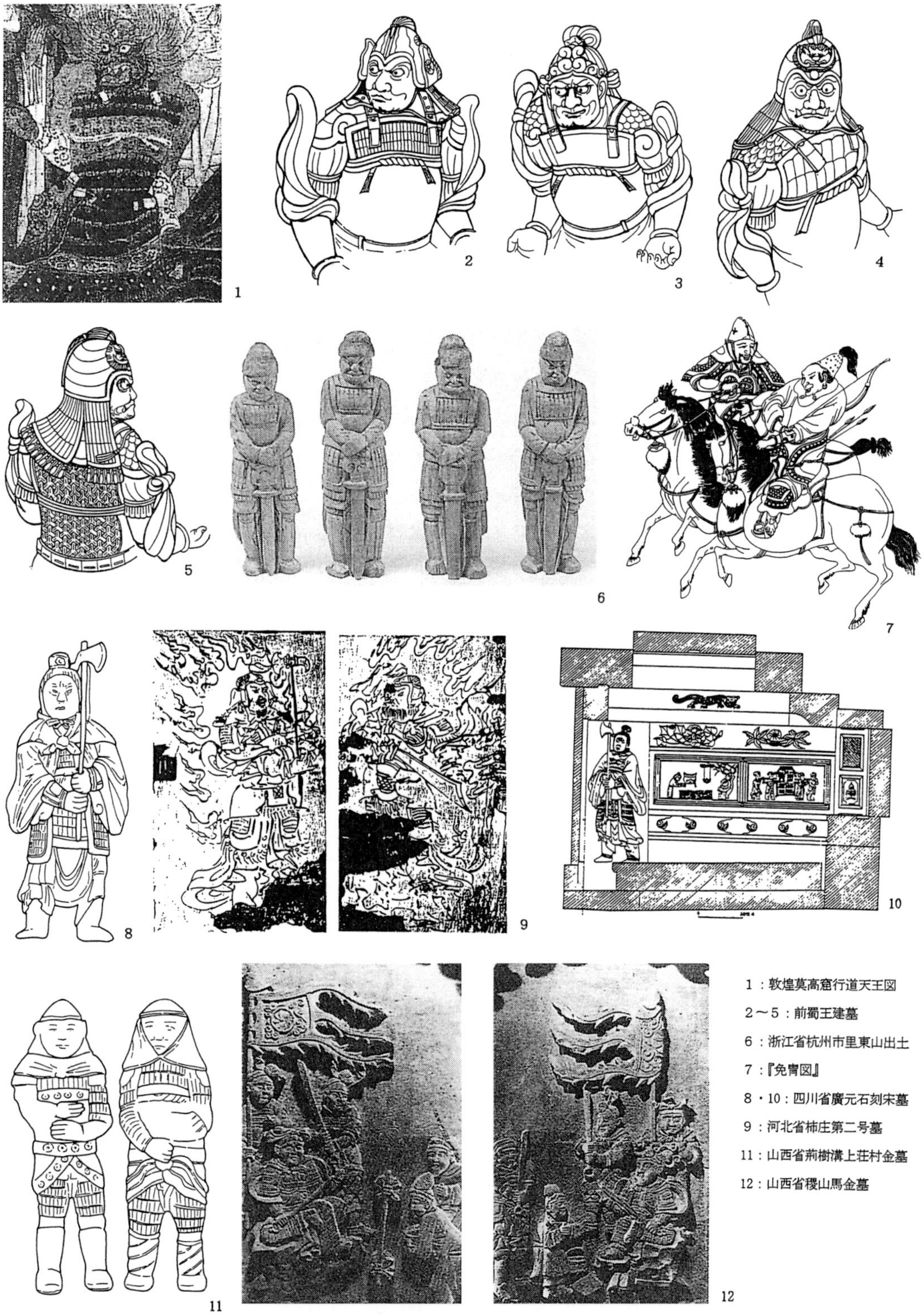

1：敦煌莫高窟行道天王図
2～5：前蜀王建墓
6：浙江省杭州市里東山出土
7：『免冑図』
8・10：四川省廣元石刻宋墓
9：河北省柿庄第二号墓
11：山西省荊樹溝上荘村金墓
12：山西省稷山馬金墓

図 93　胴部に革（布）を張る事例

新羅では雁鴨池の神将像に胴部下半の狭い範囲を覆う様子が描かれている。

このように、中国では唐から宋・金代にかけて胴部に革か布を覆う小札甲が継続的に使われていることが明らかになった。唐代は胸部や胴部のごく狭い範囲を覆い、類例も少なく不定形である。五代以降は紐留めが多いが、鋲留めも確認でき、我が国の大鎧の弦走韋が大陸の動向と連動していることがわかる。

胴部の覆いが普遍化する五代の時期、唐代の戦闘方法に変化があったのか不明であるが、革（板）を主な素材として、唐代に流行した明光甲が衰退し、五代から宋代には小札甲が多くなる。小札甲の場合に胴部の札板が動くと斬撃や騎射の際に腕の動きに支障をきたす。この部分に覆いを付けて、支障を防ぐ効果があったと説明できる。日本の弦走韋の機能性は騎射の際、弓勢を防ぐためと説明されてきたが、弓は胸部で引くことから、ほかの説明も必要である。日本でも騎射が趨勢化し、馬上での胴部の札板の動き防止のために取り入れられたと考えられる。日本の大鎧の成立は、一〇世紀後半以降と考えられ、大陸における胴部覆いの出現時期と近く、相互の関連が想定される。

（六）装飾性

日本の東大寺出土甲には、小札の下端に革覆輪があり、現在紫色を呈しており、これを組紐・革紐で綴じ付けている。裏面に小札方向とあった縫い目の粗い布が確認され、小札板に縫い付けてあったとみられるものがある。表面の下端に裏面と同じように付くものはなかった。

文献では『東大寺献物帳』に短甲の各部位に付く縁の様子が記載されている。縁は大きく錦を使うものと絁を使うものがあり、甲縁のみに革が使われている。[27]錦は菱形・小花形・亀甲文をはじめ各種の文様があり、絁では緋色が圧倒的に多い。献物帳に記載されたものであり、実用的な甲との差異も考慮しなければならないが、甲の縁が装飾性に富んでいたことは確認できる。延喜兵庫寮式に記載された付属具の付かない挂甲は、甲の製作工程では上下の札板を縅し終えた後に肩上（頸牒）を付けて、その後縁付けを行っている。工程上縅し終えた後に小札板各段の覆輪は縫い付けがたく、縁付けとは甲の最下段や脇への縫い付けと想定できる。

大陸では唐懿徳太子墓の騎馬俑・鄭仁泰墓俑の甲の縁には緑・紅・藍などの宝相華文などが描かれ、献物帳の記載による縁の文様装飾化に通じる。この場合、装飾が札板の外に出ており、装飾を縫い付けたもので、唐の甲と同じような効果が考えられる。平安時代前期までの甲の縁付けによる装飾は、やがて大鎧の札板最下段の赤韋による菱縫や側縁の耳糸として引き継がれていくのである。

（七）冑

東アジア各国の冑は、明光甲に具す冑を除けば、大きく小札式と板矧式に分類できるであろう。後者は矧ぐ板の形態によって柊形などの細板矧ぎと一枚から四枚程の広板矧ぎに小分類できる。

小札式は懿徳太子墓騎馬俑・節愍太子墓武士俑・遼寧省左才墓俑などで、柊形板矧式は長楽公主墓壁画儀衛像など、広板矧式は万県唐墓騎馬俑などで確認できる。多くは初唐から唐前半のものであり、冑の造り方の違いはあるが、多くは冑と錣が一体になる特徴がある。この点で日本の古代冑では錣と冑が別造りになっており、基本的な構造の違いが指摘できる。

五代の時期には前蜀王建墓の十二神像の冑に縦矧板・横矧板（柊形・細板）があり、錣と冑が一体のものが多いが、錣を小札表現するものもある。錣の小札は長条形を呈している。錣と肩甲とは別造りで、この構造は唐中原以西の唐中央部の構造を継承している。

宋代では『武経総要』所載の冑に小札で冑から錣を一体に造るものがあるが、北宋皇帝陵に列する石像の武人が付ける冑は全て錣が小札製で魚鱗状小札などを用いている。

古代日本の冑は不明な点が多いが、古墳時代以来の広板縦矧式で最も矧板枚数が少なくて四枚になる。奈良時代から平安時代前半の錣が明らかでないが、初期の兜鉢に𩊱を紐付けする孔があることから、冑・𩊱別造りである。この点で中国の冑では錣と冑が一体造りになっており、基本的な構造の違いが指摘できる。

獅噛文は日本の大鎧兜に具す。この獅噛文は唐代には兜に付き、節愍太子墓武士俑や明光甲の天王像にみられる。五代でも前蜀王建墓の十二神像の冑に牙の発達した獅噛文がある。日本でも仏像の天部の兜に付くが、大鎧の兜に獅噛文が付くのは中国の甲冑や仏像との関連が推測される。

第三節　日本古代甲冑の特徴

——東アジアの甲冑との比較から——

前節までで、東アジアのうち主に中国における甲冑の小札・構造・付属具の特徴をみてきたので、これらと日本古代の甲冑とを比較して、その特徴を検討する。

1　日本古代の小札の特徴

（一）小札の形態

東アジアで使われた小札は、出土品からみる限り、縅孔一列で、第三縅孔をもつ本稿分類一類が、長く使用されていたことが明らかになった。実際は、俑や絵画に表現された烏錘小札や魚鱗甲・山文甲などが加わり、唐から金代・宋代まで主流になっているのである。

日本では、奈良時代に一類の小札が主に使われていることから、東アジア全体の動向に沿ったものである。一方、五類は発見例が稀有で、四類も西域の革札に確認できるのにすぎない。

三類は、高句麗で集安付近の東台子遺址[28]で古い事例があり、五世紀前半代の昌寧校洞古墳群第三号墳[29]でも出土している。報告では、この類の小札を竪上・長側に使用していたと指摘している。下って、黒龍江省団結墓は、隋・唐に併行する黒水靺鞨の遺跡であり、縅孔一列の小札とともに綴孔二列のものも報告されている。吉林省楊屯大海猛遺址でも同様の組み合わせである。この遺跡は粟末靺鞨の遺跡で、渤海建国前後のものといわれる。さらに、トロイツコエの靺鞨の墓址でも確認されている。オホーツク文化に属する北海道栄浦第二遺跡の小札[30]は、上半部の五孔二列の部分と判断でき、菊池俊彦氏はシャイガ城砦出土の本稿三類に相当する一二世紀末から一三世紀初めの小札との関連を述べている。[31]

また、三類の小札は金代の古城や界壕・辺堡でも確認できる。このように、三類の小札は北東アジアを中心に五世紀から一三世紀頃までの長期間にわたり存在するものであることがわかる。札幅が広く、長方形の小札を限定的に捉えれば、三類の小札は北東アジアに多くみられる。

我が国本州では、秋田県秋田城跡や青森県根岸（二）遺跡で出ており、北東アジアの各地でみられた三類に類似している。東京都武蔵国分寺跡の鍛冶遺構出土の小札は、八世紀末から九世紀初頭で、一類と三類小札が確認された。[32]出土した場所が国分寺の鍛冶遺構という性格から判断して、この小札は国分寺で使用するために生産したのではなく、釘などに再生するために回収されたものと判断される。

現在のところ、古代の二・三類小札については、綴孔二列は北東アジアに多いが、唐中枢（曲江池）にも一部あり、日本列島でも東北北部や北海道にあるが、武蔵国でも確認され、以前北方系の小札甲と考えたが、[33]資料が増えて分布域が広がり、断定的な解釈ができず、三つの解釈案を提示しておきたい。

解釈一　三類小札は、渤海や北部の靺鞨で確認でき、金代や女真族の時代に北東アジアを中心にして分布している。東北北部や北海道の三類小札は、渤海や北部の靺鞨から技術移転したとみる。

この解釈に立ち、三類小札の出土事例を検討すると、青森県根岸（二）遺跡の小札は第三綴孔をもつ。下搦孔のある点は共通するが、団結墓には覆輪孔がない。札頭から五孔が穿孔されている共通点があり、相互の関連が捉えられるが、第三綴孔の存在は、日本の当該期の小札の動向に沿う部分がある。

また、秋田城跡の非鉄製小札甲は、九世紀第二四半期の所産で、札頭から五孔が並び、上から三孔が綴孔、この下にある二孔が綴孔であり、この下に第二綴孔があり、下搦孔が確認される。この小札は、団結墓の小札と綴孔・綴孔・下搦孔・札頭や札足の形態まで類似している。腰札も出土し、窪みに綴孔がある。大陸における腰札は、楊屯大海猛遺址図84の34を除き、実態が明らかでないが、これが腰札であれば、秋田城跡の甲は北東アジアの甲に類したものとなる。

武蔵国分寺の小札は、札頭が円形で、札足が方形で、根岸（二）遺跡などに類似する。この場合、渤海などとの関連が東北北部を介しての二次的な影響と考えるべきであろう。

解釈二　一類に二類や三類を混用する唐曲江池・団結墓・日本根岸（二）遺跡・日本武蔵国分寺跡などのように東アジア全体の共通型式と理解する。この場合に、日本では明らかに官衙の甲冑生産遺跡である鹿の子C遺跡などで、出土事例がない点が問題である。政府側の共通型式と認知されていなかった可能性が高い。

解釈三　日本の縅孔二列の小札を古墳時代以来の技術の継承とみる。現在の資料では、手甲など付属具のみに、七世紀第三四半期まで縅孔二列が確認できるが、その後の資料に縅孔二列が確認できず、今後の資料増加を待つことになる。この場合に、鹿の子C遺跡などを含めた官衙遺跡などで、出土事例がほとんどなく、七世紀後半から八世紀前半代に明確な事例が確認できない点が問題である。

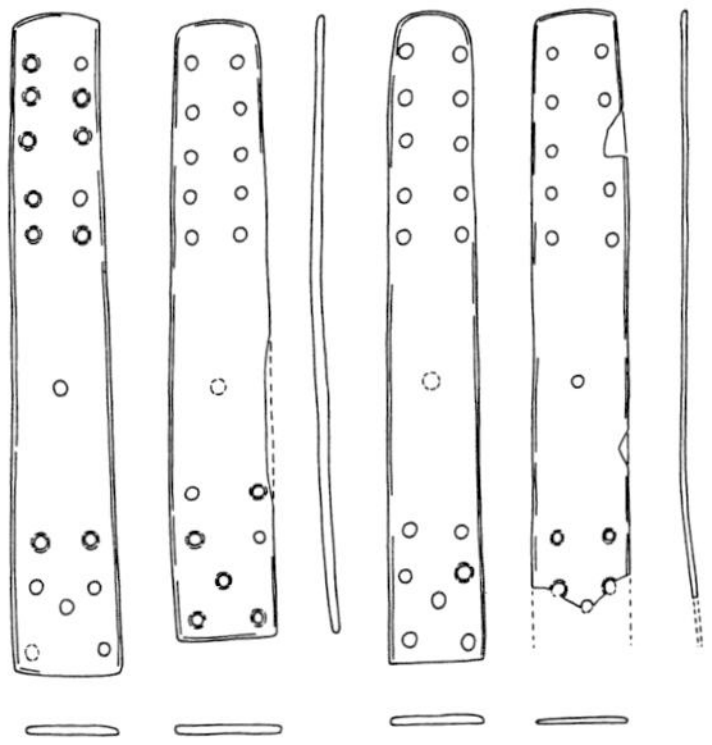

図94　根岸（2）遺跡の小札

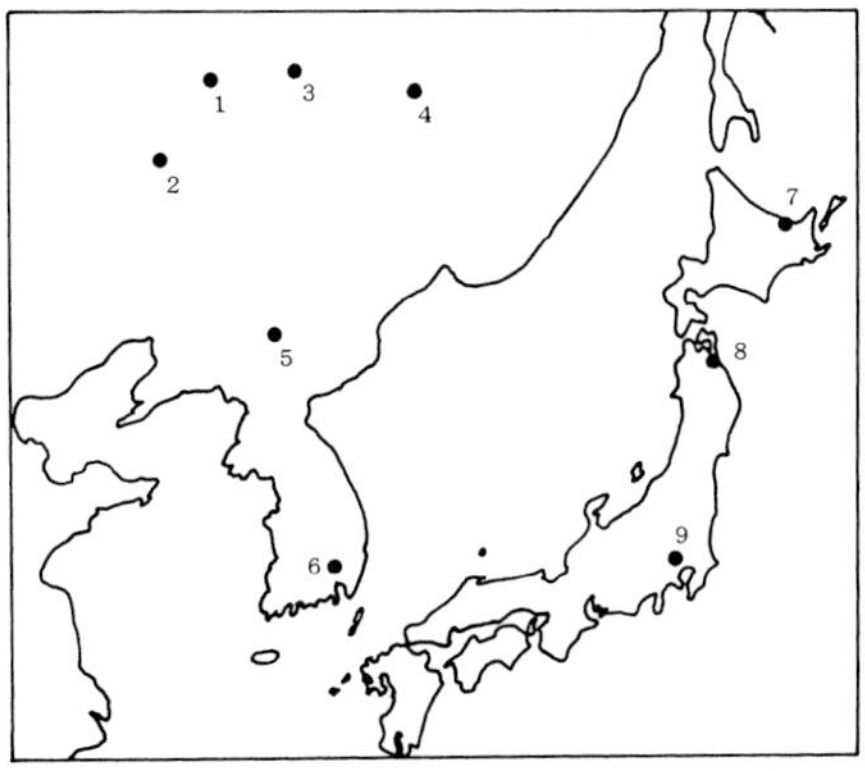

1：査哈陽古城　2：金東北路臨潢路吉林省段界壕辺堡　3：蒲峪故城
4：団結墓　5：東台子遺跡　6：昌寧校洞第３号墳　7：栄浦第二遺跡
8：根岸（2）遺跡　9：武蔵国分寺跡　（時代不同）

図95　３類小札の分布

このようにみてくると、出土数が少なくて、断定的な判断はできないが、現在のところ、解釈一が最も妥当性があるとみている。

この見解に立って、縅孔二列の三類小札の歴史的意義を検討する。蝦夷の族長の集落と言われる根岸（二）遺跡では、縅孔一列の小札が存在するが、縅孔二列が定量みられる。これは官製の甲冑である鹿の子C遺跡のものと異なり、蝦夷側の生産品と推定される。また、第三縅孔の存在や札頭の形態などが大陸の小札と相違点も多く、渤海や靺鞨との直接的な交易品ではなく、大陸から縅し技法を取り入れて生産したものと判断すべきであろう。八世紀後半に蝦夷が渤海や靺鞨の軍事技術を取り入れていたことを示すのであろう。

秋田城跡の小札甲は、北東アジアの小札甲と極めて類似している。甲には、綴紐が存在し、使用後に廃棄されたと判断できる。このため、遺構・遺物から甲の生産場所・使用者を特定できない。しかし、地方の城柵官衙において中央政府から示された規格と異なった甲冑を生産していたとは考えがたい。また、渤海や靺鞨と軍事技術交流を持っていた蝦夷から収奪した甲と推測するのが妥当であろう。

これらの小札甲は、八世紀後半から九世紀前半の所産で、北東アジアにおけるこの類の分布の中心域が不明確である。このため、軍事技術交流が渤海と行われたのか、渤海に対抗する北部の靺鞨と行われたのか判然としない。列島では、蝦夷がその技術を取り入れたと判断できる。

これまで、渤海や靺鞨と北日本との交流を示す考古遺物は、錫製品や鉄釜などの指摘はあるものの、相対的に少なかった。小札甲については軍事面での技術交流を示す遺物として解釈してみた。渤海との交流による技術交流であれば、関口明氏の「日本海北岸部と対岸地域の間に彼地の諸勢力が往来するほど広範な交易網が成立していたとすると、憶測の域をでないが、渤海国使は、朝廷への入貢とともに、北岸部の蝦夷や彼ら諸勢力の植民地との交易をも意図していたのではないか。」という見解[34]が支持される。根岸（二）遺跡の甲は、八世紀第三四半期の製作とみられ、この時期は、新羅を討とうと日渤両国は政治・軍事的に強い結びつきを持っていた[35]。この場合、渤海であれば、表面的に日本政府と軍事的に連携する一方で、蝦夷とも軍事技術交流を行い、二方向外交を行っていたことになる。また、北部の靺鞨との交流によるものであれば、小嶋芳孝氏の「渤海からの圧迫を受けた黒水靺鞨は唐との連係を強化し、蝦夷など北方諸民族と共に親唐連合の形成をめざして渤海に対抗したものと思われる。」という見解[36]が支持される。いずれにしても、八世紀後半から九世紀前半の蝦夷にとって中央政府との対立が激化するのも、その背後に渤海か靺鞨との軍事交流があったことが指摘できるであろう。

（二）内重式と外重式

我が国の奈良・平安時代前半の甲について各段の重ね方がわかる資料は少なく、その中では東大寺金堂出土甲と秋田城跡出土甲が挙げられるだろう[37]。東大寺甲では、片面に第一綴孔から札頭まで粗い布が綴じ付けてあることから表裏面が確認でき、図示したものは下の段が畳んで上に上がっていることがわかる。このため外重式の縅甲と判断することができる。秋田城跡の甲は、小札の短軸断面・長軸断面から表裏面が判断でき、下の段が内側に縅されていることから、現状では内重式と判断される。

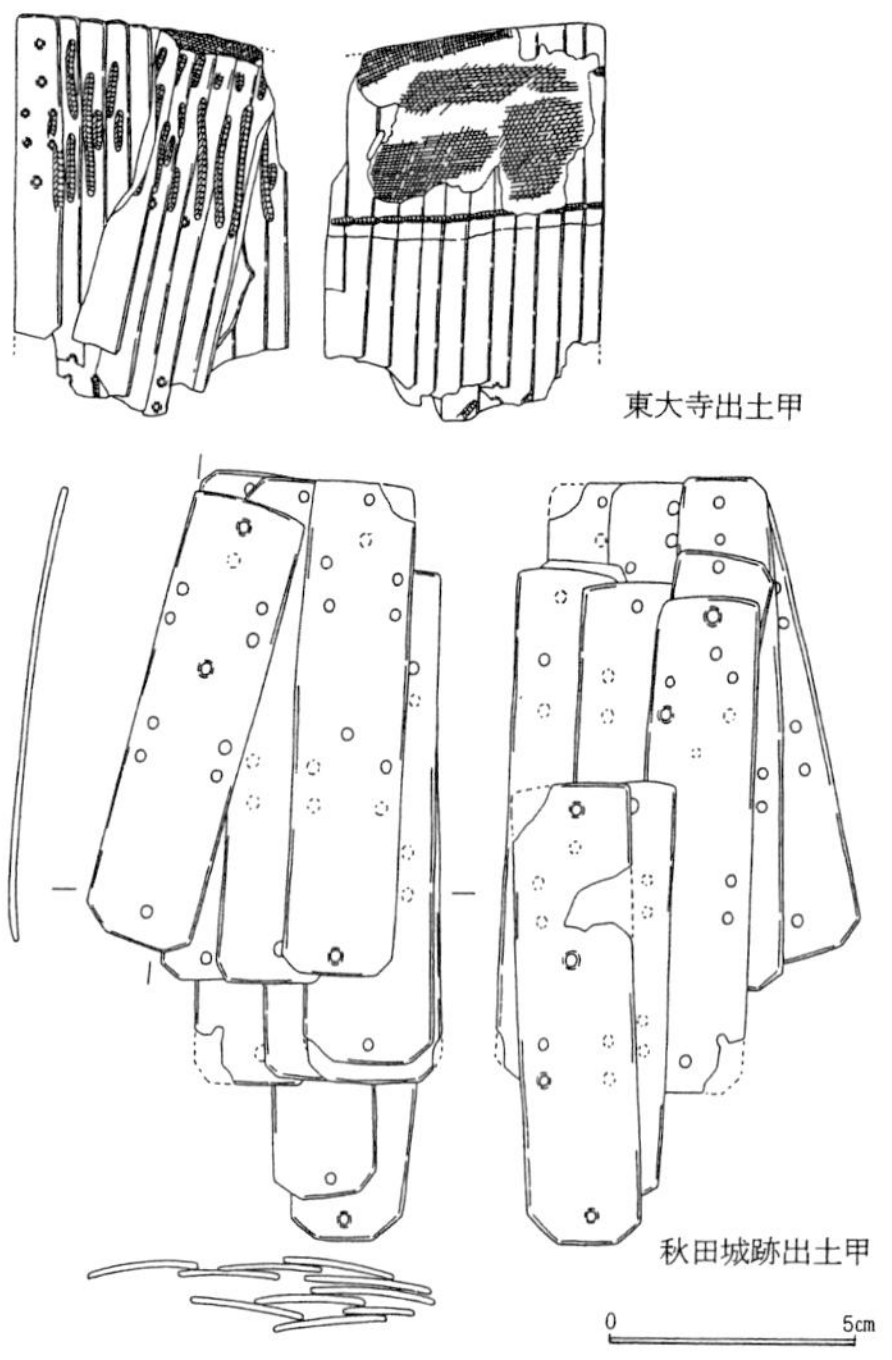

図 96　各段の重ね方

奈良・平安時代前半の小札甲には、わずかな事例であるが、外重式・内重式が存在したようである。古墳時代には外重式のみであったことが清水氏によって明らかにされていることから、奈良時代になり朝鮮半島経由か不明であるが、唐代に存在した内重式の縅甲が伝えられたのであろう。甲冑を構成する基本的な技法が新たに導入されたとみられる。しかし、平安時代後半の大鎧は外重式であって、長く続かなかった。これは、内重式は可動性に乏しく、小札の縅し紐の改良にみられるように、可動性を重視した甲への変化によって、使いにくいものとなったことが原因であろう。

(三) 東アジアの小札の動向との分岐と類似

日本の奈良時代前半の小札が一類を主体とし、東アジアの小札の動向と同じくしていたが、八世紀後葉以降に第三縅孔をなくして、可動性を増している。縅孔が上段に、綴孔が下段に分かれてゆき、大鎧に継承されるのである。一方、大陸では金や西方の西夏でも第三縅孔をもつ本稿分類一類である。可動性の全くない山文甲が唐代以降胸部・背部にも使われる。我が国の小札の機能性との分岐点が八世紀後葉の鹿の子C遺跡の段階にあることが確認できる。

ここで重要な点は、『続日本紀』延暦十年(七九一)六月巳亥条に「鉄甲三千領。仰二下諸国一。依二新様一修理。」とあり、鉄甲を新様によって修理するという。官符は鉄甲という考古学資料との接点をもち、この時期に第三縅孔の消えた小札が出現する。縅孔を上段にして、綴孔を下段にすることによって、縅紐が長くなり、可動性が増す。東北蝦夷征討戦争の時、多くの馬が送られていることからわかるように、騎上での可動性の増加を図った改良がされているのである。一方の唐の甲は絵画や出土俑(長楽公主墓壁画や懿徳太子墓俑など)からみると、小札板各段の周囲を布などで縁取るために可動性は比較的要求されていなかったと判断される。ここに我が国の小札は、大陸の小札の動向と分化してゆき、甲の基本的構成要素が独自化への道を歩み始めたことを物語るのである。このように東アジアの甲との分岐点として延暦十年の官符の意義を与えておきたい。

ところで、大鎧にみられる縄目取と片山形の小札はどうして形成されたかが問題である。縄目取は、威しで綴じを機能的に兼ねた技法で、この小札は露出する部分が連続する波状になっている。漆で塗り固めた後に威紐を通す時には、方形では不便であり、段差をつけたものと思われる。将棋頭の札頭は九世紀代の様相からは連続せず、東アジア全体の縅し、綴じ技法の中に独自性の強い大鎧の縄目取を位置付ける視点も必要であろう。

2 甲冑の構造と付属具の特徴

日唐間の小札甲の構造について、日本の木簡記載の甲と唐の出土甲・壁画・俑を比較した。唐の各種小札甲のうち、胴部と草摺が別造りで、草摺が右引き合わせの甲があり、日唐間で共通する構造であることが確認できた。特に、日本の古墳時代でこのような構造の小札甲が確認されていないことから、甲の構造については、唐との関わりが指摘できるようになった。この構造から、胴部右脇を引き合わせにして、左脇を連接し、草摺を四分割して、平安時代後期の大鎧に発展していくのである。

しかし、冑については、唐に広板矧式はみられるが、冑と錏・肩甲を一連で縅すものは、日本では確認できない。冑の型式については、基本的に日唐間では相違点が多い。

さらに、付属具では籠手・足纏(吊腿)では日唐間では明らかに異なっている。しかし、『東大寺献物帳』記載甲の装飾性や弦走韋など、共通する点も存在する。

以上の甲の諸要素から、日本古代の小札甲は東アジアの甲冑と体系的な連動・影響関係は窺えない。奈良時代・平安時代前期の小札形態は東アジア共通のもので、外重式を主体にしていた。これら古墳時代以来の形を基本にして、引き合わせや装飾性などを部分的に導入していたことが明らかになった。特に奈良時代の甲冑で、『東大寺献物帳』の甲は造兵司製とみられる。中央官司で製作した甲に唐の様式を部分的に導入していたのが実態と目される。

註

(1) 後藤守一「原始時代の武器と武装」(『考古学講座』一九二六年)。
(2) 楊　泓『中国古兵器論叢』(文物出版社、一九八〇年)。
(3) 鈴木敬三「式正の鎧の形成について」(『國學院雑誌』第六三巻第四号、一九六二年)。
(4) 服部敬史「中国東北地方における古代・中世の小札甲」(『表現学部紀要』第七号、和光大学表現学部、二〇〇六年)。
(5) 清水和明「東アジアの小札甲の展開」(『古代文化』第四八巻第四号、一九九六年)。
(6) 原田淑人・駒井和愛『支那古器図攷　兵器篇』(東方文化学院東京研究所、一九三二年、図86)。
(7) 河南省文物研究所・安陽地区文物管理委員会・安陽県文物管理委員会『安陽修定寺塔』(文物出版社、一九八三年)。
(8) 遼寧省博物館文物隊「遼寧朝陽唐左才墓」(『文物資料叢刊』六、一九八二年)。
(9) 百橋明穂・中野　徹『世界美術大全集　東洋編第四巻　隋・唐』(小学館、一九九八年、図86)。

(10) 陝西省散関嶺上でも宋代とされる小札群が出土している。それによれば、本稿三類と一類小札がまとまって出ており、縅孔一列の一類小札は大きさが多様で、付属部を含む。縅孔二列と一列の小札が組み合わさる点は渤海や金の甲冑と同じである。(高次若「散関嶺上発現鉄鎧甲」(『文博』一九九一年第六期、陝西省博物館他主弁、一九九一年)。
(11) 譚英杰ほか『黒龍江区域考古学』(一九九一年)。
(12) 前掲註(5)清水論文。
(13) 劉永華『中国古代軍戎服飾』(上海古籍出版社、一九九五年)。
(14) 前掲註(13)劉書。
(15) 成　東ほか『中国古代兵器図集』(新華書店上海発行所、一九九〇年)。
(16) 前掲註(13)劉書。
(17) 河南省文物考古研究所編『北宋皇陵』中州古籍出版社、一九九七年)。
(18) 前掲註(2)楊書。
(19) 奈良国立文化財研究所「東西溝SD五一〇〇」(『平城宮跡発掘調査出土木簡概報(二二)』一九九〇年)。
(20) 津野　仁「東大寺出土甲と古代小札甲の諸要素」(『研究紀要』第六号、(財)栃木県文化振興事業団埋蔵文化財センター、一九九八年。『日本古代の武器・武具と軍事』吉川弘文館、二〇一一年所収)。
(21) 前掲註(20)津野論文。諫早直人「平城宮若犬養門付近出土の小札甲」(『奈良文化財研究所紀要』二〇一三、二〇一三年)。
(22) (財)山形県埋蔵文化財センター『三条遺跡第二次・三次発掘調査報告書』(二〇〇一年)。
(23) 津野　仁「挂甲小札と国衙工房」(『太平台史窓』第一三号、史窓会、一九九五年。『日本古代の武器・武具と軍事』吉川弘文館、二〇一一年所収)。
(24) 前掲註(20)津野論文。津野仁「小札の製作について—武具生産の一齣—」(『研究紀要』第一〇号、(財)とちぎ生涯学習文化財団埋蔵文化財センター、二〇〇二年)。
(25) 山岸素夫・宮崎眞澄『日本甲冑の基礎知識』(雄山閣出版、一九九〇年)。
(26) 前掲註(3)鈴木論文。
(27) 宮崎隆旨「文献からみた古代甲冑覚え書—「短甲」を中心として—」(『関西大学考古学研究室開設三〇周年記念 考古学論叢』関西大学、一九八三年)。
(28) 耿鉄華「高句麗兵器初論」(『遼海文物学刊』一九九三年第二期、一九九三年)。
(29) 沈奉謹ほか『昌寧校洞古墳群』(一九九二年)。
(30) 東京大学文学部考古学研究室『常呂』(一九七二年)。
(31) 菊池俊彦『北東アジア古代文化の研究』(北海道大学図書刊行会、一九九五年)。
(32) 秋田市教育委員会ほか『秋田城跡 平成十年度秋田城跡調査概報』(一九九九年)・津野仁「根岸(二)遺跡出土の刀子および挂甲について」『根岸(二)遺跡発掘調査報告書』(百石町教育委員会、一九九五年)。武蔵国分寺跡の小札は、上敷領久氏の教示による。
(33) 津野仁「北方系の小札甲」(『アシアン レター』第七号、「東アジアの歴史と文化」懇話会、二〇〇〇年。本書第三部第四章)。
(34) 関口明「渡嶋蝦夷と粛慎・渤海」(『日本古代の伝承と東アジア』一九九五年)。
(35) 酒寄雅志「東北アジアの動向と古代日本—渤海の視点から」(『新版古代の日本』第二巻、一九九二年)。
(36) 小嶋芳孝「靺鞨・渤海と日本列島」(『環日本海論叢第八号 渤海と環日本海交流』一九九五年)。
(37) 前掲註(20)津野論文。

小札掲載遺跡の出典(図84・85)

大明宮含元殿遺址 中国社会科学院考古研究所西安唐城工作隊「唐大明宮含元殿遺址一九九五—一九九六発掘報告」(『考古学報』一九九七年第三期、一九九七年)。
曲江池 晁華山「西安曲江池出土唐代鉄鎧甲」(『文物』一九七八年第七期、一九七八年)。
渤海上京龍泉府 中国社会科学院考古研究所『六頂山与渤海鎮』(一九九七年)・黒龍江省文物考古工作隊「渤海上京宮城第二、三、四号門址発掘簡報」(『文物』一九八五年第一一期、一九八五年)・黒龍江省文物考古研究所「渤海上京宮城内房址発掘簡報」(『北方文物』一九八七年第一期、一九八七年)。
六頂山墓群 吉林省文物考古研究所・敦化市文物管理所『六頂山渤海墓葬—二〇〇四〜二〇〇九年清理発掘報告』文物出版社、二〇一二年)。
虹鱒漁場墓地 黒龍江省文物考古研究所「黒龍江省寧安市虹鱒漁場墓地的発掘」(『考古』一九九七年第二期、一九九七年)。
海林二道河子墓 黒龍江省文物考古研究所「黒龍江海林二道河子渤海墓葬」(『北方文物』一九八七年第一期、一九八七年)。
楊屯大海猛遺址 吉林市博物館「吉林永吉楊屯大海猛遺址」(『考古学集刊』五、一九八七年)。
団結墓 黒龍江省文物考古研究所「黒龍江蘿北県団結墓葬発掘」(『考古』一九八九年第八期、一九八九年)。
遼上京城址 内蒙古文物考古研究所「遼上京城址勘査報告」(『内蒙古文物考古文集』第一輯、一九九四年)。
双城村墓 閻景全「黒龍江省阿城市双城村金墓群出土文物整理報告」(『北方文物』一九九〇年第二期、一九九〇年)。
霍林河鉱区界壕辺堡 哲里木盟博物館「内蒙古霍林河鉱区金代界壕辺堡発掘報

告」（『考古』一九八四年第二期、一九八四年）。
金東北路界壕辺堡　黒龍江省博物館「金東北路界壕辺堡調査」（『考古』一九六一年第五期、一九六一年）。
臨潢路吉林省段界壕辺堡　厖志国「金東北路、臨潢路吉林省段界壕辺堡調査」（『中国長城遺迹調査報告集』一九八一年）。
蒲峪路故城　黒龍江省文物考古研究所「黒龍江克東県金代蒲峪路故城発掘」（『考古』一九八七年第二期、一九八七年）。
南陽堡遺址　吉林省文物考古研究所「長春市郊南陽堡金代村落址発掘」（『北方文物』一九九八年第四期、一九九八年）。
車家城子城址　黒龍江省文物考古研究所「黒龍江双城市車家城子金代城址発掘簡報」（『考古』二〇〇三年第二期、二〇〇三年）。
雁鴨池　文化公報部文化財管理局『雁鴨池』（一九八四年）。

中国小札甲の出典（図87）

節愍太子墓　陝西省考古研究所・富平県文物管理委員会『唐節愍太子墓発掘報告』（科学出版社、二〇〇四年）。
長楽公主墓　昭陵博物館『昭陵唐墓壁画』（文物出版社、二〇〇六年）。
万県唐墓　文化部文化局・故宮博物院『全国出土文物珍品選　一九七六―一九八四』（文物出版社、一九八七年）。
黄白釉加彩武人　天理大学ほか『ひとものこころ　天理大学付属天理参考館蔵品』（天理教道友社、一九八八年）。
左才墓　遼寧省博物館文物隊「遼寧朝陽唐左才墓」（『文物資料叢刊』六、一九八二年）。
魯善都墓　朝陽市博物館・喀左県博物館「介紹遼寧朝陽出土的几件文物」（『北方文物』一九八六年第二期、一九八六年）。
翁牛特旗解放営子墓　項春松「遼寧昭烏達地区発現的遼墓絵画資料」（『文物』一九七九年第六期、一九七九年）。
耶律先族墓　馮永謙『東北亜研究―東北考古研究（一）―』（中州古籍出版社、一九九四年）。
新疆焉耆出土武士俑　原田淑人・駒井和愛『支那古器図攷　兵器篇』（東方文化学院東京研究所、一九三二年）。
修定寺塔　河南省文物研究所・安陽地区文物管理委員会・安陽県文物管理委員会『安陽修定寺塔』（文物出版社、一九八三年）。
永定陵　河南省文物考古研究所『北宋皇陵』（中州古籍出版社、一九九七年）。

胴部に革（布）を張る事例の出典（図93）

行道天王図　鈴木敬・秋山光和『中国美術第一巻　絵画Ⅰ』（講談社、一九七三年）。
王建墓　中国科学院考古研究所『前蜀王建墓』（文物出版社、一九六四年）。
里東山俑　栃木県立博物館・浙江省博物館『中国浙江省文物展』（一九九二年）。
免冑図　沈従文『中国古代の服飾研究増補版』（京都書院、一九九五年）。
廣元墓　四川省博物館・廣元県文管所「四川廣元石刻宋墓清理簡報」（『文物』一九八二年第六期、一九八二年）。
柿庄墓　河北省文化局文物工作隊「河北井陘県柿庄宋墓発掘報告」（『考古学報』一九六二年第二期、一九六二年）。
山西省金墓　劉永華『中国古代軍戎服飾』（新華書店上海発行所、一九九五年）、及びトレース。

第五章　馬具の系譜

はじめに

日本古代の馬具研究は、その資料数が少ないこともあって、木製鐙や金属製鐙・轡でも個別に研究が示されてきた。このため、古墳時代の馬具研究のような体系的な変遷や系譜関係に関する研究は数篇の論考を除き、積極的に行われていないのが現状であろう。第一部において、古代轡の鏡板や銜、各種鐙の変遷をみてきた。ここでは、古代の鏡板や銜の連結法等轡に関する系譜、及び鐙の系譜について検討する。

第一節　古代轡の系譜

古代の轡について検討していくと、三つの系譜が確認できた。このため、それぞれを示していきたい。

1　轡の諸系譜

(一)　古墳時代からの系譜

複環式は古墳時代からの系譜の可能性があるが、古代の複環式轡の多くは扁平な鉄板を曲げて造っている。古墳時代のものは、断面円形であることから、この点が古墳時代の複環式轡との大きな変化である。鉸具造り立聞系・矩形立聞系・素環系の環状鏡板付轡は、いずれも古墳時代からの系譜である。集成の結果、この環状鏡板付轡が八世紀には最も確認できた数が多かった。このため、奈良時代においては古墳時代からの系譜の轡が主体になっていたことが確認できた。

鉸具造り立聞系・矩形立聞系環状鏡板付轡は、連結法も引手・銜共連法で、古墳時代後期の連結法を継承する。古代の複環式轡には分類した二つの連結法が確認できるが、古墳時代の複環式にも銜に引手を搦めるものや遊環が付くものもあり、古墳時代の複環式轡の連結法を継承している。

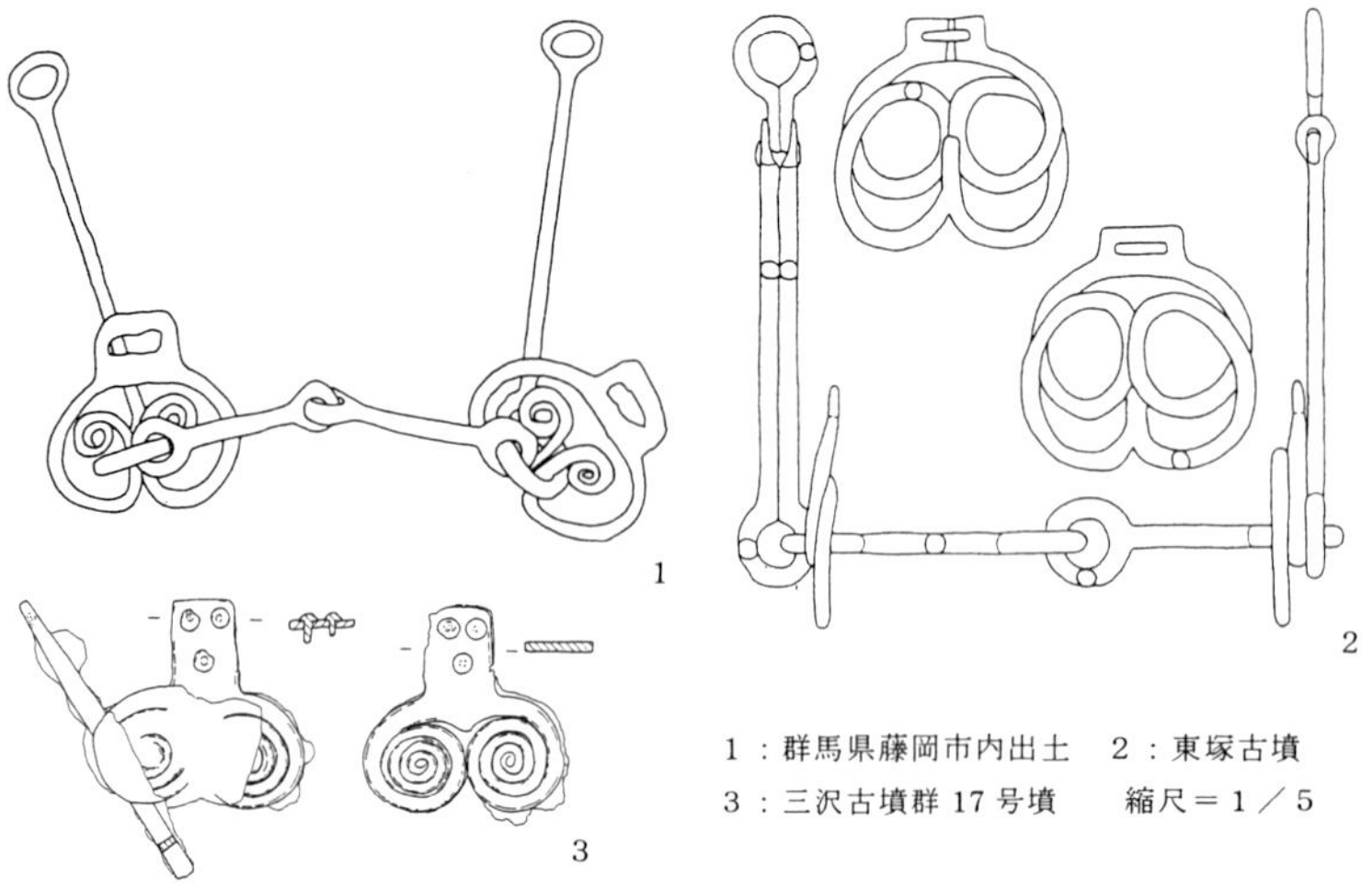

1：群馬県藤岡市内出土　2：東塚古墳
3：三沢古墳群 17 号墳　　縮尺＝1／5

図 97　複環式轡と渦巻文杏葉

（二）律令期の新出型式

蒺藜轡について、鈴木一有氏は古墳時代の複環式と唐代美術様式の系譜を考えている(1)。滝沢誠氏分類の複環式轡C類になる群馬県藤岡市出土轡は、矩形立聞で環が並んでおり、蒺藜轡と類似するが、立聞を除けば杏葉轡に最も類似している。滝沢氏はこの轡を六世紀末から七世紀としている(2)。さらに、滝沢氏はこの轡の系譜について、ナイフェリド九号墓の轡、溯源する味鄒王陵地区第九区域A号破壊古墳第二墓槨の轡に求めている。ここでは、七世紀代に位置付けられる御門一号墳出土轡の系譜を藤岡市出土轡に求めることに従うが、轡以外でも杏葉に類似した事例があることに注意したい。それは、七世紀中頃の福岡県三沢古墳群一七号墳や群馬県藤岡市内出土・奈良県高田垣内古墳群室の谷二号墳出土の渦巻文杏葉である(3)。この杏葉は、基本的に棒状の針金を渦巻状にして作っており、藤岡市出土の複環式轡と同巧である。七世紀代に数少ないながら、このような渦巻き技巧の馬具（轡・杏葉）が存在し、これを改変して列島内で蒺藜轡を作ったとみるべきであろう。

（三）外来系轡

当該期に大陸などの外来系の轡では、唐様式のものがある。そこで、この唐様式である鑣轡の実態を唐の出土品と比較してその異同を確認する。

唐の鑣轡の報告事例は少なく、大谷猛氏が集成を行っている(4)。その後も大きく増えていないが、再集成(5)して分類を試みて、日本出土の轡と比較する。

A型：銜を通す孔と頬帯に繋がる立聞孔がある轡。史道洛墓（六四六年）・新城長公主墓（六六三年）・李鳳墓（六七五年）や楊屯大海猛遺址などで出ている。臨川公主墓（六八二年）も不明瞭ながら立聞孔の下に環を搦めるようである。

B型：方形の立聞孔と銜通しの環が付く。独孤思貞墓（六九八年）の轡は、不鮮明であるが、銜通しの環が付いているようで、ミニチュア品である。

C型：立聞に一孔あるが、銜を通す孔がなくて、銜環に鑣を通した轡。韋洞墓（七〇八年）・李憲墓（七四一年）で確認でき、永泰公主墓（七〇六年）も不明瞭ながら可能性がある。いずれもミニチュア品である。史思明墓（七六二年）の轡は大きさや鉄芯金包みであることから儀仗用であろう。突厥墓の出土事例で連結法がわかる(6)。

D型：鑣には頬帯に繋がる立聞がない。鑣は銜環に搦めてある。鹽湖古墓出土轡で復元されている。

A型とC型以外は、類品も少なくて分類したのにとどまるが、唐の鑣轡の連接方法が多様であったことは指摘できる。埋葬年によって轡はA型からC型への変化を説くこともできるが、数が少ないため、変遷の確定は今後の課題である。このうち日本で確認された鑣轡と比較すると、A型は鳥羽八代神社や上荒屋遺跡の轡にみられる。上荒屋遺跡の轡のように立聞が刀装具の山形金のように一方が短く、一方が長い事例は統一新羅の扶蘇山城(7)などで出土事例が確認できる。上荒屋遺跡の鑣轡は新羅の影響も考えられるが、引手が一条線である点は日本的である。鳥羽八代神社の銅製轡は、最も唐の轡に近い形態であり、唐製の可能性も残る。

B～D型は日本では確認できず、主にミニチュア品での形態

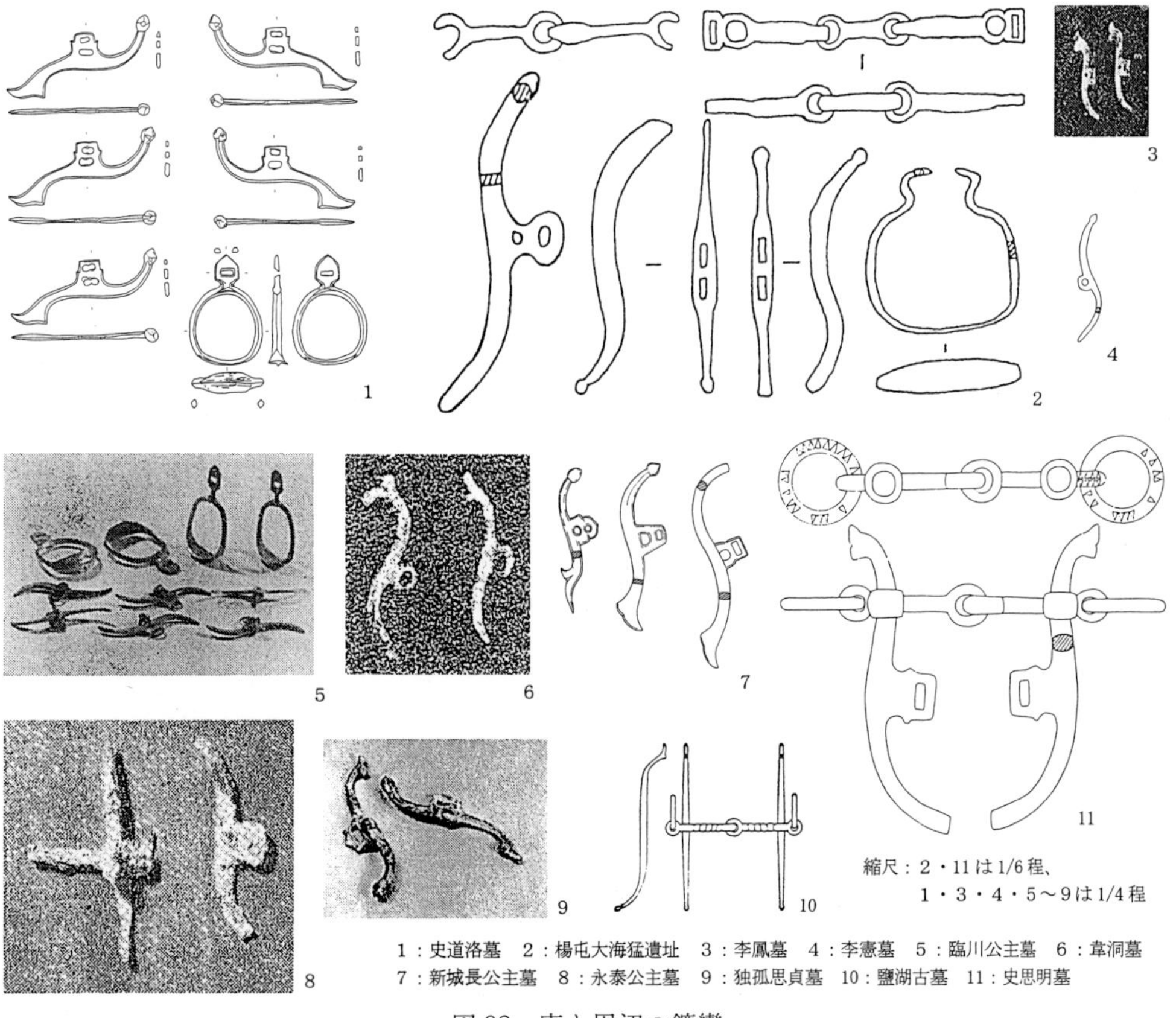

縮尺：2・11は1/6程、1・3・4・5～9は1/4程

1：史道洛墓　2：楊屯大海猛遺址　3：李鳳墓　4：李憲墓　5：臨川公主墓　6：韋洞墓　7：新城長公主墓　8：永泰公主墓　9：独孤思貞墓　10：鹽湖古墓　11：史思明墓

図98　唐と周辺の鑣轡

であろうか。日本では立聞に刺金のある轡がコウモリ塚古墳・半兵衛奥古墳で確認でき、これは鉸具造り立聞系環状鏡板付轡の連接法を折衷したもので、大谷氏の見解を支持する。このため、七世紀代の鑣轡は唐の轡の模倣品であると理解できる。

ところで、鑣轡や各部位を繋ぐ帯や杏葉を付けた鞍轡装飾は、唐では四品以下は用いない高官のみに許された馬装であるという。(8)また、『旧唐書』輿服志によれば、行幸や郊祀の際にも騎馬を儀衛に用いた。唐式馬装は、鑣轡・輪鐙・唐草文杏葉を付けたもので、これは高官以上の馬装であったようであり、節愍太子墓などの唐墓出土の馬俑にも表現されている。このような鑣轡・輪鐙・唐草文杏葉を組み合わせた唐朝廷の儀仗馬装が日本では全て完備した事例がないことも事実である。コウモリ塚古墳は刺金のある立聞を付けた鑣轡に壺鐙を組み合わせており、唐式の轡と日本の鐙の折衷型である。

鏡板と繋がる引手に目を転じると、唐の鑣轡には引手が付かない。この点、統一新羅の馬老山城(9)などから出た鑣轡には二条線引手が付いている。日本の当該期の鑣轡には一条線引手が付いており、新羅からの直接の系譜とは考えがたい。刺金式の立聞を含めて日本的な変容が顕著である。七世紀代の鑣轡の系譜は唐か新羅経由か判然としないが、引手を用いていることや多くが七世紀後半以降に比定している。(10)この時期の日唐間の交通などを考慮すると、新羅から導入した鑣轡を日本的に変容させて地方に広まったと推定しておきたい。

2　中世へ繋がる型式

(一)　鏡板・立聞・連結法

中世に繋がる鏡板型式として杏葉轡がある。この轡の系譜についても鈴木氏が複環式との関係を指摘している。(11)奈良時代以降の複環式の鏡板は断面長方形や板状を呈するものが多い。鈴木氏の指摘を裏付けるように、杏葉轡の鏡板の断面形も最も初期の松原遺跡で長方形、その後の林ノ前遺跡・平城京跡・柳之御所跡出土品は板状である。形態的には8の字環の複環式轡が定式化していること、鏡板の断面形が複環式と類似していることからも、九世紀に出現する杏葉轡の系譜は、8の字環の複環式轡であることが指摘できる。素環系環状鏡板付轡は古墳時代から古代を経て、中世まで続く轡型式である。

壺付き立聞は、九世紀前半の松原遺跡の杏葉轡、九世紀後半の湯ノ沢F遺跡の素環系環状鏡板付轡に確認できる。この形態が複環式轡にも取り入れられており、杏葉轡は中世の轡に連なることから、中世の立聞の初現的な形態が、九世紀に出現した意義は大きい。なお、この壺付き立聞は、新羅の大母山城(12)でも確認でき、日羅間での共通型式になる可能性が高い。

一二世紀の杏葉轡・鏡轡では遊金の付く橘金具連結法であり、古代における三つの連結法のうち、この連結法のみが中世に継承される。

(二)　中世轡への画期

中世轡の主体になる杏葉轡は、九世紀前半に確認でき、壺付き立聞も九世紀前半に出現し、後半に一定数が確認できるようになることから、九世紀を轡中世化の第一の画期と捉えておくべきである。

古代轡の消滅化の過程では、九世紀には鑣轡が消え、一〇世紀前半には古墳時代後期から継承された鉸具造り立聞系・矩形立聞系環状鏡板付轡が消える。このため、九世紀から一〇世紀中葉前後は、古墳時代以来の轡と中世につながる轡の新旧鏡板型式の交替期として位置付けることができる。

中世化への第二の画期は、鏡轡の出現と大環銜の銜先環が大型化する一二世紀を挙げるべきである。

このように古墳時代以来の轡の形態の終焉、中世に繋がる轡やその部位である立聞の出現、中世的な轡組成の完成などの観点から変遷をみると、第一の画期は九世紀で、第二の画期は一二世紀に至ってからということになるであろう。

第二節　古代鐙の系譜

ここでは、馬具の構成要素の一つで、古代の出土品が比較的多い鐙について系譜を検討していく。

日本古代の鐙には形態によって大きく輪鐙と壺鐙があり、壺鐙は材質や形態によって金属製壺鐙・木心金属張三角錐形壺鐙・杓子形壺鐙・三角錐形壺鐙・無花果形壺鐙・金属製鐙模倣壺鐙・金属骨木製壺鐙・半舌鐙・長吊手舌鐙と分類され、踏込舌の長さによって半舌鐙・舌長鐙と分類される[13]。

これら日本の鐙諸形態と周辺諸国の鐙を比較していくが、この点に関しては、大谷猛氏や服部敬史氏が集成・検討を行われている[14]。唐に関しては、大谷氏の検討以来報告された数も増え、改めて検討することにも意義があると考える。

1　唐と周辺諸国の鐙

唐

唐から出た鐙は輪鐙に限られる[15]。しかし、高さ一〇㌢前後よりも小さいミニチュア品が大半で、七・八世紀のものである。これらの特徴をまとめると、柄部は稜頭（臨川公主墓・独孤思貞墓・韋洞墓・節愍太子墓・李憲墓・史道洛墓）、丸頭（万県唐墓・新城長公主墓・鄭仁泰墓）、方頭（永泰公主墓・偃師杏園 崔絢墓など）に分類できる。

ミニチュアの鐙は木馬の付属具で、七世紀後半から九世紀前半に主に作られる。柄部の形態が最も変化し、丸頭は初唐期に多くみられる。万県唐墓や六六三年の新城長公主墓、六六四年の鄭仁泰墓まで確認できる。これに替わって六四六年の史道洛墓では稜頭の柄部であり、この形態は六八二年の臨川公主墓、七〇六年の独弧思貞墓、韋洞墓、節愍太子墓や七四一年の李憲墓まで確認できた。方頭の柄頭は、八世紀中葉の襯布総庵M四出土品、七八三年の崔絢墓、八一九年の李文貞墓などで確認できた。これらから方頭の柄部は、主に八世紀中葉から九

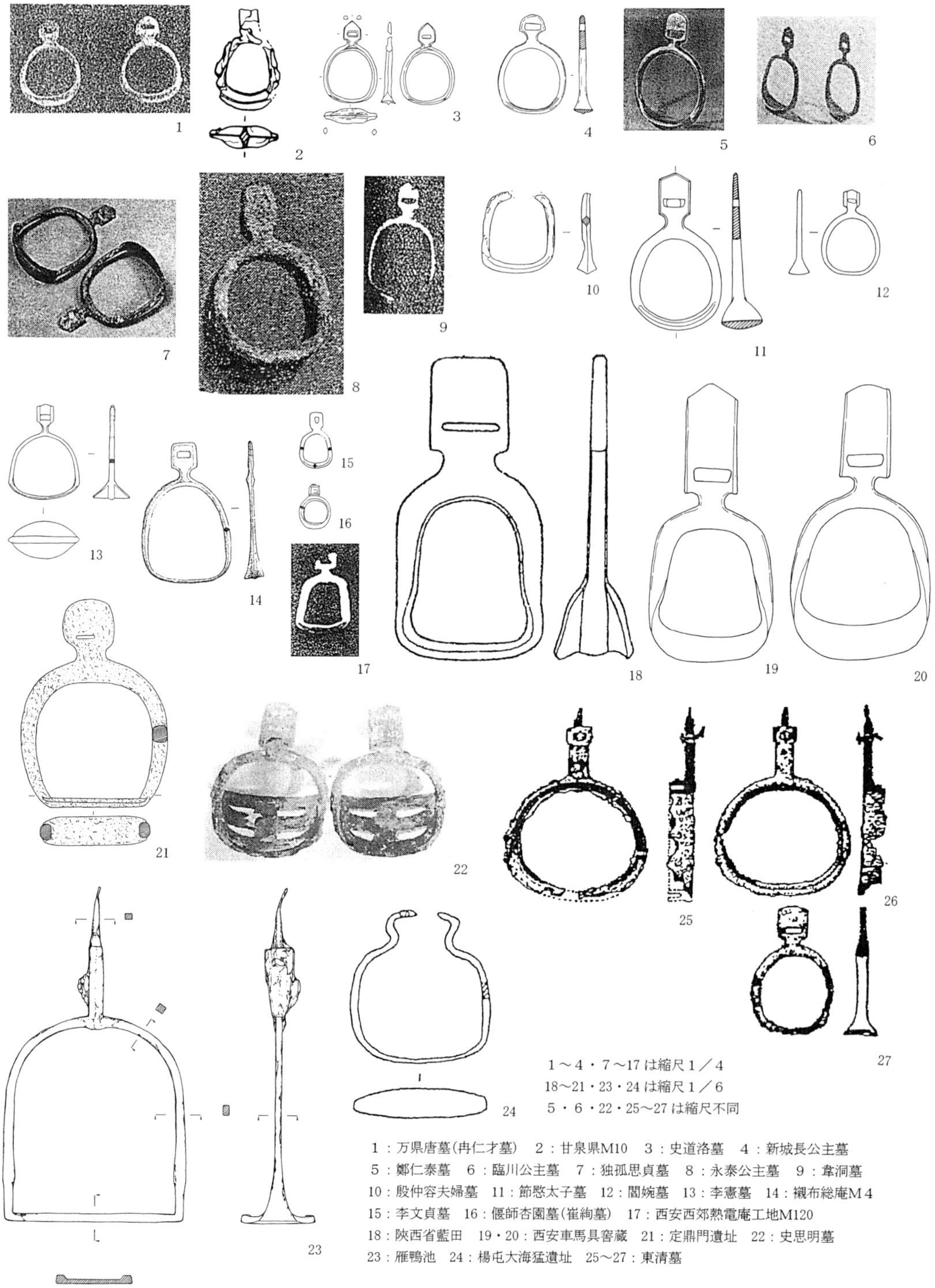

1～4・7～17は縮尺1／4
18～21・23・24は縮尺1／6
5・6・22・25～27は縮尺不同

1：万県唐墓(冉仁才墓)　2：甘泉県M10　3：史道洛墓　4：新城長公主墓
5：鄭仁泰墓　6：臨川公主墓　7：独孤思貞墓　8：永泰公主墓　9：韋洞墓
10：殷仲容夫婦墓　11：節愍太子墓　12：閻婉墓　13：李憲墓　14：襯布総庵M4
15：李文貞墓　16：偃師杏園墓(崔絢墓)　17：西安西郊熱電庵工地M120
18：陝西省藍田　19・20：西安車馬具窖蔵　21：定鼎門遺址　22：史思明墓
23：雁鴨池　24：楊屯大海猛遺址　25～27：東清墓

図99　唐・渤海・新羅の輪鐙

世紀前葉に主体となる形態であるといえる。

このようにミニチュア鐙は柄部形態が、大きくは丸頭が七世紀中葉まで、その後の八世紀前半までは稜頭になり、八世紀中葉から九世紀前半には方頭になることが指摘できる。柄部と輪の部分の境は、崔絢墓の鐙を除き、いずれも括れて棒状になっており、唐の輪鐙の共通した特徴といえるであろう。

実用品と目されるのは、西安市窖蔵出土の銅鐙である。柄が長くのびて、その両側縁は鐙帯（力革）の動きを制する高まりがある。柄下は両側に抉れ、踏込部の枠はやや肩の張った形態になっている。柄部の上端は鐙によって形態差があり、稜頭・丸頭・蒲鉾形に分類できる。ミニチュア品に比較すると、柄部が長くのびている点が明らかな相違点である。鉄製鐙では、洛陽城南垣正門定鼎門から盛唐期の輪鐙が出ており、柄部は方頭で、その下に抉れがある。史思明墓（七六二年）では底板が十文字透になっている。柄頭は稜頭であり、ミニチュア鐙の変遷を参考にすれば、稜頭柄部の終焉期にあたるのであろう。

渤　海

東清墓から鉄枠で木製踏込部を釘で留める鐙が出ている。木質は金属枠部のみ残すが、本来は壺鐙になるのであろう。柄部は先端が尖っている。この鐙は高句麗の五城山城[16]などで発見されており、その出自が想定できる。東清墓では輪鐙も出ており、柄の頭部は蒲鉾形で、その下は抉れ、唐の輪鐙に酷似する。しかし、楊屯大海猛遺址では柄部と踏込部を一本の鉄棒を曲げて成形する輪鐙がある。この遺跡では唐式の鑣轡と一体成形輪鐙（この成形法の鐙を含めて今野春樹氏は環鼻型と呼ぶ[17]）が共に出ており、これらを組み合わせた馬装であったことがわかる。この一体成形輪鐙は渤海から遼代にあったが、（白石・今野・服部[18]）この型式について白石氏は一一世紀前半、今野氏は一〇世紀中葉以前としており、年代観に違いがみられる。この型式は中原以西ではミニチュア品を含めても確認できないことから、北東部の渤海・遼代に盛行したものと判断できる。

このように、渤海の鐙は唐式の輪鐙、東北部に分布する柄部踏込一体成形の鐙（環鼻型）、高句麗からの金属枠踏込木製鐙（壺鐙か）が確認できた。

統一新羅

雁鴨池[19]の輪鐙では、踏込部に直交して柄部が付き、柄下に括れがない。踏込部底板が平らで、外面に稜が付き、柄部・踏込部ともに唐の輪鐙と明らかに形態が異なっている。

壺鐙は馬老山城・大母山城などで出ている。馬老山城出土壺鐙の特徴は柄部が板状に長くのび、力革通し孔の下に円形鋲が付く点と、踏込の底板に格子溝を彫る点、壺を鋲留めし、壺が長くて先端が丸い点である。大母山城では側面からみた壺の枠に抉れがあり、時期差を示す可能性がある。

馬老山城では木製鐙の吊り金具が出ている。柳葉状で、二・三箇所釘で鐙に留めている。しかし、この鐙型式は出土数が少なく、全体の形は明らかでなく今後の課題である。

2　日本の鐙との関連

古代日本における鐙で周辺諸国と最も類似するのは輪鐙である。それらは、七世紀代の東日本の古墳・横穴墓出土品、一〇世紀前半以前になる大宰府政庁跡の輪鐙鋳型、下って手向山神社蔵唐鞍に具す鐙が挙げられる[20]。手向山神社蔵馬具は中世唐鞍の皆具であるが、和様化した部分もある。ここでは、七世紀代の鐙と大宰府跡の鋳型について、唐などのものと比較する。

墳墓出土輪鐙は、柄部の頭の形態や柄下に抉れがある点や頭が蒲鉾形である点は唐の輪鐙と共通する。相違点としては、古墳・横穴墓出土鐙は柄の板に切り込みを入れるように抉れを作っている点である。大宰府の鋳型では、柄部が長く、柄下に台形状の稜がなく、踏込部の枠に至る。この形態は、唐の輪鐙に共通しており、出土した実用品・ミニチュア品、昭稜六駿馬に具す鐙や皇帝陵の神道に列する石製鞍馬の鐙でも確認できる。さらに、柄部は長方形に作られており、唐のミニチュア品で方頭の柄頭が八世紀中葉以降になる点、及び大宰府の鋳型は一〇世紀前半の整地層から出土しており、この時期が下限であることから、唐の変遷に沿った形態であると考えられる。このため、大宰府で鋳造した輪鐙は細部まで忠実に唐式鐙を模したものといえる。一方、七世紀代の墳墓出土の輪鐙は、柄部の形態が異なっており、唐式鐙を日本的に模したものと評価される。

新羅雁鴨池の鐙は唐の鐙と比較すると、柄部の形態や踏込に対して柄部が直交して付く点など明らかに相違点が目立つ。一方、渤海東清墓の輪鐙は柄部形態まで唐式鐙に類似している。資料の増加を待たなければならないが、渤海は唐式輪鐙を忠実に導入していたことを示す。

渤海では一方で、唐にない一体成形輪鐙（環鼻型）が楊屯大海猛遺址で出ており、中国東北部で遼代に繋がる地域性のある鐙となっている。これと類した鐙が日本の千葉県囲護台遺跡[21]（図15の12）で出ている。この鐙は八世紀第二四半期の所産で、中国東北部の鐙との関連が今後の課題である。

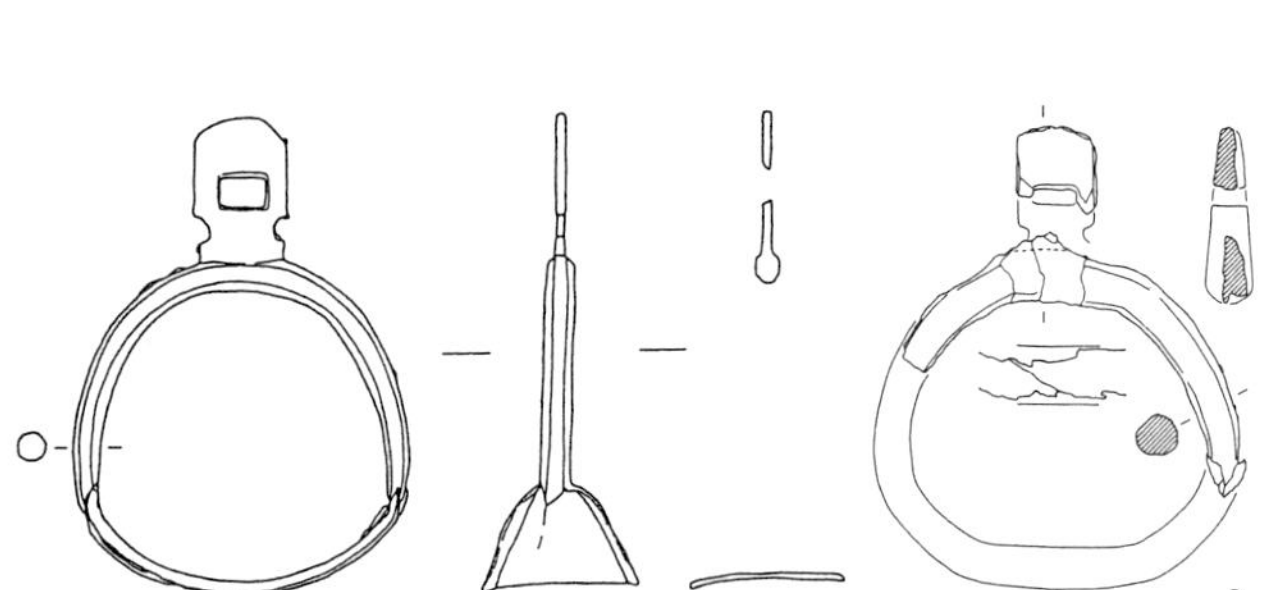

1：下尾崎遺跡1号横穴墓　2：大宰府政庁跡
3・4：八幡横穴群9号横穴

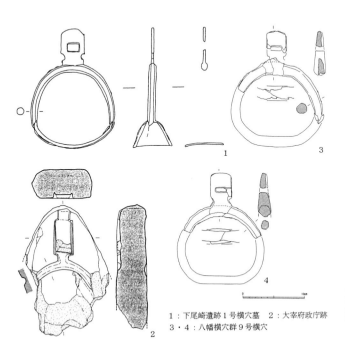

図100　日本の輪鐙

輪鐙以外の鐙では、壺鐙は新羅・渤海・日本で確認できる。しかし、鐙の形態は多様である。渤海東清墓の壺鐙が高句麗系とすると、後の統一新羅まで継承するかが課題である。確認できた新羅の壺鐙は、踏込部が長く、舌先端から壺先まで一五㌢に達する。日本の鐙では九世紀以降に、この長さになり、奈良時代の鐙とは異なっている。また、新羅の壺鐙は土踏まずの位置が盛り上がり、足の形状に沿うが、日本の鐙底は平坦である。このように、壺鐙は唐周辺国に広く分布するが、細部は各国で調整されていたことが明らかになった。騎乗者の沓や履物によって形態差が生じた可能性もある。

日本では木心金属張三角錐形壺鐙の吊金具が五〇点以上出土しており(22)、金属製鐙・木製鐙の中で最も多く、主体となる鐙であった。この鐙金具は古墳時代からの形態が変化してきたものであるが、統一新羅でも馬老山城で確認でき、その分布が日羅に及んでいたことが明らかになってきた。

以上のように、東アジア諸国の当該期の鐙の地域性をまとめると、唐式の輪鐙は渤海で忠実な形で導入され、新羅・日本では地域的な変容をしており、日本では蕃国を迎える大宰府で、忠実な唐式輪鐙であることが明らかになった。また、柄部と踏込部一体成形輪鐙（環鼻型）は、渤海・遼の中国北東部における地域性のある鐙と判断できる。

壺鐙では、渤海・新羅・日本で地域性がある。高句麗系の可能性がある金属枠踏込木製鐙は壺鐙とみられ、渤海に及ぶ。日羅間でも踏込部の壺の形態や柄部の形態が異なっており、地域差が確認できる。木心金属張三角錐形壺鐙の吊金具は日羅で確認でき、地域性の有無は今後の課題である。さらに、日本における木製鐙の各形態が周辺諸国で確認できるのかも今後の課題であるが、現状では古墳時代の延長で理解できることを確認しておく。

3　馬具変化の画期と系譜

（一）馬具変化の画期

奈良・平安時代の鐙には、金属製鐙やその模倣形態、半舌鐙、木製鐙を取り付ける木心金属張三角錐形壺鐙系の吊金具など多様な種類が確認された。これらのうち、金属製鐙模倣壺鐙が八世紀初めに出現し、木製鐙では半舌鐙が八世紀代、長吊手鐙が九世紀前半には出現する。また、八世紀後半には木心金属張三角錐形壺鐙系の吊金具で、鳩胸側と踏込側で形態差が現れる。これらが七世紀と八世紀の違いであり、この時期が古墳時代の鐙との最初の画期といえるであろう。半舌鐙・長吊手鐙・木心金属張三角錐形壺鐙系の吊金具は平安時代を通じて存在し、半舌鐙は舌長鐙に変化する。このように八世紀から九世紀前半が鐙変遷の第一の画期である。第二の画期は一二世紀の舌長鐙の出現である。

この鐙の変化と轡の変化を対照すると、轡では中世に繋がる杏葉轡とL字形屈曲壺付き立聞が九世紀前半に出現し、長吊手鐙や木心金属張三角錐形壺鐙系吊金具の変化の時期が整合し、古墳時代からの馬具系譜から脱却した一段階と位置付けることができる。

次の画期は轡・鐙ともに一二世紀で、鏡轡や大環銜の銜先環の大型化、舌長鐙の出現によって画される。これが馬具の最終的な中世化として位置付けることができる。

次に、鞍との関係であるが、鈴木治氏は正倉院の四枚居木鞍について、唐鞍の日本化した和鞍としている(23)。遺跡から出土した鞍には、鞍橋は散見するが、居木の出土数は限られており、出土品による中世化への階梯は明らかでない。このため、鈴木氏の見解に従い、八世紀中葉を画期としておきたい。このため、鞍の変化は、轡の画期よりも先行していたことになる。

（二）古代儀仗・兵仗馬具の系譜

古代の馬装のうち、儀仗の時は飾馬と呼ばれた。『令集解』儀制令儀戈条の古記によれば、元日に朱雀門において飾馬を陳列し、儀戈を立てたという。朱説でも儀戈は常には用いず、飾馬等の時に用いるという。これと類した言葉は『日本書紀』推古十六年（六〇八）八月辛丑朔癸卯条に「飾騎」、推古十八年（六一〇）十月己丑朔丙申条に「荘馬」とあり、外国使節を迎接する際に儀仗用に飾られた。これらのことから、古代においては、儀仗用馬装と兵仗用馬装があったことが指摘できる。

このうち儀仗用馬装は、令制初期には、金銅製壺鐙や葵藜轡・唐草文杏葉を付けたと考えられる。このうち壺鐙は古墳時代以来のものであり、葵藜轡は七世紀後半前後に新たに造られた型式で、唐草文杏葉は唐からの系譜の飾りである。しかし、外国使節の迎接にも唐様式の馬装でなく、系譜の異なる馬具を組み合わせた飾馬であった。この馬装や祭会の馬装は平安時代前半まで、唐草文の壺鐙(24)や葵藜轡の組み合せであったと考えられる。

ここで、律令国家は古墳時代の馬装を継承して、多様な系譜の馬具を組み合わせたのか、外国使節の迎接で八世紀代には日本的儀仗馬装であったのか、その要因が問題になる。それは、霊亀元年（七一五）九月己卯朔条で、六位以下の官人は金銀等の鞍具や横刀帯端などを飾ることを禁じていることなどから、馬装の階層化は衣服令の理念に基づいた色制によっていたことがわかる。唐様式の馬装よりも衣服令の理念で飾馬が装備されたのである。

兵仗馬装の轡は、鉸具造り立聞系・矩形立聞系・素環系の環状鏡板付轡が古墳時代以来の系譜であり、奈良時代の主要な轡となっている。鐙は、主要な木心金属張三角錐形壺鐙系の吊金具や木製鐙、金属製鐙壺鐙(25)も古墳時代以来の系譜である。

古墳時代に倭王権が規格化した馬具を令制国以降、明らかに地方生産が始まった後にも、地域性は不明瞭であることから政府が様による規格を把握していた可能性が高い。これは、兵仗馬装に限らず、儀仗馬装とみられる葵藜轡が国衙工房である群馬県鳥羽遺跡で出土していることから、国衙が馬具生産の規格に関わっていたと判断できる。兵仗馬装でも古墳時代の馬具様式を令制国に継承したのは中央政権である。

その後、本章で検討したように、外国使節の迎接には、唐鞍を用いることを『延喜式』左右馬寮蕃客条で規定するように、大宰府で忠実に唐様式の轡を生産している。令制初期の儀仗用馬装から唐様式に転

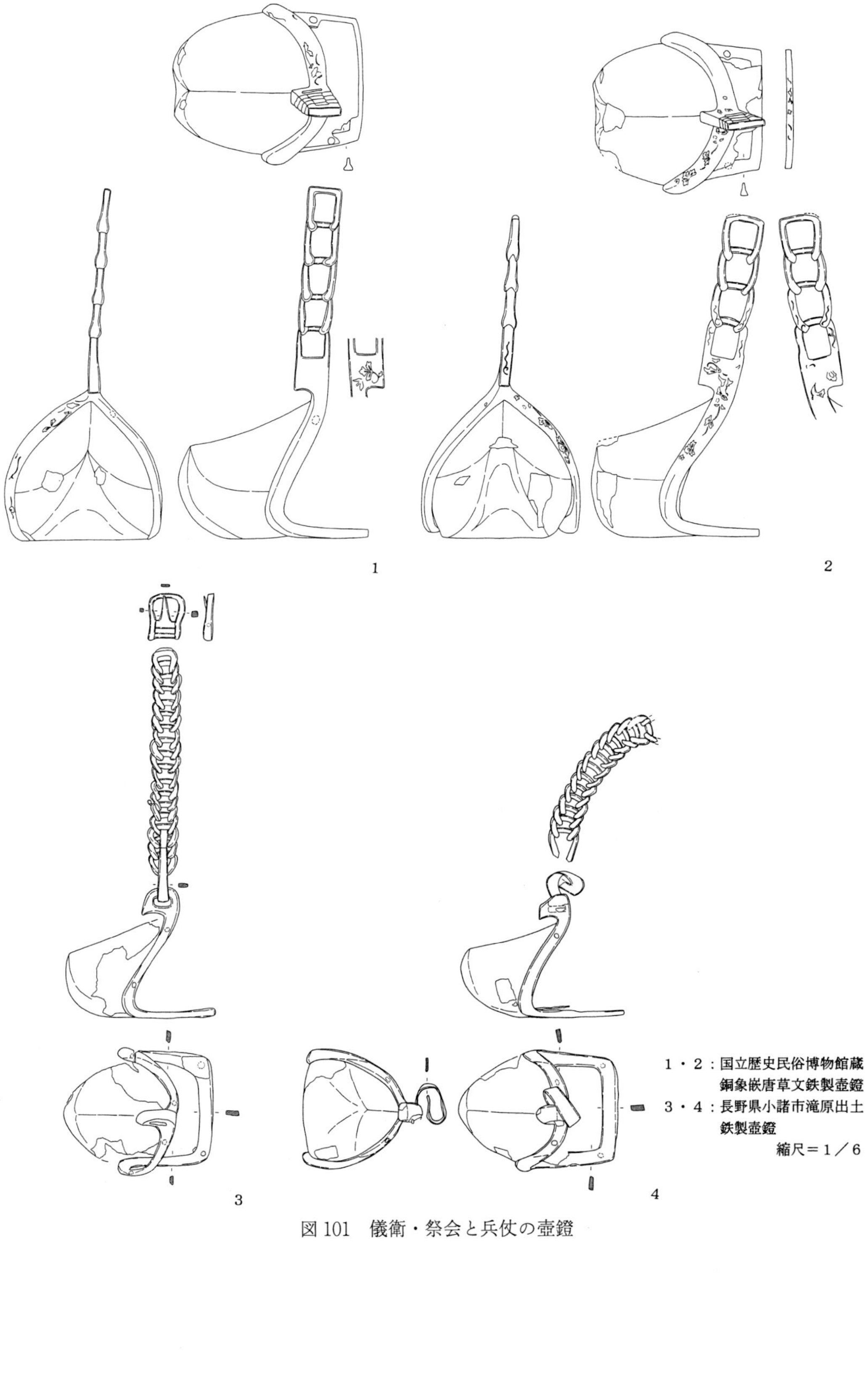

図101　儀衛・祭会と兵仗の壺鐙

換する時期を明らかにするべきであるが、石川県上荒屋遺跡の鑣轡が渤海の迎接に関わるものの可能性があり、九世紀に位置付けられることから、九世紀代には蕃国の迎接用馬装が唐様式になったと判断しておきたい。

註

（1）鈴木一有「律令時代における轡の系譜」（『下滝遺跡群二』（財）浜松市文化協会、一九九九年）。
（2）滝沢　誠「複環式鏡板付轡の検討」（『史跡　森将軍塚古墳―保存整備事業発掘調査報告書―』更埴市教育委員会、一九九二年）。
（3）宮田浩之「一七号墳から出土した渦巻文杏葉について」（『三沢古墳群Ⅱ下巻』小郡市教育委員会、一九九二年）。
（4）大谷　猛「日本出土の「鑣轡」について」（『論集　日本原史』吉川弘文館、一九八五年）。その後ミニチュア品については、菅谷文則氏が時代性と地域性を検討している（菅谷文則「唐墓出土木製馬俑考」『橿原考古学研究所論集第十五』八木書店、二〇〇八年）。
（5）北京市文物研究所「北京豊台唐史思明墓」（『文物』一九九一年第九期、一九九一年）。
富平県文化館・陝西省博物館・文物管理委員会「唐李鳳墓発掘簡報」（『考古』一九七七年第五期、一九七七年）。

吉林市博物館「吉林永吉楊屯大海猛遺址」（『考古学集刊』五、中国社会科学出版社、一九八七年）。

陝西省考古研究所『唐李憲墓発掘報告』（科学出版社、二〇〇五年）。

陝西省考古研究所・陝西歴史博物館・礼泉県昭陵博物館『唐新城長公主墓発掘報告』（科学出版社、二〇〇四年）。

陝西省文管会　昭陵文管所「唐臨川公主墓出土的墓志和詔書」（『文物』一九七七年第一〇期、一九七七年）。

陝西省文物管理局「長安県南里王村唐韋洞墓発掘記」（『文物』一九五九年第八期、一九五九年）。

陝西省文物管理委員会「唐永泰公主墓発掘簡報」（『文物』一九六四年第一期、一九六四年）。

孫机「唐代的馬具与馬飾」（『文物』一九八一年第一〇期、一九八一年）。

王炳華「鹽湖古墓」（『文物』一九七三年第一〇期、一九七三年）。

原州聯合考古隊『唐　史道洛墓』（勉誠出版、一九九九年）。

中国社会科学院考古研究所「独孤思貞墓」（『唐長安城郊隋唐墓』文物出版社、一九八〇年）。以上が図98の出典。
（6）孫机『中国古輿服論叢』（文物出版社、一九九三年）。
（7）国立扶餘文化財研究所『扶蘇山城中間報告書Ⅲ』（一九九九年）。
（8）前掲註（6）孫著。
（9）光陽市・順天大學校博物館『光陽　馬老山城Ⅰ』（二〇〇五年）。なお、諫早直人氏が統一新羅の轡の様相を整理された（諫早直人「統一新羅時代の轡製作」『文化財論叢Ⅳ』奈良文化財研究所、二〇一二年）。複環式轡の日羅の関係解明は今後の課題である。
（10）前掲註（4）大谷論文。
（11）前掲註（1）鈴木論文。
（12）文化財研究所翰林大學校博物館『楊州大母山城発掘報告書』（一九九〇年）。
（13）津野　仁「古代鐙の変遷とその意義」（『研究紀要』第一八号、（財）とちぎ生涯学習文化財団埋蔵文化財センター、二〇一〇年。本書第一部第三章）。
（14）前掲註（4）大谷論文・服部敬史「中国東北地方における古代・

中世の馬具―轡と鐙を中心に―」（『表現学部紀要』第八、和光大学表現学部、二〇〇七年）。

(15) 四川省博物館「四川万県唐墓」（『考古学報』一九八〇年第四期、一九八〇年）。

陝西省考古研究所・延安地区文管会・甘泉県文物所「西延鉄路甘泉段漢唐墓清理簡報」（『考古与文物』一九九五年第三期、一九九五年）。

原州聯合考古隊『唐　史道洛墓』（勉誠出版、一九九九年）。

陝西省考古研究所・陝西歴史博物館・礼泉県昭陵博物館『唐新城長公主墓発掘報告』（科学出版社、二〇〇四年）。

陝西省博物館・礼泉県文教局唐墓発掘組「唐鄭仁泰墓発掘簡報」（『文物』一九七二年第七期、一九七二年）。

陝西省文管会・昭陵文管所「唐臨川公主墓出土的墓誌和詔書」（『文物』一九七七年第一〇期、一九七七年）。

中国社会科学院考古研究所『唐長安城郊隋唐墓』（文物出版社、一九八〇年）。

陝西省文物管理委員会「唐永泰公主墓発掘簡報」（『文物』一九六四年第一期、一九六四年）。

陝西省文物管理局「長安県南里王村唐韋洞墓発掘記」（『文物』一九五九年第八期、一九五九年）。

陝西省考古研究所「唐殷仲容夫婦墓発掘簡報」（『考古与文物』二〇〇七年第五期、二〇〇七年）。

陝西省考古研究所・富平県文物管理委員会『唐節愍太子墓発掘報告』（科学出版社、二〇〇四年）。

湖北省博物館・鄖県博物館「湖北鄖県唐李徽、閻婉墓発掘簡報」（『文物』一九八七年第八期、一九八七年）。

陝西省考古研究所『唐李憲墓発掘報告』（科学出版社、二〇〇五年）。

万欣・賈宗梁「朝陽市襯布総庵的几座唐墓」（『遼寧考古文集』遼寧民俗出版社、二〇〇三年）。

陳国英「西安東郊三座唐墓清理記」（『考古与文物』一九八一年第二期、一九八一年）。

中国社会科学院考古研究所『偃師杏園唐墓』（科学出版社、二〇〇一年）。

西安文物管理処「西安西郊熱電庵基建工地隋唐墓葬清理簡報」（『考古与文物』一九九一年第四期、一九九一年）。

藍田県文管会　樊維岳「陝西藍田発現一批唐代金銀器」（『考古与文物』一九八二年第一期、一九八二年）。

呼林貴・劉合心「西安新発現唐車馬具窖蔵及其相関問題探討」（『文博』一九九八年第四期、一九九八年、トレース）。

中国社会科学院考古研究所洛陽唐城隊・洛陽市文物工作隊「定鼎門遺址発掘報告」（『考古学報』二〇〇四年第一期、二〇〇四年）。

北京市文物研究所「北京豊台唐史思明墓」（『文物』一九九一年第九期、一九九一年）。

吉林市博物館「吉林永吉楊屯大海猛遺址」（『考古学集刊』五、一九八七年）。

延辺博物館「東清渤海墓葬発掘報告」（『中国朝鮮民族学術叢書一渤海史研究』三、一九九三年）。以上が図99の出典。

(16) 遼寧省文物考古研究所『五女山城―一九九六～一九九九、二〇〇三年桓仁五女山城調査発掘報告』（文物出版社、二〇〇四年）。

(17) 今野春樹「遼代契丹墓出土馬具の研究」（『古代』第一一二号、早稲田大学考古学会、二〇〇四年）。

(18) 白石典之「遼・金代における轡と鐙の変化とその背景」（『考古学と遺跡の保護　甘粕　健先生退官記念論集』一九九六年）・前掲註

(17) 今野論文・前掲註（14）服部論文。

(19) 大韓民国文化広報部文化財管理局『雁鴨池発掘調査報告書』（一九七八年）。

(20) 伊勢原市教育委員会『三ノ宮・下尾崎遺跡　三ノ宮・上栗原遺跡発掘調査報告書─横穴墓群の調査─』（一九九五年）。同書中に立花実氏による輪鐙・壺鐙の論考がある。（財）いわき市教育文化事業団『八幡横穴群』（いわき市教育委員会、二〇一一年）・九州歴史資料館『大宰府政庁跡』（二〇〇二年）などがある。

(21) 成田市囲護台遺跡発掘調査団・成田市教育委員会『成田市都市計画事業成田駅西口土地区画整理事業地内埋蔵文化財発掘調査報告書』（一九九〇年）。

(22) 前掲註（13）津野論文、津野仁「古代の鐙金具について」（『塙静夫先生古稀記念論文集　栃木の考古学』二〇〇三年。本書第一部第二章）。

(23) 鈴木　治「日本鞍の様式的変遷について」（『国華』第七〇編第一二冊、一九六一年）。

(24) 山田良三「社寺伝世馬具の壺鐙について」（『橿原考古学研究所論集　第七』吉川弘文館、一九八四年）・国立歴史民俗博物館蔵銅象嵌鉄製壺鐙（国立歴史民俗博物館『国立歴史民俗博物館資料図録五武具コレクション』二〇〇七年）。この鐙には兵庫鎖・鐙靼柄頭・柳端に銅象嵌で、唐草文が描かれている。この鐙は、八世紀後半の手向山神社蔵鉄宝相華唐草文金銅象嵌壺鐙よりも新しく、一〇世紀中葉の市川橋遺跡の鉄製壺鐙に近い時期の所産と判断され、九世紀から一〇世紀中葉頃と考えておきたい。

(25) 長野県小諸市滝原出土の鉄製鐙は、八幡一郎氏によって写真が報告されている（八幡一郎『北佐久郡の考古学的調査』信濃教育会北佐久教育委員会部会、一九三四年）。図101の3の鐙は、兵庫鎖と鉸具を残すが、鐙靼柄部とは薄い鉄板で繋げており、補修したものであろう。柳端には壺の鉄板を留めた釘が確認できる。鐙靼柄部の傾きから左足用である。4は兵庫鎖と壺鐙が分離している。鐙靼柄部に薄い鉄板が付いており、3と同じく補修品でろう。壺鐙編年の根拠になる一〇世紀中葉の市川橋遺跡鐙よりも柳端に抉れが強くて、一〇世紀後半の所産であろう。

第六章　古代の武装と軍備系譜の諸段階

はじめに

奈良・平安時代の武装や軍備に関する研究は、かつて日本の甲冑について体系的な著作を成した山上八郎氏(1)によって奈良時代は「短甲挂甲併用並唐制模倣時代」、概ね平安時代に関しては甲冑の「暗黒時代」と呼ばれるほど研究の遅れた分野であった。その後、この時代の研究は考古学では末永雅雄氏(2)、有職故実では鈴木敬三氏(3)を中心に遺物や絵画・文献史料によって研究が進められてきた。本書では今日的な発掘調査によって出土した遺物を中心に、このいわゆる暗黒時代の武装や軍備について検討してきた。この間、遺物の属性検討というかつての枠から、出土遺物について軍事史を示す歴史素材として活用すべく考察してきた。ここでは、出土した甲冑や弓矢・馬具などの戦征具の系譜を時系列的に述べ、それらを総合的に把握し、特に列島外の資料と対比し、その系譜から対外交流を考えてみたい。唐から継受した軍事制度の整備とそれを運用するための基盤の整備という軍事の両輪の関係を明らかにすることにより、軍事史の一端を述べ、併せて中世の武装への展開を探りたい。

第一節　武器・武具・馬具の様相

(一) 甲冑

奈良時代の甲を構成する要素のうち、唐の甲の形制と関連の認められる点は、竪上第一段の札板の窪みである。出土例としては青森県根岸(二)遺跡と奈良県東大寺金堂出土品にこの窪みが小札の形態から復元できる(4)。この胸部の窪みは、甲の上端が首に触れるのを防ぐ機能があり、古墳時代の小札甲にはなくて、列島内で系譜が追えないが、中国では隋代の李和墓の墓室の石門にある門衛や唐代の道因法師碑の武士像などにみられ、両当甲には多く確認できる。奈良時代・平安時代前期の鉄製の甲については、腰札や籠手や手甲・襟甲などが古墳時

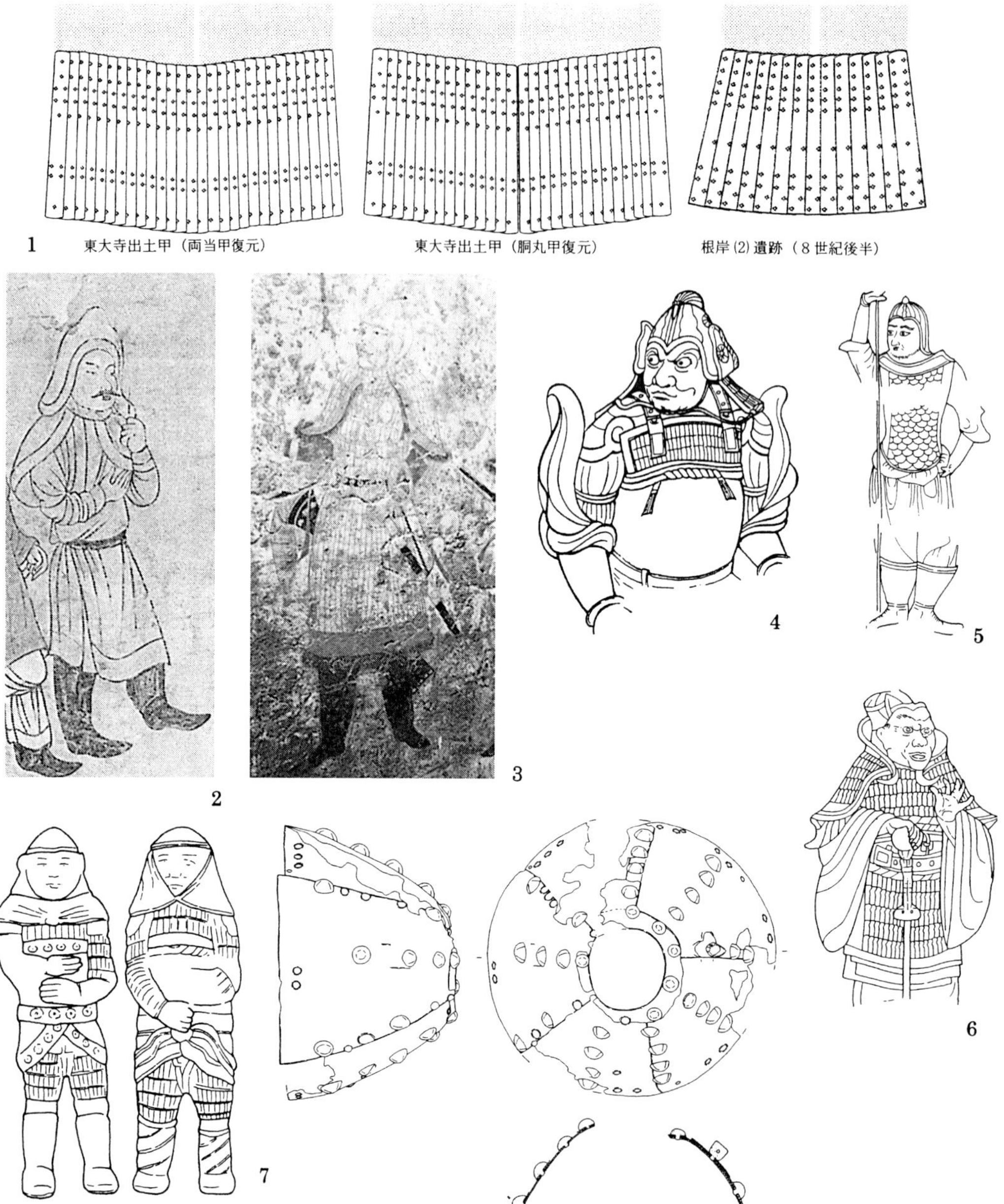

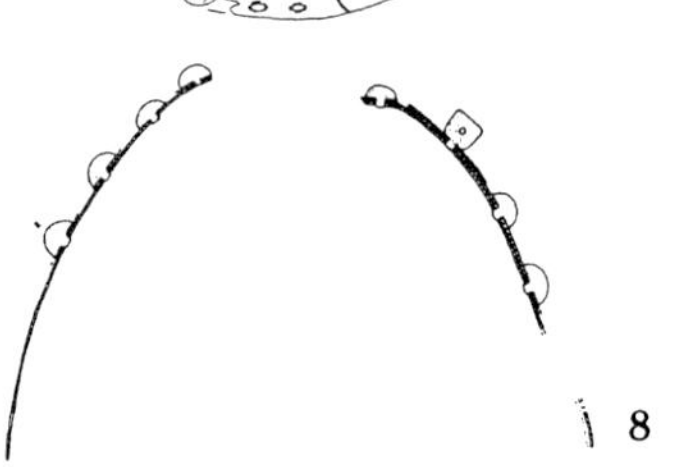

1：竪上第一段の札板（津野 1998）
2：李寿墓（群馬県立歴史博物館 1989 改変）
3：長楽公主墓（陳 1996）
4：前蜀王建墓（中国科学院考古研究所 1964）
5：李和墓（劉 1995 トレース）
6：道因法師碑（劉 1995 トレース）
7：荊樹溝上荘金墓（劉 1995 トレース）
8：旧観音庵蔵兜鉢（現藍住町教育委員会蔵）（津野 2001）

図 102　甲・冑（兜）の様相

代からの列島内での在来系のものが用いられている。縅孔二列による縅し方が消えるなど古墳時代との変化が確認されているが、鉄甲では基本的には小札製で籠手などの付属具も古墳時代以来の系譜で理解できるものである。現在の資料で竪上第一段の札板の窪みがわかるのは、八世紀中葉のものである。かつて、鈴木敬三氏によって大鎧の胸板の出現が、隋・唐代の瓦俑に表現された胸部の窪みに通じることから、胸板の出現が大陸からの系譜と指摘された。(5)奈良時代の小札甲は両当甲に復元でき、この両当甲が隋から初唐には盛行し、日本でも古墳時代に盛行していた胴丸甲に替わり、奈良時代には両当甲が使用されていたことから、竪上第一段の窪みを首擦れ防止のために、甲の形制を導入したと考えられる。鈴木氏の指摘のような平安時代中期に、すでに両当甲が衰退した大陸から大鎧の構造の一部を求めることはできず、奈良時代にすでに甲の形制を導入し、それが鉄板化して大鎧の胸板になったと考えられる。

さらに、遺品はないが『東大寺献物帳』には、その装飾性について、甲冑に施された多様な文様を伝える。装飾は領・領裏・甲縁・冑縁・行縢・覆臂縁と甲冑本体と付属具の縁に及んでいて、緋地や白地などで菱形・小花・亀甲文などが見られる。特徴は各部分の縁に多様な装飾を施す点である。延喜兵庫令式でも挂甲の製作工程に小札の横縫い・上下の縅し、頸牒縫い・継着けを終えた後に縁着けに一日を要している。基本構成が全て終えた後の縁着けは、『東大寺献物帳』記載甲の縁に施された装飾性を継承するものであって、さらには一〇世紀後半にはできあがるとみられる大鎧の大袖・草摺・栴檀板などの最下段に施された赤韋を用いた菱縫や札板の縁に付けた耳糸という装飾性に引き継がれるのである。この縁の装飾は、唐代の武人俑に一般的にみられ、長楽公主墓の武人には青色の縁着け、懿徳太子墓の騎馬武士俑には襟と肩甲の縁に唐草文がみられる。つまり、唐代の甲冑の各部分の縁に施された装飾性が奈良時代中葉には我が国の甲冑にも取り入れられて、中世大鎧の菱縫の装飾性に継承されるのである。

また、奈良時代の甲で唐の系譜を引くものに綿襖と冑がある。天平宝字六年(七六二)に唐国の新様の如くに、東海・南海・西海道の節度使料綿襖と冑二万二五〇具を大宰府にて製作させている(『続日本紀』天平宝字六年正月丁未条)。これには甲板の形の画を地色と異なる色を以って画いたようであり、この時に新たに移入された綿襖と冑である。しかし、鈴木敬三氏の指摘のように、(6)新羅に対しての威容整備というのが実際の目的であったといえよう。

綿甲については、天平年間の『出雲国計会帳』にみられ、狭絁と綿で作ったようである。この甲の系譜は文献史料からは明らかでないが、日本にこれまで確認できず、唐の甲の制では白布甲があったことや李寿墓(六三〇年没)第一過洞東壁に描かれた儀仗図に白地の厚みのある帽子とコート状の服を着た兵があって、(7)綿襖・冑とともに綿甲も唐に起源をもつ甲冑であろう。

鉄製の冑は、奈良時代には八幡横穴一四号墓の事例から竪矧広板鋲留式冑が使われていたようである。(8)この冑は衝角付冑の最末期のもので、古墳時代の衝角付冑から矧ぎ板枚数の変化などで型式組列が追えるものである。

星兜の初源は年代的に不安定であるが、平安前期に遡るものと想定した。[9] 大鎧に具す星兜は竪矧広板鋲留式冑の変化の流れで理解できるものであるが、装飾性に関しては奈良時代のものと断絶が明瞭である。星兜の最古式と想定される旧観音庵蔵の兜は、後頭部に笠標付の鐶が付く。また、降って鍬形の台には獅子があって、大鎧を描いた最初期の遺品である「伴大納言絵詞」の検非違使の随兵が着ける兜にも獅子が描かれている。[10] また、吹返しに付く据文金具や菊座など兜の諸要素は、『別尊雑記』などの図像集の尊像に散見される。[11] つまり、大鎧に具す星兜に関しては、平安時代初期に請来された密教のもと堂内に配された諸尊のうち天部像の兜から獅噛を代表にして、菊座や吹返、さらにそれに付く据文金具や笠標付の鐶を取り入れたものと想定される。兜への仏教的要素の導入は、単に装飾性の導入という観点を超えて、毘沙門天に代表されるように鎮護の役割をもった武将神の形制を頭に着ける兜に取り入れ、加護を祈ったものと考えられる。[12]

次に、大陸の甲冑との関連のある点は、平安時代後期以降の大鎧の弦走韋である。平安前期までの甲に弦走韋が張られた形跡はなく、中国では唐から宋代の甲に散見できることから、時期的には大鎧のできる一一世紀であり、宋からの影響を看過できない。宋代の『免冑図』には、五代の前蜀王建墓の武士像にみられたような前胴部の布か革を留める紐が確認できる。金代の山西省荊樹溝上荘金墓の像では胴部の覆いを上下端に鋲留めしている。大鎧の弦走韋は縫い付けや鋲留めで技法的にも通じるのである。弦走韋の機能性については、弓の弦が胴の小札に触れて弓勢を防ぐためという説や弓勢の増加と矢継ぎ早を有効にするためという説がある。相互の関連も想定できるであろう。

古代の甲冑について外来的な諸要素を検討してみると、現在の史資料によれば八世紀中葉に最も唐の甲冑との関連が指摘できる。つまり、後の胸板に相当する竪上第一段の窪みや文献史料からであるが甲冑の縁の装飾性、唐国の新様と呼ばれたものである。一〇世紀後半以降の大鎧のうち、弦走韋に関しては大陸にも類例が多く確認でき、断片的ながら関連が想定される。

一方、八世紀中葉から九世紀前半の秋田県や青森県等では、東アジアで一般的に確認できる小札型式である縅孔一列と異なり、縅孔二列の小札が出ている。[13] この型式の小札は中国北東部の吉林省や黒龍江省やその北のアムール河流域のロシア国内で出土している。このことから、現在の資料からは八世紀後半から九世紀前半にかけて、北東アジアと列島の北部で関連があったことを指摘できる。

（二）刀剣

唐との関連をもつ刀装具に山形金が挙げられる。唐代の遺品は、メトロポリタン美術館蔵で穴沢・馬目氏によって注目された環頭大刀（洛陽甲刀）によって確認される。[14] この環頭大刀の山形金は、佩用の表面にボタン状の金具を付け、裏面に帯執の遊環を付けている。同様の例は隋代開皇十五年（五九五）の張盛墓の陶俑にもある。[15] 日本における山形金の初源例は奈良県マルコ山古墳であり、この段階より透彫りがなされ、平安時代にまで佩用される。『東大寺献物帳』の記載では、「山形葛形裁文」や「山形葛形獣草形平文」などと記され、唐草

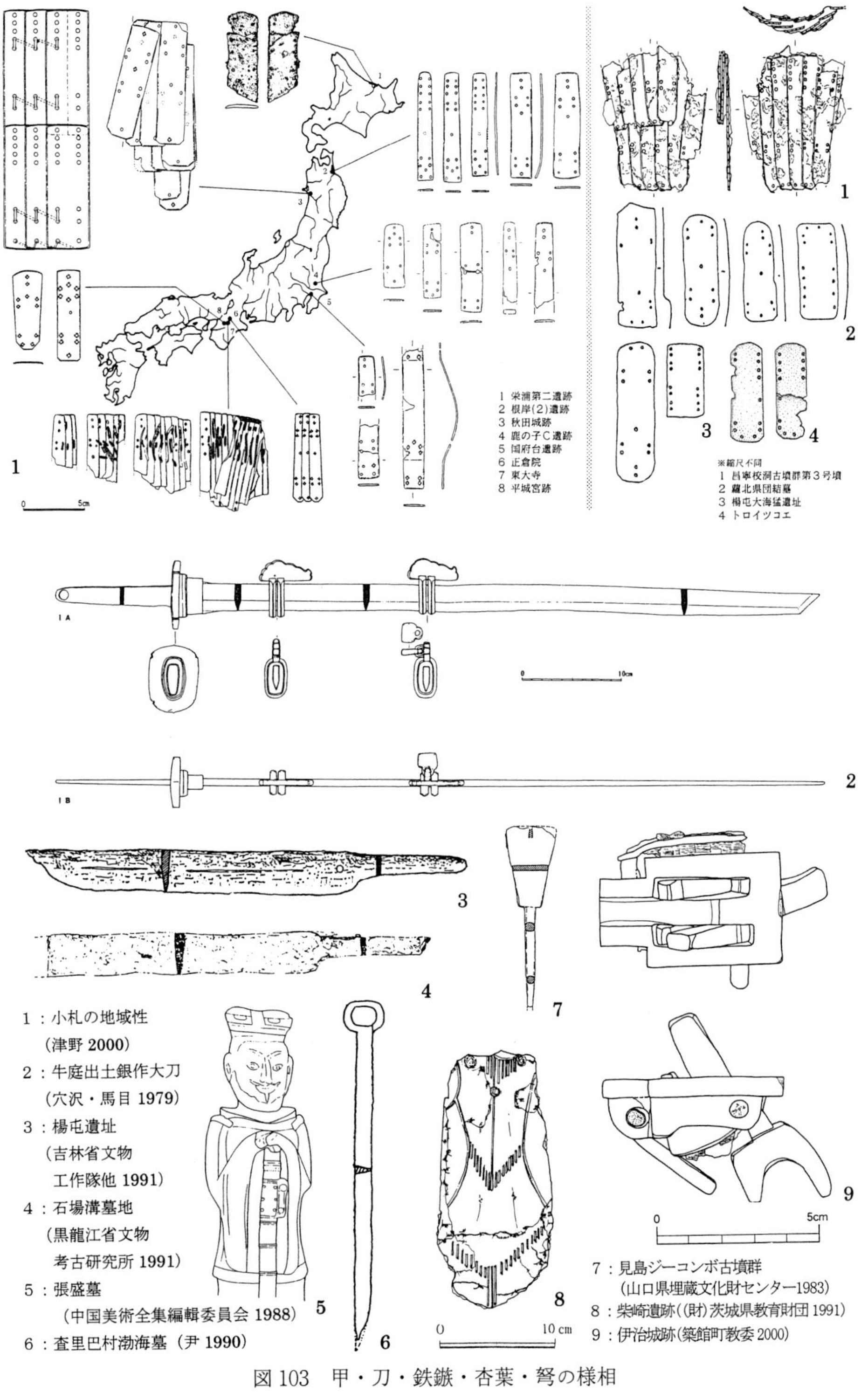

1：小札の地域性（津野 2000）
2：牛庭出土銀作大刀（穴沢・馬目 1979）
3：楊屯遺址（吉林省文物工作隊他 1991）
4：石場溝墓地（黒龍江省文物考古研究所 1991）
5：張盛墓（中国美術全集編輯委員会 1988）
6：査里巴村渤海墓（尹 1990）
7：見島ジーコンボ古墳群（山口県埋蔵文化財センター1983）
8：柴崎遺跡（(財)茨城県教育財団 1991）
9：伊治城跡（築館町教委 2000）

図103　甲・刀・鉄鏃・杏葉・弩の様相

文や獣形文などを透彫りなどで山形金に表現していたようである。山形金に透彫りを表現しない遺品は正倉院金銀鈿荘唐大刀などと東大寺金堂出土花鳥平文横刀や平安時代に下る鞍馬寺所蔵金銅作大刀や福島県牛庭出土銀作大刀等[16]に認められる。しかし、山形金の付く場合、唐では鞘を筒金で覆うか足金物が付くが、日本の例は方頭大刀などに足金物が付き、筒金で覆うことはない。唐様式の刀装具も選択されているのである。

さらに、出自に関して諸説のある当該期の刀剣に蕨手刀がある。蕨手刀は国内起源説[17]では、北関東から長野県などで七世紀代に出現するというが、国外起源説[18]では、八世紀頃までに北方民族（靺鞨か）が渤海ルートで請来したという説である。後者の説に関して靺鞨や渤海の事例を検討すると、この地域の刀剣は基本的に茎式である点を確認でき、吉林省永吉楊屯遺址や黒龍江省牡丹江樺林石場溝墓地[19]などに出土事例がある。北部の黒水靺鞨でも茎の目釘孔をもつ型式の刀であって、蕨手刀のように柄が共鉄ではない[20]。一方、環頭の刀は吉林省永吉査里巴村渤海墓[21]で出土しており、渤海でも環頭刀を用いている。

以上のような僅かな例しか提示できないが、蕨手刀出現期の渤海や靺鞨の大刀は環頭や茎式であって、列島の蕨手刀との関連は見出し難い。よって、蕨手刀をもって渤海や北部靺鞨とその最も古い型式が分布する北関東から長野県域との交流は想定できず、蕨手刀の国内起源説を支持する。

(三) 弓箭と弩

鉄鏃は、古墳時代後期（TK四三以降）列島内で地域性が出現することが杉山秀宏氏によって明らかにされている[22]。特に北部九州では方頭斧箭式が顕著で、これが朝鮮半島の鏃と共通し、半島から技術移入を図ったものと考えられる。この方頭斧箭式は奈良時代初頭の山口県見島ジーコンボ古墳群[23]などでも確認でき、西日本で古墳時代後期に半島から移入したものが八世紀以降に継承されている。さらに、都城でも出土品や飛鳥池遺跡の木製様にみられるように中央の工房にまで半島系のこの鉄鏃の生産が拡散してきている。

古墳時代後期に現れた鉄鏃の地域性は、東日本でも無茎鏃が北関東周辺から東北地方に拡散するなど奈良時代の鉄鏃の地域性は、基本的には古墳時代後期のものを継承する[24]。列島外との関連は一〇世紀後半以降一一世紀代に東北地方北部で出現する鑿根Ⅰ式である。初源期の資料は当該期に出現する防御性集落から出土している。鑿根Ⅰ式は渤海や遼・金などの北東アジアで使用されており、環日本海交流によってもたらされたものと判断される[25]。

次に大陸や半島に起源のある武器として弩があげられる。古代の出土品は伊治城跡[26]のものに限られるが、すでに軍防令私家鼓鉦条に、私家に所有することを禁止した兵器類に弩が挙げられている。さらには、『日本書紀』天武十四年（六八五）十一月丙午条にも弩や集団の指揮兵器に関して私家に置かず、郡家に収めさせている。軍団には五〇人の一隊に二人の弩手を充てることが規定され、軍団制下では弩が攻撃用武器として広く組み込まれている。

弩は令制以前、特に古墳時代にも一定程度使用されていた可能性は否定できないが、軍団の攻撃用武器の中に一般的に組み込まれることから、その有用性は格段の差があったものと推測される。

（四）馬具

馬具では、轡は立聞環状鏡付轡や素環系環状鏡板付轡が奈良時代には、確認例が最も多く、古墳時代からの系譜が主流であったことが判る[27]。唐の轡は、陶俑や北京市の史思明墓[28]のから鑣轡が一般的である。列島における唐の系譜の轡は数が少ないが、七世紀後半の静岡県半兵衛奥古墳や長野県コウモリ塚古墳で出ている。八世紀代では、長屋王邸宅から出た絵馬に鑣轡が描かれており、七三七年頃の遺品という[29]。

杏葉は、金銅製の毛彫花弁形杏葉が七世紀中葉には茨城県成田古墳群第三号墳[30]や後半に茨城県宮中野九九―一号墳[31]出土例があり、茨城県柴崎遺跡第六四号住居跡[32]では、八世紀前半から中葉の花弁形杏葉が確認されている。この杏葉は、内山敏行氏の編年によれば[33]、七世紀前葉からの系譜で、律令国家形成期の馬具と評価でき、半島の類品や仏教関連遺品との関連が田中新史氏によって指摘されている[34]。唐系譜の杏葉は、唐草文を主要文様とした心葉形のもので、正倉院や平城京東堀河[35]の出土品などに類例があり、後者は八世紀中葉から九世紀初頭の土器と共に出ている。

杏葉は、七世紀以来の毛彫花弁形杏葉が八世紀前葉まで使われ、八世紀中葉以降中央では、唐様式の唐草文杏葉が取り入れられたようである。

第二節　国外系譜の武器・武具の諸段階

古代の軍事史と武器・武具から対外交流を考える場合には、大きく三つの位相があるとみられる。一つは制度面での継受・移入、二つは制度を運用する際の儀礼（儀仗）の移入、三つは制度を運用する際の軍事技術（兵仗）の移入で、各位相が時代背景によって異なる。国外からの系譜の導入と在来系のもとの関連を明らかにし、その諸段階を述べたい。

（一）七世紀段階

七世紀代には西日本各地に山城を構築している。山城の築城年代は、神籠石系の山城に関して諸説が提出されているが、その構築技法の直接の系譜を百済、遡っては高句麗の山城の起源を求める点では概ね一致した見解であろう。『日本書紀』記載のように百済の亡命官の指導によって天智天皇四年（六六五）に大野城と椽城（基肄城）を築いた。神籠石系（式）山城は、六世紀末から段階的に構築されたという説[36]や斉明天皇七年（六六一）の一年間のうちに構築したという説[37]もあって一致した見解になっていないのが現状である。しかし、神籠石系（式）山城にも半島系（百済）の技術者が介在していたようである。問題は、七世紀代の国家的な緊急事態の場合における他の武装や軍備系譜との関連である。鉄鏃は六〇〇年前後（ＴＫ四三併行以降）に北部九州で半島系の方頭斧箭式が地域的に発達する。主に北九州に築かれた神籠石系（式）山城の構築技術をすでに鉄鏃を通じて軍事技術交流のあった地域に求めたと判断することが可能である。この場合、鉄鏃の軍事技術交流は在地の首長層によって行われたと判断されるが、国家的プロジェクトである山城構築に際しては、在地首長のすでに持っていた軍事技術導入ルートに委ねる形で築造が行われたと想定される。文献史料に百済技術者の亡命者の関与を伝えるが、彼らのみの関与で構築できるものではない。朝鮮半島と西日本の在地首長層に武器類の技術交流が既にあって、その上で築城技術を導入したのであろう。

一方、当該期の武装のうち甲冑は広板竪矧衝角付冑など在来系のものであり、他の軍事技術との連動はない。

神籠石系（式）山城・朝鮮式山城とも七世紀中葉から後半の築造とすると、列島に在来する軍事技術と関わらず国家緊急事態には在来系や外来系の技術が錯綜した状態で軍備が整えられたのが実態であろう。七世紀末には、唐・新羅連合軍の緊張事態も消え、軍制の整備とともに武装や軍備系譜の安定化が指向される。

（二）七世紀末～八世紀初頭段階

七世紀末以降での国外系譜の武器類では、山形金を付けた唐様大刀が挙げられる。古墳時代後期には龍鳳環頭大刀が六世紀に朝鮮半島から列島に伝播し、六世紀末に広く規格化され、佩用者層も拡大したことが明らかになっている。(38)この環頭大刀の下限は諸説あるが、概ね七世紀前半まで流行し、八世紀以降は『東大寺献物帳』に銀作の環頭大刀を高麗様大刀と呼び、わずかに残存していたようである。問題は、唐代にも儀仗刀として一般的に用いられた環頭大刀を何故に日本では高麗様大刀と呼び用いなくなっていったのか、また唐（様）大刀として柄に鮫皮や鞘に山形金を取り入れたのかである。この儀仗刀のモデルチェンジの意図について、対新羅政策の一解釈として、七世紀後半以降の唐・新羅と日本との国際関係が考慮される必要があると思う。つまり天智天皇二年（六六三）の白村江の戦以降の高句麗・百済の滅亡と新羅の半島統一、唐の脅威とともに、国政の唐風化と新羅を蕃国化し、日本の国際的地位の優越性を高めるという律令国家の基調政策と関連がある。(39)古墳時代後期に唐に起源があるといえ、直接は半島から伝播した環頭大刀をやめて、唐の刀制を直接導入し、唐の儀仗刀の装飾性を取り入れ、威儀具としての体裁を整備したものと想定される。このため、従来の環頭大刀は高麗様とし、山形金などを装備した唐の形制の大刀を唐（様）大刀として区別し、唐化政策を推進する政府の儀仗刀として唐（様）大刀を重視したと解釈できる。しかし、唐の大刀の形制と日本での唐（様）大刀を比較すると、鞘の筒金や鐔などに相違点も看取される。

さらに、対唐関係による解釈もできる。唐における剣・儀刀・横刀という儀仗刀は、儀衛の階層により使用する儀仗が規制されており、冊封国及び朝貢国であった周辺諸国が唐の階層的儀仗制によって、使用する儀仗が規制された可能性が高い。(40)儀仗は対外的な儀礼に用いる道具であり、秩序が重視される。このため、対唐関係による規制によって、古墳時代の環頭大刀の終焉、方頭大刀への転換が行われた可能性が高いと考えておきたい。

同様に儀仗レベルで唐の形制受容は、節刀の制でも具現されている。日本の節刀の制が唐の旌節の制に起源をもつことは瀧川政次郎氏以来[41]言われているが、唐では旌と節を与えるのに対して、日本では節刀のみを授けている。古墳時代後期に環頭大刀を中心にした装飾付大刀は新納泉氏の指摘のように[42]、地域における軍事組織の頂点に立つものが所有し、畿内政権から分与されたものと想定されている。このような器仗の分与は律令制下の節刀制に継承される。本来唐では旌と節を軍事組織の指揮官に賜ったが、日本では古墳時代後期から装飾付大刀の分与制度が存在していたため、この制度を継承し軍防令に節刀のみを授ける規定にしたと推定される。

百済系の毛彫杏葉もほぼこの時期に終焉となり、半島系譜がほぼ消えるのも前述のように威儀性の唐化政策と関連するのであろう。

この時期の大陸系譜の馬具は鑣轡で、限定的に確認されているにすぎない。環状鏡板付轡が一般的で、古墳時代から延長上のものを使用している。

(三) 八世紀中葉段階

当該期は儀仗で、前代からの刀剣に加え、甲冑や馬装でも威儀化が進められた点が大きな特徴である。中央においては、武装でも威儀性の唐化政策を図っていた点は改めて指摘できるが、綿襖・冑のように新羅に対しての唐との軍事的連携を視覚的に見せ、威容と威嚇を兼ねた技術導入も行っている。兵仗では、唐の甲の襟形態に似た竪上第一段の窪みの形成などにその関連が窺える。

(四) 八世紀後半から九世紀前半段階

この時期は東北地方において政府対蝦夷の戦闘が激化した時期に当たり儀仗とともに兵仗面でも変化がみられる。

七世紀末以来の山形金を付けた唐様大刀の形制は、正倉院刀群よりも下る伝坂上田村麻呂佩用という鞍馬寺刀と福島県牛庭出土刀などに残るが、中央における軍備の唐風化の頃、列島北部の蝦夷では日本海を挟んで居住する靺鞨や渤海からの系譜の小札甲が一部に現れる。この甲が北部靺鞨からか、渤海から導入したものか、現在のところ不明である。渤海であれば八・九世紀に日本は、新羅と緊張関係にあって日・渤両国は新羅に対する共通課題を抱え、遣使による同盟関係にあった[43]。渤海からの遣使は、七二七年から始まり東北北部に通交ルートを持っていたことから、蝦夷の動向や政府の政策に通じていた可能性もある。このため、周辺諸国家・諸民族の動向に対応した外交関係をとるという手段によって、日本政府のように正式な外交関係ではないが、蝦夷にも軍事的な交流・接触を行っていた可能性がある。この場合、北方への拡張政策をとっていた渤海にとり、靺鞨と蝦夷の軍事的連携という北からの伸張を予想し、日本政府との同盟関係とともに蝦夷にも軍事連携を行い、靺鞨に圧迫を加えていった可能性がある。

一方、黒水靺鞨のような民族間交流である可能性も残る。黒水靺鞨は、渤海の併合に対抗し、八一八年の征討軍によってほぼ服属されたという。現在の資料では、この系譜の小札甲は八世紀後半から九世紀前半の所産である。列島における政府と蝦夷の対立構図と北東アジアにおける渤海と靺鞨の対立の類似、さらに海を挟んだ日渤関係を考慮した靺鞨により、服属前であれば、蝦夷との軍事的な交流・接触により、日渤両政府に対抗する北部の民族の軍事連携を図っていた可能性もある。靺鞨にすれば唐との内通、蝦夷との軍事連携によって渤海からの脅威に対抗していたことも想定される。蝦夷にすれば内国化を進める政府の圧迫に対して背後に靺鞨との連携を形成し、攻勢を強めていったものと想定される。いずれにしても奈良時代から平安時代初期の環日本海における列島と北東アジアの国家と民族間の緊張関係によって将来された軍事技術であるといえよう。

一方、政府側では、対蝦夷戦争の最中の延暦十年に従来の鉄甲を新しい様によって修理するように官符を出している（『続日本紀』延暦十年六月己亥条）。新様の実態を明らかにする必要があるが、小札レベルであれば、小札の変遷からは従来の小札が第三縅孔から下段の札板に縅紐を下げていたが、第三縅孔が消え、縅孔が上段に集約され、綴孔が下段にまとまるように変化する。(44)これによって可動性が増加し、動き安さとともに馬上などで甲冑に当たる矢の衝撃が札板の動きで拡散され、防御性を増加させた。官符は古い鉄甲の修理の規定であり、縅紐の取り替えとともに第三縅孔を使用せず、第二縅孔から縅紐を下段に下げるような新様に変化したと想定される。従来は、新様は鉄甲から革甲への変化と捉えられていた。しかし、この官符は鉄製甲の修理に関するものであり、革甲の修理ではない。甲で最も損耗するのは縅紐であり、この修理を意図したとみられる。

ところで、このような第三縅孔のない小札は東アジアにおいて現在確認できず、従来東アジアに一般的であった小札形態から我が国独自のものに分化したと評価でき、政府の甲冑の基本的構成要素が独自化したことを示す。縅紐が長くなり、札板が上下に大きく動き、甲への矢の貫通を困難にする。可動性の重視は蝦夷が弓馬の戦闘を生習とする政府の認識と強く関連し、政府が騎射戦に対応した防御性の向上を図ったと考えられる。さらに、東アジアに一般的な縅し技法から中世大鎧に通じる技法に転換させた武具系譜上での蝦夷戦争の意義を評価したい。

蝦夷は環日本海の軍事技術交流を背景に持ち、政府の武具は和様化とも言うべき方向へ転換した点が当該期の武具の特徴である。

馬具のうち轡で中世に連なるものは、九世紀代に出現する杏葉轡である。杏葉轡の型式的祖型は複環式轡で、その製作技法は棒状鉄を円環状に丸くして、内部に「8」字状や「X」字状などに曲げて作る。杏葉轡は棒状鉄を丸く曲げ、喰先を曲げたのちに蕨手状に曲げるのみで連接を行なうことができ、製作工程が簡略化できる。杏葉轡の最古例は九世紀前半のもので、蝦夷征討などを経て馬具の量産化が図られ、これに対応した技術革新がなされたと評価できる。その故地の検討は資料が少なく不明であるが、九世紀の弓馬の技術革新を推進したのは軍備生産に堪えた富豪層であろうという点は指摘できよう。

（五）九世紀後半段階

この時期には、対外的な系譜の武装や軍備は現在のところ確認できず、列島内での技術革新がなされた。

弓矢のうち鉄鏃から武器の系譜をみると、鏃の組成は古墳時代後期以降の形態のものを継承するが、九世紀後半頃から柳葉Ⅰ式が東国で盛行する。柳葉Ⅰ式は律令軍団制下では組成に含まれず、群盗問題が切迫する時期に技術革新された武器である。八世紀末には蝦夷征討の際に甲を作るに堪える者であった「富饒之輩」が在地で武器生産を行なっており、やがて九世紀後半以降坂東諸国で「富豪之輩」が強盗蜂起して群党を成し、この基盤と軍事背景に開発したのが柳葉Ⅰ式であったと想定しうる。この鏃は以前の鏃に比べ、一般に重量が増し、従来よりも強い貫通力を図った武器と言える。(45)

蝦夷征討の時、弓馬に堪える者が必要とされたように弓馬が重要な軍事基盤になりつつあった。この趨勢の中で機動性を要する群盗（党）が弓馬の技術革新の一環として柳葉Ⅰ式を開発したと評価される。ところで、考古学的にこの新式の柳葉Ⅰ式は関東地方で最も出土例が多く、特に、群馬・茨城・長野など関東平野を取り巻く山根地帯での出土が多い傾向が看取される。一〇世紀初め「東国乱」に発展する群盗蜂起集団（群党）は、山根地帯に満ち、行動域とし、国を越えて弓馬の技術革新という軍事基盤の技術交流を積極的に行なった者と、南関東を中心とした平野部にあって従来の鉄鏃組成を続け、弓馬の軍事基盤を共有する者が存在していたようである。前者については、中世の反りを持つ日本刀の発祥地を求めた際に長い議論があるが、中世前期の武器の首座を占める矢を形成した発祥地と集団を探る上で重要である。彼の集団が中世的な武器開発に果たした歴史的な役割を指摘しておきたい。また、これまで言及されることのなかった九世紀後半以降の東国の群党と、その後の東国乱の軍備の発展における歴史的役割を評価しておきたい。

（六）一〇世紀後半～一一世紀

この時期には、古代的な武具や武器が中世的な形態に変化する。列島外との軍事技術交流は限定的になり、列島内での技術革新でほぼ中世的な武器・武具が体系化される。その中でも対外的な系譜と考えられる武器に鉄鏃がある。

中世鉄鏃の組成の中核になる柳葉Ⅰ式・鑿根Ⅰ式・雁又式のうち、鑿根Ⅰ式は列島内での型式変化を追うことができず、大陸に系譜のある武器である。この鉄鏃は、列島内では東北地方北部の防御性集落などで最初に出現し、この地域と海を挟む沿海州付近の女真族などとの交流によってもたらされたものと判断される。

この時期の女真族の行動は、対外積極政策をとる契丹の拡張に対し、その脅威から契丹の南下を防ぐ必要のある宋と政治的・軍事的な提携強化を図ることであった。(46)さらに、半島の高麗と入貢貿易と侵寇略奪の両面活動を行っていた。高麗は親宋、対契丹政策をとっていたが、契丹の対高麗政策によって宋への入貢も絶え、契丹に服していた。このような環境の中、契丹を包囲するため宋を中心に高麗・女真の連携強化を図っていた。寛仁三年（一〇一九）の北部九州への刀伊の襲撃も女真族の半島の高麗への侵寇の延長という。このような国際環境の時に東北北部で防御性集落が築かれ、大陸北東部で一般に使われた鉄鏃型式が東北北部で最初に出現するのである。その解釈として、契丹に対抗しようとする政策を進める女真族にとっての軍事的な連携強化策の一環か、女真族の高麗への貿易と侵寇活動のような一環として蝦夷社会に進出したために、この地域に緊張関係が発生し、武器の技術革新を惹き起こした可能性がある。そして、この鉄鏃型式が中世の鉄鏃組成の主体になることから平安末期を通じて南下し、列島を席巻していったものと見なしたい。毛抜形太刀の成立期とほぼ同じ時期に、東北北部で出現した鉄鏃型式が、やがて中世鉄鏃組成となる点にこの地方の武器成立史における役割を評価しておきたい。

第三節　武装・軍備の系譜と交流ルート

以上のように、七世紀から平安時代までの武装・軍備のうち対外的な系譜のものは、段階的な時期設定が可能であり、その変遷を経て古墳時代的な様相から中世的なものへ変化し、各段階で周辺諸国や民族との交流や政策の変化が窺える。その結果、古代における武器・武具・馬具・防御施設などの武装・軍備は各時期の国内や周辺諸国・民族間での緊張状態に応じて、その必要性から新たな技術革新が行われたことが明らかになった。また、奈良時代には政治的意図も加わり威儀具の整備も行われた。この過程で、国内において技術革新がなされる場合と対外的な技術交流によって、技術革新が促進される場合があった。古代の武装・軍備は、両者がその必要性に応じて補完的な関係によって形成されていったのである。列島内における限定された地域的な緊張関係の場合には、その中で新たな技術が開発されるが、周辺の国家間や民族間での緊張関係の場合には、相互に技術導入・技術交流が図られる。軍事技術基盤の系譜関係は、緊張関係の範囲や大きさと関連することが遺物や遺構の研究から明らかになった。これは、国家間などの広域な緊張関係が生じた場合には、広域な地域間交流によって軍事基盤を整備する軍事交流であり、政治的交流の実相を示しているのである。

時期的な変遷のなかで各段階の特徴をまとめると、儀仗面では七世紀後半から八世紀中葉の刀剣や甲冑に唐からの威儀化が図られている。特に、唐国の新様の綿襖・冑は、新羅に対して唐との軍事的連携を視覚的に扶植する効果を企図したものともみられ、その機能性からしても多分に政策的な導入であったと判断できる。

兵仗面では、各段階を通じた交流が窺えるが、九世紀以降は蝦夷の技術系譜を除けば、基本的には列島内における技術革新や展開によって、中世的な武装がほぼ一二世紀代にはできあがったようである。

交流ルートでは、政府では唐及び古代山城のように半島との関連が確認できるが、北方の蝦夷では中国北東部やロシア域など北東アジアとの軍事的な技術交流を断続的ながら保持していたことが確認できた。各時期の環日本海の緊張関係のなかで、北方の民族・集団や国家が軍備や武装という点で政府とは別な連携関係を断続的ながらも通時的に持っていたのである。

註

(1) 山上八郎『日本甲冑の新研究』(倭文社、一九二八年)。

(2) 末永雅雄『日本上代の甲冑』(岡書院、一九三四年)・『増補日本上代の甲冑』(木耳社、一九八一年)・『日本上代の武器』(創元社、一九四一年)など。

(3) 鈴木敬三『日本中世　武装図説』(明治図書出版、一九五四年)。

(4) 津野　仁「東大寺出土甲と古代小札甲の諸要素」(『研究紀要』第六号、財団法人栃木県文化振興事業団、一九九八年。『日本古代の武器・武具と軍事』吉川弘文館、二〇一一年所収)。

(5) 鈴木敬三「式正の鎧の形成について」(『國學院雑誌』第六三巻第四号、一九六二年)。

(6) 鈴木敬三「綿甲冑と綿襖冑」(『國學院雑誌』第六二巻第九号、一九六一年)。

(7) 陝西省博物館・文管会「唐李寿墓発掘簡報」(『文物』一九七四年第九期、一九七四年)・群馬県立歴史博物館『唐墓壁畫集錦』(一九八九年)。

(8) 冑と兜については、一般に古墳時代や奈良時代について冑、平安中・後期以降の大鎧の時期には兜と表記することから、これに従う。

(9) 津野　仁「平安時代兜鉢の一例」(『研究紀要』第九号、財団法人とちぎ生涯学習文化財団埋蔵文化財センター、二〇〇一年。『日本古代の武器・武具と軍事』吉川弘文館、二〇一一年所収)。

(10) 小松茂美編『日本の絵巻　伴大納言絵詞』(中央公論社、一九八七年)。

(11) 大正新脩大蔵経刊行会『大正新脩大蔵経図像　第三巻』(一九一八年、引用は一九七六年再刊本)。

(12) 大鎧に付く仏教的要素の確認と仏教や呪術との関連は、当時の武力の性格を考えるうえで重要な論点であるが、武具研究側から積極的に論及されたことがない。文献史では松本政春氏が述べている(松本政春『律令兵制史の研究』清文堂、二〇〇二年)。今後の検討課題である。

(13) 津野　仁「古代小札甲の特徴」(『特別展　兵の時代—古代末期の東国社会—』横浜市歴史博物館・財団法人横浜市ふるさと歴史財団、一九九九年。本書第三部第四章)・同「北方系の小札甲」(『アシアン　レター』第七号、「東アジアの歴史と文化」懇話会、二〇〇〇年。本書第三部第四章)。

(14) 穴沢咊光・馬目順一「メトロポリタン美術館所蔵傳洛陽出土の環頭大刀を論じて唐長安大明宮出土品に及ぶ」(『古文化談叢』第三六集、九州古文化研究会、一九九六年)。

(15) 中国美術全集編輯委員会編『中国美術全集　工藝美術編二　陶瓷(中)』(上海人民美術出版社、一九八八年)。

(16) 穴沢咊光・馬目順一「郡山市牛庭出土の銀作大刀」(『福島考古』第二〇号、一九七九年)。

(17) 石井昌國『蕨手刀—日本刀の始源に関する一考察—』(雄山閣、一九六六年)・八木光則「蕨手刀の変遷と性格」(『坂詰秀一先生還暦記念論文集　考古学の諸相』一九九六年)。

(18) 竹田昌暉「蕨手刀再考」(『刀剣美術』第三五七号、一九八六年)。

(19) 吉林省文物工作隊・吉林市博物館・永吉県文化局「吉林永吉楊屯遺址第三次発掘」(『考古学集刊』七、一九九一年)・黒龍江省文物考古研究所「黒龍江省牡丹江樺林石場溝墓地」(『北方文物』一九九一年第四期、一九九一年)。

(20) 数は少ないが、蕨手刀に類似した小刀が渤海の西古城で出土して

いる（吉林省文物考古研究所ほか『西古城―二〇〇〇～二〇〇五年度渤海国中京顕徳府故址田野考古報告』文物出版社、二〇〇七年）。

(21) 尹郁山「吉林永吉県査里巴村発現二座渤海墓」（『考古』一九九〇年第六期、一九九〇年）。

(22) 杉山秀宏「古墳時代の鉄鏃について」（『橿原考古学研究所論集第八』吉川弘文館、一九八八年）。

(23) 山口県埋蔵文化財センター『見島ジーコンボ古墳群』（一九八三年）。

(24) 津野　仁「古代鉄鏃からみた武器所有と武器政策」（『栃木史学』第一六号、國學院大學栃木短期大学史学会、二〇〇二年。『日本古代の武器・武具と軍事』吉川弘文館、二〇一一年所収）。

(25) 津野　仁「中世鉄鏃の形成過程と北方系の鉄鏃」（『土曜考古』第二五号、二〇〇一年。本書第三部第一章）。

(26) 築館町教育委員会『伊治城跡―平成一一年度　第二六次発掘調査報告書―』（二〇〇〇年）。

(27) 鈴木一有「律令時代における轡の系譜」（『下滝遺跡群二』（財）浜松市文化協会、一九九九年）・本書一部第四章。

(28) 北京市文物研究所「北京豊台唐思史明墓」（『文物』一九九一年第九期、一九九一年）。

(29) 奈良国立文化財研究所『平城京左京二条二坊・三条二坊発掘調査報告―長屋王邸・藤原麻呂邸の調査―』（一九九五年）。

(30) （財）茨城県教育財団『北浦複合団地造成事業地内埋蔵文化財調査報告書Ⅰ炭焼遺跡・礼場古墳群・三和貝塚・成田古墳群』（一九九八年）。

(31) 茨城県教育委員会『宮中野古墳群調査報告書』（一九七〇年）。

(32) （財）茨城県教育財団他『研究学園都市計画桜柴崎土地区画整理事業地内埋蔵文化財発掘調査報告書（Ⅱ）柴崎遺跡Ⅱ区・中塚遺跡（上）』（一九九一年）。

(33) 内山敏行「古墳時代の轡と杏葉の変遷」（『黄金に魅せられた倭人たち』島根県八雲立つ風土記の丘、一九九六年）。

(34) 田中新史「東国終末期古墳出土の馬具」（『古代探叢』早稲田大学出版部、一九八〇年）。

(35) 奈良国立文化財研究所『平城京東堀川　左京九条三坊の発掘調査』（一九八三年）。

(36) 西谷　正「朝鮮式山城」（『岩波講座日本歴史　第三巻古代二』岩波書店、一九九四年）。

(37) 渡辺正気「神籠石の築造年代」（斎藤忠先生頌寿記念論文集刊行会編『考古学叢考　中巻』、吉川弘文館、一九八八年）。

(38) 穴沢咊光・馬目順一「日本における龍鳳環頭大刀の製作と配布」（『月刊考古学ジャーナル』No.二六六、一九八六年）。

(39) 鈴木靖民『古代対外関係史の研究』（吉川弘文館、一九八五年）。

(40) 津野　仁「古代日本と周辺諸国の刀剣比較試考」（『古代武器研究』Vol.一〇、二〇一四年）。

(41) 瀧川政次郎「節刀考」（『国学院大学政経論叢』第五巻第一号、一九六一年）・北啓太「律令国家における将軍について」（笹山晴生先生還暦記念会編『日本律令制論集　上巻』吉川弘文館、一九九三年）。

(42) 新納　泉「装飾付大刀と古墳時代後期の兵制」（『考古学研究』第三〇号第三号、一九八三年）。

(43) 酒寄雅志『渤海と古代の日本』（校倉書房、二〇〇一年）。

(44) 津野　仁「挂甲小札と国衙工房―茨城県石岡市鹿の子C遺跡をめぐって―」（『太平台史窓』第一三号、一九九五年。『日本古代の武器・武具と軍事』吉川弘文館、二〇一一年所収）。

(45) 津野　仁「古代・中世の鉄鏃―東国の出土品を中心にして―」

『物質文化』第五四号、一九九〇年。『日本古代の武器・武具と軍事』吉川弘文館、二〇一一年所収)。

(46) 日野開三郎「渤海人・女真の海上活躍」(『日野開三郎　東洋史学論集　第一六巻　東北アジア民族史(下)―後渤海・女真篇―』三一書房、一九九〇年)。

挿図出典(図102・103)

竪上第一段の札板(津野前掲註(4))、李寿墓(群馬県立歴史博物館『唐墓壁畫集錦』一九八九年)、長楽公主墓(陳舜臣『故宮　至宝が語る中華五千年』日本放送出版協会、一九九六年)、前蜀王建墓(中国科学院考古研究所『前蜀王建墓発掘報告』文物出版社、一九六四年)、李和墓・道因法師碑・荊樹溝上荘金墓(劉永華『中国古代軍戎服飾』新華書店上海発行所、一九九五年をトレース)、牛庭出土銀作大刀(六沢咊光・馬目順一前掲註(16))、楊屯遺址(吉林省文物工作隊他前掲註(19))、石場溝墓地(黒龍江省文物考古研究所前掲註(19))、張盛墓(中国美術全集編輯委員会前掲註(15)をトレース)、査里巴村渤海墓(尹郁山前掲註(21))、見島ジーコンボ古墳群(山口県埋蔵文化財センター前掲註(23))、柴崎遺跡((財)茨城県教育財団他前掲註(32))、伊治城跡(築館町教育委員会前掲註(26))、旧観音庵蔵兜鉢(津野前掲註(9))

第四部　武器の生産と使用

第一章　古代武器生産の特徴

はじめに

古墳時代には、甲冑などを中心にして、畿内政権（倭政権）が武器生産を掌握していたが、七世紀の様々な国制の整備の過程で、軍事体制についても整備していき、武器生産でも古墳時代とは異なった掌握方法が確立されていった。その中で、国家的な軍事体制の一環をなす武器生産についてその特徴を示すために、武器生産における管理・規制・分業という観点からその特徴をみていきたい。

しかし、考古学からの古代軍事史研究は資料的な制約もあり、緒についたばかりである。文献史では長い研究蓄積があり、その成果と比較対照することで、新たな武器生産の評価を提示したい。

第一節　武器生産の管理

（一）武器収公と貢進制の初現

古墳時代後期には甲冑などは威信財的な性格を有し、畿内政権によって武器の生産・供給システムが管理されていた。(1)大化以降には甲冑も地方生産が始まり、畿内政権による武器再分配が終焉し、代替措置として地方生産の武器を管理する制度が必要になってきた。例えば、地方における甲冑生産の初源は七世紀第三四半期頃で、多賀城前身の柵といわれる宮城県郡山遺跡Ⅰ期官衙(2)（七世紀中葉）や千葉県北囲護台遺跡（七世紀第三四半期後半から第四四半期前半）の鍛冶工房から小札が出土しており、(3)地方官衙や東国集落でも甲冑生産が開始されたことがわかる。

これからの武器政策の基本は、武器の品質と数量の把握・確保であり、大化後の武器収公によってそれらが可能になった。前代の在地首長層が有した武器の地域性の実態把握が品質確保の第一段階である。大化後の武器政策について、吉沢幹夫氏は三段階に区分し、第一段階が武器収公、第二段階が天武朝の官人武装策、第三段階が軍団制の成立とする。(4)武器政策については、武器収公による武器の把握が第一段階であり、その到達点が様器仗貢進制であるが、それに到る経過の解明がされていない。さらに、問題は武器貢進制が採られるに到った背景である。

中央に進められた武器の初源は、正倉院に伝わる透かしのある方頭斧箭Ⅰ式鉄鏃で、棘箆被の特徴から七世紀中葉にのぼると考えられる。(5)さらに、奈良県石神遺跡出土の有孔短茎式も中部・関東地方に分布する鉄鏃である。正倉院の「下毛野奈須評」銘の矢も、貢進品である。奈須評の矢について、東野治之氏は「賦役令」諸国貢献物条の前身として理解する。(6)評の官人が当土の特産物を貢進した可能性がある。

正倉院の矢が七世紀中葉まで遡るとすると、やはり想起されるのは、不確実であるが、『日本書紀』大化元年（六四五）九月丙寅の記事のように、諸国に使を遣わし兵を治め、九月までに四方国の種々の兵器を集めたこととの関連である。一般に兵庫を造り、兵器を納めたと理解されているが、考古学的な事実を加味して解釈すれば、四方国の使者が諸国の兵器を集めて勘検・報告し、実物も一部収公して中央へ進めたとみられる。

この点を武器政策の観点からみると、七世紀後半から中央へ武器が進められていたが、石神遺跡例のように地域性のある鉄鏃もあり、中央集権的な形制法式を定める必要が起きたのである。霊亀元年（七一五）から始まる様器仗貢進制の前身に器仗貢進が存在していたと判断される。東野氏が指摘する『令義解』諸国貢献物条に注する胸形箭（筑前国宗像郡）は表記からみて、器仗貢進の段階のものであろうか。

このように理解してくると、大化後の武器政策は、第一段階武器収公、第二段階器仗貢進、第三段階様器仗貢進制へと変化したことが指摘できる。第一段階は各地の地域性を有した武器の実態把握、第二段階は評制下の貢献物により、地域性のある武器を含む貢進、第三段階は大宝軍防令を経て、地域生産品の検査体制の確立と評価できる。この管理制度は、『延喜式』諸国器仗条まで引き継がれ、様制は大化からの武器生産管理の到達点といえる。

七世紀後半には、製鉄・土器など各種手工業生産の諸技術が諸国に移転・拡散する。武器生産に必要な製鉄では、関東地方でも箱形炉や炭窯などが出現する。技術移転の背景には、途上にある軍制上の整備との関連も予測される。日本の軍防令備戎具条にある兵士自備規定は、唐貞観十年（六三六）に折衝府を置いた時に、兵士の自備する兵器・食料が規定されており（『新唐書』巻五〇）、唐の制度を参考にして作成されたとみられる。しかし、矢の数は唐で三〇本に対して、日本では五〇本自備する規定であり、相応の武器生産が背景にあったことが推測される。文献史では、自備の武器は官衙で生産したとする説があるが、当該期の集落遺跡では鉄鏃も出土し、民間に武器は出回っていることから、少なくとも弓矢は自備したといえる。(7)そして、これらの技術移転・武器生産・武器管理は軍国体制の整備と一体となった政策であったとみられる。

（二）様制

地方生産の武器の品質管理を主目的にして、霊亀元年から様器仗貢進制が始まり、六道諸国から毎年様を提出することになった。『東大寺献物帳』に記載する「上野箭」は国名表記からみても貢進された器仗と考えられる。

奈良時代以降の武器生産を考察する場合には、文献史から『延喜式』諸国器仗条の成立過程を追及する方法がしばしば採られる。考古学の場合には、武器生産に規定された規格である様をもとにして、法制的な建前とは別に運用という観点から軍制の実態をみていく強みがある。

正倉院の「讃岐」銘の鑿箭式は関箆被であり、八世紀以降に位置付けられ、様器仗貢進制下の所産である可能性が高い。さらに、正倉院で主体になる鑿箭式は関箆被であり、時期的な点からも貢進品と判断され、政府から地方に規定された軍器の様の実態を反映するのである。そして、正倉院の鉄鏃組成では、基本的には畿内における古墳時代後期の組成を継承しており、規定した様の基本形は畿内の前代の武器様式に依ったことがわかる。

一方で、様は武器の生産技術を地方に伝える役割もあった。当該期に体系的な武器生産技術が伝習された形跡はなく、型見本による伝習・管理が多く、大刀の鎺の構造のように複雑な場合には、工程書などの存在も推測される。

第二節　武器生産の規制と対応

（一）列島における武器規制の地域性
——鉄鏃の地域性や各種武器類などから——

従来、軍団制下では、均質な内部編成の軍事力を創設・維持するために、規格によって統一された兵器を生産・補充・修理・配給・管理していたと指摘されている[8]。しかし、法制度から導き出された画一的な武器政策とは別な、地域の論理に対応した柔軟な武器政策であったことが浮かび上がってきた[9]。それは、石母田正氏によって「国造軍を国家体制の一部として編成した」と指摘された点とも関わる[10]。

奈良時代以降の出土武器類で最も多い鉄鏃によって、武器管理のために行われた様制度の実態から列島内における武器規制についてみてみる。中央に貢進され、正倉院に伝わる矢（鉄鏃）と畿内出土の鉄鏃、及び七道の様相と比較すると、東日本のうち、主に出土数の多い長野・静岡県以東から宮城県域の様相は鑿箭式・片刃箭式と三角形Ⅲ式・長三角形Ⅲ式（飛燕式）を主体にしており、正倉院の組成と共通する。一方、西日本は鑿箭式と方頭斧箭Ⅰ式が基本的な組成になっており、畿内では鑿箭式・方頭斧箭Ⅰ式に三角形Ⅲ式・長三角形Ⅲ式（飛燕式）が加わり、宮都でも同様な傾向が窺える。三角形Ⅲ式・長三角形Ⅲ式は東日本で主体的な鏑矢であり、東西の組成が含まれている。ただし、九州では、圭頭斧箭式が八世紀中葉頃まで残り、八世紀後半にはほぼ

消える。東北地方は鑿箭式・片刃箭式を主体にして、無茎式が加わっている。(11)

このような列島における鉄鏃の地域性の大要であるが、これを地域区分すれば、第一地域は畿内、第二地域は中国・四国、第三地域は九州、第四地域は中部から東北南部、第五地域は東北北部・北海道と区分できる。

第一地域は、鉄鏃からみると宮都を含めた畿内で、正倉院の鉄鏃組成と異なる。征矢では西日本全域で主体になる方頭斧箭Ⅰ式が多い。鏑矢では九州や東日本で主体的な長三角形Ⅲ式などが主体である。片刃箭式が少ない点も正倉院の矢と対照的であるが、西日本と同じ傾向である。これらの点から畿内の鉄鏃組成は基本的に西日本と東日本との関連が窺える。文献史から畿内では武器生産を行っておらず、諸国から貢進される様器仗や造兵司製造の兵器が支給されたという指摘(12)のように東西から貢進された器仗であれば、理解することができる。

第二地域の中国・四国は、鉄鏃では中央の規格と異なる組成である。後述のように、霊亀元年には様器仗貢進制が敷かれ、六道で生産する器仗の勘検が行われるようになった。古墳時代における鉄鏃様式からみると、畿内は東日本よりも西日本との関わりが深かった(13)ことから、政府は古墳時代後期の鉄鏃様式を容認したものと想定できる。

第三地域の九州であるが、規制という点では関市令弓箭条で規定するように、弓矢を諸蕃と市易することが禁じられており、地理的には九州が最も関連するであろう。統一新羅の鉄鏃は片刃箭式・鑿箭式(鴈鴨池出土)や鏃身断面三角形の短頸の鉄鏃(馬老山城出土)などがある。後者の形態の鉄鏃は九州では管見の限りみられず、規定が順守されていたと判断される。(14)一方、地域性のある圭頭斧箭式鏃は八世紀代まで残り、以後は基本的に西日本の鉄鏃組成になっていくことから、武器生産の管理が強化されたと判断できる。

第四地域の中部から東北南半について政府の姿勢は、武器の様制の貫徹と蝦夷との軍事技術交流の禁止地区と位置付けることができる。鉄鏃は基本的に中央の組成と類似し、中央様式に規制されており、第二・三地域への対応と明らかに異なる。この相違は、前代の畿内政権との関連に起因すると想定され、古墳時代後期には、この地域に環頭大刀や頭椎大刀の分布が移り、その解釈には諸説存在するが、軍事的な指揮権の承認、畿内政権の軍事体系へ組み入れられた象徴とみる説が強い。とすると、東国に対して政府の規定した様に従って器仗が生産された要因は、前代からの軍事体系への組み入れが前提になっていたと想定することができる。

蝦夷の鉄鏃組成と信濃・相模以東・陸奥の組成は鑿箭式・片刃箭式を主としており、共通している。さらに『続日本紀』天平四年(七三二)八月壬辰条では東海・東山道の国では兵器・牛馬を他所への売買と界から出すことを禁断した。しかし、実態としては、この地域には、国という行政範囲を超えた地域性を示す武器が生産されていた。七世紀後葉から八世紀初頭に蕨手刀が、八世紀中葉以降に方頭共鉄柄刀が東山道管内の国から東北北部の蝦夷に伝わる。技術移転の初期の段階では、物が移動したのか明らかではないが、蝦夷との地域間交流が実態として存在しており、それは互酬的関係にあったことが推測され、政府側の蝦夷に対する軍事的政策とは別な在地における論理が存在していたことは事実であろう。地方の地域間における軍事技術交流を規制することが当該条の目的であり、文献史料にみえる政府の武器政策と考古学による在地の実態の比較検討によって規制の目的がより鮮明になってくる。

第五地域の東北北部から北海道には、武器規制と賜与という武器政策が窺える。短寸で、刀身幅が五㌢近くにも達する幅広の北の方頭は、単鐶単脚足金物が付き、七世紀後半頃に出現し、八・九世紀を通じて刃長が長くなり、東北南部以南と同じような長さになる。しかし、柄・鈿の製作技術に東北南部以南との共通性があり、東北北部において独自に生産された武器とは断定しがたい。機能的には、大刀よりも短寸であることから、歩兵戦でも敵から離れては斬撃できず、大刀よりも不利である。歩兵・集団戦を基本とした軍団制下の大刀の方が少し離れて斬撃できる点が有利である。平安時代末の文献史料からは短寸の刀は突く機能、長寸の太刀は切る・打ち破る機能があるという(15)。短寸の刀で突くとすると、組打ちでは最も接近戦の際の武器であり、技術移転に際して、戦闘能力に対する規制が作用したと判断される。さらに、北関東・長野地域から伝わった方頭共鉄柄刀も初期は短寸で、刀制上の規制が及ぶ。

賜与に関わる武器では、金銅製・銅製の長寸の大刀があり、岩手県熊堂古墳群や房の沢Ⅳ遺跡ＲＴ一一出土大刀や北海道式古墳で帯金具などと共に副葬されたものがある。朝貢・服属した集団に対する賜与品という性格が想定され、この刀は長刀で、機能が規制された短寸の刀とは対照的である。

（二）武器規制の在地対応策

大化の武器収公から始まる政府の武器政策・中央集権的な軍事体制の整備は軍防令の施行によって一区切りは付いた。これまで画一的といわれた軍事政策も考古学的な武器論からその画一性を再検討する必要性が出てきた。武器政策にみる地域特性論ともいえる。強制力の発露である軍事力を構成する武器生産においては、伝統的な社会関係を前提として、列島の各地域の特性に応じた対応をしていた。法的には様という画一的な規格とみられがちな形制法式であるが、全く画一的であるとの法的規定やその解釈はない。それは、様器仗貢進について霊亀元年に規定された時にも、六道諸国に対するものであった。西海道諸国は、天平宝字五年七月甲申条になって、甲刀弓箭を造り備えるようになり、大宰府に様を送った。この様器仗貢進制の遅れる理由を松本政春氏は、それまでの大宰府における武器一括生産を想定するが(16)、出土した鉄鏃からみると、圭頭斧箭式が残存し、武器生産の伝統が根強く、地域的特性に対応した規制であったと推定した(17)。さらに、東西日本で様を別にするという点も、前代からの関係による。

下向井龍彦氏は、令制下の軍団は、「評造軍」に対する制度化・画一化・均質化の徹底と領域的制約の打破により創設したと評価する(18)。しかし、武器からみると、その地域性は複数の在地首長層の支配領域に跨っており、一部を除いて、各地に存在した広域の武器生産関係を取り込む形で、集権的な軍事力の基礎を形成したのが事実であろう。

そして、列島の東西に対する政府の武器政策の実態は、各地域に対する政府の姿勢を反映するとみられる。

第三節　武器からみた前代器仗の継承関係

令制下の軍団といわゆる国造軍との関連について[19]、文献史では岸俊男氏以来、直木孝次郎氏などの論考でもほぼ定説化している。奈良時代の武器論からこの点をどのように批判・継承するか、古墳時代後期からの各種武器類の連続性と系譜関係・新型式の出現と系譜関係の把握によって、検証することが可能である。

(一) 畿内政権の軍事技術

筆者は、基本的には軍団制下の武器は古墳時代以来の様式を基調にしていると理解している[20]。例えば鉄製小札甲の小札の型式変化や付属具は古墳時代の延長線上で理解できるからである。鉄鏃は、棘篦被から関篦被への変化があるが、鏃身形は鑿箭式や片刃箭式など基本的な組成は継承されている。馬具の轡では、古墳時代後期・終末期にみられた、立聞系環状鏡板付轡・鉸具造環状鏡板付轡は奈良時代にも主流型式であり、木心金属張三角錐形壺鐙系吊金具も前代から型式変化したものである。これらは、列島規模で共通した型式を継承したものであり、古墳時代の畿内政権の武器生産技術が律令国家の段階まで継承されたと考えられる。

(二) 地域性の残存

武器の地域性を継承したものがあり、関東・東北地方を中心とした無茎鏃、九州地方の圭頭斧箭式鏃が奈良時代にも残る。それらの武器は単一の国造層などの支配領域に対応するものではなくて、のちの複数の令制国に跨る広域の地域性を示す。無茎鏃の分布範囲の変動など地域性の平面的な動きもあるが、在地首長の支配領域を超えた広域の武器技術基盤のネットワークが存在していたことも事実である。しかし、無茎鏃や圭頭斧箭式鉄鏃は国家の規定した様には認められず、消滅の方向へ行く。

(三) 新出型式の出現

新出型式として綿甲がある。綿甲は、これまで天平年間の『出雲国計会帳』に収められた節度使符に綿甲料が記載されることが上限とされていた。しかし、松本政春氏の復元した大宝軍防令在庫器仗条[21]、職員令兵部省条及び『政事要略』巻五四所載の「古記」には軍器の修理に充てるもので、甲冑には袍を挙げ、袍は甲の下の袍か綿袍、布袍と解している。札甲で最も修理を要するのは縅紐であるが、修理材料として挙げているのは袍であり、綿甲とわかる。つまり、大宝軍防令の段階から綿甲は在庫器仗であり、兵士が着用していたと推測される。

一方、営繕令貯庫器仗条には、修理する甲に貫があり、貫は『東大寺献物帳』の短甲・挂甲に「白線組貫」とあることから縅紐のある小札甲と判断でき、小札甲は兵庫に貯えられた。この時期の小札甲は、古墳時代に稀有な両当甲が主流であった。平城京二条大路木簡に「左甲作千代　背一尺一寸　胸一尺二寸　下三尺八寸　前八行中甲　後九行□」とあり[22]、背甲は九段、胸甲は八段で、下とは草摺で、三尺八寸とは上下の長さとしては長すぎることから横一続きの幅と判断でき、同様に背・胸も札板の幅を示したものと判断できる。上半身は前後に分かれた両当甲で、草摺は一連の引合わせ式の構造であったとみられる。前八段の小札板の構造が中甲であることから、段数つまり甲の丈のサイズによって大小があったと推測される。

木簡の出た場所は、光明皇后の宮を警備する衛府の兵士が勤務した場所とみられ、木簡は天平七・八年を主体とした時期である。奈良時代前半に衛府で着用された甲がこのような構造であり、以前検討した正倉院の甲の構造が腰札の長さから両当甲と判断されたことや地方の甲（八幡横穴一四号墓）と一致する。

このような体の前後を主に守る構造は、軍団制下での兵士の陣列の法が一隊当たり前後に五楯を立てて隊形を作り、前後を守るという集団戦闘方法と関連し、体の前後の守りを一義的とした構造の採用を意味する。奈良時代の甲の構造は、戦闘方法に対応した変化といえるであろう。

中国では隋代には既に両当甲から明光甲が主体になり、唐代の武具は甲六割、戦袍四割で構成され、歩兵野戦の需要によって歩兵甲の戦袍が増加したという[23]。材質から判断して、日本の綿甲は唐の戦袍との関連が想起される。日本では軍団制の創設にあたり、多数の防具を兵庫に具備するために綿甲を生産したと判断される。

大刀では、環頭大刀終焉後に現れる方頭大刀は、出現時期について諸説あり定見がないが、唐日間の横刀の比較により、段階的に唐の横刀の諸型式、一部は唐の最新型式を含めて採り入れていたことが明らかになった[24]。七世紀末から八世紀初頭に現れる山形金を付けた唐様大刀も初現はマルコ山古墳・高松塚古墳などであり、その後宮都や国衙（下野国府跡）において唐様大刀が出ていることからも、国家は職掌としての軍事指揮官である武官が、儀礼の場で佩用する大刀について整備し、服属の確認や対外的な儀礼での荘厳を企図して唐様式の大刀を導入したものと想定される。

（四）令制下の武器の多元系譜

大化後の武器収公によって、改新政府は全国の武器の把握ができ、前代の在地首長層が有した武器の地域性が把握され、一方で列島共通の型式が馬具などに確認されたであろう。轡の主流型式の立聞系と鉸具造環状鏡板付轡は、古墳時代後期・終末期には規格性があり、中央で生産・配布されたか、見本が支給され、地方で生産されたという[25]。後者の地方生産の場合は、畿内勢力の技術移転のもと在地首長層によって生産されたと推測でき、その技術が各地で令制下まで継承されたことになる。前者の場合には、生産技術を独占した甲冑などとともに畿内勢力の保有した技術が令制下まで継承されたと評価される。さらに、方頭大刀や唐様大刀は、伝搬ルートは不明であるが、儀礼の整備という対外関係の必要性から国家が導入したものとみられる。

文献史から提起された国造軍との関連については、松本政春氏による律令軍制は、在地首長層のもつ軍事力を国家体制に吸収して成立するという指摘に端的に示される。(26)令制下の武器は、古墳時代以来の武器様式を基調にしているが、甲冑など前代から継承するもの、唐様大刀など国外から導入したものなど令制下の武器生産に国家の主導性が窺われる。このようにみてくると、兵士(防人)の人的編成には国造軍の遺制を吸収しているが、武器生産は国家が主導したといえる。その系譜が多様であることから、律令国家は軍制を整備する過程で、多元的系譜集約型の武装整備を行ったと判断される。

軍制に含まれる軍事行政・軍備・軍令などの諸側面—組織・徴兵・武器生産・兵士編成など—は唐から導入したもの、前代から継承したものもある。武器では主に儀仗は唐様式を導入しているが、兵仗の多くは前代に畿内政権の有していた軍事技術基盤を継承したものである。国家軍制建設期における諸側面のうち、武器生産は前代において一定程度の到達点にあったと政府が認識していたと想定できる。

第四節　武器生産分業の展開

(一) 武器生産者

中央における武器生産は、令制前からの系譜を引く技術世襲集団である雑戸によって行われた。職員令では、造兵司の各種武器生産者が列記されている。平安時代には、『延喜式』兵庫寮式によれば、楯と戟は楯縫氏と忌部氏という技術世襲氏族によって作られ、その遺制が窺える。

地方官衙では、兵士が武器生産の一翼であった。営繕令貯庫器仗条によれば、兵庫にある刀や小札甲は三年に一度、兵士・防人をして修理した。さらに、天平宝字五年(七六一)十一月癸未条には、全国規模で遣わした兵士に武器を造らせている。

多賀城跡では、城内の北東部で八世紀後葉から九世紀初頭の「名」墨書(名取)と鍛冶工房、「石團」(磐城団)墨書と箆揉み工程の工具の可能性がある木製品が出ており(六〇次調査SE二二一〇一B・九世紀第二四半期)、矢作のような武器生産を軍団兵士が行っていたようである。

一方、地方官衙では兵士と直截的に判断されない武器生産者もある。常陸国鹿の子C遺跡では、郡名・郷名の墨書土器が出ており、郡名では常陸国信太郡、郷では筑波郡の栗原郷があり、国内の郡郷を通じて工人の徴用があったと想定される。軍団制廃止後の対蝦夷戦のため、緊急的な武器生産では、郡郷という行政手続きで、工人を編成したとみられる。この場合、墨書土器からみて給食による人的な把握と考えられるが、ほかの国衙工房での「厨」の墨書土器は稀薄で、(27)このような工人の把握は少ないようである。

このような手続きによる徴用では、地方における武器生産者は、技術世襲集団や職掌としての工人ではなかった。令制当初は美濃国戸籍に武器生産を含む技術者が「矢作」・「胡禄作」・「鍛」・「工」のように注記され、武器生産技術者を戸籍を作成する段階で把握した。つまり、地方の武器生産は有技術者に依存する形で行われ、武器に関する限り弩など極めて特殊な場合を除き、令制初期から体系的な技術伝習を行った形跡はない。これは、大刀の鐔や鉄鏃などに古墳時代から地域性があり、地方生産が一定程度進んでいたものも存在することによる。

それ以降は匠丁帳による把握であったが、軍団制停止後は延喜まで続く様器仗制によって工人の多様化に対して、様に基づき武器の品質を確保したと推量される。また、有名な弘仁十三年（八二二）閏九月二十日の官符には、諸国では年料器仗長のもとに徭丁によって生産を行い、器仗長は武器の品質勘検などを担当していたと想定されるが、技術を伝習したのか不明である。そして、この前から地方の武器生産は民間の有力者に依存するようになってきていた。

（二）武器生産の分業

中央における兵器製造官司に造兵司がある。職員令では、造兵司の各種武器生産者が列記され、鍛冶工人である鍛戸は各種の利器を造り、ほかは甲作・靫作・弓削・矢作・鞆張・羽結・桙刊・楯縫など武器ごとに分業化した生産を行っている。天武十三年頃の飛鳥池遺跡（SX一二二二出土木簡）では、「鉾打」という職掌があり、造兵司の鍛冶は武器ごとの職掌分化をしていなかったが、飛鳥池ではより細分化された職掌があったことがわかる。平安時代には、『延喜式』木工寮・兵庫寮によれば、畿内と近国から鍛冶戸・雑工戸として技術者が把握されて、冬期に使役された。兵庫寮の雑工戸は大祓や大嘗祭に使用する甲や横刀・弓などを生産したが、物品ごとの分業化の跡はない。
地方官衙の事例としては、常陸国鹿の子C遺跡では、「矢作」・「大刀」・「鞘作」の墨書土器があり、その墨書の出土地点が物品ごとに異なり、鍛冶と武器の種類ごとに分業化していたことがわかる。鍛冶のみが各種武器類の鉄器部分を作る点では、造兵司の武器生産の分業化と対応するが、この遺跡は対蝦夷戦の緊急的な武器生産体制であり、地方で一般的ではない。先の美濃国戸籍でも鍛冶と武器の種類ごとに生産技術を把握していることから、令制初期の段階では、分業化していた可能性もある。しかし、「工」と作業内容を特定しない者もあり、工人編成上は造兵司ほど分業化していなかった可能性がある。[28]
平安時代の武器生産の分業制を跡付けることは困難であるが、平安京において一二世紀の八条三坊で、[29]太刀の刀装具の鋳造生産が行われているが、刀身については作っていない。京では三条宗近に代表される京鍛冶、祇園社の社領である四条から五条河原付近に弓矢町と呼ばれる所がある。三条鍛冶は従来の編年では一〇世紀後葉頃といわれるが、出土した太刀との対比により、一二世紀に下る可能性もあり、三条から七条付近で物品ごとに各種武器類を生産していたと判断される。そして、この場合には京内での分業制が行われていたことを示す。造兵司やのちの兵庫寮の武器生産地が集約された範囲で行われたのか、京内にある工房を管下に置いた平城京右京八条一坊十四坪のような場合を想定すべきか、現段階では明らかではない。しかし、鹿の子C遺跡での職掌名と造兵司の職掌に類似するものが存在する点からみれば、武器生産は集約的な工房で行われ、物品ごとに工房内分業を行っていたと判断される。長岡京では生産や消費効率と関わる宮外諸司が確立するといわれ、平安後期の三条から八条のような武器生産地になり、分業の展開と官制内作業からの解放と権門への従属、都市における町屋商工業区域の成立という方向へ行く。七条町には、東市が接し、『延喜式』によれば東市では鎧・太刀・箭などの武器が販売されていた。古代の武器生産の分業は、工房内分業から地域内分業という方向で展開するが、考古学からみるとその転換は平安後期とみられる。

おわりに

律令国家の武器生産および関連する政策について、従前の文献史からの問題点について、わずかな武器論から再検討を試みた。その結果、鉄鏃にみられるように列島の東西で異なる組成（様式）を受容し、在地の論理に柔軟に対応した武器生産を行う場合があったが、武器生産を主導・推進したのは、軍制を構築した国家であると考えた。この点、文献史から出された国造軍の遺制が令制軍に継承されたという見解と異なり、国家側が在地の論理に対応しながらも、武器生産に対する管理体制を強化し、多元系譜集約型の武器生産・武装整備を行ったと判断した。

この時期の国家軍制の基本的な性格については、新羅への外征軍とする見解もある[30]。考古学的にこの点を検討するには、日羅の武装の相互比較により、対外的な視点から国家権力維持のための武器生産を明らかにしていくことが、今後の課題であり、武器生産と国家軍制の目的の関係が明らかになると思う。

上述のような政策のもと、武器生産を行ったのは、中央の造兵司の技術世襲集団であり、地方の有技術者であった。彼らが工房内で物品ごとに分業化して生産にあたった。地方では、一部を除き体系的な武器生産技術伝習が行われた形跡はなく、主に型見本による生産であったと推測される。このため、武器生産の地域内分業は進展しなかったが、平安後期には都や地方でもさまざまな材質を組み合わせる大鎧や太刀など、部品生産と組み立てという分業化が進展していった。

註

（1）清水和明「挂甲　製作技法の変遷からみた挂甲の生産」（『第三三回埋蔵文化財研究集会　甲冑出土古墳にみる武器・武具の変遷』埋蔵文化財研究会、一九九三年）。

（2）仙台市教育委員会『郡山遺跡発掘調査報告書―総括編（一）・（二）―』（二〇〇五年）。

（3）（財）印旛郡市文化財センター『北囲護台遺跡』（一九九八年）。

（4）吉沢幹夫「大化以降の武器政策について―中央国家軍編成過程の観点から―」（『研究紀要』第一二巻、東北歴史資料館、一九八六年）。

（5）東日本で、棘篦被で有孔の方頭斧箭Ⅰ式は、七世紀中葉にはなくなり（千葉県伊篠白幡遺跡）、杉山秀宏氏は当該型式をB形式―第一形式―第4型式とし、須恵器のTK二〇九～TK四六の時期に位置付けている（杉山秀宏「古墳時代の鉄鏃について」（『橿原考古学研究所論集　第八』吉川弘文館、一九八八年）。旧稿では『正倉院宝物4　中倉Ⅰ』（毎日新聞社、一九九四年）に、七世紀中葉と考えられる中倉6黄染大鷹羽第二五号に「相模國」の針書があるとの記述から、論を組み立てたが、確認の結果、針書は中倉4漆葛胡禄第二五号に付属する矢に刻まれたものであることが判明した。ここに訂正する。

(6) 東野治之『日本古代木簡の研究』(塙書房、一九八三年)。

(7) 津野　仁「古代鉄鏃からみた武器所有と武器政策」(『栃木史学』第一六号、國學院大學栃木短期大学史学会、二〇〇二年。『日本古代の武器・武具と軍事』吉川弘文館、二〇一一年所収)による。ヨーロッパの兵士の武器調達をもとにした見解として出された、武装を自分で整える自備から支給への変化は行政手段の集中化、つまり中央集権体制と関わるとしたマックス・ヴェーバーの指摘がある(マックス・ヴェーバー(世良晃志郎訳)『支配の社会学Ⅰ』創文社、一九六〇年)。

　東洋では日本の兵器自備の規範とした唐の復元軍防令(仁井田陞『唐令拾遺補』東京大学出版会、一九九七年)でも兵器を自備としており、対照的である。東洋では、必ずしも兵器支給と中央集権体制の確立とは一致しない。ヴェーバーはこの点について灌漑との関連を指摘するが、小稿との関連からすれば、武器の検査・管理によって集権的な武器政策を採ったということができ、様制は兵器の自備と兵器支給の中間的な形態と評価される。

(8) 下向井龍彦「日本律令軍制の基本構造」(『史学研究』第一七五号、廣島史學研究會、一九八七年)。

(9) 筆者も鉄鏃の全国的な比較を行う前には、様を全国的な共通性と理解していた。しかし、国名を刻した貢進矢とその編年的な検討、広域の地域性の把握、様器仗貢進制の開始時期から、多様な様が存在すると判断した。このような多様な規格が確認できたことから、この点を一部補訂しておきたい。

(10) 石母田正『日本の古代国家』(岩波書店、一九七一年)。

(11) 前掲註(5)・(7)津野論文。

(12) 松本政春「延喜兵部省式諸国器仗条をめぐる諸問題」(『畿内地域史論集』一九八一年。『奈良時代軍事制度の研究』塙書房、二〇〇三年所収)。

(13) 水野敏典「東日本における古墳時代鉄鏃の地域性」(『古代探叢Ⅳ』早稲田大学出版部、一九九五年)。

(14) 日本と統一新羅の弓矢との比較検討と相互の弓矢の異同を明らかにすることは、日本の外交姿勢や軍事体制の目的を解明するうえで重要な意味をもつ。

(15) 近藤好和「「賀太奈」についての一考察」(山中裕編『摂関時代と古記録』一九九一年。『中世的武具の成立と武士』吉川弘文館、二〇〇〇年所収)。

(16) 松本政春「西海道における諸国器仗制の成立」(『続日本紀研究』第二二七号。『奈良時代軍事制度の研究』塙書房、二〇〇三年所収)。

(17) 前掲註(5)津野論文。

(18) 下向井龍彦「日本律令軍制の形成過程」(『史学雑誌』第一〇〇編第六号、一九九一年)。

(19) 国造軍について考古学的にその実態を解明することは困難と思う。ここでは、文献史から提起された学説に対比する意味でその言葉を用いる。

(20) 津野　仁「律令国家の武装整備」(『考古学研究会五〇周年記念論文集　文化の多様性と比較考古学』考古学研究会、二〇〇四年)。

(21) 松本政春『律令兵制史の研究』(清文堂、二〇〇二年)。

(22) 奈良国立文化財研究所「東西溝SD五一〇〇」(『平城宮跡発掘調査出土木簡概報(二二)』一九九〇年)。

(23) 楊泓『中国古兵器論叢』(文物出版社、一九八〇年、『中国古兵与美術考古論集』文物出版社、二〇〇七年所収)。

(24) 津野　仁「方頭大刀の源流」（菅谷文則編『王権と武器と信仰』同成社、二〇〇八年、本書第三部第三章）。
(25) 岡安光彦「馬具生産と流通の諸画期」（『武器生産と流通の諸画期』七世紀研究会、二〇〇三年）。
(26) 前掲註（21）松本論文。
(27) 「厨」の墨書土器は、多賀城跡・秋田城跡・払田柵跡など城柵の鍛冶工房やその周囲でしばしば出土し、厨から工人へ給食されていたことを示す。工人を把握するための給食体制について、武器生産者を徴用する制度の中でみていくべきである。このため「厨」の墨書土器の出土地点は、文献史料から饗餞の場と限定すること（平川南「「厨」墨書土器論」『山梨県史研究』創刊号、一九九三年。『墨書土器の研究』吉川弘文館、二〇〇〇年所収）はできず、出土地点の性格と墨書土器の検討を必要とする。
(28) 堀部　猛「郡里の特殊技能者」（新川登亀男・早川万年編『美濃国戸籍の総合的研究』東京堂書店、二〇〇三年）。
(29) 野口　実「京都七条町の中世的展開」（『朱雀』第一集、（財）京都文化財団、一九八八年）。
(30) 前掲註（8）下向井論文。

第二章　武具・馬具の使用と補修

はじめに

これまで日本古代の武器類について、生産という点からみてきた。本章では、生産と一体の関係にある使用の実態を遺物からみていきたい。特に修繕・補修痕の確認は、大鎧の観察で指摘されてきたが、古代の小札甲や初期の大鎧、馬具でまとめて取り上げられることはなかったと思う。修繕・補修痕の確認は、当時の武器類の生産量と密接に関わり、それに規定されていた可能性が高く、この実態を明らかにすることも意義あることと考える。

第一節　宮の小札甲の継承

長岡宮跡第二次内裏「東宮」正殿地区東第二脇殿の基壇縁石抜取痕より小札等が二七枚発見された。これらは、柱抜取壙内の土と同じ土で埋められており、東第二脇殿に伴う遺物と考えられている。ここでは、小札の時期とその根拠になる資料を提示して、小札甲の継承という観点から意義について概観してみたい。

1　小札の時期と部位（図104）

出土した小札は、形態や孔の位置などから分類をすると、多様であった。これは、従前の小札の研究成果に基づけば、主に時期差を反映するといえる。そこで、小札の時期分類に従い、述べていきたい。[1]

（一）小札の時期

一期（六世紀末・七世紀前葉前後～六八〇年代前半）

この時期の小札は縅孔二列で、下搦孔は三孔か二孔である（1・2）。縅孔二列の小札は、現在の資料では宮城県郡山遺跡Ⅰ期官衙（六六〇年頃から六八〇年代前半）と考えられる鍛冶工房跡から手甲の

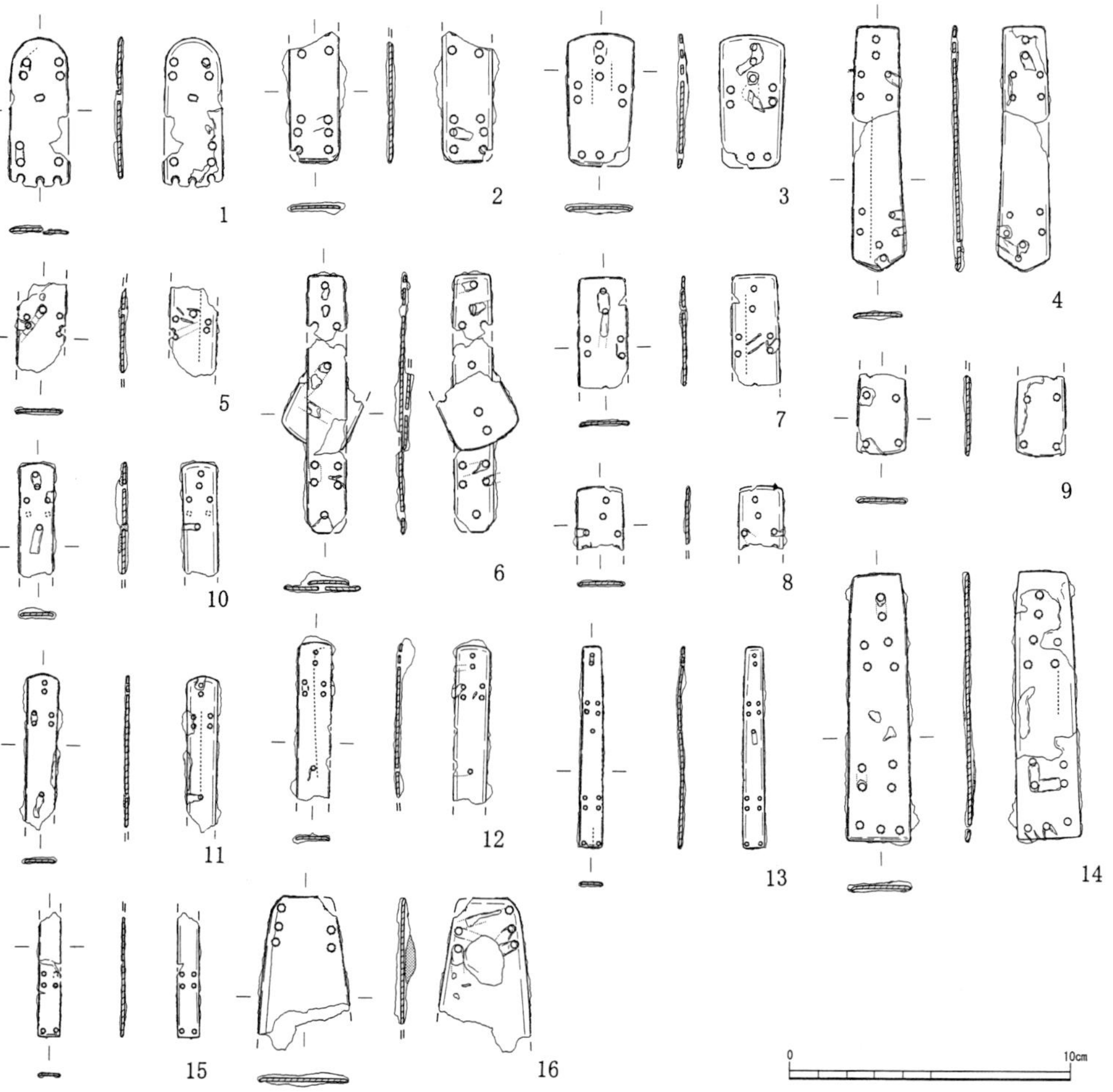

図104　長岡宮跡第二次内裏出土小札

可能性のある縅孔二列の小札が出ており、[2]これが下限である。小札は、この工房で生産していた可能性もあり、伝世期間を考慮する必要が少ない。日秀西遺跡[3]など集落の出土事例もある。

この時期の小札は古墳からの出土事例が多くて、中期から存在し、埼玉県小針鎧塚古墳[4]などが下限であり、TK四三～二〇九の時期である。下搦孔二孔は型式的に下りTK二〇九に併行する。[5]3は手甲か肩甲などである。集落出土品では福岡県春日御供田区画整理事業内遺跡[6]で七世紀後半に三孔の下搦孔がある。発見された小札で当該期のものは三点である。

二期（八世紀前葉）

縅孔一列で、札幅一・四センチから一・八センチのものが挙げられる。第三縅孔の確認できるものが存在する。図の4～9である。

類例として平城宮若犬養門の小札は胴・肩甲のものがあり、[7]胴の小札は幅二・〇～二・三センチで、第三縅孔があり、奈良時代初めのものである。八世紀初頭の囲護台遺跡の小札は幅一・七～二・四センチで、札頭・札足は方形である。[8]八世紀第二四半期の千葉県平賀物行遺跡では幅一・七～一・九センチである。[9]

三期（八世紀中葉）

図の10～13・15が相当し、縅孔一列で、第三縅孔があり、札幅一・二センチ程のものと札幅〇・七から〇・八センチ程の細いものがこの時期の所産と判断される。各地の事例では札幅が狭くなっていく傾向がある。東大寺金堂須弥壇出土品には、(10)埋納時期について諸説あるが、(11)七四九年から七六〇年の間になる。第三縅孔があり、札頭の幅は〇・八〜一・一センチ、札足は頭よりも一〜二ミリ広くなっている。秋田城跡では札頭幅一・五〜一・八センチ、長軸中位で一・六〜二・〇センチである。(12)

四期（八世紀後葉）

図の14が相当し、縅孔一列で、第三縅孔がなく、札幅二・二センチ程のものである。この時期の最も特徴である第三縅孔のない小札は、武器類の生産遺跡である茨城県鹿の子C遺跡(13)や秋田城跡で出ている。しかし、秋田城跡・武蔵国府関連遺跡(14)などでは第三縅孔のない小札が八世紀後葉以降も使用されているのも事実である。第三縅孔のないものは一点のみであり、札頭幅一・八センチ、札足幅二・三センチで札幅が八世紀中葉よりも増している。この傾向は、鹿の子C遺跡でも確認でき、幅二・三〜三・〇センチ、一・五〜一・八センチ、一・四センチ以下の三種類あるなかで、中間のものが主体になっている。

以上のように、内裏正殿地区東第二脇殿から出た小札は、六世紀末・七世紀から八世紀後葉までの各時期のものが確認でき、大きく四時期に分別した。このため、長岡宮期の小札以外は、現在の研究成果による限り、伝世してきたと判断できる。

（二）付属具

図中下方が幅広くなっている鉄板製の破片が確認できたが（16）、胴部や草摺に付く小札ではない。レントゲン写真によって不確定であるが、鉄板頂部の直下において孔がみられた。類例としては、数少ないが東京都武蔵国分寺跡出土の鳩尾板と考えられる資料がある。(15)この板は八世紀後半で、長軸下位に孔が横に並んでいる。このため、この下に垂下するものが予想され、猿投神社蔵樫鳥威大鎧に具す鳩尾板のように二枚を繋げたと考えられる。長岡宮跡のこの資料は、長軸にカーブがみられず、やや不確定であるが、鳩尾板の可能性を指摘しておきたい。現状の資料からみると、八世紀後半の所産と推測するべきであろう。

2　甲の特徴と製作地

（一）縅紐

長岡宮跡内裏出土小札甲の縅紐には組紐が確認された（図104の11）。奈良時代から大鎧以前の甲で縅に組紐を使用するのは、東大寺金堂出土甲と正倉院蔵品があるのみで、これ以外の当該期の出土品に組紐の縅は確認されておらず、今回の組紐縅の確認により、内裏で使用した甲が組紐縅であることが明らかになった。

文献史料では、『東大寺献物帳』には、白や彩色の縅紐があったことを伝える。例えば挂甲の一例を挙げれば、

一領疑鳥錦領縁緋絁縁　已上並白磨白線組貫緋絁裏
一領白地葛形錦領縁黄糸組
一領紺地錦領縁緋絁裏　橡線組

一領縹地錦領縁白絁裏　白線縄貫

のように四種類の貫と考えられる記述がみられるが、組は白線が大半である。貫は、白磨白線組貫と続いて記述されていることから、白磨き、つまり表面を磨いた小札と関連して、白色の組紐を緘していると解される。このように解せば、献物帳記載の甲の大半は白組紐の緘紐であり、黄糸や橡の組紐緘が少数存在した。白線縄貫は、白色の縄緘である。

天平年間の『但馬国正税帳』で年料修理器仗のなかに金漆塗短甲があり、緋絁・糸・鹿皮・布・綿を用いて修理している。このうち緘に使えるのは糸と鹿皮であるが、鹿皮は綴じ・覆輪・下搦にも使用することから、糸（組紐）で緘されていたと判断できる。『駿河国正税帳』には、天平九年度の造器仗料として挂甲一領につき鉄四〇斤、組糸三両三分四銖、頸牒錦絁四尺二寸と織糸、端裏緋絁四尺二寸と織糸、綿五両一分二銖、粉二升と袋布があるが、馬皮は挂甲に用いていない。このため、組糸で緘して、肩上には錦絁、札板の端や裏や覆輪には緋絁を用いた鉄製甲である。皮を使っていないことから綴紐も組糸と理解できる。瀧川政次郎氏は、この甲を儀仗用と推定したが[16]、緘・綴とも組紐の甲は、東大寺金堂須弥壇出土甲のみであり、儀仗用とする見解を支持できる。

このように地方国衙から貢納した甲には組紐緘のあることが確認できたが、長岡宮跡内裏で出土した組紐緘は、小札の形態からみると札幅一・一センチ程で、八世紀中葉に中央の工房で生産された可能性がある。

（二）綴じ方・綴紐

小札は右上重ねであることが確認された。八世紀中葉以降の小札は二枚重ねに綴じられているが、これより古いとみられる小札は綴じ合わせると一枚の部分がでる綴孔の位置である。

八世紀中葉の小札には綴紐に組紐が確認された。この小札は幅一・一センチで、第三緘孔が確認できる。この小札には組紐とみられる有機質が確認されている[17]。

（三）小札の製作地

平面長方形で、札頭や札足が丸味や隅切になっていない小札がある。このような小札は概して地方官衙で出土し、秋田城跡や鹿の子C遺跡などまとまって出土した遺跡の小札にみられる傾向である[18]。一方、札幅七・八ミリで、札幅が極めて細い小札は地方では国衙・城柵などでもほとんど確認されていない。大宰府蔵司の表採品で第三緘孔のある幅一・一センチの小札が最も細い[19]。このため、細い小札甲は中央の武器製造官司である造兵司において作られたと推測できる。いずれも型式的な理解からであるが、長岡宮内裏の小札甲は地方からの貢納品と中央の武器製造官司からのものがあると推測される。

3　長岡宮跡第二次内裏出土小札の意義

（一）宮都の甲の特徴

宮都における小札甲は少ないながらも、出土小札・木簡などの数が増えてきた。平城京二条大路木簡は、奈良時代の甲の構造を伝える資料である。「左甲作千代　背一尺一寸　胸一尺二寸　下三尺八寸　前八行甲　後九行□」と書かれた付札木簡が出ている。[20]甲作が製作した甲の規格が書かれており、前甲は幅一尺二寸で八段、後甲は幅一尺一寸で九段になり、胸と背に分かれた両当甲である。下（草摺）は、三尺八寸の長さであることから、古墳時代の小札甲や中世大鎧と比較しても草摺は横一連に綴じた引き合わせ式であり、上半身とは別構造であったことがわかる。ここは、光明皇后の宮を警備する衛府の兵士が勤務した場所とみられ、木簡は天平七・八年（七三五・六）を主体とした時期である。衛府で着用した甲の構造を理解することができる。

平城宮跡若犬養門の小札は、付近から衛士関連の木簡が出ていることから、出土場所と木簡から着用者を知ることができる。部位は胴部と肩であろう。札頭は緩い弧状、札足は隅切になっている。奈良時代初めのものである。

正倉院の小札は、札幅一・〇センチ、二枚重ねで綴じた時の出が〇・五センチ、胴・草摺部分で一六〇二枚あることから、綴じ合わせて総長八〇一・〇センチになる。腰札が一一四枚であることから、綴じ合わせて総長五七・〇センチ、この長さを半分にすると二八・五センチで、大鎧や古墳時代の両当甲（淑浜古墳）の復元した脇当の幅に近いことから、基本的には両当甲と判断できる。裾札は二五〇枚で、同様に綴じ合わせて総長一二五・〇センチであり、この長さは古墳時代の両当甲復元（淑浜古墳）で一一四・四センチ、前述の二条大路木簡の草摺三尺八寸に近いことから、裾は全周していたことがわかる。腰・草摺裾以外は八〇一・〇センチで、これを二条大路木簡の前甲・後甲を合わせた一段当たりの幅（二尺三寸）で割ると、一一～一二段になる。各段の札板の重なりは不明であるが、第二綴孔から下搦孔の間に下段の札頭がくるとすると、各段の小札板の出は六センチ程である。胸・背の長さからみて六～七段が胴部甲とすると、幅二尺三寸で残りの四～五段分が裾を除く草摺分になる。これを掛けた長さが総長になるが、これを木簡の三尺八寸の草摺の長さで割ると、裾を除き三段に復元できる。これに裾札をたすと草摺り四段で、二条大路木簡の甲と同じ構造で復元できる。しかし、木簡は胴部で胸八段、背九段であり、この違いは小札板の縦重ね幅の違いか小札丈が短かったこともありうる。

東大寺金堂須弥壇出土甲は諸説提出されているが、七四九年から七六〇年の間に埋納されたと考えられる。札頭・札足ともに丸味のある方形で、綴・縅ともに組紐を用いている華美な甲である。札板には各段に革覆輪が付く。この甲は胴丸式という見解も出ているが、[21]腰札の有無のみでは正倉院の小札の構造復元から胴丸甲と断定もできない。しかし、綴紐・縅紐に組紐が確認できたことから東大寺金堂須弥壇の甲や正倉院の甲とともに、実用品という性格よりも儀仗用の甲であったと考えることができる。

（二）甲の貢納と儀仗

文献では『延喜式』兵庫寮様器仗条によれば、地方から貢納された年料器仗は、兵庫と検校してから、内裏に奏進して閲定を経て兵庫に収納する規定になっている。収納手順に諸国から貢進された様器仗を内裏で閲定する理由は、諸国から貢進する器仗を内裏で使用することにもよるであろう。奈良時代天平期の正税帳に記載された武器類が『延喜式』の諸国年料器仗に移行するという一般的な理解に従えば、[22]地方国衙で生産・貢納された甲は緘紐に組糸（紐）を用い、時には頸牒に錦絁を用いており、兵卒用の武具よりも、儀仗用[23]・指揮官用[24]と指摘されている。長岡宮跡内裏出土の小札は、側面の調整の少ない長方形のものもあることから、一部は地方国衙から貢納されたものと思う。また、組紐で綴じ・緘しを行うものがあることから、このような小札甲が諸国器仗として貢進され、内裏で使用されていたと判断することができる。遡れば、正税帳に記載された造営器仗・修理器仗も組紐を緘紐の料に計上するものが存在することから、天平年間の諸国造営器仗も内裏の兵庫に入った可能性が高い。

　中村光一氏は、元慶八年（八八四）二月二十一日に春興殿から挂甲を左右近衛府に出した記事に関連して、各国から貢進された「様器仗」が儀式の際にも出庫されたと推定している。[25]出土した小札からみても様器仗が内裏の武器庫に収納されたものと判断でき、年料貢進制は兵仗ではなくて、儀仗用武器の貢進であった。考古学的検討からも諸国からの貢進器仗の性格が明らかになった点に大きな意義がある。

　その甲は、天皇警護や元日・即位・蕃国使表の際に近衛が着用することが規定されており、近衛は儀仗兵的な役割を果たしていた。組紐緘が確認された点も儀仗という性格を表している。

（三）継承した小札甲

　第二次内裏正殿地区第二脇殿で出た小札甲は、小札の編年によって六世紀末・七世紀前葉前後より六八〇年代前半頃を下限とした時期から、八世紀前葉・中葉・後葉の長岡宮期まで各時期のものが存在することが確認できた。この事実は、重なる宮都の造作・移転を超えて、小札甲が運ばれ、一部追加・補塡されてきたことを示している。[26]小札甲が出土したことから、この第二脇殿は平安宮の春興殿に相当する建物で、『日本三代実録』に記載されたように春興殿が武器庫であると判断でき[27]、そこに収納された武器の集積過程が明らかになったことに意味がある。

　これらの伝世した小札甲は、諸宮を運送されてきたことが、藤原広嗣の乱後の遷都期の文献史料にも記載されている。それを列挙すると、『続日本紀』天平十三年（七四一）閏三月己未条に、「遣レ使運二平城宮兵器於甕原宮一」、同天平十五年十二月己丑条に「始運二平城器仗一収二置於恭仁宮一」、同天平十六年二月甲寅条に「運二恭仁宮高御座幷大楯於難波宮一。又遣レ使取二水路一運二漕兵庫器仗一」、同天平十七年十二月戊戌条に、「運二恭仁宮兵器於平城一」とある。

　このうち、高御座や即位儀礼に用いる大楯など儀仗用具も含まれており、天皇と共に器仗も移動している。この中に、長岡宮跡の内裏から出土した小札甲も含まれていたことは容易に判断できる。長岡宮内裏から出た小札甲は、飛鳥の諸宮以来の遷都や動乱を経て、長岡宮まで継承してきたことが確認された。

　その中には、伝来の甲とともに鳩尾板の可能性もある最新型式まで含まれていた。平安時代になるが、春興殿の甲冑を造兵司で修理した記事があり（『日本三代実録』貞観十三年〈八七一〉六月丙子朔二日丁丑）、内裏の武器が修理されて使われていたことがわかる。七世紀代からの甲が確認できた事実から、長岡宮期まで武器が修理されて伝世してきたと想定される。この脇殿に相当する建物は、平城宮内裏にも南北棟で確認されている。この伝世した小札甲は、内裏の武器庫がさらに遡及して存在していたことを示唆しており、これらの諸宮を経て長岡宮に至ったと推定される(28)。

第二節　大鎧使用の実態

古代の小札甲が伝世して保管されてきたが、平安時代の大鎧も、多くは幾多の年月の間に補修を加えてきた。武蔵伊興出土の兜は、鎌倉時代に腰巻板を加えて深く、大きくしている。しかし、初期大鎧に関する補修の実態は、近年解明され始めたことである。ここでは、第一部で提示した甘南備寺蔵黄櫨匂威大鎧と都々古和氣神社蔵赤糸威大鎧について、幾多の補修をして今日に至っていることが明らかにできた。そこで、製作・補修の時期を含めた甲冑使用の実態を復元してみたい。

(一) 甘南備寺蔵黄櫨匂威大鎧

本鎧は、札板を構成する小札は鞆を除き、立挙・長側・大袖など札幅で三ミリ以内、札丈でも六ミリ程の範囲内での大きさ幅であり、時期的な差はないと推定される。形態でも札頭は丸味を帯びており、比較的均一である。弦走韋下の鉄札は、厚くて捻り返しがコの字形になっている。兜鉢への鞆の取り付けが、逆板の畦目などと同じ文様の韋紐で綴じ付けており、唐沢山神社の星兜では、紐綴じ付けと鋲留めであり、本兜も紐綴じ付けであることから、古式の鉢付け方法であると指摘できる。

しかし、威毛は全面的に補修されたと判断できる。威毛については鞆・栴檀板の全て、背面の後立挙一の板・二の板と長側一の板・二の板、及び前草摺二の板・三の板、後草摺一の板・二の板・三の板・大袖一の板から威す糸と菱縫板が赤糸であった。なお、この鎧について山上八郎氏は赤糸威としている(29)。さらに、氏は「前九年合戦絵詞」などの合戦絵巻に画かれた甲冑により、黄櫨匂威について上から白→香色・黄色→黄櫨色→紅という裾濃の配色であったとしている。前草摺では、下の段に深い赤糸が残り、長側四の板や草摺一の板などの上段に残っていないことは、損耗しやすい上段は早く切れ、損耗しにくい下段に深い赤糸が残った状態で威し直したことの証拠であろう。つまり、この鎧は最初に赤糸威であり、修理の際に黄櫨匂に威し替えたと判断される。小札の大きさなどが比較的均一であることから、別な鎧の部品を補うことなく、威し替えたと推定される。しかし、大袖一の板など上段の配色に白糸などが配されていない事実から、定式によったものではない。このような補修に際しての威し替えについて、使用・伝世期間の補修の一類型として指摘することができる。これは、後述の都々古和氣神社蔵赤糸威大鎧と比較すると、札板や菱縫板の差し替えなどと比べ簡素な補修替えであったといえる。

(二)　都々古和氣神社蔵赤糸威大鎧

この大鎧の最初の製作時期としては、一一世紀後半から一二世紀と推定される。出土品からの年代推定の根拠は柳之御所と法住寺殿跡[30]のものである。

一二世紀の鉄札としては、柳之御所跡の並札があり、札丈七・九～八・六センチ、幅四・二～四・三センチで、頭は丸味をもち、下辺と側縁に捻り返しがある。三目札では、一二世紀後半の法住寺殿跡の鎧群がある。鎧Ⅰは立挙・長側・大袖で札丈七・四センチ、幅二・八～三・二センチであるが、鎧Ⅲでは長側・草摺の札丈七・五センチ、札幅四・〇センチの革札である。この札と都々古和氣神社蔵赤糸威大鎧は後立挙や草摺で大きさが近い。大袖は鎧Ⅲよりもやや大きい。しかし、時期の判明する法住寺殿跡のうち鎧Ⅲを基準にすると、都々古和氣神社蔵赤糸威大鎧は一二世紀になる。筆者は都々古和氣神社像赤糸威大鎧を鉄札の特徴から一一世紀後半から一二世紀前半に位置付けた[31]。

しかし、赤糸威大鎧には、菱縫板に描菱がみられる。描菱は鎌倉時代後半から出現すると指摘されている[32]。この説に従えば、菱縫板とほかの札板では時期差があることになる。描菱の小札の大きさは、札丈七・〇センチ、上幅三・八センチ、下幅四・〇センチである。これは平安時代の札幅といえる。この事実に対して多様な解釈が可能である。

都々古和氣神社蔵品で、草摺と同じ箱にある菱縫板二段を連接する威紐がほかの部位の威紐と色調が異なっており、明橙色をしている。これを威付けの時期差とみれば、札幅を平安時代のものに合わせて作製・補修したと推定することができる。

鞆の小札板のうち、一の板から三の板には縦撓が観察された。縦撓は鎌倉中期に出現すると指摘されており、鉄二枚交ぜが鞆四の板まで行われている事例は、平安時代の遺品にはなく、下降を示す。

壺板は、一二世紀の法住寺殿跡出土品では側縁に括れがなく直線状になっているが、赤糸威大鎧の壺板は緩やかな括れがあり、明かに時期的降下を示す。

現在、東京国立博物館にある都々古和氣神社蔵の鉄十二間四方白星兜鉢は、一三世紀の製作という指摘がある[33]。本来赤糸威大鎧と組んでいたか不明であるが、金具廻りや菱縫板の時期に近く、本来の組み合わせの可能性も捨てがたい。

以上をまとめれば、この鎧は一一世紀後半から一二世紀に最初に造られ、鎌倉時代後半に各部位の菱縫板を製作補修し、金具廻りも補修したとみられる。兜鉢や鞆は鎌倉時代中頃以降に製作・補修したか、別物を組み合わせた可能性もある。

このように、各部位を補修・代替して甲冑を補修・使用していたのが、甲冑使用の一類型といえるであろう。同じように補修・使用した甲冑に菅田天神社蔵小桜韋威大鎧がある。この鎧は、平安時代後期の兜鉢・金具廻りを再使用して、鎌倉時代中期頃にその時代の様式で仕立てたという[34]。これに対して、赤糸威大鎧は、札板の大半は旧来のものを使用していた点で小桜韋威大鎧と異なるが、いずれも補修や代替品を加えて甲冑を使用していた事例といえるであろう。

このように、平安時代後期の甲冑の補修・使用の実態について、様々な類型のあることが明らかになったことも成果の一端といえるであろう。

第三節　馬具の使用——補修痕から——

第一部において、古代轡の変遷や古墳時代との関係、中世への継承関係や馬装についてみてきた。本節では、古代轡や鐙の使用の実態について、その補修の観点から、特徴の一端についてみていく。

（一）補修轡の事例

これまで、古墳時代の轡については、補修痕の存在が確認されてきており、この事実が馬具の地方生産を論証する根拠になっていた[35]。地方における鉄・鉄器生産が行われている奈良時代以降では、その意味が異なるが、同様の事例を提示していきたい。

①五条丸古墳群第四七号墳の轡は、鉸具造り立聞系である。銜は一方が環で蕨手状である。引手は壺と端環の基部が遺存しており、一方が現存長一四・二センチ、一方が一九・六センチあり、左右で長さが異なり、くの字形に屈曲する。長さが違うことから補修品の可能性がある。

②湯ノ沢F遺跡六号土坑墓の轡は、素環系環状鏡板付轡と複環式轡からなり、左右で鏡板の型式が異なる。銜端環は捻り巻く技法であり、素環・複環式轡の側にも遊環が銜に搦め、遊環に引手が付く。

③湯ノ沢F遺跡三二号土坑墓の轡は複環式である。銜は一方が環であ

るが、一方は折り曲げ造り（蕨手状）である。図中左の鏡板は8字に巻く鉄板を立聞の左右から巻き始めて終えるが、右側の鉄板は、立聞と離れた位置で始まり終えている。立聞壺は直角に曲がっている。

④湯ノ沢F遺跡三号土坑墓の轡は、素環系環状鏡板付轡である。引手は長さが異なっており、補修品の可能性がある。引手には遊環が付き、銜か鏡板に絡む。立聞は壺が直角に近い斜位に付く。

⑤多賀城跡SK二三二一出土蒺藜轡の兵庫鎖立聞は、最下段の鎖が一方の鏡板では鉄留環状金具になっている。

⑥加茂遺跡第三五号住居跡の立聞環状鏡板付轡は鏡板の上端の両側を銜でV字状に搦めている。本来一方の銜は搦めているが、両方で搦めている。二次的な利用をしていると判断できる。

⑦多摩ニュータウン№一七八遺跡一号住居跡の複環式轡は、図中右側の鏡板は定式のとおり、立聞の脇から巻き始めて8の字にして、立聞の脇で巻き終えるが、左側の鏡板は巻き留めがなくて、横長の8の字形になっている。

⑧落川遺跡M—一九—七土坑の複環式轡は、鏡板の鉄板の巻き方が左右で異なっており、鏡板の大きさも異なる。銜に付く遊環が左右で異なっている。

⑨北栗遺跡第一号住居址の複環式轡の立聞は、一方が捻りを加えているが、一方は棒状の立聞で、左右で立聞の作り方が異なっている。

⑩灰塚遺跡SX—九の杏葉轡の銜は図中右側の銜には捻りがあるが、左側の銜は棒状で捻りがない。

以上のように、奈良時代以降の轡の補修品は全国的に確認でき、時

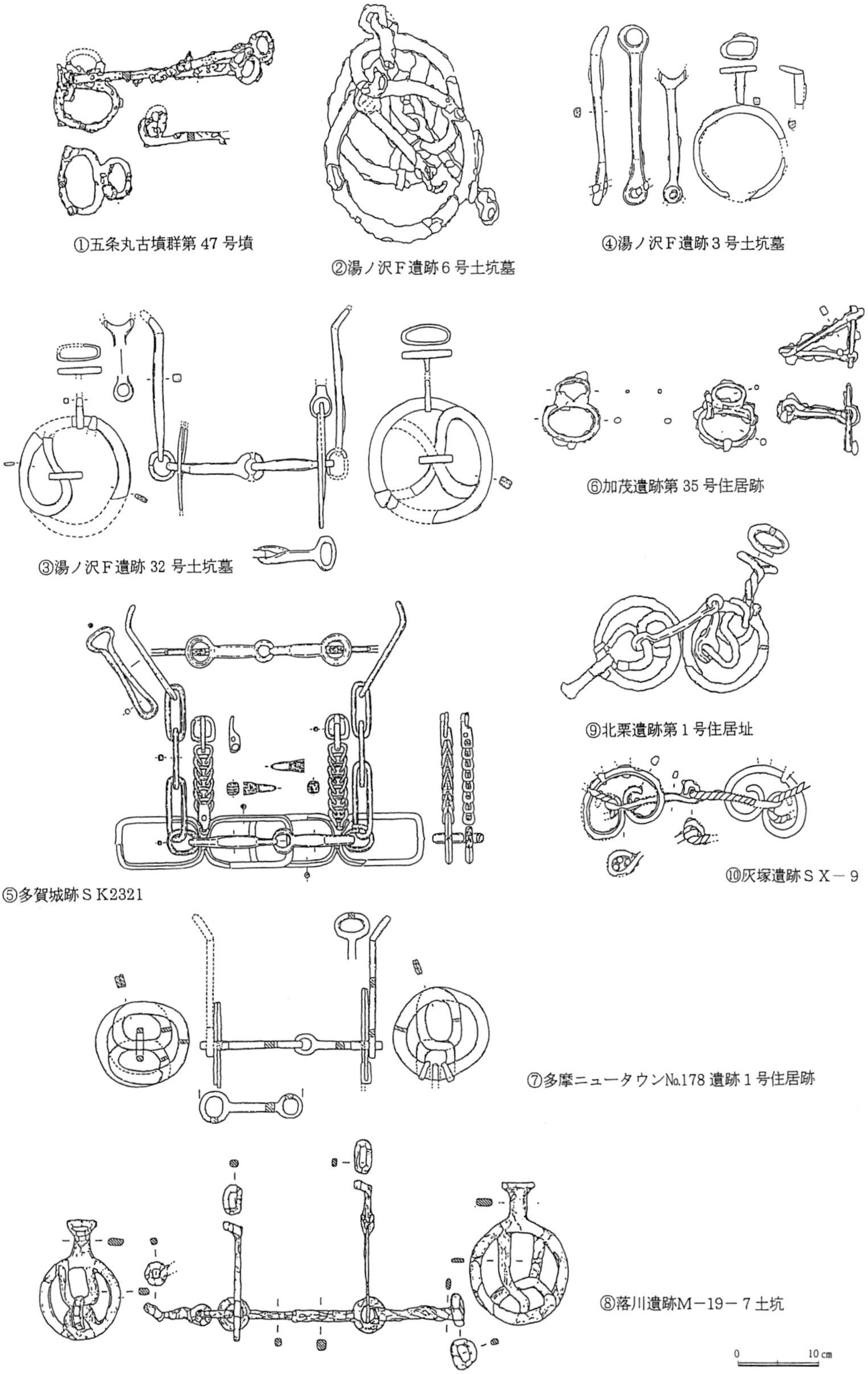
①五条丸古墳群第 47 号墳
②湯ノ沢Ｆ遺跡 6 号土坑墓
④湯ノ沢Ｆ遺跡 3 号土坑墓
③湯ノ沢Ｆ遺跡 32 号土坑墓
⑥加茂遺跡第 35 号住居跡
⑨北栗遺跡第 1 号住居址
⑩灰塚遺跡ＳＸ－ 9
⑤多賀城跡ＳK2321
⑦多摩ニュータウンNo.178 遺跡 1 号住居跡
⑧落川遺跡M－19－ 7 土坑
0　10 cm

図 105　修理した轡

期的な偏りはない。しかし、秋田市の湯ノ沢F遺跡では全ての轡が補修品であり、岩手県の五条丸古墳群でも確認できたことから、全国の補修品のなかで東北北部に事例が多いことがわかる。全国的に集成した一〇〇点程の轡のうち、一〇点が補修品とみられたことから、当該期においては、約一割の轡が補修品であったことになる。轡の型式では複環式・環状鏡板付轡が多く、蒺藜轡と杏葉轡は各一点のみであった。兵仗や運搬用などの実用馬具に補修品が多いことが考えられる。

(二) 轡補修の類型化

この点については、古墳時代の轡で栗林氏が提言されている[36]。ここでは、氏の類型化を概観しておく。

転用型：他型式もしくは同型式の破損該当部品を転用。

新作型：破損当該部品を本来の部品形状に似せて、新しく製作。

代用型：破損当該部品を機能麻痺が起こらない程度の部品形状で新しく製作。

補充型：破損箇所に新たに修理部品を補充し、本来の形状に戻す。

再利用a型：破損当該部品をそのまま使用するが、本来の造りと同技法で修理する。

再利用b型：破損当該部品をそのまま使用するが、本来の造りと違う技法で修理する。

基本的に氏の分類に従って、上記の轡の補修を分類すると、以下のようになる。

転用型：①は銜の形態が異なっており、他の銜の転用か再利用して技法を変えた再利用b型であろう。⑩は銜の捻りが異なり、転用型とみられる。

代用型：②は、素環系環状鏡板付轡と複環式が組むことから、他型式の部品の代用といえる。⑤は兵庫鎖立聞の最下段に別な連結金具(部品)を付けていることから代用になるであろう。⑦は、破損した一方の鏡板に別の鏡板を代用したものであろう。⑧は湯ノ沢F遺跡六号土坑墓と同じく左右で複環式の鏡板の形態が異なっていることから、他型式の代用品といえる。

再利用a型：③の複環式は立聞の付く位置が左右で違っており、図中右側の立聞が破損後に鏡板を再利用して、立聞を付け直したと推定されることから再利用a型に相当する。ただし、この轡の銜は、再利用b型になり、再利用を繰り返したか違った再利用の技法を合わせていることになる。④の左右の引手の長さが違う場合について、栗林氏は再利用a型か新作を考えていることから、それに相当するであろう[37]。

再利用b型：③の銜は一方が円環で、一方が折り曲げ作りであって、技法が異なっている。図中右側の銜の方が短いことから、破損後再利用して折り曲げて連結した再利用b型とみなしておきたい。⑨の補修は様々な場合が推測できるが、図中右側の鏡板で円環の下端に接合痕があることから、円環と8の字環が遊離し、8の字環と外環を別作りとして、組み合わせたとすれば、複環式は外環と8の字環を一体で作ることから、本来と違う技法ということで、再利用b型になる。

このようにみてくると、古代の轡の修理には部品を再利用することが多かったといえる。この他にも引手の左右の長さが違っているものがあり、これらを含めると再利用の事例はさらに多くなる。この修理した轡は全国的みられるが、特に東北北部で多い傾向がある。秋田市湯ノ沢F遺跡の三点の轡はいずれも修理品である。湯ノ沢F遺跡の被葬者は元慶の乱における帰属した俘囚の墓という説もあり[38]、石帯も出ている。この説に従えば、服属した俘囚の間で馬具を補修して使用していたか、政府側で補修品を俘囚に賜与していたことになる。

七世紀後半以降は、地方での武器生産が本格化し、轡を含めた馬具も生産されたと考えられる。しかし、使用の実態を補修痕からみると、全国の轡の約一割が補修品であったことから、古代における馬の使用数に対して、馬具生産量の少なかったことを反映していると推測させる。

(三) 鐙の補修

古代の馬具では、轡よりも出数が少ないが、鐙でも補修した事例が確認できる。以下、その事例を挙げていく。

鞍馬寺蔵鉄製壺鐙[39]は、一対となっているが、兵庫鎖の段数が異なっており、別な鐙の組合せであろう。このうち一方の鐙は踏込部が短かったために、長方形の鉄板を付け足して鋲留めしている。舌は時期が降ると長くなるが、この変化に対応して、踏込部を長くしたと考えられる。金属製壺鐙の変遷では、当初の鐙は八世紀後半から一〇世紀中葉の間に位置付けられるが、一一世紀後半以前に踏込部を長く補修したと判断することができる。さらに図101に示した長野県小諸市出土の鉄製壺鐙も兵庫鎖との連結に別な金具を用いており、多賀城跡出土轡のように力が加わり破損しやすい部位を修理している。

青森県田向遺跡SI一〇出土金銅製鐙は、出土土器から九世紀後半の所産である[40]。金銅製の鐙靼柄頭には本来長方形の孔があり、ここから兵庫鎖を連結したと推定されるが、この孔に鉄製板を被せて、鉄鋲で留めている。ここに逆U字状に吊り板を張り、鐙を垂下させたとみられる。兵庫鎖の破損に対する処置と考えられる。

この金銅製鐙は、蝦夷の地から出土したことからみて、胆沢城への朝貢に対して、政府側から蝦夷への賜与品と推定される。先述の秋田市湯ノ沢F遺跡の轡が全て補修品であったように、蝦夷・俘囚への賜与品が補修品か蝦夷社会で、修理して威信財に使われていたと推測される。

山形県馬上台遺跡SK〇一出土木製鐙[41]は、出土土器から一〇世紀第一四半期になる。全体に黒漆を厚く塗るが、壺の柳葉と舌の裏面の枠

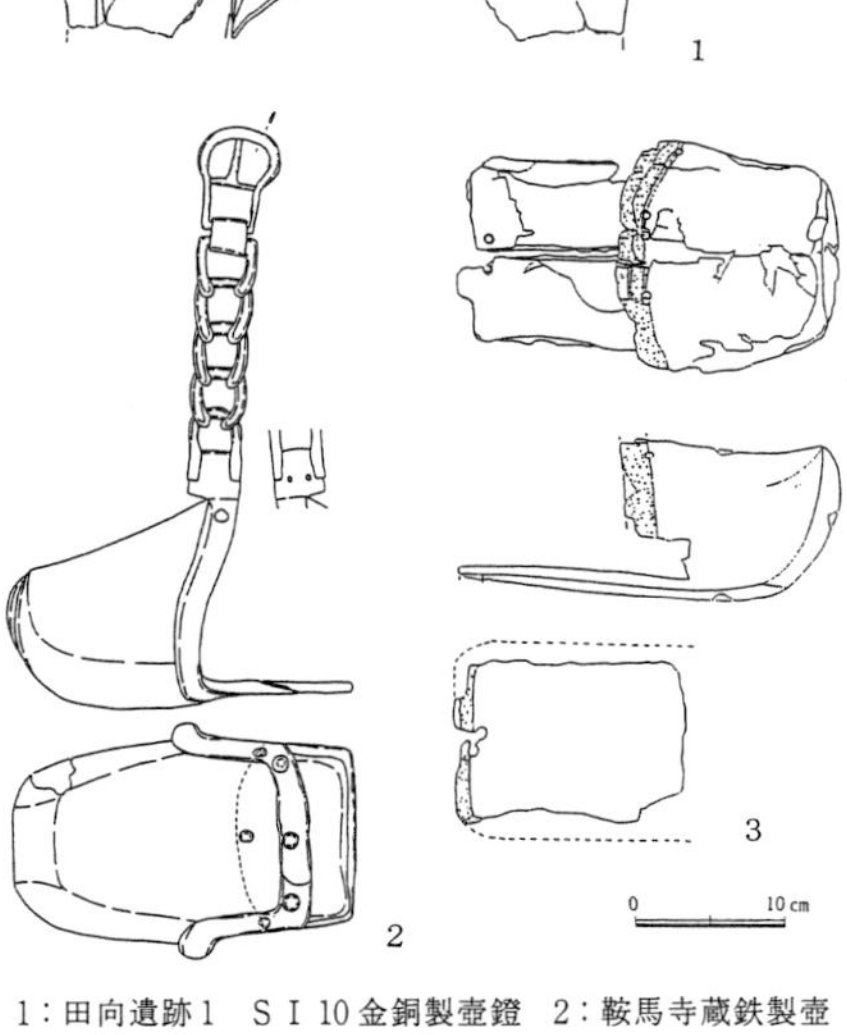

1：田向遺跡１　ＳＩ10金銅製壺鐙　2：鞍馬寺蔵鉄製壺鐙3：馬上台遺跡ＳＫ01金属骨木製壺鐙

図106　修理した鐙

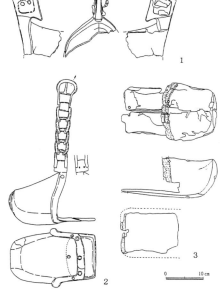

の部分には黒漆がなくて、膠のような練り物の跡がある。このため、類品の少ない金属骨木製壺鐙と判断した。しかし、木製鐙は二つに割れており、割れた部分を挟んで二孔一対が二カ所確認できる。この二孔は割れた鐙を紐で縛った孔と想定できる。

　鐙は、韂に比べると補修品は少ないが、これは出土数の多い木製鐙は補修して再利用が困難なことにも起因するであろう。馬上台遺跡の鐙は黒漆を塗る上等品であり、田向遺跡の鐙は古代では稀有な金銅製鐙で、賜与品とみられることから、上質品を補修して再使用していたのが実態であろう。

第四節　古代の武器類の使用と補修

　これまで、小札甲・大鎧・馬具の補修と使用の実態をみてきたので、本節では、文献史料を含めて古代の武器類の補修と使用の意義をみていきたい。

（一）文献史料からみた補修

　法制的には、令制初期から武器は補修して使用するものであった。『令集解』営繕令貯庫器仗条では、

　凡貯レ庫器仗。有二生レ渋綻断一者。三年一度修理。若経二出給一破壊者。並随レ事料理。

と規定し、刀剣の錆や甲の貫の修理と解している。甲の貫とは、『東大寺献物帳』の記載から小札板を繋ぐ縅紐であり、甲で最も損耗する部分である。『令義解』軍防令在庫器仗条でも、

　凡在レ庫器仗。有レ不レ任者。当処長官験レ実具レ状申レ官。随レ状処分除毀。其鑽。刃。袍。幡。弦麻之類。即充下当所修二理軍器一用上。在二京庫一者。送二兵部一任充二公用一。

として、使用できない器仗は廃棄処分するが、処分品も修理用に充てている。武器の種類については、戟矟や刀剣、繢繡・葈苧と解している。繢繡は甲、葈苧は弓の弦であろう。

　さらに、従軍甲仗条でも、

　凡従レ軍甲仗経レ戦失落者。免レ徴。其損壊者。官為二修理一。不レ経レ戦損失者。三分徴レ二。不レ因レ従レ軍而損失者。謂。駕行及讌会。威儀等之時也。皆准二損失処当時估価。及新造式一徴備。

と、甲は損失した理由により責任を分け、估価と新造式によって官が修理した。そして、国郡の器仗は、毎年帳に記録して、朝集使に附して兵部省に報告する規定になっていた。その実態は、『出雲国計会帳』天平五年申送公文に修理古兵帳・新造兵器帳、同年十月の進送兵器帳にも修理旧兵帳・新造兵器帳があったことから、実際に進送されていたことがわかる。

　天平年間の『但馬国正税帳』にも兵器修理費用が計上されている。修理しているのは金漆塗短甲一三領と箭三三一具である。このうち箭については造箭として糸と綿が記載され、糸は二斤一〇両で、一具あたりは約三銖になる。この糸の量は、天平十年（七三八）二月十八日付け『駿河国正税帳』の造器仗で箭に要する糸が一具別三銖であるこ

とと符号する。ただし、同じ天平十年の『駿河国正税帳』で、箭の糸は具別一銖、『尾張国正税帳』でも営造兵器の箭は一具について生糸一銖である。箭を新造するよりも修理の方が三倍の糸を要しており、『但馬国正税帳』の造箭は新造と同じ程度の作業であったと考えられる。箭の補修は、正税帳からみると糸を補修材に用いていることから、割れた矢柄の付け替えが主であったと判断することができる。

下って、『延喜式』でも兵庫寮式損甲条では、

凡破損甲。毎年五十領。待二官符到一請レ料修理。即返二納本庫一。

として、甲の修理のみを規定している。

補修は、弩でも行われ、『続日本後紀』承和五年（八三八）五月丁卯条には、

美濃国言。古様弓弩。不レ可レ中レ用。徒加二修理一。何用之有。今須下棄二古様廿脚一。更造中新様四脚上。許レ之。

と、古い様の弩を修理しても使えず、新しい様で造ることを許されている。

このように、古代の武器のうち、甲冑・刀剣・戟矟・弓の弦・弩などは修理して使い、廃棄品も修理用に充てていたのである。しかし、古代の武器で最も主要攻撃用武器である弓箭の箭に関する法制上の補修規定はない。このため、文献史料からみると、前述の甲冑以下の武器類と箭では修理・改修の方法に違いがあったことが窺える。正税調では年料器仗について、箭は新造と同じ程度の作業を行っていたようである。

（二）武器生産と補修の関連

古代の遺跡から出土する武器は鉄鏃が圧倒的に多い。東北南部から関東・中部の出土鉄鏃を集計した結果では、七世紀後半に二七二点、八世紀前半に二九八点、後半に三八五点、九世紀前半に三八四点、後半に四七八点、一〇世紀前半に二二六点、後半に一三四点であった。(42)刀装具で柄頭か鞘尻・足金物のみで出土した点数は、八世紀五点、九世紀二一点、九世紀中葉から一〇世紀前葉で五点、一〇世紀に一四点であった。(43)鐙では大半を占める吊金具と木製鐙で、七世紀後半六点、八世紀前半二点、後半五点、九世紀前半八点、後半二一点、一〇世紀前半一二点などである。刀や馬具と比べても鉄鏃の出土数は明らかに多いことが判明する。甲冑の小札では秋田城跡などでまとまって出土しているが、集落遺跡では極めて少ない傾向がみられる。出土比率が生産数の比率を反映すると考えれば、矢の生産数は他の武器に比べて格段に多かったと推測される。この点は、法制的にも、唐の軍事制度を継受した日本の軍防令で兵士の自備すべき矢は五〇本であったが、唐では三〇本で、唐よりも日本は矢の数が多い。

この点に関連して、日本古代における戦闘で弓射戦が主体であり、幾つかの事例を挙げることができる。奈良時代の対蝦夷戦で、政府側の対応について、『続日本紀』神亀元年（七二四）四月癸卯条では、

教下坂東九国軍三万人教二習騎射一。試中練軍陣上。

として、坂東兵には騎射を教習している。また、政府軍の戦死状況を報告した延暦八年（七八九）六月甲戌条には、

官軍戦死廿五人。中レ矢二百卌五人。投レ河溺死一千卅六人。裸身

游来一千二百五十七人。

として、巣伏村で河を渡ろうとする時に賊軍に挟み撃ちされたために、溺死者が多いが、矢にあたった死者も多い。

下って、出羽の元慶の乱でも『日本三代実録』元慶二年（八七八）六月七日辛未条では四月十九日に、

将二官軍五百六十人一。須二候賊類形勢一。路遇二賊三百余人一合戦。射二傷賊十九人一。官軍被レ傷七人。貞道中二流矢一而死。廿日賊衆増加。不レ可二相敵一。会レ暮戦罷。引レ軍還レ営。明日凶徒挑来接戦。（中略）官軍疲極。射矢亦尽。因引還レ営。

とみえ、官軍五六〇人と賊三〇〇人余が合戦になり、弓射攻撃で成果を挙げているが、二十一日の接戦では賊・官軍共に死者・瘡者を出し、射矢が尽きてしまい、営に引き返した。このことから、接戦では弓射戦であったと理解できる。

　日本古代における主要な武器および攻撃方法により、武器の生産・流通量が規定され、大量消費の武器は主に新造によって需用が賄われた。一方、甲冑・馬具のように様々な素材を組み立て、製作工程が複雑な武器類は、主に修理によって需要が賄われたと想定することができる。対照的な武器が矢で、鉄鏃は茎の曲がった資料が本書図61・62などで多く確認できる。これは、使用後に大量の矢が再利用されずに、廃棄されていた事実を反映している。武器類の流通量の多寡に規定された古代武器の消費実態といえるであろう。

註

（1）　長岡宮跡第二次内裏出土小札については、報告書分類（初村武寛「金属製品」『向日市埋蔵文化財調査報告書第八四集長岡宮跡ほか』向日市教育委員会、二〇一〇年）の後に、塚本敏夫・山田卓司・初村武寛氏によって、再分類が行われた（「長岡京出土小札の再検討」『平成二二年度 財団法人 向日市埋蔵文化財センター 年報 都城』二三、（財）向日市埋蔵文化財センター、二〇一二年）。この中で筆者の時期区分を用い、小札の分類表が提示されており、分類は基本的にこれによる。

（2）　仙台市教育委員会『郡山遺跡発掘調査報告書―総括編（一）―』（二〇〇五年）。

（3）　（財）千葉県文化財センター『千葉県我孫子市日秀西遺跡発掘調査報告書』（一九八〇年）。

（4）　船山政志・塚田良道「小針鎧塚古墳の挂甲」（『行田市郷土博物館研究報告』二、行田市郷土博物館、一九九一年）。

（5）　内山敏行「古墳時代後期の甲冑」（『古代武器研究』第七号、二〇〇六年）。

（6）　福岡県教育委員会『春日御供田区画整理事業地内埋蔵文化財調査報告』（一九八〇年）。

（7）　諫早直人「平城宮若犬養門付近出土の小札甲」（『奈良文化財研究所紀要二〇一三』二〇一三年）。

（8）　成田市囲護台遺跡発掘調査団ほか『成田都市計画事業成田駅西口土地区画整理事業地内埋蔵文化財調査報告書』（一九九〇年）。

（9）　進藤泰浩「平賀惣行遺跡」（『印旛村道山田平賀線予定地内埋蔵文化財調査報告書』一九九四年）。

（10）　津野　仁「東大寺出土甲と古代小札甲の諸要素」（『研究紀要』第六号、（財）栃木県文化振興事業団埋蔵文化財センター、一九九八年。『日本古代の武器・武具と軍事』吉川弘文館、二〇一一年所収）。

(11) 奥村秀雄「国宝東大寺金堂鎮壇具について—出土地点とそれによる埋納時期の考察」(『MUSEUM』No.二九八、美術出版社、一九七六年)・森 郁夫「古代における地鎮・鎮壇具の埋納」(『古代研究』一八、元興寺文化財研究所考古学研究室、一九七九年)。

(12) 秋田城跡出土の小札については、市教育委員会・秋田城跡発掘調査事務所の刊行する年次概報・年報により、秋田城跡調査事務所の御高配により調査した結果を掲載し、その時期については小札と共伴する土器により、土器の時期について伊藤武士氏に御教示を得た。秋田市教育委員会・秋田城跡調査事務所『秋田城跡Ⅱ—鵜ノ木地区—』(二〇〇八年)など。実測図は、津野仁『日本古代の武器・武具と軍事』(吉川弘文館、二〇一一年)。

(13) 津野 仁「挂甲小札と国衙工房—茨城県石岡市鹿の子C遺跡をめぐって—」(『太平台史窓』第一三号、史窓会、一九九五年。『日本古代の武器・武具と軍事』吉川弘文館、二〇一一年所収)。

(14) 湯瀬禎彦『武蔵国府関連遺跡調査報告』(日本製鋼所遺跡調査会、一九九五年)。

(15) 武蔵国分寺跡出土の鳩尾板とみられる製品については、国分寺市教育委員会と上敷領久氏の御高配により実見。註(1)『向日市埋蔵文化財調査報告書第八四集 長岡宮跡ほか』所収の筆者稿中に実測図掲載。

(16) 瀧川政次郎「弘仁主税式注解」(『律令格式の研究』角川書店、一九六七年)。

(17) 前掲註(1)塚本他論文による。報告による小札一八の綴紐が組紐の可能性が指摘されている。

(18) 前掲註(10)津野論文。

(19) 大宰府蔵司の小札甲については、八世紀前葉・中葉のものを含むが、『薩麻国正税帳』に「運府兵器料鹿皮担夫」とあり、大宰府において鹿皮で兵器を生産していたと解せる。札幅一・一チセンの小札は、地方官衙産とすると、最も細い一群になる。

(20) 奈良国立文化財研究所「東西溝SD五一〇〇」(『平城宮跡発掘調査出土木簡概報(二二)』一九九〇年)。

(21) 塚本敏夫「東大寺金堂鎮壇具の保存修理—陰劔・陽劔の発見と鎮壇具の再評価—」(『修理完成記念特別展 国宝・東大寺鎮壇具のすべて』東大寺、二〇一三年)。

(22) 井上辰雄『正税帳の研究』(塙書房、一九六七年)・松本政春『奈良時代軍事制度の研究』(塙書房、二〇〇三年)。

(23) 前掲註(16)瀧川論文。

(24) 中村光一「令制下における武器生産について—延喜兵部式諸国器仗条を中心として—」(『律令国家の地方支配』吉川弘文館、一九九五年)。

(25) 前掲註(24)中村論文。

(26) 大宰府跡政庁整地層出土の小札(九州歴史資料館『大宰府政庁跡』二〇〇二年)について、以前筆者も実見・実測したが、札幅などからみて古墳時代の所産と考える。報告では大宰府甲と飛鳥寺甲の近似を指摘し、一〇世紀後半及びそれ以前まで伝世したと述べている。この頃初見の「筑紫大宰」の存在とも絡むが、政庁正殿地区では六世紀後半の須恵器も出ており、この時期の遺構の存在も考慮される。伝世品とすると、長岡宮内裏の甲の伝世を含め、政権の武器管理に関する問題が今後の課題である。

(27) 中村光一「内裏春興殿収蔵の掛甲について—『日本三代実録』元慶八年二月二十一日条を中心として—」(『奈良平安時代史の諸相』高科書店、一九九七年)。

(28) 飛鳥の石上遺跡は飛鳥寺の北西にあり、そこで外国使節を饗宴した。この遺跡において、飛鳥諸宮では最も多くの鉄鏃が発見され、東国で製作された鏃も確認されている。武器庫の系譜を考える上で考慮すべきであろう。

(29) 山上八郎『日本甲冑の新研究』（倭文社、一九二八年）。

(30) 岩手県教育委員会『柳之御所遺跡』（二〇〇四年）・（財）古代學協會『法住寺殿跡』（一九八四年）。

(31) 津野　仁「西ノ谷遺跡の小札」（『西ノ谷遺跡』（財）横浜市ふるさと歴史財団・横浜市教育委員会、一九九七年。『日本古代の武器・武具と軍事』吉川弘文館、二〇一一年所収）。

(32) 山岸素夫・宮崎真澄『日本甲冑の基礎知識』（雄山閣、一九九〇年）。

(33) 京都国立博物館『日本の甲冑』（一九八九年）。

(34) 竹村雅夫・西岡文夫「小桜韋威鎧調査報告」（『山梨県立博物館調査・研究報告一　小桜韋威鎧 兜・大袖付 復元調査報告書―楯無鎧の謎を探る―』山梨県立博物館、二〇〇七年）。

(35) 栗林誠治「馬具の修理痕―山田古墳群（A）SM一〇〇一出土馬具の再検討―」（『真朱』三、（財）徳島県埋蔵文化財センター、一九九九年）・同「馬具の生産と地域展開―偏在分布馬具、修理痕馬具からの検討―」（『鉄器文化研究集会第一〇回記念大会　鉄器文化の多角的探求』鉄器文化研究会、二〇〇四年）。

(36) 前掲註（35）栗林二〇〇四年論文。

(37) 左右の引手の長さが異なる場合には、馬の癖を直すための可能性もあるが、ここでは栗林氏の見解に従っておきたい。

(38) 小松正夫「元慶の乱における出羽国の蝦夷社会」（『古代王権と交流一　古代蝦夷社会の世界と交流』名著出版、一九九六年）。

(39) 鞍馬寺蔵鉄製壺鐙は、既に山田良三氏が検討されている（山田良三「寺社伝世馬具の壺鐙について」（『橿原考古学研究所論集　第七』吉川弘文館、一九八四年）。

(40) 八戸市教育委員会『田向遺跡Ⅰ』（二〇〇四年）。

(41) 山形市教育委員会『馬上台遺跡発掘調査報告書』（一九九五年）。図は、報告書掲載図に加筆したものである。

(42) 津野　仁「古代西日本の鉄鏃―地域性と古墳時代との関連―」（『古墳文化』Ⅱ、國學院大學古墳時代研究会、二〇〇七年、本書第二部第一章所収）。

(43) 津野　仁「古代鐙の変遷とその意義」（『研究紀要』第一八号（財）とちぎ生涯学習文化財団埋蔵文化財センター、二〇一〇年、本書第一部第二章所収）。

あとがき

本書は、筆者の二冊目の論文集である。これらは一九九〇年代終わり頃から近年までの約二〇年余りの間に調査し、発表してきた緒論考をテーマごとに再構成して編集した。前著刊行後、さまざまな反響をいただいたが、その中で、発掘された奈良・平安時代の武器がこれほどあったのかという声をしばしば耳にした。それでも一部遺漏のあることも承知しているが、当該期の武器が多く出土していることを知っていただく努力が足らなかったことを痛感した。このために、資料を共有する目的で、これまで提示しなかった資料なども紙数の範囲内で掲載することにした。

本書に提示した資料も東北・北海道から九州まで各地に赴いて実見・実測した物がある。埋もれた資料を再発掘したこともある。坂上田村麻呂の墓として脚光をあび、国宝指定になっている京都府西野山墳墓の鉄鏃は、これまで金装大刀や鏡に埋もれて注目されていなかった。この鉄鏃の腸抉は法隆寺や正倉院の形態にのみ類似し、近畿の一部に残る形態であった。これらが、再評価されれば幸いである。

当該時代の武器研究は、八〇年近く前に後藤守一氏によって『日本歴史考古学』(四海書房、一九三七年)が著されたが、昭和五〇年代以降には低調であった。さまざまな技術が結集される大鎧などは、多くの技術、学際的な用語の知識を要する点や伝世品・出土品が少なかったことなどに起因する可能性もある。

奈良・平安時代の考古学研究は主に官衙・寺院や土器・集落などに関して行われており、近年、改めて交通史・宗教考古学などが活況を呈しているといえる。武器研究も地味な集成作業が行われ、資料が共有されて、変遷など基礎的な研究が実践されていく必要がある。その上で、広い観点から研究されていくことが望まれる。古墳時代の武器研究では、多様な論点が提出されて百家争鳴の観がある。筆者の基本的な観点は前著と同じく、時代の変革と武器の変化、及び系譜との関係を検討して、国家の存立基盤を明らかにすることである。このような意図で本書を編んだ。

ところで、本書校正中に國學院大學・吉田恵二先生が急逝された。前著刊行後、先生に本を献呈に伺った折、いつもの渋谷の店で「中国はええで」と、何度も東アジア全体から検討するように諭された。以前から中国旅行などにお誘い頂き、乾陵の頂上まで踏査して広い陵園に感動したことや、満城漢墓に登るリフトの迫力の思い出など追憶が尽きない。御冥福を祈るばかりである。

東アジアを見渡した研究は、中国の楊泓先生が来日された折、短い時間であったが、伺う機会があった。楊先生は中国と周辺国との武器の影響関係を説いており、本書も吉田先生や楊先生などからの刺激を受けて、日本からの視点で武器の交流史を調べようとしたものである。

今回、系譜という観点から近隣諸国の武器との比較検討が緒に付いたが、深く踏み込んだ検討に及んでいない。武器比較史から戦闘方法の異同、軍事制度との関係など多角的に検討していくことも、今後の課題である。

最後に、資料見学などで御世話になった全国各地の諸機関や所有者の方々に御礼を申し上げたい。さらに、いつも厳しい御指摘をいただく同僚の池田敏宏氏・内山敏行氏、共著原稿の掲載を快諾下さった加増啓二氏・進藤敏雄氏、さまざまな原稿の執筆機会を与えていただいた方々にも感謝の意を表したい。また、本書の刊行をお勧めいただき、編集も御協力下さった吉川弘文館の石津輝真氏にも、御礼申し上げる。

いつもながら、原稿執筆や本を編むために家庭での協力を惜しまない義母稲葉昌子、妻宜子、子供たち、両親にも礼を表することを許されたい。

二〇一五年一月

津野　仁

初出一覧

序章　新稿

第一部　武装各論

第一章「古代弓の系譜と展開」『日本考古学』第二九号　日本考古学協会、二〇一〇年、第三節に加筆。

第二章「古代の鐙金具について」『栃木の考古学　塙静夫先生古稀記念論文集』塙静夫先生古稀記念論文集刊行会、二〇〇三年

第三章「古代鐙の変遷とその意義」『研究紀要』第一八号　財団法人とちぎ生涯学習文化財団埋蔵文化財センター、二〇一〇年

第四章「古代轡の変遷とその意義」『考古学雑誌』第九六巻第三号　日本考古学会、二〇一二年

第五章「平安時代後期の大鎧片とその復元的考察―明珍宗恭コレクションから―」『早稲田大学會津八一記念博物館　研究紀要』第一四号　早稲田大学會津八一記念博物館、二〇一三年（加増啓二・進藤敏雄氏と共著）

「平安時代大鎧とその構造復元」『研究紀要』第二一号　（財）とちぎ未来づくり財団埋蔵文化財センター、二〇一三年（加増啓二・進藤敏雄氏と共著）

第二部　武装の地域性

第一章「古代西日本の鉄鏃―地域性と古墳時代との関連―」『古墳文化』Ⅱ　國學院大學古墳時代研究会、二〇〇七年

第二章「蝦夷の武装」『考古学研究』五四巻四号　考古学研究会、二〇〇八年

第三部　武装の系譜

第一章「中世鉄鏃の形成過程と北方系の鉄鏃」『土曜考古』第二五号　土曜考古学研究会、二〇〇一年。第一節は新稿、第三節に加筆。

第二章「古代弓の系譜と展開」『日本考古学』第二九号　日本考古学協会、二〇一〇年

第三章「方頭大刀の源流」『王権と武器と信仰』同成社　二〇〇八年　一部加筆。
第四章「東大寺出土甲と古代小札甲の諸要素」『研究紀要』第六号　（財）栃木県文化振興事業団埋蔵文化財センター　一九九八年
「古代小札甲の特徴」『特別展　兵の時代―古代末期の東国社会―』横浜市歴史博物館・（財）横浜市ふるさと歴史財団、一九九八年
「北方系の小札甲」『アシアン　レター』第七号「東アジアの歴史と文化」懇話会、二〇〇〇年に加筆。
第五章「古代轡の変遷とその意義」『考古学雑誌』第九六巻第三号　日本考古学会、二〇一二年、第二節の一部は新稿。
第六章　新稿
第四部　武器の生産と使用
第一章「古代日本の武器生産」『國學院雑誌』第一〇九巻第一一号　國學院大學、二〇〇八年
第二章「長岡宮跡の出土の小札甲」『向日市埋蔵文化財調査報告書第八四集　長岡宮跡ほか』向日市教育委員会、二〇一〇年
「平安時代後期の大鎧片とその復元的考察―明珍宗恭コレクションから―」『早稲田大学會津八一記念博物館　研究紀要』第一四号　早稲田大学會津八一記念博物館、二〇一三年（加増啓二・進藤敏雄氏と共著）
「古代轡の変遷とその意義」『考古学雑誌』第九六巻第三号　日本考古学会、二〇一二年、第三節に加筆、第四節は新稿。

著者略歴
一九六一年　栃木県岩舟町（現栃木市）生まれ
一九八六年　國學院大學大学院博士課程前期修了
現在　公益財団法人とちぎ未来づくり財団埋蔵文化財センター副主幹

〔主要著書・論文〕
『日本古代の武器・武具と軍事』（吉川弘文館、二〇一一年）
「古代日本と周辺諸国の刀剣比較試考」（『古代武器研究』Vol.一〇、二〇一四年）

日本古代の軍事武装と系譜

二〇一五年（平成二十七）三月十日　第一刷発行

著者　津《つ》野《の》仁《じん》
発行者　吉川道郎
発行所　株式会社　吉川弘文館
郵便番号一一三—〇〇三三
東京都文京区本郷七丁目二番八号
電話〇三—三八一三—九一五一（代）
振替口座〇〇一〇〇—五—二四四番
http://www.yoshikawa-k.co.jp/
印刷＝株式会社 精興社
製本＝誠製本株式会社

日本古代の軍事武装と系譜（オンデマンド版）

Digital Publishing

2024年10月1日　発行

著　者　津《つ》野《の》　仁《じん》

発行者　吉川道郎

発行所　株式会社 吉川弘文館
〒113-0033　東京都文京区本郷7丁目2番8号
TEL　03(3813)9151(代表)
URL　https://www.yoshikawa-k.co.jp/

印刷・製本　株式会社　デジタルパブリッシングサービス
URL　https://d-pub.sakura.ne.jp/

津野　仁（1961～）
ISBN978-4-642-74620-5